고구려의 건국과 시조 숭배

고구려의 건국과 시조 숭배

2001년 9월 10일 초판 1쇄

지은이 · 강경구
펴낸이 · 권혁재
펴낸곳 · 학연문화사

등록 · 1988년 2월 26일 제2-501호
주소 · 서울시 관악구 신림8동 1651-7 명성B/D 3층
전화 · 02-865-5072 / 858-7891
팩스 · 02-853-3679
E-mail · hak7891@chollian.net
Homepage · www.hakyoun.co.kr

ⓒ 강경구, 2001

잘못 만들어진 책은 바꾸어 드립니다.
값은 뒤표지에 적혀 있습니다.

고구려의 건국과 시조 숭배

강경구 지음

학연문화사

머 리 말

　대륙에 연결된 역사이기 때문일까? 고구려가 우리에게 주는 인상은 풋풋함 자체이다. 지금은 반도에 국한되어 있지만 압록강 이북에서 흥기하여 남하했던 고구려의 발자취는 족히 향수를 불러일으킬 만할 뿐더러 고구려 문화 연구에 집중할수록 그 위치를 확인하고 실감하게 된다.
　길림의 부여와 고구려 사이의 접촉 과정은 여러 가지 해결이 안된 문제를 안고 있지만 성장하던 시기의 고구려는 부여와 다양한 연결고리를 갖고 있다.
　모든 역사발전 과정이 그러하듯이 부여에서 고구려에로의 변형은 단계적으로 이루어졌다. 고구려 선사에서 동부여, 홀본 및 졸본에 대한 연구는 그 문제를 푸는 열쇠가 된다. 消奴部에서 桂婁部에로의 왕실 교체는 지역적인 기반을 가진 것이었다. 그러한 면에서의 접근이 없었던 것은 아니지만 너무 동떨어진 지역을 상정하는 바람에 유기적인 역사상의 구축에 실패했다. 이와 맞물려 국조왕 권력의 성립 기반이라든지 차대왕 정권의 성격에 대한 정리도 또한 필요하다. 국조왕의 母太后, 아비 再思, 정변의 주동인물 杜魯 등에 대한 연구는 사실에 대한 접근 방법의 폭을 넓히는 것이 되겠다.
　이렇게 어려움을 겪으면서 왕국을 건설해 나가는 데에는 백성들의 역량을 집결시키는 것이 중요하다. 고대 사회에서 시조에 대한 숭배는 하나의 정신적 대동맥에 견줄 수 있다. 부여 시조 동명왕에 대한 제사는 그런 점에서 평가될 만하다. 이 책에서는 시조묘 제사를 중심으로 종래 막연하게 하나로 뒤엉켜 있던 신앙 체계를 분석해 보았다. 종묘(宗廟), 고등신묘(高登神廟), 시조묘(始祖廟), 동명왕묘(東明王廟) 전체에 대한 통합적인 시각이 가능해진 것이다. 이러한 종교적 현상을 검토하면서 이 연구서에서는 수신제(隧神祭)를 둘러싼 부여신묘

(夫餘神廟) 제사를 주목하였다.

　河伯의 神體가 무엇이었을까 하는 소박한 의문을 추적하다가 우리 문화에서 중요한 의의를 가지고 있는 七星信仰의 源流를 찾을 수 있었던 것은 가외의 소득이 아닐 수 없다. 그리고 隧穴이라고 생각되어 왔던 평양 麒麟窟 전승을 다시 음미해 보았다. 그 결과 기린굴 전설은 수신 전승이 아니라 太陽神 朱蒙에 대한 국가적인 儀禮의 흔적임을 찾아낼 수 있었다. 고대 삼국에 있어서의 태양신 신앙은 과거에도 여러 학자들에 의하여 서술, 정리된 바 있었지만 태양의 운행을 포괄하는 전 우주적인 궤적이 발견된 것은 본서에서 처음이 아닌가 여겨진다.

　하나의 유기체가 형성되어 가는 과정을 다루는 일은 역사 연구에 있어서 가장 보람 있는 일이다. 아니 역사 자체가 그러한 방면에서의 접근이 아닌가 생각될 정도이다. 고구려 왕국을 만들어간 사람들, 그리고 그들을 움직였던 이데올로기 그 두 가지는 영원한 테제일지도 모른다. 이제 작은 결실들을 모아 출간하면서 새삼 겸허한 마음으로 역사를 바라보게 된다.

　수삼 년에 걸친 탈고 작업을 도와주고 교시해 주신 畏友 노태돈, 서영대 님에게 고마움을 바친다. 열악한 환경 속에서도 꿋꿋이 정도를 걸어가는 권혁재 사장님도 고맙고, 아내 유영덕, 친우 손진권, 여오숙 등에게 약간 짐을 벗었노라고 말하고 싶다.

2001. 08. 늦은 여름
樹明軒 姜昊求 적음

차 례

책머리에

1장 고구려 왕국의 형성

1절 東扶餘 傳承의 形成과 地理
머리말 · 13
1. 北沃沮東扶餘설에 대한 批判 · 14
2. 東扶餘 傳承의 後代性 · 19
3. 東扶餘 位置의 比定 · 32
4. 東扶餘 地名 移動의 歷史的 背景 · 53
5. 結論 · 60

2절 卒本과 忽本에 대하여
머리말 · 63
1. 忽本과 卒本, 尉那 · 65
2. 非積石塚系 王家의 可能性 · 85
3. 忽本의 比定 · 90
4. 卒本과 忽本의 同一化 · 101
5. 結論 · 103

3절 高句麗 國祖王 政權의 成立
머리말 · 106
1. 母太后 傳說의 形成 · 108
2. 慕本 杜魯 硏究 · 120
3. 再思에 대한 探索 · 132
4. 國祖王 政權의 支持 基盤 · 140
5. 結論 · 142

4절 高句麗 遂成 政權과 次大王 本紀의 成立
머리말 · 144
1. 國祖王과 次大王의 關係 · 145
2. 國祖王 長壽傳說의 構成 · 154
3. 結論 · 158

5절 高句麗 桂婁部의 王室交替에 대하여
머리말 · 160
1. 國祖王 始祖說에 대한 批判 · 162
2. 朱蒙의 出自 · 169
3. 琉璃王의 卽位 儀禮 · 173
4. 消奴部와 桂婁部 政權 交替 · 176
5. 結論 · 178

2장 고구려의 신앙과 시조 숭배

1절 古代 河伯 神體考
머리말 · 181
1. 水神으로서의 소 · 182
2. 大王과 소머리(牛頭) · 185
3. 河伯 信仰과 七星 崇拜 · 189
4. 中國과의 比較 · 206
5. 卒本의 語義와 소 · 211
6. 結論 · 213

2절 隧神考
머리말 · 215
1. 從來의 見解와 問題點 · 226
2. 隧神祭와 始祖祭儀 · 222
3. 大聖山 蕁池의 水神 祭禮 · 232
4. 大聖山 母子 神像과 大穴 · 244
5. 結論 · 250

3절 高登神廟와 麒麟窟 傳承
머리말 · 252
1. 平壤 朝天石의 傳說 · 253

2. 神話에 나타나는 宇宙觀·260
　　3. 馬 崇拜와 神馬 思想·269
　　4. 日馬思想과 太陽神話·285
　　5. 高登神과 日神·293
　　6. 結論·302

4절 高句麗 神廟에 대하여
　　머리말·305
　　1. 神廟의 形成·306
　　2. 神廟의 發展·310
　　3. 高登神廟의 成立·317
　　4. 結論·327

5절 高句麗 東明王廟의 成立過程
　　머리말·329
　　1. 東明聖王 稱號의 登場 時期·331
　　2. 東明王廟의 建立과 그 記事의 出典·337
　　3. 始祖廟와 東明王廟의 判別·348
　　4. 結論·354

6절 高句麗 始祖廟에 대하여
　　머리말·357
　　1. 始祖廟 記事의 信賴度 評價·357
　　2. 始祖廟 祭禮의 特性·365
　　3. 始祖廟 主神 問題·367
　　4. 結論·372

7절 高句麗 宗廟考
　　머리말·375
　　1. 宗廟와 始祖廟·376
　　2. 宗廟의 成立 時期·379
　　3. 宗廟와 社稷의 機能·384
　　4. 東明王廟, 始祖廟 및 宗廟의 性格·386
　　5. 結論·387

부록

1절 高句麗 龍山 傳承考
   머리말 · 391
   1. 龍山 傳承과 異說 · 392
   2. 두 곳 龍山의 意味 · 406
   3. 結論 · 420

2절 朱蒙 傳說의 演變과 年代
   머리말 · 422
   1. 朱蒙 傳承의 3大 類型과 特徵 · 423
   2. 《魏書》傳承의 特徵 · 430
   3. 類型의 年代的 整列 · 439
   4. 朱蒙 傳承의 文字化 過程 · 440
   5. 結論 · 444

3절 高句麗의 '國內' 呼稱에 대하여
   머리말 · 446
   1. 國內와 故國 · 447
   2. 故國原王과 故國壤王 · 450
   3. '國內' 地名의 起源 · 454
   4. 結論 · 460

1장
高句麗 王國의 形成

1절 東扶餘 傳承의 形成과 地理

머리말

고구려 역사에 있어서 가장 먼저 부닥치게 되는 문제의 하나가 시조 朱蒙에 대한 전설이다. 특히 주몽이 東扶餘에서 남하하였다는 부분은 논쟁의 대상으로 되어 있다.[1] 동부여 전설에 관한 합리적인 이해가 가능하다면 고구려 역사 초기의 상당 부분이 사실성을 회복하게 된다고 할 수 있다. 東扶餘는 東海 가에 위치하였으며 太白山과 鴨淥江이 설화 중에 나타나고 있으므로 그 지리적 조건을 충족시킬 수 있는 지역으로 비정되어 왔다. 종래에 제시된 두만강 유역설[2], 강원도 지방설[3]이 그러하다. 본고에서는 동부여에 관한 기초 작업으로서 지리 문제를 다루기로 하였다. 먼저 두만강 유역설에 대한 비판으로써 글을 시작하고자 한다.

그런데 太白山이나 鴨淥江이라는 지명은 상당히 후기에 성립된 것들이다. 두 지명 모두 北魏 이후로 역사에 등장하는 이름이기 때문이다. 따라서 태백산, 압록강이라는 指標地名의 형성 과정을 살펴보면 동부여 관계 기본 사료의 성립 배경도 이해하기가 쉬워질 것이다. 두만강 유역설이나 강원도 지방설에서 두 견해들이 공통적으로 입지하고 있는 근거는 동부여가 東海 가에 있었다는 기록이

---

1) 노태돈, 1993, 〈朱蒙의 出自傳承과 桂婁部의 起源〉, 《韓國古代史論叢》5호.
  이용범, 1966, 〈高句麗의 成長과 鐵〉, 《白山學報》1집.
  서영수, 1988, 〈廣開土王陵碑文의 征服記事의 再檢討〉, 《歷史學報》119집.
  김기흥, 1987, 〈高句麗의 成長과 對外交易〉, 《韓國史論》16집.
  임기환, 1987, 〈고구려 초기의 지방통치체제〉, 《慶熙史學》14호.
2) 池內宏, 〈夫餘考〉, 《滿鮮地理歷史研究報告》13권, 88쪽.
3) 이병도, 1959, 《韓國史》古代篇, 震檀學會.

다. 두 가지 주장이 모두 문제가 있다면 기초하고 있는 논거를 재검토해 보는 것이 순서이다. 필자가 고찰한 바로는 고대인들이 반드시 바다만을 '海'라고 지칭한 것은 아니었다. '東海'에 대한 새로운 해석이 요구되고 있는 것이다.

동부여에 관련하여 설화 속에 나타나고 있는 太白山, 鴨淥江이나 東海 등의 指標 지명에 대한 검토를 통하여 그 설화의 형성 과정을 추적해 보고자 한다. 전설의 본래적인 형태를 복원해 볼 수 있다면 그에 근거한 지리 비정은 더욱 확실해 질 것이다.

1. 北沃沮東扶餘설에 대한 批判

동부여 위치에 대한 이론 가운데 가장 보편적으로 받아들여지고 있는 것이 豆滿江 유역설, 즉 북옥저설이라는 데에는 아무도 이의가 없을 것이다. 일본 池內宏에 의해 주창된 이래 가장 주류를 이루고 있는 설이다. 우선 이 설에 대한 반론으로부터 논의를 시작하기로 하자.

첫째, 부여가 285년 모용선비의 침략을 받아 '沃沮'로 도망한 사실을 들어 이 옥저에서 성립된 것이 '동부여'라고 해석하고 있다.

《晉書》 권79 四夷夫餘전에

태강 6년에 모용외가 부여를 격파하다. 그 왕 의려가 자살하다. 자제들이 옥저로 망명하다. …… 이듬해에 夫餘後王 의라가 하감에게 사람을 보내어 복속하고 옛 나라로 돌아가는 데에 청원하여 주기를 바라다. 하감이 군대를 파견하여 독우 가침으로 하여금 호송하게 하다. 그런데 모용외는 (그 사실을 알고) 길목에서 가로막고 방해하다. 가침이 더불어 크게 싸워 물리치다. 모용씨가 물러가서 드디어 복국을 하였다.[4]

라고 하고 동서 권108 모용외전에

그리고 군사를 거느리고 동쪽으로 부여를 정벌하다. 부여 왕 의려가 자살하다. 모용외는 그 수도에 들어가 10,000여 명을 몰고 돌아가다. 동이교위 하감이 독우 가침을 보내어 장차 의려의 아들을 세워서 왕으로 삼으려고 하다. 모용외는 그 장군 손정을 보내어 요격하다. 가침은 역전 끝에 손정을 죽이다. 마침내 부여를 복국하다.[5]

라고 하였다. 진나라의 동이교위 하감에게 부여의 왕자 依羅가 무리를 거느리고 지원을 요청하여 오자 진측이 호위병을 딸리어 본국으로 송환, 復國하도록 하였다는 것이다. 이러한 작전은 거의 전적으로 중국측의 복안대로 행해진 듯하니 하감이 처음에 賈沈을 파견할 때부터 '將迎立依慮之子爲王(장차 의려의 아들을 세워서 왕으로 삼으려 하다)' 하였다고 명기된 것으로 짐작할 수 있다. 前王의 왕자를 구하여 복국시키려고 도모한 것이다. 하감의 물색에 의하여 왕자의 행방이 알려지고 양측 사이의 교섭이 진행되었을 것이다. 확실한 지원과 보장이 제시되었기에 부여의 왕자는 현신하였을 것이다.

진서의 문면을 보면 하감에게 접촉한 당시에 의라는 이미 '夫餘後王'이라는 신분으로서 나타나고 있다. 도성을 수복하지는 못하였지만 一國의 왕을 자처하고 있었다. '夫餘後王'이라 함은 '後夫餘王'이라는 뜻으로서 멸망당한 부여의 정통을 이은 왕이라는 의미라고 해석된다. 이 小國이 옥저로 도망한 집단이 수립한 것인지는 알 수 없다. 그러나 만일 의라가 옥저 지방 세력이었다면 다음과 같은 사실들이 설득력 있게 해명되어야 한다. 먼저 고구려 영토였던 북옥저 일대를 부여 유민들이 점령하였다는 점이 전제되어야 한다. 그리고 진 동이교위

---

4) 至太康六年 爲慕容廆所襲破 其王依慮自殺 子弟走保沃沮 … 明年 夫餘後王依羅 遣詣龕 求率見人 還復舊國 仍請援 龕上列 遣督郵賈沈 以兵遣之 廆又要之於路 沈與戰 大敗之 廆衆退 羅得復國.
5) 又率衆東伐扶餘 扶餘王依慮自殺 廆夷其國城 驅萬餘人而歸 東夷校尉何龕 遣督護賈沈 將迎立依慮之子爲王 廆遣其將孫丁率騎 邀之 沈力戰斬丁 遂復扶餘之國.

측과의 사이에 고구려를 한가운데에 두고 빈삭한 왕래가 인정되어야 한다. 거기다가 고구려가 아무런 실정도 모르고 있었다고 가정해야 가능한 추리이다. 고구려 영내를 통과하지 않고 해로가 따로 있는 것도 아니다. 설명이 매우 궁색하다고 아니할 수 없다.

池內宏설이 성립되려면 고구려측의 전폭적인 介入 사실을 전제하지 않을 수 없다. 바꾸어 말하자면 부여 왕족들이 고구려의 庇護를 음양으로 받고 있었다는 해석이 가능하다. 변방 옥저 지방에 망국 부여 왕 자제들을 들여 안치하는 것이나 요동의 진나라 장관과의 교통편을 주선하는 것 등이 모두 고구려측의 好意 내지 傍助라고 보아야 순리적이다. 그렇게 고구려측이 복국 과정에 깊이 개입하고 있었다면 당연 고구려 영토 내에 부여족에 의한 지방 정권의 독자적 성립 같은 사태는 상정하기 어렵다.

이렇게 정리하고 보면 옥저 지방에 망명하였다는 부여의 왕족들이 과연 통설대로 새로운 나라를 세운 것인지도 불확실함을 알 수 있다. 건국 사실 자체가 의심스러운 마당에 하나의 왕국을 가상하고 거기에 근거도 없이 '東夫餘'라는 국호까지 명명하는 것은 지나친 무단이라 아니할 수 없다. 옥저 지방에 하나의 독립된 政體를 건국하였다는 증거가 불충분하다. 더구나 옥저로 피난하였다는 '子弟' 중에 의라 왕자가 포함된 것인지 여부가 확실하지 않다. 依羅가 沃沮로 망명한 왕족의 주동인물이라고 보는 견해가 있으나[6] 신종하기 어렵다. 당시 옥저 지역이 고구려에게 통솔되고 있었던 사실을 참작하면 진서의 기록은 부여 왕족들의 고구려 망명 시도로 해석되어야 당연하다.

대개 한 나라가 파멸되고 나면 각지에서 그 후계자를 자칭하는 세력들이 등장하는 것이 상례이다. 그러한 점을 같이 생각하면 의라왕은 저 동해안 지방의 산곡에 피난한 세력이라기보다는 司馬씨의 진국 경계에 인접한 지역에서 '後夫餘'를 자칭하고 자립한 집단일 가능성이 더 크다고 판단된다. 특히 의라 및 하감의 행동이 일일이 적측(遼西 모용외)에 알려지고 있었던 것을 보면 더욱 그렇다

---

6) 日野開三郎, 1988, 《東洋史學論集》14권, 三一書房.

고 믿어진다. 모용외측에게 후부여를 칭한 여러 집단 중에서 의라의 세력은 눈엣가시 같은 존재였을 것이 분명하다. 기왕에 진측에서 부여를 복국시키려고 한 것 자체가 모용씨를 배후에서 견제하기 위한 것이었다. 따라서 모용씨에 대한 반발력이 상대적으로 크다고 할 수 있는 의라 세력을 진은 오히려 선호하였을 것이다.

둘째, 북옥저가 동부여였다면 국내외의 어느 한 史書에서라도 그러한 사실을 시사할 만한 기록이 있을 법한데 실제는 전혀 그렇지 못하다. 국외 사서에서는 동부여가 나타나 있지 않다. 그리고 국내 사서에서는 '北沃沮'와 '東扶餘'는 별개로 기술되고 있다. 사료적 뒷받침이 없는 것이다.

셋째, 고고학적으로 볼 때 두만강 유역에서는 부여 문화의 특징적인 유물, 유적이 나타나지 않는다. 옥저의 문화는 團結 문화라고 하여 두만강 유역을 중심으로 남북으로 확대, 발달된 문화인데 송화강 유역의 서단산 문화나 그 이후의 송화강 유역 철기 문화와는 뚜렷이 구별되는 특징을 지니고 있다. 동부여가 두만강 근방에 있었다면 285년부터 광개토왕의 정벌까지 약 1세기 반에 걸치는 기간일 터인데 그 기간 동안 송화강 유역 지방과 문화적인 동질성은 찾아지지 않는다. 부여의 문화는 일단 張廣才嶺산맥과 威虎嶺산맥을 넘지 못하고 그 이동 지방은 이른바 옥저 및 읍루의 문화 영역이다. 중국 학계에서 말하는 소위 團結 문화이다. 그 이동 연해주 지역에는 뽈리쩨 문화라고 하여 역시 옥저 내지 읍루족의 철기 문화가 너르게 펼쳐져 있다. 이들 문화가 소멸한 다음 시기에는 각지에서 말갈 문화로 이어지고 있어서 부여 문화의 용훼를 허용하지 않고 있다.[7] 따라서 부여가 東進한 지방은 아무리 멀어도 송화강 유역 서방에서 찾아야 한다.

넷째, 광개토왕릉비에 '東扶餘 舊是鄒牟王之屬民'이라는 기사가 보인다. 이 기록으로 보아 우리는 동부여가 고구려 건국 당시부터 존재하고 있었음을 알 수

---

[7] 송호정, 1992, 《한국사》4, 부여. 두만강 유역에 동부여 유적이 없다(180쪽)는 점, 비문에 나타나는 '東海賈'가 동해안 세력들의 고구려 복속을 드러내 보여주고 있다는 점을 지적하였다. 그러므로 '비문의 동부여는 동해인이 아니다(187쪽). 이주하기 전 원 부여의 동방이다(188쪽).'라고 결론지었다. 매우 온당한 견해이다.

있다. 물론 고구려 시조왕 때부터 동부여가 고구려에 복속하고 있었다는 표현은 과장이다. 어떻든 이 글귀 하나로써 동부여가 285년 이후에 성립되었다는 설은 가볍게 무너진다.

다섯째, 부여와 관계된 '東海'는 지금의 東海가 물론 아니다. 설화 중에 나타나는 '東海'는 실제적인 海洋을 지칭하는 것이 아니라 커다란 '東方湖水'를 호칭하였다고 생각된다.(後述) 러시아어나 몽골어에서 '호수'와 '바다'를 가리키는 어휘가 같다는 사실이 좋은 참고가 될 것이다. 우선 동쪽에 있었던 '큰 물(大水)'로 보고 다음의 설명으로 들어가기로 하자. 동부여를 반드시 현재의 동해 연안에서 찾아야 할 근거는 없다.

고구려 사람들의 天下觀念을 지적하고 東扶餘나 北扶餘가 그러한 四方觀念의 표현이라고 보는 견해가 있다.[8] 이 글에서 가장 취약한 점은 왜 扶餘가 고구려를 중심으로 하는 方位名稱으로 불려야 하는가에 대한 적절한 설명이 부족하다는 것이다. 東扶餘나 北扶餘의 칭호는 그들 자신의 칭호인 것이 간과되고 있다. 그들은 사서에 명기된 것처럼 처음부터 스스로 '國號東扶餘', '國號北扶餘'한 것이다. 이런 점에서 광개토왕릉비에서 '北夫餘'와 '東夫餘' 그리고 그냥 '夫餘'를 구별하여 적고 있는 것은 상당히 시사적이다. 이러한 방위 명칭은 당연히 부여 역사의 전개에 따라서 해석되어야 한다.[9] '東扶餘'만 하더라도 반드시 현실적으

---

8) 盧泰敦, 1993.
9) 이도학, 1991, 〈方位名 扶餘國의 成立에 대한 檢討〉, 《白山學報》38호.
　扶餘族이 발전, 분화되어 나가면서 시기마다 새로운 이상을 내걸고 分枝하여 나간 것인데 한때는 '東方'에로의 진출을 강조하기도 하여 '동부여'라고 자칭하였고 다른 시기에는 '북방'성을 내외에 과시하기 위하여 '북부여'라고도 국호를 내세운 것 같다. 따라서 東扶餘나 北扶餘가 반드시 扶餘와 병렬적으로 공존하였다고 보기도 곤란하다. 시기를 달리하여 순차적으로 건국한 세력들의 국호였다. 그러므로 지도상에서 중앙 부위에 扶餘를 점지하고 그 동방에 東扶餘를, 그리고 그 북방에 北扶餘를 비정하는 자세가 반드시 옳다고 할 수 없는 것이다. 扶餘로부터 東方으로 이동한 뒤에 성립된 것이 바로 사서에 나타나는 '東扶餘(東方扶餘)'이다. 扶餘의 北方에 있었던 것이 '北扶餘(北方扶餘)'가 된다. 이에 대해서는 별고로 정리할 예정이다. 이도학은 '夫餘'를 중앙으로 하여 方位名稱을 붙인 것이라고 하였지만 실제의 지리가 반드시 그러하다고 할 수는 없다. 눈강 유역이라고 추측되는 두막루가 '북부여'의 유민이 북방으로 도망하여 세운 나라라는 사실은 북부여가 상상 이상으로 남방에 위치하였음을 시사한다. 눈강 이남에서 본토를 찾아야 하므로 북부여의 고지는 東流 송화강 이남에 위치하였을 것이다. 그 지역은 다름 아닌 農安-吉林 일원에 해당된다. 광개토왕릉비에 좇아서 夫餘와 北夫餘를 구별한다면 原 夫餘는 農安 이남에서 구하여야 할 것이다.

로 東方에 위치하였다고는 할 수 없다. 원주지로부터 동방임은 확실하나 현재 지도상의 遼河 내지 송화강의 동방이라고 볼 증거는 없다. 북부여가 농안 일원이라고 한다면 동부여가 그 동방에 자리할 여지는 매우 적어진다.

동부여를 두만강 유역으로 간주하는 경우 기본 사료인《晉書》의 정확한 해석조차 불가능해진다. 고고학적으로도 두만강 유역에서 부여 문화의 흔적이 아직도 확인되지 않고 있다. 동부여가 두만강 일원이라는 주장은 현실성이 없다고 분석된다.

2. 東扶餘 傳承의 後代性

동부여의 지리를 개관하는 데에 있어서 가장 중요한 지표가 되는 것이 기사 중에 나타나는 太白山 및 鴨淥江이다. 그런데 주지하다시피 太白山은 北魏 시기에 등장한 지명이고 鴨淥江이란 호칭 역시 隋唐 대에 가서나 사서에 나타난다.

그러므로 지명의 출현 시기를 참작한다면 동부여 관계 기사가 문헌에 정착된 것은 고구려 말기에 가서의 일이라고 할 수밖에 없다. 그리고 그것은 동부여 출신 세력의 현실적 정치 역량을 고대에 투영하여 성립된 것이라는 주장이 현재 유력한 학설의 하나로 인정되고 있다.[10] 광개토왕릉비에 추모왕이 북부여로부터 출자하였다고 명기한 이상 당시까지는 고구려의 기원이 北夫餘라고 인정되었다고 보아야 한다는 주장이다. 우리 고전에는 동부여에서 추모왕이 망명하였다고 나타나고 있으나 사료의 성립 시기로 보아서 앞서 건립된 비문을 신뢰하게 되는 것은 자연스러운 일이다.

그런데 이러한 견해에는 몇 가지 문제점이 있다. 첫째, 그러한 논의는 비문에

---

10) 노태돈, 1993.

기록된 설화가 문헌 사료에 전하는 것보다 더 오랜 형태임을 전제로 하고 있다. 그러나 사료의 성립은 늦었다고 하더라도 거기에 담긴 전승 자체는 오랜 경우도 많다. 대표적으로 檀君古記나 駕洛國記가 좋은 예가 될 수 있을 것이다. 자료 성립 연도만 가지고 그 내용의 형성을 순차적으로 배열하는 방법은 지나치게 평판적이다. 둘째, 고구려 말기에 가서 동부여 출신 세력 집단의 발흥이 사상에 전연 확인되지 않고 있다. 따라서 고구려 후기에 가서 동부여 지역 세력의 浮上을 주장하는 견해는 정확히 표현하여 부정도 긍정도 하기 힘든 가설인 것이다. 셋째, 동부여 세력은 고구려 후기에 가서 정치적 입지가 강화되었다기 보다는 약화된 감이 짙다. 그 지역에 이른바 七部靺鞨의 하나인 白山部靺鞨이 등장하고 있는 것이다.[11] 그러한 상황에서 고구려 왕실이, 시조가 백산부 말갈 지역에서 기원하였다고 시조 설화를 개편 또는 재조정하였다고 생각되지 않는다.

그러므로 간단하게 동부여 전승이 후대에 성립되었다고 치부하는 것보다는 후대적 형태로 출현하게 된 里程을 살펴보고 그러한 배경 속에서 설화를 해석한다면 좀더 사실에 접근하기가 유리할 것이다.

1) 太白山

두만강 유역설은 실제 지리 비정에 있어서 상당한 부담을 감수하여야 하였던 것이다. 가령 柳花부인이 쫓겨 살았다고 하는 優渤淵이 좋은 본보기가 되겠다. 우발연은 東明王篇 分註에

지금의 太伯山 남쪽에 있다.

라고 하였고 고구려 본기는 아예 본문에서

---

[11] 백산부를 대부분의 학자들은 두만강 유역으로 상정하고 있다.

太白山 남쪽의 優渤水에서 여자를 얻다.

　라고 명기하고 있다. 이렇게 명확히 서술되어 있는 지리 묘사를 외면하기 어려웠던 것은 불가피한 일이었다.
　통설에는 태백산이 지금의 백두산이라고 되어 있다. 백두산은 해발 2744 미터의 고봉으로서 그 산만 높은 것이 아니라 주위를 蓋馬高原이라는 험준한 산지가 수천리에 걸쳐서 에우고 있다. 상식적으로 보아서 연못이나 큰 강을 상정하기 힘든 지형이다. 우발 연못 漁師의 존재나 주기적인 漁撈 활동 등은 태백산 남쪽에 위치하던 優渤澤의 크기가 상당하였음을 짐작하기에 힘들지 않다. 그 곳에 동부여 왕 金蛙가 직접 순행하기까지 한 것으로 보아 첩첩산중의 奧地였다고 생각하기도 어렵다.
　또 하나 이상한 기록이 있다. 다름아닌 太白山 東南에 있던 荇人國을 시조왕대에 정벌하였다는 기술이다. 고구려가 건국한 지방은 동가강-압록강 일원이므로 그 곳에서 태백산 동남방의 소국을 공격하는 것은 지리적으로 불합리한 점이 너무 많다.[12] 이용범은 고구려가 두만강 유역에서 서진-건국한 것을 전제로 두만강에서 서남하하여 행인국을 공격하였을 것이라고 설명하고 있는데[13] 그것도 堅强이라 아니할 수 없다. 시조왕 당시 동부여는 고구려와 독립된 국가였고 고구려보다 강성하여 그를 통과하여 우회한다는 것도 합당하지 않은 것이다.
　이러한 모순점에 대하여 기록에 대한 회의론이 나타나게 된 것은 당연한 일이다.

　주몽의 재위 시에 그 세력은 그다지 크지 못했다. 고서에는 '扶尉猒을 명하여 북옥저를 정벌하다.'라고 되어 있다. 믿기 힘들다. 주몽은 이러한 원정을 하기가 힘

---

12) 지금의 집안 일대에서 백두산 동남방으로 행군을 하려면 두만강 유역을 통과하거나 아니면 험난한 개마대지를 넘어가는 것이 작전로라고 할 수 있다. 그러나 압록강 계곡에서 상류로 올라갈수록 산세는 가파르고 길은 小路밖에 없다. 더구나 개국한 지 3년 만에 그러한 군사 행동을 벌이고 있다는 것도 믿기 힘들다.
13) 이용범, 1966.

들었을 것이다. 주몽이 정벌한 '荇人國'을 어떤 학자는 길림성 장백현 부근이라고 한다. 역시 불가능하다. 필자는 이른바 '太白山 東南 荇人國'이 홀승골성(*환인 지방 – 필자 주)에서 별로 멀지 않다고 생각한다. 태백산도 지금 장백산이 아니다. 당연히 고구려족이 분포한 지구 중의 한 산이었을 것이다.[14]

劉子敏의 주장은 경청할 여지가 많다고 판단된다. 태백산은 지금의 백두산과는 다른 곳이었을 개연성이 높다. 그러나 그렇다면 왜 그러한 현상이 나타나게 되었을까?

필자는 이러한 모순점을 합리적으로 해결하기 위한 방안을 고안하였으나 쉬운 해결책이 떠오르지 않았다. 문제는 의외의 방면에서 실마리가 잡히게 되었다. 《삼국사기》 원전에 대한 연구 결과 삼국 각국의 본기에는 당대의 유력한 지배 계층의 시조 전승이나 중시조 전승이 생각 외로 많이 편입되어 있다는 사실을 알게 된 것이다.[15]

가령 신라 본기에 보면 초기 기록에서부터 百濟, 加耶, 倭人, 靺鞨 등과 대결하여 전공을 거두고 있는 당혹스러운 기사들이 상당량 나타난다. 종래의 견지에서는 이러한 기록들은 연조가 잘못되었다거나 후세의 조작이라거나 하여 부정적으로 보는 시각이 많았다. 그러나 그러한 전승들은 그 나름의 형성 과정이 있는 것이었고 엄연히 역사적인 배경에서 국사로 편입된 것들이었다. 형성 과정에 대해서는 앞으로의 연구가 있어야 하겠지만 그 기사들은 일차 中古 시기 이전에 문자화되었던 것이라고 판단된다. 國史가 편수되면서 시조, 중시조에 대한 전승이 국사로 편입되어진 것 같다. 국가의 正史에 지배 세력들의 시조전승이 편년, 도입되는 것은 신라만이 아니라 고구려, 백제, 인접한 고대 일본에서도 볼 수 있고 나아가서 고대 중국 등 고대 사회에서 흔히 발견할 수 있는 현상이

---

14) 길림성 사회과학원 高句麗研究中心, 《全國首屆 高句麗學術研討會 論文集》, 1999. "朱蒙在位時的勢力 幷不太大, 古書上記有 '命扶尉厭伐北沃沮'之事, 似不可信. 朱蒙不可能有 此遠征之擧. 朱蒙所伐 '荇人國', 有的學者認爲 地處今吉林省長白縣附近, 更不可能. 筆者認所謂 '太白山東南荇人國' 離紇升骨城 不會太遠, 太白山也不是今長白山, 當是 '古高句麗族' 分布地區中的 一坐山." 55쪽. 劉子敏 교수의 주장이다.
15) 졸저, 1997, 《三國史記原典研究》.

다. 그와 같은 지배층의 시조 – 중시조 전승들을 필자는 '諸侯傳承'이라고 명명하였거니와 정작 제후 전승의 존재는 신라만이 아니라 삼국 각국에서도 상정되는 것이다.

현재 고구려 본기에서 가장 먼저 발견할 수 있는 제후 전승이 다름아닌 太白山 관계 기사임은 필자에게 행운이라고 아니할 수 없다. 먼저 행인국 정벌 기사부터 검토하기로 한다.

六年 … 冬十月 王命烏伊, 扶芬奴 伐太白山東南荇人國 取其地爲城邑.

우선 대상이 되고 있는 '荇人國'이라는 표기 자체가 매우 후대적이라는 점을 지적하지 않을 수 없다. 필자가 문헌, 금석문 자료 들을 망라하여 조사한 借字用例에서 살펴볼 때 '荇'자나 '人'자가 音借로 쓰인 경우는 한 예도 없다. 따라서 이 나라 이름은 고유명칭이 아니라 漢式國名인 것이다. 《春秋》의 필법에 중원 제후는 '公侯'등의 爵名을 붙여서 '齊侯', '魯公'으로 기술하지만 외국 종족은 '越人', '徐人', '翟人'등으로 표현한다. 따라서 '荇-人'은 고구려에서 볼 때 변경 蠻夷 집단으로 간주되던 세력일 것이다. 漢式國名이 보편화된 것은 고구려의 경우 王名이 한자식으로 변환된 광개토왕 – 장수왕 이후의 일일 것이다. 즉 이 행인국 정벌 전승이 문자로 정착된 것은 서기 4세기 이전으로 소급되기 힘들다. 그러한 기사가 시조 본기의 모두를 장식하고 있는 것은 제후 전승의 국사 편입이라는 시각에서만이 올바른 해석이 가능해 보인다. 생각컨대 행인국 복속 전설은 서기 4세기경을 전후하여 문자로 기록되었을 것이다. 그것이 4세기말에 성립된 소수림왕 대의 《留記》에 편입되었는지 아니면 7세기초에 완성된 《新集》에 채용되었는지 확언하기는 어렵다. 다만 기사 중에 '太白山'이라는 표기가 나타나고 있음으로 해서 우리는 그 최종적인 결착이 6세기 이후에 이루어졌다고 판정할 수 있다.

행인국 전승에서 우리가 간과해서는 안될 중요한 요소가 주인공으로 烏伊와 扶芬奴가 나타나고 있는 점이다. 오이는 추모왕을 수종하여 남하한 개국 공신이고 부분노 역시 유리왕 대까지 장군으로 활동하였던 인물이다. 고구려 중세시기까지 그 후손들이 지도층으로서 활약하였을 만한 유력한 인사인 것이다. 특히 烏伊의 첫 글자를 烏씨라고 가정한다면 고구려 멸망 당시에 끝까지 항전하던 장수 '烏沙'라는 인물과 연결될 수 있다.16) 그리고 발해에도 烏씨가 6 大姓 중의 하나로 꼽히고 있음도 참고가 된다. 《魏書》에서도 烏引, 烏違의 두 명의 '烏'성 인물이 등재되고 있다. 이러한 조망에서 볼 때 고구려에서 '烏'씨가 실재하였을 가능성은 매우 높다. 이러한 대귀족들이 그들의 시조가 추모왕을 따라서 건국 과정에 혁혁한 공로를 세웠다고 분식하였을 가능성은 상당히 높다. 실제로 그렇게 인정되는 사례로서 牟頭婁, 高慈 일족을 들고 있다.17) 모두루 가문의 시조 전승은 비록 국사에는 편입되지 못하였지만 시조왕에게 결탁하고 있다는 점에서 烏씨나 扶씨와 같은 범주에 넣을 수 있을 것이다.

扶芬奴 외에 초기에 활약하고 있는 인물로서 扶尉猒이 있다.

十年 … 冬十月 王命扶尉猒 伐北沃沮滅之 以其地爲城邑

여기서도 우리는 제후 전승의 동일한 유형을 파악할 수 있다. 시조왕 대에 강대한 인접국을 정복한 장군으로서 유력한 일족의 인물이 나타나고 있는 것이다. 북옥저라면 대개 두만강 유역이라고 생각되고 있다. 이 북옥저 정벌 설화는 앞서 제시한 행인국 정복 전설과 아울러 강대하던 扶씨 家乘에서 유래한 것이라고 분석된다. 부분노와 부위견 사이의 관계를 지금 밝힐 자료가 없으나 일단 같은 일족이라고 간주하여도 무방할 것이다.18)

---

16) 姓烏 名沙라고 짐작된다. 종말기의 烏씨 인물로서 주목된다. 같이 종군한 장수로는 '饒苗'라는 사람도 확인되는데 이 인물은 말갈 계통이 아닌가 추측되나 자세하지 않다. 饒苗가 말갈 계통이므로 烏沙도 그렇다고 볼 수도 있으나 반대로 烏沙는 비말갈계(중앙군), 요묘는 말갈계(지방군)를 각각 대표한다고 볼 수도 있다.
17) 무전행남, 1989, 〈牟頭婁 一族と 高句麗王權〉, 《高句麗史と 東アジア》, 암파서점.
18) 諸侯 扶씨의 기원에 대해서는 현재 추정할 근거가 없으나 '扶餘'라는 표기와의 유사성을 인정하여 부여 출신으로 간주하고자 한다. 이러한 제후 전승의 사실성 문제는 본고와는 무관하므로 생략한다.

고구려 초기 사료에 산견되는 鳥씨, 扶씨 등 제후 전승의 발견으로써 우리가 얻은 소득은 적지 않다. 우선 그들 사료가 성립된 것이 고구려 초기가 아니라 중세 이후임을 분명히 할 수 있다. 특히 '太白山'의 표기는 그러한 전설들이 정착된 것이 서기 6세기 이후의 일임을 명시해 주고 있다.

다음 太白山 명칭이 이처럼 제후 전승에서 묻어 나온 것이라면 다른 하나의 太白山 기사인 優渤澤 문제에 대해서도 커다란 시사가 된다. 優渤沼가 태백산 남쪽에 있다는 주석은 생각컨대 고구려 후기에 추가된 것임이 분명해 보인다. 동명왕편에 보이는 분주는

優渤澤名 今在太伯山南

이라고 되어 있다.19) 사서 편찬의 시기를 함께 고려하면 이 같은 주해가 첨가된 것은 영양왕 대에 편수된 《新集》에서 이루어졌을 가능성이 높아 보인다. 《신집》이 특히 초기 역사만을 중점적으로 정리하였다는 점도 그러한 추정을 지지해 준다.

2) 鴨淥江

鴨淥江에 대한 분주도 같은 배경에서 이해된다. 압록강에 관한 주석을 보면 첫째가 河伯女의 출신지라고 여겨지는 靑河가

---

19) 여기서 太白山과 太伯山의 차이에 대한 자세한 고증을 펼 여가가 없지만 일단 太白山은 중국식 표기이고 太伯山은 우리 고유식 표기임은 밝혀도 좋을 듯하다. 생각컨대 北魏 시기에 太白山이라는 표기가 나타난 뒤에 고구려·신라에서는 모종의 종교적 이유로 인하여 그 산이름을 太伯山이라고 고쳐 표기한 것으로 추정된다. 따라서 이러한 太白山이라는 표기도 이 분주가 후대에 성립되었음을 시사해 주는 소견의 하나이다. 太白山은 고구려 후기에 가서 지금의 백두산을 지칭하는 이름이 된 듯하다. 여러 가지 정황으로 볼 때 고구려 말기에는 동부여 일대를 지금의 牧丹江·豆滿江 지역으로 생각하고 있었다고 판단되다 까닭에 시조왕 본기에서나 시조 설화에서 태백산에 관한 여러 가지 주석이 등장하게 된 것이다.

지금의 鴨淥江이다.

라고 한 것이고, 엄시수에 대한 분주에서

다른 이름으로 蓋斯水라고 한다. 지금 鴨淥江의 東北에 있다.

란 지적이 그 둘이다. 그리고 曷思國의 도성이 압록강 유역에 있다는 전승도 있다. 해모수가 하백녀와 '熊心山下 鴨淥邊室中'에서 사통하였다는 내용도 음미의 대상이 된다.

　青河가 압록강이라는 해석은 아마도 河伯女의 근거지가 압록강이라는 생각에서 배태된 것 같다. 사실 하천신으로서 하백을 고려할 때에 고구려 당대에 가장 커다란 水系였던 압록강이 하백의 거처로 생각되고 있었다는 것은 이상할 것 없다. 지금도 압록강에는 白龍이라는 水怪가 살고 있다고 전하거니와[20] 이러한 신앙의 기원은 아마도 고구려 시기 이전으로 소급된다고 고찰된다. 중국측 문헌에 보면 고구려가 압록강을 천연의 要害로서 믿고 의지하였다고 되어 있다. 압록강이 국가를 수호하는 자연신으로 인식되고 있었던 것은 아마도 고구려의 河伯信仰과 깊은 관계가 있다고 분석된다. 河伯女에 대한 남다른 숭배는 하백녀가 護國女神이라는 사상에서 유래하였을 것이다.[21] 鴨淥江의 표기에 '오리' 鴨 자가 들어 있고 水色이 鴨頭色이라는 표현이나 하백녀 柳花부인의 神體가 오리처럼 입술이 길었다는 설화 등으로 볼 때 압록강 여신으로서 유화부인의 면모가 요연하게 드러난다고 하겠다. '鴨淥江'이라는 표기의 출현은 그러한 종교적 배경에서 이해되어야 할 것이다. 압록강은 삼국지의 시기에만 해도 그저 '大水'라고만 나타나고 있다. 그에 앞선 漢代에는 馬訾水로 불리었다. 그러다가 압록강으로 불리게 된 것은 빨라도 서기 5세기 이후의 일일 것이다. 鴨淥江이라는 표기

20) 길림성문화관, 1984,《鴨淥江的傳說》, 중국민간문예출판사.
21) 졸고,〈高句麗의 始祖廟에 대하여〉, 본서 수록.

에서 미루어 보더라도 靑河가 압록강이라는 주석이 부가된 시기는 고구려 후기의 일이라고 할 수 있다.22)

葛思國의 성립 설화를 고찰해 보면 동부여 왕의 王弟가 망명군을 이끌고 鴨淥江 유역의 海頭國의 국왕을 살해하고 건설하였다고 되어 있다. 먼저 주목하여야 할 것이 鴨淥江의 표기이다. 이 표기를 근거로 하여 우리는 이 전승이 문자화된 것이 서기 6세기 이후의 일임을 어렵지 않게 짐작할 수 있다. 다음 先住 세력으로 나타나는 '海頭國'의 명칭도 전혀 古拙한 면이 없이 후대적이다. '海'자가 그대로 音借로 사용된 예가 없으므로 이 이름 역시 고구려 후기에 정착된 것이다. 가장 의문스러운 점은 시조 이름조차 전하지 않는 점이다. 시조 개인명은 失傳된 반면 고구려에 내속해 온 중시조 이름만 都頭라고 나타난다. 이것은 설화가 기록으로 옮겨질 무렵에 이미 소국의 역사는 다 망각되고 고구려에 편입된 중시조만 기억되고 있었다는 것을 말해 준다. 즉 내항한 지 상당한 뒤에야 갈사국

---

22) '靑河'라는 하천명도 한식 명칭이므로 후대에 개정된 것이다. 그리고 '鴨淥江'이라는 표기가 5세기 이후에 등장하였다고 해서 하백녀 숭배가 그 시기에 가서 성립되었다고 볼 수는 없다. 하백녀 신앙은 始祖母 경배, 나아가서 水神 내지 地神 숭배에서 기원한 것이기 때문이다. 또한 靑河가 王城의 북방에 있었다는 서술이 주목된다. '城北有靑河'라는 동명왕편 본문이 그것이다. 동명왕편에서 해모수의 강림 설화 직후에 청하 기사가 나오고 있으므로 일단 왕성은 해모수의 왕성이라고 보는 것이 유리하다. 한편 금와왕의 도성이라고 볼 수도 있다. 그럴 경우 현전 고구려본기에서 가섭원에로의 천도 및 금와왕이 즉위한 사실에 바로 잇대어서 금와왕과 하백녀가 해후하는 장면과 선을 댈 수 있을 듯하다. 그러나 고구려본기의 편자도 청하(=압록강)가 해모수의 도성(웅심산하)이라고 생각한 탓인지 하백녀와 해모수의 정사가 이루어진 곳을 압록강, 즉 청하 부근이라고 보고 있다.

해모수의 도읍지는 그가 강림한 웅심산 주위에 건설되었을 것이다. 환웅천왕처럼 산 정상에 城市를 세웠을 수도 있을 것이고 인지의 발달에 따라서 산 아래에 定居하였을 수도 있다. 이 성읍의 북방에 압록강(=靑河)이 있었고 그곳에 살던 하백녀가 웅심산의 호수로 놀러 와서 왕과 정사를 나눈 것이다. 따라서 남녀가 만난 곳은 고구려본기의 표현대로 '熊心山下'이고 '鴨淥邊室中'이 아닐 수 없게 된다. 이로 미루어 보아 고구려본기의 찬자는 동명왕편의 원전인 舊三國史에서 靑河가 鴨淥江이라고 분주된 것을 참고로 하여 '熊心山下 鴨淥邊室中'이라는 작문을 지은 것에 틀림없을 것이다. 구삼국사에서 기원한 듯한 이 '靑河=鴨淥江'설은 장차 다른 기회에 본격적으로 다루려고 하거니와 압록강 중류가 靑河라고 불리었다는 기록은 조선 중기에까지도 남아 있었다(許穆, 〈東事〉, 《眉叟記言》). 연구의 진전에 따라서는 고구려 말기로 소급될 가능성이 있다. 그러나 부여나 동부여의 본토가 현재의 압록강 일원이라고 하는 것은 고고학적인 견지에서 볼 때 무리이다. 靑河에 대한 분주는 중세인들의 史觀이 아닐 수 없다. 일례를 들어 《帝王韻記》에서는 주몽이 남하할 당시 건넌 강이 지금의 정주 大寧江이라고 부회하고 있는데 그것도 물론 고려 시대에 상고사를 당시의 판도 안으로 국축한 데에서 온 비정이다.

전승은 사료화되었다는 것이다.23) 따라서 갈사국 전승은 그 국민들이 부여 계통이라는 것, 시조가 부여 왕족이라는 것, 그리고 선주 海頭國을 합병하고 성립되었다는 것 등 외에는 문자 그대로 믿기 힘든 것이다.

그럼에도 불구하고 갈사국이 압록강 계곡과 연결되어서 기술되고 있는 것은 그 후예들이 압록강에 연고를 갖고 있었던 사실의 반영이라고 할 수 있다. 그들이 압록강 일원으로 모습을 드러낸 것은 고구려에 복속한 뒤 고구려 측의 徙民策에 의한 것이라고 간주된다. 갈사국 유민들은 移置된 뒤에 신개척지였던 압록강 골짜기에서 그들이 상고로부터 그 곳에서 선주민을 정복하고 개국한 것처럼 지명을 이동시킨 것 같다. 內地로 遷徙된 갈사국 지배층들은 고구려의 지도 계급으로 성장하여 나갔을 것이다. 그들의 족적이 비교적 자상하게 사서에 남아 전하는 것이 그러한 사실을 반영해 주고 있다. 갈사국 전승은 고구려 역사에 전하는 대표적인 諸侯 傳承의 하나라고 할 수 있다.

본래 갈사국의 위치는 현재 알 수 없으나 서방이든 북방이든 간에 일단 동부여 위치보다 고구려로부터 더 먼 곳에서 탐색하여야 할 것이다. 사실 처음부터 동부여에서 압록강 계곡으로 이동하여 왔다면 고구려의 공격을 피하여 새로운 나라를 건설하는 행동이 아니라 고구려에 내속하여 온 것이 된다. 그러나 국조왕 대까지 그들은 독립하여 있었다. 그것은 당시 그 도읍이 고구려 대무신왕의 예봉을 피할 수 있을 만큼 멀리 떨어진 지역에 있었음을 증거해 주는 것이다. 이러한 지리 감각에서 미루어 볼 때 아마도 曷思水는 西遼河 유역일 것으로 짐작된다. 실제로《金史》에 보면 거란 上京 臨潢府 부근에 그와 비슷한 지명이 나타난다.《金史》,《遼史》등에 시라무렌 강 유역에 赫沙河, 轄沙河가 나타난다. 지금의 우리치무렌(= 金粟河)으로 생각되고 있다. 金代에는 蒲與路(= 克東縣城) 부근에 曷蘇昆산이 있었다. 역시 주목되는 지명이라고 아니할 수 없다.24) 이렇게 曷思

---

23) 그러한 史實의 退色 내지 착오는 갈사왕의 孫女가 고구려 대무신왕의 次妃가 되었다는 소전에서도 짐작할 수 있다. 갈사왕국이 건립된 것이 대무신왕 5년 경인데 10년 뒤인 왕 15년에는 벌써 그 소생인 왕자 好童이 樂浪國을 멸망시키고 모해를 받아 자살하고 있다. 분명히 연조나 아니면 사실에 착오가 있는 것이다. 世代를 신용한다면 갈사국의 형성은 대무신왕 대로부터 2~3 대 소급되는 시기, 즉 고구려의 건국과 거의 같은 시기에 이루어진 것으로 생각된다.

水를 西遼河 일대로 볼 때 우리는 비로소 고구려의 공격을 받은 동부여 세력의 망명 방향에 대하여 정확한 인식을 가질 수 있으리라고 본다.

太白山이나 鴨淥江 등의 지명 표기는 대개 서기 6세기 이후에 성립된 것이다. 따라서 그러한 後代的 용어로써 주석되어 있는 荇人國 전승이나 柳花 설화, 鄒牟왕 전설, 曷思國 관계 기사 등은 6세기 후에 새롭게 비정되고 윤색된 것 같다. 그러한 작업은 시기로 보아서 《新集》에서 이루어졌을 것이다. 그러므로 이러한 기록을 문면 그대로 신용하고서 동부여의 지리를 비정하는 것은 방법론적으로 문제가 있는 것이다.

3) 東扶餘 地名의 分析

광개토왕릉비에 보면 동부여 지리에 대한 약간의 정보를 얻을 수 있다. 그 중에 4개의 鴨盧가 나타나고 있다. 대왕의 정벌에 항복한 동부여 세력 중에서 4명의 鴨盧가 고구려 군대를 따라서 귀화하였다고 한다. 여기에 보이는 鴨盧를 학자들은 지방 관명이나 邑號, 城號 등으로 해석해 오고 있다. 鴨盧를 어떻게 정의하더라도 네 地方에 연고가 있는 것을 부정하기 힘들다. 네 곳의 이름은 다음과 같다.

味仇婁, 卑斯麻, @社[25)]婁, 肅斯舍

첫머리에 나오는 味仇婁는 북옥저의 일명 '置溝婁'와 관련해서 여러 가지 비정이 제안되었다. 그러나 置溝婁와의 연결은 '東夫餘=北沃沮'설에 기반한 외에 다른 근거가 없다. 置溝婁는 '置-城'으로서 고구려 동북방 기지인 柵城에 해당

---

24) 賈敬顏, 1994,《東北古代民族古代地理叢考》, 중국사회과학출판사, 119쪽.
25) 석독에 따라서 다음과 같이 읽히고 있다. '社', '杜'.

되기 때문에 '置'자를 '買'자로 바꾸어 볼 여지가 없다.26) 그러므로 味仇婁는 이병도 설처럼 '매구루'로 읽어서 비정하여야 한다. 이병도 박사는 水原 '買忽'과 같은 의미라고 지적하였는데 탁견이라고 생각된다.

일단 정리해 두어야 할 점은 '味仇婁'를 동부여 都城으로 인정하기 어렵다는 사실이다. 비문에 都城은 '餘城'이라고 명기되어 있다. 餘城을 味仇婁라고 별도로 표현하였을 가능성은 희박하다고 여겨진다. 실제로 東夫餘 都城(餘城)은 '迦葉原'이라고 전해오고 있다.

다음 네 번째의 '肅斯舍'에서 주목되는 것은 어미의 '舍'이다. 高句麗 – 加耶 지명에서 어미의 '舍'은 '山嶺', '山峽' 등으로 해석된다.

阿珍舍27), 阿珍押　　　安峽(이천 안협)
烏斯舍達　　　　　　兎山(철원 토산)
達舍28), 速舍29)　　　天嶺(함양)

대체로 강원도 북부 임진강 상류와 지리산 일원에 분포하고 있다. 고구려 – 가야 고지라고 할 수 있다. 특히 강원도 일대는 濊의 거주지라고 간주되고 있는데 濊와 東夫餘도 서로 무관하다고 할 수 없다. 유사한 방언을 사용하였을 개연성이 큰 것이다. 加耶語 역시 고구려 언어와 상통한다고 한다.30) 고구려를 축으로 하여 동부여 – 예 – 가야 등이 문화적으로 연결될 소지는 다분하다. 이러한 추측이 일리가 있다면 우리는 동부여에서도 '–舍'을 포함한 지명이 존재하였다고 인정할 수 있다. 특히 '肅斯 – 舍'과 '速 – 舍'의 유사성은 매우 흥미를 끄는 점이다. 山岳 관계 지명의 존재는 東夫餘 地形에 대한 추적에서 유력한 시사가 된다.(後述)

---

26) 송호정, 1992,《한국사》4, 부여. 180쪽.
27)《三國史記》신라 본기 문무왕 7년 조.
28)《三國史記》신라 본기 문무왕 13년 조.
29)《三國史記》地理志.
30) 이기문, 1967,〈韓國語形成史〉,《韓國民族文化史大系》제5호, 92쪽.

'⑩杜婁'도 지형을 암시하는 지명이라고 할 수 있다. 고구려 차자법에서 '杜' 자가 사용된 경우는 드물다. 그에 비하여 유사한 字形을 갖고 있는 '杜'자는 널리 쓰인 글자이다. 따라서 본고에서는 '-杜婁'로 읽고서 논지를 전개하겠다.

'-杜婁'는 고대 지명에서 흔히 발견되는 '-達', '-突', '-珍', '-周留' 등과 같은 어원이 아닌가 고찰된다. 山岳을 지칭하는 지명 어휘인 것이다. 《金史》에 보면 '完度婁山'이 나타난다. 대개 지금의 하르빈 근처의 完達山 일대인 듯하다. 여기의 '-度婁'는 비문의 '-杜婁'와 용법이나 의미에서 거의 일치하는 것 같다. 앞의 '肅斯-舍'이 '山嶺'이었던 것처럼 '⑩杜婁' 역시 '山岳'이라고 판단된다. 後述하겠지만 동부여에는 高大한 山岳이 펼쳐져 있었다. 그러한 지형에서 이같은 지명이 사용된 것은 자연스러운 일이다.

'卑斯麻'의 '斯麻'는 백제 무녕왕의 이름에서도 사용된 어휘로서 고대어 '섬(島)'을 뜻한다. 그러나 '섬'이라는 어미가 반드시 島嶼 지방에만 국한되어 사용된 것으로 생각되지 않는다. 따라서 이 지명은 島形 지형에 사용되었을 것으로 추정된다. 한편 고구려 시조 전설에는 '普述水'라는 하천이 나타난다. 고구려 언어에서 '水'는 '買'라고 발음되었다. '普述水'는 다름 아닌 '普述買'라고 복원할 수 있다. '普述買'가 '卑斯麻'와 비교될 여지도 많아 보인다. 東夫餘에 있었던 大水(普述買 = 卑斯麻)에서 3인의 賢者가 유래하였다고 전승되어 온 것은 아니었을까? 31) 朱蒙, 琉璃, 车頭婁 등의 남하 전설을 참고해야 할 것이다. 그렇다면 卑斯麻는 大水 지명일 것이다. 32)

동부여에는 山岳과 大水 지형이 병존하고 있었다고 판단된다. 의외로 海洋 지명은 나타나지 않고 있음을 유념할 필요가 있다.

---

31) 그런 의미에서 유념되는 것이 普述水를 開原河로 비정하는 설이다. 《全遼備考》권2 산천.
32) 광개토왕릉비에는 '東海賈'가 나타나고 그 곳은 동해안 세력이라고 학자들 사이에 견해가 일치되고 있다. 비문은 사전에 동해안 복속을 명확히 제시하고 있는 것이다. 그러므로 비문의 동부여는 동해안이 아니라고 판단된다. (송호정, 187쪽)

3. 東扶餘 位置의 比定

1) 東扶餘의 地形과 地勢

이제 동부여의 지리에 관한 전승 중에서 太白山, 鴨淥江과 연결된 지형들을 제거하고 나서 본연의 동부여 지형을 살펴볼 차례가 되었다. 원래의 동부여 지리가 어떠한 것이었나를 일별하여 보고 위치를 비정하고자 한다.

고전에 의하면 東進하여 간 동부여의 영역 안에서 다음과 같은 지리상의 특징들이 확인된다. 첫째, '東海'의 바닷가에 '迦葉原'이라는 평원이 있었다. 여기서 海邊이라는 점은 뒤에서 상론하기로 하자. 둘째, '優渤水' 또는 '優渤淵'이라는 연못 내지 강이 있었으며 셋째, 다시 그 남방 국경선으로서 '淹㴲水'라는 강이 있어서 졸본과의 경계를 짓고 있었다.[33] 동부여와 고구려 사이에는 '鶴盤嶺'이라는 험준한 산맥이 가로막고 있었고 그 산맥에는 '車廻谷'이라는 깊은 골짜기도 있었다. 이러한 내륙적인 지역으로 해부루는 동진하여 간 것이다. 마지막으로 동부여 王城의 남쪽에는 넓은 평원과 低濕 지대가 있었다. 이 평원 지대에서 고구려와 동부여는 생사를 건 일대 결전을 벌였다. 고구려 왕은 그 곳에서 부여왕을 목베기는 하였으나 여러 겹의 포위를 당하였다가 가까스로 헤쳐 나오고 있다. 이러한 포위 작전이 가능할 만큼 동부여에는 넓은 들판이 남방에 벌어져 있었다.[34] 이렇게 高山 深谷과 함께 너른 平原에 河川이 많은 지형은 海岸 지방에서 찾아보기 힘들다. 그리고 호수나 강에서 漁撈 작업을 담당하

---

[33] 엄체수는 설화 속에서 분명히 전하는 것처럼 龜鼈의 도움을 받아서 건널 수 있는 강물이므로 문자 그대로 大水(큰 강)라고 말하기 힘들다. 광개토왕비문이나 위서에서 이를 '大水'로 표현하였다고 하여 송화강 같은 대하천을 상상하는 것은 위험하다. 필자의 관견으로는 추격군이 계속 쫓아오지 않은 것은 江流가 큰 것만 시사하는 것이 아니라 정치적, 사회적 境界線을 蹂越하였음을 의미한다고 생각된다. 엄체수는 관념적인 水平인 것이다.

[34] 青河나 熊心山 등의 지명은 추측컨대 동부여에 위치한 것이 아니라 北扶餘 일원에 있던 산천인 듯하다. 해모수와 함께 나타나고 있기 때문이다. 따라서 이들 지명, 지형은 장차 북부여의 지리를 고찰할 때에 참고하여야 할 것이다.

는 '漁師'가 있어서 漁撈 經濟도 중요한 한 몫을 하고 있다. 이 '漁師'는 해안 어로를 담당한 것으로 추정되는 신라의 '海尺'과 비교해 볼 때 다른 성격임을 짐작할 수 있다.

동부여의 경제 활동들을 살펴보면 금와왕이 수렵을 즐겨 하고 있으며 커다란 牧場을 국가적으로 경영하고 있다. 國營牧場의 존재는 목축 경제를 강력히 시사하는 것으로서 두만강 유역의 사회와는 다른 소견이다. 이것은 서방 몽골 고원에서부터 홍안령 高地, 科尒沁 – 郭尒羅斯 草地 및 눈강 평원으로 이어지는 초원에서 나타나는 풍경이 아닐 수 없다. 목장의 존재는 동부여가 해안 국가라는 관념에 대해 부정적이다. 아니 그 점에 근거하여 말한다면 동부여는 목축을 영위하는 內陸 국가임이 분명해 보인다.

이러한 지형에 합당한 지역을 살펴보면 당연히 송화강 유역과 요하 유역이 먼저 손꼽힌다. 鏡泊湖나 牧丹江 유역은 후보지로서는 손색이 없다. 그러나 고고학적으로 부여 문화와 연결될 만한 유적이 없고 판이하게 다른 옥저 문화(團結 문화, 東康 문화, 뽈리쩨 문화)나 읍루 문화(滾兎嶺 문화)가 나타난다. 문헌학적으로도 부여는 송화강 유역 내지 그 서방에서 찾아야 한다.

그리고 중요한 것은 동부여와 졸본의 경계선상에 엄체수라는 하천이 있고 鶴盤嶺 및 車廻谷이라는 험준한 山谷이 가로막고 있다는 점이다. 동가강 – 소자하 유역에서 그러한 산지 장벽을 넘어 위치하는 지역은 대개 지금의 송화강 유역, 동료하 – 요하 유역이라고 지목할 수 있다.[35]

《삼국사기》의 기록을 존중한다고 할 때 그리고 주몽의 활동 지역이 지금의 동가강, 압록강 일대라고 할 때, 주몽이 출발하였던 동부여를 지금 동가강 유역의 정북방이나 서북방, 아니면 동북방에서 잡아야 한다.[36] 이 세 가지 가능성에

---

35) 참고로 두만강 유역과 동가강 유역 사이는 직접 연계되지 않고 모란강 유역, 송하강 상류 및 휘발하 유역을 거쳐서 우회적으로 만나게 된다. 그리고 太白山 천연 장벽으로 차단되고 있다.
36) 강원도 설 주장자는 주몽이 강원도 해안 지방에서 함경산맥과 낭림산맥의 험준한 척량 산맥을 넘어 서북방으로 진출하였다고 생각하고 있다. 그러나 고고학적으로도 근거가 없고 고대 우리 민족 이동의 대세가 東進 또는 南下이던 것에 비추어 볼 때 흐름을 역행하는 견해가 아닐 수 없다. 또한 고구려 시조가 동해안에서 발원하였다면 《三國史記》 등 국내 사서에서도 일말의 방증 사료가 확인되어야 할 터인데 그렇지 못하다.

대하여 생각해 보자.

먼저 동북방이라면 현재의 길림 일대가 될 것이다. 그러나 길림 일원을 동부여로 보기는 힘들다. 고구려가 서기 1세기에 길림 지역을 장악하였다고 볼 수 있는 증거는 거의 없다. 송화강 유역은 서기전 1천년기에 걸쳐서 이른바 西團山 문화가 번성하던 지역이다. 그런데 서단산 문화는 고구려 문화와 상이하다. 또 그 곳은 여러 학자들이 묵시적으로 인정한 것처럼 '바다'나 '호수'의 아무런 흔적이 없다. '東海'라는 표현과 결부될 수 있는 조건이 결여되어 있다.[37] 그리고 그 곳을 동부여라고 한다면 남은 하나 북부여는 과연 어디인가 해답이 옹색해진다. 따라서 남은 가능성은 정북방이나 서북방을 꼽을 수 있다. 그러나 서북방은 遼西가 되어 너무 서방으로 치우쳐서 부여 문화권에서 일탈하는 감을 감추기 힘들다.

그러므로 동부여 故地는 遼河 중류 – 東遼河 유역이 가장 적절하다고 할 수 있다. 동가강 유역의 북방에 있었다면 대체로 보아 지금의 遼河, 東遼河 유역에 있었을 것이다.[38] 그러나 단순히 지리적인 관점보다 지형적으로 과연 遼河 유역이 문헌 기록처럼 '東海' 지방이라고 불릴 수 있을 것인가가 문제가 될 것이다.

동부여는 전승상에서 분명히 내륙 국가적인 면모를 짙게 드러내고 있었다. 그런데 그 곳이 '東海之濱'이라고 되어 있다. 여기서 '海', '바다'라는 소전은 어떠한 의미를 가진 것인가 추적해 보지 않을 수 없다. 고대에도 지금처럼 '東海'가 '韓國海(日本海)'를 가리킨 것인가 검토해 볼 필요가 있다.

---

37) 간혹 海龍 일대의 휘발하 유역을 東扶餘라고 비정하는 견해를 보는데 그 곳도 바다와의 연결이 힘들다.
38) 그렇게 되면 이 곳으로 東進해 오기 이전의 古都를 더 먼 요서 지방에서 찾아야 할 것이다. 그 개연성은 상당히 높아지고 있다. 실제로 遼西의 康平 일대에는 貊族의 문화라고 추정되는 유적들이 확인되고 있다. 최근에는 대릉하 유역의 비파형동검 문화의 荷擔者가 다름아닌 濊貊族이라는 견해도 제출되었다. 문헌에서도 管子에서부터 山海經 등 중국 고전에 遼西 일원일 것으로 간주되는 지역에 '濊貊' 내지 貊, 北貊 등이 나타나고 있다. 그러므로 遼西 지역에서 夫餘나 고구려의 선대라고 할 수 있는 貊族의 종적은 문헌에서 확인되며 장차 고고학적으로도 분명히 할 수 있을 것이다. 別稿 예정.

2) 東海와 遼海

주몽은 동부여에서 남하하였고 동부여는 東海 가에 위치하였다. 그러므로 東海를 구명하면 동부여의 지리가 분명해진다고 할 수 있다.

돌이켜보면 고대로부터 현금에 이르기까지 북방 초원 세계에서는 大洋의 바다만 '海'라고 지칭하는 것이 아니라 내륙의 큰 湖水들을 전부 '海'라고 칭하고 있다. 淸의 吳承志는 중국 서북 지방의 사막 지대를 서술하면서

凡西北之水 入澤中者 志或云入海也(水道3)[39]

라고 하였다. 《漢書》 地理志에서 '湖水'들이 대부분 '바다'라고 표현되고 있다는 것이다. 《史記》 이래로 몽골 고원에 위치한 것으로 나타나는 '瀚海'는 차치하더라도 티베트에 '西海'가 있으며 황하 상류 근처에 '烏海', 回鶻전에 '劍海'가 高昌전에 '赤海', '栢海'가 유명하였다. 거란이 흥기할 때에 동방에 '鎭東 海口'가 있었으며 《金史》에도 '北琴海'가 보이고 있다. 지금 우리가 알고 있는 西藏 고원의 靑海도 湟海도 큰 호수이고 고비 사막의 호수인 居延海에서는 簡冊이 발견되어서 유명해졌고 사서에는 '蒲類海'가 나타나며 카스피 바다는 호수이지만 고래로부터 '裏海'라고 하고 있고 아랄 호수는 咸海라고 불리우며 이씨크 호수도 熱海라고 불리운다. 북경에서는 지금도 시내의 호수를 北海, 中南海 등으로 부르고 있으며 바이칼 호수가 중국 고전에 보이는 '北海'라고 보는 것이 통설이다. 산서성에 있는 호수는 산간에 위치하면서 '岱海'라고 통칭하며 達里諾爾 호수는 達里海(子)라는 이름으로 더 유명하고 呼倫諾爾 호수 역시 呼倫海(子)라고 불린다. 발해 왕국의 宣王은 영토를 크게 개척하여 유명한데 그가 복속시켰다는 '海北諸部'는 지금의 鏡泊湖 북방의 여러 부족들을 지칭한다는 것이 통설이다.

---

[39] 《漢書》 地理志에는 많은 수의 보기에서 호수를 특히 중국 북방, 서방의 경우 '海'라고 하였다. 吳承志, 《漢書地理志水道圖說補正》,《二十五史補編》 제1책, 불함문화사.

따라서 고대에 東海가 반드시 지금의 동해를 가리켰다고 보기는 어렵게 되어 있다. 오히려 초원 문명에 가까웠던 부여 사람들에게 있어서는 큰 호수를 '바다'라고 불렀을 가능성이 크다. '東海'는 다름아닌 동쪽의 큰 호수일 가능성이 높은 것이다. '東海'라는 전승을 담당하여 왔던 주체는 부여 인민들이었다. 그들의 언어와 개념으로써 동부여의 지형을 묘사하고 전설 속에 담아 후세에 전한 것이다. 夫餘語의 자료는 일실(逸失)되어 제시하기 어려우나 '바다'와 '호수'를 가리키는 언어가 하나였을 가능성이 높다고 고찰된다. 같은 알타이 어족에 속하는 몽골어에서 바다와 함께 호수를 tenggis라고 통칭하며[40] 북방 초원 민족의 민속이 많이 녹아들어 있는 러시아어에서도 mope가 '바다', '호수'를 함께 가리킨다.[41] 지금도 길림성 農安 이북 嫩江 유역에서는 湖水를 현지어로 '泡'라고 하는데 한자로 표현하기 위하여 堅强附會로 '泡'자를 쓰고 있다. '泡'는 현대 중국어에서 /pao/로 읽힌다. 필자가 보기에는 이 'pao'도 고대 한국어 '波旦, 波利'(모두 〈海〉의 의미)와 연관되는 것이 아닌가 분석된다.

고구려의 정북방은 鐵嶺, 開原인데 이 곳은《盛京通志》에 夫餘王城이라고 기록되어 있다.[42] 그런데 이 개원 일대는 고래로부터 '遼海'라고 지칭되어 오고 있었다.《全遼志》開原 조에 보면 다음과 같이 나타난다.

大創忽兒河〈城西北一百里 源出分水嶺 西流入遼海〉
艾河〈城東北二百五十里 源出那丹府西 流至黑嘴 與土河會 別名遼海〉
遼海〈城西二百五十里 源接艾河 流入梁房海口〉 (권1, 山川, 開原)

다시 말하자면 이 곳 개원 부근의 遼河가 바로 '遼海'라고 불린다는 것이다. 과연 이 개원성에는 明-淸代에도 '遼海衛'가 설치되어 있었다. (같은 책, 권1, 圖

---

40) 小澤重男, 1983,《現代モンゴル語辭典》, 대학서림.
41) 和久利誓一, 1992,《岩波ロシア語辭典》.
42) 그 영향을 받은 것인지 알 수 없으나 조선 후기에는 扶餘王城이 開原 일대라고 알려져 있었다. 檀君의 아들 夫婁가 북방으로 이동하여 개원에서 북부여를 건설하였다는 설이 그것이다.《東國通志》권 5. 참조.

考) 고대에 이 곳은 '바다'라고 불렸을 가능성이 보인다. 그 사실을 시사해 주는 것이 고구려 말기의 다음과 같은 기사이다. 당나라 장군 설인귀가 부여성을 공격하고 나서

遂拔扶餘城 扶餘川中四十餘城 乘風震慴一時送款 仁貴 便並海略地 與李勣大會.(《구당서》권83, 본전) 마침내 부여성을 뽑다. 扶餘川 가운데의 40여 성이 바람을 타듯이 놀래어 일시에 항복하다. 간단히 바다를 아우르고 땅을 공략하다. 이적과 크게 만나다.

攻扶餘城 … 拔其城 因旁海略地 與李勣軍合 扶餘旣降　四十城 相率送款 威震遼海. (《신당서》권111, 본전) 부여성을 공격하다. …… 그 성을 뽑다. 인하여 바다를 곁에 두고 땅을 공략하다. 이적의 군대와 합하다. 부여가 항복하자 그 밖의 40성이 서로 이어서 내속하다. 위명이 遼海에 떨치다.

위 사료는 唐代에도 부여성 인근의 지방을 '遼海'라고 부르고 있었음을 명시해 준다. 설인귀가 부여성을 치고 나서 이적과 합류하는 과정에서 나타나는 이른바 '並海略地(바다를 아울러서 땅을 공략하다)', '旁海略地(바닷가를 끼고서 땅을 공략하다)', '治海略地(바다를 다스려 땅을 공략하다)'[43] 내지 '遼海'를 아직까지는 정확히 해석하지 못하였다.[44] 遼河 중류에서 바다를 상상하기 힘들었기 때문인 것이다. 그러나 이제 우리는 이제 '바다'가 바로 '遼海'이며 설인귀는 이 바다를 돌아가면서 공격하였고 항복을 받으면서 남하하여 이적의 군대와 합류하였다고 자연스럽게 깨우치게 된 것이다.

나아가서 北周 시대에도 突厥이 이 지방을 '遼海'라고 호칭한 것으로 나타나고 있다.

---

43) 《책부원귀》권655. '旣降扶餘川 遂治海略地'. 설인귀전.
44) 池內宏 이래로 和田淸을 거쳐서 日野開三郎에 이르는 일본 학계가 대표적이다. 지내굉 – 화전청은 부여성을 함경남도 해안에서 구하였고 창도 북방 四面城으로도 비정하였다. 바다는 요동 해안이라고도 주장하였다. 護岡田, 1990, 《民族の世界史》권4 中央 ユラシアの世界, 39쪽. 심지어는 '遼海'를 사가들의 안출이라고까지 극언하고 있다. 日野開三郎, 1991, 《東洋史學論集》中, 삼일서방, 280쪽.

> 又西破厭噠東舟契丹 北幷契骨 威服塞外諸國 其地 東自遼海以西 西至西海萬里.(《周書》권50, 돌궐전)

이 기록은 이미 6세기 때에 遼河 중류 지방이 '바다'라고 불리고 있었음을 확인시켜 준다. '西海'에 대조시키는 말투로 '東海'를 나타내려고 하였다고도 생각된다. 이 東海가 바로 東扶餘 설화 중의 東海임을 짐작하기 어렵지 않다.[45] 상고에서 고대에 걸쳐서 지금의 開原-鐵嶺 일대는 低濕地를 연하여 河流가 정체되면서 광활한 호수로 되어 있었다고 고찰된다. 그 당시에 정착된 '遼海'라는 지명이 그대로 남은 것이다.[46]

이보다 앞서 건립된 廣開土王陵비에도 遼河 유역에 '바다'라고 불리던 지명이 확인된다. 永樂 5년 碑麗 공격 후에 대왕은 대체로 보아 지금의 遼東 지방을 순수하여 귀환하고 있다. 그 巡歷한 지명 중에 다음과 같이 '海'자를 대동한 지방이 나타난다.

> 於是旋駕 因過 笞平道東來 @城, 力城, 北豊, 五備海 遊觀土境 田獵而還

여기 나타나고 있는 '五備海'를 종래 사가들이 이해하기 힘들었다. 그래서 끝의 '海'자를 '獵', '貊' 등으로 읽어 온 것이다. 遼河 유역에서 바다를 생각하지 못

---

45) 고구려사에도 '東海'나 '南海', '西海'와 아울러 '北溟' 등의 바다를 가리키는 지명이 많이 나타나고 있다. 종래의 통설은 이들을 전부 해양으로 간주하는 경향이 있었지만 필자는 그러한 안이한 해석에는 불만이다. 일례를 들어서 국조왕 55년 조에는 '冬十月 … 東海谷守 獻朱豹 尾長九尺.'이라는 기사가 나온다. 동해 바닷가의 군수가 붉은 표범을 헌상하였다는 것인데 꼬리 길이가 아홉 자나 되었다고 한다. 종래 고구려 본기에 나오고 있는 '東海人', '東海谷', '海谷' 등을 대체로 동일시해 온 듯한데 위의 기사를 음미해 보면 간단히 '東海谷'이 해안이라고 할 수는 없음을 알 수 있다. 바닷가에 어떻게 붉은 표범이 특산물로 생산될 수 있을 것인가? 여기의 '東海'는 동방에 있는 鏡泊湖水를 지칭하고 있다고 여겨진다. 그렇다면 그러한 산간 호수에 면한 지역에서 표범이 소출되었다고 해도 이상할 것이 없는 것이다. 부언하자면 국조왕 본기에서는 지금의 東海로 진출한 것을 동쪽으로 '滄海'에 이르다 라고 기술하고 있다. 같은 본기 내에서 동해를 두 가지로 표현하였다고 생각하기는 힘들다고 생각된다.
46) 郭沫若이 감수한《中國歷史地圖》에도 만주 북방 嫩江 유역에 광대한 호수가 그려져 있다. 호수의 위치에 대해서는 별도의 논의가 되어져야 하겠지만 고대 海進과 아울러 內水面에서도 수면 상승이 있었을 것은 당연하다. 수면이 올라가면서 低濕地가 호수를 형성하는 것은 흔히 보는 일이다.

하는 한에 있어서는 당연한 이론이라고 할 수 있다. 능비문에서 이 세 글자는 대부분의 학자가 일치되게 '五備海'라고 판독하고 있다. 따라서 원문 그대로 인정되어야 마땅하다. 遼河 일원에 遼海라는 너른 호수가 고대에 존재하였고 그것을 부여나 고구려 인민들이 '海'라고 호칭하였다고 간주하는 입장에서는 비문의 '海'자는 종요로운 단서가 되는 것이다. '海'자 앞의 '五備'는 당연히 호수의 이름일 것이다. 당대의 명칭을 그대로 표기한 것이다. 후대 지명에 보이는 '鴨水'는 'アビル・オビル'와 연결되는 듯하다. '五備'는 그 漢譯이라고 고찰된다.

시기를 좀더 거슬러 올라가면 서기 2세기경의 기록에도 遼河 일원에 海洋으로 호칭되던 지역이 있었음이 인정된다. 당시 鮮卑族 檀石槐라는 인물이 遼西에서 발흥하여 동방에 커다란 전운을 몰고 왔던 것은 잘 알려진 일이다. 그런데 그가 시라무렌 강에서 漁撈를 하는 노동력이 필요하게 되자 동방의 倭人國 또는 汗國을 정벌하였다고 되어 있다. 그리하여 '汗人', '倭人'을 시라무렌 일원으로 徙民시켜 어로를 맡겼다는 것이다.

檀石槐 乃自徇行 見烏侯秦水 廣從數百里 水停不流 其中有魚 不能得之 聞倭人 善網捕 於是 東擊倭人國 得千餘家 徙置秦水上 令捕魚 以助糧食(《후한서》권90 선비전)

여기의 倭人, 倭人國을 《三國志》권30 선비전에서는

聞汗人善捕魚 於是檀石槐 東擊汗國 得千餘家

라고 보이는 것처럼 여기서 '倭'자가 '汗'자로 바뀌어 있다. 일설에서 '汗人'이 아니라 '汗(오)人'이고 '倭人國'도 '汗(오)人國'이라고 하는 견해도 제출되어 있다.[47] '汗(오)人'을 '濊人'으로 '汗(오)人國'을 '濊人國'으로 재해석하는 것이다. 烏

---

[47] 山尾幸久, 1985, 〈中國史料に 見える 「倭」と 「倭人」〉, 《東アジアの古代文化》44호, 145쪽. '汗'는 '烏瓜切'이다.

侯秦水는 현재의 老哈河이다.

　주목되는 것은 단석괴 세력의 동방에 漁撈를 주업으로 하는 종족이 존재하였다는 표현이다. 이에 근거하여 일부에서는 단석괴가 黃海를 남하하여 濟州道에 상륙하였다고 생각하기도 하였고, 倭人이라는 표현에 유의하여 단석괴 일단이 고대 日本에도 세력을 떨쳤다고 주장하기도 한 것이다.[48] 그러나 실제로 海上 루트를 통하여 선비족이 이동 - 진격하였다고 보기에는 여러 가지 점에서 무리가 많다. 예를 들어 선비족이 과연 서기 2세기 당시에 그러한 군사력을 운송할 만한 海軍力이 구비되어 있었다고 보기는 힘들다. 선비족은 狩獵 - 遊牧 형태의 경제 생활을 영위하고 있었다. 따라서 倭人이 다름아닌 濊人이라는 견해는 당시 상황을 놓고 생각한다면 가장 온당한 입론임을 수긍할 수 있다. 문제는 왜 그 지역이 '海洋'인 듯 표현되고 있느냐 하는 점이었다. 그 점이 이해되지 않는 한 설득력이 없었던 것이다.

　그런데 위에서 지적한 것처럼 遼河 中上流에 遼海라는 광대한 湖水가 貯溜하고 있었음을 안다면 그러한 문제는 자연스럽게 해결된다. 다시 말해서 단석괴가 정벌한 동방의 어로민은 통설대로 '濊人'인 것이다. 거주지가 당시 호수였던 遼海에 인접하고 있었던 까닭에 '汗人(汗人)'으로 표기되기도 하였던 것 같다. 그들이 遼海岸에서 생활하면서 어로 기술에 남다른 발전을 보여 주었던 사실을 이로써 미루어 추찰할 수 있다. 고구려 사료에 의한 것이지만 夫餘族들이 河伯을 숭배하고 있었다. 그러한 배경에는 그들의 경제 활동이 遼海 해안에서 이루어지던 점이 중요한 요인이 되었을 것이다.

　근세 이전에 가장 광범위하게 애용되던 地圖인《廣輿圖 全書》遼東 부분에 보면 東遼河와 遼河가 합류하는 지점 北岸에 커다란 湖水를 그려 놓고 있다. 그 지명이 '五里(海)'라고 하였다. (그림 - 참조). 이 '五里海'는 上代의 '五備海'에 연결되고 고구려 지명 '烏列忽'에 이어지며 지금의 '艾河', '遼河'명칭에까지 흔적을

---

48) 佃收, 1997,《倭人のルーツと渤海沿岸》, 星雲社. 에서는《詩經注》白狼水 조에 보이는 '倭城'에 주목하여 倭人이 그 곳에 移置된 것으로 이해하고 있다.

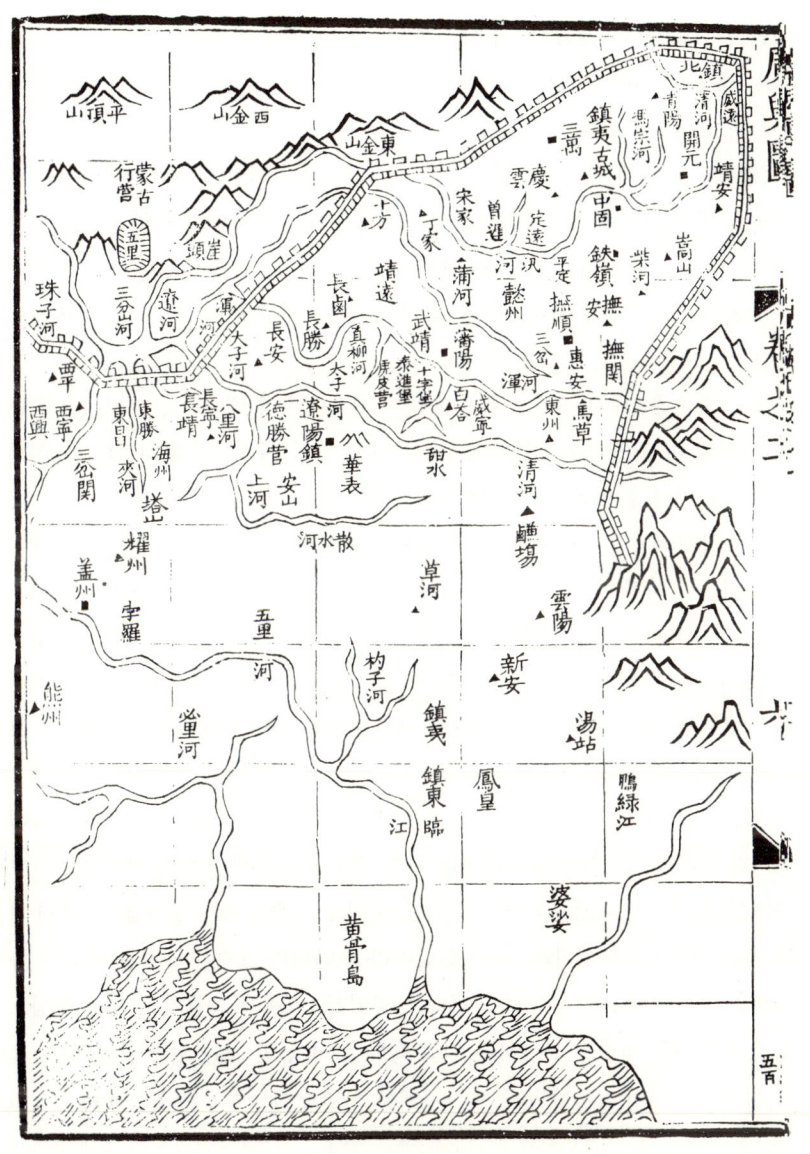

廣輿圖 遼河부분

남기고 있는 듯하다. '五里-', '五備', '烏列' 등이 거의 동일한 음가를 표기한 것이라고 판단된다. /obiri/-/obiru/-/abiru/(鴨淥/鴨綠)가 /oiri/(烏列)-/oiru/(烏列)-/airu/-/airi/-/aij/나 /obi/(五備)-/abi/-/aij/(艾) 등으로 전화, 축약되는 것은 자연스러운 일이다.

《廣輿圖全書》에 표기되어 있는 호수 '五里'는 물론 편찬 당대의 現狀이라기 보다는 고대 이래로 轉寫되어 온 것일 듯하다. 고대 지도에서 그러한 複寫는 드문 일이 아니다. 태고에는 五里海가 지도에 나타난 것보다 훨씬 컸다고 생각된다. 두 遼河의 합류와 停留가 만들어낸 '바다(湖水)'는 장대한 것이었다. 그것이 전승 속에서 '東海'라고 남아 있는 것이다.

최근의 古地質學 연구의 진전에 의하여 요동지방의 해수면이 서기전 2천 년의 시기에 현 해안선보다 15킬로 내륙 안에 있었다는 점이 밝혀졌다.[49] 현재 해발고도 10미터 이상만이 당시에 육지였다. 연안이나 江岸 저습지는 호수나 海進으로 잠식되어 있었다는 의미가 된다. 檀石槐의 시대에 老哈河 일대도 수백리에 달하는 커다란 호수로 물이 정류하고 있었다는 점을 상기하면 좋을 것이다. 이 遼海 지역은 태고에 해수면의 수준이 높았을 때에는 상당히 커다란 湖沼로서 바다를 연상케 하는 형세를 갖고 있었다고 할 수 있다. 원시시대부터 바다라고 불리웠기에 역사시대에 진입한 뒤에도 바다라는 호칭이 沿用되었다고 고찰된다.

遼海가 바다라고 불리운 것은 북방 초원민족들 사이에서는 전연 신기한 일이 아니다. '東海'라는 전승을 담당하여 왔던 주체는 다름아닌 扶餘人들이었다. 고구려인, 부여인 들에게 있어서 지금의 開原 일대는 遼海 내지 '五備海', '五里海'라고 호칭되었다고 분석된다. 바다를 의미하는 단어와 호수를 뜻하는 어휘가 통용되었던 까닭에 그렇게 호칭되었다는 것이다. 그들이 그들의 언어와 개념으로서 동부여의 지형을 묘사하고 전설 속에 담아 전한 것은 당연한 일이다. 목축 경제적 성격이 강하였던 부여 사회에서 호수를 바다라고 지칭하였을 가능성

---

49) 許玉林, 1989, 〈遼東半島新石器時代文化初探〉, 《考古學文化論集》 권2, 111쪽.

은 높다. 그 결과 동방에 위치하던 遼海를 東海라고 설화로서 전승하기에 이른 것이다.50)

3) 太白山, 鴨淥江의 位置 比定

기왕에 太白山과 鴨淥江이 현재의 그것이 아님이 밝혀진 이상 본래의 위치를 추적해 보아야 할 것이다. 遼海 연안에서 찾으면 간단할 것이다. 鴨淥江은 東遼河라고 주저함 없이 논단할 수 있다. 遼河를 鴨淥江으로 비정하는 견해는 민족주의 사가들이 제창한 이후 북한 학계에서도 지지하고 있다. 《三國史記》에서 遼東城이 '烏列忽'로 표기되어 있는 점이 근거의 하나라고 할 수 있다. 요동성이 '오리-忽'인 이상 遼河를 '오리-河'라고 복원할 수 있고 '오리-河'는 압록강의 원명이라고 추정된다. 乙巴素의 출신지라고 하는 '西鴨淥谷'에 대한 해석도 중요하다. '압록강의 서편 골짜기'라고 한다면 분명히 '鴨淥西谷'이라고 해야 문법에 맞는다. '西鴨淥谷'은 '西-鴨淥의 골짜기'가 맞다. 여기서의 '西-鴨淥'은 '東-鴨淥'을 상정하고 있는 표현이다. 따라서 '東-鴨淥水'는 현재 압록강이고 '西-鴨淥水'는 현 遼河라고 고찰된다. 지금도 遼河의 상류인 東遼河, 즉 赫尒蘇河를 '外遼河'라고 부른다. 이 '外遼河'라는 명칭은 상대의 '西遼河'라는 호칭의 흔적일 것이다.51) 그런데 사료를 깊이 음미해 보면 지금처럼 遼河가 西遼河로 이어 올라간다는 사실을 고대인들은 몰랐던 것 같다. 고대에는 遼河 本流가 현재의 東遼河라고 알고 있었다고 생각된다. 따라서 遼東은 東遼河-遼河의 물줄기와 鴨淥江이 둘러싸고 있는 지형으로 간주되었을 것이다. '東西'의 '鴨淥'이라는 표현은 그러한 인식을 기반으로 하고 있는 것이다.

나아가서 거란어에서 '烏'가 '水'라는 의미이다. 몽골어에서도 'usu'는 '水'라

---

50) 이렇게 遼海가 다름아닌 東海라고 본다면 이 곳으로 동진하기 이전의 부여 본국은 당연히 遼河 서방에 위치하였을 것이다.
51) 高文德, 1995, 《중국소수민족사대사전》, 길림교육출판사, 658쪽.

고 한다.52) 상고의 '烏列', 내지 '烏里'가 '大水'라는 의미일 가능성이 높다고 판단된다. '鴨淥'도 마찬가지일 것이다. 《三國遺事》에서 '遼水 一名 鴨淥'이라고 하였다.(권3 阿道基羅) 遼河를 鴨淥, 鴨綠江이라고 한 것은《遼史》에서도 확인된다.53) 고대에 鴨淥江의 명칭은 여러 곳에 산재하였다고 보여진다. 북류 송화강 일부도 거란 시기에 '鴨子河'라고 불렀는데 역시 鴨淥江의 하나라고 할 수 있다.54)

그에 대하여 太白山은 어느 산인지 단정하기 힘들다. 그러나 東遼河 일대의 名山 중의 하나일 것이다. 이 지방에서 가장 저명한 산줄기는 龍崗山이다. 청나라 누루하치가 중국을 통일한 뒤에 고향의 진산 이름을 우아하게 '龍崗'이라고 개명하였다. 용강산은 남만주 한복판에 솟아 있어서 渾河와 富尒江, 東遼河, 寇河, 淸河 등의 물이 발원하는 산이다. 토착 지명으로는 '捺末懶', '南謀懶'로서 '山嶺'이라는 뜻이라고 한다.55) 만주어에서 '日'을 'naran'이라고 한다. 우리말로 '날'이 그것이다. '捺末懶', '南謀懶'는 아마도 '日의 山/太陽의 首', '晝의 嶺/頭'의 의미가 아닌가 한다. 지금은 吉林哈達 산맥이라고 부른다. 위치로 보아 동료하 유역의 동부여, 부이강 유역의 졸본, 휘발하 유역 등지에서 동시에 경배하였음직한 산이다. 따라서 동부여 태백산은 우선 용강산맥의 한 산일 것이다.

龍崗山 산줄기 중에서 북쪽에 '莫離紅山(莫日紅山이라고도 표기된다)'이 명산이다. '莫離'나 '莫日'은 현지 발음으로서는 /mari/라고 불려진다. 그 이름이 우리말의 '마리'와 '紅山'을 접합한 듯하다. 白頭山, 摩尼山, 摩利山, 頭岳 등 신성 산악의 명칭에 비추어서 주목된다. 마리 - 紅山이 동부여(동료하 유역)나 고구려(동가강 유역)에서 신성한 명산으로 숭배되었을 개연성은 크다고 할 수 있다. 農安 - 梨樹 사이에 帕里干, 婆喇赶, 琵离葛山이 있다. 지금 長嶺 부근에 해당된다.56) 음운으로 보아 고대의 聖山이 아닌가 추측된다. '발칸'은 최남선의 不咸 문화론이

---

52) 《중국소수민족사대사전》, 327쪽.
53) 《遼史》권1 태조 9년 10월, 釣魚于鴨綠江, 성종 4년 1월, 如鴨子河. 권77 하로불전, 詔改鴨子河爲混同江. 권98 야율엄전 청년 4년, 城鴨子-混同二水間.
54) 紹維, 1983, 〈鴨子河考〉,《博物館硏究》1983년 1기.
55) 賈敬顔, 1994,《東北古代民族古代地理叢考》,중국사회과학출판사, 104~5쪽.
56) 賈敬顔, 1994, 104쪽.

아니더라도 고대 성지로 간주할 수 있을 것이다.

東遼河 중류역에는 赫尒蘇山, 赫而蘇水, 赫尒蘇源, 赫而蘇驛 등의 지명이 남아 있다. 戰國시대의 古城으로 알려진 二龍山 고성 부근이다.[57] 二龍山은 명 대에는 阿兒干山이라고 불리었다.

한편 遼海 부근에는 아래와 같은 '金山'이라는 명산이 있다.

東金山〈城西北三百八十里 遼河北岸 西金山東〉
西金山〈城西北四百里 遼河北岸〉(《전료지》 권1, 山川, 開原)

요하가 서북으로 굽어지는 곳 북안에 두 개의 金山이 있다고 한다. 그래서 東西 金山으로 구별하고 있다는 것이다. 金山은 본시 고구려와 당나라의 대전 장소로서 잘 알려진 곳이다.[58] 전투가 벌어진 金山을 창도 서방 15리에 있는 大台廟金山으로 비정하기도 한다.[59] 창도 서남에 金山이 있다.[60]

《中國歷史地圖集》에는 金山이 東遼河와 西遼河가 합류하는 지점 북안에 표시되어 있다. 《廣輿圖》에 보이는 '五里海' 호수의 북방이 된다. 학계에서는 金山을 東西北의 三金山으로 보고 있다.[61] 간혹 흥안령으로 비정하기도 하나 거리 감각으로 보아 너무 멀다.[62] 일본의 日野開三郎은 金山을 회덕 부근의 金山堡에 비정하고 있으나 동료하 유역에 포함될 수 있는 거리라고 하겠다.[63] 金山을 '阿祿阻(黃金)-山'으로 해석하든 '검(聖)-山'으로 풀이하든 간에 신성한 명칭을 지닌 山嶺임에 틀림없다. 金山으로 알려진 大山이 고대에 태백산으로 지칭되었을 가능성을 생각해 보는 것이다.

---

57) 《中國歷史地圖集》明代편.
58) 한국정신문화연구원, 《勘校 三國史記》 주석편 참조.
59) 《중국소수민족사대사전》, 1469쪽.
60) 중앙민족학원출판사, 《中國歷史地圖集 釋文匯編》東北卷, 1988. 125, 290쪽.
61) 《감교삼국사기》상, 573쪽.
62) 賈敬顔, 1994, 《東北古代民族古代地理叢考》, 중국사회과학출판사, 133쪽.
63) 日野, 1991, 272쪽.

통설에 의하면 渤海 長嶺府를 두 곳으로 비정하고 있다. 하나는 휘발하 유역의 해룡현 서남방 山城鎭 山城(=北山城子)으로 보는 것이고 다른 하나는 혼하 상류의 英額城으로 추정하는 견해이다.[64] 이들 지역은 위치나 환경으로 보아 하나의 정치적 단위체가 존재하였음직한 곳이다. 여기서 발해의 5경이 각각 연고가 있는 부족이나 종족이 위치하던 지방에 설치되었음을 상기할 필요가 있다. 거란을 방어한다는 長嶺府 일원이 東夫餘 故地에 설치된 행정 구역임을 짐작하기 어렵지 않다. '長嶺'은 '큰 산' 내지 '숭고한 산'이라는 뜻으로 짐작된다. 상고의 太白山과 같은 의미인 것이다. 동부여의 太白山으로 비정하여도 무리는 아닐 것이다.[65]

4) 考古學的 知見

부여 문화가 東遼를 위시하여 楡樹(로하심), 西豊(서차구) 등지에 나타나는 사실은 잘 알려진 바이다.[66] 송화강 유역에는 청동기 시대 서단산 문화에 이어서 철기 문화로서 老河深 문화가 유명하다. 약간 선행하는 문화로서 서풍 西岔溝 문화가 거론되고 있다.

청동기 시대에서 철기 시대에 걸쳐서 東遼河 유역 일대에는 송화강 유역과 다른 문화가 존재하였다. 西豊縣에서 발굴된 凉泉 유적은 이 지역의 청동기 문화를 대표하는 것으로 알려진다.[67] 蘭新建은 松遼平原 문화(부여)와 遼寧東部 문화(고구려)의 구별을 토기의 귀가 있느냐 없느냐로 판단하여 중요한 단서를 발견하였다. 부여 문화에는 귀가 없고 고구려 문화에는 귀가 있다는 점이 드러난 것이다.[68] 許志國은 전국시기에 凉泉 유형은 遼北 6현(법고, 강평, 개원, 철령, 창도, 서

---

64) 《중국소수민족사대사전》, 368쪽.
65) 東扶餘의 '太白山' 사상이 고구려에게 그대로 전수되어 고구려에서도 聖山을 太白山이라고 한 것으로 추측된다. 물론 東扶餘의 太白山 觀念도 古朝鮮 이래의 전통일 것이다.
66) 劉升雁, 1985, 〈東遼縣石驛公社古墓群出土文物的硏究〉, 《박물관연구》 1985년 1기, 91쪽.
67) 철령시박물관, 1992, 〈遼北東部地區幾處靑銅時代遺址調査〉, 《考古》 1992년 1기, 31쪽 이하.

풍)에 고르게 분포한다고 하였다.68) 서단산 문화와는 다른 문화 경역임을 알 수 있다. 辛岩은 貊族의 문화를 高台山 유형, 순산둔 유형, 望花 유형, 凉泉 유형의 4가지로 나누었다. 그리고 서풍, 개원, 창도, 강평 지역에서 高柄喇叭形豆,方足鼎이 가장 큰 특징으로 나타나는 문화를 凉泉 유형으로 분류하여 東遼河 지역 문화의 독립성을 천명하였다.70)

劉景文도 동북 지방의 예맥족 문화를 北山類型(농안 - 북산), 中部山區 - 平原地區(서단산 문화), 寶山文化(동풍 - 보산), 西北地區(선비 문화) 등으로 구분하였다. 보산 문화로 대표되는 南部山區丘陵地帶의 독자성을 인정한 것이다.71) 南部 山區 문화는 고구려 족속의 문화로 인정되고 있다. 나아가서 그는 보산 문화가 遼北 일부에도 나타남을 지적하여 동료하 유역과 고구려계 문화와의 동질성을 시사하였다. 눈강 유역, 농안 북산 유형, 동료하 寶山 문화 유형, 길림 서단산 문화, 연변 홍성 문화 등의 분류도 역시 동료하 유역의 독자적 문화 유형을 상정하고 있는 것이다.72) 武家昌은 銅劍 加重器에 대한 검토에서 遼北 지구의 가중기들이 수량도 많고 형식적으로도 다양하여 遼西의 朝陽 지구에 뒤지지 않는다고 하였다.73) 가중기가 많은 곳이 동검의 사용이 빈번하였을 것은 당연한 일이다. 요북 지구의 동검 문화의 일단을 드러내 보여주는 사실이라고 하겠다.

1997년에 요원시 동측에 있는 고구려 산성에 대한 조사가 이루어졌다.74) 채집 유물을 기초로 한 고찰이지만 '濊貊系風格'이 있는 토기들이 발굴되었다. 이 지역의 청동기 문화는 서단산 문화와 구별된다. 豆가 발달하고 삼족기가 적다고 요약할 수 있겠다. 서단산은 그 반대 조합이 나타나기 때문이다. 橫條形四耳壺가 특유한 기형으로서 일종의 신문화로 추측되고 있다. 장차의 발굴이 기대된다.

---

68) 蘭新建, 1994, 〈東北地區戰國秦漢時期陶壺硏究〉,《遼海文物學刊》1994-2.
69) 許志國 등, 1993, 〈法庫石砬子遺址及石棺墓調査〉,《遼海文物學刊》1993-1, 7쪽.
70) 辛岩, 1995, 〈遼北地區靑銅時代文化初探〉,《遼海文物學刊》1995-1.
71) 劉景文, 1997, 〈吉林省靑銅文化槪述〉,《北方文物》1997년 3기.
72) 劉景文, 1997, 19쪽.
73) 무가창, 1990, 〈遼北地區發現的靑銅短劍柄端加重器〉,《考古》1990년 12기, 1063쪽 이하.
74) 遼源市文物管理所, 1997, 〈吉林遼源市龍首山遺址的調査〉《고고》1997-2, 51쪽.

東遼河 유적들의 초기 철기 시대 연대는 대체로 서한 시기에 해당된다고 생각된다.[75] 동풍을 중심으로 하는 료북 지방의 특징적인 집자리와 點紋토기는 주목되고 있으며[76] 특히 寶山 문화는 截印坑點文을 특징으로 하는데[77] 3개의 三角耳, 三角文이 주목되고 있다. 기형에는 長頸壺, 罐, 豆 등의 조합이 있다. 보산 유적은 1988년에 발굴되어 동료하 유역 문화 구명에 중요한 이정표가 되고 있다.[78] 漢式 灰陶와 철기가 공반되어 출토되었다. 그와 함께 토착 문화가 공존하고 있는 유적이다. 凉泉 문화와 아울러 동료하 유역의 대표적인 문화이다. 여기서 확인된 截印文은 遼北 - 吉南에 광범위하게 분포하며 3-4 조 竪條形/倒三角形 조합이 특색으로 나타난다고 되어 있다. 이러한 문화 요소는 종족적 특징이라고 추정되고 있다. 송화강 유역의 문화와 현저하게 차이를 보이는 일면이다.[79] 東遼縣에는 西大頂山, 張家溝, 馬家溝, 遼河源鎭 長治山城, 大城山 山城, 宴平향, 熱牌향, 甲山향 등지, 長嶺현 後喬家圍子 등에서 철기와 함께 截點문, 劃문 토기가 출토되었다.[80]

東遼河 일원의 보산 문화에는 몇 가지 亞流 유형이 나타난다.[81] 石砬子 유형과 謝家街 유형이 그것이다. 遼源 石砬子 유형은 휘발하 유역의 보산 문화와 유사한 문화로서 東遼 前山帽, 候大坡, 劉家街 北山에서도 확인되고 있다. 보산 문화의 특성을 가지는 변이형이다. 西豊 조흥촌, 振興村, 開原 李家台 등에서도 석립자 유형이 발견된다. 같은 문화의 다른 유형으로서 東遼 謝家街 유형이 발견되었다. 遼源 龍首山, 東遼 永康, 伊通 吉興屯 등지에서 나타난다. 사가가 유형은 전국 말기 - 서한 초기의 기년을 갖는다고 한다. 그에 이은 漢代 유적도 확인되고 있다. 侈口斜頸橫橋狀耳鼓腹平底壺가 표지유물이며 實心柱豆가 출현하여 주목되고 있

---

75) 김욱동, 1992, 〈東遼河流域的若干種古文化遺存〉, 《고고》1992년 4기, 353쪽.
76) 唐洪源 등, 1994, 〈東豊縣石大望遺址考古調査〉《遼海文物學刊》1994-1, 22쪽.
77) 東遼河 상류 유역에는 '截點紋文化'가 특색이라고 한다. 그 외 서풍, 청원, 海龍, 梨樹, 伊通 등에서도 나타난다. 唐洪源 등, 1994, 22쪽.
78) 길림성고고연구소/동풍현문화관, 1988, 〈1985年吉林東豊縣考古調査〉, 《고고》1988년 7기.
79) 吉林省文物考古硏究所, 1994, 〈吉林東豊,海龍縣考古調査與試掘簡報〉《고고》1994년 6기, 524쪽.
80) 국가문물국, 《中國文物地圖集》, 103~165쪽.
81) 김욱동, 1992, 350쪽.

다. 서단산 문화와 다른 지역적 특성을 말하여 주는 사실이다.

이 지역의 철기 시대 문화는 三足器가 없다는 점을 특징적으로 들 수 있다. 서단산 문화나 부여 문화에서 볼 수 있는 전형적인 삼족기는 나타나지 않는다. 그리고 高把豆와 橫橋耳壺가 특징이다. 三足器의 不在나 토기에 붙는 耳 장식은 고구려 토기로 이어지는 중요한 요소들이다. 그 외에 지리적으로도 인접하여 있다. 그래서 遼北 지방 유적은 고구려의 先世 문화로 주목받고 있는 것이다.[82] 문화적 경역은 開原, 東豊, 遼源, 西豊, 海龍, 柳河에 걸친다. 東遼河 유역이라고 하여도 크게 어긋나지 않는 지역이다. 이 문화는 동부여 유적으로 추정되고 있다.[83]

金旭東은 동료하 유역 文化相이 下遼河 유역과 송화강 유역의 東西 문화가 혼재하고 있음을 지적하였다. 양자 사이의 교류를 지적하고 지역적으로 보아 중간 통로임을 강조하였다. 삼족기가 나타나는 高台山 문화(초기 청동기 문화)에서도 영향을 받은 것을 지적하였다. 唐洪源도 東豊의 문화가 서단산 문화와는 여러 가지 점에서 다르다는 점을 적시하였다. 여기서 발견되는 帶紋長頸鼓腹四耳陶壺는 독특한 기종으로 알려져 있다. 비견으로는 아마도 고구려의 四耳展沿壺에 연결될 수 있다는 점에서 주목된다. 동료하 유역에는 龍首山城, 西豊 城子山 산성 등의 고구려 성곽들이 허다하게 확인되고 있다. 이들에 대한 조사가 진척되면 특징적인 문화 양상이 좀더 정확하게 드러날 것으로 전망된다.

요하 유역에 있어서의 부여 왕성에 대하여서는 종래에 문헌에 근거하여 여러 가지 설왕설래가 있었다. 이제 東海가 遼海라는 점이 점점 분명해지면서 동부여의 위치는 遼海, 즉 東西 遼河의 합류 지점 부근에서 찾아야 하게 되었다.

---

82) 박경철, 1992, 〈扶餘史展開에 關한 再認識試論〉, 《白山學報》40호, 32쪽. 遼北 지방과 고구려의 관계를 주목한 첫 시도라고 생각된다. 단 遼北 지방을 고구려 先史의 하나로 간주하였을 뿐 東扶餘도 輝發河 유역의 海龍에 비정하는 점 등은 본고와 크게 다르다.
83) 길림성 사회과학원 高句麗硏究中心,《全國首屆 高句麗學術硏討會 論文集》, 1999, 98쪽. 여기서 지적하지 않을 수 없는 것은 東豊 - 海龍 - 柳河 - 輝發 - 磐石 등지를 중심으로 하는 輝發河 유역 문화의 독자성이다. 東遼河 유역과 매우 밀접한 관계를 갖고 있다고 판단되지만 輝發河 유역은 그나름대로의 전통을 지니고 있는 것으로 판단된다. 한편 심양·철령 경계 지역인 邱台 유적에서도 截點문 토기가 나타나고 있다. 니질토기가 80%를 점유하는데 西漢말기로 편년되고 있다. 철령시 문물관리판공실, 1996, 〈遼寧鐵嶺市邱台遺址試掘簡報〉,《考古》1996년 2기, 50쪽.

따라서 東海之濱에 있었다는 迦葉原은 《盛京通志》 등에 부여 왕성으로 명기되어 있는 開原 부근에서 찾아야 할 것이다. 문헌에서도 《성경통지》에서부터 開原이 '夫餘王城'이라고 보인다. 최근에는 懷德 四面城, 또는 一面城, 梨樹 偏險 古城 등의 비정도 나오고 있다.[84] 다 같이 동료하 일원이라는 점에서 참고할 가치가 있다. 북한 학계에서는 開原城 동북방에 위치한 威遠堡山城을 주목하고 있다.[85] 東明王篇 등의 문헌에서 解慕漱 王城의 북방에 '靑河'가 있었다고 하고 지금의 東遼河의 별칭이 또한 '靑河'라고 하고 있다.[86] 왕성은 大河의 남방에 있었다고 판단된다. 그러므로 동료하 남방에 있는 위원보 산성도 좋은 후보지가 될 것이다. 장차 고고학적인 성과를 기대해 본다.[87] 최근 개원 남방의 西豊 城子山山城을 부여의 도읍지로 비정하는 견해가 제출되었다.[88] 필자가 보건대 이 곳이 東扶餘 王城일 가능성이 높다고 분석된다. 西豊 城子山山城은 둘레 5000 미터에 달하는 대규모 산성이다. 東西 兩城 체제로 되어 있는 점은 무순 高尒산성이나 휘발하 羅通山城과 유사하다. 西城門이 조사되었는데 城墻上에 方孔 시설이 나타나고 있다. 이것은 고구려 산성 形制에서 초기에 확인할 수 있는 특징이다. 따라서

---

84) 부여성을 창도 북 사면성으로 비정한 것은 김육발, 화전청 등이다.
　　賈敬顔, 1994, 《東北古代民族古代地理叢考》,중국사회과학출판사, 46쪽.
85) 과학백과사전출판사, 《조선전사》제2판, 3권 190쪽.
86) 길림성문물고고연구소, 1986, 〈吉林雙遼縣 高力戈子 遼墓群〉, 《考古》, 1986년 2기 138쪽. '東遼河, 俗稱靑河'. 그리고 하백녀들이 청하(동료하)에서 활동하고 있다. 그로부터 熊心淵으로 나들이 갔다고 하는 것 등이 다 부합되는 것이다.
87) 사족이지만 한 가지 덧붙일 것은 남방 강원도 지방에 이른바 濊국의 도읍지라고 전하는 강릉이 있어서 그 옛 지명을 '何瑟羅'라고 한다. 이 지명을 단재 신채호는 동부여의 수도인 '迦葉(섭)-原'이라고 풀이하였지마는 그 설의 가부는 고사하더라도 濊族의 한 지파가 이 지방으로 남하하였을 가능성은 매우 높다. 그런데 이 지방의 별칭이 바로 '東原京'이고 '北濱京'이다. 신라 때에 '溟州'였고 옛날 '瀛洲國'이었다고도 하는 이 바닷가의 古都가 동부여에서처럼 '原'자를 붙여서 '東原'이라고 하고 '北濱', '東濱'이라고 '濱'자를 써서 적고 있는 것이 아득한 옛날 '동쪽 물가'에서 도읍 하던 시기의 소식을 전해 주는 것 같아 奇異한 느낌을 감출 수 없다. 필자는 본고를 초하기 전까지는 이 '東原京'이 저 南原京, 西原京, 北原京처럼 小京의 일종 항렬자로서 '原'자가 붙은 것이고 '東'자는 그 방향을 표시하는 것으로 보았었다. 그러나 그 생각이 잘못된 것임은 다른 한 소경인 金官京이 같이 '-原'자를 붙이지 않고 있다는 점에서 명백하다. 고대에 있어서 지명이라는 것이 하나의 집단과 함께 이동하여 가던 것이 상례임을 생각해 보면 이러한 '東原' 내지 '北濱', '東濱' 등의 지명도 이들 예족과 같이 저 북방으로부터 남하한 것이 아닌가 추측된다.
88) 孟祥忠 등, 1993, 〈西豊城子山山城考〉, 《沈陽文物》1993년 2기.

성자산 산성은 고구려 건국 전에 동부여에 속하던 성터로 추정되고 있다. 일부 학자는 성자산 성내에 있는 건축물 기지를 고대 卒本에 있던 廟宇 시설로 추측하기도 한다.[89]

성자산산성이 위치하고 있는 西豊현에는 초기 철기 시대 유적으로서 西岔溝 유적이 유명하다. 문화의 주인공을 놓고 東胡說, 烏丸說, 鮮卑說, 夫餘說로 나뉘어 쟁론이 있었다가 이제는 夫餘 문화로 귀착된 듯하다. 東遼河 유역의 부여 문화가 西岔溝 문화의 주인공들과 일정한 연관을 가질 것임은 재언을 요하지 않는다고 하겠다. 西岔溝 문화와 城子山 문화와의 상관 관계에 대해서는 후고를 요한다.

중국 학자들은 동부여 王城을 성자산산성으로 간주하고[90] 나아가서 屑夫婁城으로 추정하고 있다.(동, =102) 그러나 王城을 屑夫婁城으로 보는 견해는 문제가 많아 보인다. 屑夫婁城은 일단 고구려에서 중요한 古城이었을 것 같다. 그러나 필자는 그 곳을 卒本城으로 간주하고 있으므로[91] 동부여 왕성으로 보는 견지에는 찬동하기 어렵다. 더구나 동부여 왕성은 '迦葉-原'에 유사한 지명을 갖고 있었을 것으로 판단된다. 屑夫婁는 迦葉과 너무 다르다.

동부여 지리를 논하면서 참고하지 않을 수 없는 것이 광개토왕릉비문이다. 거기에는 동부여에 관한 유일한 금석문 자료가 들어 있기 때문이다. 본고에서 자세한 논쟁을 펼 여가는 없지만 최근 동부여의 실재를 인정하고 나선 연구가 있어서 주목된다.[92] 논자는 동부여를 강원도 濊貊으로 파악하여 본고와 논지가 다르다. 그러나 비문에 보이는 '64성 1400촌'을 동부여 영역으로 인정한 것은 괄목할 만한 성과라고 아니할 수 없다. 비문의 64성을 동부여 영내로 파악한 것은 북한 학계에서도 주장되고 있는 터이다. 동부여 지역의 64개 성은 고구려 멸

---

89) 길림성 사회과학원 高句麗硏究中心,《全國首屆 高句麗學術硏討會 論文集》, 1999, 101쪽. 그러나 성자산산성에 廟祉가 있었다고 하더라도 卒本의 祉廟가 될 수는 없다. 성자산산성이 졸본이 아니기 때문이다.
90) 박경철, 1992, 67쪽. '동부여=和龍'설을 주장하였는데 구체적인 논거가 미흡하다고 하겠다.
91) 졸고,〈卒本과 忽本에 대하여〉, 본서 수록.
92) 공석귀, 1998,《高句麗 領域擴張史硏究》, 학연문화사.

망 당시에 당군이 접수한 이른바 '扶餘川中四十餘城'에 대체로 근접하는 숫자라고 하겠다. 물론 64개 성이 왜 후대에 40여 성으로 줄었는지 지금은 알 수 없으나 槪數가 일치하므로 하나의 영역적 단위체로서 후기까지 잔존하고 있음을 짐작할 수 있다. 이렇게 보면 《唐書》의 '扶餘川'이 다름아닌 '東遼河'라고 할 수 있겠고[93] 東扶餘 都城이 고구려에 흡수된 뒤에는 '扶餘城'이라고 불린 것도 미루어 推察할 수 있다. 광개토왕릉비문에 '餘城'이라고 나타난 그 곳이다. 필자는 그 곳을 西豊 城子山 古城으로 비정한다. 서풍의 扶餘城에 대하여 吉林의 지역은 北扶餘城州라고 하였을 것이다.

동부여를 위시한 夫餘族은 원래 海岸에 거주한 것으로 추정되고 있다. 설화중에 나타나는 '鯤', '蛙', '鴨', '絡', '河伯' 등은 그러한 흔적이라고 아니할 수 없다. 중국에서는 夫餘 - 東夫餘에서 高句麗로 이어지는 絡文 전통에 주목하고 있는데 경청할 만한 견해라고 하겠다.

부여의 조상들은 본래 바닷가에 살았다. 큰 고기가 물속에서 출몰하는 것을 보고 신비하다고 여겨서 무늬나 장식에서 族屬의 徽幟로 삼았다. 그것이 絡文이다. 건국 신화 중에는 한결같이 해양에 관계되는 토템 흔적이 나타난다(鯤, 蛙 등). 그것은 이해하기 힘들지 않다. …… 동부여는 후대에 고구려가 건국하게 되는 하나의 바탕으로 여겨진다. 사실상 건국 후의 고구려는 동부여를 자신의 기원으로 간주하였다. 絡文을 가진 10,000여 명의 부여인들은 고구려와 이와 같은 깊은 이중의 관계를 맺고 있었다. 絡씨는 그리하여 部에 안치되고 성씨를 하사받으며 대대로 고구려 왕실과 혼인을 하는 영광을 누리게 된다.[94]

---

93) 문헌에 보이는 '扶餘川'이 '扶餘州'일 가능성이 있다. 그러나 그 경우에도 '東遼河' 일대가 '扶餘州'라고 이해할 수 있는 것이다.
94) 夫餘先世原居渤海之濱, 見大魚在海中出沒, 邃以爲神, 以具紋飾作族團徽幟(絡紋), 建國神話中均有鯨 類圖騰痕迹(鯤, 蛙) 是不難理喩的 … 東夫餘是後來高句麗建國的一介奠基, 事實上, 建國後的高句麗也 是以東夫餘爲自身的起源之地, 正是由於"背有絡紋"的萬餘人等 與高句麗的這重深層關係, 絡氏才會有 被置部賜姓 幷世代與高句麗王室婚配的殊榮. 길림성 사회과학원 高句麗硏究中心,《全國首屆 高句麗學術硏討會 論文集》, 1999, 97쪽.

문중의 '夫餘'는 '東夫餘'로 한정하여 볼 것이고 동부여의 유민이 絶奴部에 이치된 것은 인정할 수 있으나 그들이 고구려 왕실과 聯婚한 절노부의 주체라는 주장은 바로 수긍하기 어렵다. 그러나 일단 史上에 보이는 絡文과 禺魚皮文, 그리고 東遼河-輝發河 유역의 點節文 토기와의 관계는 긍정적이다.[95] 동료하 유역에 遍在한 점절문토기에 대한 설명으로서는 가장 합리적인 것이다. 나아가서 동료하 유역에서 東夫餘의 족적을 찾는 자세도 역시 유리하다고 고찰된다.

시대를 거슬러 올라 동부여가 渤海 해안에 살았다는 견해는 아직 학문적으로 구명되지 않은 가설이다. 貊族의 東進은 황철산이 주창한 이래 찬반 양론이 相半이며 최근에는 유력한 反論이 제기되어 있다.[96] 필자는 일단 전통적인 東進論에 찬동하고 싶다.[97] 여기서 분명한 것은 渤海岸은 아니더라도 東夫餘가 遼海 海岸에 거주한 것은 확실하다는 점이다.

東遼河 유역이 고대에는 광활한 遼海 海濱이었다고 판단된다. 동부여 先民들이 거기서 어로에 종사하고 河伯에 대한 경외심을 갖게 되었다고 하더라도 크게 틀린 것은 아닐 듯하다.

4. 東扶餘 地名 移動의 歷史的 背景

1) 白山靺鞨과 烏氏

동부여의 위치에 대해서는 고구려 당대에 이미 변화가 일어났다. 동부여 세

---

[95] 周向永, 1994, 〈'絡氏'考〉, 《遼海文物學刊》1994년 2기.
[96] 송호정, 1992.
[97] 金岳, 1994, 〈東北貊族源流研究〉《遼海文物學刊》1994-2.
   貊族이 夫餘로 이동하여 부여를 형성하였다고 하였다. 56쪽. 그 곳을 夫餘山이라고 표현한 것도 참신하다.

력의 후예가 고구려 말기에 모란강 일원에 거주하고 있었다. 원위치가 어디였든 간에 고구려 후기(6세기 이후)에는 백두산 부근에 있었다는 것이다. 동부여 세력들이 백두산 근처에 정주하면서 전승상의 무대를 현실의 자기 세력권으로 이동시킨 것이다. 이렇게 고대 전승을 새롭게 윤색하는 과정에서 불가피하게 후대적인 지명인 太白山, 鴨淥江 등이 편입된 것 같다.98)

추모왕의 남하 당시 도강한 지점에 대해서도 고구려 후기에는 초기와는 다르게 보았을 가능성이 높다. 5세기의 광개토왕릉비에 그 강은 奄利大水라고 나타나고 있는데 위치는 忽本의 북방인 듯이 서술되고 있다. 그에 비하여 고구려 본기 및 《梁書》에 나타나는 蓋斯水의 위치 설명은 더 동방으로 이동하여 있는 듯하다. 즉 압록강의 '東北'에 있다고 주석되어 있는 것이다. 고구려 말기에 鴨淥江은 지금의 평안북도에 연한 전역에 걸친 통칭이었을 것이다. 따라서 그 동북지방이라면 현재의 輝發河나 梅河, 송화강 상류 등지를 상정하는 것이 상식적이다. 그렇다면 정북방에서 동북방으로 방향 감각이 변동된 것이다. 동부여가 백두산 부근으로 이해되고 있었다면 추모왕이 도강한 지점에 대해서도 '압록강의 동북방'이라는 견해가 충분히 제출될 수 있었을 것이다.

고구려 말기에 동부여 전승이 太白山, 鴨淥江을 배경으로 하여 새로이 해석되었다는 것은 그 후손들이 후기에도 지속적으로 활동하고 있었음을 의미한다. 대표적인 집단의 하나로서 우리는 烏씨 세력을 들 수 있을 것이다. 최근 일부 학자가 발해의 烏씨를 靺鞨 계통의 성씨로 간주하는 경우를 보게 되는데99) 그러한 견해가 설득력을 가지려면 고구려 시대의 烏씨도 말갈 출신이라는 설명이 추가되어야 한다. 그러나 현재로서는 그러한 가능성은 크지 않다고 생각된다.

여기서 분명히 할 점은 동부여 세력이 지속적으로 실력을 유지해 온 것과 동부여 집단이 정치적 강자로 등장하여 시조 전설을 개편하는 것과는 天壤之差가

---

98) 이러한 지명의 이동 현상은 고대 사회에서 흔히 관찰되는 사례이다. 중국에서도 중원에 거주하던 귀족들이 북방 胡族들에게 축출되어 강남 일대로 남하한 뒤에 황하 유역의 본거지 지명을 현지에 가져다 붙인 예가 있다.
99) 日野開三郎, 1990,《東洋史學論集》16권, 88쪽.

있다는 것이다. 수세대에 걸쳐서 왕실과 결연하여 將相을 담당하고 나아가서 개국 설화에 출현하는 정도100)가 아니라 시조가 자기네의 지역 기반에서 유래하였다고 주장하는 것은 문제가 달라진다. 그리고 그것이 고구려 귀족 사회에서 인정받아서 시조 전승이 개변되려면 혁명적인 변동이 전제되어야 한다. 이러한 작업이 단시일 내에 이루어질 수 있는 것도 못된다. 시조 전승이 유력 귀족의 출신 지역으로 무대를 개변하는 경우는 유례가 없는 것으로 알고 있다. 신라의 경우 김씨 왕실이 비록 새로운 왕실로서 정권을 장악하였지만 시조(또는 國祖라고도 보인다) 전설에 간여하여 김씨네 지역 기반에서 혁거세가 유래하였다고 분식하지는 못하였다. 석씨 역시 그러한 개찬을 감행하지 못하였음을 참고할 것이다. 백제에서 유력한 舊王室이었던 沸流 세력도 시조가 북방에서 유래한 사실을 개정하지는 못하였다. 나아가서 兄弟 접목을 통한 架構도 당대인들에게 지극히 중시되었던 出自를 왜곡하지 못한 것이다. 고대인들의 의식 구조에서 出自는 일종의 종교적 체계였던 것이다.

오씨 중심의 동부여계 호족들이 왜 백두산 일대로 遷徙되었는가를 검토해 보는 것도 무익하지는 않을 것이다. 주지하다시피 백두산 일대에는 서기 6세기경에 靺鞨 7부의 하나인 白山部가 있었다. 다른 말갈부의 중심지를 살펴보면 송화강 중류역에는 粟末部가 있었고 송화강 이동에 伯咄部, 安車骨部, 號室部, 拂捏部, 黑水部 등이 있었다. 粟末部는 그 추장 突地稽가 고구려의 공격을 피하여 수나라에게 투항하여 간다. 따라서 隋代 이후에는 고구려에게 복속하여 직할 통치를 받았다. 백산부 역시 고구려에게 복속하였다고 한다. 그러다가 고구려의 멸망과 함께 離散해 버렸다고 기록되어 있다.

한편 두만강 유역에는 國初부터 末期까지 고구려의 重鎭인 柵城이 鎭守하고 있었다. 책성에 대한 기록은 이미 국조왕 대에서부터 나타난다. 5세기의 사실을 전하고 있는 사서(魏書)에는 고구려의 동방이 柵城에 이르고 있었음을 명기

---

100) 예를 들어 再思, 武骨, 默居 같은 3현자 집단, 車頭婁, 高密 등의 귀족 집단들을 참고할 것이다. 淵蓋蘇文 일가도 같은 범주에 든다. 연개소문 일족은 말기에 가서 淵씨가 주몽의 혈통을 이은 듯이 분식한 듯한 흔적이 보인다.

하고 있다. 7세기에 들어서면서 책성에는 高씨 일족이 都督으로 임명되고 있었다.[101] 이러한 점에서 종래 두만강 유역을 백산부로 비정한 견해에는 문제점이 있다고 생각된다.[102] 그보다 백산부는 백두산의 정북방인 모란강 상류역의 敦化 지방에 있었다고 판단하는 것이 유리할 것 같다. 牧丹江 유역이라면 일견 좁다고 생각될지도 모르겠다. 그러나 같은 말갈의 伯咄부를 보면 대개 지금의 伯都納 부근으로서 동방은 安車骨부(현 阿城 일대)에 연접하고 있었다. 비교적 강력한 집단 백돌부도 실제 크기가 사방 500여 리에 못 미치고 있다. 그러므로 백산부도 그와 비슷한 영역적 규모에 속함을 알 수 있다.

백산부를 沃沮의 후신으로 간주하고서 지금의 두만강 유역으로부터 함흥평야에 이르는 광대한 지역에 비정하는 견해도 있다.[103] 그러나 이른 시기부터 고구려에게 제압당한 沃沮 세력이 그렇게 크다는 것도 설득력이 없다. 沃沮의 후예라고 보는 증거도 충분치 않다. 특히 발해 시기에는 동경 용원부가 '濊貊'의 고지, 북청 일대가 '沃沮'의 옛땅이라고 전하고 있었다. 발해인들 사회에서는 양자를 분명히 구별하고 있다. 즉 중경 현덕부 지역이 옥저 지역이라고 되어 있지 않은 것이다. 만일 고구려 말기에 백산부가 바로 옥저라고 인식되었다면 그러한 의식의 편린이 발해 사료에 자취를 남기는 것이 순리이다.[104] 그러나 발해의 초기 중심지는 분명히 '桂婁之故地'라고 명기되어 있다. 북옥저 지역도 濊貊故地라고 지칭하고 있다.

고구려는 영양왕 대인 開皇 18년에 벌써 말갈을 완전히 통솔하고 遼西를 공격하는 선봉으로 앞세우고 있었다. 이 말갈은 속말말갈로 짐작되고 있다. 그러나 가장 먼저 고구려에게 복속된 세력으로는 지리적, 역사적 관계로 보아 말갈 7부 중에서 백산부를 꼽고 싶다. 속말부는 고구려에게 상당 기간 항전한 뒤에 굴

---

101) 高慈 墓誌 참조.
102) 여기서 백산부가 5세기에 성립되면서 두만강 유역을 제압하였다가 7세기 초엽 이전에 다시 고구려에게 복속하였다고 생각해 볼 수도 있겠다. 그러나 시기적으로 너무 빠듯하여 다른 반증이 나오면 쉽게 무너질 소지가 크다.
103) 日野開三郞, 1990, 71쪽.
104) 日野 설대로 '백산부=옥저'라면 두만강 유역의 東京, 그리고 모란강 상류의 中京도 '沃沮故地'라고 명기되어야 순리일 것이다.

복한 것으로 되어 있으나 백산부는 그러한 저항의 흔적이 보이지 않는다. 백산부 일대가 고구려의 손에 장악된 것은 늦어도 서기 6세기 중엽 이전이라고 추측된다. 백산부는 성립 당초에 잠깐 고구려에게서 독립하였으나 이내 굴복하고만 듯하다. 두만강 유역에는 고구려가 축조한 것으로 간주되는 2개의 長城도 있다. 고구려 당국에 의한 지배가 상당히 견실하였다는 근거라고 생각된다. 그러므로 두만강 유역에서 고구려의 패권은 공고한 것으로 파악된다.

    백산부를 굴복시킨 뒤에 고구려 중앙 정부에서는 효과적인 지배를 위한 방법을 강구하였을 것이다. 그 가장 대표적인 시책이 다름아닌 동부여 지도 계층의 백산부 지역에로의 徙民이 아니었을까? 고구려의 뒤를 이은 발해 왕국에서 烏씨 일족은 유수한 지배층으로서 활동하고 있었다. 그들의 출신에 대하여 고구려 유민이라는 견해 외에도 말갈 계통이라는 이견이 제출되고 있다. 그것은 그들의 활동 양상이 상당히 靺鞨化되어 있는 데에서 기인한 것이다. 烏씨 세력의 그러한 靺鞨的 경향은 상당 기간 동안 말갈족들과 깊은 교류를 가진 결과라고 이해된다. 앞선 고구려 말기에 그들이 말갈 지역에 徙置된 사실을 암시하는 것으로 해석할 수 있겠다. 다시 말하자면 동부여계 오씨 세력은 고구려 중앙 정부에 의하여 연고지로부터 백산부 말갈 영역으로 徙置된 듯하다. 국가의 開國 元勳에 속하는 핵심 집단을 군사상 긴요한 요지에 배치하여 변방을 안돈시키는 정책인 것이다. 백산부 지역으로 이치된 오씨 일족들은 백산부 말갈을 철저하게 編制하여 조직하기에 성공한 것이다. 그 결과 서기 6세기 말경에는 벌써 말갈 군대가 고구려의 전위대로서 배치되기 시작하고 있다. 이와 같은 오씨 집단의 성공적인 업무 수행의 바탕에는 말갈인과의 문화적, 경제적 융화가 자리하고 있을 것이다. 그리하여 오씨 일족은 차차 半高句麗的 – 半靺鞨的인 존재로 화하게 된 것으로 추정된다. 이러한 경과를 거쳐서 다음 시대인 발해왕조에서 靺鞨계통으로 등장한다고 해서 전혀 이상할 것 없다고 판단된다.

    동부여 유민들이 돈화 일대의 모란강 상류 유역으로 이민됨에 따라 나타난 가장 큰 변화는 시조의 출자 지역이 백두산 부근으로 이동한 것을 들어야 할 것이다. 추모왕은 동부여에서 망명하였던 것인데 이제 동부여 관계 지명들이 보두 모란강 상류 유역으로 이동됨에 따라서 추모왕이 모란강 지역에서 남하한 것으로 고구려인들이 생각하기 시작한 것이다. 그 결과 동부여 지역에는 태백산이 있고 압록강이 있는 것으로 변모한 것이다.

2) 桂婁故地와 渤海靺鞨

종래 발해사의 문제 중의 하나가 건국자 大祚榮이 거점으로 삼은 東牟山이 '桂婁之故地'였다는 《舊唐書》의 기록이다. 이에 대해서는 문장 중의 '桂婁'가 다름아닌 '挹婁'의 착오라는 견해가 이미 《新唐書》에서부터 제기되어 왔고 현재에도 적지 않은 학자들이 그러한 입장을 취하고 있다. 그러나 원문대로 존중하고서 역사를 재해석하려는 시도는 李龍範, 金基興, 徐榮洙 등에 의하여 지속적으로 이루어져 왔다. 서영수는 여기서 한 걸음 진척하여 동부여가 모란강 일대라고 보고, 따라서 계루부는 그 지방이 '故地'라고 할 수 있다고 논단하였다.[105] 본고에서 기본적으로 그 입장을 긍정한다. 그러나 동부여가 원초부터 그 곳에 定住하였다고 보기는 어렵다고 고찰된다.

일단 발해가 건국하기 이전 돈화를 중심으로 하는 일대가 고구려 왕실의 故鄕 내지 起源地로서 인식되고 있었음을 인정하고자 한다. 이러한 역사적 배경이 있는 곳을 발해 건국자 집단이 의도적으로 선정하였을 가능성이 많다. 고구려의 중흥을 선전하면서 대조영 세력들은 그 중심지를 고구려 왕실의 原鄕이라고 알려져 있던 돈화 지방에서 구하였다는 것이다.[106] 발해 건국 시기에 돈화 일대

---

105) 서영수, 1988.
106) 사실 발해가 아무리 창황 중에 개국하였다고 하더라도 돈화 일대는 지나치게 山谷에 위치한다는 혐의를 벗을 수 없다. 대조영 일단이 송화강 이동에서 거점을 확보하려고 하였던 것은 사실일진대 굳이 돈화 일원 말고도 간도 지방이나 牡丹江 중류 유역, 阿什河 유역 등은 좋은 후보지로서 돈화에 비하여 손색이 없다. 그 중에서 돈화 敖東城 일대가 선택된 것은 나름대로의 분명한 연고가 있었을 듯하고 그것은 바로 그 지역에서 고구려 왕실 桂婁部 집단이 기원하였다는 당시의 인식이었다고 판단된다.

가 계루부의 고향이라고 인식되었던 것은 다음과 같은 사실들을 전제로 하고 있는 것이다. 즉 계루부의 出自는 다름아닌 시조 주몽의 출자를 가리킨다. 주몽은 동부여에서 남하한 것으로 이해되고 있었으므로 당시 돈화 일원은 동부여의 고지라고 생각되었다. 이러한 사관이 그대로 투영되어 전하는 것이 현전 고구려 본기이다.[107]

한편 '震國'을 중국측에서 처음부터 자칭으로 부르지 않고 '渤海靺鞨'이라고 지칭한 것은 사상에 유명한 일이다. 여기서는 어미의 '靺鞨' 칭호의 유래에 관하여 간단히 부언하고자 한다. 돈화 일대는 백산부 靺鞨의 故土였다. 그런데 고구려 멸망 이후 백산부 말갈은 산지사방으로 흩어지고 말았다. 따라서 돈화 지역이 말갈의 지역이라는 인식은 내외에 공유하고 있었으나 백산부라는 실체는 대조영 건국 즈음에는 존재하지 않았다. 그러한 까닭에 당나라에서 대조영 세력을 '白山靺鞨'이라고 부르지 않은 것이다. 그 외에 대조영 집단은 속말부 계통의 세력이 가담하고 있어서 粟末靺鞨의 一種이라는 견문까지도 보고되고 있었다. 여기서 당나라 사관들은 속말부인지 백산부인지 구별할 수는 없으나 靺鞨계열임은 분명하다고 인식한 것이다. 그리하여 震國을 '靺鞨'이라고 호칭하기에 이른 것이다. 딱히 粟末도 아니고 白山도 아니라는 의미가 '渤海靺鞨'이라는 호칭에는 포함되어 있는 것이다. 일견 新種 靺鞨의 출현이라고 간주한 것이다.

동부여 유민들이 돈화 일대로 사치된 뒤에 그 지역은 개인적으로는 추모왕의 고향으로, 계루부의 유래지라고 간주되기에 이른 것이다. 그러한 배경이 있는 지방을 발해 건국의 주동자들이 선택하여 수도로 결정한 것이라고 고찰된다. 그렇기에 발해는 그들이 계루부의 후예이자 계루부의 고지에서 일어난 정통성 있는 집단이라고 선전한 것이다. 그들을 당나라에서는 새로운 靺鞨 종족의 등장으로 간주하여 渤海靺鞨이라고 지목한 듯하다.

---

[107] 이러한 역사적 정통성 외에 흔히 거론되고 있는 돈화 지역의 鐵 생산도 아울러 고려 대상에 들어 있었을 것은 당연하나. 나반 본고에서는 논지에 이울리지 않아서 언급하지 않았다.
李龍範, 1966, 〈高句麗의 成長과 鐵〉, 《白山學報》창간호.

5. 結論

高句麗史의 前身으로서 東夫餘 역사는 중요한 의미를 지닌다. 동부여 위치를 구명하기 위해서 傳承의 형성 과정을 해명하는 작업이 필요하다. 지금까지 논의된 바를 요약하여 결론을 대신하고자 한다.

통설에서는 동부여가 두만강 유역으로 간주되고 있다. 문제는 《晉書》의 정확한 해석이다. 부여가 선비족의 침략을 받고 망한 것을 진나라가 복국시킨다. 망국 당시 두만강 유역으로 망명한 부여의 '子弟'들이 있고 진나라 校尉와 함께 복국을 성사시킨 依羅가 있다. 종래 양자를 동일시한 것이다. 그러나 沃沮로 망명한 세력들은 고구려로 귀순한 것이라고 고찰된다. 복국 운동과는 관계가 없는 것이다. 나라를 부흥시킨 것은 의라를 중심으로 하여 진나라에 순종적이었던 집단이었다. 그들은 遼西에 인접한 지역에서 기원한 것 같다. 따라서 옥저 지역에서 하나의 새로운 정권이나 국가가 탄생한 것은 아니다.

두만강 유역의 고고학적 자료는 부여 문화라고 간주할 만한 내용이 거의 없다. 부여 세력이 두만강 일대로 가서 수백년 간 국가를 형성하였다는 것은 허구의 논리인 것이다. 北沃沮와 東夫餘는 병존하였다고 고찰된다.

동부여 전승에서 핵심적인 地名은 太白山과 鴨淥江이다. 그런데 이들 지명은 모두 5~6세기 이후에 성립된 것이다. 따라서 그 지명이 들어 있는 荇人國, 北沃沮, 曷思國 전승들은 6세기 이후에 문자로 정착된 것이다. 고구려 귀족들의 祖上 說話(諸侯傳承)가 그 원형이라고 고찰된다. 후대에 변용을 많이 입었음을 짐작하게 하는 것이다. 따라서 전승 속에 보이는 太白山과 鴨淥江을 현재의 그것으로 대입하기 어렵다.

동부여에 실재하던 지명들을 광개토왕릉비문 등에서 찾아서 분석해 본 결과 그 지형은 大水와 山嶺, 山岳이 많은 지세라고 판단된다. 이것은 그 지역이 海洋에 인접한 지리가 아님을 강력히 시사해 준다.

근본적으로 동부여가 연하여 있었다는 東海가 지금의 東海가 아닌 것이 밝혀졌다. 초원 민족의 관례대로 東方의 大湖水를 가리킨 것으로 생각된다. 고구려의 시조는 동부여에서 남하하고 있으므로 東海는 고구려의 정북방에 해당하는 일원, 즉 遼河 中流 지역에서 찾아야 할 것이다. 開原, 鐵嶺 일대는 고래로 '遼海'라고 불리고 있다. 《唐書》나 《周書》에는 '遼海'라는 큰 호수가 실재하고 있었음이 명기되어 있다. 광개토왕릉비 문중에도 '五備海'라고 하여 遼東 지방 순행지 중에 바다라고 불리던 지역이 있는 것으로 기술되어 있다. 좀더 거슬러 올라가면 鮮卑 추장 檀石槐가 정벌한 동방 세력 중에 '倭人', '汗人'이라고 불리던 종족이 있다. 그들은 어로에 특출한 능력을 가진 것으로 정평이 있었다. 아마도 遼海 沿岸에서 어로 경제를 영위하던 濊人들일 것이다. 《廣輿圖》에도 '五里海'라는 호수가 東遼河 하류 연안에 표시되어 있다. 古地質學에 의하면 서기전 2천년 전후에 遼東 지방은 약 10 미터 정도의 海進이 있었다고 한다. 遼河 중류 低濕地 水面이 지금보다 높았다는 것을 추측하기 어렵지 않다.

東海가 遼海라는 점이 분명해지면 동부여 설화 속의 鴨淥江이 東遼河임을 알 수 있다. 東遼河에서 遼河로 이어지는 河流가 아마도 (西)鴨淥水라고 호칭된 것 같다. 그에 대하여 지금의 압록강은 東鴨淥水라고 하였을 것이다. 太白山도 동료하 유역 일대에서 구할 것인데 정확한 위치 비정은 후고로 미룬다.

고고학적으로 동부여가 동료하 유역임은 통설대로이다. 凉泉 문화와 寶山 문화가 그것이다. 동부여 왕성은 서풍 城子山山城이라고 한다. 특히 禺魚皮文을 사료에 나타나는 絡文으로 보는 견해는 설득력을 가진다. 이 지방에서 크게 유행한 點切文 토기는 絡文토기라고 판단된다. 주몽은 東遼河 유역의 동부여에서 망명한 것이다.

동부여의 太白山, 鴨淥江이 백두산 부근으로 이동하게 된 배경을 추적하여 보았다. 地名의 이동은 대개 住民의 이동을 의미하는 것이다. 백두산 북방에는 후대에 가서 동부여 세력이 徙置된 듯하다. 史上에 유명한 靺鞨 7부 중에 白山靺鞨이 있다. 그들은 독립 후 이내 고구려에게 복속하게 되었다. 백산말갈을 굴복시킨 뒤 고구려 정부에서는 그 실질적인 통치를 위하여 동부여 유민들을 徙民시킨 것이다. 烏씨 일족은 대표적인 동부여 귀족 세력이었다. 그들이 말갈 지역으로 移置되어 성공적으로 동화 작업을 완수한 것이다. 烏씨 세력은 그 후 차차 靺鞨

化하여 간다.

그에 따라 白山靺鞨 지역은 고구려 말기 이후로 東夫餘 故地라는 인식이 확산되어 갔다. 그것을 이용한 것이 渤海 王室이었다. 東夫餘 故地를 桂婁 故地라고 확대, 선전한 것이다. 그 바탕에는 渤海 王城인 敦化 지역이 高句麗의 舊都, 즉 故國이었다는 내용이 들어 있는 것이다. 발해는 고구려의 명호만 계승한 것이 아니라 실제적 혈통까지도 이어받았다는 것이다.

2절 卒本과 忽本에 대하여

머리말

고구려의 초기 수도 卒本의 현재 위치는 확실하지 않다. 渾江 또는 그 지류 富尒江 유역이라고 추정되고 있다.[1] 그런데 광개토왕릉비에는 도읍 지명이 忽本이라고 되어 있고 통설에서는 卒本과 忽本을 같은 것으로 간주하고 있다. 그러나 필자는 연래 양자가 다르다고 주장하여 왔다.[2] 우선 忽本과 卒本은 音價가 다르다. 더구나 朱蒙이 宮城을 축조하였다는 鶻嶺이 忽本과 유사한 기능을 하고 있다. 여기서 鶻嶺이 忽本에 대응될 가능성은 농후한 것이다. 사료를 유심히 검토해 보면 尉那岩城 세력도 초기 정치 판도에 있어서 중요한 변수로 나타나고 있다. 卒本과 忽本이 다른 곳이라면 尉那岩城과 함께 각각 다른 세력들을 상정할 수 있다.

卒本의 위치 비정은 고고학적 증거 위에서 시도되어야 할 것이다. 졸본이 부이강 유역인 것은 내외 학자들 사이에 이론이 없다. 다만 부이강 유역의 고성 중에 어느 성이 졸본성인가 하는 결정만 남은 상태이다. 그러나 忽本城에 대해서는 문제가 다르다. 忽本이 卒本과 다르다는 점이 종래 불분명하였던 까닭이다. 종래 고구려 先代 문화를 동가강 유역에서만 찾던 자세에서 좀더 광범위한 고고학적 시각을 갖고 과제에 접근하기로 하겠다.

고구려 국가의 형성을 종래 동가강 – 압록강 유역의 積石塚 사회에서만 고찰

---

1) 東潮 등, 1995, 《高句麗の歷史と遺跡》, 중앙공론사. 최근 노태돈은 졸본을 富尒江口의 喇蛤성에 비정하고 있다. 노태돈, 〈고구려의 기원과 국내성 천도〉, 1999, 《한반도와 중국동북 3성의 역사문화》, 서울대출판부, 339쪽.
2) 졸저, 1991, 《古代의 三朝鮮과 樂浪》, 기린원.

하여온 듯하다. 그러나 필자는 적석총 사회가 고립된 경역에서 성장한 것으로 간주하지 않는다. 소자하 – 태자하 – 동료하 – 휘발하 유역등과 부단한 교류 속에서 성립된 것으로 파악한다. 동가강 일원의 문화는 휘발하 유역 및 동료하 유역과 깊은 연관 속에서 파악되어야 한다고 믿는다. 그 지역은 고고학적으로 동가강 유역과 매우 친연성 있는 문화로 이해되고 있기 때문이다. 비적석총 사회에서 일시 동가강 유역을 아우른 경우도 상정할 수 있는 것이다. 더구나 고고학적으로 홀본성은 동가강 유역에서는 찾아지지 않는다. 忽本은 사료에 나오는 鶻嶺이라고 판단된다. 그에 대한 비정을 생각할 때에 홀본성은 적석총 사회에서는 이질적인 위상이었던 듯하다.

과연 卒本과 忽本이 다른 곳이라면 왜, 어떻게 하여 두 곳이 같은 곳인 듯 인식되고 서술되었는가 하는 과정에 대한 설명이 요청된다. 서기 5세기경까지 시조의 도성은 忽本이라고 인식되었다. 당시에는 卒本과 忽本이 구별되고 있었다는 의미이다. 그렇다면 두 곳이 동일화된 것은 평양으로 남하한 뒤의 일이다. 남방의 평양 일원에서는 두 곳을 반드시 구분하는 것이 번거로웠을 수도 있다. 卒本은 始祖廟 성립 이래로 高氏 시조의 聖地라고 인식된 듯하다. 반면 忽本은 鄒牟王의 開國地였다. 양자가 동일시되기 시작하였다는 것은 일단 추모왕이 고씨로 간주되었다는 전제 아래에서의 일일 것이다.[3]

卒本과 忽本의 判別, 그리고 그에 근거한 초기 건국 과정에 대한 조명을 시도하였다. 두 곳이 동일시되기 시작한 과정도 추구하여 보았다. 부이강 유적을 중심으로 한 지리 비정은 장차 발굴을 위한 시금석이다.

---

3) 추모왕은 본래 高氏는 아니었던 것 같다. 그러던 그가 나중에 고씨 시조로 격상된 것이 아닌가 여겨진다. 후대의 사서에 朱蒙이 高씨라고 나타난다. 그것은 이러한 변화를 거친 뒤의 일인 듯하다. 졸고, 1999, 〈高句麗 桂婁部의 王室 交替에 대하여〉,《韓國上古史學報》30호, 본서 수록.

1. 忽本과 卒本, 尉那

1) 忽本과 卒本

忽本은 廣開土王陵비문에 나오는 지명이고 卒本은 문헌에 실려 있는 지명이다. 忽本은 鄒牟王과 관련되고 卒本은 朱蒙王과 연결된다. 나아가서 卒本은 始祖廟가 설치되어 있었던 곳이다. 종래 양자는 동일한 지명으로 간주되어 왔다. 그러나 필자는 양자가 다르다는 것을 주장하였다.[4] 언어학의 입장에서도 卒本은 소노부로 비정되고 忽本은 桂婁부라고 추정되고 있다.[5]

우선 음운상으로 연결되기 힘들다. 語頭의 /s-/와 /k-/가 서로 교체되는 현상이 없는 것은 아니지만 대개의 언어에서 두 음소는 별개의 단어를 형성한다. 국어에서도 /소/와 /고/는 분명히 다른 말이다. /걸/과 /설/이 의미는 물론 계통까지도 다른 것은 재론의 여지가 없다.

문헌적으로도 다른 곳일 가능성이 원전에 이미 제시되어 있다. 주몽은 鶻嶺 산기슭에 王宮을 세웠다고 한다. 시조왕의 사적기에는 다시 다음과 같은 기록이 나타난다.

春三月 黃龍見於鶻嶺 秋七月 慶雲見鶻嶺南 其色靑赤(왕 3년)
玄雲起鶻嶺 人不見山 唯聞數千人聲 以起土功 王曰天爲我築城 七日雲霧自散 城郭宮室自然成 王拜天就居. (동명왕편)

이 부분이 고구려 본기에는 왕 4년 조에 '夏四月 雲霧四起 人不辨色七日 秋七月 營作城郭宮室'이라고 하여 시기도 애매하고 鶻嶺이라는 위치도 불분명하게 처리

---

4) 졸저, 1991,《古代의 三朝鮮과 樂浪》, 기린원. 참조.
5) 유창균, 1991,《三國時代의 漢字音》, 민음사, 168쪽.

되어 있다. 김부식의 축약법이 가져온 착오라고 아니할 수 없다. 정작 왕성이 축조된 지역은 鶻嶺 일대임을 명기하고 있다. 고대 사회에서 왕궁이 영건된 곳이 실제적인 권력의 중심이었음은 재언을 요하지 않는다. 궁성이 축조된 鶻嶺 일대는 크게 보아 비류수 일원이었을 듯하다. 여기서 다시 沸流 권역 중에서 鶻嶺이 실제로 주몽 집단의 거점 지역임을 깨닫게 된다. 고대 사회에서 王宮은 都城과 같은 곳에 건설되곤 하였다. 倭에서는 새 천황의 즉위와 더불어 宮城이 바뀌고 따라서 도성도 변동되었던 예가 많다. 그러므로 일단 왕궁이 경영되었던 鶻嶺 일대는 주몽 정권 초기의 유력한 정치적 중심지였다고 할 수 있다. 그 곳과 忽本이 같은 이름을 갖고 있다는 것은 중요한 시사가 된다. 양자가 다 山上에 축성하였다는 점도 일치된다.6)

忽本이 卒本과는 다른 하천 유역임은 문헌에 전하는 설화 중에도 잘 나타나 있다. 즉 상류에 있는 松讓國을 주몽이 주술에 의하여 漂沒시켰는데 정작 주몽의 거점은 아무런 영향을 받지 않고 있었던 것이다. 이로써도 홀본, 즉 주몽 도성은 졸본 내지 송양 도성과 다른 강 유역에 위치하였음을 알 수 있다. 만일 卒本과 忽本이 같은 水系에 연해 있었다면 있을 수 없는 일이다.

그런데 忽本은 '忽'과 '-本'으로 구성된 어휘이다. 마찬가지로 '鶻嶺'은 '鶻'과 '-嶺', '鶻川'7)은 '鶻'과 '-川'으로 분석된다. 여기서 어간을 이루는 '鶻'과 '忽'이 일치하는 단어임은 재언을 요하지 않는다. 그리고 보면 나머지 단어에서 나타나고 있는 '-本', '-嶺', '-川' 등은 지형을 형용하는 어미임도 분명해진다. 鶻嶺과 鶻川은 같은 기원의 지명일 것이다. '-川'이 '-那'로 통용되는 상례를 따라 '鶻川'은 '鶻那'로도 표기되었을 것이다. 鶻嶺, 鶻川을 위요한 지역이 鶻本이라고 표현되었고 그 흔적이 광개토왕릉비에 보이는 '忽本'인 것이다. '鶻本'이 '忽本'으로 전화되었던 것처럼 '卒本'이 '卒那', '卒川', '卒嶺' 등으로 기술되었을 것 같다. 卒那는 아마도 '솔-나'와 비슷한 음가를 가진 말인 듯하다. 이것이 消

---

6) 紇升骨이나 紇斗骨은 졸본이나 홀본과 또 다른 지명이다. 이에 대해서는 별고로 정리할 예정.
7) 유리왕이 離宮을 두었다는 鶻川은 鶻嶺과 지근한 거리에 있었을 것으로 추측된다.

奴 내지 松讓, 松壤이라고 다르게 표현되었던 것이다.8)

'-本'은 백제와 가야 및 倭에서도 나타나는 지명 어미이다.《新撰姓氏錄》에 보면 朝鮮王 准(*準)의 후예의 성씨가 '笞本, 笞㐬, 塔本' 등으로 보인다.9) 아마도 이것은 그 집단이 분봉 받은 지명일 것이다. 고구려 성에도 '多伐嶽'이 있다.《日本書紀》에서도 '比自㐬'과도 같이 '本'이 '㐬, 鉢'로 많이 나타나는 바 바로 '부리, 벌, 불'과 일치한다는 것을 알 수 있다. 인명 중에 '己本旱支'가 보이는데 그 것은 '己本' 지방의 '旱支'일 것이다. '笞本'은 '笞㐬'로 통하므로 '-本'이 신라의 '-伐', '-火', 백제의 '-夫里'에 해당되는 다른 표기임을 알 수 있다. 참고로 '本'자는 상고음이 'puan'이다.10) 따라서 '忽本'은 '忽伐', '忽火'로 표기될 수 있고 '卒本' 역시 '卒伐' 내지 '卒夫里'로도 표현될 수 있다. '卒夫里'의 어형은 後章에서 논할 '屑夫婁'(城名)와 거의 일치하고 있다.

유리왕은 鶻川에 離宮을 두었다고 한다. 鶻嶺과 鶻川 두 곳은 지리적으로 매우 인접한 곳으로 볼 수 있다. 鶻嶺 주위에 鶻川이 있었고 그 山川이 둘러싸고 있는 평야 지대가 鶻伐, 鶻本이었을 것이다. 鶻本은 忽本이라고도 표기되었다고 고찰된다.《三國史記》에 보면 鶻川이나 鶻嶺이 卒本州, 卒本川, 卒本扶餘에 소속되는 것으로 되어 있다. 忽本이나 鶻嶺, 鶻川의 위치를 고증하는 데에 있어서 중요한 참고가 되는 것이 유리왕의 鶻川 離宮 설화이다.

二年 秋七月 納多勿侯松讓之女爲妃 九月 西狩獲白獐 冬十月 百濟始祖溫祚立.
三年 秋七月 作離宮 於鶻川 冬十月 王妃松氏薨 王更娶二女 以繼室 一曰禾姬 鶻川人之女也 一曰 雉姬 漢人之女也 二女爭寵 不相和 王於凉谷 造東西二宮 各置之 … 禾姬罵雉姬曰 汝漢家婢妾 何無禮之甚乎 雉姬慙恨 亡歸 王聞之 策馬追之 雉姬 怒不還.

---

8) 이병도, 1959,《韓國史 古代篇》, 진단학회.
9) 佐伯有清, 1983,《新撰姓氏錄の研究》 5권, 길천홍문관, 233쪽. 고구려 초기 세력으로 사상에 나타나는 '延·陀勃'의 '陀勃'이 같은 표지 이름인 듯하다.
10) 郭錫良, 1986,《漢字古音手冊》, 북경대학출판사.

鶻川에 유리왕이 離宮을 설치하여 鶻川 여인을 후비로 맞이하였다는 것이다. 鶻川이 당시 정치적으로 비중이 높은 지역임을 직각할 수 있다. 鶻川은 鶻嶺의 하천이라고 생각되므로 舊王都 지역이다. 신왕에게 있어서 古都의 입김이 강하다는 것은 자연스러운 일이다. 시조왕이 축조한 궁성은 원래 鶻嶺에 있었다. 그런데 유리왕은 鶻嶺 아래 鶻川에 별궁을 설치하고 있다. 그는 주몽왕과 달리 鶻嶺이 아닌 지역에서 통치한 듯하다. 고대 국가 초기에 수도가 대왕의 거점에 따라 이동하던 것은 이상할 것 없다. 이동한 지점은 卒本 외에 다른 곳이 될 수 없다. 다음에 國內 尉那巖城에로 이도한 것이나 왕자 解明이 '古都'에서 반란을 도모한 것을 참작할 것이다. 유리왕은 卒本에서 통치하고 있는 것이다. 시조왕은 忽本에서 그리고 次王은 卒本에서 왕정을 펴고 있는 것이다. 유리가 즉위하자마자 1~2년 안에 천도하였다기보다는 즉위 초부터 자기 기반에서 통치한 것으로 판단된다. 즉 유리왕의 宮城은 졸본에 있었다. 종래 卒本과 忽本(鶻嶺)을 동일한 지역으로 보는 견해에서는 이 같은 사실을 제대로 파악하기 힘들었다.

琉璃王城이 朱蒙王城과 다르다는 사실은 사가들의 부주의로 실전되었다. 유리왕이 즉위 초에 천도하였다면 명기될 것인데 애초에 왕이 자기 거점에서 즉위한 까닭에 이동 사실이 특서될 여지가 없었던 듯하다. 필자는 朱蒙과 琉璃가 王統이 다르다는 점을 지적한 바 있다.[11] 유리왕은 解씨가 분명한데 주몽왕은 제3의 성씨로 추정될 뿐 정확한 성씨가 불분명하다. 이제 양자는 왕통만이 아니라 통치 기반조차도 다르다는 것이 밝혀진 것이다.

이 점은 종래 간과하여 왔는데 졸본과 홀본은 다른 곳이라는 점이 분명히 인식되지 않았던 까닭인 듯하다. 鶻嶺에는 주몽 집단이 도래하였고 그 이전에 졸본이라는 지방에 왕이 존재하였다. 졸본에 先住 세력이 있었고 주몽 일단이 그 변두리를 점거한 것이다. 졸본은 광역 개념이고 홀본은 국소 지역을 지칭하는 표현이다. 이러한 분석은 선주 세력이 통할하고 있던 지역의 일 지점에 주몽 집

---

11) 특히 유리왕은 사서의 기록과는 다르게 주몽의 實子라고 보기 힘들다. 주몽과 다른 기반을 가진 세력으로 간주된다. 졸고, 1999, 〈高句麗 桂婁部의 王室 交替에 대하여〉, 《韓國上古史學報》 30호, 본서수록.

단이 거점을 마련하였을 것이라는 상식적인 판단을 지지해 준다. 바꾸어 말하자면 중심 세력인 卒本 외에 尉那, 忽本 등의 분권 세력이 엄존하고 있었다. 이들을 기반으로 하여 졸본 공동체가 결성되었을 것은 자연스러운 일이다.

여러 표현을 음미해 보면 卒本 지방이 하나의 州, 또는 국가적인 개념(扶餘)으로 전승되어 오고 있음을 알 수 있다. '卒本州', 나아가서 '卒本川'이라는 서술은 하나의 강을 포함하는 커다란 유역 일원을 상정하는 데에 어려움이 없다. '졸본강 유역'을 위시하여 '졸본주 지방', '졸본부여 일대'라는 기술을 음미해 보면 廣域 개념이 들어 있는 것이다. 졸본 지방에는 沸流水가 있었다. 주몽 집단은 그 유역에 정착하였던 것이다.

俱至卒本川 … 遂欲都焉 … 但結廬於沸流水上居之. (고구려 본기 시조 전기)

시조가 활동한 지역은 일단 卒本川 지방이고 그 중에서도 沸流水 일원임을 알 수 있다. 卒本川은 상위 지역 개념이고 沸流水는 하위 개념이라고 할 수 있다. 卒本은 광의의 지명이고 沸流水는 협의의 지명인 것 같다.[12]

여기서 우리는 忽本 대 卒本이라는 양자 대립의 역사적 맥락을 통찰할 수 있다. 忽本은 新興 세력을 대표하고 卒本은 先主 거점을 상징한다. 忽本 세력이 발흥하여 卒本 지방을 석권한 것이다. 그 뒤 일시 忽本이 지역권의 중심적인 위치로 부상하였던 듯하다. 그러다가 후대에 가서 양자는 卒本이라는 통합 개념으로 대표되었다고 고찰된다. 그리하여 忽本의 유래는 차차 잊혀진 것이다.

그러면 다른 하나의 주요한 중심지였던 尉那岩城은 어떠한가 살펴볼 필요가 있다.

---

12) '沸流水上'의 '水上'이라는 표현에 굳이 얽매일 필요는 없을 듯하다. 주몽이 水上생활을 한 것은 아닐 터이기 때문이다.

2) 尉那와 優渤

尉那岩城의 '尉那'와 백제사 초기에 나타나는 '慰禮', 또는 '尉禮'의 명칭이 유사한 것은 이제 통설이 되었다.[13]

尉那岩城은 尉那-岩-城으로 구분된다. '尉那'는 고유 지명의 어근이라고 생각된다. '尉那'를 '울'로 읽는 것이 양주동[14], 최남선[15] 설이다. 좀더 생각해 보면 '-岩-城'은 지명 어미일 것이다.[16] '尉那'는 지명의 어간일 것이다. '尉那'가 지명의 줄기라는 것은 《三國史記》에 보이고 있는 대왕의 수렵지인 '尉-中-林'을 보아도 알 수 있다.[17] 여기서 '-林'은 한자식 표기이고 '-中-'은 아직 분명한 해석이 없으나 閔中왕이 사냥 나간 '閔-中-原'에서 볼 수 있는 것처럼 지명을 표기하는 音素인 듯하다. 따라서 語幹은 '尉'이다. '尉那'는 그러한 어간에 지명 어미 '-那'가 붙은 것이다. 같은 부여계통인 백제에서도 '-中-'계열의 지명이 나타난다. 백제가 중국과 통교하면서 여러 귀족들의 책봉을 상주하는데 그 중에 '弗中侯', '面中王(侯)' 등이 있다. 여기서 어미의 '-中'은 지명 어미인 것이다. 지명을 표기하는 語幹은 그 앞의 '弗-', '面-' 등에 들어 있다고 고찰된다. 지명 어미는 같은 의미의 지명 어미로도 대치할 수 있는 것이다. 따라서 '弗中', '面中' 등은 '弗-那', '面-那'로도 표기될 수 있는 것이고 나아가서 '弗-川', '弗-嶺' 내지 '面-川', '面-嶺'도 가능하다고 판단된다. 비견으로는 '弗-那'는 風納과 같은 말이니 풍납동 토성에 기반을 둔 세력인 듯하고 '面-那'는 '邁羅', '邁盧'와 같은 말일 것이다. 이상으로 보아 '尉-中'은 '尉-那'의 다른 지명으로 해석된다.

고구려 초기에 허다한 '-那' 집단이 존재하였음은 이제 통설이다. '尉那' 역시

---

13) 권오영, 1992, 《한국사 - 百濟史》, 국사편찬위원회, 451쪽. 단 여기서는 '不耐'까지도 포함하여 不耐와 百濟를 연결시키고 있으나 당부는 알 수 없다.
14) 양주동, 1943, 《古歌研究》참조.
15) 최남선, 1962, 《六堂全集》참조.
16) 국어학적인 성과를 도입하자면 '-岩-城'은 '-波衣-忽'이라고 복원될 수 있다.
17) 王田于尉中林, 유리왕 21년 夏四月 조.

그와 같은 '-那' 집단의 하나임이 분명해진다. 尉那 집단은 초기에 국도를 기반으로 막강한 영향력을 발휘하였을 것이다. 종래 그러한 세력의 존재마저 정확히 인식되지 못한 것이다.

위나암성을 순행하고 돌아오던 유리왕은 사물 연못가에서 바위 위에 앉아 있는 異人을 얻어 이름을 '沙勿'이라고 내리고 성씨를 '位'씨라고 하였다고 한다.18) 여기서 나타나고 있는 沙勿 집단은 여러 가지 상황으로 미루어 보건대 尉那 지역의 토착 세력이었을 것이다. 그 성씨 '位'는 지명 '尉那'와 연결되는 것 같다. 즉 '位씨 = 位那씨 = 尉那씨'인 듯하다. 실제로 중국 문헌에는 夫餘 王으로서 '尉仇台'라는 인물이 확인되고 있다. 물론 여기에 보이는 夫餘는 吉林의 부여이다. 그러나 같은 부여 종족의 인명이므로 좋은 비교 대상이 된다. 그런데 '尉仇台'와 연관시켜서 항상 논의의 초점이 되는 것이 백제 시조라고 사서에 나타나고 있는 '仇台'와의 동일인 여부 문제이다. 필자는 양자가 동일인인가 당부를 떠나서 '仇台'나 '尉仇台'의 인명을 중시하고 싶다. 여기서 '仇台'가 공통 요소이고 '尉'는 다른 기능을 갖고 있다고 판단된다. 아마도 姓氏 내지 姓氏的 기능을 하는 族稱이 아닌가 여겨진다.19) 이로써도 부여-고구려 사회에서 尉씨의 존재를 상정할 수 있다.

'位那'씨, '尉那'씨 등의 複姓이 줄여져서 '位'씨, '尉'씨로 표기되었을 가능성은 다분하다. 고대 사회 초기의 성씨가 거주 지명과 밀접한 관계에 있음은 消奴部 松씨와 같은 예를 들지 않더라도 흔히 산견되는 일이다. '沙勿'은 신라 불교 전래자로 유명한 阿道를 지칭하였다는 호칭 '彡麽', 고구려 본기에 나타나는 '師巫' 등과 함께 알타이 조어 /samma/(무당)에 일치된다. 沙勿이 출현하고 있는 澤上石은 金蛙王 출생 설화와 일치한다. 金蛙는 연못가의 바위 아래에서 출생하였고 沙勿은 바위 위에 앉아 있었다는 차이는 있으나 기본 구상은 같다고 보여진다. 이러한 모티프의 공유로 보아 尉那 세력은 夫餘 기원일 듯하다.

---

18) 《三國史記》본문 유리왕 21년 조. 王如國內 觀地勢 還至沙勿澤 見一丈夫 坐澤上石 謂王曰 願爲王臣 王嘉許之 因賜名曰 沙勿 姓位氏.
19) 김세익, 1964, 〈백제 시조 전설에 대하여〉, 《력사과학》 1964-1호, 16쪽.

한편 주몽 세력을 부양하였다는 召西努의 출신도 궁금하다. 그녀는 卒本 사람 延陀勃의 딸이었다고 한다. 주목할 것은 延陀勃의 이름이다. 석자의 한자로 되어 있어서 분석을 요한다. 이 단어는 국어 음운상 '延'과 '陀勃'로 분리될 수 있다. '陀勃'은 중세 국어 '두블(二)'이나 '다발(束)'과도 같은 어휘를 상상해 볼 수가 있다. 고구려 성 이름에 '多伐嶽'이 있어서 비교가 된다. 적절한 어휘로 비정하기 어려운 음가의 '延'은 일단 성씨로 판정할 수 있다. 성씨로 짐작되는 延氏는 다름아닌 位那씨인 듯하다. '延'자는 中古音이 /ian/[20] 내지 /jien/[21]이다. '位'는 /jwi/ 또는 /iwi/이다. '那'는 'na'이다. '延'/ian/과 '位那'/iwi-na/ 양자가 거의 일치한다. 음운의 일치 외에 특히 延씨의 딸 召西努가 주몽의 왕비라는 사실이 주목된다. 이것은 주몽이 延씨와 혼인 동맹을 결성하였던 것을 의미한다. '尉那=位那=延'이라는 것은 尉那 세력이 延씨가 아니었던가 하는 가설을 세워 보기에 족하다. 연씨가 졸본 지방의 尉那 지역을 거점으로 하고 있었던 것으로 추정할 수 있다. 즉 위나암성은 소서노 세력의 기반이다.[22] 지금까지 延씨의 기반을 막연하게 卒本 지역이라고만 알고 있었으나 이제 우리는 좀더 진전된 이해를 가질 수 있다. 즉 그들은 졸본 중에서도 位那 지역에 거점을 갖고 있었다는 것이다.

또한 召西努의 이름이 '松讓', '松那' 등에 일치하는 것이 주목되고 있다. '召西努'는 나아가서 '卒那'라고도 할 수 있다. 그렇다면 이것은 고유 개인 명이 아니라 일종의 씨족 이름, 부족 이름에서 온 것임을 알게 된다. 특히 설화 중에서 '소서노'가 '延'씨의 딸이라고 되어 있는 점은 깊은 음미를 요하는 대목이다. 고구려 왕국이 형성되기 이전에 동가강 일대는 하나의 공동체를 구성하고 있었다. 북한 학계에서 '句麗'國으로 비정하고 있는 지역이다. 松那의 召西努 세력이 延씨, 즉 位那 집단과 연결된다는 구조는 句麗國의 정치적 結構에 대한 좋은 시사

---

20) B. Kargren/이돈주, 1985,《中國音韻學》, 일지사, 128쪽.
21) 郭錫良, 1986.
22) 북부여 계통의 일파가 비류수의 서방에 定居한 것이다. 단 召西努 집단이 남하한 시기는 주몽보다 선행하였다고 생각되나 정확한 연대를 고증하기 힘들다. 이 일대에 북부여 계통의 세력이 진출해 있었던 것은 주목거리이다.

가 될 듯하다. 아마도 句麗國은 松씨 – 位씨로 대표되는 松那 – 位那 연합체였을 것이다.

尉那岩城에 대한 비정 작업을 하려면 우선 지명 연혁의 확인이 필요하다. 고구려 멸망 이후 위나암성 지역은 발해 – 거란 – 금 – 원으로 이어지는 지배를 받았고 항상 정치 중심으로부터 멀리 있었다. 따라서 현재 전하는 사료가 거의 없다. 그러나 佟家江 및 鴨綠江 대안 일대는 고려 – 조선으로 이어지는 시기에 越境과 監視, 분쟁의 場이었다. 지속적인 긴장이 형성되던 지역인 것이다. 그러므로 우리측 사료에서 어슴푸레하게나마 지리 묘사를 찾아볼 수 있다. 그러한 기록들을 일별하여 보면 동가강 유역에 수백년 동안에 걸쳐 '蔚那', '亐羅', '兀羅', '于郞', '五餘', '鬱靈', '郁靈', '郁郞', '兀剌', '兀拉', '五女', '五老' 등으로 이어지는 일련의 地名群이 확인된다. 그리고 그들은 현재의 五女山城을 가리키는 것이 분명하다.

《泰齋集》권1, 蒲州江 시에

蒲州에는 옛날부터 강이 흐르네. 일대를 휘감아 돌아 맑고 서늘하네.
장백산에서 내려와 도도하게 흐르네. 울나성의 아름다운 기운과 아련히 이어지네.
우리 강토에 편입되어 문서에 실린 것이 전쟁의 사나움 없이 천년이라네.[23)]

라고 하였다. 蒲州江은 鋪州江, 婆猪江, 婆提江이라고도 하며 현재의 佟家江이다. 태재의 시는 강 유역에 있는 蔚那의 상서로운 기운이 조선 영지에 잇닿아 있다는 내용이다. 여기서의 '蔚那'가 지리지 등에 누견되는 '兀剌山城'임은 그 시가 兀剌山城 정벌 직후에 헌상된 것을 감안할 때 자명하다고 할 수 있다. 建州見聞錄에

---

23) 蒲州有江自昔傳 奔流一帶涵淸漣
發源長白勢滔滔 蔚那佳氣遙相連
提封本入我版籍 驚瀾不起垂千年.
'蒲州'는 '婆猪', '婆娑'의 異譯이다. 강이름과 지명이 일치된 것이다.

> 也老江 會婆提江 入於鴨綠江〈在理山〉 … 自滿浦至奴城(*興京) 四百四十餘里 其間 有 萬遮嶺 婆提江 … 于郎山城 在也老江之上 極險絶 今不防守云. 24)

이라고 나타난다. 평북 만포진으로부터 압록강을 건너 누루하치 본영(홍경 구 노성)으로 가는 길목 지리를 적은 기록이다. 지세로 보아 이 문건에 등장하는 于郎山城이 오녀산성임은 자명하다. 만포로부터 만차령과 파저강을 거쳐서 홍경으로 간다. 그 길목에 于郎山城이 있다는 것이다. 《朝鮮王朝實錄》燕山君日記에는 '五余山'이라는 형태도 나타나고 있다.25) 한편 건주 여진으로 파견되었다가 복명한 申忠一의 기록에는 '鬱靈山城'이라고 적혀 있다. 조선시대에 편찬된 여러 지리지에는 '兀剌26) 山城'이라고 나타난다. 거슬러 올라가서 고려 말기에 동가강 여진들을 정벌하였다. 그 때의 기록들에 보면 '亐(울)羅山城'이라고 표기되고 있다. '兀羅城'이라고 적힌 문헌도 있다.27) 다 같은 소리를 표현한 지명임을 직각할 수 있다.

이러한 기록들로 보아 고려 시대 이후 조선 전시기에 걸쳐서 五女山城이 변함 없이 일정한 명칭으로 불리고 있었음을 알 수 있다. 지명의 변동이 없었다는 것이다. 고대 – 중세 사회에서 전승이나 주민의 이동, 변동이 비교적 급격하지 않았던 점을 감안하면 이 지명이 고대에까지 소급되어질 가능성이 매우 높다. 나아가서 오녀산성은 婆猪江 일원에서 가장 험요하다. 지금도 그렇지만 커다란 탁자와도 같은 高峻한 山壁이 고대인들에게는 신비한 감마저 던져 주었을 것이다. 그러한 名山 이름이 잘 바뀌지 않았을 것은 자연스러운 일이다. 따라서 필자는 고대에도 오녀산 일대가 그와 유사한 명칭으로 호칭되고 있었다고 단정하고 싶다.

---

24) 《자암집》 권6, 建州見聞錄.
25) 梁志龍, 1997, 〈沸流雜考〉, 《北方文物》 1997년 4기, 81쪽.
26) 元代의 方言에 '兀剌' 자 驛院, 驛馬를 갈아 타는 곳이라는 의미가 있다고 한다. 《中國少數民族大事典》, 418 쪽. 遼-金-元 3대에 걸쳐서 이 城池 부근이 지방 행정의 한 중심으로서 驛院이 설치되어 있었을 가능성은 다분하다. 그렇다고 한다면 역원의 의미를 따라서 '亐羅' 등의 표기가 '兀剌'라고 몽골식으로 바뀌었을 것이다.
27) 목은 문집 권15, 廉悌臣公神道碑.

'松讓=卒那'가 卒本으로도 표현될 수 있었다면 같은 원리에 따라서 位那, 尉那는 '尉本'[28]으로 표현되기도 하였을 것이다. 그런데 '尉-本'은 '優-本'과 같다고 할 수 있다. 중고음으로 '尉'와 '優'는 거의 일치한다. 나아가서 '優本'이 '優鉢', '優体'로 표기되었을 것을 상정하면 이 지명은 설화 속에 나타나는 '優-渤'(太白山 南方 水名)과 상통한다. 優渤澤은 優渤 지역에 있던 大澤일 것이다. '優渤'은 부여 역사 속에 나오는 이름으로서 지명 자체가 부여 세력 이름인 것이다. 位那, 尉那 세력이 尉本이나 尉渤, 優本, 優鉢로도 표기되는 집단임을 알 수 있다.[29] 비록 정치한 분석을 토대로 한 것은 아닐지라도 조선 중기의 許穆이 《眉叟記言》에서 '古朝鮮之地 在肅愼之西'라고 하면서 고구려 지역을 '尉那之地'라고 표현한 것은 정곡을 얻은 것이라고 할 수 있다.

고구려사를 보면 상대에 于씨가 많이 나타나고 있다. 于씨는 絶奴部 씨족으로 간주되고 있다. 그러나 다음과 같은 사료는 절노부 우씨 설로써는 설명이 궁색하였던 것이다.

立西部大使者于漱之女 爲王后(서천왕 2년)

西部는 통설에 의하면 消奴部이다. 절노부는 南部라고 되어 있다. 그러므로 절노부 우씨라는 것과 상충되었던 것이다. 최근의 정설에 의하면 方位名을 부친 5部는 수도 안에 위치한 것으로 추측되고 있다.[30] 西部, 東部 등은 京畿의 5部라고 간주된다. 따라서 西部 于씨는 절노부와 직접 연결된다고 보기 힘들다. 따라서 고구려 于씨 중에 절노부 우씨만 있었던 것은 아닌 듯하다. 西部 于씨는 아마도 于那(蔚那)에서 기원한 다른 于씨라고 고찰된다. 왕실과 밀접한 연결을 가진 우씨인 듯하다.

---

28) 尉那岩城의 '尉那'는 통례에 좇아 '尉川'이라고도 표기될 수 있다. 나아가서 '尉嶺'이라는 산도 있었을 것 같다. '尉本'이라는 평원도 상정해 볼 수 있을 것이다.
29) 북부여에서 유래한 것은 별도의 논고를 요한다.
30) 김현숙, 1997, 〈高句麗 中期 中央集權의 地方統治體制의 發展過程〉, 《韓國古代社會의 地方支配》, 신서원, 53쪽.

忽本은 鶻川/鶻嶺 일대인 것이다. 鶻嶺 중심의 주몽은 홀본에 거점을 두고서 位那 延씨와 합력하여 건국한 것이다. 여기서 忽本이 卒本과 같지 않을 뿐만 아니라 尉那 내지 優渤과도 다른 세력임을 추측할 수 있다. 그러므로 우리는 고구려 초기사에 있어서 정치적 3대 세력 집단을 상정할 수 있다. 졸본 – 홀본 – 위나 삼대 지점에서 초기 권력은 발생한 듯하다.

3) 考古學的 資料와 卒本의 位置

이상의 尉本 – 忽本 – 卒本 등에 대한 논의를 통하여 卒本夫餘가 그 3대 지역 집단들로 구성되어 있었음을 알 수 있다. 그런데 卒本扶餘란 다름아닌 소자하 – 동가강 유역의 호칭일 것이다.[31] 고구려 초기 적석총이 밀집되어 있는 지역이다. 고구려 사회는 적석총 축조 집단들을 모체로 하여 형성, 발전되어 나갔다. 압록강 유역과 혼강 – 송화강 상류 지역에 초기형 적석총이 분포하고 있다는 점

동가강 유역의 고구려 성채

---

31) 동조, 1995,《高句麗の 歷史と 遺跡》, 184쪽. 북한의 정찬영도 같은 입장이다.

은 널리 알려진 사실이다. 특히 富尔江과 佟家江이 합류하는 지점에서 大雅河가 들어오는 곳까지 적석총이 집중 분포하고 있다. 桓仁 일대는 댐 공사로 인하여 水沒되었으나 초기 고분군들이 밀집하여 있는 곳으로 유명하다. 따라서 이들 지역에서 초기의 중심지를 추적하는 것은 당연한 일이다.

고대 사회에서 城塞의 중요성은 재삼 언명할 필요가 없을 듯하다. 고구려 사회도 城砦를 중심으로 발전하였다. 동가강 – 압록강 유역에서 西漢 대로 거슬러 올라가는 城址를 살펴보면 다음과 같다.

1. 富尔江 유역
   轉水湖산성, 黑溝산성.
2. 동가강 상류
   治安(自安)산성[32], 赤柏松古城, 覇王朝산성.
3. 동가강 중류
   五女산성.
4. 압록강 중류
   集安縣城.

일견하여 동가강 중상류에 밀집되어 있음을 알 수 있다. 이 현상은 중상류 지역이 西漢 대 句麗 사회의 중심지였던 때문이라는 해석이 아니고서는 설명하기 어렵다. 막연하게 동가강 일대에서 졸본을 찾을 것이 아닌 것이다. 이제 동가강 중상류로 더 범위가 좁혀진 것이다. 그러나 自安산성과 적백송고성은 지역적인 특색이 거의 없어서 토착 세력의 거점이라고 비정하기 어렵다.

卒本의 위치는 현재 고고학적인 성과를 감안한다면 佟家江 지류인 富尔江 계곡에서 찾아야 할 것이다. 富尔江은 사서에 나타나는 '沸流水'라고 짐작된다. 현

---

[32] 通化市에 있는 漢代 고성인데 지리지에는 石頭山城이라고 되어 있다. 自安山城이라고도 하는데 원명은 治安山城인 듯하다.

재는 동가강이 주류가 되어 있으나 지도상에서 자세히 관찰하면 부이강은 龍崗山에서 직접 발원하는 大水임을 알 수 있다. 龍崗산맥은 청태조 누루하치의 기반이 되었다고 해서 청조 때부터 '龍崗山'이라는 雅名으로 호칭되고 있다. 남으로는 佟家江, 서쪽으로 蘇子河가 발원해 나가고 동으로 輝發河, 북으로 東遼河가 공통으로 발원해 나가는 만주 중앙부의 대산지이다. 이 산맥에는 南滿 최고의 摩利紅山이 자리잡고 있다. 고대에는 현 동가강 상류보다 富尒江이 佟家江 본류로 간주되었을 가능성이 높아 보인다.

부이강 유역이나 소자하 동가강 유역의 고대 지리를 구명하는 데에 가장 주요한 자료가 되는 것은 《三國史記》에 실려 있는 '李勣目錄'이다. 이것은 말기의 고구려 지리에 관한 신뢰할 만한 일차 사료라고 평가된다.[33] 鴨淥水 이북의 '已降城'과 '未降城', '逃城', '打得城' 등을 자세하게 기록하고 있는 자료인 것이다. 그 중에서〈鴨淥水以北已降城 十一〉조항이 분석의 대상이 된다. 그 성들은 대체로 蘇子河에서 佟家江을 거쳐서 國內城으로 진입하는 도상에 있었던 성들이라고 인정되고 있다. 일단 해당 부분을 순서대로 적기 해둔다.

　椋岩城 : 倉岩城 또는 蒼岩城이라고도 보인다. '椋'자는 '倉'과 같은 뜻이다. '창고 바위'라는 명칭으로 보아 軍糧 備蓄의 기능이 강조된 듯하다. '蒼岩'은 '倉岩'의 원의에서 멀어져 한자식으로 아역된 지명일 것이다.
　木底城 : 소자하 유역으로 추정된다. 영릉진 부근에 '木奇城', 또는 '木盂子'향 등 유사한 지명이 남아 있다.
　藪口城 : 누루하치성, 즉 부루알라성의 고명이 '索尒科'성, 현재의 '碩里口'성인데 그 이름이 '藪口'에 일치한다.
　南蘇城 : 소자하 유역설, 東遼河설, 范河설 등이 있다. 필자는 南蘇水가 小遼水(渾河)와 별도로 존재한다는 점에서 남소수는 소자하로 보기 힘들다고 느껴진다.[34]

---

33) 노태돈, 1999,《고구려사연구》, 사계절.

甘勿主城 本甘勿伊忽:《唐書》에 나오는 哥勿城, 哥勿州이다. 비견으로는 통화 拐磨子의 '拐磨'가 소리가 비슷하여 주목된다. 부근에 고구려 시대 묘지가 많고 東-西 古城子 유적이 있다. 哥勿城를 중국 학자들은 고전에 보이는 '多勿'성에 비정하는 듯하나 音價도 다르고 기능도 달라서 취하지 않는다.35)

論者	南道	北道	南蘇성	木底성	倉岩성
箭內瓦	蘇子河	開原	淸原	木奇	
津田左右吉	太子河	蘇子河	永陵진	태자하상류	新賓
今西春秋	태자하	소자하	鐵背山城	木奇	老城 남방
高橋匡四郎	소자하 남방	소자하	薩爾滸성	櫃子石산성	舊老城
金毓黻	소자하	휘발하	소자하유역	목기	소자하유역
陳相偉	新開河	葦沙河			
孫進己	소자하	청원	철배산성	궤자석산성	청원,남산성
陳連開	소자하		철배산성	목기	패왕조산성
王綿厚	소자하	청원	催陣堡산성	五龍산성	黑溝山城
孫永鐘1	소자하	청원	철배산성	목기	노성
손영종2	환인-신개하	청원	동	동	동
李健才	富尒江	通化	오룡산성	목기	
佟達	부이강	청원,휘발하	오룡산성	목기	永陵西古城
張正岩	부이강		오룡산성	목기	노성
梁志龍	환인-楡林	부이강	철배산성	궤자석산성	高儉地山城
余昊奎	부이강	청원	철배산성	목기	
田中俊明	태자하	소자하	구노성	고검지산성	오녀산성

麥田谷城 : 麥田谷城의 착오라고 한다(李丙燾《譯註 三國史記》).

---

34) 소자하 유역설 외에 東遼河설, 范河설 등이 있다. 참고로 南蘇-木底-倉岩에 대한 학설들을 표로 제시하면 별표와 같다. 고구려연구회,《高句麗山城研究》, 학연문화사, 186쪽에서 재인용.
35) 오히려 음기 면에서 본다면 통화 快大茂子 漢城의 '大茂'가 '多勿'에 일치한다. '快'는 중국어 語頭 接詞이므로 제외될 수 있는 것이다. 부이강 세력을 공제하기 위하여 통화 古城에 多勿 土성을 배치하고 감시하던 상황이 가정될 수 있다.

心岳城 本居尸坤36)
國內州 : 현 집안.
屑夫婁城 本肖利巴利忽
朽岳城 本骨尸坤
櫟木城

    자세한 고증은 타일로 미루거니와 이들 諸城이 동가강을 중심으로 하는 國內城－新城 연도에 분포하고 있었다는 점은 인정되어도 좋을 것 같다. 무순 新城에서 집안 國內에 이르는 길목이라면 고래로 富尒江 및 新開河, 淸河를 거치지 않을 수 없다. 동가강에서 通化, 桓仁 일원이 위치한 곳이다. 따라서 우리는 이 성 중에서 卒本 및 忽本을 탐색하여 볼 필요가 있을 것이다. 卒本과 忽本과도 같은 古城 내지 大城이라면 당연히 부이강－신개하를 연하는 沿道 제성에 포함되어 있을 것이다. 주목되는 것은 본명이 肖利巴利忽이라는 屑(설)夫婁城이다.
    고구려 표기법에 있어서 '肖', '省'은 '소', '쇼'로 읽히는 것이다. 省門寺, 肖門寺가 좋은 예이다. '利'는 '리'로 읽고 '巴'는 '보', 또는 '바'로 읽는 것이니 '肖利巴利'는 대개 '소리보리'나 '소리바리'의 표기라고 생각된다. 이것은 卒本과 전적으로 일치하는 지명이다. 卒本은 肖利巴利忽로 비정된다. 음운상의 일치 및 이적 목록의 기술에서 동가강 유역으로 인정된다는 점 등이 근거이다. '屑夫婁'는 漢譯이라기 보다 音譯에 가깝다. 바로 '솔－부루'로 통하며 '솔－본'에 일치한다. 초리파리홀, 즉 졸본의 현 위치는 아직 확정하기 어렵다.
    초리파리홀이 부이강 상류 연안의 黑溝산성－轉水湖산성 둘 중의 하나일 가능성이 있다. 그러나 두 성 다 험요한 요새에 구축된 방어성이라는 점이 취약점이다.37) 특히 졸본성은 사서에 명기된 것처럼 고구려 말기까지도 祭場으로 사용되어 公營되고 있었다. 泥質토기가 나오지 않고 있고 석관묘나 초기 적석총

---

36) 끝의 '坤'자는 일단 북한판 활자본을 따른다. 이에 대해서는 '岬', '土甲', '坤' 등으로 읽는 설이 있다.
37) 여호규, 1998,《高句麗城 I》, 42, 183쪽.

등의 前期 내지 早期 유물들만 나오고 있는 흑구산성이나 전수호산성은 시기적으로 보아 졸본성에 적합하지 않다고 고찰된다. 王綿厚의 설처럼 흑구산성은 후기에 개발된 창암성일 가능성이 있으나(79쪽 별표 참조) 역시 초기 유물만 나타나는 점에서 불안하다. 전수호산성과 흑구산성 두 곳이 다 沸流國 城邑일 개연성도 높다고 여겨진다. 그렇다면 흑구산성이 都城이고 전수호산성은 방어성이었을 것이다. 부이강 상류에 있으면서 通化路와 富尒江路가 分岐하는 孤脚山城은 교통의 요지이기는 하나 규모가 작고 따라서 遮斷성으로서의 역할이 중요하였을 것이다.

졸본성은 부이강 중하류의 평지성 중에서 찾아져야 할 것이다. 그러한 조건에 부합되는 성 유적으로는 부이강 중류의 東西 古城子城과 하류의 나고성38)이 있다. 평지성으로서 현재 학계에 약간이나마 정보가 제공된 곳은 나고성이다. 이 성은 부이강이 동가강으로 주입하는 하구에 위치한다. 성중에는 오래된 神社가 있고 불상이 안치되어 있다고 한다. 현지인들의 종교적인 숭배의 대상이 되고 있음을 상상하기 어렵지 않다. 나고성은 너무 작다는 점이 불만스럽다고 한다.39) 그러나 초기의 성새는 당연히 작은 것이었을 것이다. 대형 성채는 중–후기에 축조된 것으로 판단된다. 그리고 동가강 유역에서 중심적인 위치에 있다는 점도 평가될 만하다. 토성이나 土石 혼축이 아니고 石城이라는 점도 고구려 초기 성채로서 적합하다. 성중에 있다는 神社와 불상이 상고의 太后廟나 始祖廟의 遺像일 개연성도 적지 않다고 여겨진다. 고대의 유서깊은 사당이 후대에 가서 민간 신앙 속에서 여맥을 남기고 있는 사례가 적지 않기 때문이다. 최근 東潮, 노태돈 등은 나고성을 유력한 후보지로서 거론하고 있다.40) 부이강 상류의 흑구산성 등을 비류국으로 가정하고 하류의 나고성을 졸본성으로 비정한 것이다. 나고성은 혼강을 사이에 두고 건너편 覇王朝산성과 상대하고 있다. '喇

---

38) 중국어에서 '剌蛄'는 가재를 가리킨다. 만주어 lagu의 음역인 듯하다. 따라서 '喇蛤'이라는 표기는 잘못인 듯하다.
39) 車潮, 1995, 여호규도 나합성이 졸본일 가능성을 부정하고 있다. 여호규,《高句麗城I》, 42쪽.
40) 동조, 1995.
  노태돈, 1999.

蚷'가 만주어에서 '가재'라는 뜻인데 '가재'가 거북, 자라, 물고기 등과 아울러 河伯의 神體로 간주되었을 가능성도 있어 보인다. 漢代 토성을 連用하였다고 추정되는 점이나 지리적으로 혼강 인후에 해당되는 점 등은 충분히 의미가 평가되어야 마땅하다.

동고성자는 일단 조선 초기에 활동한 여진족의 거점 '兀彌府'로 비정된다. 그런데 동고성은 거란 시대 正州의 주치일 가능성이 일부에서 제기되고 있다.[41] 지표에서 거란 시대의 유물이 채집되었기 때문이다.[42] 그러나 여호규의 지적처럼 거란 시대의 유물은 통화 赤柏松고성 부근에서도 수습되고 있다. 따라서 그것만으로는 불충분하다.《遼史》에 正州가 '沸流國王의 도읍지'라고 알려져 있었던 점이 중요하다. 정주로 인정받으려면 沸流國城으로서의 적합성도 같이 평가되어야 할 것이다. 正州의 위치 문제는 별도로 논의되어야 할 것이지만 富尒江 유역에 있었던 것은 인정되어도 좋을 듯하다. 한편 東古城子와 아울러 '西古城子'도 있다.[43] 동고성자가 거란 시대의 성이라면 서고성자는 더 오랜 내력이 있을 듯하다.[44] 그러나 두 곳의 古城은 고구려 初期 성의 특징인 石築 塞垣이 결여되어 불안하다. 따라서 후기에 나타나는 哥勿성, 甘勿伊성(甘勿主城)으로 비정된다. 哥勿의 명칭은 지금의 '拐(괴)磨-子'로 남아 있다. 후기에 가서 매우 중시되던 곳임을 알 수 있다.

또 한 가지 고려하여야 할 점은 沸流國 都城과 고구려의 卒本이 반드시 동일처라는 보장은 없다는 것이다. 비류국 도성을 적절히 控制할 수 있는 위치에 卒本城이 고구려 당국에 의하여 새로이 수축되었을 가능성도 농후하기 때문이다. 그런 점에서 보면 부이강 상류에 있는 전수호산성과 흑구산성이 각각 비류국

---

41) 여호규, 1998, 212쪽. 재인용.
42) 거란 시대의 성으로만 볼 수도 없는 것은 물론이다. 지표에서 수습된 것은 어디까지나 표면 층위의 문물이므로 지하층에는 그 이전 시기의 유적이 함유되어 있을 것이다. 장차의 발굴에 기대를 해본다.
43) 여호규, 1998.
44) 余昊奎는 졸본을 오녀산성 동방의 환인댐 水沒地區로 추정하였다. 그 근거는 忽本을 卒本으로 동일시하고 오녀산성을 홀본 西城山으로 간주하는 데에 있다. 필자는 忽本을 鶻嶺으로 보고 따라서 忽本과 卒本은 다르다는 점을 논증하였다.《高句麗城 I》, 42쪽.

고성, 고구려 졸본성으로 비정될 소지도 있다. 그러나 沸流國을 하나의 城砦 국가로 간주하기에 주저가 된다. 따라서 앞서 가정한 것처럼 부이강 유역에 비류국 도성이 있고 고구려가 快 – 大茂('새로운 大茂'라는 의미일 것이니 본래의 '大茂성'은 인근에서 따로 찾아야 할 것이다.) 부근에 多勿성을 설치하였을 가능성도 부정하기 어렵다. 大茂성은 고구려 多勿 – 都 – 城의 이름을 남긴 것으로 고찰된다.

고구려 초기사를 반추하여 보면 沸流水를 중심으로 한 지역에 대개 3개의 씨족이 확인된다. 즉 松씨, 負鼎씨 그리고 扶씨이다. 松씨는 松讓, 松屋句 등을 포함하며 負鼎씨가 沸流水 강가에서 출현한 것은 사기에 명문이 있다. 祭祀를 주로 담당한 씨족으로 묘사되고 있다. 神鼎을 관리하는 기능은 豊饒 呪術을 상징하는 것으로서 고대 神官들의 업무였다. 그리고 扶씨는 扶芬奴, 扶尉猒이 나타나고 있다. 扶씨는 扶餘씨로 볼 수도 있으나 扶餘씨는 후대에도 주로 '餘'씨로 약칭되고 있다. 그 까닭은 '扶'씨가 이미 고대로부터 존재하고 있었던 때문일 듯하다. 扶씨는 扶婁씨로 추정된다. 扶婁는 곧 沸流의 異譯이다. 扶씨는 초기부터 왕권에 협력하고 있던 것으로 되어 있다. 아마도 비류국 세력 중에서 초창기부터 주몽 왕권에 타협한 집단일 것이다. 비류국이 이렇게 대체로 3개의 씨족으로 구성되어 있었다면 고대사의 상례로 미루어 보아 자연스러운 일이다. 그런데 현재 富尒江 유역에는 초기 高句麗 石城이 轉水湖산성, 黑溝山城 그리고 喇蛄성이 확인되고 있다. 이들 3城과 문헌의 3씨족을 비교해 보는 것도 무의미하지 않을 것이다. 필자는 전수호산성이 扶씨, 흑구산성이 松씨, 나고성이 負鼎씨의 거점이 아니었나 추측하고 싶다.

졸본이 부이강 유역이라면 홀본은 다른 河川 지역일 것이다. 먼저 홀본은 동가강 상류일 가능성이 있다. 그러나 동가강 상류 일대에는 문헌으로나 고고학적으로 홀본에 비정할 만한 고성이 없다. 동가강 상류의 自安山城이 주목되나 지표에서 漢代 유물이 수습되므로 漢城으로 보는 견해가 보통이다. 고구려적인 색채가 확인되지 않아 입론하기 힘들다. 나아가서 통화 일대를 고구려 椽那部로 추정하는 견해도 있어서 忽本으로 간주하기 힘들다. 비견으로는 '自安(zhi-an) zhi-na)'의 명칭은 고구려 시대의 '提那', '猭(천)那(=椽那)' 내지 '絶奴' 명칭으로 소급되어지는 것 같다. 따라서 동가강 상류에서 忽本이나 鶻嶺을 구하는 견해는 취하기 어렵다. 부이강 유역을 제외한다면 동가강 중류의 覇王朝山城이 손꼽힌다. 그러나 너무 至近하여 애로가 있다. 아무리 小國이라고 하지만 東古城子나 나고성과 覇王朝山城은 불과 백여 리이기 때문이다.

忽本은 卒本이 위치한 부이강, 동가강 유역이 아닌 다른 지역에서 찾아야 할 것이다. 그렇다면 소자하 상류 유역이거나 길림 일대로 가는 길목인 輝發河 유역 등지에서 찾아져야 할 것이다.

소자하 상류 유역의 고구려성으로서 白旗堡고성, 舊老城, 英陵鎭고성 등이 있다. 소자하 중하류로 내려가면서 頭道砬子산성, 櫃子石산성, 五龍산성 등이 지목되고 있다. 그리고 환인 지방과 소자하 유역이 접하는 곳에 高儉地산성이 있다.45) 그러나 소자하 중, 하류는 홀본으로 추정하기 어렵기에 제외한다. 영릉진고성은 漢代 高句麗縣 토성으로 간주되고 있으므로 제외된다. 남은 것은 고검지산성과 백기보산성, 구노성 등인데 고검지산성과 백기보산성은 방어성이고 왕성의 형세가 아니며 너무 험애한 산간에 위치하고 있다. 남은 것은 구노성 뿐이다. 구노성이 전형적인 고구려 산성인 것은 학자들 사이에 정론이 있다.46) 구노성은 碩里□河의 상류에 있고 노성은 하류에 위치한다. 노성 부근에서 碩里□河는 蘇子河로 유입된다. 舊老城을 연하는 하천이 지리지에 '索尒科水'라고 나타나고 현재는 '碩里□河'라고 불린다. 이 하천 이름에 고대 성 이름이 묻어 남은 듯하다. 音韻으로 보아《三國史記》에 기록된 '藪□城'으로 비정된다.

卒本이 屑夫婁城이라고 할 경우 倉岩城과의 구별이 긴요하다. 명칭으로 본다면 '倉', '廩', '椋'을 고구려에서 '首乙'이라고 하고 '巖'은 '波衣', '波兮'라고 하였다. 따라서 '倉岩城'은 고유어로 '首乙波衣/波兮'라고 하였을 것 같다. 倉岩城은 椋岩城으로서 南蘇 - 木底 등과 함께 항상 사서에서 竝稱되고 있다. 목저성이 소자하 - 혼하 유역이 확실하니만큼47) 같은 유역일 것이다. 倉岩城은 그 명칭으로

---

45) 여호규, 1998,《高句麗 城 I》, 국방군사연구소, 41쪽. 高儉地산성은 동북쪽에 적석총군이 있다.《高句麗の歷史と遺跡》, 86쪽.
46) 東潮 등,《高句麗の歷史と遺跡》, 334쪽.

보아 軍事基地적 성격이 강한 것으로 생각된다. '蒼岩城'은 '倉岩城'을 아화(雅化)시킨 이름인 듯하다.[48] 지리로 보아 白旗堡古城 내지 高儉地山城에 비정될 수 있다고 생각된다. 창암성은 중기 이후에 구축된 방어성으로 알려져 있다. 그런데 고검지산성은 고구려 초기 산성으로 짐작된다. 그러므로 창암성은 백기보산성일 개연성이 높다. 그렇다면 남은 고검지산성은 고구려 초기 역사에 유명한 '幘溝漊'에 비정될 수 있을 듯하다. 창암성의 역사가 상대로 소급될 수 있다면 고검지산성으로 비정하는 것도 가능하겠다.

이상 설명한 것처럼 동가강, 소자하, 나아가서 압록강 일대에는 초기 도성 忽本으로 비정할 만한 성새가 없다. 남은 곳은 輝發河 유역이다.

2. 非積石塚系 王家의 可能性

1) 夫餘와 高句麗의 文化的 偏差

고구려 문화를 논할 때에 부여 문화와의 연관성을 언급하지 않을 수 없다. 문헌에서 한결같이 고구려 시조가 부여에서 망명하였다고 기록되어 있기 때문이다. 그러나 학자들이 공인하고 있는 것은 송화강 유역의 부여 문화가 동가강 유역의 고구려 문화와 상당히 다르다는 점이다. 부여로부터의 지배층 이동이 있

---

47) 항상 병칭되는 남소성은 《한원》에 신성의 북방 70리 산상에 있다고 나온다. 이에 의거하여 여러 가지 비정이 제안되었다. 동조, 1995, 336쪽. 포하가 남소수이리라는 견해, '남소수=범하' 설 등이 그것이다. 동조, 349쪽. 그런데 《한원》 원전에는 '新城'이 아니라 '雜城'이라고 되어 있어서 문제이다. 후고. 아직 분명하지 않은 남소성에 비하여 목저성은 거의 소자하 유역으로 확정되어 있다. 다만 한 성으로 확정하는 과정만 남아 있을 뿐이다.
48) 최근 창암성을 覇王朝山城이라고도 하는데 근거가 밝혀져 있지 않다. 중앙민족학원출판사, 1988, 《中國歷史地圖集 釋文匯編》 東北卷, 68쪽. 패왕조산성은 전진기지적인 성격은 적다고 하겠다.

었다면 왜 그것이 문화상에 반영되지 않고 있을까? 그래서 지금까지의 통설에 의하면 주몽을 위시한 지배층의 유입은 문화적 변동을 초래할 만큼 다수가 아니었다고 설명되고 있다.[49]

그러나 고구려의 형성 과정은 간단히 일회적 변화나 이동에 의한 것은 아닌 듯하다. 사서에서는 고구려의 선행 세력으로서 眞番 - 句麗 - 玄菟 - 濊貊 등을 확인할 수 있다. 논자에 따라서는 '句麗'라는 호칭을 부치기도 하고 '濊貊'을 사회 명칭으로 거명하기도 한다. 여하간에 단계적 성장 과정을 밟아 온 것은 분명해 보인다. 그렇다면 석관묘 문화에서 하나의 파동이 남하하였다고 하더라도 그것을 당장 高氏王權으로 연결시킬 필요는 없다고 판단된다. 실제로 고씨 왕실의 등장 이전에 解씨 왕조를 상정하는 것이 다수의 견해이고 최근에는 朱蒙도 非解非高의 第三姓氏라는 주장도 제출되었다.[50] 그리고 계루부 이전에 消奴部 왕권이 존재하였던 것은 사서에 명문이 있다. 주몽 이후를 桂婁部라고 한다면 주몽 이전에 소노부 왕조가 선행한 셈이 된다.

지적하고 싶은 것은 이러한 선행 세력들이 전부 적석총 문화에서 발생하였다고 결론짓기 힘들다는 사실이다. 眞番 - 句麗 - 玄菟 - 濊貊 등 모두가 동가강 - 압록강 유역에서 발달한 積石塚系 세력이었다고 단정할 근거는 어느 곳에도 보이지 않는다. 오히려 非積石塚系 세력들도 일시 이 지역에서 패권을 잡았을 수 있는 것이다. 휘발하 - 소자하 - 태자하 - 동료하 어느 지역도 동가강 유역에 비하여 문화적으로 절대 열세를 보이고 있지는 않다. 동료하 유역 같은 지역은 분명히 초기 철기 시대 이래로 동가강 유역에 비하여 선진적인 문화를 성취하고 있었다고 고찰된다. 동료하 일원을 중심으로 하여 휘발하 - 동가강 - 압록강으로 이어지는 정치적 단위체가 일시 형성되었을 개연성도 높다고 판단된다.

---

49) 노태돈, 1999, 《高句麗史研究》, 사계절.
50) 졸고, 1999, 〈高句麗 桂婁部의 王室交替에 대하여〉, 《韓國上古史學報》30호, 본서 수록.

2) 卒本이 舊土인 緣由

《三國史記》에 보면 시조 주몽이 松讓王國을 접수하고 나서 다음과 같은 기록이 있어서 인구에 회자되고 있다.

그 땅을 多勿都로 하였다. 송양을 都主로 임명하였다. 고구려말에서 舊土를 수복하는 것을 '多勿'이라고 한다. 그래서 명명한 것이다.(松讓以國來降 以其地爲多勿都 封松讓爲主 麗語謂復舊土 爲多勿 故以名焉)

홀본에서 즉위한 주몽이 졸본에서 항거하고 있던 송양왕을 항복시키고 통합한 것이다. 여기서 흥미로운 것은 과연 졸본이 홀본의 故土였겠는가 하는 점이다. 상식적으로 보아 주몽은 송양에 뒤져서 건국하였다. 그런데도 주몽 및 그 집단이 송양 지방을 故土라고 간주하고 있었다. 이것은 주몽이 즉위하기 전에 일시 홀본과 졸본 전지역에 걸쳐서 통치하던 세력이 있었음을 의미한다. 그 주축이 홀본 세력이었다고 판단된다. 그러다가 송양 세력이 졸본에서 자립한 것이다. 그에 따라 홀본은 쇠미하여 갔을 것이다. 쇠약해 가던 홀본 지역에서 주몽이라는 새로운 강자가 출현하여 졸본을 겸병하게 되자 옛날의 舊土가 회복되었다고 하여 칭송받고 있는 것이다. 그러므로 주몽이나 송양 이전 어느 시기에 홀본-졸본을 아우르는 상당한 규모의 정치적 통합체가 존재하였음을 상정할 수 있다. 그 중심은 홀본이었다고 짐작된다.

나아가서 그와 같은 통합체 세력은 積石塚 세력만이 아니었을 가능성이 크다. 왜냐하면 적석총 문화는 비교적 한정된 지역, 즉 동가강-압록강 유역에서만 발견되고 있기 때문이다. 휘발하 유역이나 소자하 유역만 하더라도 석관묘 문화가 우세하다. 석관묘 문화 출신 제왕이 너른 지역을 통치하다가 적석총 문화 지역이 독자적인 노선을 표방하고 자립하였을 개연성이 상정된다. 일반적으로 휘발하 유역과 동가상-압록강 유역은 동일한 문화적 특성을 공유하고 있다고 알려져 있다.51) 그러한 동질성은 하나의 정치적 공동체 속에서 배양되었다고 판단하는 것이 순리적이다. 따라서 졸본이나 홀본을 주축으로 하는 휘발하-동가강-압록강 연합체가 상정될 수 있다. 만일 그러한 왕조가 존재하였다면 송양국 분립 후에 주몽에 의한 통합이 舊土收復으로 간주되었을 것은 당연하다.

3) 東罡에서의 昇天과 火葬

고구려의 전통적인 葬式은 적석총 장례이다. 일례로 유리왕의 東原 埋葬은 積石塚 매장이라고 추정된다. 豆谷이라는 川谷 주변의 평야에 조성되고 있다. 고구려 적석총의 입지와 전적으로 일치하는 것이다. 解明의 礪津 東原도 같다. 津邊이라면 당연히 하나의 河道, 河流(礪江)가 있었을 것이다. 강가의 평지에 축조되고 있는 것이다. 川邊의 묘지는 주로 강돌로 쌓아졌다. 즉 川石墓地인 것이다. 여기서 고구려인들이 河伯을 숭배하던 水神 제사 집단임을 상기하지 않을 수 없다. 水神은 祖上으로 인식되고 있었다. 수신 河伯은 아마도 水中에 川石으로 건축된 궁전에 거처하였을 것이다. 그러므로 적석총은 수중 궁전의 모방 건물이라고 고찰된다. 川邊에 川石으로 구축한 死後 住宅인 셈이다. 하천 가에 분묘를 조성하는 기본 취지는 조상들의 고향인 河川世界에로의 귀향을 구현하는 것으로 고찰된다. 川石묘지는 하천에로의 귀속을 전제로 하는 중간 거처일 것이다.[52] 그러나 鄒牟王은 그러한 川邊에서의 葬禮를 치르지 않고 있다.

앞서 필자는 동가강 유역의 적석총 문화에 대하여 주위에 자리한 비적석총 문화의 존재를 주목하였다. 고구려의 형성에 있어서 卒本, 忽本, 尉那 등이 참여하였다면 그들 전체를 적석총 문화 계열로만 단정할 근거는 박약하다. 지금까

---

51) 王洪峰, 1985, 〈吉林海龍原始社會遺迹調査〉, 《박물관연구》 1985년 2기 66쪽.
　尹都山, 1998, 《長白山史話》, 길림문사출판사. 장백산 휘발하 지역에 3족기가 없다. 79쪽.
52) 나아가서 積石塚 조성은 上古 水葬의 遺制일 가능성이 있다. 유리왕 대에 왕자 如津은 沸流水에 갔다가 익사하였다고 한다. 사체를 찾지 못하여 한참 그대로 지냈는데 沸流人 祭須가 찾아내어 겨우 장사를 치렀다고 한다. 장지는 王骨嶺이라고 하여 왕족의 공동묘지였던 것 같다. 언뜻 보아 水葬한 후에 土葬한 듯한 인상이다. 이와 같은 葬制에 대한 연구는 차후에 미루기로 한다.

지 고구려 선대 정치 세력으로서 그들을 분간 내지 확인하지 못한 것은 우리가 선험적으로 하나의 선행 문화, 즉 적석총 문화만을 가정한 때문일 것이다. 예를 들어 광개토왕릉비문에 보면

　　於忽本東罡黃龍負昇天[53]

이라고 추모왕의 사망을 전하고 있다. 昇天 모티프는 대개 火葬과 연결되는 설화소일 것이다. 더구나 山上에서의 永訣은 川邊의 石葬과는 연결되지 않는다. 추모왕은 동가강 유역의 장제와는 다른 장법에 의하여 장송되고 있다. 그러므로 忽本은 동가강 유역이 아니라고 짐작된다. 더구나 동가강-소자하 유역에는 비정할 만한 고성 유적이 없다. 그러므로 석관묘와 화장을 장제로 하면서 동가강 유역에 인접한 휘발하 유역을 주목하는 것이다. 그는 東罡이라는 山地에서 승천하고 있다. 昇天의 상징적 의미는 앞으로 여러모로 검토되어야 하겠지만 火葬을 은유하고 있는 것이라고 고찰된다.[54] 적석총 문화에서의 장례에서 보기 어려운 절차인 것이다. 山上에의 葬禮인 것이다. 학자에 따라서는 山上 장례가 天上에로의 귀환을 의미한다고 해석된다. 단군신화에서도 태백산의 山頂은 천상 세계와의 통로라고 관념된다. 서단산 문화의 대표적인 묘장 중에 山峰 頂上部에 축조된 석관묘가 유명하다. 길림시 교외 騷達溝산 위에는 커다란 석관묘, 大墓가 발굴되어 내외에 알려졌다.[55] 이 산 정상의 석관묘와 東罡 정상 위에 있던 鄒牟王의 묘지는 분명히 상통하고 있다고 생각된다. 아마도 추모왕은 적석총 문화에 무관한 제왕이었을 가능성이 높다.

　추모왕의 山上 葬送과 석관묘 문화의 광역 통치 등이 연결되고 보면 추모왕은 다름 아닌 석관묘 문화 출신 제왕이 아닌가 생각해 볼 수 있다.

---

53) 물론 해독자에 따라 이 구절이 약간씩 다르다. '履龍首昇天'과 같은 전연 달라 보이는 석문도 있다. 그러나 산상에서 龍과 어울려 승천하는 것은 일치하고 있다.
54) 大林太良,〈心のなかの宇宙〉,《日本の古代》권13, 313쪽.
55) 동주신, 1955,〈吉林新石器時代文化〉,《考古通信》1955년 2기.

3. 忽本의 比定

1) 輝發河流域의 文化

휘발하 유역에는 석관묘 문화가 우세하다. 석관묘 문화는 동가강 유역의 적석총 문화를 에워싸고 소자하 유역, 요하 유역에도 고르게 분포한다. 단지 태자하 유역에서만 동굴묘 문화가 신석기 이래 나타나고 있다. 동굴묘 문화는 의주 미송리 문화와 연결된다고 알려져 있다. 주목되는 사실은 지석묘 문화가 요동반도에서 한 군집을 이루고 있으면서 동가강 - 소자하 일대를 건너 뛰어 휘발하 유역에서 크게 유행한다는 점이다. 이 점은 연래로 학자들이 주목하고 있다. 동가강 일원의 적석총이 기원으로 보아 요동반도의 적석총에 연결되고 있으므로[56] 일단 우리는 요동의 적석총은 동가강으로, 그리고 지석묘는 휘발하로 이동하였다고 정리할 수 있을 것이다. 한편 석관묘는 송화강에서 큰 중심을 이루고 다른 지역에도 일정하게 분포하고 있다. 그러므로 휘발하 유역은 석관묘를 주로 하면서 지석묘 문화가 다른 지역과는 다르게 고도로 성장한 곳이라고 종합할 수 있다.

지석묘가 밀집한 휘발하 유역에서 동검도 많이 출토되고 있다.[57] 그러므로 청동기 시대 이래로 휘발하 유역은 유력한 정치적 세력의 거점이었다고 고찰된다. 하문식은 길림 남부 휘발하 유역에 고인돌이 집중되고 있음에 주목하였다.[58] 묘제를 火葬제도와 연결시켜 고찰하고 있다. 고인돌이 화장과 복합하여 나타나는 것은 대련 지구에서부터이다. 그러한 전통이 변함없이 휘발하 유역에서도 재현된 것으로 판단된다. 대련 지역의 정치적 파동에 따라 일정한 규모의 세력이 동방으로 이동하였을 개연성은 높다고 고찰된다.

---

56) 이송래, 1997,〈考古學的으로 본 高句麗의 起源〉,《제17회 한국상고사학회 학술발표회 요지》.
57) 宋鎬晸, 1999,《古朝鮮 國家形成 過程 硏究》, 서울대 박사학위 논문, 121쪽.
58) 河文植, 1998,〈고인돌의 장제에 대한 연구(I)-화장(火葬)을 중심으로〉,《백산학보》51호, 32쪽.

輝發河 流域의 鐵器 文化를 살펴본다. 휘발하 유역은 청동기 시대부터 고인돌의 밀집 지역으로 유명하다. 이 지방의 청동기 문화인 凉泉 문화는 遼西 高臺山 문화의 후기형으로서 밀접한 상관 관계에 있다고 한다.[59] 장백산록의 휘발하 유역에 3족기가 없다는 점[60]도 그러한 경향을 말하여 준다고 할 수 있다. 그 시기 이래로 철기 시대에 이르기까지 휘발하 유역의 문화는 渾江, 鴨綠江의 문화와 상통하고 있다. 다같이 濊貊族의 문화라고 생각되고 있다. 보산 문화에 있어서 靑銅短劍 및 枕狀器, 扇形銅斧 등의 발견은 濊貊族 문화의 이해를 위해 중요하다.[61] 寶山 문화나 大嘴山 문화는 휘발하 – 동료하 – 요하 중류의 초기 철기 시대를 대표하는 것들이다. 이 지역의 土器에는 특징적으로 截印文이 시문되어 있다. 截印文은 遼北(요녕성 북부 : 동료하 유역) – 吉南(길림성 남부 : 휘발하 유역)에 광범위하게 분포한다. 3-4 조 竪條形/倒三角形 조합이 특색으로 되어 있다. 이러한 무늬는 종족적 특징이라고 추정되고 있다. 서단산 문화에서 흔히 나타나는 豆는 발달되어 있지 않다.[62] 梅河 유역의 石大望 유적에서는 帶紋長頸鼓腹四耳陶壺가 발굴되어 독특한 形體가 주목되고 있다.[63] 필자의 견해로 고구려의 전형적 토기인 四耳壺와 연결된다고 고찰된다. 휘발하 유역이 동가강 유역 문화와 연결되는 직접적인 증거라고 할 수 있다.

압록강 상류의 장백현에서 고구려 초기의 적석총이 발견되고 있다. 그 중 干溝子 유적에서는 三環적석총이 발굴되었다. 세 개의 적석총이 고리 모양으로 얽혀 있는 적석총이다. 그것은 태양 숭배의 흔적이라고 해석되기도 한다. 태양 숭배는 초기 국가의 집권 체제의 정비와 함께 나타난 것으로 이해할 수 있다.[64]

---

59) 孫進己, 1996,《東北民族史硏究》, 중주고적출판사, 154, 173쪽.
60) 해룡 지역에 3족기가 없다. 豆와 석붕이 특색이다. 그러한 점에서 길림과 다르다.
  王洪峰, 1985,〈吉林海龍原始社會遺迹調査〉,《박물관연구》1985년 2기 66쪽.
  尹都山, 1998,《長白山史話》, 길림문사출판사. 장백산 휘발하 지역에 3족기가 없다. 79쪽.
61)《新中國考古五十年》, 문물출판사, 1999, 113쪽.
62) 吉林省文物考古硏究所, 1994,〈吉林東豊,海龍縣考古調査與試掘簡報〉,《고고》1994-6, 520쪽.
63) 唐洪源 등, 1994,〈車豊縣石大望遺址考古調査〉,《遼海文物學刊》1994-1. 서단산 문화와 구분된다는 점을 도표로 정리하고 있다. 22쪽.
64) 동조, 1995,《高句麗の歷史と遺跡》, 137쪽.

고구려 시조 설화 중에도 태양 모티프가 주로 나타난다. 시조 주몽은 太陽의 아들이었다. 신료들 중에도 태양을 제사하던 사제로 추정되는 '鳥'씨가 주로 활동하고 있음을 참고할 필요가 있다.

초기 철기 시대에 이 지역의 가장 특징적인 문화적 유물로서는 변이형 동검을 들 수 있다. 집안 오도령구문에서 처음 발굴되어 차차 상당히 너른 지역에서 확인되고 있는 세형동검 시기의 동검이다. 비파형동검이 철기 시대로 넘어가면서 대개는 세형동검으로 변화하는데 이들 지구에서만은 특이한 劍身을 갖는 동검이 나타나고 있다. 五道嶺溝門式 銅劍[65]의 分布는 휘발하 유역을 중심으로 하여 북쪽으로 懷德에 이르고 남쪽으로는 태자하 유역, 동가강 유역, 그리고 압록강 일원에 나타난다. 일명 '고구려식 동검'이라고도 한다.[66] 본계, 동구, 집안, 신빈, 창도, 회덕, 화전, 영길 등지에서 보고되었다.

세형동검 문화를 창조한 것이 고조선을 중심으로 하는 집단이었다면 오도령구문식 동검 문화는 일종의 변형인 셈이다. 그 분포 구역은 송화강 유역과 요동반도 사이에 위치한다. 오도령구문식 동검은 고구려 先代에 있어서의 문화적 통합을 상징적으로 표현하고 있다고 생각된다.

2) 輝發河 流域의 高句麗城

이 지역에 있는 고구려 성으로는 羅通山城과 輝發城이 고찰의 대상이 되겠다. 여기서 나통산성을 주목하지 않을 수 없다. 성은 휘발하 유역과 동가강 유역을 연결하는 산맥 관통로 상에 위치한다. 咽喉의 요충이라고 할 수 있다. 특히 간과해서는 안될 것이 鄒牟王의 출신지인 北夫餘와 고구려 본부의 교통로에 자리잡은 점이다. 고구려 경기 지역인 혼강 유역에서 北路가 나통산성 일대를 관통한

---

[65] 魏海波, 1998, 〈遼寧本溪縣上堡靑銅短劍墓〉, 《文物》1998년 6기, 18쪽.
[66] 여호규, 1996, 〈압록강 중류 유역에서 고구려의 국가 형성〉, 《역사와 현실》21호, 56쪽.

다. 通化 自安산성에서 羅通산성을 거쳐서 釣魚臺산성 - 鍋盔산성 - 龍潭산성으로 이어지는 北路가 고대로부터 부여에로의 통로라고 생각되고 있다.[67] 손영종은 나통산성이 북부 치소라는 설을 내놓았다.[68] 北扶餘와의 교통에서 중요한 역할을 수행하던 세력이 북부여 출신으로 간주될 수도 있었을 것이다. 역으로 그러한 집단들이 북부여 교통에 종사하기도 하였을 것이다. 추모왕의 출신지 홀본은 그러한 북방 교통의 요지였다고 생각해 볼 수 있을 것이다.

나통산성이 忽本이라면 홀본으로서의 지형적 조건이 구비되어 있는지 검증해 볼 필요가 있다. 광개토왕릉비에서 보이는 것처럼 忽本에는 西城山이 있고 사후에 승천하던 東罡이 있다. 동서로 山嶺이 자리하고 있는 것이다. 山嶺에 성채를 구축하였던 것이므로 東西 兩城 체제임을 짐작하기 어렵지 않다. 그런데 나통산성이 바로 특이한 東西 二城으로 구성되어 있는 것이다.[69] 구조도 일치하고 있다.

• 羅通山城

휘발하 유역과 동가강 유역을 연결하는 고개 길목에 나통산성이 위치하고 있다. 주위에는 고구려 적석총이 다수 분포하고 있다. 적석총의 존재는 동가강 유역과 휘발하 유역 사이의 활발한 문화적 교류를 확인시켜 준다. 그러나 휘발하 유역의 적석총의 분포는 그다지 넓지 않으며 약간의 산포를 가지고 있어서 적석총 문화 중심지라고 논하기 힘들다. 휘발하 일원은 적석총 문화의 邊沿이다.

고구려 산성으로 확인된 나통산성은 두 개의 긴밀하게 이어진 東西 2성으로 구성되어 있다. 동서 두 성은 각각 다른 시기에 건설되었다. 西城이 먼저 건조되었다고 한다. 성 이름 羅通이 당나라 때 명장의 이름이라고도 한다. 본래 駱駝에서 온 말로 생각되고 있다. 海龍현 일대의 李海龍과 나통산성 지방의 駱駝女의

---

67) 楊春吉, 1997, 《高句麗歷史與文化》, 吉林文史出版社, 209쪽. 북한의 손영종도 나통산성이 고구려 북부 치소라고 추정하고 있다.
68) 손영종, 1990, 《高句麗史》1, 257쪽.
69) 동부여 왕성이라고 보여지는 서풍 성자산 산성도 東西 兩城 체제로 구축되어 있다. 그러한 성 배열이 어떠한 의미가 있는 것인지 현재로서는 판단하기 힘들다.

로맨스가 전설로 내려오고 있다.[70]

1980년 길림성에서 西城 北門의 西壁을 발굴하였다. 土石混築으로 밝혀졌다. 내외벽은 석축이고 그 속을 흙으로 메꾸어 넣는 것은 집안 국내성 성벽 축조 방식과 일치한다. 남문 밖에는 집안 산성자산성의 甕城과 같은 구조가 확인된다. 보고자는 고구려가 휘발하 유역으로 진출한 것이 후한 이후의 일이라고 보고서 魏晉 시기의 축성으로 판단하였다.[71] 최근 李殿福은 국내성의 축조법을 검토하고 축성 시기를 4세기 초엽으로 추정하여 주목되고 있다. 그는 평양의 안학궁성의 축도도 축성법으로 보아 같은 시기로 주장하였다.[72] 그러나 휘발하 유역이 초기 중심지인 忽本이라고 한다면 그러한 가정은 무너진다. 필자의 견해로는 기원 전후로까지 소급이 가능하다고 추정된다. 물론 東西 두 성이 다 그 시기까지 소급되는 것은 아닐 것이다. 東城은 후대에 추가로 축조된 것으로 판단되기 때문이다. 그러나 西城은 고구려 초기에서부터 존재한 것으로 짐작된다. 일반적으로 土石混築의 성벽은 대개 그 芯地 부위에 土城 殘壁이 자리하고 있을 가능성이 큰 것이다. 집안의 국내성이 그렇고 무순 고이산성도 그렇다. 최근 평양의 外城 성벽에서도 하부에서 前代의 土築 芯地가 확인되고 있다.[73] 이 3 성들은 모두 고구려 당대에 주요한 거점 성채로 활용되던 곳들이다. 지방의 주요 거점 지역에는 이른 시기부터 城柵이 발달하였을 것이다.

나통산성이 北部治所라는 견해는 그래서 재음미할 만하다고 판단된다. 그러한 위치에 있는 나통산성은 고구려 초기 또는 그 이전부터 토성으로 축조되어 요새로 이용되었을 것이다. 그러다가 차차 石城(西城) – 雙城(東城) 체제로 증강 – 구축되어 간 듯하다. 무순의 고이산성은 고구려 新城으로 추정되는데 그

---

70) 黃彬, 1999,《高句麗史話》, 원방출판사, 266쪽.
71) 耿鐵華, 2000,《高句麗歷史與文化》, 길림문사출판사. 羅通山은 본명이 駱駝산이다. 260쪽. 265쪽. 국내성과 같이 土石混築이다. 內外벽은 砌石, 중간은 壞土로 메운 수법도 같고 유물도 집안 것과 상통한다고 하였다. 그래도 환도성 시대로 늦추어 보고 있다. 265쪽.
72) 이전복, 1998,〈高句麗山城硏究〉,《北方文物》1998년 4기, 27쪽.
73) 남일룡. 김경찬, 1998,〈청암동 토성에 대하여〉(1),《조선고고연구》1998년 2호.
    안병찬. 최승택, 1998,〈새로 발굴된 평양성에 대하여〉,《조선고고연구》1998년 4호.

곳도 5개 성으로 구성되어 복합 성채로 형성되어 있다. 그들 성들이 다 같은 시기에 함께 축성되었을 것 같지는 않다. 시대에 따라서 하나씩 성채가 추가되면서 보강 작업을 거친 듯하다.[74] 비근한 예로 나통산성에서 30리 떨어져 있는 釣魚臺고성도 그와 같은 보조 방어성으로 간주된다. 나통산성의 북방 3킬로 지점에는 고대의 戰場터라고 알려진 유적이 있다. 그 곳에서는 漢代 光明鏡, 漢代 鐵鑊, 그리고 半兩錢, 오수전(한 무제/소제 대), 왕망 貨泉 등이 수습되었다. 시기가 漢代로 소급될 수 있음을 보여주는 것이다.[75]

나통산성이 早期에 축조되었다는 추정에 도움이 되는 것이 성내에서 발견된 서한 시대에 해당하는 유물들이다. 첫째가 초기 철기 시대의 鐵劍이다. 하나는 環首 단검으로서 '少數 民族의 風格'을 가지고 있다고 한다. 고구려 계통으로 판단된다. 다른 것은 銅格이 붙어 있는 長劍인데 漢刀라고 간주되고 있다.[76] 철기 시대 초기에 청동제 劍柄이나 劍格이 鐵劍 劍身에 붙여서 사용되던 것은 흔히 보던 일이다. 樺甸 西荒山屯, 永吉 汪屯, 阿城 大嶺, 舒蘭 溪河, 西豊 西岔溝, 심양 上柏官屯, 吉林 兩半山, 東遼 彩嵐, 楡樹 老河深, 柳河 大泉眼 등지에서 속속 발견되고 있다. 최근 林澐은 西岔溝 鐵劍이 부여 문화라는 시각에서 이들에 대한 문화적 경역을 심도있게 다루고 있다.[77] 銅格 鐵劍의 존재는 나통산성 일대가 초기 철기 시대, 즉 西漢 시대에도 중요한 위상을 갖고 있었음을 알려준다. 북한 학계에서도 나통산성이 西漢 시대에서부터 사용되었음을 인정하고 있다. 두 번째로 서한 宣帝 대의 五銖錢 및 東漢 五銖錢이 성내에서 채집된 점을 주목하여야 할 것이다.[78] 서한 선제 대라면 서기전 1세기경이다. 고구려 시조라는 주몽이 활동하던 시기에서 그리 멀지 않은 시점인 것이다. 고구려 前史에 해당되는 시기이다.

---

74) 집안이나 평양에서는 主城을 중심으로 하여 주위에 어느 정도 거리를 두고 산성이나 방어성이 구축되었다. 집안의 산성자산성, 평양의 대성산성, 고방산성, 상오리토성, 북성 등의 성들이 그것이다. 그러한 放射狀으로 구축된 성채 외에 고이산성이나 나통산성 같은 重疊狀으로 축조된 산성도 하나의 성채 유형이라고 생각된다.
75) 朴潤陸, 高占一 등, 〈羅通山城考〉, 《高句麗 渤海硏究集成》.
76) 高占一, 〈柳河發現的漢代鐵劍〉, 350쪽. 哈尔濱山版社, 1997,《高句麗 渤海硏究集成》제3권.
77) 林澐, 2000, 〈西岔溝型銅柄鐵劍と 老河深, 彩嵐墓地の 族屬〉, 《東夷世界の考古學》, 청목서점.
78) 길림성문물공작대, 1985, 〈高句麗羅通山城調査簡報〉, 《文物》1985년 2기, 44쪽.

서한 오수전만이 아니라 동한 시기의 것들도 나오고 있으므로 이 성이 서한 대로부터 동한 시기를 거치면서 계속적으로 사용되었음을 보여준다.

• 釣魚臺 古城

三通河가 남-동-북으로 둘러싸고 북쪽 휘발하로 흐른다. 1986년 조사에 의하여 고구려 산성임이 확인되었다. 둘레 210미터의 작은 성이다. 土石 혼축이다. 泥質토기와 함께 手製 夾砂褐色토기가 채집되었다. 口沿부가 풍부하게 발견되고 있어서 사용 시기가 오랜 기간에 걸친다고 판단된다. 나통산성과 불과 30여 리 떨어져 있다. 중국 학자들은 이 지역에로의 고구려 진출을 3세기로 생각하고 있으나 그러한 근거는 위에서 설명한 것처럼 박약하다.[79]

• 輝發城

휘발하 유역을 강제하고 있는 위치에 자리잡은 성이 輝發城이다. 성은 내성, 중성, 외성으로 되어 있다. 내성은 고구려 시기에 축조한 것으로 추측되고 있다. 휘발산은 북-서-남방이 휘발하로 막혀 있고 동방으로는 절벽 아래로 평야와 이어진다. 둘레 706미터이다. 휘발성의 발굴은 아직 정식으로 이루어진 것이 없고 지표조사만 되어 있다. 성벽은 자갈층과 판축이 번갈아 쌓여져 있다. 신개하 유역의 望波嶺 關隘의 축성법과 같다고 한다. 지표조사에서 高句麗 磚, 瓦가 확인되고 있다. 河岸 高丘에 자리한 형세가 覇王朝山城이나 五女山城에 매우 흡사하다고 알려져 있다. 그러한 성의 지형은 축성시기를 판단하는 데에 중요한 가이드가 될 수 있다.

• 磐石 大靑雲 紙房溝山城

반석현 성의 남방에 大小 두 개의 鍋盔산이 있다. 대과회산에는 깊이 500미터

---

79) 王禹浪/王宏北, 1994, 《高句麗.渤海古城址硏究匯編》, 하르빈출판사, 40, 58쪽.
　　董峰, 〈東北地區高句麗山城的分類及年代〉. 나통산성을 4~5세기 축성이라고 하였다. 167쪽. 哈尓濱出版社, 1997, 《高句麗 渤海硏究集成》제3권.

의 산성이 있다. 城子溝산성이다. 소과회산에는 둘레 약 10여 리의 대형 산성이 있는데 그것이 지방구산성이다. 谷口를 가로막아 축성하였다. 흙과 자갈을 번갈아 쌓았다고 한다. 서남방으로 시내가 흘러나가고 그곳에 성문이 축조되어 있다. 성 내에는 10여 곳의 대형 건물지가 확인되었다. 작은 것이 25평방 미터, 큰 것은 3천 평방 미터에 달한다고 한다. 기와가 고구려식이고 길림의 三道嶺子 고구려 산성과 형세가 비슷하다고 한다. 길림으로 진입하기 직전에 위치한 대형 산성이라는 점에서 기지적 성격을 인정할 수 있다.

그리고 위와 같은 고고학적 배경외에 발음상으로도 輝發河의 '輝發'과 '忽本'이 동일 기원이라고 할 수 있다. 휘발성은 《遼史》, 《金史》 등에 '回跋', '回帕里', '回覇', '恢帕里' 등으로 나타나며 '回發', '輝拔', '輝發' 등의 표기가 확인된다.[80]

《欽定滿洲源流考》권12 彊域에

輝發〈舊作回覇 今改正 國初輝發國 於輝發河邊 扈尒奇山 築城以居 國號輝發國〉

이라고 하였다. 扈尒奇山의 扈尒奇는 /hori-ci/라고 복구되는데 輝發의 古名의 유흔을 남기고 있는 山이름인 듯하다. 어미 '-奇'는 지명 어미일 듯하다. 고구려, 백제 등의 地名에서 산견되는 '岐', '己', '只' 등과 함께 생각하여야 할 것이다. '城邑'의 의미라고 여겨진다. 그러한 어미 대신에 '부리, 불' 등으로 표기하는 '-發', '-伐'로 대치될 수 있을 것이다. 따라서 輝發은 '扈尒-發'로 복원할 수 있다. 이것은 고대어 /hoi-bari/ - /hori-bari/와 대응한다. 거의 일치하는 음가인 것이다. '-發'은 지명 중에서 原, 野를 형용하는 '벌', '부리'를 표기한 것으로 고찰된다. 상고 표기의 '-本'에 대당한다. 그러므로 扈尒-發은 '忽本'으로 통한다. 앞서 /uri-na/(蔚那) - /ui-na/(尉那)의 대응도 살펴본 바 있다. 모음 사이의 /-r/ 자음은 매우 소실되기 쉬운 것이다.

---

80) 回跋部는 후대에 크게 흥기하여 大金의 주요 구성원이 되었다.

현지 토착민들의 전승에 의하면 牧丹江의 忽汗성을 '輝罕城'이라고도 한다.[81] 여기서 語頭의 '忽'이 '輝'로 전화되는 동일한 사례를 볼 수 있다. 忽本이 '忽發'을 거쳐 '回跋', '輝發'이 되었다. 位那에 대한 고찰에서 지적한 것처럼 지명 어미 '-伐', '-發', '-本' 등과 '-川', '-那', '-嶺', '-原' 등은 서로 상통한다. 따라서 '忽本'은 '忽那'로도 불리었을 것이다. '鶻嶺', '鶻川'으로도 표기된 만큼 '鶻那'라고도 하였을 것이다.

나아가서 護雅夫에 의하면 突厥語에서 '高める(높게 올리다)', '聚める(모으다)'라는 의미의 단어가 /qobart/, /qobrat/였다고 한다.[82] 음운이 '忽本'과 혹사하다. 나아가서 '높게 올리다, 모으다'라는 해석이 흥미롭다. 이것은 《帝王韻紀》에서 朱蒙을 '擧國高之'하여 高씨를 칭하였다고 전하는 것과 비교될 수 있다. 忽本(홀-발?)이 '高邑', '聚城'의 의미가 아닌가 추측해 보는 것이다. 高씨의 기원과 함께 고려해 볼 수 있을 것 같다.

'忽那', '骨那'는 神馬 駏驤가 출생하였다는 하천 이름 '骨句川', '骨句那'와 흡사한 것이 주목된다. 骨句川은 신마와 아우러져서 이동한다. 남방 驪州에도 신마 전설이 전하고 있는데 그 지명이 '骨乃斤'이다. 骨句川, 骨句那와 상통하는 이름이라고 생각된다. 忽本은 시조왕이 발흥한 곳이다. 그러한 홀본 지역에서 신마가 출현하였다고 해서 이상할 것은 없다고 판단된다. 천착하자면 朱蒙이 패권을 잡은 데에는 골구천 일대의 神馬 동원 능력이 바탕이 되었을지도 모르는 일이다. 중국 학계에서는 부여 남부에서 高大 駿馬를 양산하고 있었다고 추정하고 있다. 《翰苑》에 나오는 馬多山을 龍崗산맥으로 비정하고 그 일대에 牧場이 많이 있었을 것으로 추정하고 있다.[83] 고구려 본기에는 東扶餘와 고구려 경계 사이에 험준한 산맥으로서 '鶴盤嶺'이 있다고 하였다. 후세에 雅譯된 지명이기는 하나 혹시 '鶴盤'의 音價가 '忽盤', '忽本'과 상통한 것이 아니었나 의심된다. 만일 그렇다면 輝發河 유역에 忽本과 유사한 지명이 확인되는 셈이다.

---

81) 高文德, 《중국소수민족사대사전》, 1487쪽.
82) 호아부, 1967, 《古代トルコ民族史研究》I, 55쪽.
83) 黃彬, 1999, 《高句麗史話》, 원방출판사, 135쪽.

그러므로 필자는 忽本을 輝發河 유역에서 찾되 羅通山城을 제1후보로 지목하고자 한다.

광개토왕릉비에 보면 추모왕이 수중 동물의 도움을 받아 추격군을 따돌린 기사에 이어서 다음과 같은 내용이 있다.

然後造渡 於沸流谷 忽本西 城山上而建都焉

내용인즉 추모왕이 부여 군대의 관할 영역에서 벗어나 비로소 沸流谷에 도착하였다는 것이다. 忽本이 沸流谷에 위치한 것을 명언하고 있다. 그러나 鄒牟王이 정도하였던 沸流谷은 현재의 富尔江이 아니라 同名의 異地라고 판단된다. 아마도 忽本이 자리잡았던 지역에 또 하나 沸流水가 있었다고 고찰된다. 실제로 沸流水는 함경남도 영흥, 평안남도 성천에도 나타나고 있다. 고대 지명 중에서 '不耐', '不而', '弗奈' 등도 같은 어원일 것이다.

집안으로 비정되는 通溝河도 속칭에 '飛流河'라고 한다.

原國內城北35里 小淸溝里沸流谷成城山上 石高丈餘 谷中水勢洶猛 水從崖頂飛流直下 激水如沸 上下十餘里 沸騰聲不絶于耳 故得名飛流水.[84]

집안에 있는 '飛流水'는 설명 중에 '激水如沸', '沸騰聲不絶' 등의 표현에서 알 수 있는 것처럼 본래는 '沸流水'인 듯하다. 같은 계열의 지명인 것이다. 《資治通鑑》 분주에 의하면 丸都城이 沸流水의 서쪽에 위치한다고 하였다. 이에 근거하여 북한 학계에서는 비류수, 즉 부이강의 서방에서 환도성을 구하고 그리하여 환도성은 서방 전진기지적 성격이 강한 전방 거점이라는 논리를 펴고 있다. 그러나 환도성이 基地라고 판정하는 것은 일국의 수도를 군사기지로 보는 좁은 사관일 뿐만 아니라 고구려 국가 성격을 兵營國家로 간주하는 한계가 있다. 그보

---

84) 尹郁山, 1998, 《長白山史話》, 302쪽. 재인용.

다도 沸流水가 고대에 하나뿐이었다는 근거에서 입론된 것이다. 그러나 위에서도 볼 수 있듯이 沸流水는 하나가 아니었다고 고찰된다.

明代에 중국은 만주 각지에 窩集마다 衛를 설치하여 조공을 받았다. 그 부족 이름은 山川의 지명과 일치하는 경우가 많다. 참고로《欽定滿洲源流考》중에서 '沸流'와 상통할 수 있는 지명(衛名)들을 적기하여 보면 다음과 같다.

畢里(개평 동남 90리), 布尒堨(길림 남 470리), 佛林(영고탑 동남 600리), 佛尒們(길림 남 45리), 富勒堅(영고탑 남 670리), 富倫(영고탑 동), 弼勒古(영고탑 동북), 布尒哈圖(영고탑 남 450리), 佛訥赫(길림), 富尒哈(길림 서남 500리)

일견하여 유사한 지명들이 도처에 산재하고 있음을 짐작하기 어렵지 않다. 특히 輝發의 지명 어미 '-發'도 '벌,부루'의 표기로서 '沸流'와 같은 지명임을 보면 더욱 그렇다고 생각된다. 輝發은 忽本이고 忽本은 忽-沸流인 것 같다. 즉 輝發 지역이 또 다른 하나의 沸流임을 직각할 수 있다. 卒本이 '卒-沸流'인 것과 동일하다고 하겠다.

鄒牟王의 據點이 輝發河유역의 沸流谷으로 결착될 수 있다면 과거에 사가들을 혼미하게 하였던 시조 왕의 出自에 대한 의문도 약간 해소될 수 있다. 추모왕은 금석문에 전하는 대로 '北夫餘' 출신일 것이다. 왜냐하면 그의 기반이 휘발하 유역에 있었기 때문이다.[85] 그는 北扶餘와의 교역에 중요한 역할을 하던 인물이

---

85) 東扶餘 出自설을 부정하는 것은 아니다. 이에 대해서는 별도의 논고가 필요하다. 한편《東明王篇》시에서는 주몽이 松讓에 대하여 스스로를 '西國之王'이라고 칭하는 대목이 있다. 여기서의 '西國'은 방위상 실제로 서방에 위치하였다는 것보다는 북방 샤머니즘에 있어서 成巫儀式에 나타나는 '西國王'과 비교가 됨직하다. 졸고, 1999,〈高句麗 桂婁部의 王室交替에 대하여〉,《韓國上古史學報》30호. 뷰리아트 샤먼의 성무식에 있어서도 신참 샤먼은 조상의 신령의 위력을 빌린다. 그런데 조상신은 西國, 西天에 거주하는 것으로 되어 있다. 야쿠트의 신화 구조에 의하면 西國의 善神과 東國의 惡神이 대결하는 것으로 되어 있다. 야쿠트 자신은 서방의 선신의 가호를 받는 것으로 되어 있다. 원문의 출전에 약간의 신뢰성을 인정한다면 西國 출신을 자칭하는 것은 貊族이 서방에서 東進한 것과 유관할 가능성도 엿보인다. 송양은 항상 海隅의 사람을 자처하고 海左, 즉 遼東의 인물임을 시사하고 있는데 그 점은 송양을 위협한 세력이 海西, 내지 遼西에서 진출한 사실을 염두에 두고 발언한 것이라고 고찰된다. 後考.

었을 것이다. 그가 북부여 출신이라는 소전도 그러한 배경에서 이해되어야 할 것이라고 고찰된다. 즉 鄒牟王은 北扶餘 통로상에서 훙기하였고 그 곳에서 출현한 것으로 관념되고 있었다. 그리고 다음 왕인 유리왕이 卒本(富尒江)을 거점으로 하였던 것을 참고한다면 양자가 다른 세력 집단임이 자명해진다고 하겠다.[86]

중국 학계의 일부에서는 고구려 5부의 비정을 논하면서 北部인 椽那部를 柳河 – 海龍 – 輝南 등지로 설명하고 있다.[87] 그 주요한 근거는 이 지역에서 고구려 적석총 유적이 확인된다는 것이다. 그러나 적석총만으로 고구려 국가 형성을 논하는 자세는 반드시 옳다고 하기 어렵다. 비근한 예로 독로강 유역에도 무수한 적석총 유적이 산재하는데 그 곳은 아무런 部를 할당하지 않고 있음을 들 수 있다. 휘발하 유역은 고구려 국가에 참여하면서도 부 체제로 편입되지 않고 '忽本' 그 자체로서 평가받던 곳이라고 고찰된다. 椽那部는 佟佳江 상류로 보아도 좋을 듯하다.

고대에 沸流水는 여러 곳에 있었다. 鄒牟王은 北扶餘와 연결되고 있었고 휘발하 유역에서 발흥하였다.

4. 卒本과 忽本의 同一化

이제 우리는 졸본과 홀본을 분간할 수 있게 되었다. 그런데 이러한 작업을 마무리하는 의미에서 반드시 짚고 넘어가야 할 과제가 있다. 그러면 왜, 어떻게

---

86) 그렇다면 유리왕의 출신지에 대해서도 시조왕과는 다른 배경이 설정되어야 할 것이다. 일단 琉璃王이 東扶餘에서 出自하였고 정치적 기반도 東扶餘와 관계가 깊은 인물이었다고 판단된다. 유리왕이 기반으로 한 卒本은 富尒江 유역이다. 부이강 유역은 동가강-압록강 일원에서는 東扶餘와 가장 가까운 지역이라고 할 수 있다. 유리왕 정권도 東扶餘와의 관세에서 파악해야 할 것이라고 추정된다.
87) 이전복, 1998, 《東北考古硏究》II, 162쪽.

하여, 언제부터 위의 두 성지가 동일한 지명으로 간주되고 그렇게 정착되었느냐 하는 것이다. 서기 5세기초에 건립된 광개토왕릉비에는 첫 도읍지가 忽本이라고 되어 있다. 卒本과의 관계를 짐작하게 하는 다른 기술은 없다. 그래서 종래 忽本, 즉 卒本이라고 여긴 것이다. 비문과 같은 시기의 고구려 본기에는 시조묘가 卒本에 있다고 기술되어 있다. 그래서 통설에서는 더욱 '始祖=卒本=鄒牟=忽本'으로 단정한 것이다.

卒本에 있던 始祖廟의 主神은 이설이 많지만 필자는 高氏 始祖廟라고 보고 있다. 평양 부근에는 朱蒙 祠宇 高登神廟가 있었다. 그에 대한 치제와는 별도로 국왕이 멀리 卒本으로까지 순행한 사실은 양자가 다른 神祠임을 웅변해 준다.[88] 卒本은 본래 松讓 세력의 근거지였다. 그런데 후세에 그 곳에 始祖廟가 건립되었다. 신대왕 이후 졸본이 고씨 발원지라고 간주되고 있었다. 그런데 현전《三國史記》등의 문헌에는 朱蒙 王城이 卒本이라고 하였다. 다시 말해서 朱蒙이 再思의 연고 지역에서 건국한 것으로 變奏되고 있는 것이다. 말하자면 주몽이 재사의 지역에서 활동한 것으로 간주되고 있었다. 이것은 단적으로 말해서 朱蒙과 再思가 동일하게 관념된 때문일 것이다. 과연 고구려 본기에 주몽은 高씨 시조라고 나타난다. 그러나 주몽은 高씨가 아니었다. 그렇다고 解씨도 아니었다. 굳이 표현하자면 제3의 성씨였다고 고찰된다.[89] 그렇게 다른 성씨의 인물이 고씨 성으로 간주되고 있는 것은 어느 시기부터 朱蒙이 고씨 전승 속에 편입되어 왔음을 강력하게 시사한다. 그리고 그러한 변용은 고구려 당대부터라고 판단된다. 고구려 멸망 이후에는 그러한 변경을 주도할 세력이 없었을 것이기 때문이다.

《周書》,《北史》등에 보면 주몽이 '高登神廟'에서 치제되고 있음을 알 수 있다. 여기서 '高登'은 지명일 가능성이 없는 것은 아니지만 고구려 왕실 高씨를 생각할 때 姓高名登으로 파악하는 것이 온당하다고 고찰된다. 생각컨대 '高登'의 명칭은 주몽이 이제 고씨 왕실의 일원으로 간주된 것을 기념하여 제정된 것 같다.[90]

---

88) 졸고,〈高句麗의 始祖廟에 대하여〉, 본서 수록.
89) 졸고, 1999.

주몽이 고씨 일원으로 포용되고 나서 가장 큰 변화는 그가 高氏 始祖로 승격된 점일 것이다. 그 결과 고씨 시조였던 再思는 역사상에 가물가물해지고 朱蒙이 그 자리를 차지하게 된다. 忽本에서 흥기하였던 주몽이 卒本에서 활동하던 것으로 부회되기 시작한 것도 그 무렵일 것이다. 재사의 설화는 대부분 주몽 전승 속에 매몰되어 갔을 것이다. 현재 자료에서 고씨 시조인 재사의 활약을 전하는 모티프가 거의 없는 것은 그러한 습합으로 인한 까닭일 것이다. 연구의 발전에 따라서는 주몽 설화 중에서 再思 전설의 원형을 찾을 수 있을지도 모르겠다. 이제 당당히 주몽은 高씨라고 전승되고 기술되었다. 주몽의 후손들은 王姓 고씨를 공인받았을 것이다. 차차 주몽 집단의 首長이 高씨 시조에 대한 祭禮를 집전하였을 것이다.

5. 結論

졸본은 고구려의 첫 수도이다. 그런데 광개토왕릉비에는 추모왕의 도읍지가 홀본이라고 나타난다. 통설에서는 양자가 같은 것이라고 하고 있다. 과연 그런가 검토해 볼 필요가 있다.

忽本은 鶻嶺, 鶻川 등과 같은 곳으로 고찰된다. 鶻嶺이나 鶻川은 卒本과 다른 곳이다. 따라서 卒本과 忽本은 다른 곳이 된다. 卒本은 '卒那', '松那', '卒嶺', '卒川' 등으로 나타난다고 판단된다. 尉那巖城의 '尉那'는 문헌에 '蔚那'로도 보이는

---

90) 조선 시대 후기에 지리지 등을 보면 의주, 성천 등지에 남아 있는 고구려 城들을 흔히 '古庄城', '古場城'이라고 표기하고 있다. 그리고 전설적으로 朱蒙이 쌓았다고 구전하고 있다. 여기에 보이는 '古場'이나 '古庄'이 다름 아닌 '高登'의 사투리라고 생각된다. 평안 방언에서는 '登', '場', '庄' 등이 같은 소리로 넘나들기 쉽다. 졸고, 〈高句麗 神廟에 대하여〉, 본서 수록.《寧邊邑誌》에 보면 朱蒙의 兒名이 '高將'이라고 나타난다. 寧邊郡民會,《寧邊志》1971년판, 36쪽. 평안도 방언에서는 '高將' 역시 '高登'과 같은 발음이다. 양자가 같은 연원임을 통찰한 것이다.

것처럼 또 하나의 那 집단이었다. 尉那 지방에서도 尉嶺, 尉川, 尉本 등의 다른 지명 표기가 가능한 것이다. 여기서 尉本은 사료에 '優渤'로도 나타난다. 扶餘系 지명인 것이다. 이러한 검토를 통하여 忽本(鶻本), 卒本(松那), 尉那(優渤) 등 초기 역사를 움직이던 3大 세력이 정립하고 있었음을 알 수 있다.

3대 거점 집단의 위치를 비정하기 위하여 동가강 유역에서의 漢代 古城들의 분포를 살펴보았다. 여기서 尉那는 桓仁 五女산성이다. 그렇다면 卒本(松那)은 통설대로 富尒江 유역에서 찾아야 할 것이다. 상류 轉水湖산성은 너무 山間에 위치하여 군사기지적 성격이 강하다. 고구려 선대의 비류국 도성일 가능성이 있다. 흑구산성은 비류국 도성일 수도 있고 비류국을 제압하기 위하여 고구려가 설치한 거점일 수도 있다. 東古城子 − 西古城子는 石築이 남아 있지 않다는 점에서 고구려성으로 생각하기 어렵다. 위치나, 석축, 평지성이라는 점, 성내의 사당의 존재 등으로 보아 喇蛄(喇蛤)성이 졸본성일 가능성이 크다. 졸본이 喇蛄성이라면 忽本은 다른 강 유역일 것이다. 통화 지역은 椽那부 지역이므로 제외된다. 신빈 지방도 중국 영향권 안이므로 역시 제외될 것이다. 그렇다면 홀본은 휘발하 유역에서 찾아져야 할 것이다.

종래 고구려의 王家는 동가강−압록강 유역의 적석총 문화를 기반으로 하는 지역에서만 찾으려고 하였다. 그러나 이들 지역은 주위의 소자하−동료하−휘발하 유역과 긴밀한 문화적 유대 속에서 생활하던 곳이다. 특히 적석총 문화가 부여와 문화적으로 편차가 심하다는 점에서 초기 제왕으로 전승되어 오는 주몽집단은 적석총 세력이라고 단정하기 힘들다. 그보다는 보다 부여 문화에 가까운 지역인 부여 남방이나 고구려 북방 출신으로 볼 소지가 많다. 卒本을 병탄한 주몽 집단이 舊土 恢復이라고 선언한 것도 주몽이 기반으로 한 지역과 졸본 지방이 과거 동일한 정치권에 소속되었다는 증거가 된다. 주몽이 東罡에서 승천하고 있는데 그것은 산 정상에 위치한 화장묘지를 은유한 것 같다. 그러한 입지는 고고학적으로 보아 山上 석관묘에 흡사하다. 홀본이 휘발하 지역으로 짐작되는 점까지 고려한다면 주몽은 석관묘 문화 출신일 것이다.

휘발하 유역에는 고구려가 서기 3세기 이후에 진출하였다고 생각되고 있다.

그러나 나통산성 주위에서는 서한 시대 이래의 유물들이 속속 수습되고 있다. 고구려식 동검의 분포도 동가강 – 압록강에서 휘발하 – 동료하 – 송화강에 걸쳐서 나타난다. 초기 철검도 역시 동료하 – 송화강 – 휘발하 – 동가강 – 압록강의 지역에 걸쳐 분포하고 있다. 이 지역들이 하나의 문화권역을 설정할 수 있음을 알려준다. 광개토왕릉비에 나타나는 沸流谷은 富尒江이라고 한정하기보다는 고대에 도처에 산견되던 沸流水 중의 하나를 표기한 것이다. 輝發河도 고대에 沸流水라고 불렸을 것이다. 그 유역에 忽本이 위치한 까닭에 차차 '忽本河'로 불리다가 '輝發河'로 바뀐 것이다.

주몽 세력은 휘발하 유역에서 발흥하였다. 그는 북부여 출신이거나 북부여와 깊은 관계 속에서 성장한 인물일 것이다. 따라서 주몽 집단의 집권은 휘발하 유역을 기반으로 한 세력이 동가강 유역을 제패한 것이었다. 두 지역은 상고에 같은 정치체에 소속된 적이 있었다. 그리하여 주몽은 舊土恢復을 내외에 과시한 것이다. 주몽 세력과 유리 세력과의 사이에 일어난 갈등과 교체 문제는 장차의 과제이다. 고구려 왕실 내에서 초기에는 북부여에 인접한 세력이 패권을 장악한 것인데 차차 동가강 유역에서 왕권을 접수하여 간 것이다. 그러한 단계를 거쳐서 부여 문화권에서 고구려 문화권이 분기되어 가던 것을 알 수 있다. 홀본의 역사에 대해서는 앞으로의 연구가 요청된다.

고구려 왕실이 평양으로 남하한 뒤에 卒本과 忽本은 동일시되기 시작하였다. 홀본에 근거한 주몽과, 졸본에서 흥기한 解씨 및 高씨 왕실이 同家로 간주되었고 同族으로 공인되어 갔다. 고구려 왕실이 차차 萬世一系 혈통으로 분식되어 감에 따라 양자의 분별이 의미를 상실하게 된 것이다.

3절 高句麗 國祖王 政權의 成立

머리말

고구려 역사는 國祖王이 즉위하면서 새로운 전기가 마련된다. 진정한 의미에서의 建國으로 보기도 하고 高氏 王朝의 등장이라고 간주하기도 한다. 많은 토론을 거쳐서 국조왕이 高씨 출신의 최초의 왕이라는 점은 내외에 공인되고 있다. 국조왕이 등극한 것은 정상적인 절차에 의한 것이 아니었다. 慕本人 杜魯가 慕本王을 타도하고 나자 國人들이 국조왕을 迎入한 것이다. 게다가 국조왕은 나이가 어려서 太后가 攝政하였다고 한다. 매우 복잡한 상황이 전개되었음을 짐작하기 어렵지 않다.

일반적으로 역사적 史實의 구명에는 관련 인물에 대한 연구가 중요하다. 太后와 杜魯 외에 부친이라는 再思 등이 중요한 역할을 하고 있다. 이들 3 인에 대한 인물 중심의 조명이 요청되고 있는 것이다.[1]

---

[1] 본고 논지에 관계된 주요 논문을 보이면 다음과 같다.
池內宏, 1926, 〈高句麗の 五族及び 五部〉, 《東洋學報》16-1. 1951, 《滿鮮史硏究》上世篇.
三品彰英, 1954, 〈高句麗の 五族について〉, 《朝鮮學報》6호.
이병도, 1956, 〈高句麗國號考〉, 서울대 논문집 《인문사회과학》 3집. 1976, 《韓國古代史硏究》, 박영사.
井上秀雄, 1979, 〈高句麗大武神王觀の 變遷〉, 《旗田巍記念 朝鮮歷史論集》上, 龍溪書舍, 71쪽.
鄭早苗, 1979 〈高句麗王系小考〉, 旗田巍先生古稀記念會, 1979, 《朝鮮歷史論集》上, 龍溪書舍.
趙仁成, 1980, 〈慕本人 杜魯〉, 《歷史學報》제87집.
김광수, 1983, 〈高句麗 建國期의 姓氏賜與〉, 《金哲埈華甲記念論叢》.
손영종, 1984, 〈고구려의 오부〉, 《력사과학》1984년 4호.
김광수, 1986, 〈高句麗 初期의 王位繼承問題〉, 《韓國史硏究》55호.
林起煥, 1987, 〈고구려 초기의 지방 통치체제〉, 《慶熙史學》제14호 - 朴性鳳敎授回甲記念論叢.
池炳穆, 1987, 〈高句麗成立過程考〉, 《白山學報》34호.
무전행남, 1989, 〈高句麗王系成立の 諸段階〉, 《高句麗史と 東アジア》암파서점, 281쪽.
이종태, 1990, 〈高句麗 太祖王系의 登場과 朱蒙國祖意識의 成立〉, 《북악사론》2호, 87쪽.

태후는 扶餘人이라고 한다. 부여라고 하지만 어느 세력을 가리키는지 명확한 설명이 생략되어 있다. 때문에 東扶餘냐 아니면 다른 지역이냐를 놓고 의견이 갈라지고 있다. 워낙 자료가 빈약하여 주어진 문헌만으로는 판정하기 어렵다. 본고에서는 太后 傳承의 형성 과정을 검토하여 보고자 한다. 그 방법으로서 국조왕 본기에 나타나고 있는 '扶餘'라는 표현에 주목하였다. '扶餘'의 용례를 살펴보고 그 사료적 기원을 추적하였다.

두로에 대해서는 趙仁成이 守墓人적인 성격을 강조하였다. 그러나 수묘인 제도가 과연 그렇게 초기부터 도입되었는가 하는 의심이 적지 않다. 한 나라의 국왕을 살해한 인물을 守墓人으로 한정하여 파악하는 견해는 역사적 사건을 제도적으로만 이해한 것이다. 개인적 포학에 항거한 점을 강조한 것은 사실을 지나치게 人格的으로 접근한 것이 된다.

따라서 두로를 재평가하여 볼 필요를 느낀다. 애초에 모본왕은 모본 지방에 순행한 것이 아닌가 여겨진다. 사료에 대한 檢覈을 통하여 慕本 杜魯가 在地의 首長 세력일 가능성을 탐색하여 보기로 한다.

종래 국조왕을 위요한 안개 속에서 가장 핵심적인 부분이 바로 부친이라는 再思였다. 再思가 朱蒙 전설에 출현하고 있는 인물과 같은 사람인가 아닌가 의심하는 것은 자연스러운 일이다. 이에 대해서 다시 음미해 보고자 한다.

이상과 같은 국조왕 정권의 성립에 간여한 세 사람에 대한 검토를 기초로 하여 국조왕 권력의 基盤을 점검하여 보았다.

조인성, 1991, 〈4,5세기 高句麗 王室의 世系認識 變化〉, 《韓國古代史研究》4호, 지식산업사, 73쪽.
전미희, 1992, 〈高句麗 初期의 王室交替와 五部〉, 《朴永錫博士華甲記念論叢》上.
金賢淑, 1993, 〈高句麗 初期 那部의 分化와 貴族의 姓氏〉, 《慶北史學》16집, 21쪽.
노태돈, 1993, 〈朱蒙의 出自傳承과 桂婁部의 起源〉, 《韓國古代史論叢》5호.
노태돈, 1994, 〈高句麗 初期王系에 대한 一考察〉, 《李基白先生記念論叢》I, 98쪽.
琴京淑, 1994, 〈高句麗 初期의 中央政治構造〉, 《韓國史研究》86호.
김현숙, 1994, 〈高句麗의 解氏王과 高氏王〉, 《大丘史學》47호.
조법종, 1995, 〈廣開土王陵碑文에 나타난 守墓制研究〉, 《韓國史의 時代區分》, 한국고대사연구회, 192쪽.
무전행남, 1997, 〈「始祖廟」記事と 高句麗王系〉, 《東方學論集》.

1. 母太后 傳說의 形成

1) 國祖王 本紀에서 扶餘의 用例

국조왕 모태후가 부여인이라는 전승을 이해하기에 앞서 국조왕 본기에 나타나는 '扶餘'라는 단어가 어떠한 실체를 가리키는가 조사해 보는 것이 필요하다. 국조왕 본기에 대한 검토에 앞서 고구려 본기 전반에 걸쳐 '扶餘' 표기의 용례가 조사되어야 할 것이다. 고구려 본기 전체를 통관해 보면 扶餘라는 나라는 첫째, 시조 설화, 둘째, 대무신왕의 부여 정벌 설화, 그리고 국조왕 설화 및 서천왕 대의 達賈 설화 등에서 나타나고 있다. 시조 설화에 나타나는 扶餘는 東扶餘라고 되어 있는데 이에 대하여 학계에서 다양한 이견들이 제시되고 있음은 주지하는 바와 같다. 대무신왕의 扶餘 정벌도 전후 내용으로 보아 시조 설화에서 보였던 東扶餘에 다름 아니라고 보아도 좋다. 그런데 국조왕 본기 및 서천왕 본기에 출현하고 있는 扶餘는 그렇게 단순하지 않아 보인다. 서천왕 본기의 것은 나중에 논의할 기회가 있으려니와 국조왕 본기의 부여만 하더라도 다음과 같이 여러 세력들이 등장하고 있는 것이다.

1. 琉璃王子古鄒加再思之子也 母太后扶餘人也. (국조왕 즉위 조)
2. 扶餘의 사자가 와서 三角사슴, 長尾토끼를 바치다. 왕이 상서롭다 하여 크게 사면령을 내리다. (왕 25년)
3. 부여의 사자가 와서 범을 바치다. 길이가 한 길 두 치이다. 털색이 매우 맑고 꼬리가 없다. (왕 53년)
4. 왕이 부여에 순행하다. 太后廟에 제사하다. 백성들 중 가난하고 어려운 이들에게 물건을 내리다. 肅愼의 사자가 와서 자줏빛 여우털옷, 흰매, 흰말 등을 바치다. 왕이 잔치를 벌여 위로하고 보내다. (왕 69년)
5. 왕이 마한, 예맥 1만여 기병을 거느리고 나아가 현도성을 에우다. 부여 왕이

왕자 尉仇台에게 군대 1만여 명을 주어서 중국군과 함께 우리에게 대적하다. 우리가 대패하다. (왕 69년 12월)
6. 왕이 馬韓, 穢貊과 함께 遼東[2)]을 침공하다. 부여 왕이 병사를 보내어 요동을 구원하다. (왕 70년)

나중의 두 예는 중국 문헌에서 인용한 것이 분명하다. 원문에는 '夫餘'라고 되어 있는데 고구려 본기에서 '扶餘'라고 改書하였다. 두 세력이 같다는 다른 방증이 있어서 그리한 것인지 아니면 고려 시대인들의 단순한 필법인지 판단하기 어렵다. 여하간에 이 '夫餘', 또는 '扶餘'가 대무신왕 대에 복속한 '扶餘', 즉 '東扶餘'는 아니라고 고찰된다. 고구려에게서 독립하여 있고 중국과 통교하고 있으며 고구려에게 매우 적대적이라는 점 등에서 그렇게 판단된다. 이 扶餘는 원문대로 위지의 夫餘라고 보아도 무방할 것이다.[3)]

그에 비하여 왕 25년과 53년에 걸쳐서 진귀한 물건들을 헌상하고 있는 扶餘는 고구려에 대한 태도가 전적으로 對照的이라고 할 수 있다. 상당히 고구려에게 순종적이며 우호적임을 의심하기 힘들다. 이러한 집단이 왕 69년에 가서 180도 태도를 돌변하여 중국에 조공하면서 고구려를 공격하였다고 판단하기는 쉽지 않아 보인다. 불과 10여 년 만에 그렇게 변모하였다는 설명은 궁색하다고 아니할 수 없다. 앞서 대무신왕 대에 고구려에게 굴복한 또 다른 '扶餘'라는 집단을 알고 있는 우리로서는 이렇듯 순종적인 扶餘가 다름 아닌 대무신왕 대에 내속한 부여라고 보는 데에 하등의 저항을 느끼지 않는다.

다음 국조왕 모태후의 출신지 '扶餘'를 생각해 보자. 일견하여 모태후의 고향이라는 '扶餘'가 위의 두 부류의 扶餘 어디에도 해당되지 않음을 알 수 있다. 태후의 고국에서 특산물을 조공하였다는 것도 이상하다. 다른 태후에 비교해 보아도 태후 고향에서 조공하는 유례가 없는 것이다. 고구려에 附庸하고 있는 부

---

2) 《후한서》의 원전에는 '玄菟城'이라고 되어 있다. 고구려 본기에서 '遼東'이라고 개서하고 있는데 필자는 원전을 따른다.
3) 위치 문제는 別攷로 논할 예정이다.

여는 동부여라고 추정되는데 그 곳 출신이 국가 왕권을 장악하였다든가 섭정을 하였다든가 하는 설명은 매우 어색해 보인다. 특히 국조왕은 최초의 高씨 왕이 므로 만일 高씨 왕실이 동부여 출신이라면 고구려 사람들은 동부여에 대하여 시조의 출신지로서 崇仰하여 기술하였을 것이다. 그에 대한 서술 태도가 완연 히 지금과는 다르게 나타났을 것이다. 그런데도 문헌이나 금석문을 일관하여 동부여는 고구려에게 종속적인 변수로서 투영되고 있다. 그리고 국조왕이나 모 태후가 동부여로부터 이동하여 정권을 수립하였다면 그러하기까지의 다양한 역사적 사건들이 설화적으로 전할 법도 한데 그러하지도 못하다. 이러한 현상 들은 태후의 고향 '부여'가 속국 동부여가 아님을 웅변해 준다.

다음으로 태후가 중국 사서에만 나타나고 고구려에게 끝끝내 저항적이었던 북방의 부여(길림?)에서 피난 온 사람일 가능성도 거의 없다고 할 수 있다. 2세 기에 고구려 왕 高宮의 군대와 '부여'가 치열하게 싸움을 벌이고 있다. 대전하던 적대국에서 高宮의 왕모가 유래하였다는 주장은 추종하기 어렵다.

우리는 고구려 초기의 도읍지였던 卒本이 별칭 卒本扶餘라는 사실을 알고 있 다. 따라서 남은 가능성은 卒本扶餘 하나뿐이다. 태후가 졸본부여 출신이라는 점은 後述하겠다.

국조왕은 왕 69년 扶餘에 있는 太后廟에 순행하고 있다. 이 '부여'가 졸본부여 인가 아니면 동부여인가 또는 중국 문헌에 나타나는 夫餘인가 하는 점도 문제이 다. 앞서 설명한 이유에서 중국 사서에 보이는 夫餘는 아니라고 잘라 말할 수 있 다. 다음 동부여가 아닌 것도 분명해 보인다. 국조왕 모태후도 졸본부여 출신이 고 柳花夫人도 동부여에서 사망하기 때문이다. 애초에 추모왕 모친 사당이 졸본 에 설립되었을 것은 상식적으로도 짐작가는 바이다.

고구려 본기에

王母柳花 薨於東扶餘 其王金蛙 以太后禮葬之 遂立神廟

라고 나타나는데 '遂立神廟' 한 곳은 당시 고구려의 수도였던 졸본이었지 동부여의 수도인 가섭원이 아님을 통찰할 것이다. 동부여인들이 柳花부인을 신으로 모시고 神廟를 세웠을 리는 만무한 터이다. 한편 유리왕도 22년 위나암성으로 천도하기 이전에는 졸본에 定居하고 있었으므로 어미 禮씨가 그 기간 동안 사망하였다면(이럴 가능성이 상당히 높아 보인다) 역시 졸본에 陵廟를 갖추어 장례하였을 것이다. 그럴 경우 禮씨의 廟도 柳花부인묘와 같이 太后廟라고 호칭되었을 것이다. 유리왕 대까지 졸본에는 2개의 태후묘가 있었을 가능성이 큰 것이다. 그러므로 '太后廟'가 柳花廟냐 국조왕 母太后廟냐 하는 양분법은 의미가 없음을 알 수 있다. 단순히 '太后' = '母親'이라는 등식에 따라서 국조왕 본기에 나타나는 '太后廟'를 柳花가 아니면 국조왕모의 신묘라고 보는 견해는 속단이다. 국조왕 본기에 나타나는 '太后廟'는 '부여'에 위치하고 있는데 여기에 보이는 '扶餘'도 역시 졸본부여를 가리킨다고 할 수 있다.

이렇게 정리해 보면 분량도 얼마 되지 않는 국조왕 본기 안에서도 똑같은 '扶餘'라는 표기로 서술되고 있는 대상이 하나가 아님을 쉽게 짐작할 수 있다. 고구려에게 항속하고 있는 부여와 고구려와 대립적인 부여의 둘을 확인할 수 있고 국조왕의 모친은 졸본부여에서 출생하였는데 본기에는 그 곳도 扶餘라고 기술하고 있는 것이다. 졸본부여에 건립되어 있었던 신묘의 위치도 扶餘에 있는 것으로 표현되고 있다.

2) 相異한 扶餘 關係 記事의 起源

앞 절에서 같은 국조왕 본기에 나타나는 '扶餘'라고 하더라도 각각 다른 실체를 지칭하고 있음을 살펴보았다. 그런데 고대 사회에서 □傳되어 오던 傳承의 성격상 하나의 설화 속에서 같은 주제는 같은 명칭으로 호칭된다. 서로 다른 실재는 다른 명칭으로 불리고 같은 존재는 동일한 호칭으로 거명된다는 것은 설화 전개상의 일반론이라고 할 수 있다. 그러한 면에서 국조왕 본기에 나오고 있는 '扶餘'라는 표기가 세 개 이상의 실체를 대표하고 있는 것이 사실이라면 그 본기 전승은 적어도 세 개가 넘는 설화들로 편성되어 있다고 할 수 있을 것이다. 먼저 중국 자료에서 기원한 '扶餘'이다. 이들 사료는 원전에서 '夫餘'라고 되어 있던 것인데 삼국사기 또는 그 이전의 중간 원전에 편입되는 도중에 '扶餘'라고 개서되었다.

다음 주목되는 것이 국조왕에게 조공하고 있는 '扶餘'이다. 이 부여는 시조 전승에 나타나는 동부여로 추정된다. 대무신왕에게 정복된 뒤 별다른 움직임이 없다가 국조왕 대에 와서 전면적인 臣屬의 禮를 닦고 있다. 따라서 종래 약간 돌연한 출현인 듯이 여겨져 왔던 것이다. 그러나 본기에 기록된 전후 사태의 전개를 곱씹어 보면 이들의 조공이 전혀 돌출적이 아님을 확인할 수 있다. 국조왕 본기에서 부여의 조공을 전후한 기사들을 초록하여 보면 다음과 같다.

1. 曷思國王이 내항하다. (16년)
2. 藻那를 정벌하다. 왕을 사로잡다. (20년)
3. 朱那를 정벌하다. 왕자를 사로잡다. (22년)
4. 겨울 102일 扶餘에서 사자를 보내어 사슴, 토끼 등을 바치다. (25년)
5. 柵城으로 순행하다. 바위에 공을 새기다. (46년)
6. 柵城을 按撫하다. (50년)
7. 정월 扶餘에서 조공하다. 범을 바치다. (53년)

바야흐로 고구려를 圍繞한 지역에 대한 활발한 경략이 이루어지고 있던 시기임을 알 수 있다. 특히 '扶餘'에서 조공하기 전인 왕 16년에 내항한 曷思國은 다름 아닌 동부여의 왕족 일파가 망명하여 건설한 나라였다. 고구려의 예봉을 피하기 위하여 건설한 피난지마저 위협당하고 있는 것이다. 지파 망명 정권에게까지 고구려의 침공이 착착 진행되어 가는 상황에서 비교적 조용히 보내고 있었던 동부여 세력들은 고구려 대왕에 대한 服屬 儀禮를 새롭게 서약하지 않을 수 없는 사태가 도래한 것이다. 25년 10월의 조공품 헌상은 아마도 동맹제 동안에 이루어진 듯하고 53년 정월의 방물 헌납은 新年 賀禮의 하나라고 평가될 수 있을 듯하다. 비록 문헌에는 두 개의 사료밖에 전하지 않으나 이들이 정기적인 복속 의례로서 발전, 정착되었을 것은 충분히 상상이 가는 일이다. 10월의 동맹제 기간에 이웃 나라에서 진상품을 봉헌하거나 사신을 보내어 경하하는 일은 이른 시기부터 정례화되어 간 듯하다.[4)]

앞선 시기인 왕 4년에는 東沃沮를 城邑으로 삼았다는 기사가 나타난다. 부여에 대한 복속국 시책의 강화를 추진하고 동옥저를 대표로 하여 갈사국, 조나, 주나 등을 공격하는 등의 전승을 보면서 우리는 이러한 설화적 단편들이 다름 아닌 국조왕의 주변 小國 征服 傳承이었을 것임을 어렵지 않게 짐작할 수 있다. 역시 같은 소국 정벌 전승의 하나로서 대무신왕의 동부여 정벌 전승을 들 수 있다. 부여 복속 이야기는 여러 가지 형태로 설화화되었다가 유리왕 본기 및 대무신왕 본기 등에 편년체로 정리되어 현재의 모습으로 남은 것이라고 고찰된다.[5)]

고구려는 국가적인 역량의 성숙에 따라 사방으로 영토를 확대하여 나갔다. 각지에서 벌어진 영웅적인 전투의 전말은 그때그때 장편 서사시나 長歌 등의 형태로 구술되었을 것이다. 이러한 설화적 연출 방식은 고대 역사 전승 과정에서 흔히 나타나는 것이다. 설화적 변용은 위와 같이 개별 전쟁을 중심으로 하여 □演되기도 하지만 가장 흔한 형태는 각 왕의 활동을 소재로 하여 전해지는 설화라고 할 수 있다. 국조왕 본기에서 고유 전승으로서 가장 핵심을 이루는 부분은 위에 인용된 대외 전쟁 사화라고 분석된다.

이웃 일본에서 고대에 각 왕에 대하여 개인적인 사안은 '帝紀'라는 형태로, 그리고 왕의 치세 동안에 이루어진 커다란 사건들은 '舊辭'라고 분류되어 정리되어 왔었음은 잘 알려진 사실이다.[6)]

그에 비추어 보면 국조왕 즉위 전기에 실려 있는 부계나 모계 및 유년기부터의 신이한 행적 등에 관한 전설은 바로 일본에서의 '帝紀'에 해당된다고 할 수

---

4) 국조왕 69년 왕이 102일제 동안에 졸본부여로 순행하여 太后廟에 치제하였을 때에도 복속 국가인 숙신에서 조공하였던 일이 사서에 저록되어 있음을 참고.
5) 졸고, 2000, 〈高句麗 東明王廟의 成立過程〉, 《한국고대사연구》 18호.
6) 上田正昭, 1991, 《古代 傳承史의 研究》, 塙書房.

있다. 이러한 왕통에 대한 자료 외에 제왕들의 통치 연간에 대한 記憶이 編織物처럼 □述되어 전하고 있었을 것은 자연스러운 상정이라고 하겠다. 그리고 동옥저 공격을 위시하여 조나, 갈사국, 주나 정벌이나 동부여 조공, 책성 순수 등을 전하고 있는 부분은 다름 아닌 '舊辭'에 견주어 볼 수 있다. 고구려 본기에서 이와 같은 帝王의 王名이나 부계, 모계 등에 대한 별도의 문헌이 왕릉에 관한 서술과 함께 존재하고 있었던 것은 高寬敏이 구명한 바 있다.[7]

따라서 국조왕 즉위 조에 나타나는 '扶餘'는 '帝紀'와 같은 문헌 자료에서, 그리고 본기 25년, 53년 조에 보이고 있는 '扶餘'는 '舊辭'와 같은 사료에서 각각 기원하였다고 분석된다. 사료의 유래가 달랐기에 같은 용어로써도 다른 실체를 표현하기에 이른 것이다.

국조왕 즉위 조에는 母系나 父系 외에도 '少名於漱'라고 하여 고구려 역대 제왕 중에서 유례 없이 특이하게 왕의 幼名까지 기록되어 있다. 이것은 바로 고궁의 어린 시절에 대한 독자적인 설화가 있었음을 증거해 준다. 현재 '於漱'라는 이름만 전하고 있으나 본래에는 '어수' 소년이 어떠한 신이한 체질적, 육체적 특이성과 정신력을 갖고 있었는가에 관하여 기다란 이야기가 있었을 것이다. 시조왕이나 유리왕 설화에서 볼 수 있는 것처럼 그는 명사수였을 것이고 名弓 어수 소년이 고구려 사회에서 '幼而岐嶷'라는 평가를 얻게 되기까지의 여러 삽화가 전하고 있었을 것이다. '어수'라는 이름이 어떠한 연유로 인하여 '宮'이라는 이름으로 변경되게 되었는가에 대해서도 짧지 않은 연기담이 있었을 것은 물론이다. 고궁의 탄생에서부터 즉위에 이르는 동안의 반생을 읊조린 설화가 국조왕 즉위 조의 짧은 문장 속에 농축되어 있는 것이다.

한편 太后廟와 아울러 나타나는 '扶餘' 기사도 국조왕 즉위 조의 설화와는 다른 기원을 가진 듯하다. 졸본에 있던 태후묘는 초기에는 '神廟'라고 하였다. 神廟의 主神이 柳花 太后였던 까닭에 神廟는 쉽게 '太后廟'라고 별칭되었다. 그런데 祭祀志 고구려 조에 보면 神廟 기사와 함께 太后廟 기사, 그리고 始祖廟 기사가 일

---

7) 고관민, 1996,《『三國史記』の原典的硏究》, 웅산각, 138쪽.

괄적으로 정리되어 있다. 시조묘 기사에서는 주지하다시피 卒本에로의 국왕의 순행 사실이 연면히 적기되어 있다. 이것은 고구려 祀典 관계 기사가 어느 시기엔가 일정한 類書에 정연하게 등재되었던 것을 시사해 준다. 다시 말해서 졸본 태후묘에 대한 기사는 본기의 다른 기사와 달리 고구려의 국가적인 祭典에 관한 古記에서 유래하였다는 것이다.8) 이로써 미루어 보면 태후묘와 관계된 '扶餘'는 역시 卒本扶餘를 가리키지만 국조왕의 '帝紀'와는 성격이 다른 또 하나의 문서에서 기원한 것임을 알 수 있다.

서로 다른 세력이 똑같이 '扶餘'라는 형태로 서술되고 있는 것은 여러 계통의 사료가 혼재하고 있음을 의미한다. 중국 사서에서 기원한 '夫餘'는 본기 편찬을 전후하여 '扶餘'라고 개작되어 편입되었다. 고구려에게 종속적인 부여, 즉 동부여는 종래의 표현대로 '扶餘'라고 기술되고 있다. 그에 대하여 국조왕 즉위 조의 扶餘는 졸본부여를 가리키는 것으로서 국조왕의 王統 설화에서 유래한 것이었다.

그리고 졸본 태후묘 순행에 대한 기록에 보이고 있는 扶餘는 始祖廟를 비롯한 고구려 祭典 관계 문헌에서 유래한 것이었다. 다시 말해서 네 개의 扶餘는 각기 그 근본 자료의 성격이 다르다.

3) 扶餘 出身 모티프의 說話化

고궁의 집정에 따라 고구려에서는 바야흐로 高氏 王朝가 출발하게 된다. 차차 고씨 왕권이 확립되어 감에 따라 국조왕은 國姓 始祖(='國祖')로서 추앙을 받기에 이르렀을 것이다. 시조로서 숭상을 받아가면서 여러가지 특이한 설화적 면모가 架上되는 것은 자연스러운 일이다. 그가 나면서부터 눈을 뜨고 사물을 볼 줄 알았다든지 즉위할 때 일곱 살이었다든지 하는 설화소는 그러한 유래를 가

---

8) 필자는 東明王廟에 관한 고구려 본기의 기사가 전후에 수록되어 있는 부여 정벌 설화와 깊은 연관성을 가진 것임을 지적한 바 있다. 동명왕묘 기사는 다른 본기 기사와는 달리 부여 정벌에 대한 전쟁 史話集에서 유래하였다고 생각된다. 졸고, 〈高句麗 東明王廟의 成立過程〉.

진 것이라고 생각된다.
　나면서부터 눈을 뜨고 물건을 볼 줄 알았다는 모티프는 주몽 전승에서도 나타난다.

　달포를 지나니 말을 시작하였네. …… 어머니더러 이르기를 "뭇파리가 눈을 빨아서 잠을 잘 수가 없으니 저를 위해서 활과 화살을 만들어 달라"고 하였다. 어머니가 갈대로 활과 화살을 만들어 주었더니 저 혼자서 베틀 위에 앉은 파리를 겨누어 활을 쏘았는데 쏘는 족족 맞추었다. (東明王篇 分註)

　여기서 우리는 나면서부터 눈을 뜨고 사물을 볼 줄 알았다는 모티프의 원형을 간파할 수 있다. 名弓으로 유명하였던 시조왕 주몽이 나면서 눈을 뜨고 활을 쏘아 명중시켰다는 모티프가 고씨 시조왕 宮에게도 부회되었다는 것이다. 중국 문헌에 포학한 인물로 묘사되고 있고 고구려 본기에

　幼而岐嶷 以年七歲. (국조왕 즉위기)

라고 나타나는 표현은 시조왕 주몽 즉위기에

　年甫七歲 嶷然異常. (동명왕편)

이라고 서술되어 있는 것과 전적으로 동일한 것이다. 국조왕은 중국을 빈삭하게 공격한 군주로서 유명하다. 고구려 사회에서 武士의 자질로서 가장 높이 평가받고 있던 것이 弓術임도 주지하는 바라고 하겠다. 따라서 우리는 국조왕 고궁 역시 시조왕 못지 않은 명사수였음을 의심할 수 없으며 그에 따라 위와 같은 설화적 모티프를 양자가 공유하게 되었다고 생각한다.
　그런데 이러한 시조왕으로서의 성격은 사람들로 하여금 다른 점에서도 高宮을 朱蒙과 비교하게 만들어 갔을 것 같다. 주몽과 고궁에게서 똑같이 七歲라는

나이가 중요한 시기로 기술되고 있는 것도 우연이라고 할 수 없을 것이다. 고궁의 아비가 왕자라는 고귀한 신분이라는 것은 주몽의 전승상 부친인 해모수 또는 금와왕과 유사한 설화적 구도로서 평가할 수 있다.

또 한 가지 고구려인들의 정서에 부합될 만한 요소가 고궁의 모친에게 구비되어 있었다. 즉 그녀는 졸본부여 출신이었던 것이다. 졸본부여도 부여의 일파이니만큼 문화적으로나 정치적으로나 부여라고 개괄될 수 있는 지역이었다. 당시 始祖의 어미가 부여에서 출생하였다는 것은 의미심장한 상징성을 갖고 있었던 것 같다. 고구려 또는 졸본부여 사회는 扶餘의 東明王을 共通神으로서 경배하고 있었다. 始祖母가 부여 출신이라는 것은 부여 宗主國의 生命力 내지 守護靈을 시조의 모친이 體得 또는 具備하고 있다는 의미로 받아들여진 것 같다. 그리하여 모친이 졸본부여 사람이라는 것은 차차 '扶餘' 출신이라는 점이 강조되게 되고 마침내는 다른 扶餘와 구별하기 어렵게 된 것이 아닌가 한다. 국조왕 즉위 조의 '母太后扶餘人也'라는 짧은 문장 속에 함축되어 있는 의미는 이처럼 深重한 것이었다.

부여 출신이라는 요소가 이처럼 신화적인 의의를 갖는 것을 보면 고씨 시조왕 宮에 관한 전승은 본래 많은 부분에서 東明 설화의 요소로 치장하고 있었을 가능성이 커 보인다. 日光 感應 요소라든가 卵生 모티프가 고궁의 탄생 설화로서 일시 존재하였을 가능성을 부정하기 힘들다. 다만 후대에 高씨 왕실에서 시조에 대한 그러한 신비적 분식을 강조하지 않아서 차차 소멸되었을 뿐일 듯하다. 고대 扶餘族 사회에서 수많은 세력들이 東明 전승을 독자적으로 표방하고 있었을 것이라는 견해[9]를 참고할 필요가 있다. 태후가 扶餘 출신이라는 설화소가 현저하게 드러나고 있는 것은 고궁이 분명히 고씨 시조왕임을 재삼 확인시켜 준다. 고궁에게도 부여계 시조 설화의 공통적 유형이 나타나고 있기 때문이다.

---

9) 노명호, 1981, 〈百濟의 東明神話와 東明廟〉,《歷史學研究》10호, 75쪽.
　김두진, 1995, 〈高句麗 開國神話의 英雄傳承的 성격〉,《국사관논총》62집.

4) 卒本 太后와 神廟

  그렇다면 모태후의 권력은 어디에서 온 것일까? 당시 강한 수렵 사회적 전통을 가지고 상당한 수준의 농경에 진입하여 있었던 고구려 사회가 모계 사회였다거나 모계에서 부계에로의 과도기에 있었다거나 하는 설명은 타당하지 않다고 생각된다. 고구려 왕 중에서 여왕의 존재가 한 명도 확인되지 않는 것은 그러한 사실을 웅변해 준다고 하겠다.

  먼저 국조왕 모태후가 정권 교체기에 중요한 역할을 담당한 것을 주목해 보자. 고대 사회에서 왕족이나 일반 씨족의 제사에서 여성이 가지고 있던 위치는 매우 높았다. 신라에서는 시조묘를 王妹가 주제하고 있으며 고대 일본에서도 齋王이라고 하여 왕실 여성이 시조에 대한 치제를 담당하고 있었다. 고구려 초기 사회에서도 조상을 제사하는 神廟를 관장하던 사람들은 왕족의 여성이었다고 고찰된다.

  柳花夫人 신묘는 아마도 주몽왕 또는 河伯女 집단과 밀접한 혈연 관계에 있던 여성 사제가 주제하였을 것이다. 특히 신묘의 주신이 河伯女였던 이상 祭司 역시 河伯族에서 선발되었을 것 같다. 이러한 사제를 배출하던 집단이라면 과연 해씨 왕조의 몰락이라는 격변기에 정권을 인수받을 만한 자격이 있었다고 할 수 있을 것이다. 여기서 우리는 高씨 집단의 기원에 대하여 중요한 시사를 얻을 수 있다. 즉 高씨는 河伯 숭배 씨족의 하나로서 주몽과 함께 고구려를 건국하였고 국가의 주요한 제사의 하나였던 神廟의 치제를 주관하던 집단이라고 추측된다.

  高씨 세력이 神廟의 祭官 씨족이라는 점은 시조 국조왕의 王名 '宮'에서도 미루어 짐작할 수 있다. 이 '宮'자를 종래 '宮闕, 宮城'의 의미로만 해석하여 온 것이 사실인데 필자의 소견으로는 그보다 '神宮, 閟(비)宮(祠堂, 靈廟)'이라는 뜻이 강한 것 같다. 실제로 '宮'자에는 '가옥, 대궐'이라는 풀이 외에 '宗廟, 神社, 龍宮, 梓宮, 齋宮' 등의 祠堂을 지칭하는 해석이 많은 것이다. 따라서 국조왕 '宮'은 그 이름 그대로 '宮(神宮=神廟)'을 지키는 사람으로서 '宮司'였을 것이다. 고구려에 처음 설립된 '神廟'도 본래는 '神宮'의 별칭이다. '宮', '高宮'이라는 왕명으로 미루어 보아 고구려 사회에서도 신묘를 '神宮'이라고 호칭하였던 것을 알 수 있다.[10]

'宮' 내지 '高宮'이라는 왕휘는 매우 특이하게 漢式 왕명을 가지고 있어서 연래로 내외 학자들 사이에 중국 문헌에서 왕명까지도 직수입한 것이 아니냐 하는 의혹을 불러일으켰던 것이다. 필자의 관견으로는 비록 한자로 된 이름이기는 하지만 가장 고구려적인 고유 왕명이라고 할 수 있다.

국조왕 高宮의 부친 재사는 '克'씨 내지 '高'씨였다. (본고 부록 2 참조) 이로 미루어서 재사가 宮司였을 가능성도 부인하기 어렵다. 여하간 재사를 위시하여 그 부인 졸본 태후, 그리고 국조왕 등이 한덩어리로 神廟 宮司의 직임을 놓고 유기적으로 결속되어 있었던 것 같다. 3인이 재사 - 태후 - 국조왕의 순서로 궁사직을 맡았을 수도 있다. 그 서픔에 왕권이 해씨로부터 고씨에게로 이양되어 간 것 같다.

국조왕 정권의 수립에서 가장 학자들 간에 이견의 여지가 많았던 것은 이른 바 '太后攝政'이라는 미증유의 사태였음은 주지하는 대로이다. 종래 이에 대해서 회의적인 의견들이 많았으나[11] 본 연구자는 왕조 교체의 격동기에 태후가 실질적인 권력의 핵심이었다는 기록을 그대로 신종하기로 한다. 태후의 정치력은 연약한 여성의 몸에서 나온 것이 아니었다. 그녀가 神廟, 즉 神宮의 女司祭였다는 현실에서 유래하였던 것이다.

---

10) 대왕의 휘는 '宮'인데 一書에는 '高宮'이라고도 적혀 있다. '高宮'이라는 표기도 처음에는 姓名이 아니라 '高明한 神宮', '至高한 神宮'라는 의미가 아니었을까? 어쩌면 본래는 '高宮'씨로서 複姓이던 것을 후세에 줄여서 '高'씨라고 단칭한 것인지도 모를 일이다. 그 결과 '高宮'씨의 '高'자를 떼어버린 나머지 '宮'가가 御諱인 듯이 전래된 것일 수도 있어 보인다.
11) 노태돈, 1994, 〈高句麗의 初期王系에 대한 考察〉, 《이기백 선생 고희기념 한국사학논총》[上]고대편. 노태돈, 1999, 《고구려사연구》, 사계절. 국조왕 초기의 내분을 상정하고 짐지락 대가의 이탈이나 선비 이종 滿離의 도망 등을 구체적인 사례로 들었다. 61쪽.

2. 慕本 杜魯 硏究

1) 杜魯에 대한 再評價

　사료에 의하면 모본왕이 慕本人 杜魯의 손에 의하여 살해되고 국조왕이 영입되었다고 한다. 그런데 대부분의 정변에서 정변을 감행한 세력들이 새로운 실력자로서 등장하는 것이 동서 고금의 상례이다. 그런데 두로는 모본왕 살해에만 가담하고 그 뒤에는 종적을 알 수가 없다. 이 점 때문에 두로는 국조왕 추대 세력의 사주를 받은 일개 하수인에 지나지 않았다는 가설이 유력하게 제기되어 있다.[12]
　그러나 이러한 가설을 받아들일 경우 우리는 다음과 같은 곤란한 상황에 직면하게 된다. 첫째, 국조왕을 중심으로 하는 高씨 세력들이 모본인 두로와 아무런 관계가 없었다면 기왕에 왕실이었던 解씨가 축출되고 느닷없이 高씨가 영입된 이유를 설명하기 힘들다. 반대로 慕本 지역과 高씨 사이에 모종의 연결고리를 상정할 수 있다면 우리는 그러한 변동에 대하여 설득력 있는 가정을 제시할 수 있을 것이다. 둘째, 모본왕 사후 고구려 국내 유력 정치 집단 사이에 수년, 혹은 그 이상에 걸친 내전을 상정하기도 어렵다. 그러한 가정은 현전 《三國史記》에 의하는 한 매우 공허한 것이다. 解씨로부터 高씨에로의 정권 이양은 비교적 무혈적으로 이루어진 것 같기 때문이다. 일단 解씨로부터 高씨에로의 왕실 교체를 상정한다면 두로는 그러한 전환의 핵심 인물이다. 두로를 守墓人으로 한정하는 것은 역사 인식의 틀을 너무 좁게 잡는다는 감을 감출 수 없다. 셋째, 삼국사기에서 왕을 시해한 인물이 일개 하수인에 지나지 않은 예를 찾아보기 곤란하다. 이 점은 인접 중국이나 일본의 역사에서도 공통적인 현상이며 서양에서

---

12) 조인성, 1980, 〈慕本人杜魯〉, 《歷史學報》87호.
　　―――, 1990, 〈4,5 世紀 高句麗 王室의 世系認識의 變化〉, 《한국고대사연구》4호.
　김현숙, 1989, 〈廣開土王陵碑文을 통해 본 高句麗守墓人의 社會的 性格〉, 《한국사연구》65집.

도 흔한 것이다.

하수인이 대왕을 살해하였더라도 사기에는 그 명령자가 기록되고 있는 것이 보통이다. 고구려 역사에서 차대왕을 살해한 明臨笞夫가 그러하고 봉상왕을 폐위시킨 창조리가 그러하며 영류왕을 시해한 연개소문이 그렇다. 백제사에서 책계왕을 죽인 貊人이나 분서왕을 살해한 樂浪 자객 등도 그 사주인이 명기되고 있지 하수인의 이름이 전하는 것이 아니다. 문주왕을 죽인 도둑도 이름이 전하지 않고 사주인인 解仇의 이름만 전하며, 동성왕도 죽인 자객의 이름이 전하는 것이 아니라 자객을 보낸 苩加의 이름이 기록에 나타난다. 신라에서도 실성왕을 죽인 이는 다음에 정권을 잡은 눌지라고 명시되어 있으며, 애장왕을 시해한 병사는 이름이 나타나지 않으나 그 집단이 언승과 제옹 세력이었음은 명시되어 있다. 민애왕을 시해한 병졸도 무명이나 그가 반정한 신무왕 세력일 것임은 사상에 소연한 바이다.

따라서 두로가 하수인이었다는 설은 일반적인 상식을 뒤집는 것이다. 필자는 그러한 가정보다는 두로가 뒤이어 왕권을 잡은 高씨 집단과 밀접한 관계에 있었지 않았나 의심하고 있다. 물론 두로가 高씨는 아닐 것이다. 그러나 그는 정변 직후에 대권을 장악한 太后와 긴밀한 관계에 있었다. 두로의 행위는 叛逆에 해당되는 것으로서 그 수습을 위해서는 비상한 능력과 상당한 명분이 필요하였을 것이다. 태후는 그러한 위치에 있었고 그러한 태후에게 정권이 위임된 것은 어쩌면 당연한 일이었을 것 같다. 그러므로 두로와 태후 사이가 상호 긴밀한 협력 관계에 있었을 것은 자명하다.[13] 그리고 태후 자신이 高씨 일족과 매우 가까운 사이일 것은 불문가지라고 하겠다. 그 아들이 高씨이기 때문이다.

여기서 두로가 慕本 사람이고 해씨 愛妻王이 慕本에서 살해당하였으며 사후에 그 곳에 묻혀서 慕本王이라고 칭하였다는 점들을 통관하여 보면 慕本原은 해씨 왕의 거점과는 먼 지역이 아니었나 의심이 든다. 다시 말해서 해애루왕은 모본

---

13) 중국에서 간행된 설화집에서는 杜魯가 정변 후에 '大兄'으로 임명되었다고 특기하고 있다. 야간의 전승상의 영향을 인정할 수 있을 듯하다. 黃彬, 1999, 《高句麗史話》, 원방출판사.

지방으로 순행하였다가 그 지방 유력자였던 두로에게 살해되어 그 곳에 장사지 내졌다는 것이다. 참고로 유리왕도 豆谷東原에 장사지냈으나 평상시에 거처하던 곳이 아니라 離宮이 있던 곳이다. 그 곳으로 순행하였다가 사망하여 豆谷原에 장사하고 있다. 閔中王은 사냥터였던 閔中原 石窟에 장사지내고 있는데 역시 평소의 居城이 아님을 유의할 것이다. 사망한 장소에 능묘를 조성하는 예는 태자 해명을 그가 죽은 礪津東原에 장사지내고 廟를 세운 예에서도 볼 수 있다. 모본원의 경우도 그러한 예에 비추어 볼 때 해애루왕이 순행하던 지방이라고 어렵지 않게 추측할 수 있다. 모본원에 순행한 해애루왕을 시봉하다가 왕을 살해한 두로는 따라서 모본원 지방의 유력한 首長이었을 것이다.

혹자는 두로가 왕을 살해한 동기가 사소한 데에서 온 것이라고 보고 본기에

왕이 나날이 포악해지다. 항상 앉을 때 사람을 깔고 앉으며 누울 때에는 사람을 베고 눕다. 사람이 혹시 움직이면 용서없이 죽이다. 신하가 충간하는 이가 있으면 활을 당겨서 쏘다. (모본왕 4년 조)

라고 평한 것과 연결시켜서 두로가 왕이 깔고 앉거나 베고 눕던 것에 인격적인 불만을 품고 왕을 살해한 것으로 오해할지도 모르겠다. 특히 두로가 왕을 좌우에서 모시던 사람이라고 하므로 그러한 추정은 무리가 아닐 수도 있다. 그러나 두로는 그러한 인물은 아니었다고 생각된다. 그는 본기에 의하면 다음과 같이 미리 살해당할 것을 예감하고 있었다. 왕의 변덕에 따라 순간적으로 사태가 발생한 것이 아니었던 것이다.

두로가 그 임금을 죽이다. 두로는 모본 땅 사람이다. 왕을 좌우에서 모시다가 살해당할 것을 걱정하여 울다. 다른 이가 가로대 "대장부가 왜 우나? 옛사람이 이르기를 나를 따스하게 해주면 임금이지만 나를 학대하면 원수라고 하였다. 지금 왕이 포학하여 사람을 죽이니 백성의 원수이다. 네가 그를 도모하라." 하다. 두로가 칼을 품고 왕 앞으로 나아 가다. 왕이 이끌어 앉다. 이에 칼을 들어 해치다.

마침내 모본의 들에 장사하다. 모본왕이라고 부르다. (모본왕 6년 조)

대왕은 수도로부터 이 지방으로 일시적으로 이동하여 온 것이다. 따라서 두로는 모본 일대에 거주하고 있었는데('杜魯慕本人') 왕이 그에게 시봉을 명한 것이다('侍王左右'). 왕을 봉어하다가 수많은 사람이 죽는 것을 보아 왔던 두로가 이제는 자신이 죽을 차례로구나 하고 걱정하지 않을 수 없었을 것이다('慮其見殺乃哭'). 자기 생명을 보전하기 위하여 비상한 수단을 강구하지 않으면 안되었다. 해애루왕이 그를 부르자 그는 왕 앞으로 나아갈 수밖에 없었다.[14] 움직이면 당장 학살되는 마당에 두로는 포학한 군주를 처단할 수밖에 없었을 것이다. 그 방법을 모르던 그에게 자상한 방침을 지시해 준 다른 이('或')는 통설대로 고씨와 그 동조 세력들이었을 것이다.

후대의 사료이지만 고구려 말기에 연개소문도 위세를 강조하기 위하여 사람의 등을 딛고 말을 타기도 하였다. 고구려 사회에서는 절대적인 권력의 표상으로서 신하를 직접 꿇리거나 깔고 앉거나 등을 발로 밟거나 딛는 등의 원시적인 體刑을 가하던 풍속이 있었던 것을 알 수 있다. 절대 절명의 복종의 표시로서 권력자에게 몸을 허락하는 思考가 있었다고도 할 수 있을 것이다. 특히 이러한 육체적 강압 행위는 중앙 권력자가 지방의 유력한 실력자들을 威壓하기 위하여 사용한 것이 아닌가 여겨진다. 그만큼 중앙 권력의 위력을 실감나게 해줄 필요가 있었기 때문일 것이다. 해애루왕이 깔고 앉은 사람이 움직이기만 해도 처형하곤 하였다는 것은 자칫 독자 행동을 하기 쉬운 지방 유력자층에게 좋은 경고의 메시지가 되었을 것이다. 지방의 渠帥를 깔고 앉은 해애루왕의 모습은 지방 세력을 탄압하는 데 무자비하였던 중앙 정권을 상징한다고 할 수 있다. 그러한 점에서 보아도 두로는 지방 세력이라고 생각된다.

그러므로 慕本原 지방은 수묘인을 차출하던 구역이 아니라 자칫 대왕의 권위

---

14) 모본 출신이던 그가 왕을 봉어하는 직책으로 선정되어서 수도로 상경하였다고 상상해 볼 수도 있으나 그러할 경우 왜 대왕이 사망한 뒤에 모본 지방에 묻히게 되었는지 설명할 수 없는 점이 약점이다.

에 저항할지도 모르는 지방이었다. 당시 해애루 정권에게는 내외에 정적들이 散布하고 있었다고 판단된다. 해씨 왕권의 실력이 파급되는 곳에서도 불순한 기운은 배태되고 있었고 아직 중앙 정부에게 순종하지 않는 지방도 많았을 것이다. 해애루왕은 그 지역을 鎭撫하러 간 것이다.[15]

두로가 수묘인이라는 견해에서 또 하나 문제가 되는 것은 해애루왕이 해씨 왕조의 末王이라는 사실이다. 末王일 뿐만 아니라 하급자에게 시해당하고 있다. 고구려의 수묘인 제도에 관해서는 趙仁成, 趙法鍾 등이 구명한 바가 많으나 대왕을 시해한 자가 수묘인에 임명되는가 여부는 아직 밝혀지지 못하였다. 필자로서 그럴 가능성은 매우 적다고 여겨진다. 나아가서 末王과 같이 정치적으로 몰락한 선왕에게 국가적으로 수묘인을 배정하였을까 하는 의문도 감추기 어렵다. 해당 왕족 지파 즉 모본왕계 자체 내에서 분묘를 관리한 수준이 아니었을까? 궁극적으로 守墓人制는 중국 漢代의 제도를 도입한 것인 듯한데 고구려에서 과연 그렇게 이른 시기에 실시되었느냐 하는 위구심도 누르기 힘들다.

두로는 태후와 긴밀한 정치적 유대 관계를 갖고 있었다. 태후의 소생이 高씨임을 보아서 태후는 高씨와 깊은 혈통적 친연성을 가진 것으로 생각된다. 두로와 태후 그리고 고씨의 3자는 끊을 수 없는 여러 가지 고리로 연결되어 있었다. 모본인 두로는 계루부 高씨가 아니었고 外部人, 즉 慕本人이다. 고씨를 기반으로 하는 모태후가 전권을 잡은 데에는 두로의 공로가 지대하였다고 분석된다. 이 두 가지를 함께 생각해 보면 모태후의 세력 기반은 계루부 고씨를 근간으로 하고 외부의 모본 세력의 지원을 받은 것이라고 판정할 수 있다.

---

15) 威撫 대상 지역에서 수묘인을 선정하였느냐 하는 문제는 별도로 연구되어야 할 것이다. 분명한 것은 두로가 그 지방을 대표하는 인물로서 대왕에게 호출되어 나갔다는 점이다. 이러한 측면에서 두로 출신 지역의 성격은 다시 해석되어야 할 듯하다.

2) 慕本 杜魯와 穆度婁

　모본 사람인 두로가 정변 이후에 전연 모습을 드러내지 않고 있다는 점은 종래 여러 가지 의문을 자아내게 만들었다. 古來의 정변의 역사에서 그러한 현상이 부자연스러운 것을 앞서 지적하였다. 그러한 시각에서 모본 세력이 어떠한 형태로든 간에 역사에 족적을 남기지 않았을까 하는 의문을 가진 지 오래다. 여기서 한 가지 가설을 제시하여 질정을 받아 보기로 한다.

　고구려 초기에 유력한 세력들은(과연 해당 성씨가 당대의 것인가 여부에는 더 논란의 여지가 있지만) 대개 성씨를 보유하고 있는 것으로 나타난다. 따라서 두로의 성을 알 수 있다면 그 세력의 동향을 파악하는 데에 유용한 실마리가 될 것이다. 모본 지역이 성씨를 소유하고 있었다면 모본왕을 시해한 杜魯도 그에 소속되었다고 추정할 수 있다. 그것은 松씨들의 활동에서 미루어서 소노부의 盛衰를 추상하는 것과 같은 방법이다.

　고구려 초기에 보면 여러 성씨들이 활동하고 있고 그에 대하여 학자들이 깊은 관심을 표시하고 있음은 주지하는 바와 같다. 필자는 그러한 성씨를 관찰하던 중에 다음과 같이 部名과 성씨가 일치하는 예를 확인할 수 있었다.

沸流國(= 消奴部) 松씨. 비류국이 차차 비류부로 개편되어 갔는데 비류부는 대체로 소노부로 보는 견해(이병도)가 유력하다. 비류국 출신의 왕비가 松(소/솔)씨라고 나타나고 있어서 부명(消 – 노부)의 '消'와 일치한다.
椽那部 椽씨.
貫那部 貫那夫人.

　물론 고구려 고대의 성씨가 반드시 지명이나 부명과 일치하는 것은 아니다. 그러나 양자 사이에 상당히 깊은 연관성이 있음은 부정하기 어렵다. 애초에 고대 성씨는 지명이나 인명, 神名, 토템 動物名 등과 관련이 있기 때문이다.

　그렇게 생각하고 보면 초미의 관심사가 되고 있는 慕本 지역 집단의 성씨도 어느 정도 지명 慕本과 유사하리라는 것은 능히 짐작할 수 있다. 나아가서 '消奴部'의 '消', '椽那部'의 '椽'을 좇아서 '松', '椽' 등의 姓이 표기되고 있는 것을 미루어 보아 慕本部(모본 지역 공동체)의 성씨 역시 첫 소리인 '慕'와 유사한 音價를 지녔을 것이라고 추리할 수 있다. 그러한 추정의 연장선 상에서 杜魯는 성씨가 '慕'씨였다고 가정해 볼 수도 있을 것이다. 그러나 사기에는 '慕'씨가 나타나지 않는다. 따라서 필자는 이것을 사기의 脫漏라고 치부하여 오고 있었다.

그런데 고구려 본기에 보면 두로의 반정으로 집권한 국조왕 대에 部名이 확인되지 않는16) 2명의 인물이 저록되어 있다. 高福章과 穆度婁가 그들이다. 여기서 高福章은 성씨로 보아 계루부라고 생각된다. 남은 한 명 목도루에 대해서는 종래 미상으로 처리하여 왔으나 필자는 다음과 같은 근거에서 목도루가 慕本 지방 출신이라고 보고자 한다.

첫째, '穆'이나 '慕'의 한자가 上古音으로 읽으면 다 같은 소리로 볼 수 있다. 칼그렌이 復構한 상고음표에 의하면 '穆'은 /miəuk17)/, miok18)/, '慕'는 /muak/라고 되어 있다. 거의 같은 소리이다. 동일한 성씨의 다른 표기라고 볼 수 있다.

둘째, 목도루의 등장 정황에서 그의 배경을 시사받는 바가 적지 않다. 그는 국조왕 69년에 왕제 수성이 실권을 잡은 뒤 왕 71년 수성에 버금가는 左輔의 위치로 정권에 참여한다. 국조왕 직계라고 여겨지는 고복장은 右輔로 기용되었다. 따라서 당시의 권력은 국조왕 본인 외에 국조왕계 1명(고복장), 수성계 1명(본인), 그리고 신원을 알 수 없는 목도루 3인의 손에 나누어지고 있었다. 이렇게 중요한 시기에 막중한 左輔의 책무가 부여된 그가 무명 인사라거나 寒門單族이라는 등의 추정은 온당하지 않아 보인다. 목도루는 그럴 만한 권력의 지원이 있었다고 보아야 한다. 권력의 삼두마차에 다른 부 출신이 임명되었을 것 같지는 않다. 그가 전복된 해씨 왕실 계통의 인물이라는 생각은 더욱 설득력이 없

---

16) 국조왕과 차대왕 시대에 나타나는 인사들은 전부 部名이 명시되어 있다. 貫那部 達賈, 桓那部 薛儒, 沸流那部 陽神, 貫那 彌儒, 桓那 菸支留, 椽那 明臨答夫 등이 그들이다. 예외적으로 高福章, 穆度婁 두 명만이 부명이 등재되어 있지 않다.
17) 郭錫良, 1986,《漢字古音手冊》, 북경대학출판사.
18) B. Karlgren / 李敦柱, 1985,《中國音韻學》, 일지사.

다. 새롭게 정권을 쟁탈한 계루부로서는 자체의 역량을 극대화하는 데에 매진하였을 것이기 때문이다. 적어도 계루부 실력을 공고하게 지탱해 주는 인사라고 보아야 할 것이다.

셋째, 목도루가 취한 정치적 행보를 보아서도 우리는 그가 남다른 위치에 있었던 인물임을 살필 수 있다. 우리는 앞서 모본 세력이 반정을 성공시킨 뒤에 정권을 고씨에게 위양한 사실을 알고 있다. 모본 집단의 절대적인 지지 위에서 고씨 왕권은 성립될 수 있었던 것이다. 그런데 국조왕의 치정에 대하여 '暴虐'하다는 평가가 높아 갔고 王弟 수성이 국조왕에게 도전하는 상태가 발생한 것이다. 갓 궤도에 오른 고씨 권력이 고궁과 수성 사이의 형제간 갈등으로 인하여 흔들린다면 정변을 성사시켰던 모본 세력으로서는 매우 바람직하지 못한 사태가 야기될 수도 있는 상황이었다. 계루부 전체로서도 형제 사이의 분쟁은 적절한 조정자에 의하여 봉합되지 않으면 안된다는 분위기가 확산되어 가고 있었을 것이다. 여기서 계루부 고씨 왕실 내부의 龍虎 相搏을 견제하고 居中 調停하는 인물로서 주목받은 것이 정변의 實務格이었던 모본 집단의 인사가 아니었을까 생각해 보는 것이다. 목도루는 그러한 배경에서 중용된 것이라고 보여진다. '穆'씨의 한 자 의미가 '和睦', '敦穆'인 점도 같이 고려할 사항이라고 할 수 있다.

목도루는 앞에서 지적한 것처럼 끝까지 고궁 대 수성의 정권 투쟁에서 중립을 지켰다. 그러한 태도는 그가 高씨가 아니었기에 가능하였다고 판단된다.[19] 모본 출신의 穆씨였던 까닭에 고씨 일족의 兩雄 사이에서 적의적시에 대처해 나갈 수 있었고 또 계루부 전체 인사들이 바라는 바도 그러한 역할이었을 것이다. 정변 성공 후에 모본 집단은 일단 고씨 정권의 주위에서 衛護하는 역할을 담당하고 있었을 것 같다. 그러다가 고씨 형제의 정권 싸움이 본격화되면서 계루부 지도층의 추천과 권유에 의하여 左輔라는 막중한 지위에 오르게 된 것이다.[20]

---

19) 李鍾旭, 1982, 〈高句麗初期의 地方統治制度〉, 《歷史學報》94·5 합집호에서는 穆度婁도 계루부라고 추정하였다. 102쪽.
20) 천착이지만 양자가 같은 慕本 사람이고 度婁나 杜魯가 역시 동일한 음가를 가진다는 점에서 穆度婁가 慕本 杜魯의 정변 후의 이름일 가능성도 있겠다. 그러나 너무나 획일적이어서 취하지 않는다.

참고로 인근에는 후대(거란)의 일이지만 '慕州'라는 행정 구역 명칭이 확인된다. 渌州 예하로서 동가강 일원에 설치된 듯하다.[21] 나아가서 상고의 설화 중에 나타나는 '毛屯谷'도 흥미로운 일면이 있다. 즉 '毛屯'의 '毛'자가 상고음으로 읽으면 'mok/muk'이다.[22] 역시 '穆', '慕'와 같은 발음임을 확인할 수 있다. 이러한 견해는 김두진도 제시한 바 있다.[23] 현재 소자하 유역으로 비정되는 성중에 '木底'성이 있다. 역시 '木'자가 주목된다. '毛屯'이나 '木底', '慕州'가 穆씨, 慕本 慕씨와 연결될 수 있음을 지적하여 두고자 한다. 나아가서 解慕漱라는 이름에도 '慕'자가 들어 있다. 더욱 흥미로운 것은 발해 인명 중에 '慕'씨로 추정되는 인물이 있다는 점이다. 일본 사료에 보면 발해 사신으로서 '慕施蒙', '慕昌拜' 등이 나타난다. '慕'자를 성씨로 보는 데에 무리가 없을 듯하다.[24] 이렇게 인명, 지명 등에서 다수 확인되는 '慕', '木', '毛', '穆' 등을 유기적으로 이해하는 것이 중요하다.

모본 집단은 '慕'씨 또는 '穆'씨로 표기되는 族的 칭호를 가지고 있었다. 杜魯 외에도 穆度婁가 모본인이었다고 추정된다. 국조왕으로부터 차대왕으로의 권력 이동 기간에 慕本 세력 목도루가 주도한 성공적인 정권 이양 유도는 추후 계루부 왕권의 기반을 탄탄하게 만들어 주었다.

3) 卒本과 慕本의 關係

모태후는 扶餘人이라고 본기에 명기되어 있다. 이 부여는 前稿에서 밝힌 것처럼 卒本扶餘이다. 태후 세력은 졸본부여에 근거를 갖고 있었다. 졸본은 초기의 도읍지였다. 국조왕 등극 당시의 수도는 尉那岩城이므로 태후 세력은 古都 세력

---

21) 《독사방여기요》에 '慕州城 在渌州西二百里 本渤海安遠府地 領慕化崇平二縣 契丹改置慕州 屬渌州 後廢'라고 하였다. 267쪽.
22) 최남희, 1999, 《고대국어표기 한자음연구》, 박이정.
23) 김두진, 1999, 《韓國古代의 建國神話와 祭儀》, 일조각. 毛屯=慕本설을 제시하였다. 155쪽.
24) 필자는 선비의 성씨 慕容도 같이 검토하고 있으나 그것은 별고에서 다루기로 하겠다.

이었다고 할 수 있다. 반면 解씨는 新都 尉那岩城에 기반이 있었다.[25] 그렇다면 우리는 국조왕 반정에 대하여 실상의 한 가닥 실마리를 풀었다고 볼 수 있다. 즉 위나암성 해씨 왕조를 졸본의 고씨 세력이 전복하였다는 것이다. 太后와 유소한 그 아들을 앞세워 高씨 집단은 왕권을 장악하는 데에 성공한 것이다.

졸본 세력들이 새로운 수도의 권위를 인정하지 않고 고래의 정통성을 주장하는 자세를 가진 것은 유리왕 대에 있었던 태자 해명의 반란에서도 나타난 바 있다. 해명의 죽음이 억울한 것이었음은 槍原廟 설화에 잘 나타나 있으며 그렇게 해명의 전설을 고이 간직해 온 사람들이 다름 아닌 졸본인들이었을 것도 짐작하기 어렵지 않다. 해명의 반란 이후에도 졸본 세력들의 동향을 엿볼 수 있게 하는 사료는 다음과 같은 것들이 있다. 유리왕 말년 조에 보면 王子 如津이 沸流水에서 익사하였다는 기사가 나타난다. 그 주검을 沸流人 祭須가 거두어 바치매 왕은 王骨嶺에 장례를 후하게 치러 주었다고 되어 있다. 여기서 주목하여야 할 것은 유리왕의 왕자가 비류수 유역, 아마도 졸본 지역과 연관된 지방에서 활동하고 있다는 점일 것이다. 유리왕 왕자 한 명이 졸본 지방을 기반으로 하여 반란을 일으켰던 것과 비교하여 유의되는 대목이 아닐 수 없다. 필자가 보건대 비류수 유역과 왕실과의 끈끈한 유대가 확인되는 기사라고 여겨진다.

그 뒤에도 대무신왕 본기에 보면 沸流部長으로서 세 명의 토착 세력들이 나타나고 있다. 그들은 탐혹하다고 하여 왕실의 제재를 받고 있다. 南部 출신 鄒勃素가 비류부의 세력들을 진무하기 위하여 동원되었고 발소는 그 작업을 성공리에 수행하여 大室씨의 성씨를 하사받았다고 한다. 여하간에 당시 왕실과 비류부 사이에 긴장 관계가 조성되어 있었음을 웅변해 준다. 그리고 그 상황을 요령있게 처리한 공로로 대실씨 세력이 등장하게 되었다는 점을 우리는 알 수 있다. 따라서 우리는 여기서도 비류수 세력(졸본도 그 유역에 있었다)에 대한 해씨 왕조의 긴밀한 감시와 견제를 확인할 수 있다. 사실 위나암성 지방으로 이동한 해씨

---

[25] 해씨 중에서도 解明 태자 같은 집단은 古都 졸본에 머물러 있었다고 한다. 해명에게는 賜死가 내려졌지만 그 일파가 전부 이동되거나 해체된 듯한 흔적은 없으므로 해씨도 일부는 졸본에 居留하고 있었다고 생각된다.

왕실로서는 舊都에 잔존하여 있는 막강한 元老 세력들의 동향에 촉각을 곤두세울 수밖에 없었을 것이다. 그런데 고도 졸본에는 건국 元勳들만 포진하여 있는 것이 아니었다. 같은 졸본인이라고 하더라도 사기에 명기된 것처럼 解明 태자의 후손, 즉 解씨도 엄존하고 있었으며 그 외에 高씨 등이 羅布하고 있었다.

나아가서 비류수 유역을 통할하는 廣義의 졸본 세력은 여러 씨족들로 형성되어 있었을 것이다. 그리고 부근에 종속적인 지역 집단 여럿을 통속하고 있었을 가능성이 크다. 그러한 지방 세력들은 '-本'이라는 호칭을 공유하고 있었던 듯하다. 여러 '-本' 집단 중의 하나가 '慕本'이었다고 고찰된다. '忽本' 및 '卒本'과 같은 '-本'자 계열의 지명이라는 점, 따라서 인접한 지역으로 생각된다는 점, 이른바 '那集團'이 어느 정도 한정된 지역에서 나타나는 지명인 것처럼 '本集團(지명이 '-本'으로 끝나는 집단들)'도 일정한 지역적 범위로 포괄될 수 있지 않을까 생각된다는 점, 慕本 집단이 졸본 高씨에게서 강한 영향을 받고 있고 중요한 정치적 행동을 함께하고 있다는 점 등이 주요한 근거이다.

본래 '本'자는 상고음이 /buan/으로서 이는 고대 국어 '불, 벌, 발, 부리, 블' 등을 표기한 것으로 생각된다. 고대 지명 어휘로서 대표적인 것 중의 하나이다. '-本'자로 끝나는 지명은 이처럼 고구려 고지에서 나타나는 외에 백제와 가야 일원에서 '答㶱', '比自㶱' 등이 확인된다. 이 둘 다 일본측 문헌에 나타난다. 한편 우리 사서에 大加耶에 대비되어 김해 일대가 '本加耶'라고 지칭되는 경우를 흔히 보는데 필자의 관견으로는 이것도 북방의 '-本' 계통의 지명과 무관하지 않은 것으로 짐작된다.

한편 졸본이 천도 후에 계루부 소속으로 편성되었을 것인데 여러 가지 점으로 보아 慕本 역시 계루부 지역이었다고 추측된다. 졸본이나 모본 등은 다 같이 '본집단'에 소속되어 있었다고 추찰된다.[26] 모본 지역을 중심으로 하는 두로

---

[26] 국조왕 모태후 고씨가 모본 세력과 연합하여 정권을 잡았다고 하더라도 왜 모본 집단은 졸본 고씨 집단에게 정치적으로 종속적이었는가 하는 문제가 남는다. 모본 세력이 고씨 집단과 동일 세력이 아닌 이상 양자 간의 관계가 과연 어떠한 것이었나 구명하는 것도 중요하다. 모본 세력이 졸본 고씨와 같은 세력일 가능성은 거의 없다. 졸본과 병존하던 모본 집단에 의하여 실행된 정변에서 실리를 얻

세력도 상당한 首長 계층이었다. 그러나 졸본 집단은 그를 정치적으로 장악하고 있었던 것 같다. 양자 사이에 上下 종속적인 관계가 설정되어 있었다면 이것은 '나집단' 사이의 통합에 비견할 만한 '본집단' 간의 통일 내지 규합 작용을 상정하게 하는 소견이다.

'본집단'의 통일 내지 내부적 질서 확립을 나타내 주는 것으로서 우리는 졸본에 설치되어 있었던 이른바 '神廟'를 주목하지 않을 수 없다. 당시 수도 졸본에 설치된 신묘에는 河伯女 柳花夫人이 봉안되었다.[27] 해씨 유리왕조가 성립된 뒤에 왕도는 위나암성으로 남하하였지만 神廟는 의연히 졸본에 남아서 古都 세력들의 정신적인 지주로 작용하고 있었을 것이다. 모본왕이 살해당한 것도 이들 舊都 세력들의 반정일 가능성이 많다. 해씨 왕조가 전복되자마자 가장 강력한 실력자로 부상한 것이 고씨였음을 참작하면 고씨 일족은 졸본 세력이었을 것이다. 특히 졸본에 위치하던 神廟에서 중요한 역할을 담당하고 있던 세력이 아니었나 추정해 볼 수 있다. 졸본을 대표하는 것이 신묘였고 신묘를 주관하던 세력이 고씨였다는 가정이다.

졸본 고씨의 妻族으로 나타나는 태후의 일족이 모본 집단과 긴밀한 제휴 관계에 있었다는 것은 앞서 지적하였다. 고대 사회에서 심중한 인간 관계라는 것은 대개 혈연적 내지 지연적 토대 위에 형성된 관계이다. 두로가 태후와 매우 깊은 혈연적, 지연적 동질성을 갖고 있었다면 우리는 가장 자연스럽게 태후 역시 杜魯의 친척이 아니었나 추정해 볼 수 있다. 모본 세력으로서 모본왕과 접촉하였던 두로, 사후에 두로의 거사에 대한 정치적 수습을 담당한 태후, 그리고 고씨 왕권의 정치적 갈등을 능숙하게 조정한 목도루 등이 다름 아닌 慕本 세력 출신이라고 분석된다.

아마도 졸본 세력은 여러 '-本'집단들을 통할하는 구심점이었을 것이다. 그

은 집단은 고씨이다. 모본 집단과 고씨 사이가 평등한 관계에 있었다면 이러한 정치적 양보는 불가능하다. 실력을 행사한 모본 집단이 실권을 갖는 것이 순리적이다. 그런데 실제로는 정권이 고씨에게로 넘어 갔다. 그러므로 우리는 정변 당시 모본 세력은 고씨와 종속 관계에 있었으며 그러한 의미에서 일종의 下部 집단이라고 보고자 한다.

27) 졸고, 〈高句麗 神廟에 대하여〉, 본서 수록.

리하여 상부 집단은 사전에 하부 세력에 의한 정변에 음성적으로 간여하고 사후에는 정치적인 수습에 앞장서게 된 것이라고 보여진다. 慕本 세력들은 卒本에 정치적, 종교적 기타 여러 가지 점에서 연대하여 縱的 유대 관계를 형성하고 있었다고 분석된다. 졸본 세력은 협력적인 모본 세력을 통하여 해씨왕조를 무력으로 타도하고 새로운 졸본 왕조를 수립하였던 것이다.

3. 再思에 대한 探索

국조왕의 아비는 再思라고 되어 있다. 琉璃王子로서 古鄒加였다고 한다. 古鄒加 신분에 대해서는 이론이 없는 듯한데 그가 유리왕의 아들이었다는 기록에 관해서는 회의적인 견해가 대세를 이루고 있다. 金基興은 특히 再思라는 인명이 주몽 설화 중에도 나타나는 데에 주목하여 양자를 같은 인물이 아닌가 추측하였다.28)

주몽 본기에는 다음과 같이 나타난다.

주몽이 모둔곡에 이르러 세 사람을 만나다. 한 사람은 삼옷을 입고 다른 이는 누비옷을 입었으며 다른 하나는 물풀옷을 입었다. 주몽이 어디 사람, 누구냐고 물었다. 삼옷입은 이는 再思, 누비옷은 武骨, 물풀옷을 입은 이는 默居라고 하다. 그러나 성씨를 이야기하지 않다. 주몽이 재사에게 克씨, 무골에게 仲室씨, 묵거에게 少室씨라고 성씨를 하사하다. …… 마침내 그 능력에 맞추어 각자에게 일을 맡기다.29)

---

28) 김기흥, 1990, 〈高句麗의 國家形成〉, 《韓國古代國家의 形成》, 민음사, 217쪽.
29) 朱蒙行至毛屯谷〈魏書云至普述水〉遇三人 其一人着麻衣 一人着衲衣 一人着水藻衣 朱蒙問曰 子等何許人

여기에 나타나는 '克'성에 대하여 고찰해 보기로 한다. 고구려 초기의 성씨들은 '松'씨, '乙'씨, '穆'씨 등의 單字姓이 있으며 대개 音寫라고 생각되는데 '克'성은 그런 것 같지 않다. 많은 성씨들은 '明臨'씨, '負鼎'씨, '乙支'씨, '大室'씨 등으로 複姓의 경향이 뚜렷하다. 그에 대하여 克씨는 單字성이다. 그리고 왕이 신하에게 하사하는 성씨 제도의 원리상 '克'자는 너무 뜻이 강렬하다. 下尅上의 의미가 담겨 있어서 忠孝의 원칙에 정면으로 위배된다.

그런데 중국 고전에 보면 '克'자는 '尅'자 내지 '刻'자 및 같은 소리였던 '高'자와 상통하는 글자로 나타난다. 칼그렌 기타의 上古音韻 학자들의 복원표를 살펴보면 위에서 통용되고 있는 글자들은 전부 거의 같은 소리였음을 알 수 있다. 참고로 아래에 각 자의 상고음을 표시해 놓겠다.

克 kək[30]   kək[31]
尅 —   kək
刻 kək   kək
高 kog   kau

네 글자가 거의 동일한 음가를 가지고 있었음을 일견하여 알 수 있다. 상고시대에 있어서 假借는 위와 같이 同音의 원리에 기초한 것이 많은 것이다. 참고로 몇 가지 예를 보이면 다음과 같다.

泮—畔   干—岸   蚤—早
信—伸   內—納   說—悅
錫—賜   述—仇   貫—宦—豢

也 何姓名乎 麻衣者曰 名再思 衲衣者曰 名武骨 水藻衣者曰 名默居 而不言姓 朱蒙賜再思姓克氏, 武骨仲室氏, 默居少室氏 … 遂揆其能 各任以事
30) B. Karlgren/李敦柱, 1985,《中國音韻學》, 일지사.
31) 郭錫良, 1986,《漢字古音手冊》, 북경대학출판사.

柱---祝   莫---暮32)

　이러한 현상은 본래 한자 문자 체계에서 고유한 것이다. 假借가 象形, 會意 등과 함께 漢字를 구성하는 주요한 성분임은 상식이다. 通假 사전에 의하면 '克'과 '刻'과 '尅'은 상통하는 것으로 되어 있다. 나아가서 '刻'과 '高'가 假借되고 있다. 따라서 '克'과 '高'는 서로 가차되는 글자이다.
　일례를 들자면 중국의 先秦 문헌인《論語》에 나타나는 '顔刻'이라는 인명은《史記》에서는 '顔高'로,《論語注》에서는 '顔尅'이라고 표기되어 있다. 이것은 이 인명이 시대에 따라서 같은 音價를 지닌 한자로 轉寫되거나 통용되었음을 단적으로 보여준다.《사기》권47 孔子世家에

　　孔子遂適衛 … 去衛 將適陳 過匡 顔刻爲僕.

이라고 하였다. '顔刻'이 수레를 끌었다는 의미이다. 그런데 같은《사기》권67 仲尼弟子列傳에 보면

　　顔高 字子驕 (索隱) 家語名産 孔子在衛 … 時産爲御也 (正義) 孔子在衛 … 顔高爲御.

라고 하여 같은 인물이 '顔高'라고 표기되고 있다. 상황을 좀더 정확하게 알기 위하여《論語》를 살펴보기로 한다.《論語》子罕편에 본문과 함께 包咸의 注가 달려 있다.

　　공자가 광 땅에서 두려워하다. 〈포함이 풀이하다. 광 땅 사람들이 공자를 잘못 알고 포위하였다. 양호인 줄 알고 그런 것이다. 양호가 옛날에 광 땅에서 폭정을

---

32) 이 자료들은 다음 책의 서문에서 예로 들은 것을 인용하였다. 高亨/董安治, 1989,《古字通假會典》, 齊魯書社.

하였다. 공자 제자 안극이 그 때에 양호와 광 땅에 갔었다. 나중에 안극이 공자의 마부가 되어 광 땅에 오게 되었다. 광 사람들이 안극을 서로 알아보았다. 거기다가 공자가 양호와 비슷하게 생겼다. 그래서 광 사람들이 군대를 가지고 포위한 것이다.)33)

옛적에 魯나라에 陽虎라는 인물이 匡이라는 지역 사람들에게 못되게 하였다. 그 때 顔剋이라는 이가 함께 따라간 일이 있었다. 나중에 顔剋이 공자의 제자로 들어왔다. 공자의 마부가 되어서 匡 땅으로 오니 匡 사람들이 顔剋을 알아보고 또 공자가 양호와 얼굴이 비슷하게 생겼으므로 복수하려고 한 것이다. 마침내 그들이 군대를 가지고 공자 일행을 포위하였다는 줄거리이다. 그런데 이 包咸의 주에는 《史記》 공자세가에 '顔刻', 중니제자열전에 '顔高'라고 보이는 인물이 '顔剋'이라고 되어 있는 것이다. 이에 대하여 淸나라의 翟云升은 《校正古今人表》를 지으면서

顔刻 ○ 史記仲尼弟子傳作顔高

라고 하여 양자를 동일시하였다. 공자의 제자로서 같은 시기에 동일한 장소에서 같은 활동을 하였고 성씨가 같으며 이름의 上古音도 같고 '刻'-'剋'(~克)-'高'의 글자가 상통할 수 있다고 할 때 두 사람은 동일한 인물로 보는 것이 합리적이다.34) 더구나 《사기》의 저자 司馬遷은 공자와 그 제자들을 숭앙하여 마지않

---

33) 중화서국, 1980, 《十三經注疏》, 북경. 子畏於匡 《(*이하 분주 – 필자)包曰 匡人誤圍夫子 以爲陽虎 陽虎曾暴於匡 夫子弟子顔剋 時又與虎俱行 後剋爲夫子御 至於匡 匡人相與共識剋 又夫子容貌 與虎相似 故匡人以兵圍之》
34) 淸의 梁玉繩은 그의 '人表考'에서 다음과 같이 논하였다.
   顔刻은 사기 공자세가에 처음 보인다. '刻'은 '剋'이라고도 한다. 《(*이하 분 주 – 필자) 論語의 包咸注, 莊子 秋水편 釋文에 보인다. 그리고 論語釋文에는 '혹은 /亥/라고도 한다'하다. 대개 '刻'과 '剋'이 고대에 통용되었다. '亥'는 '刻'자의 절반이 떨이저 나간 것이다〉
   開明書店, 《二十五史補編》, 불함문화사 所收. 양옥승은 중니제자열전에 '顔高'라고 표기되어 있는 것을 언급하고서 그것이 錯誤인 듯하다고 논하였지만 두 사람은 같은 인물임이 분명하다.

앉다. 孔子가 諸侯와 同格으로 世家라는 편목 아래 기술되고 있는 사실은 그 현저한 실례이다. 따라서 양옥승의 주장처럼 顔剋의 성명이 근거 없이《史記》에서 착오를 일으켰거나 변개되었을 가능성은 매우 낮은 것이다.

필자로서는 上古音을 나타내고 있는《詩經》전후의 문헌에서 '高'와 '克'이 가차되는 예를 위의 한 가지밖에 찾지 못하였다. 그러나 중국 음운학자들의 논저를 살펴보면 '高'자의 상고음을 추정할 수 있는 근거가 많다. 일례를 들어《楚辭》九辯편에서 '高'자와 '樂'자가 諧韻되고 있는 것을 들 수 있다.[35] 이것은 '高'자의 상고음이 '刻'자의 음운에 근사하다는 가히 결정적인 문증이라고 할 수 있다. 아마도 上代에는 사마천이《史記》공자열전에서 通假하였을 정도로 두 글자가 두루 회통되었다고 판단된다. 戰國 시기에 이미 제자 顔剋은 顔剋, 顔高 등으로 표기되었다고 고찰된다. 그것을 사마천은 재인용한 것에 지나지 않은 것이다. 주지하다시피 고구려 후기에는《史記》나《三國志》같은 중국 고전 사서들이 국내에서도 널리 유포되고 있었다. 扃堂이라는 학교에서 그에 대한 講讀이 광범위하게 이루어지고 있었다고 한다. 고구려인들이 중국 문물을 섭취, 체득하려는 데에 열성적이었던 것은 唐 太宗 때에 당나라의 國學에 유학생이 줄을 이었던 것을 상기하여 보면 알 수 있다. 이러한 정황으로 보아 그러한 상고의 通假字에 고구려인들도 정통하고 있었다고 분석된다. 그렇다면 우리는 일단 再思의 성씨인 '克'씨가 다름 아닌 성씨 '高'의 假借일 가능성을 발견한 셈이다. 주몽 전설에 나타나는 再思와 국조왕의 부친이라는 再思가 동일인일 수 있는 근거가 마련된 것이다. 이하 본고에서는 양자가 같은 인물이라는 입장에 서서 논지를 전개시키기로 한다.

본래 주몽왕이 남하 도중에 3인의 賢者를 만났다는 설화는 후대에 그들 현자의 후손들이 영달하게 되면서 시조왕 대에로 자기 가문의 역사를 소급, 架上한 혐의가 짙다. 시조왕을 보필하는 賢者들에 대한 설화적 변용은 東西古今에 무수히 많다. 이에 대해서는 별도로 논의할 예정이지만 일단 고구려 사회에서 克씨,

---

[35] B. K./李敎柱, 1985, 230쪽.

仲室씨, 少室씨 등의 유력한 귀족들이 후대에까지 엄존하고 있었음은 부정할 수 없는 사실이라고 하겠다. 그들의 조상 설화가 시조 전승에 반영되고 있기 때문이다. 그러므로 再思 전승은 유서가 깊은 것을 부정할 수 없으며 克씨 또한 고구려의 주요한 씨족의 하나였다고 판단된다.

여기서 우리는 克씨와 高씨의 상호 관계에 대하여 고찰해 볼 필요가 있다. 이 경우 두가지 가능성을 우리는 생각할 수 있다. 첫째, 재사가 본래 高씨였는데 후세에 修史상의 이유로 인하여 假借字인 '克'씨로 변개되었을 가능성이다. 국조 왕의 아비인 再思가 高씨임이 명기되면 그 이전의 解씨 왕조와의 연결성이 희박해지는 까닭에 萬世一系적인 編史 원칙에 어긋나게 된다. 후세에 정권을 잡은 고씨 왕실에서는 아마도 시조 주몽 이래로 고구려의 王統이 면면하게 遺緖를 이어 온 것으로 선전하고 있었던 것이 아닌가 보여진다. 이 같은 萬世一系的 王統 系譜의 조작은 고대 사회에 있어서 흔히 볼 수 있는 현상이다. 再思가 새삼스럽게 '琉璃王子'라는 신분을 갖게 된 것도 그러한 系譜接木 현상의 하나라고 보면 좋을 것이다. 말하자면 歷史 再編의 결과 해씨왕조의 왕통은 잔존하여 남았으나 異姓 왕조라는 사실은 철저하게 은폐된 것 같다. 그 종요로운 방법이 재사의 계보를 유리왕에게 접속한 것, 그리고 성씨를 가차자(克)로 바꾸어 高씨 先世임을 모호하게 한 것이었다고 보여진다. 사기나 유사 왕력편에 해씨 왕조의 여러 왕들의 諱에 '解'자가 성씨가 아니고 이름의 일부인 듯 포함되어진 것도 같은 이유에서일 것이다.

두 번째로 克씨 再思 집단에서 스스로 왕권을 장악한 뒤에 좀더 우아한 의미를 가진 한자 '高'자를 취하여 성씨로 삼았을 가능성이 있다. 씨족 명칭의 소리는 그대로 보존하되 한자 표기는 高尙한 것으로 바꾼 것이다. 신라에서 朴, 昔, 金의 3대 王姓도 그러한 변화를 입었을 것으로 믿어진다. 단 이러할 경우 고씨 왕실이 族祖 再思를 굳이 '유리왕의 왕자'라고 혈연이 다른 解씨에게 접목한 것이 순조롭게 설명되지 않는다. 그리고 고씨 왕실이 재사로부터 기원하였음을 사서에 명기하게 되면 곤란한 여러 사성이 상정될 수 있다. 나아가서 졸본 토착의 세력은 후대에 '克'씨를 고집한 반면에 왕권을 장악한 집단은 '高'씨 성을 강조하였을 가능성도 크다고 믿어진다. 후세에 두 집단의 팽창이 가속되면서 졸본 극씨와 왕실 고씨 사이에는 상당한 경쟁 및 견제 관계가 형성되었을 수도 있다.

필자의 천착에 의하면 시조 朱蒙 역시 高씨가 아니였다고 생각된다.[36] 그러한 주몽을 高씨 시조라고 현창한 것도 후대의 고씨 왕실이었다. 말하자면 고씨 왕가에게는 上世 世系에 있어서 혈연 관념보다는 현세 정치적 필요성이나 감각이 더 중요시되었던 것 같다. 주몽 씨족이나 해씨 일족의 세력은 후세에 가서도 여전히 막강하였을 것이다. 고씨 왕조의 성립 이후에 그들이 완전히 복멸되었다고 생각하는 것은 短見이다. 고씨 왕가에서조차 그들의 실력을 무시하지 못하여 朱蒙이나 解씨 諸王들을 왕실 선조로서 숭앙하고 있었던 것이다. 그것도 막연하게 조상의 한 분이라는 정도가 아니라 天神의 혈통을 이어 온 天孫族의 世系에서 당당히 자리를 차지하고 있는 것이다. 나아가서 영원 불멸의 왕국을 보전하여 나갈 萬世一系 皇統으로서 숭배된 것이다. 이렇게 王統譜가 통합, 정리되었다면 더구나 재사를 克씨라고 명언하기 힘들었을 것이다. 재사를 중심으로 하는 고씨 세력의 등장도 반드시 고구려 본기에서처럼 주몽왕 대부터라고 볼 근거는 없을 듯하다. 3 賢者 전설은 고대 국가 건설 사화에서 흔히 볼 수 있는 것으로서 시조 당대의 인물들이라고 보기보다는 후세 귀족들의 시조가 건국 설화에 투영된 것으로 간주된다. 일례를 들어 고대 일본의 시조인 신무 전승에서는 物部씨, 中臣씨를 비롯한 이른바 '五伴緖'의 활동이 저록되고 있다. 그것은 후대의 그들 호족들의 활약 사실의 반영이라고 해석되고 있다. 그러한 시각에서 보면 재사 집단이 주몽왕과 보술수에서 遭遇하여 왕국을 건설하였다는 것은 다분히 설화적인 냄새가 짙다고 아니할 수 없다. 재사 집단이 이른 시기부터 고구려 왕권에 협력하였을 가능성은 있으나 반드시 시조왕 대부터 왕실과 유대를 갖게 되었다고 볼 근거는 없는 것이다. 비근한 예로 시조 설화 중에 나오는 仲室, 少室씨는 여러 가지 점에서 대무신왕 대에 형성된 大室씨와 비교된다. 최근의 견해에 의하면 仲室, 少室씨도 大室씨 이후에 성립된 것으로 간주되고 있음을 참고

---

36) 졸고, 1999, 〈高句麗 桂婁部의 王室 交替에 관하여〉,《韓國上古史學報》30호.

할 필요가 있다.[37]

그 문제와는 별도로 再思가 賢人으로부터 琉璃王子로 변모하게 된 과정에 대해서는 장차 좀더 考究가 필요하다. 일부에서는 재사가 본기에 전하는 대로 '欲使兄老弟及'하여 즉위를 사양하였다고 생각하고 있으나 장자로부터 차자인 수성에게 차례로 승계되기 위하여 스스로의 즉위를 미루었다는 설명은 분명히 어폐가 있다. 이것은 후세의 가식에서 비롯된 기술이라고 생각된다. 사기에 의하면 차대왕 수성은 즉위시에 나이가 76세였다고 한다. 국조왕은 94년에 퇴위하였다. 역산하면 수성은 국조왕 18년에 출생한 것이라고 할 수 있다. 따라서 국조왕이 등극할 당시에 수성은 미처 출생하지도 않은 것이 된다. 태어나지도 않은 동생에게 왕위를 양보하기를 바라고 형인 宮을 왕위에 올렸다는 고구려 본기의 재사의 언급은 분명 잘못된 것이다. 그렇다면 재사의 언명은 단순한 착오일까? 필자는 그렇게 보지 않는다. 재사는 최소한 수성 및 그를 지원하는 집단에게 국조왕 사후 다음 대의 왕권이 넘어가야 한다는 당연한 사실을 공표한 것이라고 생각된다. 당시로서는 高씨 왕실이 아직 절대적인 권력을 소유하고 있지 못한 상황이었다. 국조왕 세력들은 필요한 범위 내에서 최대한 자파 세력들의 결집을 도모하였을 것이다. 그러한 힘의 균형과 안배에 뒤따르는 것이 정치적 흥정과 연합인 것이다. 재사 집단은 夫人 졸본 태후의 섭정과 국조왕의 집권을 보장받는 대신에 그를 인정해 주는 세력에게 다음 왕위를 약속한 것이 아닌가 생각된다. 이 문제는 차대왕 정권의 성격과 高씨 집단의 갈등을 다루면서 別攷로 정리하기로 한다.

이제 재사가 고씨 일족의 시조이며 사기에 유리왕자라고 되어 있는 것은 후대의 계보 접목의 소산임을 알게 되었다. 고씨 재사의 아들 宮이 고씨라는 것은 지극히 당연한 일인 것이다. 국조왕의 성씨 高의 출현 과정이 이제는 낱낱이 밝혀진 것이다. 고씨 왕조 탄생의 비밀은 졸본 기원의 고씨가 위나암성의 해씨 왕조를 전복하였던 데에 초점이 맞추어져야 할 것이다.

---

[37] 金賢淑, 1993, 〈高句麗 初期 那部의 分化와 貴族의 姓氏〉, 《慶北史學》 16집. 21쪽.

4. 國祖王 政權의 支持 基盤

　국조왕이 즉위하기까지의 정치적 동향을 살펴보았다. 정변의 골자는 모본의 세력들이 졸본의 高씨와 연합하여 위나암성의 해씨 왕권을 타도한 것이라고 할 수 있다. 그러나 단지 그 세력들만이 국조왕 반정에 가담한 것 같지는 않다. 解씨 세력 중에서도 동조자가 있었던 것 같다. 그것은 국조왕을 중심으로 하는 세력이 정변 뒤에 해씨 왕들의 거점이었던 위나암성으로 진출한 것을 보아 짐작할 수 있다. 위나암성에 友軍 세력이 없고서는 상상할 수 없는 일이다. 특히 해애루왕이 말년에 백성들을 많이 살해하였는데 그들 중의 다수가 위나암성 세력들이라는 추정도 설득력을 가진다. 즉 위나암성 내에 고씨 세력을 영입하고자 하는 분위기가 매우 고조되어 있었다고 할 수 있다.

　해씨 가운데에서도 고씨 세력을 지지하는 파가 다수를 차지하였던 것 같다. 일단 해씨 왕실이 전복되고 난 뒤 해씨의 종적이 모호해진 것은 해씨들이 고씨의 탄압과 회유 속에서 철저하게 편제되어 갔음을 알려 준다. 그런데 해씨들은 국조왕의 등장 이전에 이미 사분오열 상태에 있었던 것으로 추찰된다. 그러한 要因으로서 생각할 수 있는 것이 말하자면 유리왕 家系 안에서 대무신왕계와 다른 왕자계와의 갈등이다. 유리왕은 많은 수의 태자, 왕자들을 생산한 듯한데 사서에 나타나는 것만 보더라도 다음과 같이 5명에 이른다.

　　태자 都切. 태자 解明. 태자 無恤(대무신왕). 왕자 如津. 왕자 再思.

　여기서 왕위는 주지하다시피 제3자 대무신왕계 일변도로 계승되었다. 대무신왕보다 年長이었을 都切이나 解明에게 後嗣가 없었다고 할 수 없다. 익사하였다고 전하는 如津도 그렇고 再思의 아들은 宮 외에 遂成도 손꼽히고 있다. 상식적으로 보아 대무신왕 일가에게는 가까운 정적들이 막강하게 버티고 있었다고 할 수 있는 것이다. 해애루왕의 피살 후에 그 정적들이 태자로 책봉되어 있었던

翊을 보좌하였다고는 생각되지 않는다. 본기에도

> 모본왕이 돌아가자 太子가 불초하여 사직의 주인이 되기에 부족하므로 나라 사람들이 宮을 모시어 왕위를 잇게 하다. (국조왕 즉위 조)

라고 國人 계층의 태자 翊에 대한 반발을 명시하고 있다. 여기서 '國人'이 수도의 유력 귀족들을 가리키는 점은 더 설명을 요하지 않을 듯하다. 수도의 유력 집단이라면 당시 왕실이었던 解씨일 것이다.

解씨 일족의 분열을 가정하면서 우리는 국조왕 반정이 解씨의 분열을 틈타 졸본 및 모본 그리고 고씨 세력이 연합한 사건임을 어렵지 않게 추측할 수 있다.

과거에는 高씨만이 계루부라고 보려는 경향이 강하였으나 필자의 견해로는 解씨나 高씨가 다 같이 桂婁部 내의 유력 세력이었다고 추정된다.[38] 기득권을 가졌던 막강한 해씨 집단을 제압하면서 계루부 고씨가 왕권을 확립한 바탕에는 계루부 내의 동조 세력들이 다수였던 점을 간과할 수 없을 것이다. 그렇지만 高씨가 외부적으로 다른 部 세력과 연합하였을 가능성도 검토하여야 할 것이다.

고씨 왕권의 기반으로는 이러한 수도와 지방의 계루부 지지 세력 외에 계루부가 아닌 다른 部와의 제휴가 있었다고 보여진다. 국조왕 본기에 王軍의 일부로서 활약하고 있는 貫那部와 桓那部 등이 바로 그들이다. 관나부는 위지의 灌奴部에 해당하고 桓那部는 여러 가지 정황으로 보아 위지의 順奴部로 비정하는 견해[39]가 타당하다고 여겨진다. 이 두 부 외에 차대왕 대에 가면 다시 沸流部가 왕권에 협력하고 있는 것으로 나타난다. 차대왕은 미약한 계루부 내의 정치적 입지를 보강하기 위하여 비류부까지도 연합 대상으로 삼았다고 판단된다.

국조왕 정권을 扶持하고 있었던 정치적 기반은 계루부 내의 해씨 방계 세력,

---

38) 졸고, 〈高句麗 桂婁部의 王室 交替에 대하여〉, 본서 수록.
39) 여호규, 1992, 〈高句麗初期의 那部統治體制의 成立과 運營〉, 《韓國史論》27호.
 여호규, 1997, 〈1-4세기 고구려 政治體制 연구〉, (서울대 박사논문).

졸본 집단, 고씨 세력 그리고 모본 세력 등을 들 수 있다. 계루부 외에 다른 부로서는 관나부(灌奴部), 환나부(순노부?)와 정치적으로 제휴하였다고 분석된다.

5. 結論

고구려 國祖王이 집권하기까지 세 명의 인물이 주역으로 나타난다. 母太后와 하수인 杜魯, 그리고 부친 再思가 그들이다. 이들 각각에 대한 고찰을 통하여 국조왕의 지지 기반을 탐색해 보고자 한다.

모태후는 扶餘 출신이라고 한다. 東扶餘 출신이라고 보는 견해도 있으나 그것은 柳花태후와 혼동한 것이다. 그렇다고 태후가 北扶餘(《三國志》의 夫餘) 출신이라는 것도 이해하기 어렵다. 북부여는 당시 고구려에게 적대적이었던 까닭이다. 동부여도 북부여도 아니라면 모태후는 卒本扶餘 출자일 것이다.

졸본에는 始祖母 柳花의 神廟가 설립되어 있었다. 국조왕 모태후가 졸본 부여인이라는 것은 그녀의 직능에 대한 좋은 단서를 제공한다. 그녀의 권력은 神宮 女司祭로서 주어진 것이다. 국가의 위란 사태에 처하여 神女가 攝政을 맡은 것이다. 국조왕 이름이 宮이라고 하는데 이것은 王宮이라는 뜻이라기보다는 神宮, 齋宮을 가리킨 말일 것이다. 이것은 국조왕도 본래 神의 宮司였을 개연성을 높여 준다. 국조왕 母子는 神廟의 제사에 깊숙이 관여해 온 것 같다.

두로는 일개 하수인이라고 보기 힘들다. 사변 후에 정권이 高씨에게 귀속되었다. 그리고 태후 섭정이 시작되었다. 여기서 두로가 국조왕 및 태후 세력과 매우 긴밀한 관계에 있었음을 알 수 있다. 그가 '慕本'사람이라고 한다. 그는 그 지역의 首長이었던 것 같다. 모본왕이 그 곳으로 순행해 오자 반란을 일으켜 살해한 것이다. 모본은 지방 세력인 것이다. 나아가서 고씨와의 상관 관계에서 미루어 보아 卒本과 정치적 제휴 상태에 있었다고 고찰된다. 卒本 – 慕本 – 忽本 등의 '-本'집단이 상정되어질 수 있겠다. '那'집단과의 상호 작용은 후고를 요한다. 그 중에서 牛耳를 잡은 것이 卒本이었다. 모본 세력은 慕씨 또는 穆씨를 자칭한 듯하다. 穆度婁가 그 사람이다.

  재사는 毛屯谷에서 졸본으로 남하한 세력이었다. 그 성씨 '克'은 상고 중국에서 '高'자와 通假되는 글자였다. 즉 克씨는 高씨이다. 극씨 재사는 후대 왕실 고씨와 혈연 관계에 있었다. 극씨가 고씨로 개칭한 것이거나 고씨가 嫡統 克씨와는 다른 글자를 취한 것이거나 할 것이다. 극씨는 졸본에 남고 고씨가 왕국의 성장에 따라서 분파-이동하였을 수도 있다. 재사는 졸본을, 두로는 모본을 대표하였다. 慕本 세력을 사주하여 尉那巖城의 解씨를 타도한 것이 高씨의 획책이었다. 당시 해씨는 사분오열 상태에서 단합되기 힘들었다. 고씨는 일부 해씨와 졸본, 모본 및 貫那, 桓那 세력들을 규합하여 왕권을 창출한 것이다. 재사가 유리 왕계로 접목된 것은 같은 卒本 세력이었기 때문인 듯하다.

4절 高句麗 遂成 政權과 次大王 本紀의 成立

머리말

고구려 차대왕에 대한 연구는 별로 없었다. 수성 정권[1]의 통치 기간은 약 반세기에 걸친다.

사기의 서술을 보면 매우 신비한 사건의 연속으로 점철되어 있다. 설화적 가식을 제거하고 사실을 복원하여 보아야 할 것이다. 그러한 작업을 통하여 수성을 지탱하고 있었던 정치적 기반도 분명히 실체를 드러낼 것으로 믿는다. 특히 수성이 중국측 사료에 등장하기 시작하는 121년을 중심으로 하여 다각적인 검토, 정리가 있어야 할 것이다. 동년에 발생한 고구려 군대의 玄菟성 침공은 고구려 정치사에 있어서 획을 긋는 사건이었던 듯하다. 침략군을 통수한 사람은 국조왕 宮으로 명기되어 있다. 그런데 遂成이 軍國 大權을 인수한 뒤에 전쟁이 종료되고 있다. 遂成의 집권과 終戰이 무관하지 않음을 시사하는 대목이다. 현도성 공방을 전후한 사정을 면밀히 조사하여 보면 수성의 집권 비사가 한 꺼풀 벗겨질 수 있다고 믿는다.

하나의 사건이 제대로 이해되고 평가되려면 그러한 사실이 왜, 어떻게 하여 현재와 같은 형태로 전승되었느냐에 대한 설명도 필요하다. 국조왕 본기는 국조왕 이야기(설화)를 토대로 하여 성립된 것이다. 차대왕 본기도 마찬가지이다. 차대왕 이야기가 상정된다. 두 가지의 이야기가 후세에 사가들의 손에 의해 통합, 정리되었다고 판단된다. 이러한 본기 성립 과정에 대한 추론이 史實의 정확

---

1) 차대왕 遂成은 태조대왕 69년부터 집권하기 시작하여 先王과의 공동 통치를 합하여 45년에 걸치는 동안 실질적인 통치권을 장악하고 있었다. 상당히 긴 집정 기간이라고 할 수 있다. 이 기간 동안 정권을 실제로 손에 넣고 있었다는 뜻에서 '遂成 政權' 또는 '遂成 執政期' 라고 명명해 둔다.

한 이해에 큰 도움을 줄 것이라고 믿는다.

수성 정권의 출발과 변화를 문헌을 통해 음미해 보고 차대왕 본기가 형성된 역정을 추적하여 차대왕 집정기의 실상을 접근해 보기로 한다.

1. 國祖王과 次大王의 關係

1) 遂成 政權의 葛藤

수성 정권은 시종 일관하여 같은 桂婁部 내의 정적들에게 정치적 정통성을 위협받고 있었다. 나중에 신대왕이 되는 伯固, 국조왕의 아들들, 高福章(계루부 출신으로 추정) 등이 그러한 적대 세력들이었다. 수성은 이들 중 가장 먼저 고복장을 제거하고 있다.

> 우보 고복장을 죽이다. 복장이 죽음에 임하여 탄식하다.

고복장은 수성을 제거하려고 하였고 그것이 실패하게 되자 반대로 수성에게 고복장이 죽음을 당한 것이다. 국조왕 94년 조에

> 右輔 고복장이 대왕에게 이르기를 수성이 장차 반란을 일으킬 듯하니 청컨대 먼저 주살하소서.

라는 주청이 있었으나 국조왕이 듣지 않았다고 한다. 그러다가 수성이 즉위하게 되자 고복장을 사형에 처한 것이다. 이러한 경과를 음미해 볼 때 고복장과 수성이 정치적인 입장에서 대립적인 관계에 있었음을 짐작할 수 있다.

또한 국조왕이 왕 90년 이상한 꿈을 꾸고서 불안해 할 때에 고복장은

> 선하지 않은 일을 하면 길한 것이 변하여 흉하게 되고 선한 일을 하면 반대로 복으로 바뀝니다. 이제 대왕께서 나라를 집안처럼 걱정하시고 백성을 아들같이 사랑하시니 비록 작은 이상이 있어도 무슨 근심이 되겠습니까?

하면서 왕을 위로하고 있다. 왕 94년에는 수성의 반란 음모를 예단하고 그에 대한 구체적인 대책을 충간하고 있다. 대왕의 측근에서 왕의 심중을 기민하게 알아서 처단하는 사람으로서의 행동이라고 할 수 있다. 말하자면 고복장은 王黨派였을 것이다. 그가 계루부 高씨로 추정된다는 것도 高宮에게는 믿음직한 면이었을 것 같다. 고복장은 고궁 직계 인물로서 국정에서 국조왕의 대변인 역할을 충실하게 수행하였을 듯하다. 이와 같은 왕당파 인사와 수성 사이가 상호 알력으로 점철되었음을 추측할 수 있다.

국조왕 69년부터 수성은 軍國의 사무를 위임받아 통치하고 있었지만 국조왕은 왕 71년에

> 沛者 穆度婁를 左輔로 삼고 高福章을 右輔로 하여 수성과 함께 정사에 참여하게 하다.

라는 중요한 조치를 취하고 있다. 수성의 권력을 3인에게 분산시킨 듯한 인상을 받는다. 특히 고복장이 왕당파적인 성격을 갖고 있었다면 고복장의 정사 참여는 수성에게 견제 장치로 작동하였을 가능성이 높다.

고복장 및 수성과 함께 국정을 관리하도록 위촉받았다고 전하는 목도루의 존재도 주목거리이다. 흥미로운 것은 그가 두 번에 걸쳐서 左輔 직에서 물러나고 있다는 점이다. 첫번째는 국조왕 80년에 수성이 倭山에서 최초로 왕권을 모의한 뒤 그 사실을 알고서 '稱疾不仕'하였던 일이고, 두 번째는 수성이 왕위에 올라서 측근 인사들을 중용하자 그러한 인물에게 자리를 물려주기 위하여 '稱疾退

老'한 것이다. 처음에는 일단 사의를 표명하였다가 다시 복직한 듯하다. 상황의 변화가 별로 없는데도 그대로 복귀한 것은 일종의 타협이라고 여겨진다. 수성의 음모를 알고서도 그에 적절한 대응을 하지 않고 있는 그는 분명히 직무유기라고 생각된다. 수성과 고궁 사이에서 중립을 지키려고 애쓰는 듯한 인상을 받게 된다. 말하자면 中道派라고 할 수 있겠다. 그러한 입장에 서 있었기에 차대왕 즉위 후 끝까지 保身할 수 있었던 것 같다. 이러한 판단이 옳다면 국조왕이 71년에 중립파 목도루와 왕당파 고복장을 정사에 간여시킨 것은 중대한 의미를 갖는 셈이 된다. 수성 권력에 대한 견제역임이 분명해지는 것이다.

수성이 국조왕 69년에 대임을 맡아 군사와 행정 양면에서 실권을 쥐었던 것은 사실인 듯하다. 그러나 이내 국조왕을 비롯한 여타 정적들로부터 반발을 사게 되어 왕 71년부터는 국조왕파, 중도파 등과 함께 국정을 공동 관할하도록 재조정된 것으로 추측된다.

근본적인 문제는 왕 69년에 수성이 취임하였던 관직이 불분명하다는 점에 있다. 본기에는 간단히

11월 왕이 扶餘로부터 돌아오다. 왕은 수성으로 하여금 軍國의 일을 통솔하게 하다.

라고만 되어 있다. 이렇게 그의 實職이 명시되어 있지 않아서 종래 학자들은 그가 이 때 왕권을 장악한 것이라고 추단한 것이다. 그러나 고구려에 있어서 反正 내지 정변의 사례를 검토해 보면 봉상왕을 축출한 창조리나 영류왕을 시해한 연개소문이나 모두 사후에 취임한 직위가 전하지 않고 있다. 그냥 본인의 명칭으로만 기록에 나타난다. 그러므로 실직 명칭의 전존 여부는 왕위 등극과 직접 관련이 없다.

이 문제를 해결하는 데에 단서가 되는 것은 소루한 국내 자료보다 객관적이라고 할 수 있는 중국측 기록이다. 국조왕 69년 봄부터 중국 및 국내 사료에 나타난 고구려 동정을 일람표로 보이면 다음과 같다.

1. 서기 120년. 부여 왕이 왕자를 보내어 조공하다. (《후한서》 안제 영녕 원년 12월)
2. 서기 121년 정월. 馮煥이 2 군 태수를 거느리고 고구려와 예맥을 공격하였으나 패하다. (동상 건광 원년)
3. 동년 봄. 풍환이 2 군 태수(요광, 채풍)를 거느리고 예맥 渠帥를 살해하다. 宮이 嗣子 遂成을 보내어 항복하는 척하고 몰래 현도, 요동 두 성을 공격하여 성곽을 불태우다. 구원병을 보냈으나 이미 고구려 군대는 퇴각하다. (《후한서》 고구려전)
4. 동년 4월. 현도 태수 요광이 죽다. (《후한서》 안제기)
5. 여름. 다시 요동선비와 함께 遼隊를 공격하다. 채풍이 新昌에서 죽다. (《후한서》 고구려전)
6. 가을. 宮이 馬韓, 濊貊과 더불어 현도성을 에우다. 부여 왕이 왕자 尉仇台를 보내어 중국군과 힘을 합쳐 물리치다.2) (동상)
7. 동년 10월. 국조왕이 부여에 순행하다. 태후묘에 제사하다. 숙신이 조공하다. (《삼국사기》)
8. 동년 11월. 국조왕이 遂成에게 軍國의 사무 일체를 위임하다. (《삼국사기》)
9. 동년 11월. 선비가 현도를 침략하다. (《후한서》 안제기)
10. 동년 12월. 고구려가 馬韓 및 穢貊과 더불어 현도성을 에우다. 부여왕이 왕자를 보내어 중국군과 함께 힘을 합쳐 물리치다. (《후한서》 안제기)
11. 서기 122년 2월. 부여 왕이 왕자 위구태를 보내 현도성을 구하다. 고구려, 마한, 예맥 등을 공격하여 격파하다. 마침내 사신을 보내어 조공하다. (《후한서》 안제 연광 원년)
12. 이 해(건광 원년 : 121년)에 宮이 죽고 아들 수성이 서다. 요광이 상서를 올려 고구려 공격을 주창하다. (《후한서》 고구려전)

---

2) 논지 전개의 필요상 원문을 사료 병기한다.
   사료 6. 秋 宮遂率馬韓濊貊數千騎 圍玄菟夫餘王遣子尉仇台 將二萬餘人 與州郡幷力討破之 斬首五百餘級.
   사료 10. 高句驪, 馬韓, 穢貊 圍玄菟城 夫餘王遣子 與州郡幷力討破之.
   사료 11. 夫餘王遣子 將兵救玄菟 擊高句驪, 馬韓, 穢貊破之 遂遣使貢獻.

《後漢書》위지 동이전 등의 중국 자료에 의하면 同年 봄부터 고구려의 군대를 총수한 인물은 宮이라고 명시되어 있다. 따라서 고구려 본기에 동년 11월에 이르러 군사 통솔권이 수성에게 위양된 것으로 기술되어 있는 것은 정확하다고 할 수 있다. 121년 중국에 대한 평화 교섭 창구로서 등장하는 수성(사료3)은 외교 노선을 놓고 宮과 대립한 듯하다. 그러나 실권을 가진 궁은 봄에 현도-요동을 공격하고 여름에 요수-신창을 침입하였으며 가을에도 현도성으로 진공하여 화평론을 잠재운 것이다. 그러나 가을 9월경에 개시되었을 현도성 공략이 완강한 중국군의 저항으로 지구전으로 바뀌면서 사정은 달라지게 되었다. 고구려 지도층 사이에서 反戰 여론이 확산되기 시작한 것이다. 여기서 주목할 사실은 宮이 121년 가을에 현도성을 침공한 것을 끝으로 중국 사서에서 사라진다는 점이다. 대외적으로는 수성이 전면 부상하는 것이다. 이러한 수성의 등장이 고궁의 대중국 강경책에 대한 반발에서 이루어진 것일 가능성이 있다.

여기서 고구려 최상층에서 권력의 교대 현상이 발생하였을 가능성은 매우 크다고 고찰된다. 본기에 의하면 이 해 11월에 軍國의 실권이 수성에게 이양된 듯이 서술되고 있다. 수성에게 군대 통솔권의 이양이 일어난 듯하다. 전선에서 현도성을 놓고 지리한 공방이 벌어지고 있는 사이에 군대의 최고 통수권자가 경질되는 일은 흔한 일이 아니다. 이것은 사기의 기록과는 다르게 평화적이 아니었음을 암시한다고도 여겨진다. 수성의 화평론의 등장은 121년 봄의 일이었다. 그러나 궁은 그러한 의견을 무시하고 중국 군현에 대한 강경책을 고집하였던 것이다. 국론의 분열은 자명한 일이었을 것이다. 약 1년 여에 걸친 고궁과 수성 사이의 內戰 상황 같은 것을 상정해 볼 수 있을 것이다.

결론적으로 말해서 수성은 이 해 하반기에 실질적인 군대 통솔권을 장악한 것 같다. 그 방법이 평화적이 아니었을 것은 충분히 상상이 가는 터이다. 다만 국조왕이 완전히 제거되거나 살해당하였을 가능성은 미심하다고 보여진다. 중국측 자료에 '고궁이 사망하였으니 이 기회를 틈타서 고구려를 공격하자'는 기록도 있으나[3] 고궁이 사망하였나는 징보가 과연 문면 그대로 신뢰할 수 있는 것인지 회의적이다. 내전이나 쿠데타 와중에 前王의 사망이라는 유언비어를 수성측에서 의도적으로 외부에 흘렸을 수도 있기 때문이다. 현실적으로 군대 핵심집단이 수성측에게 돌아가게 되자 고궁 세력은 타협안으로서 위임 통치안을 제의하였고 수성쪽에서도 完勝을 거두기가 힘들다는 현실론에서 그러한 제안을 수용한 것이라고 짐작된다. 그 결과 수성 세력은 군사면에서 실권을 잡게 되었고 고궁 집단은 일선에서 물러나 祭祀權 등의 형식적인 권리만 갖게 된 듯하다.

  수성 정권의 출발은 따라서 고궁이 제사권을 갖고 수성은 병권을 나누어 갖는 불완전한 형태의 祭政 分權이었던 것 같다. 그러던 것이 국조왕의 수년에 걸친 만회 공작에 힘입어 왕 71년에는 왕당파인 고복장과 중도파인 목도루까지 政府에 참여하게 할 수 있었던 것이다.

2) 遂成 政權의 登場

  121년에 벌어진 현도성 공방은 군사적으로만이 아니라 정치적으로도 큰 파장을 가져온 것 같다. 문제가 되는 것은, 첫째 현도 태수 요광의 사망과 上書가 실제로 있었던 일인가, 둘째 宮은 과연 이 해에 사망하였나, 셋째 고구려의 현도성 공격은 세 개의 사료에 걸쳐서 중복되어 나타나고 있는데 그 실상은 무엇인가 하는 것 등이다.

  우선 세 번째 문제부터 정리해 보자. 현도성을 먼저 고구려가 공격한 것이 가을이다(사료 6). 그리고 전쟁이 장기화면서 중국의 요청에 의해 부여 왕자 위구태가 중국군을 구원한 것이다. 고구려군은 대세에 밀려 퇴각한 것이다(사료 10). 그 결과 부여왕이 후한에게 조공하여 특별 대우를 받았다(사료 11). 이상이 고구려의 현도성 공격 사건의 개요이다.

  이렇게 경과를 반추해 보면 현도성 공격은 대략 삼단계로 진전되어 나갔음을 알 수 있다. 첫 단계가 고구려 왕의 현도성 공격과 포위이다. 고구려군의 맹렬

---

3) 《후한서》 고구려전, 요광 上疏.

한 포화에도 불구하고 현도군측은 완강하게 저항하였다. 장기전으로 돌입한 것이다. 중국은 협조적이었던 부여에게도 구원의 손길을 벌린 것 같다. 여기부터가 두 번째 단계이다. 그러한 소식에 접한 부여 왕이 왕자를 파견하여 고구려군에 대적하여 전투를 벌이게 된다. 중국측의 州(유주), 郡(요동 등 인접군)에서 온 지원병력도 도착하여 마침내 고구려 군대를 격퇴시킨다. 《후한서》 안제기와 고구려전에 '與州郡幷力討破之'라는 표현이 그것이다. 세 번째 단계는 뚜렷한 공로를 세운 부여 왕이 중국 천자에게 헌상물을 봉헌하는 상황이다.

미루어 보건대 고구려 군사의 현도성 포위는 사료 6에서 전하는 것처럼 121년 가을 무렵이었다고 판단된다. 秋 九月 어간이라고 보면 좋을 듯하다. 장기간에 걸친 포위전이었다고 상상되므로 전투에서 승리를 거둔 것은 사료 10에서 가리키는 대로 12월의 일이었을 것이다. 戰勝의 朗報가 조정에 알려지고 중국측의 권유에 따라서 부여 왕자가 조공품을 갖고 후한의 천자에게 나아간 것이다. 이 마지막 시점이 연광 원년(122 A.D.) 춘 2월이다.

현도 태수 요광의 상서는 宮의 사망 소식을 전제로 하여 작성된 것이다. 121년 4월의 일이라고 한다. 이 때 사망하였다고 알려졌던 宮이 가을 무렵에도 行兵하고 있으므로 사망 소식은 誤報라고 할 수 있다. 적대 국가의 首班의 건강 근황이 잘못 보도되는 예는 흔히 볼 수 있는 일로서 별로 이상하다고 할 것 없다. 秋季 공격의 주체가 고구려 왕 宮으로 서술되고 있는 점은 일단 긍정적으로 받아들여도 좋지 않나 생각된다.[4]

문제는 국가 원수인 왕의 사망 사실이 현도군측에 의해서 실제로 받아들여질 정도로 고구려 사회의 政情이 불안하였다는 점일 것이다. 121년 정월의 군사 활동에서부터 遂成이라는 존재가 대외적으로도 확인되고 있는 것을 같이 생각하

---

[4] 《後漢書》 集解 惠棟 주의 설. 종래 宮이 사망한 것을 기정 사실로 보고서 요광의 상서가 建光 원년 4월이 아니라 延光 원년 4월이라고 보거나 요광의 상서에 대해 현실성을 의심하거나 하였는데 그러한 견해 등은 잘못된 것이라고 본다. 즉 요광의 상서도 사실이고 宮이 사망하였다는 정보가 중국 군현에 전달된 것도 사실이라는 것이다. 다만 宮은 그 뒤에도 활동하고 있는 데에서 잘 알 수 있는 것처럼 살아 있었고 따라서 현도 태수 요광이 접한 宮 死去 정보는 착오였던 것이나. 宮은 121년 가을에 현도성을 포위할 때까지는 살아 있었다.

여 보자. 앞 절에서 추정한 바와 같이 고구려가 내전 상태에 돌입한 것이 아니었나 의심하기에 족하다. 흥미로운 점은 현도성 전투 개전 초기의 주동자가 '宮'이라고 나타난 것에 대하여 그 이후의 고구려 군사의 활동에서는 전혀 宮의 움직임이 포착되지 않고 있다. 宮이라는 인물은 이 기록을 끝으로 하여 중국 사서에서는 자취를 감춘다. 사망은 아니더라도 宮으로서는 대외적으로 전면에 나설 수 없는 상황에 접하게 된 것이 아닌가 추측된다. 고구려 본기에서는 이 해, 즉 국조왕 69년 11월에 軍國의 大權이 수성에게 양여된 것으로 나타나고 있다. 고구려 왕권을 뒤흔들 만한 정치적 격변이 있었음을 잘 말해준다. 동년 12월에 고구려 군대가 현도성으로부터 철수한 것과 高宮에게서 遂成에로의 兵權 移讓(11월) 사이에 모종의 연관성을 상정해 볼 수 있다.

수성 정권은 국조왕과는 다르게 대중국 유화노선을 택한 듯하다. 수성의 그러한 대중국 화평책을 잘 말하여 주는 것이 《후한서》 위지 등에 보이는 宮과 遂成에 대한 서술 태도의 차이이다.

주지하다시피 宮에 대해서는 한결같이 포악하고 무도한 인물로 그려져 있으나 수성은 이름만 기재되어 있을 뿐 성격의 기술은 없다. 심지어 위지에서는 수성이라는 인물 자체가 몰각되어 있기도 하다. 이러한 사실은 수성이 중국 군현들과는 전혀 교섭이 없었거나 시종 和平策으로 대응하고 있었음을 잘 말하여 준다. 이러한 평화적 자세를 가진 인물이 새롭게 전권을 위임받은 것은 두말할 것 없이 당시 고구려 사회에서 국조왕이 추진하였던 치열한 중국 공격론이 배척되었음을 의미한다. 《후한서》 고구려전에

명년(서기 122년)에 수성이 한나라 포로들을 반환하고 현도군에 내속하다.

라고 되어 있는 것도 그러한 수성의 자세 변화를 잘 표현하고 있다고 하겠다.

위지 고구려전에서도 宮이 '國見殘破'한 위인으로 묘사되고 있는 것은 그런 의미에서 참고할 만하다. 국조왕 대에 고구려 국가가 패망한 일은 없다. 그런데 위지에서는 고구려인들의 회상을 인용하여 그렇게 표현하고 있는 것이다.

여기서 '殘破'당한 대상이 누구인가가 문제된다. 국가 전체가 아니라면 국가의 일부분을 가리킬 수도 있고 지리적인 관점이 아니라 사회적인 면에서 보면 왕실 또는 왕실의 일부가 패망한 것일 수도 있으며 더 좁게는 宮 자신의 패망을 지칭할 수도 있을 것이다. 지리적인 시각을 일단 논외로 한다면 당시 패망당한 '國'은 宮 세력 내지 宮 자신을 가리키는 듯하다. 궁 자신의 실각을 동천왕대의 고구려인들이 그렇게 표현한 것 같다. 풀이하자면 '國政을 잃고' 말았다는 것이다.

桂婁部 정권을 지탱하고 있던 여러 세력 집단들 사이에서 수성이 대표 주자로 공인받는 일은 쉬운 일이 아니었을 것이다. 고구려 본기에는 수십 년 동안의 집정기가 위임 기간이라고 명기되어 있다. 그리고 섭정을 하면서도 左輔 穆度婁, 右輔 高福章이라는 견제 세력과 함께 말하자면 寡頭政治의 형태로 통치하고 있는 것으로 기술되고 있다.

이러한 복잡한 상황은 수성 정권의 내부적 진통과 굴곡을 완곡히 표현하고 있는 것이라고 믿어진다. 국조왕과 차대왕과의 관계를 논할 때에 필자가 항상 의심스러운 것은 국조왕이 차대왕에게 매우 관대한 태도로 일관하고 있다는 점이었다. 은퇴한 뒤에 수족과 같은 신하나 자식들이 살해당하는 것은 고사하고 재위 도중에도 명백한 모반이나 시해 음모가 있었고, 그것을 숙지하고서도 국조왕은 아무런 실질적인 조치를 취하지 않고 있었던 것이다. 그러나 이제 우리는 이러한 자세가 寡頭政治 체제 아래에서는 불가피한 태도였을 것이라고 단정할 수 있다. 재삼 국조왕이 兵權이 없는 祭儀權뿐의 허수아비 같은 존재임을 확인할 수 있는 것이다.

따라서 본 연구자는 고구려 본기의 기록대로 수성 정권 중에서 국조왕 후반기의 섭정 기간은 일종의 集團指導體制라고 파악하였다. 차대왕 본기로 기술되어 있는 시기만이 차대왕의 정식 治世라고 분석된다.

2. 國祖王 長壽傳說의 構成

1) 始祖王의 王權 守護

고대 사회에서 시조왕은 왕권의 수호신(protecter spirits)이었다. 후계 왕들이 지속적으로 시조왕에게 제사하고 흠향하는 근본적인 목적은 현실적인 데에 있었다. 즉 제사를 드리는 現王의 왕권을 保佑해 달라는 것이었다. 그러한 관념 속에서 시조왕은 신격화되면서 점차 永生 不死의 존재로 탈바꿈하게 된다. 길이 대대로 자손들을 보우하기 위하여서는 시조신은 不死神이 되지 않으면 안 되었다. 시조왕의 長壽 전승은 그러한 토대 위에서 구축되어진 것이라고 생각된다.

예를 들어 신라에서 김씨 시조 미추왕이 死後에도 국가를 수호하고 있어서 유례왕 대에 伊西古國의 침공을 방어해 준다든지 삼국 통일 후에도 金庾信의 원망을 풀어 준다든지 하고 있다. 인접한 일본에서도 초기 여러 왕들이 비상하게 (100세를 보통 넘기는) 긴 수명을 자랑하고 있음은 잘 알려진 일이다. 가락국의 시조인 首露王도 200여 세에 가까운 나이를 기록하고 있고 그 왕비인 허황후도 버금가는 수명을 가졌던 것으로 되어 있다. 신라 시조 혁거세도 60년을 통치하고 약 73세에 사망하고 있으며 왕비 알영도 비슷하게 사망하고 있다. 《삼국유사》의 古記 기록을 따르면 부여 전승 중에서도 장수하는 왕의 면모를 살필 수 있다. 解慕漱는 하늘에서 강림하여 나라를 세우고 夫婁라는 아들에게 왕위를 물려준다. 夫婁에 이어서 金蛙가 즉위하고 금와 이후에 帶素가 집권하였다가 고구려에게 망하게 된다. 그런데 解慕漱는 금와왕 대에도 활동하는 것으로 나타나서 시조왕의 장생을 역력하게 보여주고 있다. 시조왕의 장생불사 현상을 가장 극명하게 드러내 보여주는 것은 檀君 전설이다. 그에 따르면 단군은 1500여 년을 통치하였고 1908세를 살았다고 전한다. 상상을 초월하는 시조왕의 長生이다. 단군의 경우에서 잘 알 수 있는 것처럼 그러한 장수는 실재 현실이 아니다.

국조왕의 장수 전승만 하더라도 그렇다. 국조왕은 직접 통치한 기간이 69년이고 막후에서 간여한 것까지 합쳐서 94년을 다스리고 있다. 왕위를 물려주고서도 20년을 더 살아서 사거 당시 119세였다고 전한다. 이러한 패턴을 보면서 필자가 단군의 통치 기간과 수명에 관한 기록을 연상한 것은 무리가 아니다. 같은 북방 계통의 설화이고 통치 기간과 생존 기간이 다르면서 비상히 장구하게 나타나며 통치 기간을 지난 뒤에도 장수한 것 등이 전적으로 일치하고 있기 때문이다.

먼저 단군이나 국조왕이나 스스로의 통치 기간이라고 명시하고 있는 시대는 그가 통치하지 않고 延命한(국조왕의 경우에는 '退老於別宮'한) 시대와 분명히 다르다고 생각된다. 정치적인 의미는 물론이고 종교적, 사회적으로도 다를 것이다. 통치 기간은 어떠한 형태로든 간에 자신이 정치에 간여할 수 있었던 시기라고 할 수 있다. 69년 만에 정치와 군사의 실권을 양도하였지만 그 후로도 94년에 이르기까지 아마도 그는 祭祀權을 장악하고 있었다. 고대 사회에서 祭儀權은 왕권의 실질적인 상징이었다. 단군의 경우도 1500년의 理國 기간 전체에 걸쳐 국정에 대한 절대 권력을 갖고 있었다고 하기는 어렵다. 그렇지만 그 동안 단군 계층이 최소한 제사권만은 보유하고 있었을 것 같다. 檀君 집단이 제사권을 관할한 데 대하여 신흥 세력은 군사권을 장악한 듯하다. 이러한 祭祀王과 軍事王의 대립 내지 공존은 고대 사회에서 흔히 볼 수 있는 것이다.

그러한 기능면에서의 역할 분담 외에도 일정한 기간 동안 先王, 즉 사망한 왕과 現王, 곧 실제의 왕권 보유자가 공동으로 통치하는 경우도 자주 발견된다. 고대 일본에서도 持統이 4년 만에 등극하고 있고 天智는 7년 만에 등극하고 있다. 정식으로 등극하기 전에 죽은 先王과 협동하여 통치한 좋은 예이다.[5] 신화적 인물로서 유명한 神功이 섭정으로 69년 동안 통치하였던 것도 죽은 前王(男王) 仲哀와의 협동 통치 기간이 포함된 것이라고 할 수 있다. 백제 무녕왕의 경우에

---

5) 井本英一, 1985, 〈王權の神話と現實〉, 《東アジアの古代文化》42호, 44쪽. 이프리카에서도 현왕과 선왕이 함께 통치한다고 하였다.

도 약 3년간의 空位 기간이 확인되고 있는데 이것도 先王인 聖明王과의 유훈을 통한 협동 지배의 한 양식이라고 할 수 있을 것이다. 차대왕의 전반기 20여 년간은 그러한 선왕과의 共存期라고 생각할 수도 있다.

실질적인 지배권을 상실한 다음에 나타나는 상당 기간의 '退老' 시대는 어떠한 의미를 가진 것일까? 이 문제에 대한 해답도 단군 설화에서 찾을 수 있다. 단군은 1500년 통치 이후에 주나라 무왕이 기자를 조선에 책봉하자 藏唐京으로 피난하였다고 한다. 그러다가 1908세에 아사달에 돌아가 山神이 되었다. 여기서 우리는 단군이 피난한 장당경과 국조왕이 '退老'한 이른바 '別宮'이 대응하고 있음을 알아차릴 수 있다. 그렇다면 국조왕이 퇴거한 별궁의 의미를 짐작할 수 있을 듯하다. 즉 일종의 別都와 같은 곳으로서 小王 또는 侯王과 같은 권한을 보장받는 지역이라는 것이다. 고구려 초기 사회에서 예컨대 多勿侯 松讓이나 椽那部 絡氏王이 특별한 지역적 연고권을 중앙 정부로부터 인정받고 재래의 통치 기반을 유지하여 갔던 것을 우리는 알고 있다. 국조왕이 치세를 94년으로 마감하고 퇴거하였던 별궁이 위치하였던 지역은 그의 정치적 기반이 가장 확실하던 곳으로서 차대왕 정권에 의하여 보장받은 최소한의 구역이었을 것이다. 그 곳에서 국조왕 세력은 차대왕에게 宗國 대 侯國的인 관계로 협조하여 나갔을 것이다.[6]

이것은 고구려 본기에 국조왕의 사망이 3월로 나타나고 차대왕의 시해가 10월이라고 되어 있는 데에서도 약간의 시사를 얻을 수 있다. 신대왕 측에게 있어서는 국조왕이나 차대왕 집단이나 다 같은 기반을 가진 적대적인 세력들로서 동일한 청산 대상이었다. 신대왕 세력이 먼저 3월에 구세력의 일부인 국조왕

---

[6] 그런데 이렇게 합리적으로 설명을 하더라도 결론은 국조왕의 소위 119세라는 장수를 사실로 시인하는 것이 되어버린다. 당혹스럽지 않을 수 없다. 현실적으로 불가능한 연령은 아니지만 반드시 그러하다고 할 수는 없기 때문이다. 여기서도 단군 설화는 우리에게 시사해 주는 바가 크다. 단군이 장당경으로 이동하여 그곳을 기반으로 한 것은 숫자적으로 '1908 - 1500 = 408'로서 408년 간이다. 그 동안 단군 1인이 장수하였다고 볼 수 없는 것처럼 국조왕도 별궁에 퇴거한 기간 동안 개인적으로 생존하고 있었다고 볼 필요는 없을 듯하다. 장당경 소재 시대에도 한 사람의 지배가 이루어진 것은 아닐 것이다. 수십 대의 왕들이 이어서 재위하였을 것이다. 그것은 그 앞의 1500년 통치 기간이 수십여 명의 왕들의 치세 기간을 합산한 것이라는 견해와 일치한다. 따라서 국조왕의 별궁 퇴거 기간에도 그 개인 1인이 지역 기반을 관리하였다고 볼 수 없을 것이다. 한마디로 줄이자면 단군이 문면대로 장수하지 않은 것처럼 국조왕도 기록대로 생존한 것은 아니라고 분석된다.

집단의 항복을 받아내고 10월에 가서 마침내 차대왕을 제거하여 반정에 성공하였다는 것이다. 그러한 경과가《삼국유사》왕력편에서는 '국조왕과 차대왕 형제가 모두 신대왕에게 피살되다(兄弟二王 俱被弑于新王).'라고 기록된 것이 아닌가 짐작된다.

그러므로 국조왕이 별궁에서 있었다는 20여 년 동안 반드시 생존하여 있었다고 볼 필요는 없다. 국조왕의 세력 기반을 그 대리인 또는 합법적인 계승자가 인수하여 갔을 것이다. 국조왕의 장자와 차자는 차대왕에게 살해당하였으므로 아들들이 아닌 근친 중에서 선임된 인물이 '別宮' 지역을 지배하였을 것이다.

2) 國祖王 本紀와 次大王 本紀의 形成 過程

국조왕 내지 국조왕 세력이 차대왕 말년에 이르기까지 최소한 일정한 범위 내의 지역을 지배하였다고 한다면 본래의 국조왕 전승은 차대왕 말년(국조왕의 사망 때)까지 언급하고 있었을 것이다. 이 점은 고대 전승의 본질을 이해하는 데에 유의할 부분이다. 하나의 설화는 그 주인공의 사망 시기까지를 다루는 것이 보통이다. 그러나 주인공이 사거하고 나서 그 후계자의 역사도 설화 속에서는 大尾를 장식하는 일부분으로 편입되는 경우도 많다. 주인공의 계승자에 의하여 하나의 지역 공동체가 관할되고 있었다면 더욱 그러할 것이다. 주몽 설화에 뒤이어서 유리 전설이 나타나고 유리왕 전승 중에는 여러 명의 왕자들의 사화가 삽입되어 있다. 차대왕이 피살된 뒤에는 태자 鄒安 이야기가 묻어 나오며 산상왕 설화에는 왕비 于氏의 장례 이야기가 대미를 장식하고 있다. 백제에서도 개로왕 설화는 문주왕 전설로 이어지고 있었던 것이고, 시대가 뒤떨어지지만 신라 말기 청해진의 장보고 설화도 뒷이야기가 붙어 있다. 그를 대신하여 청해진을 지휘한 鄭年의 존재가 전하며 결국 청해진의 혁파 및 소속 군인들의 집단적인 이주 등이 설화를 마감하고 있다.

현전 고구려 본기에는 국조왕 본기가 94년으로 끝나고 국조왕 세력은 小王적인 위치에서 20여 년을 더 보낸 뒤에 사망하는 것으로 되어 있다. 그러나 고대 설화의 구성상 국조왕 본기 본래의 모습에는 차대왕이 집권하고 난 뒤의 20년까지도 당연히 편성되어 있었다고 생각된다. 다시 말해서 국조왕 본기는 113년으로 편년되어 있었다고 보인다. 그에 대하여 차대왕 전승은 그가 서기 121년 대권을 장악하면서부터 시작하였을 것 같다. 장기간에 걸친 섭정기 동안의 수성 王弟 이야기가 차대왕 전설의 전반부를 점하고 있었을 것이다. 후반부는 물론 대왕 치세 기간이다.

국조왕 전설(113년 통치)은 당연히 국조왕의 후손들을 통하여 전승되었을 것이고 차대왕 전승은 역시 그 후예들의 손에서 정리, 구전되었을 것이다. 후대에 國史가 편찬될 즈음 이러한 紀年의 重複 문제가 의당 修史상의 첨예한 쟁점으로 부상하였을 것은 자명하다. 國祖王家나 次大王家는 당시 고구려 사회에서 차지하는 비중이 심대한 양대 세력이었을 것이다. 팽팽한 논쟁 끝에 양자간에 타협안이 마련되었을 것이다. 그것이 고구려 본기에 나타나는 기년이라고 고찰된다. 즉 차대왕이 서기 121년 실권을 잡은 사실은 인정하되 실제 재위 기간은 史實대로 치세 기간만으로 한정한 것이다. 국조왕 쪽도 119세에 사망하였다는 전승은 전설대로 국사에 편입하되 차대왕 재위 기간 동안에는 이른바 別宮에 퇴거하고 있었던 것으로 정리된 것이다.

3. 結論

고구려 초기 정치사에 대한 연구는 국조왕에 치우친 감이 적지 않다. 차대왕 수성은 섭정 기간까지 합쳐서 반세기여에 걸친 동안 권력의 핵심에 있었다. 수성 집정기에 대한 연구는 그만큼 중요하다.

국조왕과 차대왕 관계에서 과연 국조왕 69년에 왕권이 교체되었느냐 하는 것이 문제의 초점이 되겠다. 수성에게 군사권이 이양된 것은 분명해 보인다. 그 시기는 121년 11월 무렵인 듯하다. 그 해 봄부터 중국과의 화평을 주창한 수성은 약 1년 여에 걸친 투쟁 끝에 군사적 지휘권을 쟁취한 것이다. 수성 집정을 계기로 하여 고구려의 중국 침공은 중지되었다. 그러나 이렇게 反戰主義로 군사권을 장악한 수성의 정치적 지위는 매우 취약하였다. 主戰派인 국조왕은 대권을 내어준 지 2년 만에 3頭 執政의 형태로 심복 高福章 등을 정권에 참여시키는 데 성공하였다. 穆度婁는 거중 조정 역을 수행한 듯하다. 수성은 다시 권력에 제한을 받게 된 것이다. 수성의 실질적인 왕권 획득에는 다시 25년 여의 세월이 소요되었다.

  국조왕이 119세라는 경이적인 장수로 전승되어진 데에는 그 나름의 필연성이 있을 것이다. 고궁이 최초의 高氏王이라는 점에는 이론이 없다. 즉 高氏 始祖王으로서의 성격이 강하다. 고대 사회에서 시조왕은 長壽하는 것으로 전승되곤 하였다. 일본이나 신라 초기의 왕들, 駕洛國 시조도 그러하다. 다른 왕들보다 초월적인 존재로 인식되었으며, 그리고 시조로서 종족 수호신적인 성격이 강조되면서 그러한 전승이 발달하였을 듯하다. 고구려 국조왕도 시조왕적인 풍모가 강하니만큼 그의 장수도 이러한 의미에서 이해되어야 할 것이다.

  국조왕 본기나 차대왕 본기는 일부 중국 사서에서 발췌한 내용을 제외한다면 국내 전승에 기초하여 성립된 것이다. 국조왕은 그 후손들로부터 家系의 시조로서 숭배되었을 것이다. 즉 國祖王家에서 시조왕으로서 구전되어졌을 것이다. 현전 국조왕 본기는 그렇게 전승해 오던 說話가 원전이라고 고찰된다. 마찬가지로 차대왕 본기도 次代王家에서 구술해 오던 家傳이 그 기초였을 것이다. 국조왕 설화에서는 長壽始祖답게 69년에 섭정, 94년에 퇴임, 119세에 사망 등으로 구연되었던 듯하다. 그리고 차대왕 설화에서는 121년에 軍國의 대권을 잡은 것으로부터 시작하였을 것이다. 따라서 121년부터 165년에 이르는 기간은 두 이야기에서 겹쳐지고 있었다. 서기 4세기 후반에 국사가 수찬되면서 왕통이 구성되고 기년 체제도 틀을 잡게 되었다. 여기서 중첩된 기년을 조정할 필요가 대두되었을 것이다. 그 결과 현금과 같은 복잡한 형태로 굴곡된 듯하다.

5절 高句麗 桂婁部의 王室交替에 대하여

머리말

고구려의 건국 시조에 대하여 朱蒙이 아니라 國祖王[1] 또는 琉璃王[2]이라는 이설들이 제기되어 논의가 분분하다. 건국 과정이 함께 엇물려 있는 까닭에 다양한 의견이 개진되고 있는 것이다.《삼국지》위서 동이전(이하 '위지 동이전'으로 줄임)에서 언급되어 있는 소노부로부터 계루부에로의 정권 교대는 과연 언제 발생한 것인지가 분명치 않다. 소노부를 주몽 전설에 나타나는 松讓의 나라로 생각하여 온 것[3]에 대하여 고구려 초기의 解씨 여러 왕들을 소노부 세력으로 보기도 한다. 송양이 소노부였다면 그 집단을 굴복시키고 건국한 주몽이 시조가 되는 것이고 고구려는 그러한 경과를 거쳐서 형성된 것이 된다. 그러나 해씨 왕들이 소노부였다면 국조왕 이후의 高氏 왕들이 진정한 의미에 있어서의 계루부 정권이 되어 고구려 초기 정치사가 확연하게 달라지게 된다.

주몽의 인물상이나 활동상 등은 종래 많은 학자들이 집중적으로 연구하였다. 그런데 국조왕을 본격적으로 다룬 논저는 그리 많지 않다. 대개 고구려 초기 정치사를 연구하면서 논지 전개 과정에서 언급한 것뿐이다. 그 원인은 국조왕 개인에 대한 사료적 한계 때문이다. 이러한 제약을 극복하기 위해서는 귀납적인 결론 도출 외에 다른 방법을 택하여야 한다. 본고에서는 국조왕이 시조왕이다 라고 일단 가정하고 고구려 초기 역사를 반추해 보았다. 이렇게 하여 국조왕이

---

1) 김철준, 1956,〈高句麗 – 新羅의 官階組織의 成立過程〉,《李丙燾記念論叢》.
　池內宏, 1926,〈高句麗の 五族及び 五部〉,《東洋學報》16-1. 1951,《滿鮮史 硏究》上世篇.
2) 김용선, 1980,〈高句麗 琉璃王考〉,《歷史學報》87호.
3) 이병도, 1956,〈高句麗國號考〉, 서울대 논문집 – 인문사회과학 3집. 1976,《韓國古代史硏究》, 박영사.

시조왕으로서 합당하다면 그 가설은 긍정적으로 평가할 수 있을 것이다. 만일 여러 가지 모순이 드러난다면 국조왕을 시조왕이라고 하는 주장은 성립될 수 없다. 假說檢證이라는 접근 방식을 취한 것이다.

국조왕이 최초의 高씨 왕이라는 데에는 연구자들 사이에 대체로 의견의 일치가 이루어져 있다. 그리고 그 이전 유리왕 이후의 왕들이《삼국유사》의 소전대로 解씨라는 데에도 공감대가 설정되어진 듯하다. 그러나 解씨 왕들이 위지 동이전에서 말하는 소노부냐 하는 데에는 주장들이 전연 다르다.[4] 고구려 초기 역사 전개에 있어서 성씨가 갖는 중요성은 재언을 요하지 않는다.[5] 이러한 연구 성향을 개관하면서 연구자가 착안한 것은 시조왕 주몽의 성씨가 무엇이었나 하는 것이다.《삼국사기》에는 주몽이 高씨라고 되어 있으나 문면대로 신용하기 어렵다. 주몽이 고씨였다면 그 아들인 유리가 왜 해씨인지 설명이 궁색해진다. 주몽이 해씨라면 왜 사서에는 고씨라고 나오는지 궁금하다. 그가 과연 고씨였다면 국조왕 이후의 고씨와 연결되어질 가능성이 높아지고 만일 해씨라면 유리왕에서 모본왕에 이르는 세력에 결부될 수 있다. 본고에서는 주몽왕의 성씨에 대하여 중점적으로 재검토하기로 한다.

유리왕은 시조왕적인 성격을 다분히 포함하고 있다. 그러나 유리왕이 고구려인들에게 있어서 국가적인 시조왕으로서 숭배되고 있었다고 보기는 힘들다. 이러한 이중성은 어디서 기인하는가. 필자는 주몽왕과 유리왕이 과연 문헌에서

---

4) 참고로 주요한 왕실 교체 및 고구려 국가 형성에 관한 논문들을 적기해 둔다.
三品彰英, 1954,〈高句麗の 五族について〉,《朝鮮學報》6호.
손영종, 1984,〈고구려의 오부〉,《력사과학》1984년 4호.
김광수, 1986,〈高句麗 初期의 王位繼承問題〉,《韓國史研究》55호.
최재석, 1987,〈高句麗의 王位繼承〉,《精神文化研究》32호.
조인성, 1990,〈4,5世紀 高句麗 王室의 世系認識의 變化〉,《韓國古代史研究》4호.
이종태, 1990,〈高句麗 太祖王系의 登場과 朱蒙〉,《北岳史論》2호.
전미희, 1992,〈高句麗 初期의 王室交替와 五部〉,《朴永錫博士華甲記念論叢》上.
노태돈, 1993,〈朱蒙의 出自傳承과 桂婁部의 起源〉,《韓國古代論叢》5호.
김현숙, 1994,〈高句麗의 解氏王과 高氏王〉,《大丘史學》47호.
5) 김광수, 1983,〈高句麗 建國期의 姓氏賜與〉,《金哲埈華甲記念論叢》.
서영대, 1995,〈高句麗 貴族家門의 族祖傳承〉,《韓國古代史研究》8호.

전승되는 대로 父子간이냐를 조명해 보면 해답이 나올 것으로 믿는다. 유리가 주몽의 아들이었다면 시조는 주몽이 될 것이고 유리가 주몽과 혈연 관계가 없었다면 유리는 적어도 해씨 왕조의 시조라고 할 수 있는 것이다. 물론 그러한 사실을 구명하는 데에 있어서도 직접 사료가 빈약하기 때문에 정황론적인 판단이 주종을 이룰 수밖에 없다. 유리왕에 관한 자료는 그의 즉위 과정에 집중되어 있다. 따라서 즉위 前記에 대한 분석을 통하여 그가 전설대로 시조왕과 부자 사이인가를 검증해 보기로 한다.

국조왕이 시조라는 이설에 관한 비판과 시조왕의 성씨에 대한 논의를 통하여 고구려 시조와 건국 사실이 분명해질 것이다. 유리왕과 시조왕과의 관계 규명을 통하여 초기의 解氏 왕들을 정확히 이해할 수 있을 것이다. 시조왕과 유리왕 및 국조왕 사이의 관계가 정립될 수 있다면 계루부 정권의 실상도 어느 정도 가늠할 수 있으리라고 믿는다.

1. 國祖王 始祖說에 대한 批判

우선 검토되어야 할 것이 고구려의 6대왕 국조왕이 '始祖王'인가, 그리고 그가 신대왕 대부터 시행된 '始祖廟' 제사에서 숭배 대상으로 정립되었느냐 하는 점이다. 결론적으로 말하자면 국조왕은 시조왕도 아니었고 시조묘에서 제향 받은 왕도 아니었다.

첫째, 국조왕은 졸본과 아무런 관계가 없다. 그런데 문헌에는 시조묘가 終始 졸본 한 곳에 있었고 역대 고구려 왕들은 그 곳에 가서 제사를 치른 것이라고 명기되어 있다. 시조묘에서 제사 받던 왕은 졸본에서 건국하였다고 전승되어 오던 왕, 또는 여하간에 졸본과 연결될 수 있는 인물이어야 한다.[6]

둘째, 국조왕은 고구려 본기에 의하면 차대왕 말년에 사망한 것으로 되어 있는데《삼국유사》왕력에는 국조왕과 차대왕 형제가 모두 신대왕에게 피살되었다고 기술되어 있다. 차대왕은 공통적으로 기술되고 있는 것처럼 시해된 것이 분명해 보인다. 국조왕이 신대왕에게 피살되었는가 여부는 분명하지 않지만 고구려 본기에서 차대왕 말년에 사망하였다고 기록된 것이 약간의 힌트가 될 수 있을 것이다. 공통적인 사실은 국조왕도 신대왕이 즉위한 해에 사망하였다는 점이다. 국조왕과 차대왕의 관계에 대해서는 이론이 분분하지마는 同母弟라는 기록을 중시하는 입장[7]을 취한다면 새로운 시각을 가져 볼 수 있다. 국조왕과 차대왕이 '同母弟'라는 전승은 그 두 세력이 신대왕측에서 보자면 공질성을 갖는 집단들임을 말해주는 것이라고 믿어진다. 즉 신대왕 세력에 의하여 구 세력의 대표격이라고 할 국조왕 세력과 차대왕 세력이 동시에 顚倒되었다는 것이다.[8] 국조왕이 차대왕과 함께 청산되어야 할 대상으로 지목되고 있었다면 새롭게 집권한 신대왕 대에 와서 국조왕이 시조왕으로 숭배되었을 가능성은 거의 없다고 할 수 있다.

셋째, 國祖王은 일명 太祖大王, 大祖王이라고도 하며 그러한 특수한 칭호 때문에 내외 연구자들에게 주목을 받은 것이 사실이다. 그러나 인접한 일본의 경우에도 'ハジメテアメノシタシロシメシシースメラミコト(始馭天下之 – 天皇＝神武)', 'ハックニ―シラス(御肇國 – 天皇＝崇神)', 'ハックニシラシシミマキノ(所知初國之御眞木 – 天皇＝崇神)'라는 호칭, 즉 '始祖'라는 왕명으로 불리고 있는 왕이 두 명(神武, 崇神)이나 된다.[9] 왕실 계통이 바뀔 때마다 그 가문의 첫 왕에게 '始祖'라는 칭호가 붙여진 것을 어렵지 않게 짐작할 수 있다. 일본 역사에 있어서 그러한 칭호로 기록되고 있는 왕들이 전부 시조가 아닌 것처럼 고구려에 있어서도 호칭만으로 국조왕이 시조왕이라고 볼 수는 없다. 왕호만 가지고서 시조왕이라고 추정

---

6) 국조왕의 모태후가 扶餘人이라고 되어 있으나 그것과 국조왕과는 전연 연결되지 않는다. 국조왕의 탄생지가 졸본부여일 가능성도 생각할 수 있으나 사료적 근거가 없다.
7) 노태돈, 1994, 〈高句麗 初期王系에 대한 一考察〉,《李基白先生記念論叢》I, 98쪽.
8) 이종태, 1990, 〈高句麗 太祖王系의 登場과 朱蒙國祖音識의 成立〉,《북악사론》2호, 87쪽. 신대왕의 집권을 親太祖王 세력의 승리라고 간주하고 있으나 필자의 관견은 다르다.
9) 水野祐, 1993,《日本古代王朝史論序說》各說 下, 早大 출판부, 42쪽.

하거나 시조묘에 제사되었다고 판단하기에는 문제가 있다.

나아가서 '國祖'라는 표현도 지금까지의 견해처럼 '國家始祖'라고만 파악하는 것도 문제가 있다. '國祖'라는 용어는 중국에서는 거의 사용되지 않은 듯하며 한국 고대 사회에서 주로 통용되어진 것 같다. 신라에서도 미추왕이 즉위한 뒤에 '國祖廟'에 제사하였다고 되어 있어서[10] 참고가 된다. 종래 미추왕이 제향한 '國祖廟'를 보통 '國家始祖廟'로 생각하여 이른바 '赫居世廟'라고 이해하는 것이 일반적이었다. 그러나 고대 사회에서 초기부터 '國家'觀 내지 '國家始祖' 관념이 그렇게 투철하였다는 것도 설득력이 없다. 나아가서 '國祖'는 즉 '國姓始祖'라는 뜻이라고 여겨진다. 미추왕이 제사한 '國祖'는 '國姓始祖', 즉 새로 집권한 金씨 왕실의 始祖였다는 것이다. 그리고 고구려 '國祖王' 역시 '國姓始祖王'으로서 高씨 성을 가진, 또는 그렇게 관념된 최초의 왕이라는 뜻인 듯하다. (後述)

넷째, 태조대왕 – 차대왕 – 신대왕 등의 왕호는 분명히 武田幸男이 지적한 것처럼 '大王' 왕호를 공유하고 있다.[11] 이들을 '太祖' – '次' – '新' 등의 형용사로 분별하고 있음을 보면 그들이 공통적으로 '大王' 칭호를 自稱한 것 같다. 고구려에서 '大王' 또는 '太王' 등의 왕호가 역대에 걸쳐서 사용되었음은 광개토왕이 '永樂 – 太王'이라고 자칭한 것이나 모두루 묘지에서 고국원왕이라고 추정되는 인물이 '國岡上 – 聖 – 太王'이라고 지칭되고 있는 사실에서 알 수 있다.[12] 태조대왕은 대왕 왕호를 자칭한 최초의 인물로서 그의 大王 왕호 자칭은 고구려에서 왕권이 본궤도에 올랐음을 명시해 주는 사실이라고 생각된다. 왕권이 定立된 것과 건국과는 다르다. 그러므로 이러한 칭호 변동에 근거하여 국조왕을 고구

---

10) 삼국사기 미추왕 즉위 2년 조. 二月 親祀國祖廟 大赦. 여기 나타나는 '國祖'에 대한 제사를 지금까지는 대부분 새로 등극한 김씨 미추왕이 건국한 시조에게 치제한 것으로 풀이하였다. 정조묘, 1993, 〈三國時代의 王과 祭祀〉, 《靑丘學術論集》3호, 8쪽. 그러나 미추왕으로서는 이미 왕권에서 상당 기간 멀어져 있었던 上古 王室 朴씨 시조에 대한 치제보다 스스로의 정치적 기반이 되는 金씨족의 시조에 대한 祭禮가 더 중요하였을 것으로 본다.
11) 무전행남, 1989, 〈高句麗王系成立의 諸段階〉, 《高句麗史と東アジア》암파서점, 281쪽.
12) 지금 단정하기는 어렵지만 이러한 太王 왕호는 발달 과정으로 볼 때 '太 – 大王'의 줄인말이라고 생각된다. 그렇다면 그 전의 왕호는 '大王'이었을 것이다. 고구려 관등의 발전 과정에서 보면 '太 – 大兄'은 '大兄'으로부터, '太 – 大使者'는 '大使者'에서 분화, 발달되었다.

려의 시조라고까지 비약하는 것은 매우 취약한 발상이라고 할 수 있다.

다섯째, 국조왕이 시조가 될 수 없는 또 하나의 근거로서 葬地가 전해지지 않는 점을 들 수 있다. 백제처럼 아예 왕릉에 대한 기록이 인멸되어 버린 경우에는 논외로 하더라도 고구려에서 시조왕의 장지가 失傳되었다고 가정하기에는 커다란 무리가 있다. 고구려의 역대 왕릉은 시조로부터 故國壤王에 이르기까지 거의 빠짐없이 적기되어 있다. 국조왕이 장지명 왕명이 아니기 때문에 葬地가 전하지 않았다는 주장은 성립되기 어렵다. 장지명을 따르지 않은 몇몇 왕들(동명성왕, 유리명왕, 대무신왕, 신대왕)도 장지명과 무관한 왕명을 가지고 있으나 왕릉의 소재지가 명기되고 있기 때문이다. 국조왕을 시조라고 가정할 경우 그러한 설명은 더욱 성립되기 어렵다. 동서양을 막론하고 한 나라의 건국자의 葬地는 그 나라의 멸망 이후까지도 길이 전승되는 것이 상례이다. 고대인들이 始祖王의 陵墓에 대하여 가지고 있었던 일반적인 태도를 미루어 볼 때 능묘조차 전하지 않는 왕이 시조왕이었다고 말하기는 힘들다.

여섯째, 국조왕이 7세에 즉위하였다는 본기의 기록을 들 수 있다. 이 문제에 대해서는 국조왕의 부친이라는 再思가 실질적으로 집정하고 있었다는 가설까지 제시되어 있으나[13] 만일 그처럼 父權이 강력하였다면 再思 스스로 왕위에 오르는 것이 상식일 것이다. 한편 再思가 琉璃王子라는 전승을 사실로 인정하여 그가 모본왕의 숙부 항렬이기 때문에 형제 상속에 저촉되어 아들인 宮에게 讓位하였다고도 한다. 그러나 실제로 재사가 유리왕의 아들이었으면, 그리고 그처럼 行列까지 지키는 家父長制적 집권이었다면 자신이 즉위하여도 별 무리는 없었을 것 아닌가.[14] 그러므로 국조왕이 7세에 등극하였다는 기록은 문제성이 다분하지만 그것을 단서로 하여 비정상적인 왕위 계승이라고 지나친 추론을 제기하는 것도 문제이다.[15] 따라서 일차적인 작업은 본기 서술을 인정하고서 진전

---

13) 김기흥, 1990, 〈高句麗의 國家形成〉, 《한국고대국가의 형성》, 민음사, 217쪽.
14) 재사가 직접 능극하시 못한 이유를 설명할 때는 현전 본기의 친족 관계 서술을 인정하면서 결론에 가서 혈족 관계가 아니고 새로운 방계 왕실이라고 주장하는 것은 사묘의 편의적인 이용이라고 비판받을 소지가 있다.

시켜야 할 것이다. 그러한 작업에 있어서 가장 큰 힘이 되는 것이 다름 아닌 위지 동이전 기사이다.

(*태조왕이) 나면서부터 눈을 뜨고 사물을 볼 줄 알았다. 자라서는 흉포하고 잔학하여 나라가 파괴되고 ……

태조왕이 유년기에서부터 남다른 비상한 특징을 갖고 있었는데 성장하게 되자, 즉 나라를 다스리게 되자 백성들에게 흉포하고 잔학하게 하여 나라를 망쳤다는 내용이다. 여기서 주의해야 할 부분은 국조왕이 성장한 뒤(及長)의 태도가 성장하기 이전의 그것과 대비되면서 서술되고 있다는 점이다. 이것은 그가 성장하여 親政을 하기 시작한 뒤로 國人들의 불평이 증폭되었다는 사실을 강력하게 부각시켜 준다. 유년기부터 이상한 점이 있었다는 혹평은 국조왕이 친정체제를 확립한 뒤에 더욱 고조된 듯하다. 그러므로 위지 동이전의 전후 문맥을 감안한다면 국조왕은 즉위한 당초에는 정치를 담당하여 역량을 발휘할 수도 없었고 자기 자신의 개성을 드러내 볼 수도 없었던 것이 분명해 보인다. 고구려 본기처럼 '太后 垂簾聽政'이었거나 다른 형태였거나 여러 가지 과정이 상정될 수 있다. 그러던 그가 '자라난 뒤', 즉 친히 권력을 행사하게 된 뒤로 신하들에게 군림하기 시작하였다는 這間의 사정이 文面에 잘 드러나 있다. 위지 기사에 의거하여 국조왕이 집권 초기에 나이가 어렸다는 기사를 신용할 수 있다고 믿는다.

일곱째, 국조왕이 시조왕으로서의 면모가 적다는 사실은 위지에서도 窺知해 볼 수가 있다.

그(*동천왕 – 필자주) 증조부인 宮이 태어나면서 사물을 볼 줄 알아 고구려 사람들이 싫어하였다. 커서는 과연 흉악하고 탐학하여(及長 果凶虐) 여러 번 중국을 침

---

15) 오히려 扶餘 사람이라는 母太后가 주몽 설화에 나타나듯 召西奴 같은 여왕적 존재일 가능성이 있을 수 있다. 그렇지만 그것도 상당한 구상력이 필요한 机上의 고안에 지나지 않는다.

략하더니 나라는 결국 무너져 부서지고 말았다(國見殘破). 지금 왕(*동천왕 - 필자 주)도 태어나면서부터 사물을 볼 줄 알았다. 고구려 말에서 서로 비슷한 것을 '位'라고 한다. 그 선조와 비슷한 까닭에 이름을 '位宮'이라고 하다.

라고 하였다. 동천왕 당대에 국조왕은 위에 명기되어 있는 것처럼 성격이 흉폭하고 잔학하여(凶虐) 백성들을 못살게 하였고 마침내는 '나라가 무너져 부서지고(國見殘破)' 말았던 왕으로 기억되고 있다. 이렇게 전승되고 있는 왕이 고구려를 건국한 시조왕이 될 수 있을까? 위지 고구려전에 나타나 있는 국조왕에 대한 서술은 그가 중국을 자주 침략한 데 대한 반감으로 왜곡되어 있다고도 한다. 그러나 중국인들이 국조왕을 매도하려고 하였다면 다른 능동적인 표현이 얼마든지 있다. '數寇鈔 王師 討滅之'라든가 '遣兵 焚其城邑 宮敗走 國破身災', '興師 招降之 宮乃稽首乞屬' 등. 그러나 위지 본문에는 '數寇鈔 國見殘破'라고 하여 수동태로 기술되고 있다. 중국인들의 주동적 행동으로서 기재되어 있는 것이 아니라 중국의 공격을 받은 고구려인들의 피동적인 입장에서의 懷古談이 줄기를 이루고 있다. 특히 그러한 印象에 중복되어 魏軍의 내침을 자초하고 백성들에게 엄청난 화를 끼친 동천왕의 무모한 행동에 대한 고구려 인민들의 반감 또는 혐오감이 크게 나타나 있다.16) 이러한 관념은 3세기 당시 고구려인들의 정서를 정확히 드러내 보여주고 있다고 생각한다. 나라를 패망시킨 왕으로 記憶되고 있는 왕이 시조왕이라는 논의는 별로 설득력이 없다. 고구려 본기에도 역시 국조왕이 어려서는 영리하였으나 나중에 王弟 遂成에게 讓位할 때를 즈음하여서는 매우 노쇠하고 판단력이 흐려진 혼미한 왕으로 서술되고 있다. 이러한 이미지도 魏志의 그것과 상통하는 것이라고 보여진다.

여덟째, 위지에 의하면 국조왕은 동천왕의 증조부라고 되어 있다. 1 대 30년으로 잡더라도 불과 100여 년에 지나지 않는다. 북방 시베리아의 원시 민족들

---

16) 위와의 전쟁을 사전에 막기 위해 노력하다가 사망한 沛者 得來와 같은 인물이 그러한 여론을 대표하는 사람이었을 것이다.

은 □傳으로 적어도 7대까지 기억하고 있다고 한다.17) 문자가 없는 사회일수록 비상한 기억력이 발달하는 것이다. 고구려는 문자 사회였으므로 그와 동일선상에서 비교할 수 없을는지도 모르겠다. 그러나 증조부 대에서부터 高씨 세력이 비로소 왕권을 잡았고 왕실 교대가 실현되었다면 동천왕 당대의 고구려인들이 중국인들에게 그러한 역사를 자랑스럽게 이야기하였을 것이다. 위지 본문에 한 줄이라도 그러한 사실을 시사할 만한 文句가 있어야 할 것이다. 실제는 그렇지 못하다. 위지 문맥으로 보아 고구려의 건국은 서기 3세기로부터 100~150년(4 세대) 훨씬 이전의 일이다.

아홉째, 위지 고구려전에 보이는 바 '東夷(*고구려를 가리킴 - 필자주)의 옛날 이야기(*傳說 - 필자주)에 (고구려가) 부여의 별종이라고 한다〈東夷舊語18) 以(*高句麗 - 필자주)爲夫餘別種〉.'라는 기사는 고구려인들의 선조의 내력에 대한 관념을 잘 드러내 보여준다. '舊語'라는 표현은 '옛날 이야기'의 뜻이며 현대적으로 표현하자면 '傳說', '傳承'이라고 할 수 있을 것이다. 오랜 전승에 의하면 고구려가 부여의 다른 종족이라는 것이다. 부여의 별종이라는 것은 현실적으로 왕가의 출자를 설명하여 주고 있다고 생각된다. 따라서 '夫餘別種'이라는 표현은 현전 주몽 전승이나 유리 전승과 일치한다. 그러나 국조왕을 부여 출신으로 보기는 힘들다.

국조왕은 시조왕도 아니었고 고구려의 건국자도 아니었다. 따라서 始祖廟의 주신도 될 수 없다. 부여에서 유래하여 나라를 세우고 졸본부여에서 제사 받던 인물은 국조왕이 아니다. 국조왕을 시조로 보는 가설은 따라서 상당히 문제점을 내포하고 있다. 나아가서 계루부의 시조왕으로 보는 견해도 의심스럽다. 차차 알게 될 것처럼 계루부는 高씨 왕실만 있었던 부가 아니다. 高씨는 계루부라고 할 수 있지만 역으로 계루부가 高씨라고 할 수는 없다. 계루부에는 고씨 이

---

17) ウノ. ハルヴァ/田中克彦 역, 1971,《シャマニズム - アルタイ諸民族の世界像》, 삼성당, 335쪽.
18) 이 '舊語'의 성격에 대하여 노태돈은 전승적 가치를 부정하였다. 그러나 왜인전에서도 '舊語'라는 단어가 나타나고 있다. 일본 학계에서는 그것을 '倭人들의 傳說'로 해석하고 있다. (《日本の古代》권3 [海をこえての交流], 223쪽) 고구려의 '舊語'도 일찍부터 '傳說'로 해석되고 있다.
池內宏, 1941,〈高句麗の建國傳說と史上の事實〉,《東洋學報》28-2, 184쪽.

외에 여러 성씨들이 혼재하고 있었던 것이다. (後述) 그것은 연나부에 絡씨 외에도 明臨씨, 于씨, 椽씨 등이 포함되어 있었던 것으로도 잘 알 수 있다. 그러므로 국조왕이 高씨 최초 왕인 것은 확실하지만 그것이 반드시 계루부의 첫 왕임을 의미하지는 않는다. 계루부의 시조라는 증거도 없는 것이다.

2. 朱蒙의 出自

1) 朱蒙의 姓氏

주몽이 후세의 史書에 기록되고 있었던 것처럼 '高-朱蒙'이라는 姓名을 갖고 있었던 인물이 아닌 것만은 분명해 보인다. 이 점은 거의 모든 학자들이 일치하고 있다. 그가 高씨라고 인식된 것은 후대에 고씨 왕권이 주몽을 고씨 시조로 추앙하기 시작한 데에서 온 것이었다. 최근에는 '高-朱蒙'이라는 이름에서 앞에 쓰인 '高'자는 '유능한, 高名한'과 같이 형용사라고 추정하는 견해도 제출되고 있다.[19] 주몽이 고씨였다면 그 아들이라는 유리왕이 해씨로 나타나는 이유를 설명하기 힘들다. 한편 후에 집권하게 된 고씨는 주몽에게 계보를 대지 않고 해씨(유리왕)에게 세계를 접목하고 있다. 高宮(국조왕) 집단은 주몽보다 유리에게 더 혈연적 유대감을 갖고 있었다는 뚜렷한 증거이다. 따라서 주몽이 高씨일 가능성은 매우 낮다.

주몽이 고씨가 아니었다면 解씨일 가능성이 있다. 그러한 견해에 힘을 실어주는 것은 주몽의 一名이 '象解'였다는 기록이다. 이름 끝의 '-解'가 위지 고구려 전에 나타나는 '始閭諧'라는 인물의 '-諧'와 함께 같은 기능을 하는 것으로서

---

19) 김현숙, 1994, 14쪽.

성씨 '解'를 표현한 것이라는 견해가 그것이다.[20] 만일 이러한 설이 성립될 수 있다면 신라 상고에 출현하고 있는 수많은 '-解'라는 이름의 왕들(南解, 脫解 등 등)이 전부 解씨라고 할 수도 있을 것이다. 그러나 이러한 가정은 치지 않아도 무너지는 것이다. 그러므로 주몽이 解씨라는 주장도 별로 설득력이 없다.

《삼국유사》高句麗 조 말미 부분에서 일연이 '本姓解也'라는 주석을 붙인 것은 주몽을 解慕漱의 아들로서 간주하고 父姓인 '解'를 이었을 것이라고 생각하는 데서 온 것이다. 그러나 '解'씨 설도 高麗 시대인들의 父系 관념이 투영되어진 결과일 뿐 사실과는 거리가 있다.

本姓은 解이다. 이제 스스로(天帝의 아들로서 햇빛을 받아 태어났다) 했으므로 스스로 '高'로써 씨를 삼았다. 本姓解也 今自言 是天帝子 承日光而生故 自以高爲氏.

여기서 주몽은 해씨 유리왕의 부친이므로 당연히 본래 성씨가 '解'씨일 것인데 그렇지가 않다, '高'姓은 스스로 자칭한 것이다[21]라고 일연은 명언하고 있는 것이다. 그러나 일연의 설명은 별로 설득력이 없어 보인다. '天帝의 아들'이나 '햇빛을 받아 태어난 것'과 '높을 高'자와는 그다지 연관이 없기 때문이다. 《삼국사기》에는 분명히 '國號를 高句麗로 하다. 인하여 高를 성씨로 삼다'라고 되어 있다. 《삼국사기》에 나타나 있는 高씨 國號起源說에 대하여 일연은 自稱 高씨이다, 즉 국호와 무관하다라는 입장을 취하고 있는 것이다. 이러한 자세는 《제왕운기》에도 '擧國高之'하여 高씨를 칭하였다는 형태로 보이고 있다.[22] 이렇게 '高'성이 스스로 자칭한 것이라고 주해하고 있는 일연의 생각 밑바탕에는 주몽이 본래 '高'씨가 아니라는 것이 들어 있다.

결론을 짓자면 주몽왕이 기왕에 高씨가 아닐 것은 분명해 보이고 후세의 高

---

20) 무전행남, 1989, 290쪽.
21) 원문에 '自言', '自以'라고 '自'자가 짧은 글 속에 두 번이나 강조되어 있음을 참고할 것.
22) 이로 미루어 보건대 고려 후기에 와서는 고구려 高씨의 기원에 대하여 정설이 없었던 것 같으며 왕명을 받아 편찬한 《삼국사기》의 '國號 起源設'조차도 별로 일반의 호응을 얻지 못하고 있었음을 알 수 있다.

씨 왕실은 解씨와 연결짓고 있으나 스스로 高씨를 자칭하고 있어서 역시 解씨가 아님을 내외에 명시하고 있는 것이다. 주몽은 高씨도 解씨도 아니라는 것이다. '第三의 姓氏'를 생각하지 않을 수 없는 대목이다.

2) 朱蒙의 父系와 第三의 姓氏

주몽의 유래를 고찰하는 데에 있어서 또 하나의 문제는 父系 혈통이 불분명하다는 점이다. 《삼국사기》나 동명왕편을 보면 형식적으로는 解慕漱가 아비인 듯이 되어 있으나 그 관계가 擬制的이라는 것은 대부분의 학자들이 동의하고 있다. 후세에 접목된 것이라거나 해모수 신화가 별도로 있었다는 등의 견해가 그것이다. 따라서 주몽이 解씨일 가능성도 거의 없다고 본다. 나아가서 주몽이 동부여 금와왕에게서 양육을 받아 동부여의 王姓인 解씨를 자칭하였다는 것도 근거가 없다. 동부여로 이동한 解夫婁가 解씨인 것은 인정할 수 있으나 鯤淵 가에서 출생하였다는 金蛙王까지도 해씨였다고 보는 것은 주저하지 않을 수 없다. 해부루로부터 금와에로 왕실 교대까지도 점쳐지고 있기 때문이다.[23]

주몽의 부계 문제에 있어서 특히 유념되는 사실은 朱蒙이 壇君의 아들이라는 전승이다. 일연은 고구려 조에서 해모수의 하백녀와의 정사를 기술하고 난 직후에 주석하기를

壇君記云 君與西河河伯之女要親 有産子 名曰夫婁 今據此記則 解慕漱私河伯之女 而後産朱蒙 壇君記云 産子 名曰夫婁 夫婁與朱蒙 異母兄弟也

라고 하여 朱蒙과 夫婁가 '異母兄弟'라고 언명하고 있다. 여기서 '異母'라고 하여 두 사람의 여자가 드러난다. 일연은 두 사람의 河伯女를 상정하고 있는 것이다.

---

23) 임재해, 1995, 《민족신화와 건국영웅들》, 천재교육, 89쪽.

하나는 壇君記에 나타나는 西河河伯女이고 다른 한 사람은 柳花夫人이다. 河伯은 河川神이니만큼 각처의 江河나 湖海에 따라서 관장하는 神이 달랐다.24) 우리 역사에서도 '西河河伯' 외에 '非西岬河伯' 등이 보이고 있는데 그들을 간단하게 동일시하는 것은 위험하다. 그에 앞서 일연은 해모수와 단군이 동일인임을 알고 있었다고 여겨진다. 따라서 두 하백녀의 소생들이 배다른 형제라고 해 놓은 것이다.25) 생각컨대 해모수와 단군이 같다는 견해는 노승려 일연이 처음 제기한 新說이 아닌 듯하며 아마도 고려 후기에 상당히 유포되고 있던 유력한 說일 것이다. 그렇기에 왕력을 비롯한《삼국유사》여러 곳에서 그 설을 인용하여 주몽의 부계를 밝혀 놓은 것이다.26) 필자는 주몽의 아비가 壇君이라는 일설이 史實이라고 생각하지는 않는다. 다만 고려 후기 지식인들 사이에 주몽이 단군의 아들이라는 주장이 상당히 설득력 있게 유포되고 있었고 그러한 경향을 일연은 충실히 대변해 주고 있다고 생각한다. 이러한 고려 후기의 사조에 근거하여 상고의 단군과 주몽의 부자 관계를 상상하는 것은 매우 어려운 일이다.

주몽의 父系는 이렇게 인격적으로 나타나기도 하지만 신화적으로는 日光의 소생인 듯이 나타나기도 한다. 이렇게 그의 혈통이 다종다양하게 전하는 것은 주몽의 부친이 未知의 인물이었음을 암시한다. 생각컨대 주몽의 부계는 이미 고구려 당대에도 정확한 史實이 실전되어 버린 듯하다. 필자는 주몽이 부여에서의 망명자를 자처한 것은 인정되나 실제로 부여인이었는지도 불분명하다고 보고 있다. 그러한 마당에 그의 부친이나 부계 계보를 추적하는 것은 도로에 가

---

24) 중국의 예를 들자면 황하의 신은 하류에서는 河伯이고 상류에서는 河宗이며 瀟湘강의 신은 湘夫人, 洛水의 신은 洛嬪 등으로 불리는 따위가 그것이다.
25) 물론 이것이 史實이라는 이야기는 아니다. 일연이 그렇게 확신하고 있었다는 점을 지적하고 있을 따름이다. 일연의 그 같은 신념은 충분한 전거가 있었다고 보이는 것이다.
26) 일연은 朱蒙만이 아니라 여러 王家들의 성씨에 관하여 깊은 관심을 갖고 있었다. 먼저 왕력에서 '姓高'라고 하면서 '壇君之子'라고 주몽의 父系出自를 명기하고 있고 고구려 초기의 解씨 왕들에 대하여 일일이 '姓解氏'라고 注記하고 있으며 衛滿朝鮮에 대해서도 '魏滿朝鮮'이라고 전무후무한 성씨의 異說을 밝혀 놓고 있다. 발해 대조영도 '姓大氏'라고 밝히고 있고 解慕漱의 건국을 적고 나서 '以解爲氏焉'이라고 다독거리고 있으며 신라 6부 시조의 출생과 성씨를 하나하나 자세하게 적었고 昔씨, 金씨 왕들에게 성씨를 명시하였다. 유명한 朴堤上에 대해서도 '金堤上'이라는 異說을 달아 놓는다. 이러한 성씨관은 일연이 가진 중세적인 사유 체계에서 온 것이다.

갑다. 엄밀한 의미에서 주몽의 성씨는 알 수 없고 高씨니 解씨니 하는 것이 다 후세의 追崇에 지나지 않는다. 굳이 성씨가 있었다고 한다면 고씨도, 해씨도 아닌 第三의 氏姓을 상정하지 않을 수 없는 것이다. 第三의 姓이 무엇이었는지 현재로서는 알 길이 없다.[27]

주몽이 제삼의 성씨일 가능성이 있다면 우리는 고구려에서도 신라에서와 같이 3 姓이 交立하였다는 사실에 직면하게 된다. 즉 제3의 성씨(주몽 씨족)로부터 '解'씨로, 다시 '解'씨에게서 '高'씨로 정권이 교체되었다는 것이다. 3 개의 왕실이 교대로 왕위에 올랐고 그러한 연속적인 국가가 고구려 왕국이었다.[28]

3. 琉璃王의 卽位 儀禮

유리왕이 고구려의 건국자일 것이라는 추정은 처음 金龍善에 의해 제기되었다가 최근 재조명되고 있는 비교적 현대적인 異說의 하나이다. 김용선이 제창할 당시에는 그다지 반향이 없었으나 차차 주목을 받고 있다. 그러나 유리왕이 건국 시조라면 왜 광개토왕릉비 등에 당대인들이 鄒牟王을 始祖로 인식하고 있

---

27) 第三의 성씨로서 《삼국유사》에 전하는 '言'씨설은 일단 검토의 여지가 있어 보인다. 그러나 '言'씨라는 것은 도저히 납득이 가지 않는 서술이다. 따라서 종래 이 글자는 '高'자의 誤字라고 단정되기에 이르렀다. 필자 역시 誤字설에 좌임하고 있지만 안이한 오자를 취하기에 앞서 진정 '言'씨라는 성씨가 현실적으로 존재할 수 없는 것인가. 주몽이 '言'씨일 가능성은 과연 없는 것일까? 필자의 견해로는 그러한 성씨가 실재하고 있었다고 판단된다. 그러나 아직 다른 방증이 없어서 확인할 수 없다.

28) 고구려에서 3 姓 交代라는 사실의 발견은 학계의 논쟁의 초점이 되고 있는 '太祖大王', '國祖王'이라는 왕호의 유래에 대해서 시사에 넘치는 바가 있다. 다시 말해서 '太祖'나 '國祖'라는 표현은 최초로 왕위에 오른 고씨 왕이라는 뜻이라고 보아야 할 것이다. 백제의 경우에도 집권 왕실의 성씨를 '解'씨에서 '扶餘'씨로 교대되었다고 보는 듯하고 일부에서는 '牟'씨나 '眞'씨에로의 교체까지도 일컬어지고 있다. 우리는 고구려만 단일 성씨로 지속된 왕조라는 선입견을 가지고 있었던 것은 아닐까? 고구려 왕실은 高씨라는 막연한 허상을 고집하고 있었던 것은 아닐까 반성을 요하는 대목이다. 하나의 왕국이라는 동일체 의식을 가지면서 성씨가 다른 세력들이 집권하던 것은 중국 춘추-전국시대는 물론이고 일찍이 우리 古朝鮮 사회에서도 보이는 것으로 특별히 신기한 것은 아니다.

었는지를 설명할 수가 없다. 또한 그가 시조묘에서 제향 받은 인물이었다면 시조묘와의 관계를 추정할 만한 방증이 있어야 할 것인데 현재 그러한 증거는 보이지 않는다. 그러므로 유리왕이 시조라는 주장은 문면 그대로 수용하기 힘들다. 다만 고구려에 있어서 王朝 交替說의 한 단계를 드러내 보여준다는 점에서 흥미로운 관점을 제공해 준다.

김용선씨가 착목하였던 유리왕의 시조왕적인 성격의 기사는 그가 하나의 성씨 집단의 첫 왕이었다는 데에서 말미암은 것이다. 유리왕은 주몽과 성씨를 달리하면서 새롭게 고구려 왕국의 정권을 장악한 '解씨 왕조의 시조'라고 추정할 수 있다. 유리왕의 族祖的인 면모는 그의 독특한 즉위 의식에서도 충분히 짐작할 수 있다.

유리왕이 일정한 儀式을 통하여 왕위에 오른 것은 사료에도 명기되어 있다. 그가 주몽에게서 신통력을 질문 받았다든지 劍의 단편을 가지고 왔다든지 몸을 솟구쳐서 하늘로 뛰어올랐다든지 하는 모티프가 그것이다. 이것이 샤먼으로서의 주술적 능력을 검증 받는 과정이었다는 점도 여러 사람들이 지적하고 있다. 필자는 뷰리아트 몽골 지방에 전하는 샤먼의 敍品 儀禮가 유리왕의 그것과 극히 유사한 것을 여기에 보고하여 참고 삼고자 한다.

뷰리아트의 샤먼은 샤먼으로 활동하기는 해도 전부가 敍品을 받는 것이 아니다. 서품을 받는 것은 고도의 책임을 넘겨받는 것이기 때문에 서품 받은 샤먼은 좀더 높은 계급에 속하게 되며 그들만의 그룹을 이루고 있다. …… 서품의 의례는 전부터 신입 샤먼의 스승일을 담당하는 '서품을 받은 샤먼('샤먼의 아비'라고 불린다)'이 집행한다. 조수들은 '샤먼의 아들'이라고 한다. …… 서품식 전에 신참과 '샤먼의 아비'와 '샤먼의 아들'들은 특별한 천막에 들어가서 단식한다. …… 제사 전야에 신성한 숲이나 묘지에서 자작나무를 가져온다. …… 뿌리를 가진 자작나무 한 개는 샤먼의 천막 안에 뿌리는 땅에 묻고 가지는 연기가 하늘로 빠지는 천장의 구멍으로 솟구치게 세운다. …… 그것은 샤먼에게 하늘의 여러 신들로 통하는 입구를 열어 놓는 것이다. …… 항가로프 박사는 이 자작나무들이 '무지개', 즉

샤먼이 하늘에로 가는 길을 가르켜 주는 것이라고 한다. …… 뽀따닌은 '샤먼의 아비'와 신참이 붉은 비단의 술을 매단 흰 모자를 머리에 쓴다고 하였다. …… 이튿날 천막에 모인 사람들은 신들에게 기원하기 시작한다. 처음에 스스로 서품을 하고 다른 이에게 최초의 서품을 내린 신령에게 제사한다. 다음에 '地上에 강림한 아홉 나라의 왕', '뷰리아트인들의 수호신'이자 '銀의 帶와 銀의 劍'을 지닌 것으로 전해오는 '西國의 王들(西國のハンら)'이라는 신령과 그 아들들에게 제사한다. …… (기타 여러 신에게 고루 제사한 뒤) '샤먼의 아비'가 여러 신령들에게 기원문을 외치고 나면 신참 샤먼이 그것을 반복한다. 이 때 신참 샤먼은 하늘에 불려 갔을 때 물려받았다고 하는 劍을 손에 들고 있다. 그는 마지막으로 천막 안 중심에 세워 둔 자작나무에 올라가 연기가 빠져나가는 천장의 구멍을 통해 지붕까지 나가기도 한다. 그 때 큰소리로 천신에게 도움을 요청한다. (意譯)[29]

유리왕 설화와 뷰리아트 샤먼의 서품 의식이 일치하는 것은 양자 사이에 문화적인 繼承 관계를 추정할 수 있는 중요한 근거가 된다. 필자가 유추하기로는 고구려 시대와 같은 類의 것이 몽골 지방에 남아 있는 것이 아닌가 한다.

이렇듯 샤먼 추대 의례의 경과가 유리왕의 즉위 과정과 부합되는 사실은 유리왕의 성격에 대한 중요한 시사를 던져 준다. 우선 주몽이나 유리가 모두 당시에 강력한 종교적 군주였다는 점을 인정하지 않을 수 없다. 祭政일치는 아니었겠지만 주몽은 탁월한 샤먼이었음은 틀림없다. 그를 계승한 유리 역시 신통력의 顯示에서 나타나는 것처럼 우수한 샤먼이었다. 그러한 유리가 先任者인 주몽의 대를 이어서 샤먼王으로서 등극한 것이다. 유리왕 즉위기의 설화는 샤먼으로서의 敍品 사실을 전해주고 있다.

---

[29] ウノ．ハルヴァ/田中克彦, 1971, 438쪽 이하. 여기 인용된 부분 중에서 특히 '西國의 王'(東明王篇에서 朱蒙이 스스로 자칭한 표현)이라는 구절과 신참 샤먼이 劍을 들고 기원한다는 부분, 그리고 천막 안의 연기 나기는 구멍 밖까지 신참 샤먼이 올라간다는 대목 등에서 필자는 유리왕 설화와의 전적인 일치를 확인한 바 있다. 육당 최남선도 오래 전에 간행된 《薩滿敎箚記》에서 이 뷰리아트 족의 의식을 소개하고 있으나 지리한 이해로 인하여 유리왕 즉위 의례와의 일치를 간과하지 못하였다. 《六堂崔南善全集》2권, 504쪽.

일반적으로 샤먼 사이에 師資 相承이 이루어지는 경우 양자는 친족이 아니다. 비혈연적인 관계가 대부분이다. 특히 고구려에 있어서 제3의 성씨(주몽 씨족)로부터 '解'씨에게로 왕권이 이양되었다면 주몽과 유리 사이는 더욱 親父子 관계였다고 할 수 없을 것이다. 그러한 비혈연적인 관계임을 잘 시사하여 주는 것이 유리왕 즉위 설화라고 고찰된다.

4. 消奴部와 桂婁部 政權 交替

여기서 우리는 해묵은 과제인 消奴部에서 桂婁部에로의 정권 교체 문제를 성씨의 교대 현상과 함께 조명해 볼 필요가 있다. 그 교체가 松讓과 주몽 사이에 있었던 것인지 朱蒙과 유리 사이에 있었던 것인지 아니면 모본왕과 국조왕과의 사이에 일어난 것인지를 분명히 하여야 할 것이다. 그러나 주몽과 소노부를 연결할 만한 자료가 지금으로서는 전혀 확인되지 않는다. 유리왕부터가 계루부라는 주장도 근거를 찾기 힘들다. 제2장에서 검토한 바와 같이 태조대왕 이후만을 계루부에 접속하려는 시도는 설득력이 없다.

후대의 고구려 왕실 桂婁部 고씨들은 전승상으로 알려진 바 先王 집단인 沸流國 세력들('松'씨라고 나타난다)을 끝끝내 자기네 高씨와 同宗이라고 인정하지 않았다. 沸流國 후예들은 沸流那 출신으로 명기되어 있는데 沸流那部를 계루부 왕실이라고 보기는 어렵다. 고씨 왕실은 '解'씨 집단과 주몽 씨족 세력들만을 스스로의 선조로서 봉숭하고 추앙하였다. 이 점은 제3의 성씨, 解씨, 高씨 삼자가 하나의 범주로 일체감을 형성하고 있었던 勢力群이라는 점을 증거해 주는 사실이다. 세 성씨들을 하나로 묶는 사회적 규제라고 한다면 部 체제 이외의 것을 현 단계에서 생각하기 힘들다. 주몽의 씨족, 解씨, 高씨 등은 아마도 桂婁部 안의 유력한 가문들이었을 것이다. 이에 덧붙여서 생각할 것이 고구려 왕실 고씨가 王

家에게 탁월한 충성을 보여준 집단들에게 王姓을 하사하고 同宗으로서 禮遇를 해주었던 사실이다. 高慈의 先祖인 '密'에게 高성을 내리고 대대로 王族에 버금가는 지위를 보장해 준 것이 그 예이다. 고씨 왕실이 같은 宗族이라고 인정하는 데에는 정확히 알 수 없지만 일정한 규준이 있었던 것이다. 同宗으로 편입되는 것은 계루부에로 귀속되는 것을 의미하였을 것이다. 이처럼 계루부 내에는 다기한 유래를 가진 다양한 씨족들이 결집되어 있었다.30)

桂婁部에 소속되어 있던 성씨들에 대한 구체적인 사료가 거의 전하지 않고 있는 사정에서 계루부 내에 존재하던 씨족 집단을 상정하는 것이 위험스러워 보일 수도 있다. 그러나 部 체제 내에서 씨족 세력들의 활동은 새삼스럽게 논증할 성격도 못되며 다만 구체적인 揭示가 조심스러울 따름이다.31)

주몽 집단, 유리 세력, 국조왕 세력 등이 계루부 내에서 일정한 지분을 갖고 고구려 후기까지 활동하였다고 추정하는 것은 전혀 무리라고 생각하지 않는다. 같은 계루부 출신의 선왕들이었기에 후세에 고씨 왕실은 주몽이나 유리 이하 여러 해씨 왕들을 先祖로 제사하였다고 보여진다. 다시 말해서 주몽 이후의 고구려 왕가는 桂婁部로 고정되어 있었고 소노부의 집정은 주몽 이전의 사건이라는 것이다.

유리왕은 第三의 성씨 – 解씨 – 高씨로 이어지는 繼起的인 왕조 교대 과정에서 해씨 왕조의 시조였다고 판단된다. 이들 세 씨족들은 桂婁部라는 하나의 部체제 속에 편입되어 있었던 세력들일 것이다. 그들의 공통적인 시조로서는 시종 朱蒙이 존숭되었다.

---

30) 이러한 점에서 확언할 수 없지만 解씨나 주몽 씨족들이 후대에 '高' 씨로 賜姓 받았을 가능성도 크다. 그러하였기에 萬世一系의 계보가 구축되었을 수도 있다. 그러나 이것은 계루부에 고씨밖에 없었다는 의미는 아니다.
31) 임기환, 1995, 〈高句麗 集權體制 成立過程의 硏究〉, 경희대 학위논문, 41쪽. 초기 기록에 나타나는 '群臣', '左右輔' 들을 계루부의 세력들로 파악하였는데 결론의 당부는 차치하더라도 계루부 안에서의 여러 씨족 세력들을 가정하는 자세는 공감한다.

5. 結論

　고구려의 건국 과정과 밀접하게 연결되고 있는 민감한 왕실 교체의 문제를 小考로 정리하여 보았다. 주몽이 高씨라고 보기 어렵다는 점과 주몽의 성씨가 다양하게 전해지고 있다는 점 등이 논의의 초점이다. 주몽은 高씨나 解씨가 아닌 제3의 성씨였다고 고찰된다. 유리왕이나 국조왕에게서 발견되는 시조왕적인 성격도 많은 참고가 된다. 유리왕은 많은 학자들이 간주하고 있는 것처럼 해씨 왕조의 시조였고 국조왕은 고씨 왕조의 시조였다. 이들 주몽 씨족이나 해씨 등은 종래 연구자들이 생각해 오던 것처럼 遽然히 소노부로 접속될 수 없다. 후대의 고씨 왕실이 그들을 일단 선왕으로서 禮遇하고 있었다는 것은 그들과 최소한의 동질성을 공유하고 있었기 때문이다. 세 씨족들은 아마 계루부 안에서 유력한 정치적 세력들이었을 것이다. 고구려는 계루부 내에서 세 王家가 承繼해 가면서 正體性을 유지해 온 국가였다.

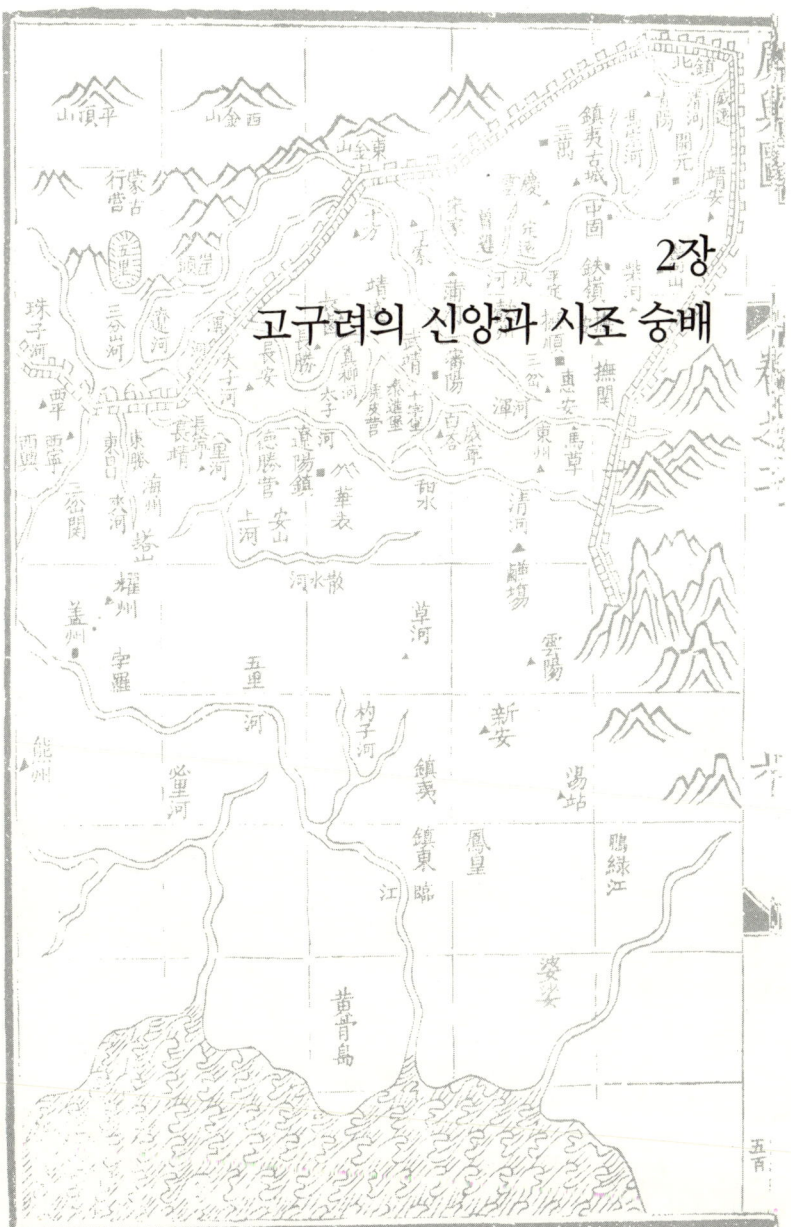

2장
고구려의 신앙과 시조 숭배

1절 古代 河伯 神體考

머리말

　고구려 왕실이 河伯의 후손을 자처한 것은 잘 알려진 사실이다. 그런데 정작 하백의 神體가 분명하지 않다. 일본에는 河童이라는 괴수가 하천에 존재한다고 생각하고 있다. 그 모습은 돼지 같기도 하고 개구리 같기도 하다. 우리의 하백은 과연 어떠한 모습이었을까 하는 의문은 당연한 것이 아닐 수 없다. 고구려의 하백 설화는 상당 부분 중국과 비슷하다. 중국 신화에서 하백은 소(牛)라고 되어 있다. 따라서 우리 고대 水神 내지 河神이 소 형체일 가능성이 높다. 실제로 압록강, 송화강의 전설을 조사해 보면 河神은 소라고 나타난다. 고대 소 신앙에 대해서는 六堂 崔南善이 일차 정리한 적이 있다.[1] 그러나 간단한 소개의 글이므로 별로 주목받지 못하였다. 본고에서는 소와 河伯과의 연관성을 깊이 있게 추적하여 보겠다. 우리 자료에 짙게 남아 있는 牛頭 信仰의 흔적도 함께 고찰하여 보기로 한다.
　민속 신앙으로서 七星님에 대한 숭배가 있다. 사찰에 가면 대웅전 외에 山神閣과 아울러 七星閣이 모셔져 있다. 칠성이 생사, 특히 수명을 주관한다고 전해진다. 그런데 칠성신의 정체에 대해서 종래 불분명한 점이 많았다. 돌이켜보면 고구려 고분 벽화에는 천정부에 북두칠성이 찬연히 그려져 있다. 日月과 아울러 그려진 정도가 아니라 한복판에 중심적인 자리를 차지하고 있다. 고구려인들에게 있어서 北斗七星은 해나 달보다 더 고귀한 존재였다고 여겨진다. 七星의

---

[1] 중동 신화에서 오시리스가 농업신인데 牛頭이다. 중국의 神農도 농업신이면서 牛頭人身임은 유명한 일이다. 牛首신이 농업신인 사례는 Isis, Amon, Dionysus, Hera, 神農 외에 다수가 산견되고 있다. 《六堂全集》권2, 125, 136, 208, 309쪽 및 권5, 58쪽 이하.

성격을 추적해 볼 필요가 있는 것이다. 그리고 벽화에 주신으로 등장하고 있는 玄武는 거북의 형체를 갖고 있다. 거북은 수중 동물로서 대개 水神의 사자로 생각되고 있다. 水神은 河伯인 것이다. 七星을 위시하여 玄武, 거북 등 일련의 상징들이 모종의 연관이 있어 보인다. 본고에서는 河伯과의 관계를 주로 하여 고찰하겠다.

1. 水神으로서의 소

압록강 일원에서 채집된 전설을 보면 水神이 '白牛'라고 되어 있다.[2] 水神에는 당연히 河伯이 포함된다. 그렇다면 河伯의 神體는 소라고 할 수 있다. 흥미로운 것은 북방의 송화강 江神도 역시 소라고 전한다는 점이다. 뿔이 하나인 검은 소 (靑牛獨角神)로서 제사할 때 배에 여자를 태워 바쳤다고 한다.[3] 江神 河伯이 소일 가능성이 더 커진 셈이다. 그렇게 생각하고 보면 중국 고대사 초기부터 河伯은 소와 함께 등장한다.

亥王(王亥)이 有易씨에게 부탁한 일이 있다. 하백은 소를 이끌었다. 유역씨는 해왕을 죽이고 끄는 소를 가져가다. (산해경 대황동경)[4]

王亥는 농업신으로 간주되고 있다. 그의 형상에 대해서는 '소'라고 보는 견해가 유력하다.[5] 일단 소와 하백과의 관계는 인정되어도 좋을 듯하다. 상 나라에

---

2) 吉林集安縣文化館, 1984, 《鴨綠江的傳說》, 중국민간문학출판사, 23쪽.
3) 李澍田, 1995, 《吉林기략》所收 《大中華吉林省地理志》, 吉林文史출판사, 364쪽.
4) 王亥託于有易 河伯僕牛 有易殺王亥 取僕牛.
5) 姜亮夫, 1996, 《古史學論文集》, 상해고적출판사, 310쪽.
   江紹原, 1998, 《民俗學論集》, 상해예문출판사, 319쪽.

서 河伯 또는 '河'神格을 경배한 것은 잘 알려진 사실이다. 한편 중국에서 服牛-乘馬의 풍속이 시작된 것이 商族과 유관하다고 한다. 이것과 河伯의 神體가 牛 또는 馬로 추정되는 것이 관계가 있다고 판단된다. 상대에서부터 河伯과 牛馬가 매우 밀접하게 연결되고 있음을 알 수 있다.

돌이켜보면 牛가 水神이라는 점은 전세계적으로 보편적인 것이다. 石田英一郎은 그의 《新版河童駒引考》에서 각지의 소 숭배 및 河神 내지 농경신으로서의 성격을 정리하였다. 그 점은 白川靜[6], 諏訪春雄[7]도 동의하였다. 중국의 周星[8], 蕭兵[9]도 소가 농업신이면서 河神이라고 추정하였다. 소가 농업신으로 숭배되는 근본 이유는 홍수와 관계되어 있기 때문이다.[10]

夫餘의 遺俗은 중국 상 왕조의 그것과 유사하다는 점이 지적되고 있다. 개구리를 제사한다든지 흰색을 숭상하는 것, 曆法이 같은 점, 새에 관한 전설, 珠玉을 애호한다는 점 등이 그것이다. 중국 상 나라에서는 소의 肩胛骨을 이용한 점법(牛胛占法)이 성행하였다. 부여의 牛蹄占法과 함께 牛骨占法에 포함된다. 그런데 그 소는 외부에서 수입한 것이 많았다고 한다.[11] 夫餘처럼 '善養牲'으로 유명한 지역에서 수입하였을 것이다. 소를 매개로 하여 부여와 상이 연결될 소지가 있어 보인다. 부여는 祭祀 소(牲)를 잘 기른다고 되어 있다.[12] 부여는 牛가 있고 말 같은 소가 없다는 점이 학자들 사이에 지적되고 있다.[13] 소를 잘 기르는 것만 아니라 소를 이용하여 중요한 점을 치고 있다. 후세에도 東夷族이 牛骨占을 잘 치는 것이 중국에까지 알려져 있었다.[14] 점을 치는 것은 신에게 제사지낸 동물로서 하는 것이 보통이다. 희생은 그 자체가 신성시되었고 대개는 神體와 동일

---

6) 백천정, 1975, 《中國の神話》, 중앙공론사, 149쪽.
7) 諏訪春雄, 1998, 《東アジアの神と祭り》, 雄山閣, 345쪽.
8) 周星, 1998, 《橋和民俗》, 上海文藝出版社, 252쪽.
9) 소병, 1989, 《中國文化的精英》, 상해문예출판사, 657, 662쪽.
10) 洪水와 소의 관계에 대해서는 학자들의 글에 자세히 나온다. 여기서는 다루지 않겠다.
11) 장광직/이철, 1990, 《신화 미술 제사》, 동문선, 94쪽.
12) 水谷瞭, 〈蘇塗の隨想〉, 《東アジアの古代文化》78호, 141쪽.
13) 日野開三郎, 1988, 《東洋史學論集 東北アジア民族史》上, 제14권, 三一書房, 29쪽.
14) '東夷之人 以牛骨占事 呈示吉凶 無往不中.' 《初學記》권29, 牛.

하게 인식되었다. 이러한 夫餘에서 '소'가 숭배되었을 것은 당연한 일이다. 송화강의 江神이 소의 형태인 것도 그러한 배경에서 이해되어야 할 것이다.

부여에서 牛加의 집안에서 장자 계열은 중앙 관리로서 나타나고 末子 계열이 牛加 관직을 받고 있다.[15] 牛加가 정부의 중요한 역할을 담당하고 있음은 주목에 값한다. '소'가 신성시되던 思考의 연장선상에서 牛加도 중대한 책무를 맡게 된 것 같다. 신성한 동물이었던 소를 飼育, 馴致, 貢獻하는 업무를 맡은 이가 牛加가 아니었나 한다. 혹은 祭祀長의 역할을 한 것 같기도 하다. 魏와 高句麗의 對戰에서 牛加가 독자적인 행보를 가진 것도 그러한 소임과 무관하지 않을 듯하다.

강원도 지방에 거주한 것으로 알려져 있는 濊의 민속에 소와 관련된 것이 많다. 농경 제의와 연관되어 '소놀이'가 황해-강원에 많다는 점은 잘 알려진 사실이다.[16] 강릉 태백산 神堂이 고래로 널리 숭상되었다. 太白山에는 牛王 사당이 있으며 신당 제사에는 '소'가 신성한 희생으로 나타난다.[17] 太白山의 소 숭배와 함께 강릉 지방에는 영등 신앙이 유명하다. 영등 신앙에서는 영등 대왕이 牛島에 漂着하는 것으로 나타난다. 제사 후에 牛頭를 바다에 던진다든지 하는 것은 牛頭天王과 관계되는 것으로 해석된다.[18] 역시 소의 이미지가 짙게 드리워져 있다. 이렇듯 소와 밀접한 관계를 유지하고 있는 濊(東濊)는 扶餘와 역사적으로 깊이 연결되고 있다. 부여는 본래 濊 또는 濊貊의 땅이었다. 그 곳에는 濊城이라는 濊國 시기의 古城이 있었다고 한다. 강릉 역시 '濊國 古城'이 있고 그 지역이 濊貊의 고지라고 전승되고 있다. 扶餘와 江陵에 똑같이 '北溟'이라는 지명이 나타나고 있으며 '濊王之印'이 출토되던 곳으로 기록되어 있다. 두 지방이 역사적으로 동일한 실체는 아니었다고 하더라도 유기적, 문화적 호흡을 같이하던 곳임은 분명하다. 그러한 지역에서 소 신앙이 공통적으로 확인되고 있다.

---

15) 동옥저에서도 강력한 토착 세력의 대표자가 使者로서 중앙 관료로 편입되어 있었고 그 지역에서의 작업은 大加가 담당하였다. 즉 현지 세력들의 역할 분담이 이루어지고 있었다. 부여도 똑같다고 생각된다.
16) 依田千百子,《朝鮮民俗文化の硏究》, 유리서방, 163쪽.
17) 神堂退牛說,《虛白堂集》文集 권12.
18) 諏訪春雄, 1998, 445쪽.

고대 新羅의 원명인 徐羅伐이 'ソシモリ'라고 해석되기도 한다.[19] 徐羅伐은 '牛野'인 셈이다. 일본 고전에는 漢人, 즉 韓人들이 소를 숭배하였다는 기록이 많다. 《日本書紀》에 보면 祈雨祭 제사에는 소, 말이 희생되곤 하였다고 한다. 별도로 하백에게 기도하기도 하였다고 한다.[20] 이것은 본래 水神 하백에게 그 신체인 소를 희생하여 祈雨하던 古風이 변형된 것이다.

농경신, 농업신으로서 소는 숭배되었다. 홍수를 예방한다는 점에서 농경신일 뿐만 아니라 水神이기도 하였고 河伯이었다.

2. 大王과 소머리(牛頭)

고대인들은 소의 머리, 즉 牛首가 대왕의 상징이라고 생각하였다. 《三國史記》 백제 본기에

한성의 인가에서 말이 소를 낳았다. 머리 하나에 몸이 둘이다. 점치는 이가 가로대 …… 소가 머리 하나에 두 몸인 것은 대왕이 이웃 나라를 병합할 징조입니다. 하다. 대왕이 기뻐하여 마침내 진한과 마한을 통합할 마음을 갖다.[21]

라고 하였다. 소머리 하나가 두 개의 몸을 가진 것이 대왕이 이웃 나라를 정복할 의미라고 해석되고 있다. 여기서 소머리 하나는 다름 아닌 백제 대왕 한 사

---

19) 李炳銑, 1996, 《日本古代地名研究》, 아세아문화사, 17쪽.
20) 或殺牛馬 祭諸社神 或頻移市 或禱河伯.《日本書紀》皇極 1년 7월.
여기서는 河伯에 대한 祭禮와 소가 별도의 형태로 나타나고 있다. 바다를 건너면서 河伯의 실체가 망각되고 風物은 풍물대로 의식은 의식대로 나뉜 듯하다.
21) 漢城人家 馬生牛 一首二身 日者曰 … 牛一首二身者 大王 幷隣國之應也 王聞之喜 遂有幷呑辰馬之心. (백제본기 온조왕 25년 조)

람을 가리키며 몸 두 개는 두 개의 영토와 백성을 은유하는 것 같다. 따라서 牛頭가 의미하는 것은 영토와 인민을 통치하는 지상의 권력자이다. 소머리는 땅에 대한 지배를 상징하는 것이다. 소가 水神 나아가서 地神을 의미하는 것이라면 머리 부분은 地上의 首長을 표현하는 것일 수도 있다.[22]

그렇게 보면 전국 각지에 牛頭의 지명이 산견되는 이유를 짐작하기 어렵지 않다. 평안도 지방에 해당하는 낙랑에 牛頭山城이 있었고 백제와 신라의 접경지역에 牛頭城, 牛頭州 등이 있었다. 신라에도 牛頭州는 太伯山에 인근한 지방으로 나타나며[23] 牛頭郡도 있었다. 牛頭는 任那 출신 귀족의 이름이기도 하였고 임나로부터 왜국으로 건너간 額有角人(이마에 뿔이 있는 사람)이 역시 유명하다. 額有角人이 다름 아닌 牛頭人일 것임은 재언을 요하지 않는다. 伽倻산 해인사 연기전설에는 가야산이 牛頭山이라고 되어 있다. 거제도에도 유사한 牛頭山 전승이 연결되고 있다.[24] 가야 지방에서도 牛頭 신앙이 유서 깊었던 것을 상상하기에 족하다. 낙동강 유역에 있었던 伽倻는 나라 이름 자체가 고대어로 소를 가리킨다고 한다.[25]

일본 신화에 나오는 난폭한 'スサヌオ(素戔嗚)'가 牛頭天王이라고 숭상된다. 'スサノオ'가 天降한 곳이 'ソシモリ'라고 하여 그 곳을 春川(牛頭州)으로도 비정하고 慶州, 陝川, 扶餘 등으로 생각하기도 한다. '소'의 고대어는 '소시, 소스'였다고 추정된다.[26] 그러므로 'ソシモリ'는 '牛頭'와 연결되는 지명인 것이다. 어느 일정한 곳이 아님을 짐작하기에 족하다. 각처에 牛頭 신앙이 성행하였던 만큼

---

22) 한편 중국 고대 사회에서 牛耳는 覇王의 상징이었다. 牛耳를 잡고 제후들과 회맹한다고 하여 盟主가 되는 것을 '牛耳를 잡는다'라고 표현한다. 이러한 관념이 우리 고대인들에게 牛頭 상징으로 나타났을 가능성도 있어 보인다.
23) 太伯山 신당에서 소를 숭배하던 것을 상기하면 신라의 牛頭州는 태백산 부근에 위치하였을 것이다. 그와 함께 牛頭州가 樂浪, 帶方 兩國에 인접하였다는 것도 고려하여야 할 것이다.
24) 《牧隱藁》文藁 권5, 〈巨濟縣牛頭山見菴禪寺重修誌記〉. '新羅哀莊王時 有僧曰 順應 日理定 入中國 聞寶志公 有遺敎曰 我後三百年 當有東國二僧至 吾道東矣 (*보지는 南朝 사람이니 300년이 맞기는 맞다.) 於是謁志公眞身 得其法 以木爲驟仍載華嚴經 以歸 此牛頭山見菴之所由作也.' 牛頭라는 이름이 해인사에서와 같이 이 두 스님한테 따라다니고 있다.
25) 김병모, 1999, 《김수로왕비의 혼인길》, 푸른숲, 127쪽.
26) 《六堂崔南善全集》, 1973, 현암사, 권5, 58쪽.

'牛頭'라는 지명이 여러 곳에 분포하는 것이 당연하다. 그런데 'ソシモリ'는 '蘇之保留'라고도 적으며 徐伐, 서울 등과 같은 말로 생각되기도 하였다. '蘇之保留'는 동시에 가뭄에 비를 구하는 秘曲의 이름이기도 하였다.[27] 이것은 牛頭天王의 水神格을 잘 보여주고 있다. 牛頭가 神名이자 지명이고 동시에 樂曲이름이기도 하였을 것이다.

나아가서 고구려에서도 대왕은 소의 화신이라고 인식되고 있었다. 제3 대 王은 왕명이 朱留 또는 味留, 無恤이고 왕호가 大武神王이다. 왕의 시호 '大武'는 종래 '武神'의 의미로 풀어온 듯하다. 대왕의 부여 정벌과 아울러서 武略이 인상적이었기에 그러하였을 것이다. 그러나 '大武'는 그 자체가 '소'라는 뜻이다. 《禮記》에

凡祭宗廟之禮 牛曰 一元大武
鄭玄注 元 頭也 武 迹也
孔穎達疏 牛若肥則 脚大 脚大則 迹痕大 故云 一元大武也

라고 하였다.[28] '大武一元'이라 함은 쉽게 말하자면 '큰 소 한 마리'이다. 소를 '大武'로 적고 '一元'으로써 소머리 하나를 표현한 것이다. 줄여서 '大武'는 '큰 소'가 된다. 大武神王은 大武王이고 牛王이다.

대무신왕이 牛王이라고 칭송된 데에는 여러 가지 이유가 있을 것이다. 그의 치세에서 나타나는 '불을 지피지 않아도 데워지는 솥(神鼎)'이 대왕의 농경 신격과 합당해 보인다. 신화학자에 의하면 고구려 초기 3 대 왕에게는 祭祀(鞭 – 주몽왕)와 軍事(劍 – 유리왕), 農耕(鼎 – 대무신왕)의 기능이 분담된 듯하다고 한다.[29] 大武神王, 즉 牛王이 농경적 성격으로 간주되는 점은 흥미롭다고 하겠다. 대왕이

---

[27] 松前健, 1973, 《日本神話の 可能性》, 傳統と現代社, 156, 160쪽.
三品彰英, 論文集《日本神話硏究》1~3쪽.
[28] 徐成志, 1990, 《事物異名別稱辭典》, 齊魯書社, 501쪽.
[29] 井上秀雄, 1979, 〈高句麗 大武神王觀의 變遷〉, 旗田巍先生古稀記念會, 1979, 《朝鮮歷史論集》上, 龍溪書舍. 신화학자 吉田敦彦, 大林太郎의 제창이다.

농경과 깊은 신화적 연대성을 갖고 있다는 것이다.[30] 한편 고구려의 국가적인 농경 축제인 東盟 제사가 이 왕대에 처음으로 봉축되었다.[31] 왕 3년 건립되어진 東明王廟를 중심으로 거행된 것이다. 그러한 사실과 大武라는 시호 사이에 관련이 없을 수 없을 것이다.[32]

주몽에게 제사할 때에 殺牛한다고 하였다.[33] 주몽에 대한 祭禮에 중국식의 煞牛儀禮가 도입된 것이라고 볼 수 있다. 아니면 주몽과 소와 모종의 연관을 상정해 볼 수 있을 듯하다. 주몽이 河伯의 孫子 또는 外孫이라면 河伯과 같은 神體를 갖고 있었을 가능성이 높다. 제의 속에서 주몽은 '소'였을 것이다. 그러하였기에 '소'를 제사용으로 도살한 것이다. 초대 왕의 종교적 실체가 '소'였을 개연성을 높여 주는 대목이다.

집안에 있는 오괴분 4-5호 고분 벽화에는 牛頭神人이 그려져 있다. 牛頭神人의 손에는 볏단(禾稼束)이 들려 있다. 곡식의 신, 특히 벼의 신임을 명시한 것이다. 일설에는 牛頭를 한 黃帝 또는 神農씨를 가리킨 것이라고 한다.[34] 그러나 고구려 벽화에서 굳이 중국 신화를 모색하는 것은 옳지 않다고 고찰된다. 신농이나 황제가 벼와 관계되는 것도 아니다. 벽화 내용 그대로라면 우리는 고대에 牛頭 형상을 한 稻作神이 있었음을 인정하여야 할 것이다. 여기서는 자세히 언급하지 않겠지만 벼의 신이 고구려 신화에서 차지하고 있는 위치를 짐작하기 어렵지 않다. 우리는 다만 고구려에서 牛王的인 존재를 상상하는 방증으로서 牛頭神人을 거론하였을 뿐이다.

---

30) 그러한 신화적 분식이 대왕의 역사성을 부정하는 것은 아니라고 생각한다.
31) 졸고, 2000, 〈高句麗 東明王廟의 成立過程〉, 《한국고대사연구》18호.
32) 이와 관련되어 반드시 고찰하여야 할 것이 隧神의 성격이다. 단 본고에서는 隧神의 地神 내지 水神적 성격을 고려하면서 서술하고 자세한 것은 별고에서 다루기로 하였다.
33) 《册府元龜》권369, 將帥部, 攻取.
34) 이전복/손옥량/강인구/김영수, 1990, 《高句麗簡史》, 삼성출판사, 265쪽.

3. 河伯 信仰과 七星 崇拜

1) 高陽氏와 河伯

高陽씨 顓頊은 중국 신화에서 水神, 河神, 海神으로 유명하다. 북방의 黑帝라고도 한다. 고구려인들은 河伯 後孫임을 자처하고 있었다. 따라서 같은 水神, 河神이라는 점에서 동일시될 소지가 많았을 것이다. 더구나 高陽씨가 본래 女性神이라는 설도 제기되고 있다. (後述) 고구려에서는 河伯女郎이 始祖母이다. 이처럼 河伯이자 女神이라는 같은 性格에서 양자가 동일화 과정을 밟은 것 같다.

사서에 보면 고구려 高씨의 지파가 高陽씨의 후예라고 자칭하고 있다.

사자를 북연에 보내어 종족의 예를 베풀다. 북연의 왕 고운은 시어사 이발을 보내어 화답하다. 운의 조부 화는 고구려의 지파이다. 스스로 高陽씨의 후예라고 하여 高씨를 칭하였다. 慕容寶가 태자로 있을 때 운은 무예를 가르쳐 태자를 모셨다. 모용보를 모용씨로 사성하였다.[35]

高雲은 그 조부 高和가 고구려 왕족이었다. 서기 4세기경 선비족의 침략에 납치된 뒤 鮮卑族으로 동화되어 간 듯하다. 그러다가 정치적 지위가 높아지고 권력을 장악하게 되자 가문의 내력을 분식할 필요가 생겼을 것이다. 여기서 本宗 고구려 왕실의 신화적 宗統을 이끌어서 가문을 장엄하게 한 것이 아닌가 고찰된다. 본래 자기 씨족이 고대 聖王인 高陽씨에게서 유래하였다는 전승은 한갓 귀족 가문에서 자칭할 수 있는 내용이 아닐 것이다. 나아가서 이러한 설화가 반드시 支派에서 시작한 시조 전승도 아닌 듯하다. 宗家에서 그에 유사한 설화적 분식이

---

35) 遣使北燕 且敍宗族 北燕王雲 遣侍御史李拔報之 雲祖父高和 句麗之支 自云高陽氏之苗裔 故以高爲氏焉 慕容寶之爲太子 雲以武藝 侍東宮 寶子之賜姓慕容氏. (고구려 본기 광개토왕 17년 조)

없었다고 할 수 없다. 오히려 宗族에서 제시된 전설상의 접목 작업이 종족이 멸망당한 오늘 支族의 설화 속에서 살아 남아 있을 가능성이 큰 것 같다.

范犁, 金岳, 張碧波 등은 고구려를 高陽氏의 후계자라고 추정하였다. 태양 숭배 - 난생설화 - 靈石 신앙이 고씨 설화에서 핵심을 차지한다고 보고 그렇게 주장한 것이다. 石墓 및 巨石文化와도 연결시킨다.[36] 민속 - 종교적으로 양자가 연결될 소지가 많다는 점은 인정되어도 좋을 듯하다.

高陽씨는 그 어미 女樞가 北斗七星에게 감응되어 출생한 신이다. 北斗七星의 화신이라고 생각하기에 족하다. 어미의 이름 女樞도 北斗를 상징하는 것 같다. 북두칠성의 첫 머리별이 天樞라고 한다.[37] '女樞'라는 명칭은 당연히 魁星의 별명인 天樞에서 온 것이다. 북두칠성은 시조라고 인식되던 顓頊 고양씨의 상징일 것이다.[38]

여기서 고구려인들이 河伯女郞의 후예라는 설화와, 고분 벽화에서 북두칠성이 천장 중앙부에 장식되어 있는 것이 무관하지 않음을 알 수 있다.

2) 고분 벽화와 七星 신앙

고구려인들의 사상과 신앙은 그들이 남긴 고분에 투영되어 있다. 특히 고분 벽화는 그러한 점에서 자료의 보고라고 할 수 있다. 주목되는 것은 벽화에 나타나고 있는 星辰 숭배와 玄武 관념이다.

고구려 고분 벽화 천장부에 日月과 함께 星辰圖가 그려져 있다. 星辰의 대부분은 北斗七星이며 '北斗七靑'이라고 墨書된 그림도 있다. 그러한 화상을 볼 때 우

---

36) 金岳, 1996,《北方民族方國歷史硏究》, 중주고적출판사, 272쪽.
范犁,〈《高句麗族屬探源》駁議〉,《高句麗硏究文集》, 260쪽.
張碧波, 1998,〈高句麗文化淵源考〉,《北方文物》1998년 1기, 56쪽.
37) 북두칠성의 이름은 다음과 같다. 첫째가 天樞, 다음이 天璇, 그리고 天璣, 天權, 天衡, 開陽, 瑤光이다. 처음 가장 밝은 별은 魁星, 奎星이라고도 한다.
38) 정확하게는 顓頊의 어미의 상징이 되겠다.

리는 고구려인들의 星辰 숭배가 北斗를 중심으로 전개되고 있었다고 생각할 수 있다.[39] 여기서 주목할 것은 北斗七星이 日月과 아울러 그려진 점이다.[40] 그림에 따라 다르기는 하지만 대체로 보아 北斗七星이 주가 되고 日月이 그에 종하는 내용이다. 七星 신앙이 日月 숭배보다 앞선다고 여겨진다(그림-참조).

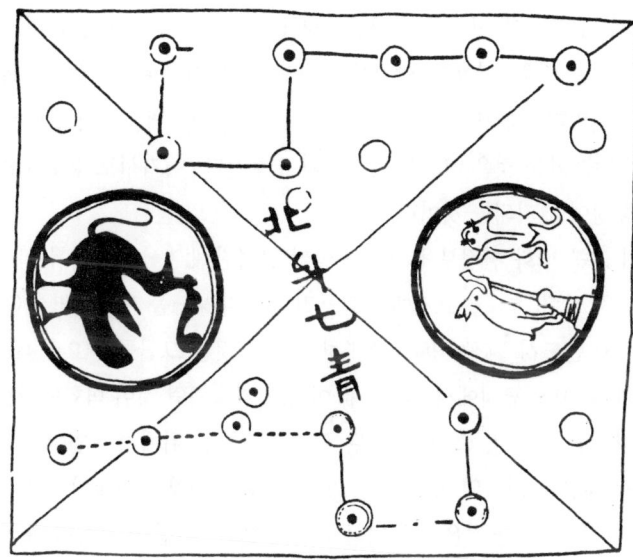

장천 1호분 널방 천정석 별자리 배치도

---

39) 金一權, 1997, 〈리준걸, 『고구려 고분벽화를 통해 본 고구려의 천문학적 발전에 대한 연구』에 대한 토론〉,《高句麗古墳壁畵》, 고구려연구회.
40) 日月과 七星이 같이 그려진 벽화 고분들을 표로 작성하여 둔다. 대부분의 人物 생활 벽화 고분이 여기에 포함되고 있다.
덕흥리 진무덤. 雲文, 日月, 神仙. (前室 천장부)
무용총. 日月星辰, 靑龍, 白虎, 鳳凰, 麒麟. (이하 後室 천장부)
통구 12호분. 蟾蜍(月), 三足烏(日), 星辰.
약수리 2호분. 北斗七星, 星宿, 운문.
간성리 연화총. 인화문, 日月.
천왕지신총. 奇鳥, 봉황, 蛇, 日月星辰.
齋藤忠, 1987,《東アジア葬墓制の硏究》, 제일서방.

한편 같은 시기의 고분으로서 墨書가 적혀 있어서 당시인들의 사고를 잘 보여주는 것이 牟頭婁묘이다. 묵서에는 고구려 왕실을 지칭하면서 '河泊之孫 日月之子'라는 套語가 반복되고 있다. 여기서도 항상 우리를 의문스럽게 만든 것이 '日月之子'보다 '河泊之孫'이 먼저 거명되고 있다는 점이다. 그만큼 '河泊', '河伯'의 혈통이 더 중요시되었다고 할 수 있다. 日月보다 더 중요한 한복판에 그려진 北斗七星과, 日月보다 먼저 거론되고 중시되고 있는 '河伯'혈통을 비교해 보면 모종의 시사를 받을 수 있다. 양자를 비교해 보자. 日月은 三足烏와 蟾蜍로써 충분히 표시되었다. 그러면 河伯, 河泊은 어디로 갔을까? 벽화에는 七星이 남아 있다. 對當될 수 있는 것은 河泊 또는 河伯과 七星이다. 여기서도 七星이 河伯의 상징일 가능성이 제기되는 것이다.41)

고구려 고분 벽화 천정부에 日月과 함께 그려진 北斗七星은 다름 아닌 河伯을 가리키는 것 같다. 牟頭婁 묘지에서 고구려 왕실의 來源을 서술하면서 ('日月之子'에 앞세워서) 반드시 '河伯之孫'을 疊稱하고 있는 것은 그만큼 중요한 대목이기에 그렇게 한 것이다. 묘지에서 '河泊之孫'이라고 기술되던 것이 벽화에서는 북두칠성으로 나타난 것이다. 고구려인들은 死者가 승천한 뒤에 本身인 河伯의 근원으로 돌아갈 것을 기원하였다고 할 수 있다. 고분의 천장에 七星이 그려지고 그것으로써 河伯을 도안한 것은 고구려인들이 河伯의 후손임을 명백히 한 것이 아닌가 여겨진다.

고구려 고분 벽화는 四神圖가 가장 큰 특징임은 두말할 것 없다. 四神은 玄武를 중심으로 靑龍 - 白虎 - 朱雀으로 구성된다.

그런데 '玄武'는 본래 北斗七星을 지칭하는 말이다.

北宮玄武 虛, 危. 北宮은 玄武이다. 虛, 危 수가 속한다.
索隱 文耀鉤云 北宮黑帝 其精玄武.

---

41) 王室과 貴族 사이의 혈통 차이를 고려해 볼 수 있으나 반드시 그것으로 구분되는 것은 아닌 듯하다. 말기이기는 하나 豪族 淵씨가 水中에서 출생한 것으로 수식하고 있어서 귀족 가문에서도 水神, 河伯 숭배는 활발하였다고 짐작된다.

正義 南斗六星 牽牛六星 並北宮玄武之宿. 《史記》天官書

중국에서는 전국 시대 이후 발생되었던 오행설과 28수 천문 관념이 차차 결합하게 된다. 그 생각을 집약적으로 기술한 것이 위의 《史記》天官書이다. 북방을 담당하는 별자리라는 의미에서 '北宮'이라는 표현을 쓴 것이다. 다른 사방 별자리는 東宮 蒼龍, 南宮 朱雀, 西宮 白虎 등이라고 하였다. 음양오행설의 발전에 따라 北宮에 玄武가 배정된 것은 자연스러운 일이라고 할 수 있다. 그런데 본래 북방의 별자리라는 뜻으로 사용되었던 '北宮'이라는 어휘가 후세에는 차차 북두칠성을 가리키는 말로 전화된다.[42]

北宮에 속하는 별자리는 '虛, 危'로 대표하기도 하고 '斗-牛-女-虛-危-室-壁'의 일곱 성좌를 전부 들기도 한다. 이 중 '斗'수가 대표적인 별이다. 그런데 이들은 본래 북두칠성과는 관련이 없다. 남방에서 빛나고 있는 성좌들인 것이다. 이들 성좌가 北宮으로 편입된 것은 다분히 별자리의 모양과 玄武(거북-뱀)의 가상적인 神體가 유사한 때문이라고 한다. 그 바람에 본래 남방에 위치하는 별들이 北宮이라는 명칭을 갖게 되었다. 북두칠성과 구별하기 위하여 남방의 '斗'수는 '南斗'라고도 호칭되었다. 간혹 南斗와 北斗가 혼용되는 경우도 있다. 여하간에 斗宿은 南斗로 불리면서 玄武=北宮에 배속되어 온 것이다. 고분 벽화에는 북두칠성 외에 南斗六星이 같이 그려진 경우가 많다. 따라서 고분 벽화에 그려진 南斗는 이러한 玄武 관념을 바탕으로 한 것이라고 생각된다.

중국 신화 체계에서 北斗와 함께 南斗가 인간의 生死를 주관한다고 되어 있다.[43] 그리고 《楚辭》에서는 大少司命이 있어서 역시 사람의 수명과 생사를 관장한다고 하였다.[44] 대사명은 죽음의 신, 소사명은 後孫의 신이다. 《詩經》에서 보면 소사명은 생명의 신이라고도 할 수 있다. 聞一多는 司命신이 그 자체 水神 玄冥이라고 논하였으나 王孝廉은 같은 신은 아니라고 신중하게 접근하고 있다.[45]

---

42) 이러한 北斗七星과 北宮 내지 北極星의 혼동은 별도로 고찰되어야 할 것이다.
43) 干寶/林東錫, 1997, 《搜神記》上, 동문선, 110쪽.
44) 마창의, 1994, 《中國神話學文論選萃》下, 中國廣播電視出版社, 856쪽.

우리 신화에서도 사람의 목숨을 주지하는 것이 삼신할망과 칠성님이다. 삼신은 차차 生育 神格이 강화되어 갔고 그에 대하여 壽命 神格은 칠성에게 넘겨진 듯하다. 무속에서 七星님은 높은 신격을 가진 대상이다. 사찰마다 설치되어 있는 七星閣은 그러한 신앙의 집성이라고 할 수 있다. 七星신은 死者의 신이며 壽命과 幸福을 주관한다. 벽화에 칠성이 나타나는 것은 冥府觀念과 연관되는 듯하다. 중국과 마찬가지로 生死에 대한 관할이 두 신에게 나뉘어 있는 것이 주목된다. 고구려 고분 벽화에서 사자의 저승 세계를 담당하는 星座가 두 개의 별자리, 즉 北斗 - 南斗로 나타남은 우연이 아닐 것이다. 고구려 신앙 내지 우주관에서도 生死 所掌이 2 주의 신으로 배정되어 있음을 짐작할 수 있다.[46]

중국의 梁志龍은 나아가서 靈星 제례 자체가 고구려 고유의 전통이라고 주장하였다.

영성에 대한 제사는 중원에 고유한 제사가 아니다. …… 내 생각으로 한나라는 주 왕조의 제도를 본받아서 후직을 제사하였다. 그런데도 영성을 도입한 것은 변방의 소수민족의 제례를 중앙으로 이식한 것이다. 영성은 고구려의 중요한 제사였다. 물론 우리가 영성제가 고구려에서 발생하였다고 단언할 수는 없다. 그러나 그것이 동북 지방의 민족들 제의와 밀접한 관계에 있었음이 분명하다. 《후한서》 동이전에 '예나라 사람들은 별자리를 점쳐서 풍년과 흉년을 미리 안다'고 하였다. 별자리를 살피는 것은 당시 '靈星'이라고 불린 辰星을 가리킨 것이 아닐까? 《후한서》 오환선비열전에도 '귀신을 섬긴다. 천지, 일월, 성신, 산천을 제사한다' 고 하였다. 그 성신이 혹시 영성일지도 모른다.[47]

---

45) 王孝廉, 1992, 《中國的神話世界》下, 민속원, 495쪽.
46) 단군신화에서도 환웅이 主命한 것으로 명시되어 있다. 태고에는 生死神이 하나였던 것인데 차차 生死 二神으로 나뉜 것인지 후고를 요한다.
47) 梁志龍, 〈高句麗史札五則〉, 1997, 《高句麗 渤海硏究集成》제1권, 530쪽.
   靈星之祭 不是中原地區 固有的祭典…我想, 漢因周朝 祭祀后稷 而立靈星, 當是移植邊疆民族祀典, 靈星是 高句麗的重要祭祀, 雖然我們不敢斷言 靈星産于高句麗, 但@與東北古代民族 有着密切的關係, 《後漢書》. 東夷傳: 穢人 "曉候星宿 預知年歲豊約" 曉候之星, 大槪就是那顆被稱作靈星的辰星@?《後漢書》. 烏桓鮮卑列傳: "敬鬼神, 祠天地日月星辰山川". 所祠星辰, 或當亦有靈星.

물론 이 견해를 당장 수긍하기는 힘들지만 고구려 내지 우리 고대 문화에 있어서 별 숭배 연구에 대한 좋은 시사가 될 것이다.

七星신은 水神일 뿐만 아니라 生死神으로 숭배된 것을 알 수 있다. 冥府神 내지 生死神, 특히 死神이 아닌가 고찰된다.

3) 玄武와 河伯과 七星

한대의 인물 풍속도의 영향을 받은 초기 벽화가 차차 고구려적으로 정착되면서 나타난 양식이 四神圖이다. 그만큼 고구려적이라고 할 수 있다. 四神 중에 대표적인 主神은 아무래도 玄武라고 하여야 할 것이다. 벽화 고분 발생 초기에 서벽 또는 북벽에 그려졌던 墓主 圖像이 차차 북벽에 玄武圖와 같이 그려지는 것으로 바뀐다. 즉 玄武는 墓主 畵像을 대신하여 배치된 것으로 이해된다. 그러다가 마침내 인물 그림이 사라지고 현무 그림만 북벽에 남게 되는 것이다. 그만큼 중요시된 그림이라고 할 수 있다.

한편 玄武는 동물로서 거북을 가리킨다. 玄武는 河伯의 使者이다.[48] 고구려 신화에서 시조왕이 어려움에 처했을 때 나타나서 다리를 만들어 渡河에 성공시킨 것이 바로 거북이다. 시조가 水中界를 지배하고 있음을 명시해 주고 있다. 일본 신화에서도 시조왕이 바다를 건너는데 거북이 길 안내를 해주고 있다. 여기서 거북은 現地 세력으로서 신무 집단에게 협조적인 그룹이라고 해석된다. 在地의 嚮導者인 셈이다.[49] 그와 같은 해석은 주몽 전승에서도 적용될 수 있는 것이 아닌가 여겨진다. 外來의 정복자가 天神族이라면 현지에서 호응한 이들은 地神族으로서 地神에 합당한 이데올로기를 갖게 되었을 것이다. 거북은 시조왕의 건국을 도운 功臣이다. 그 세력은 아마도 河伯族이었을 것이다. 시조왕이 河伯의

---

[48] 《楚辭》에도 거북이 水神인 '水母'의 대리사로서 나타난다 '玄武涉兮水母 與吾期兮南榮'. 注. 天龜水神 侍送余也 〈楚辭 九懷 思忠〉
[49] 나중에 大和國造 씨족이 된다고 한다.

후손(외손)이면서 河伯 세력의 지지를 받아 나라를 열었다는 것이다. 설화 분석에서도 河伯과 玄武(거북)가 긴밀하게 연결되어 있음을 알 수 있다.

何新은 玄武가 北方神으로서 水神이자 海神, 죽음의 신(冥王)이라고 논하였다. 玄武는 다름 아닌 玄冥으로서 水正이고 설화 속의 鯀(鮌)이며 玄黿이라고 추측하였다. 黿은 龜, 鼈의 총칭이라고 한다.[50] 玄冥은 水神이면서 商族의 先祖로 손꼽히고 있다.[51] 중국 水神으로는 玄冥과 아울러 禺强이 유명하다. 禺强도 水神이자 死神이다. 死神은 幽都에 거처한다고 한다. 王孝廉은 禺强과 玄冥이 같은 神格이라고 하였다. 그리하여 海神이자 水神인 玄冥, 즉 禺强(=禺彊)이 冬神으로서 北宮을 관할한다고 하였다. 그 神體는 거북이라고 보았다. 그는 顓頊도 玄冥이라고 생각하고 있으므로 결국 顓頊이 水神이자 海神인 것이다.[52] 대부분의 학자들이 顓頊이 水神이라는 데에 동의하고 있고 특히 孫作雲, 涂元濟 등은 顓頊을 女性神 ('魚婦'라고 문헌에 나타나는 것처럼)이라고 추측하고 있다.[53] 水神 내지 海神이 女神이라는 견해는 이보다 앞서 聞一多도 주장한 바이다.

우리는 고구려 왕실에서 河伯 신앙이 뿌리깊게 자리하고 있었음을 잘 알고 있다. 松原孝俊은 水神을 숭배하는 집단만이 高句麗人이라고 극언하고 있다.[54] 필자가 그렇게까지 말할 용기는 없으나 적어도 왕실이 河伯의 後孫이라고 자칭하고 있었고 始祖母가 河伯女라고 믿고 있었던 것은 분명하다. 여기서 玄武와 河伯을 고리로 하여 高句麗人이 연결되고 있음을 알 수 있다. 玄武가 北斗七星의 별명임을 생각하여 보면 七星은 고구려 왕실의 星座라고 고찰된다. 벽화 천장부에 七星圖가 그려진 것은 玄武를 대리로 하는 河伯이 그려진 것과 같은 의미를 갖는다. 고구려 고분 벽화에 나타나는 七星에 대한 다음과 같은 언급은 좋은 음미의 대상이 된다.

---

50) 하신, 1990,《神의 起源》, 동문선, 252쪽.
51) 마창의, 1994, 하, 618~619쪽, 857쪽.
52) 王孝廉, 1992, 515쪽.
53) 孫作雲,〈中國古代的靈石崇拜〉, 마창의, 1994,《中國神話學文論選萃》上, 中國廣播電視出版社, 217쪽.
　　涂元濟,〈"鯀化黃龍"考釋〉, 마창의, 1994, 下, 217쪽.
54) 송원효준,〈牟頭婁墓誌의 神話學的硏究〉,《佐伯有淸紀念 日本古代の傳承と東アジア》, 229쪽.

대개 무덤 주인공이 그려진 북벽 위로 북두칠성이 자리함으로써, 마치 현실세계에서 주인공이 북두칠성의 정기를 대변하는 것처럼 묘사되어 있다. 이것은 또한 사후세계에서 북두칠성의 음호를 받아 영원한 삶을 누리려는 소박한 종교적 내세관과도 통한다.[55]

평양 현지의 민속에 보면 七星 신앙이 다른 곳보다 짙게 남아 있음을 보게 된다. 北城 北門이 玄武문이다. 그 근처에는 玄武마을이 있다. 길 옆에 '長方壺 바위'가 있어서 神仙世界와 통한다. 중국 고사를 빌어서 '長方壺'라고 부른다고 한다. 不老 長生의 壽命神 세상으로의 여행담이 전하고 있다.[56] 內城 北門도 七星문이다. 평양 사람들은 그 문을 '幸福을 주는 문'이라고 생각한다. 이것도 七星神이 인간의 행복과 질병, 사망 등을 총괄하기에 생긴 전승일 것이다. 箕子陵이 있는 산을 '玉兎山'이라고 하고 줄여서 玉山 또는 兎山이라고 부른다. 그런데 토끼는 七星이 지상으로 떨어져 흩어져 생긴 동물이라고 알려져 있다.[57] 평양의 성 모양이 청암리 토성 – 북성 – 내성 – 중성 – 외성으로 이어져서 얼핏 보면 북두칠성과 유사한 것도 참고가 된다.

한편 평양의 鎭山이라고 할 수 있는 大城山을 일명 大聖山, 大聖九龍山이라고 한다. 여기서의 '大聖'도 '南無北斗大聖七元聖君'이라는 명호(道敎에서 北斗七星을 가리킨다)에서 볼 수 있는 것처럼 '北斗七星'을 지칭하는 말일 것이다. '大聖'이 '大城'으로도 표기되고 있으므로 우리 나라 借字표기 用字의 通例를 참고한다면 '大星'이라고도 쓸 수 있는 것이다. 大聖山은 大城山일 뿐만 아니라 '大星山'이었을 가능성이 높다. 여기서의 '大星'은 우리 고대어의 직역일 것이다. 한문투의 '奎星', '魁星'으로서 역시 七星을 지칭하였을 것이다.

---

55) 김일권, 1997, 〈리준걸, 『고구려 고분벽화를 통해 본 고구려의 천문학적 발전에 대한 연구』에 대한 토론〉, 《高句麗古墳壁畵》, 고구려연구회.
56) 김정설, 1996, 《평양전설》, 한국문화사, 113쪽
   평양향토사편집위원회, 1999, 《평양지》, 한국문화사 영인본, 348쪽.
57) 春秋運斗樞曰 玉衡散爲兎,《初學記》권29 兎.

4) 鹿足夫人과 星山

고대인들은 밤하늘에 빛나는 천체의 움직임을 매우 경건한 마음으로 관찰하였다. 성좌의 모양이나 계절의 변화에 맞추어 신들의 이야기가 결부되곤 하였다. 그에 따라서 牽牛星과 織女星이 등장하고 은하수는 '새의 길', '기러기의 길', '오리의 길'이라고 불리운 것이다. 북극성은 '못(釘)'으로 불린다든지 大熊座에 사슴(鹿星)이 있다는 이야기가 그러한 사고에서 온 것이다. 이러한 내용의 그림은 중국의 畫像石에서도 나타난다고 한다.

그 중 흥미로운 것은 북방 민족들이 큰곰(大熊)좌의 별을 '사슴의 발(鹿足)'이라고 호칭한다는 사실이다. 퉁구스인들은 은하수를 사냥꾼이 끌고 간 스키의 자국이라고 생각하고 있다. 그리고 그 양편에서 빛나고 있는 大熊座와 오리온좌에 대하여 재미있는 설화를 간직하고 있다.

　銀河をスキの跡と考えているのはツングスもまたそうであるが、スキーをはいて走ったのはこのばあい、熊である。熊は鹿を追いかけて、ずたずたに引き裂いてしまった。その切れ端は天で《鹿の足》(大熊)と《鹿の太もも》(オリオン)になった。この二つはスキのすべり跡を隔てて、両側に分れた。熊は進んで行くうちに、疲れた足を引きずったために、銀河の端は二つに岐れている。ツングスはこの傳説によって、銀河を《熊のスキーの跡》と呼んでいる。大熊座を《鹿の足》と呼ぶのに似ているのは、古代エジプト人の《牛の足》である。[58]

(大要) 퉁구스족은 은하수를 스키가 지나간 자국이라고 생각한다. 여기서 커다란 사슴을 쫓아서 스키를 타고 달리는 사냥꾼은 곰이다. 곰은 사슴을 쫓다가 잡아서 갈가리 찢어 버렸다. 그 잘린 도막이 하늘에서 大熊座와 오리온좌가 되었다. 대웅좌는 '사슴의 발'이라고 부른다. 그에 대하여 오리온좌는 '뚱뚱한 사슴 넙적다리'라고 한다. 곰(사냥꾼)은 계속 달려 가다가 피곤한 발을 질질 끌어서 은하수가

---

58) ウノ．ハルヴァ, 田中克彦, 1971,《シャマニズム－アルタイ系諸民族の世界像》, 三省堂, 186쪽.

둘로 갈라지게 되었다. 퉁구스인들은 이 전설대로 은하수를 '곰의 스키 자국'이라고 부른다.

북방 민족의 전승에 의하면 태초에 커다란 사슴이 살면서 인간을 못살게 굴었다고 한다. 그 원시의 큰사슴을 축출하고 인간을 해방시킨 것이 위대한 사냥꾼이라는 것이다. 그 사냥꾼이 지역에 따라 '신의 아들', '하늘의 아들'이라고 불린다. 곳에 따라서는 곰으로 나타나기도 한다. 그 곰이 사슴을 사냥하여 은하수 양쪽에 던졌는데 큰 조각이 오리온좌이고 그것을 '뚱뚱한 사슴 넙적다리'라고 부르고 작은 조각은 반대편에 있는데 大熊座가 되었다. 그것은 '사슴의 발'이라고 한다는 것이다.

여기 출현하는 '사슴의 발'은 평양 대성산 일대에서 聖母 또는 鹿母라고 전승되어 오는 '鹿足夫人'의 명칭과 일치한다. 필자는 처음 녹족부인 설화를 접하였을 때 가장 먼저 놀란 것은 그 부인의 이름이 왜 하필이면 '鹿足'인가 하는 점이었다. 한국 고대 중세를 막론하고 문화적으로 매우 이질적인 표현이었기 때문이다. 현재 우리들의 문화적인 감각과는 거리가 먼 분위기에서 만들어진 설화임을 추측하기에 족하다. 참고로 녹족부인의 전승을 적기하겠다.

대성산에 녹족부인이 살았다. 아홉 아들을 낳았는데 아이들은 어머니를 닮아서 발이 사슴발 모양이었다. 상서롭지 못하다고 생각한 부모는 그들을 상자에 넣어서 바다로 떠내려보냈다. 아이들은 중국에 건너가서 양부모에게 길러져 자랐다. 그런데 아이들이 자라서 중국 군대에 들어가 고구려를 침공하게 되었다. 장수가 되어 침입한 아들들을 방어하기 위해 녹족부인이 출진하게 되었다. 장수들이 상자에 흘려 보낸 아들들임을 직감한 부인은 그들을 은밀히 불러서 장막 속에서 자기 발을 내보이면서 어미의 발이 사슴발이라는 사실을 확인시켜 준다. 어머니인 것을 실견한 장군들은 즉시 투구와 갑옷을 벗어버리고 항복하였다. 전쟁은 그래서 고구려의 승리로 끝났다. 돌아온 아들들은 머리를 깎고 불교에 귀의하였다. 그리고 암자를 지어서 수도하면서 평화를 가져다주었다. 鹿池庵, 頭陀寺 등이 그

곳이다.59) (발췌)

鹿足夫人 설화는 尹斗壽의《平壤誌》이래로 각종 지리지에 나타나고 있다. 일별하여 매우 古態的인 것을 알 수 있다. 국내 학자들은 물론이고 일본 학계에서도 녹족부인 설화는 고구려 시대 이래의 중요한 전통이라고 인정되고 있다. 여기서 가장 특이한 모티프는 물론 '사슴발(鹿足)'이다. 고려 시대의 언어를 기록한《鷄林類事》에는 '鹿曰 鹿', '足曰 潑'이라고 하고 있으나 鹿足의 원형을 이해하는 데에는 도움이 되지 못한다. 언어학적인 단순 접근은 적합하지 못하다고 고찰된다. 그렇다고 鹿足을 중국 북방 초원 지대에서 발견되는 墓石의 일종인 鹿石에 비교할 것도 아닌 듯하다.

大熊座는 서양인들의 신화에 의한 명명이므로 퉁구스인들의 명명대로 하자면 '鹿足座'가 될 것이다. 하늘의 별의 유래에 관한 전설이다. 최남선이 보고한 전승에 의하면 鹿足부인은 東明仙人과의 사이에서 아홉 아들을 낳았다고 한다.60) 그는 나아가서 東明仙人과 鹿足夫人을 佛經의 하나인 雜寶藏經에 보이는 提婆延仙人과 蓮花夫人에 비견하고 있다.61) 그러나 불경에 보이는 설화가 널리 알려지지 않은 점이 문제이다. 난해한 불경에 들어 있는 구석진 소재의 전승이 평양 지방, 그것도 유서깊은 대성산에 결부되었다고 주장하려면 더 많은 방증과 해설이 필요하다. 필자가 보건대 '東明仙人'은 주몽이거나 해모수이거나 할 것인데 이에 대해서는 여기에서 언급하지 않겠다. 대성산 일대를 중심으로 하여 확인되고 있는 고유 신앙의 전통은 주목하여도 좋을 것이다.

고구려 국호에도 '사슴 鹿'자가 들어 있다. '麗'자는 사슴이 빨리 가는 모양이라고 한다.62) 그러므로 '句麗'는 빠르게 달리는 큰사슴(大鹿)일 것이다. 중국 고전에 보면 息愼에 특산물로 '大麈'가 있어서 이와 연결될 가능성이 있다. 高麗歌

---

59) 평양향토사편집위원회, 1999,《평양지》, 한국문화사 영인본, 348쪽.
60)《六堂崔南善全集》권6, 125쪽.
61)《六堂崔南善全集》권2, 105, 135쪽.
62)《說文》및 桂馥, 1987,《說問解字義證》, 中華書局.

謠에 보면 '사슴이 짐대에 올라 해금을 켜노라'라는 구절이 있다. 짐대는 蘇塗 등지에 세우는 神竿이다. 神竿 위에 희생 동물을 걸어 놓는 고대의 제사 풍속과 연관지어 생각할 만하다.63) 주몽 설화에 보면 사슴이 洪水를 기원하는 동물로 등장한다. 이 경우 사슴은 水神의 神體라고 고찰된다. 사슴의 水神 성격이 명확하다. 따라서 고구려 이전의 상고 어느 시기에는 水神의 神體가 사슴이었을 가능성이 크다. 檀君신화를 같이 감안하면 태초에는 곰이 水神이었을 것이다.64) 水神의 형상이 시대에 따라서 곰에서 사슴으로 다시 소로 바뀐 듯하다. 평양 대성산에 남아 있었다는 鹿母祠는 바로 鹿足부인을 제사하는 사당이었다. 아마도 그 원형은 水神 祠堂이었을 듯하다.

鹿足이 星座 명칭이므로 '鹿足夫人'이라면 다름 아닌 '星座夫人', '星女'라는 의미일 것이다. 우리 민속에 '별성', '별상'65)이 숭배되고 있고 '별 - 님'을 위해 치르는 행사도 많다. 과연 鹿足(星)夫人과 '별성'이 서로 연결될 수 있는가 하는 문제는 별도로 다루어져야 할 것이다.66)

대성산을 중심으로 鹿足夫人, 즉 星夫人 전설이 전해오는 것은 星座, 星神 숭배의 자취일 것이다. 大聖山은 상고에 '별의 산 - 星山'이었을 것이다.67) 《三國志》 등

---

63) 초기에는 직접 사슴을 짐대(솟대)에 올려 놓고 제사하였다. 趙法鐘, 1998, 〈청산별곡에 나타난 새와 사슴의 한국 고대 종교문화적 전통〉, 《韓國古代史硏究》14호, 484쪽.
64) 三品彰英, 論文集《建國神話의 諸問題》, 377쪽.
65) 후대에 한자로 부회되어 '別星', '別成', '別聖', '別相' 등으로 표기되었으나 原義가 아직 알려진 바가 없다. 그러나 앞의 '별'이 星座를 가리킨다는 데에는 대체로 묵시적 동의가 이루어진 듯하다.
66) 우리 민속에 가장 높은 신 중의 하나인 '帝釋'이 '雌熊座', 즉 '大熊座'의 신으로 생각되고 있었다는 사실(러시아 외교부, 1984, 《韓國誌》, 한국정신문화연구원, 341쪽.)도 河伯 신앙과 연관시켜서 앞으로 연구되어야 할 과제이다. 참고로 생각할 수 있는 것은 '成造', '成主'에 대한 새로운 해석이다. '별성' 외에 민속에서 경배받는 신격으로 '成主'라는 것이 있다. 이 신은 가택신, 운명신, 재복신으로서 널리 숭앙 받는다. 그런데 그 이름을 한자로 '成造'라고 쓰고 '집을 짓는 데 도움을 준다'는 등 억지 풀이를 하고 있다. 한자로 그러한 숙어가 존재하지도 않거니와 애초에 우리말 '성주'에 음가가 합치하지도 않는다. '成主'는 자연스레 '星主'라야 마땅한 것이다. 우리말로 '별님'이다. 水神 - 地神에 가장 적합한 신 이름이 아닐 수 없다. 해양 문화 전통에 깊게 침잠해 있었던 제주도 耽羅國王이 '星主'라고 자칭한 것도 星主가 水神을 지칭한다고 해석할 때에만 제대로 이해가 가능해진다. 王卽神이기 때문이나. 우리 민요 '성주풀이'는 본 뜻이 '星主(解)歌'일 것이다. 地神의 내력과 은덕을 칭송한 노래인 것이다.
67) 고구려 고도인 집안에도 서방에 위치한 산이 七星山이라고 한다. 물론 淸代 이후의 지명이므로 고대의 그것과는 차이가 있을 것이다. 그러나 약간의 내력을 인정할 수도 있을 듯하다.

고대 사료에서 濊族이 '曉候星宿 預知年歲豊約'한다고 하였다. 농사의 예후를 알기 위하여 별자리에 대한 지극한 관찰과 경외가 성행하였을 것은 자명한 일이다. 평양 일대에도 濊族의 문화가 침전되어 있었다고 고찰된다. 남방이지만 加耶 국명 중에 星山이 있고 그 원명이 '碧珍'이라고 한다. '碧珍'은 고대어 표기로서 'biegdal/biug-dol'에 가깝게 복원된다.[68] '별'이 고대어에서 '碧'으로 나타나고 있다. '山'이 '달'임은 주지하는 바라고 하겠다. 그렇다면 大星山의 星山도 '碧珍', '碧達'에 근접한 명칭이었을 듯하다.

鹿足夫人 숭배는 남방으로 고구려의 후계국이 건설되었던 漢城(재령) 지방, 그리고 멀리 加耶 지역에서까지 확인된다. 고구려가 멸망한 뒤 유민들은 安勝을 왕으로 추대하여 재령 일원에 부흥 국가를 건설한다. 복국 이전에도 재령 일원은 고구려 南部 治所 또는 小京의 지역으로서 짙은 문화적 동질성을 유지하고 있었다. 따라서 그러한 지역에서 鹿足夫人 설화의 유흔을 찾는 것은 어쩌면 당연한 일이다. 읍지에 보면

鹿足우물은 장수산 석동 가파른 절벽 위의 작은 동굴 속에 있다. 옛날에 녹족부인이 있었다. 사람이면서 발이 사슴발이었다. 매일 이 샘물에 내려와서 물 마시고 가곤 하였다. 지금도 우물물이 마르지 않는다. 우물가의 돌 위에는 사슴발이 밟은 자국이 남아 있다.[69]

아마도 대성산을 중심으로 하는 水神=扶餘神 숭배가 재령 지방에도 크게 유행한 것으로 추정된다. 그 祭場이 절벽 위 작은 동굴이라는 것도 흥미로운 일면이다. 압록강 상류에 있던 隧穴을 그대로 이치해 놓은 듯한 감이 있다. 이로 미루어 보건대 대성산에도 鹿足夫人과 연결되던 洞窟이 있었을 것은 자명하다고 하겠다.

---

68) 양주동, 《古歌研究》 참조.
69) 鹿足井 在長壽山 石洞 懸崖上 小窟中 古有鹿足夫人 人形鹿足 每下洚于此 飮井泉而去 至今泉水不渴 井邊石上 有鹿足所跪踐形跡. 《邑誌》 황해도, 1985, 아세아문화사, 재령, 114쪽.

白鳥庫吉이 夫餘, 扶餘를 사슴의 뜻으로 보고 그 근거로서 퉁구스어에서 'buhu/buyu'가 사슴을 가리키는 명사임을 제시한 것은 오래 전 일이다.70) 지금도 북방 계통 語族 어휘에서 '사슴'은 'bugu/buhu' 등으로 남아 있다. 《欽定滿洲源流考》에 보면 '布呼', '僕胍', '哱吉', '布輝' 등이 만주어로서 사슴을 의미하는 지명, 인명에 사용되고 있다.71) '布古'는 몽골어 명사에 나타난다. 오로춘어 bug(鹿)도 좋은 비교가 된다.72) 현대어형으로서 /buhu/가 보편적인 데 대하여 중고 이전의 음가가 /buku-bugu/에 근접한 것이 아닌가 추측할 수 있다.

위에서 鹿足이 '碧達'에 유사한 音이 아니었을까 추측하였는데 이제 그 개연성이 높아졌다. 즉 '碧珍'의 '碧(biug)'이 'bugu(鹿)'의 다른 표기일 가능성이 제기된다. '珍'은 '돌/달/다리'로서 '足'에 대응한다. 고대 일본어에서도 '鎌足'을 'カマ-タリ'라고 읽어서 '足' = 'タリ'의 새김을 남기고 있다. 추측이 허용된다면 '碧珍'은 다름 아닌 'bugu-dali'로서 즉 '鹿足'일 것이다. 鹿足은 동시에 '星山'을 의미하기도 하였다. 大聖山은 따라서 '鹿足山'이었고 나아가서 '大星山'이었다고 고찰된다. 따라서 鹿足부인은 '碧達-부인'이었을 것이다.

종래 倭 加耶 지방에서 특별히 '星山', 즉 별 숭배가 현저한가에 대해서는 뚜렷한 해명이 부족하였었다. 國號가 '星山'으로 정해질 정도라면 그 지역 일대에서는 星宿 숭배가 남달랐다고 추측할 수 있다. 그런데 단순히 성좌 숭배만이 아니라 '사슴 숭배'와 이어질 수 있다면 星山 加耶의 本義 추적에 진일보할 수 있을 것이다. 가야 지방의 언어가 고구려 계통이 많다고 하고 고고학적 유물도 고구려-부여 계통의 영향이 강하다고 한다. 신성한 산의 이름도 유사한 것으로 짐작된다.

결정적인 점은 성좌 大熊座가 다름 아닌 北斗七星이라는 것이다. 大熊座는 서양 신화 체계에서 부쳐진 명칭이다. 그것은 북두칠성을 중심 성좌로 포함하고 있다. 《辭海》에

---

70) 白鳥庫吉, 〈黑龍江の異名に就いて〉, 《白鳥庫吉全集》권5, 76, 384쪽.
71) 白山學會, 1985, 《欽定滿洲源流考》, 529, 628쪽.
72) 朝克, 1997, 《滿-通古斯諸語比較硏究》, 민족출판사, 25쪽.

큰곰자리는 북극성을 둘러싸고 있는 별자리의 하나이다. …… 그 안의 북두칠성
은 방위를 알아내는 표지로 사용된다. 북두칠성을 국자라고 하는데 국자 자루 중
앙의 별을 '開陽'이라고 부른다. …… 북두칠성의 위치는 계절에 따라 변동한다.
…… 추분에는 국자 자루가 서쪽을 가리키고 춘분에는 자루가 동쪽을 가리킨
다.73)

이라고 명쾌하게 설명하고 있다. '開陽'은 북두칠성 중의 제6성의 별칭이다.

大熊座가 북두칠성이니 만큼 이제 鹿足 설화도 본질을 잘 이해할 수 있게 되었
다. 동양에서는 고대에 북두칠성을 鹿足星이라고 불렀다고 고찰된다. 따라서 鹿
足夫人은 그대로 七星夫人이다. 그 신이 거처하던 大聖山은 바로 大星山이고 七星
山이었을 것이다. 대성산을 무대로 활동하고 있는 女神의 이름이 산 이름에 남아
있다고 한다면 그것 또한 당연한 일이다.

북두칠성 별 자체가 그대로 水神 상징이었다. 태초에 水神 내지 河伯이 사슴이
었다면 河伯女가 '사슴 부인' 또는 '사슴(발) 낭자'라고 불리었다는 것은 자연스러
운 일이다. 애초에 水神이 女性 神格이었을 가능성을 시사하는 대목이다. 사슴이
천상의 별자리와 연결되고 있었다면 그 성좌는 아마도 水神의 거처로 인식되었을
것이다. 鹿足星座는 水神의 성좌였고 鹿足夫人은 태초의 水神 이름이었을 것이다.
설화 내용으로 판단하건대 鹿足夫人은 문헌에 보이는 '柳花夫人'이다. 檀君신화에
나오는 熊女에게로 소급될 수 있는 地神의 존재라고 고찰된다. 그런데 柳花부인은
河伯女, 河伯女郎인 것이다. 여기서 河伯女와 鹿足이 연결되고 있다.74) 다시 말해
서 鹿足夫人은 河伯女, 河伯女郎이다.

---

73) 大熊座 拱極星座之一 … 座內北斗星 是尋戟方位用的標志 杓柄中央的星名 叫"開陽" … 北斗星的方位 隨
時改變 … 秋分日斗柄指西 春分日斗柄指東 …
74) 柳花 이름에 나오는 버드나무(柳)도 중요한 모티프이다. 만주 민속에서 버드나무는 태고의 女神 神體
라고 간주된다.

5) 馬와 河伯

　백제 지명에 보면 馬川城, 馬津城, 馬浦村 등의 지명이 나타난다. 모두 川, 津, 浦에 연하여 위치한 지형인 듯하다. 고구려 지명에도 馬訾水, 馬邑山, 馬邑城, 馬歇灘, 馬多山, 驛川 등이 확인된다. 그러한 지명에 '馬'자가 공통적으로 붙여진 것은 우연이라고 하기 어렵다. 馬와 水神과의 관계를 짐작하게 된다. 殺馬하여 水神, 河伯에게 제사지내는 것은 고대 민속에 잘 나타난다. 부여 백마강에 釣龍臺라는 바위가 있다. 소정방이 백제를 정복할 때 여기서 白馬를 희생으로 바치고 백마강 河神인 龍의 허락을 받아 강을 건넜다고 한다. 백마강 河神이 龍임과 白馬가 水神에게 드리는 제물임을 잘 말해 주고 있다. 일본 고대 유적에서도 水邊 제사 유물로 土馬나 陶馬가 확인되고 있다.[75] 하백에게 치제할 때 馬 대신에 사용한 흔적이다. 문헌에도 河伯 祭祀에 殺馬의 풍속이 전하고 있다.

　《三國志》 삼한전에서 '不知乘牛馬 牛馬盡於送死'라고 하였다. 乘馬를 모른다는 것이다. 여기서 韓人들의 葬送儀禮에서 殺馬의 풍속이 있었음을 알 수 있다. 그런데 葬禮 때에 말을 죽이는 것은 말이 死者를 인도하여 가는 것을 기원한 때문일 것이다. 乘馬 여부는 차치하더라도 馬가 死者의 世界에서 중요한 동물임을 깨달을 수 있다. 馬는 지하 대왕의 상징이었을 것 같다. 河伯 외에 지하의 冥府神이 馬로 대표되었던 듯하다. 앞서 중국의 水神 玄冥이나 禺强이 동시에 死神임을 살펴보았다. 우리 고대 신앙에서도 河伯은 死神이었다. 고구려 고분에 河伯의 상징인 七星이 그려진 것은 死者의 王河伯을 나타낸 것이라고 고찰된다.

　고대 사회에서 馬와 牛가 거의 동시에 河伯을 대리하고 있었음을 알 수 있다. 그러면 양자는 완전히 동질적이었던 것일까? 필자로서는 약간의 차이가 느껴진다. 즉 馬가 死神格이 강하였다면 牛는 水神格이 짙었던 것으로 판단된다. 물론 이러한 死神의 변용에는 북방과 남방의 지역적인 차이도 상정할 수 있다. 가령 북방에

---

75) 向坂鋼二, 1986, 〈考古資料にみえる水邊のまつり〉, 《日本考古學論集》제3권, 呪法と祭祀-信仰, 길천홍문관. 283~284쪽.
　　上田正昭, 1998, 《論究-古代史と東アジア》, 암파서점. 土馬 공헌 유적들이 열거되고 있다. 77쪽.

서는 馬가, 그리고 남방에서는 牛가 死神을 대리하는 동물로 인식되었을 가능성이 있다. 그 외에 시대적인 變奏도 고려하여야 할 것이다.

4. 中國과의 比較

본 장에서 다루어야 할 것은 河伯이 소(牛)라는 관념, 北斗七星 및 거북과 河伯과의 관계에 관한 문제이다. 고구려 사회에서 확인되고 있는 七星 신앙이 중국과는 어떻게 다른가에 대한 기본적인 탐색이다.

河伯과 소의 관계는 앞서 일별한 것처럼 상당히 너른 지역에 분포되어 있다. 일례를 들어 그리스 신화에서 海神 포세이돈은 형상이 소(牛)라고 한다. 따라서 한국 고대에 水神의 神體가 소의 형상을 한 것은 고유한 특색이라고 할 수 없다. 그리고 牛頭가 王者를 상징하는 것도 반드시 한국에서만 나타나는 현상이라고 하기 어렵다. 中東의 신화에서나 중국, 몽골 등 각지의 고대 유적에서도 牛頭骨이 매장된 것이 확인되고 있는 것이다. 하백과 거북의 관계도 마찬가지이다. 거북을 河神의 사자라고 보는 생각은 중국에도 유행하였다. 좀더 시야를 넓혀 보면 인도 신화에서도 거북은 주요한 주제로 등장한다. 북아시아에서도 거북은 중요한 수중 동물로서 자리매김을 하고 있다. 거북에 대한 신성 동물 개념이 어느 한 지역에서 발원하였다고 하기는 어려울 것이다.

중국에서도 星宿와 水神의 相通이 나타난다. 銀河와 바다에 관한 다음과 같은 전설은 고대 중국인의 의식을 엿볼 수 있어서 흥미롭다.

박물지에 이르기를 근세에 바닷가에 사는 이가 있었다. 해마다 8월이면 뗏목이 떠오르는데 매우 큰데다 왔다갔다하는 시간을 어김이 없었다. 그래서 그 사람이 양식을 싣고 뗏목을 타고 가 보았다. 밤낮을 가리지 않고 홀홀하게 가다가 한 곳에 이르렀다. 성곽이 있고 집채가 완연하였다. 집안에 보니 베 짜는 아낙네들이 많았다. 한 남자는 소를 물가에 데리고 가서 먹이고 있었다. 그 사람은 돌아와 촉나라의 유명한 천문학자 엄군평에게 물어 보았다. 군평이 가로대 몇 달 전에 이상한 별이 견우성을 침범하더니 바로 이 사람이 은하수에 이르른 것이로구나 하였다.76)

이 이야기는 '舊說云 天河與海通'이라는 제목이 붙여져 있다. 당시인들이 銀河가 海洋으로 상통하는 것으로 간주하고 있었다는 것이다. 이 설화는 水神이 銀河를 지배하고 있다고 인식되고 있었음을 알려 준다. 水神 내지 河伯의 星辰 관장을 명료하게 전해 준다고 하겠다.

북방의 水神인 顓頊이 虛수에 비정된다77)는 것도 그러한 인식의 유산인 듯하다. 그 아들 噎이 星辰의 운행을 관장한다고 하였다. 중국 南朝에서 河伯은 太白이라고도 하여 東明星, 즉 啓明星(우리말로 샛별)으로 간주되기도 하였다.78) 다른 水神의 하나인 禺强은 神體가 北極星이라고 해석되고 있다. 북극성이 천체 중에서 차지하는 비중은 매우 크다. 따라서 北方의 水神, 死神이 북극성이라고 인식될 수 있었던 것 같다. 그리고 후한대에 道教가 성립되면서 北極星 숭배와 함께 北斗七星 숭배가 풍미하기에 이른다. 道教에서는 북두칠성이 眞人으로까지 존숭되었다.79) 따라서 北方의 水神, 死神이 북극성, 북두칠성이라고 인식된 것이다.

도교 이전에 나타나는 七星觀을 파악할 수 있는 자료로서는 고대 천문도가 있다. 그것은 연전에 발굴된 중국 춘추 시대의 제후 曾侯 乙의 무덤에서 나왔다. 거기서는 초대형 청동제 編鐘(고대 중국 악기)이 대량 출토되어 세인의 이목을 집중시켰다. 함께 출토된 칠기 상자 뚜껑에 별자리 그림이 그려져 있어서 고대 천문관

---

76) 《藝文類聚》권94 獸部 中, 牛. '博物志曰 近世有居於海渚 年年八月 有浮槎來 甚大 往反不失於期 此人乃賚糧乘槎而去 忽忽不覺晝夜 奄至一處 有城郭 屋舍宛然 望室中 多見織婦 見一丈夫 牽牛渚次飮 之 此人還 以問蜀人嚴君平 君平曰 某月有客星 犯斗牛 卽此人到天河也.'
77) 서성지, 《事物異名別稱辭典》 참조.
78) 《辭海》 등 사서 참조. 그러나 그 같은 사조가 보편적으로 대두되지는 않은 것 같다.
79) 王, 1992, 下, 515쪽.

을 아는 데 참고가 된다. 별자리에는 28 수의 형태가 나타나고 있는데 한 가운데에 북두칠성을 지칭하는 '斗'자가 크게 그려져 있다. 북두칠성이 天體의 중앙임을 명시한 것이다.[80] 亡者에게 공헌하는 그림은 死者의 세계에 대한 표현이 없을 수 없다. 천문도 정중앙에 '北斗'가 그려진 것은 北斗七星과 冥府界와의 밀접한 관계를 증명하기에 족하다.

이와 같이 중국에서의 水神이 北極星, 北斗七星, 金星, 虛宿 등으로 다양하게 나타나는 점은 자못 대조적이라 아니할 수 없다. 시대에 따라서 지역에 따라 많은 편차를 보이고 있는 것이다. 唐代 이후의 문헌에 噎이 별명이 天樞로 나타나서 바로 北斗七星에 擬定된다. 여기서 水神이 北斗七星과 연결될 소지가 나타난다. 그에 따라서 唐代가 되면 水神이 별명 天樞라고 하게 된 것이다. 그러나 그것은 시대적으로 고구려보다 후대의 현상이다. 그에 대하여 고구려에서는 北斗七星과 水神-河伯이 깊은 친연성을 나타내는 데 비하여 다른 성신과는 분명한 자료가 확인되지 않는다.

고구려 벽화에 등장하는 북두칠성 숭배가 과연 후한 대에 형성된 道敎의 산물이라고 말할 수 있을까? 고구려가 말기에 가서 왕성하게 도교 문화를 섭취하고 장려한 것은 사서에 명기되어 있다. 그러나 서기 4~5세기에 중국 도교가 고구려에 도입되었다거나 크게 유행하였다고 판단할 만한 증거는 없다. 짙은 도교적 경향에도 불구하고 그렇게 이른 시기에 그렇듯 강열하게 후한 도교가 고구려인들의 정신 세계를 지배하였다고 말할 수 있을까? 필자는 그러한 단순론에는 부정적이다. 상호간에 유기적 교류와 파급은 있었다고 하더라도 중국 도교 문화의 수입으로만 설명할 수 없는 고구려적인 전통이 고분 벽화에서는 인지되기 때문이다. 고대 중국에서 七星과 河伯과의 관계는 희미하다. 그러나 고구려에서는 河伯을 직접 北斗七星으로 생각한 것이다. 水神과 七星과의 긴밀한 관계는 水神의 나라 고구려에서 크게 滿開하였다.

河伯이 사슴 神體를 갖는 것 역시 중국에 없고 고구려에 고유한 것이다. 아마도

---

[80] 申先甲, 1994,《中國春秋戰國科技史》, 인민출판사, 71쪽.

고구려 이전 태고에까지 소급되는 문화 인자라고 고찰된다. 고구려에서 河伯女를 鹿足夫人이라고 호칭한 것은 흥미로운 시각을 제공한다. 첫째, 고구려의 鹿足=大 星 신앙의 기원이나 발달은 북아시아와의 맥락 속에서 이해되어야 할 것이다. 북 아시아 민속에서 그러한 관념이 찾아지는 것은 고구려 기층 문화가 북아시아의 그것에 연결된다는 증거가 될 수 있다. 둘째, 북아시아 河伯, 水神 숭배와 고구려 의 河伯 신앙과 모종의 연관이 있을 듯하다. 고구려를 濊族과 貊族의 복합체라고 가정한다면 그러한 사고는 濊族에 관련되는 듯하다. 셋째, 고구려에 있어서의 사 슴 숭배에 대하여 새로운 자료가 될 것이다. 북아시아에서처럼 사슴이 태초의 水 神이자 地神일 가능성이 있다. 넷째, 북아시아에로의 고구려 문화의 파급이라고도 해석할 여지가 있다. 퉁구스인들은 騎馬법을 모르다가 중세 이후에 몽골, 투르크 등으로부터 배웠다고 한다.[81] 河伯 신앙 역시 그러하였을 가능성을 생각해 보는 것이다.

한편 河伯의 神體를 馬形이라고 상상하는 것도 중국에서 찾기 힘들다. 하백을 소라고 간주하는 것이 농경을 기반으로 하여 형성된 중국 문화에서 본질적인 것 이다.[82] 물론 馬를 희생하여 江神에게 제사한다는 사례가 사서에 나타나지만[83] 매우 예외적인 경우에 속한다. 《周易》에 관한 전승에서 황하에서 龍馬가 圖書를 지고 나왔다는 것이 있는데 거기서 馬가 水神인 흔적을 찾기 어렵다. 가장 중국적 인 사상가로 알려진 老子는

---

81) James Forsyth/森本和男, 1998, A History of the PEOPLES OF SIBERIA 《シベリア先住民の歴史》, 彩流 社, 70쪽.
82) 중국 문화에서 江河와 牛에 관한 전설은 무수히 많다. 사례는 생략한다.
83) 《漢書》 권76. 王尊 … 久之 河水盛溢 泛浸瓠子金隄 老弱奔走 恐水大決爲害 尊躬率吏民 投沈白馬 〈주 : 師 古曰 以祭水也〉 祀水神河伯 尊親執圭璧 使巫策祝 請以身塡金隄 因止宿 廬居隄上 吏民數千萬人 爭叩頭救 止尊 尊終不肯去 及水盛隄壞 吏民皆奔走 唯一主簿 泣在尊旁 立不動 而水波稍郤廻還 吏民嘉壯尊之勇節 白 馬三老朱英等 奏其狀 下有司考 皆如言 於是制詔御史 東郡河水盛長 毁壞金隄 未決三尺 百姓惶恐奔走 太守 身當水衝 履咫尺之難 不避危殆 以安衆心 吏民復還就作 水不爲災 朕甚嘉之 秩尊中二千石 加賜黃芩二十斤. 水神에게 圭璧으로 제사하는 것은 중국 고래의 전통적인 의례이다. 그런데 白馬 沈水는 매우 예외적 으로 王尊에게서 나타나고 있다. 효고를 요한다. 참고로 중국에서 가축을 강물에 넣는 제사는 고대 부터 나타나고 있다. 顧頡剛, 1998, 《民俗學論集》, 상해예문출판사, 4쪽. '沈璧于河, 沈牛馬豕羊.'(목천 자전)의 기사를 감안할 일이다.

천하에 도가 행해지면 말은 달리게 해서 그 대변을 사용하고 천하가 무도할 때에야 갑옷을 입힌 말이 교외에 나타난다.[84]

라고 하여 馬 문화가 중원에서 얼마나 이질적인가를 잘 서술하였다. 《史記》에도 흉노 冒頓 單于가 漢 高祖를 平城에서 에워쌌을 때를 기술하고 있다. 그 때 묵특의 기병들이 西方은 전부 白馬, 東方은 전체가 靑龍, 北方이 烏驪(黑馬), 南方이 전부 騂馬(赤馬) 부대로 배치되어 있었다고 하였다. 북방 騎兵과 馬形, 馬色에 대한 중국인들의 신비감이 대전 상황에서 더욱 고조되고 있음을 살필 수 있다. 그만큼 이질적으로 느끼고 있었다는 것이다. 한편 馬에 대한 숭배보다 오히려 혐오감을 드러내고 있는 저술도 있다. 《搜神記》에는 전국 시대 魏나라 白馬河에서 白馬가 출현한 것을 '河出妖馬'라고 표현하고 있어서 馬에 대한 정서를 단적으로 표현해 주고 있는 것이다. 河東 - 山西의 西北 邊方에서도 그러하였으니 중원에서는 두말할 필요 없을 듯하다.

한 무제 대에 서역 渥洼水中에서 神馬가 탄생하였다고 하여 거국적으로 天馬를 경축하였다. 마침 동시에 발굴된 寶鼎과 함께 '神馬寶鼎'이라고 칭송하고 있다. 그리하여 무제의 聖德과 연관시키고 그에 발맞추어 年號도 '元鼎'으로 고치고 있다.[85] 이러한 경과를 보건대 神馬의 出現이라든지 馬가 水中에서 出沒한다는 현상 자체가 중국인들에게 있어서 매우 神異하고 奇異한 일이라고 간주되었음을 짐작하기 어렵지 않다. 이러한 상황에서 黃河나 江河에서 神馬가 탄생한다든지 河伯의 神形이 馬形이라고 추정하는 것은 무리이다.

河伯을 말로 생각하는 것은 西域 문화의 영향으로 상정할 수 있을 듯하다. 말과 소의 대조를 보면서 우리가 관심을 갖는 것은 이른바 '北馬南牛'라고 할 수 있는 현상이다. 중국의 운송 수단을 흔히 南船北馬라고 하고 동물로는 北馬南牛라고 한다. 그런데 하백의 형상에 대한 개념이 북방에서 馬(河圖龍馬), 南方에서 牛 - 水牛

---

84) 天下有道 却走馬以糞 天下無道 戎馬生于郊.
85) 후세에 神馬의 출현은 제왕의 위덕을 상징하는 것으로 해석되기에 이른다. '德至山陵 則澤出神馬'라는 성어가 그것이다.

로 대립되고 있다.

그에 대하여 우리 고대 사회에서는 좀 다른 양상을 보여 준다. 즉 '소'는 남북에 걸쳐 고른 분포를 보이고 있다. 보기를 들어 부여의 소 숭배, 가야의 우두 숭배가 있다. 강원도 예 지방의 소 숭배 역시 현저하다. 그러나 '馬'는 고구려의 핵심 지역, 백제의 핵심 지역, 신라의 중핵 지역 등에서만 확인된다. 고구려에서 나타나는 馬多山, 馬邑山, 驛川 등이 평양 인근이며 馬訾水 역시 본래는 수도 부근의 江水였을 것이다. 백제의 馬川, 馬津, 馬浦, 白馬江 또한 부여의 정치적 센타 일대에서 만날 수 있다. 신라에서도 天馬塚, 白馬(蘿井), 仇禮馬, 馬技[86] 등은 경주 일원에서 권력의 상층부에서 활약하고 있다. 이 현상들은 고구려는 물론이고 백제와 신라의 권력층이 북방에서 남하하였거나 그렇게 선전한 것을 잘 말해 준다. 다시 말해서 '北馬'의 상징성을 널리 표방하고 있는 것이다.[87]

5. 卒本의 語義와 소

卒本의 本義에 대해서는 아직 논의된 바가 없다. 이병도 박사는 消奴部와 松讓國을 동일시하여 결과적으로 고구려 초기의 사상에 산견되는 松씨와 연결될 소지를 마련하였다.[88] 고구려의 松柏 내지 수목 신앙은 학자들이 주목하고 있는데[89] 신성시되던 松과 松讓, 松壤 등의 國名이 무관하지는 않을 듯하다. 우리말에서 松

---

86) 탈해왕 대에 장군으로 유명한 居道는 馬技로 伽倻를 정복하였다.
87) 더 나아가서 '北馬'신앙의 '南牛'신앙 지대로의 진출을 짐작해 볼 수 있고 '南牛' 사상 위로 '北馬' 관념의 君臨까지도 점쳐 볼 수 있다. 남방의 馬韓이 성립되게 된 역정을 우리는 지금 잘 알지 못하지만 한의 역사적 풍토 위에서 馬 문화는 이질적이라고 가정한다면 역시 馬崇拜의 차용일 가능성을 무시하기 어렵다.
88) 琴京淑, 1994, 〈高句麗 初期의 中央政治構造〉, 《韓國史研究》86호, 113쪽. 松屋句 등의 松씨들을 松讓 집단으로 간주하고 있다.
89) 전호태, 1989, 〈5世紀 古墳壁畵에 나타난 佛敎的 來世觀〉, 《韓國史論》21집, 28쪽.

을 '소, 솔'이라고 하는 것도 주목되거니와 퉁구스어에서도 松을 sola – sula라고 한다는 것은 많은 시사가 될 것이다.[90] 松木과 연결시킨다면 卒本은 '松原'이라고 할 수 있다.

한편 卒本이 始祖의 이름과도 무관하지는 않을 듯하다. '-本'은 지명 어미이므로 '卒-'이 시조 이름일 것이라고 생각해 보는 것이다. 이 경우 '卒'은 시조 설화 중에 나타나는 始祖母格의 '召西努'에 비정될 수 있을 것이다. 卒本을 'sus-bon'이라고 읽는다면 이것은 '召西=松'에 일치시킬 수 있다고 여겨진다. 따라서 卒本은 '召西의 本(原)'이다.

나아가서 '卒'은 '牛'의 고대 語形 '소시-'에 연결될 수 있다. 고구려 지명에 보면 牛岑郡〈一云首知衣〉라고 하였다. '牛'는 '首知'와 '岑'은 '(知)衣'에 대당한다고 여겨진다. 그리고 牛首州〈一云首次若〉이다. 여기서 '牛'가 '首次'와 대응된다. '소'가 고대에 '소시/소다'에 가까운 소리로 발음되었을 개연성을 강하게 시사한다. 일부의 견해이나 徐羅伐의 /서라/도 /소시/에서 기원한 것으로 보기도 한다. 언어학적으로 '卒'이 고대어 '소/소시'와 연결될 수 있다고 생각된다. 즉 卒本은 '牛野'이다.

여기서 함께 생각하지 않을 수 없는 것이 초기에 나타나는 대왕의 葬地 獸林原의 문제이다. 獸林原에는 대무신왕이 장사되었고 후에 소수림왕이 추가로 봉안된 것으로 이해되고 있다. 그리고 '獸林'은 우리 고유어로서 '솔, 수리'의 音借字라고 생각되고 있다. 만일 그렇다면 '솔본(卒本)'과의 관계를 검토해 보지 않을 수 없다. 卒本도 동가강 유역에 있었고 '獸林原'도 같은 지역에 있었다. 卒本은 '獸林의 本(原)'일 것이다. 獸林原은 獸林山의 原이라고 고찰된다. 졸본에도 山崗이 있었고 그 이름은 卒嶺, 獸林山, 獸林嶺이었을 듯하다. 獸林山은 또한 卒山, 卒嶺이라고도 하였을 법하다. 대무신왕과 소수림왕은 古都 졸본에 인접한 山崗에 장례된 것으로 추정하고 싶다.

본고에서 고찰한 것처럼 河伯의 神體가 소(牛)이고 河伯 집단이 卒本 지방에 토

---

90) 朝克, 1997,《滿-通古斯諸語比較硏究》, 91쪽.

착하던 세력이라고 한다면 卒本의 지명은 소와 깊은 관계를 갖는다고 하여야 할 것이다. 즉 卒本은 '소의 벌', '牛野', '牛王原'이 본래의 의미였을 것이다.

6. 結論

고구려에서 河伯에 대한 숭배는 지대하였다. 그러나 그 神體나 기능에 대한 이해는 부족한 편이다. 본고에서는 하백의 구체적인 모습과 신격을 추적하여 보았다.

고대 농경 사회를 중심으로 水神 河伯은 소 모양을 하고 있었다. 물을 지배하는 신 소는 따라서 농업신이자 풍요의 신이었다. 地神으로서도 경배되었다. 소머리(牛頭)는 그러므로 地上의 君長, 地主라는 의미를 갖는다. 牛頭를 희생하여 지신에게 제사하였을 것이다. 고대 지명이나 인명에서 나타나는 牛頭는 그러한 제의와 연관된 것이다.

고구려 고분 벽화에는 북두칠성이 정면 중앙에 크게 그려져 있다. 좌우에 三足烏(日)와 蟾蜍(月)를 陪從하고서 위엄 있게 자리잡고 있다. 牟頭婁묘지에서 '河泊之孫 日月之子'라고 칭송한 것과 연관시켜 볼 때 日月과 함께 정중앙에 그려진 北斗는 河伯의 상징일 가능성이 큰 것이다. 고구려 왕실이 七星의 精氣로 태어난 高陽씨의 후손이라는 일설도 그런 측면에서 보면 이해하기 쉽다. 高陽씨 顓頊은 중국의 水神, 死神이었다. 四神圖의 主神으로 알려져 있는 玄武(龜蛇)도 하백의 상징인 것이다. 河伯이 현무로 대표되는 冥界와 깊숙하게 연결되고 있음을 짐작할 수 있다. 河伯, 즉 현무는 水神이면서 死神으로 간주되었다.

평양 지방에 전해오는 鹿足부인 전승은 河伯신앙의 흔적이다. 북아시아 설화에서 鹿足은 北斗七星을 가리킨다. 즉 鹿足부인은 七星부인이고 河伯女郎이다. 녹족부인이 거처하던 대성산은 일명 大聖山인데 역시 七星山이라는 뜻이다. 국내 각처 지명에 잔존하여 있는 星山은 七星山의 줄인 말이다. 남방의 星山加耶도 七星신앙의 중심지라고 자처한 것이다.

고대사 자료를 보면 馬와 河伯의 관계도 확인된다. 日本의 河川 제사에는 土馬, 木馬, 鐵馬, 石馬 등이 매납되었다. 馬와 牛의 차이는 약간의 문화적 변주형을 보여준다. 馬는 北方, 牛는 南方에서 숭상되었다. 馬는 초원에서 牛는 原野에서 존숭되었다. 馬는 死神, 牛는 水神으로서의 성격이 강하였다.

중국에서 水神의 星座는 시대와 지역에 따라 北極星, 北斗七星, 金星, 虛宿 등의 다양한 형태를 보이고 있다. 그러나 고구려에서는 七星과의 관계만 확인된다. 이 점이 중국과 다른 면이다. 후한 대의 道敎가 고구려의 칠성 신앙에 영향을 주었을 수도 있다. 그러나 고구려의 칠성 신앙, 水神 신앙은 보다 더 上古 시대로 소급되어지는 것이다. 북아시아와 공통적인 문화 요소라고 고찰된다.

河伯이 소라는 것을 보아 古都 卒本도 '소의 벌', 즉 '牛野'일 가능성이 크다. 신라의 徐羅伐도 그와 연결시켜 해석될 여지도 많다.

水神 소는 북두칠성으로 표상되었다. 한국 문화에 뿌리깊은 칠성 숭배는 오랜 연원을 가진 것이었다.

2절 隧神考

머리말

고구려에서는 10월에 隧神을 모셔 제사를 지냈다. 隧神에 대한 기사는 《三國志》부터 新舊《唐書》까지 계속 나타나고 있다. 매우 중시된 신앙임을 알 수 있다. 隧神은 동굴 속에 계시는 穴神으로 여겨진다. 굴 속에 거처하는 神性으로는 檀君神話에 나타나는 熊이 유명하다. 그리하여 隧神을 熊女로 추정하는 견해가 제출되어 있다.[1] 그 외에 三品彰英은 隧神이 水神 겸 日神이라고 보았다.[2] 상식적으로 동굴신은 水神이거나 地神일 수 있으나 太陽神으로 인식되는 경우는 극히 드물다. 隧神이 日神格이라는 주장에 대한 비판이 필요하다. 한편 隧神에 대한 祭儀는 단편적인 《三國志》 기사에 의거하여 파악되고 있다. 그에 대한 면밀한 재검토가 요청된다.

수신제에서는 동굴 속에서 나무로 만든 神體를 모셔다가 치제하고 있다. 그런데 고대 사회에서 하나의 祭儀는 그것을 담당하는 특정 씨족이나 부족에 의하여 實修되었다. 대개의 경우 그 집단의 시조와 연결되어 전승이 부연되었다. 따라서 수신제가 어느 씨족 혹은 부족의 시조 설화와 결부되었을 가능성이 있다. 본고에서는 시조 전승이라는 측면에서 다른 설화와 비교, 검토하여 보기로 한다.

아울러 국내 전승에 해당되는 자료를 탐색하여 보아야 할 것이다. 여기서 평양 大聖山 蕣池에서 왕조 시대에 거행되던 祈雨祭 행사가 주목되었다. 대성산을

---

1) 三田村泰助, 1976, 〈朱蒙傳說とツンクス文化の性格〉, 《現代のエスプリ》.
2) 삼품창영논문집, 《建國神話の諸問題》.

중심으로 하여 水神에 대한 전승이 연면하게 전해오는 것은 우연이 아닌 듯하다. 특히 북쪽 봉우리 國土봉에서 발견된 石龕 속에 안치된 神像이 고찰의 대상이 된다. 석감은 男女 二神이 안치되어 있는데 女神을 위주로 하여 구성되어 있다. 女神像이 더 훌륭하고 장엄한 까닭이다. 신상들은 통설대로 朱蒙과 柳花부인을 나타낸 것이라고 짐작된다. 柳花가 水神 神格을 가진 이상 水神 내지 地神으로 이해되고 있는 隧神과 연관하여 생각해 볼 일이다.

隧神에 대한 구체적인 이해를 통하여 東盟祭儀도 명확하게 부각되어질 것을 기대한다.

1. 從來의 見解와 問題點

1) 隧神 日神설에 대한 批判

隧穴神이 日神이라는 견해가 있다. 三品彰英이 제창한 隧穴 天岩戶설이 그것이다.[3] 삼품의 학설은 학문적 권위를 인정받아 일본은 물론이고 한국 학계에서도 비중있는 위치를 차지하고 있다. 그러나 삼품은 문화권 설정에 주안점을 둔 나머지 정치한 고증이 미흡하다고 여겨진다.

가장 문제가 되는 것은 그가 日神=水神이라는 논리적 모순에 빠지고 말았다는 점이다. 세계적으로 日神이 여러 신격을 겸비할 수 있으나 水神과 동일한 나라는 거의 없다. 삼품은 隧穴에 모셔진 신체를 日神으로 보아 일본의 天岩戶 신화에 비교하였다. 그러면서 柳花부인의 幽囚 전승과 결부시켰다. 柳花는 河伯의 딸이고 水神 내지 地神이다. 따라서 그의 논리대로 하자면 日神이자 水神인 신격

---

3) 三品彰英논문집, 377쪽.

이 洞穴에 봉안된 것이 된다. 반드시 그렇다고 할 수는 없다.

그의 잘못은 사료에 대한 엄정한 검토를 거치지 않은 데에서 온 것이다. 원전 사료인 《三國志》에 분명히 둘로 나뉘어 기술되어 있는 東盟과 隧神을 그는 동일한 것으로 보았다. 隧神과 東盟의 混淆는 매우 심각한 오류가 아닐 수 없다. 이에 대해서는 이미 지적된 바 있다.[4] 東盟은 여러 가지 이설이 있으나 현재로서는 天神 내지 太陽神格으로 보는 것이 통설이다. 隧神은 水神이라고 여겨진다. 이 둘을 그는 穀靈 象徵을 강조하기 위하여 의도적으로 혼합하였다. 세계적으로 널리 분포된 '穀物=太陽'의 이미지는 고구려 사회에서도 존재하였을 것이다. 그러나 그러한 상징 체계에 매달리어 본질적인 신격이 혼동되어서는 안 될 것이다.

나아가서 삼품은 隧神을 '穟神'으로 재구하였다. 禾束을 상정하고 있는 것이다. 글자 그대로 '穟神'이라면 볏단이다. 그러나 볏단의 이미지는 동굴에 연결되기 힘들다. 穀物신이라면 墓地나 墓道와 연계가 되지 않는다. 중요한 것은 고구려 사회가 수렵, 목축을 겸하는 경제라는 점이다. 산간에 위치하여 농경지가 부족하고 산출이 적어서 음식을 아껴 먹는다고 되어 있다. 본격적인 稻作神話가 배태되기에는 자연 환경이 너무 판이하고 척박하다. 三品의 작업은 사례 분석에 있어서 문제를 안고 있다. 기본적 문화 배경에 대한 고려를 무시하고 있다. 평판적으로 채택, 이용하고 있는 것이다. 동남아시아의 稻作 사회와 고구려 사회의 농경 환경은 상당히 달랐다고 인정할 수 있다. 고구려에서 농경 신화를 가정하는 것은 설득력이 약하다고 생각된다.

柳花는 地神이고 水神의 딸이다. 그 점을 분명히 하면 太陽 神格과의 혼동은 피할 수 있을 것이다. 신을 동굴에서부터 迎接하는 것과 密室에의 幽閉는 다른 배경이다. 동굴에 갇혔다가 재생하는 것은 天岩戶 설화에서 보듯 日神이다. 그러나 柳花가 연못에서 붙잡혀서 밀실에 갇힌 것은 日神의 행동이라고 설명되지 않

---

4) 이재수, 〈주몽전설고〉. 동명제와 수신제의 혼동을 지적하고 있다. 36쪽.
　김두진, 1999, 《韓國古代의 建國神話와 祭儀》, 일조각. 동맹제와 수신제는 별개라고 지적하였다. 103쪽.

는다. 무엇보다도 出門 후에 일광에 대한 기술이 전혀 없다. 생각컨대 그녀의 入室은 출산을 위한 것이다. 설화상에서 柳花는 해모수와 정을 통하고 난 뒤 유배되고 있다. 優渤淵에서 생활하다가 금와 왕에게 발견되고 있다. 상당한 기간이 흘러간 것을 알 수 있다. 通情 후에 임신이 예측되는 것은 고래의 상식이다. 발견 당시 명언은 없으나 유화는 풍만한 姙婦의 자태를 갖고 있었을 것이다. 금와가 유화를 기이하게 여기면서도 후궁으로 들이지 않은 것도 출산을 앞둔 만삭의 몸이었기 때문일 것이다.[5] 그러한 그녀가 밀실에 갇히는 것은 출산과 관계된 일종의 의례를 상정하게 한다. 즉 産屋儀禮이다. 밀실은 다름 아닌 産屋이라고 할 수 있다. 출산을 위한 대기소인 것이다. 이러한 産屋은 고아시아족의 하나인 길리약족의 풍습 속에서도 찾아 볼 수 있다.

> 姙娠した 女性に 勸められたのは, 朝早く 村の 向こうに 出かけて 行って 衣服の 留め 金を 外し, 太陽の 最初の 光線が 當たるよう, 腹を 露ぃぃすることたった. このとき 誰も 姙婦が そうする 樣子を 見てはならない.[6]

길리약족의 민속에는 아이들이 머리를 뒤로 따아 늘이는 것, 댕기 따는 것, '-치'가 상대방에 대한 존칭이라는 점, 유아에게 건강을 위하여 활과 화살을 선물하는 것 등 한국과 유사한 것이 많다. 양자 간의 비교는 앞으로 유익해 보인다.[7] 길리약족의 경우 日光을 받아서 受胎 내지 受精되는 관념이 이미 소실되어 있다. 그러나 태양에게 배나 국부를 照射시키는 것 자체가 일광과의 性交를 상징하고 있는 것이다. 그리스신화에서도 제우스신이 日光으로 변신하여 女神과 성교하고 있다. 이러한 모티프는 동서양에 공통적인 것이다. 태초의 원형은 日光과의 性交 후에 격리된 가옥에 밀폐되는 형태일 것이다.

나아가서 柳花는 좇아오는 日光을 의도적으로 기피하고 있다. 日光忌避를 실

---

5) 출산 후에 유화는 일반적인 견해대로 금와의 후궁이 되었을 것이다.
6) E. A. Kreynovich/枡本哲, 1993,《サハリン. アムル民族誌》, 법정대출판국, 270쪽.
7) 국어학계에서도 길리약족의 언어와 한국어 사이의 친연성을 이야기하고 있다.

행하고 있는 것이다. 日神으로서는 있을 수 없는 일이다. 일광을 피하는 것은 단군신화에 보이는 熊女의 '不見日光百日'과 정확하게 일치한다. 熊女의 熊窟과 柳花의 '室中'은 공통적인 기능을 가진다. 熊과 柳花는 다같이 地神格을 갖고 있기 때문이다. 동일한 地神的 면모가 日光 忌避로서 표현되고 있다. 隧穴의 隧神도 동일하다고 할 수 있다. 굴 속에 계시는 地神인 것이다.

일본에 流傳된 天岩戶 신화는 柳花의 室中이나 隧穴에 연결되는 것이 아니라 迎日 都祈野 전설과 연관이 있다. 전승에 의하면 延烏를 따라서 細烏가 바위에 실려서 사라진 뒤에 日光이 빛을 잃었다고 한다. 細烏가 바위에서 종적을 감추었다는 모티프는 天岩戶에서 日神이 자취를 숨긴 것과 같다고 고찰된다. 물론 세오가 바다를 건너간 것이 천암호 전승에서와 다른 것처럼 보인다. 그렇지만 신화적으로 바위 너머의 바다나 바위 속의 어둠이 같은 상징 체계라고 할 수 있는 것이다.

그러므로 두 신화에서 공통적인 것은 태양이 바위에서 숨는다는 소재일 것이다. 그러다가 日神에 대한 제사 행위가 치러진 뒤에 光明이 부상하는 것이다. 제사 장소는 분명히 명기되어 있지 않으나 細烏가 사라진 都祈野 海邊 바위 앞에서 치러졌을 것은 능히 상상할 수 있다. 天岩戶 앞에서 치제 뒤에 동굴이 열려서 日光이 재생하는 것과 동일하다. 스키타이족의 신화에서는 태양신이 물가의 바위에서 출생한다고 하였다. 그렇게 태어난 태양신은 태양공주와 결혼한다고 한다. 水邊의 바위와 太陽이 밀접하게 연결되는 것은 초원의 사고와 깊게 이어지고 있음을 보게 된다.[8]

우리 나라에서 태양은 물가의 바위에서 출생하고 바위에서 사라진다고 여겨진다. 地神 내지 水神이 거처하는 동굴과는 다르다고 생각된다. 隧神이 태양신이 될 수 없다는 점이 확인되었다.

---

[8] 《日本の古代》大林太良, 1996, 《心のなかの宇宙》, 중앙공론사, 328쪽.

2) 隧神의 意味

고려 시대의 기록에 八關會의 主神으로 '歲神'이 등장하는데 이것도 육당의 설처럼 '설신'의 漢譯인 듯하다. 李奎報의 《東國李相國集》권37에 '告大歲神文'이 있다.

大歲何神 今居何地 予昏不知 鵠之不似 …

이라고 보인다. '大歲神'은 '歲神'의 존호일 것이다. '歲神'이라는 신명은 徐兢의 《高麗圖經》및 그에서 발췌한 《宋史》高麗傳에도 나온다.[9] 현대 평양 지방에 잔존한 '설신'도 地神 – 山神 – 水神이다. 팔관회가 해체되고 난 뒤에 조선시대에 와서 민속 중에서 '별성'이라고 하여 星辰제가 잔존하여 명맥을 이었다. 왕정에서 醮禮나 醮星제를 시행하였으나 이미 고대의 지신 – 수신에 대한 제사로서 本義는 상실한 상태였다고 짐작된다. 대체로 보아 隧神제는 후세에 星祭, 醮禮로 전승되었다고도 할 수 있다.

한편 '隧神', '隧穴'의 이름은 어디서 온 것일까? 종래 이에 대해 별로 의문을 갖지 않았다. 그것은 漢字 字義 '墓地 前途'(무덤길)로 해석하여 '窟穴의 神', '墓地의 神'으로 이해한 때문인 듯하다. 그러나 漢文에서 '隧'가 신 이름으로 쓰인 경우는 없다. 고구려의 경우에서만 隧神이 나타나고 있는 것이다. 다시 말해서 高句麗 獨創의 神 이름이라고 할 수 있다. 그런데 왜 하필이면 그렇게 난해한 한자를 사용하였을까? '무덤길'을 반드시 표현하려고 한 것은 아닌 듯하다. 왜냐하면 지금까지의 연구 결과 隧神은 '무덤길'과 그다지 깊은 상징을 공유하고 있지 않기 때문이다. 隧神은 地神과 水神이라고 추정된다. 地神이나 水神이 '무덤 길'로 상징되는 것 같지는 않다. 그렇듯 궁벽한 한자를 선택한 것은 모종의 다른 요인이 있어서 어려운 글자를 고집한 것이라고 해석된다.

'隧'자의 자의에 집착한 것이 아니라면 字音에 유념할 필요가 있다. 과거에도

---

9) 《宋史》高麗전에 '隧神'이 '歲神'으로 표기되고 있다. '歲神'과 '隧神'의 관계는 별도로 정리할 예정이다.

'수 – 신'의 '수'자음에 주목하여 '수(雄) – 신'으로 해석한 학자도 있었다.10) 필자도 隧神의 '隧'를 소리로 읽는 것에 동의한다. 그러나 현대 한자음에 입각해서 '수(雄)'로 파악하는 견해에는 찬동하기 힘들다. '隧'는 당연히 고대 字音으로 읽어야 한다. 《三國志》에서 처음 나타나는 '隧穴, 隧神'은 자료의 형성 시기가 당연히 後漢代로 소급된다. 따라서 그 표기 방식은 漢代 내지 後漢代의 한자음, 즉 상고음으로 읽어야 한다.

우선 각각의 上古音이 다음과 같다.

	B. Karlgren11)	王力12)	李芳桂13)
隧	dziwəd	ziwət	邃sdjədh
禭	穟dziwəd	禭/穟ziwət	邃stjədh

일견하여 終聲에 '-d/-t'받침이 있고 初聲에 齒舌音이 공통적으로 확인된다. 'siut-ziud'에 근접한 소리인 것이다. 이것은 놀랍게도 河伯의 神體, '소'의 古代 어형과 일치한다. '소'의 고대어는 '首知', '首次'였다.

《三國史記》에는 다음과 같은 지명 대응이 확인된다.

牛岑郡〈一云牛嶺 一云首知衣〉
牛首州〈首 一作頭 一云首次若 一云烏根乃〉14)

그러므로 隧神이 '首次神/首知神(牛神)'이고 隧穴은 '首次穴/首知穴(牛穴)'이다. 그리고 '首知', '首次'는 音價가 '隧', '禭'와 일치한다. 그러므로 필자는 '隧穴'을 '소(牛) – 穴'로, '隧神'을 '소 – 神'으로 추정하고자 한다.15) 隧穴, 隧神, 神禭에서 공통

---

10) 그러나 隧神이 雄神이 아닌 것은 차차 분명하여져서 이제는 그다지 호응을 얻지 못하고 있다.
11) B. Karlgren/李敦柱, 1985, 《中國音韻學》, 일지사.
12) 郭錫良, 1986, 《漢字古音手冊》, 북경대학출판사.
13) 李芳桂, 1980, 《上古音研究》, 북경 상무인서관.
14) 《三國史記》권37, 지리지.

적으로 나타나는 '隧', '禭'는 우리 고대어 神名을 충실하게 표기하고 있는 것이다.
 우리 민속에 윷놀이가 있다. '도, 개, 걸, 윷, 모'로 말을 쓰고 노는데 각각 '猪, 狗, 羊, 牛, 馬'를 가리키는 것으로 되어 있다. 여기서 '牛'가 '윷'으로 불림을 알 수 있다. 즉 '隧神'은 '소神'이고 '윷(牛) – 神'인 것이다. '윷'은 '숯', '슻'에서 유래한 것으로 알려져 있다. '숯'이나 '슻'이 고대어 표기 '首知', '首次'에 정확히 일치하고 있다. 물론 소는 동굴에 살지 않는다. 그러나 태고에 地神이 동굴에 살았을 것은 분명하다. 동굴에 살던 지신으로서는 현재 '곰'이 확인되고 있다.16) 그 地神格이 곰에서 소로, 다시 말, 龍으로 변천한 듯하다. 상고의 시대에 새로운 神格이 나타나서 낡은 神格을 대치하고 그 상징이나 거주처를 차지하는 것은 흔히 보는 일이다.
 고구려의 隧神은 洞窟神이자 水神이다. 水神 河伯 神體에 대한 논고에서 필자는 하백은 '소'라고 보았다. 즉 '소 – 神'이다. '소 – 神'이 고대어를 따라서 '首知 – 神', '首次 – 神'으로 표기되었을 것은 당연하다. 그리고 '首知神', '首次神'이 上古 한자음을 좇아서 '隧神'이라고 漢譯된 것이다. 漢譯한 사람은 後漢代의 중국인 또는 漢化된 高句麗人이었을 것이다.

2. 隧神祭와 始祖祭儀

1) '國東水上'의 意味

 고구려에서 隧神을 '國東水上', 즉 수도의 동쪽 水上에서 제사하였다고 한다.

---

15) 졸고, 〈古代河伯神體考〉, 본서 수록.
16) 북방에서는 곰인데 남방에서 '뱀'이었을 가능성이 크다. 별고를 요하는 문제이다.

水上은 江上인즉, 수도를 가로지르는 강에서 치제한 듯하다. 자세한 과정은 알 수 없으나 원 神坐에 봉안된 신위를 수상으로 옮겨 안치하고 奉享하였을 것이다.17)
논의를 진전시키기 위하여 위지 원문을 제시하겠다.

그 나라 수도의 동방에 큰 동굴이 있다. 隧穴이라고 한다. 10월에 도성에 다들 모여서 큰 잔치를 연다. 隧神을 맞아들여 도성 동쪽 강물 위에 놓고 제사한다. 나무로 만든 隧神 신상을 산 자리에 가져다 놓는다.18)

수신제의 첫 단계는 '迎隧神'이다. 그러나 迎神의 儀禮는 현재 사료가 일실되어 논의에서 제외하기로 한다. 그리고 水上으로 '還置'하였다고 한다. 신체의 본래 위치가 水上이었음을 암시하는 표현이 아닐 수 없다. '隧神'의 神體는 위에서 논한 바와 같이 소(牛)라고 추정된다. 소는 河伯으로 간주되던 동물이다. 따라서 隧神, 즉 河伯의 神坐가 본래 水上이라는 것은 당연한 일이다. 신위가 수혈로부터 水上으로 이동하고 있다. 移置된 신체를 놓고 水上에서 제사를 거행하였던 듯하다. 여기서의 '水上'은 관례적인 표현으로서 '水邊', '江邊'의 뜻이다. 일반적으로 水上에서 제사하는 경우 배를 타고 거행되는 것이 보통이다. 그러나 수신제에서 선박을 동원한 흔적은 인지되지 않는다. 압록강 강중에 있는 암석 위에서 치제하는 것도 상상할 수 있으나 근거가 없다.
그 다음에 '神坐'에 '木隧' 神像을 안치한 것으로 나타난다. 이 '神坐'는 水上에 있을 수도 있으나 水上이나 그 연변에 항구적인 神體 坐席이 설치되어 있다고 보기 곤란하다. 통설대로 수혈의 원 자리에 다시 봉안한 것으로 해석하는 것이 무리가 없을 것이다. 수상으로부터 原坐로 귀환하는 것이다. 대개의 洞祭나 神事가 이와 같은 절차를 밟는다. 迎神 – 致祭 – 歸還의 순서이다.
동방이라는 방향성은 좀더 음미할 주제이다. 단순히 水神이었다면 중국에서

---

17) 노태돈, 1999,《고구려사연구》, 사계절. 隧神-水神설에 의거하여 隧神 제례를 복원하고 있다. 158쪽. 독자께서 같이 참고하시기 바란다.
18) 其國東有大穴 名隧穴 十月國中大會 迎隧神 還于國東(*水)上 祭之 置木隧於神坐

처럼 北方의 물이 선택되었을 것이다. 동가강 - 압록강 유역의 자연 지리를 감안한다면 고구려인들도 북방은 어둡고 눈이나 큰 강이 많다고 느꼈을 것 같다. 따라서 동방이 水神格과는 어울리지 않음을 직각할 수 있다.[19]

여기서 水神에 대한 祭場 위치를 살펴보자. 한강의 江神은 오대산 于筒水에 제사하였고 그 곳은 最上流에 해당한다. 낙동강도 발원지인 태백산 黃池에서 치제하곤 하였다. 대동강의 경우도 馬灘이 상류이고 沸流水도 상류의 한 흐름이다. 나아가서 佟家江에서도 沸流水는 富尒江으로서 상류의 물줄기이다. 압록강의 문화에서도 상류에서의 제사가 일반적이었을 듯하다. 실제로 현재 隧穴의 유적이라고 추정되고 있는 上解放의 國東大穴은 집안에서 압록강 상류로 15 킬로 지점이다. '國東'의 大穴과 '國東'의 水上이 정확하게 일치되고 있음을 살필 수 있다. 국내성 동방에 위치한 隧穴과 그 祭場은 분명히 江神을 上流에서 치제하는 의미가 확연하다고 고찰된다. 동방이 갖는 의미보다 상류에 의의를 두는 것이다.[20]

수신은 江上에 맞이하여 제사하였다. 그리고 치제가 끝난 뒤에 원래의 神坐로 회귀하였다. 祭場은 聖水가 흘러오는 방향, 즉 상류 쪽에서 선정되었다.

2) '置木隧'의 過程

水上에서 제사한 뒤에 木隧는 어떻게 되었는가에 대한 설명이 없다. 그러나 일반적인 式年制 제의에서 神體는 1년에 한 번씩 새로 제작된다. 새로운 신체가 제작된 뒤 낡은 신체 조형물(神代)은 폐기된다. 대개는 燒却되던가 破碎되어 방기되는 것이다. 고구려의 隧神祭는 매년 10월에 거행되던 연례 행사였다. 따라

---

19) 동방은 아시아 대륙에서 거주하던 유목민은 물론이고 한국인들도 숭상하여 온 방향이다. 그것은 동방이 日出方이었기 때문이었다. 그러나 隧神과 日出은 서로 연결되지 않는다.
20) 그러나 북방에서 松花江 江神은 龍潭山의 신당에서 치러졌다. 東團山의 북방이다. 吉林시에서는 동북방에 해당한다. 송화강의 상류 방향이 아니라 북방이라는 점이 주목할 만하다. 이것이 중국의 짙은 문화적 그늘 때문인지 아니면 부여 - 예 문화의 특색인지 현재 판단하기 어렵다. 일단 중국 문화의 절대적인 영향에 의해 변형된 것으로 이해된다.

서 木隧 신체 처리에 대한 추정이 어느 정도 가능하다. 두세 가지 처리 방식이 있다. 즉 江水에 沈下시키는 것과 燒却하는 것이다. 그 외에 하류로 放流하는 방식도 있을 수 있다. 여러 가지 상황으로 보아 木製 神體는 소각 후 매립되었을 것이다. 왜냐하면 목제품은 강중에 沈下하기 힘들기 때문이다. 더구나 放流되었다고 보기도 힘들다. 大洋上이라면 방류할 수 있을 것이나 河上에로 방류하는 경우는 드물다. 江岸으로 표착되기 때문이다.

필자는 평양 朝天石 전승에 대한 검토에서 神體가 朝天石에서 燒却되었음을 추단한 바 있다.[21] 암석 위에서의 소각이다. 그러나 현재도 행해지고 있는 동해안의 海神제에서는 굿이 끝난 뒤 虎形의 신체는 해변에서 불태워지고 있다. 隧神祭가 압록강 변에서 거행된 제사인 이상 행사를 마치면 神物이 강가에서 불살라진 것으로 보는 것이 합리적이다.[22]

神體가 버려진 것은 그에 깃들어 있던 神靈이 그 神主를 이제 떠났음을 의미한다. 신령의 입장에서 보자면 水上에서 昇天한 것이 된다. 그런데 昇天 모티프에 대한 묘사가 《三國志》에서는 생략되었다. 그러나 그것은 神祭를 관찰한 사람으로서는 승천 과정이 애매하게 느껴졌기 때문에 축약된 듯하다. 그리고 합리주의에 젖은 중국인이기에 취한 태도일 수도 있다. 魏志 본문에서도 수상 제사 후에는 바로 신체의 봉안('置')으로 초점이 옮겨 가고 있다. 그러한 태도를 보면 舊 神體의 폐기나 소각은 간단히 처러진 듯하다. 새 신체의 봉안에 더욱 주력한 것이다. 여기서 고대 수신제 행사의 진행 감각이 느껴진다고 할 수 있다.

舊 神體의 처리 후 隧穴에는 木製 신체가 새로 봉안된 듯하다. 기록에서 보면 제사 행동 후에 나오는 기술이 '置木隧於神坐'이다. 이것은 제사 후에 새 神體가 신의 자리에 헌납된 사실을 묘사하고 있는 것 같다. 원래의 신체가 다시 제자리로 돌아왔다면 문장의 첫머리에 '還置', '復置'라고 명기하였을 것이다. 그렇게 표현하고 있지 않음을 보면 새로운 신위가 神座에 봉헌된 것을 알 수 있다.

---

21) 졸고, 〈高登神廟와 麒麟窟 傳承〉, 본서 수록.
22) 물론 고대 제례의 한 특성으로서 神像의 神衣가 更衣되는 정도에서 완료되었을 가능성은 상존한다. 그러나 문면으로 보아 그러한 고태적인 제사는 아니었던 듯하다.

迎神에서 시작하여 祭享하고 除拜한 뒤 그리고 奉送(還元)하는 것은 神事의 기본적인 절차였다.[23]

3) 隧穴과 始祖 傳承

隧穴을 중심으로 하여 거행되었던 10월의 수신제는 그 기원을 고찰할 때에 한 部族 또는 氏族의 祭儀에서 찾아야 할 것이다.[24] 그 제의는 주로 始祖神格을 치제하는 것이었다고 판단된다. 迎神에서 시작하는 의미가 그러하기 때문이다. 즉 隧穴에서부터 始祖神의 출현을 재연하는 행사였다는 것이다. 제사 필한 후에 신좌에 신체를 다시 환치하는 것도 수호적인 기능을 다하기 위함인 것이다.

경기도 驪州에는 馬巖이라는 커다란 바위가 있다. 바위에는 窟이 있는데 옛날에 黃馬와 驪馬가 굴 속에서 나왔다고 전한다. 지금은 가라말(黑馬)이라고 전승되고 있다. 그 밖에 驪馬가 '水中에서' 출생하였다는 기록도 있다.

千年往迹等筌蹄 천년 옛날의 흔적은 본말이 전도된 듯하네.
幻語誰傳水出驪 엉터리 이야기로 누가 강물에서 驪馬가 나왔다네.
停棹懶翁臺下石 나옹 화상이 머물던 누대 아래 바위에 노를 멈추고
黃鸝鳥啼綠陰低[25] 꾀꼬리 우짖는 녹음 아래에 서다.

그러나 그것은 詩文에서만 확인된다. 그리고 너무 축약되어 정확한 설화를 포착하기 힘들다.[26]

---

23) 鄭璟喜, 1983, 〈東明型說話와 古代社會〉, 《歷史學報》98집. 평안북도 희천에서 거행되는 당굿을 기술하고 있다. 산 위에 있는 신위를 모셔다가 청천강 가에서 제사하고 다시 신당으로 모신다고 한다. 12쪽. 고마나루의 제사와 일치됨을 지적하고 있다. 13쪽.
24) 김두진, 1999, 《韓國古代의 建國神話와 祭儀》, 일조각. 동맹제와 수신제는 별개라고 하였다. 103쪽. 公服 기사가 중간에 들어 있다는 점에서 동맹제는 公服이 현저한 특징이었다는 것이 분명해진다.
25) 《韓國文集叢刊》189집. 謙齋集 권13. '過牛灣口號'.

그런데 굴 속에서 출현한 것이 여흥 閔씨의 始祖라는 전설도 있다.

말아우, 말바우(馬岩)
영월루 아래 남한강 가에 있는 큰 바위. 물결이 치면 바위가 떴다 가라앉았다 하는 것 같고 큰 굴이 있는데 옛날에 큰 가라말이 나와서 하늘로 올라갔으므로 황려(여주의 옛이름)란 고을 이름이 생겼다 하며 또는 여흥 민씨의 시조가 이 굴에서 나왔다 하며 바위 면에 '마암'이라 크게 새기었음.
영월루 樓閣 아래 깎아지른 듯한 벼랑에 괴이하게 생긴 바위가 바로 馬巖이라고 하는데 이 마암 근처에는 巖穴이 있어 그곳에서 驪興 閔氏의 始祖가 태어났다는 얘기가 口傳되는 곳이기도 하다.27)

이것은 地中으로부터 始祖의 출생을 전하는 많지 않은 설화의 하나이다. 여러 가지로 보아 민씨 시조가 마암 굴 속에서 출현하였다는 것은 매우 주목해야할 전승이다.28)

굴 속에서 시조가 탄생하는 설화소는 낯선 것이 아니다. 가장 널리 알려진 것이 제주도 三姓穴이다. 大穴에서 三姓 집단의 시조가 출생한 것이다. 그리고 신라 昔씨의 시조 脫解에 관한 전승 중에는 다음과 같이 石窟에 관계되는 부분이 있어서 좋은 비교 대상이 된다.

---

26) 만일 이러한 전승이 명확한 구조를 전해 준다면 우리는 고구려에서 神馬駒驤가 '骨句川'에서 출생하였다는 설화와 연결시킬 수 있을 것이다. 그러나 아직 그런 자료를 더 이상 추적하기 힘들다. 장차의 발견에 기대해 본다.
27) 여주군, 1989,《여주군지》, 6쪽, 1786쪽.
28) 그런데 민씨와 馬巖 전승을 분석하면서 필자가 부닥친 한계는 구체적인 문장 서술이 전하지 않는다는 사실이었다. 즉 문헌에서 시조의 洞穴 출생 과정에 대한 직설적인 기술을 찾기 힘들다. 추측컨대 민씨 시조 설화로서의 마암 전설은 문필가들의 붓끝에서 막연하게 처리될 수밖에 없었다고 판단된다. 회고해 보면 고려 시대 이후 京畿 귀족 세력의 하나로서 권력의 핵심부에서 활동하던 집단이 민씨이다. 유교적인 문화에 친숙하던 민씨들로서는 시조의 洞穴 출현 설화를 굳이 고집, 선전하지 않았을 법하다. 근세에 馬가 천시되면서 더욱 馬巖 전설은 기피 대상이었을 것 같다. 그 결과 문헌에는 기술이 누락된 듯하다.

그 때 붉은 용이 있어서 배를 호위하여 왔다. 그 동자는 지팡이를 짚고 두 노예를 거느리고 토함산에 올라갔다. 石塚을 짓고 7일을 머물렀다. 나와서 성중에 살 만 한 곳을 내려다보았다.29)

해변에 등장한 탈해가 가장 먼저 취한 행동이 토함산에 올라가 石塚에 들어앉은 일임을 주목할 것이다. 그 곳에서 신화적인 時間인 7일을 경과한 뒤에 석총에서 나온다. 그리고 나서 성중의 지세를 살피는 일부터 시작하고 있다. 따라서 해안으로 도착한 부분을 일단 차치한다면 탈해는 산중의 석총에서 출현한 것이라고 할 수 있다. 그리고 보면 탈해는 본래 두 개의 탄생 설화를 갖고 있었던 듯하다. 즉 石塚에서의 출현과 해변에로의 漂着이 그것이다. 이 중에서 漂流 전승이 후세에 주도적인 위치를 차지하면서 현재와 같은 전설로 정착된 것이다. 地神 겸 水神이었던 그의 神格으로 비추어 볼 때 두 개의 신화가 중첩되었던 것은 이상한 일이라고 할 수 없다. 石塚은 고대인들의 神 관념에서 판단한다면 石窟, 洞窟과 다르지 않다. 토함산 石塚은 石窟이자 洞穴이다. 수도의 동방에 있는 大穴(國東大穴)이라는 점에서 隧穴과 같다.

탈해는 신라에서의 隧神이라고 판단된다. 地神과 水神이 동일시되는 것이라고 할 수 있다. 탈해는 후대에는 東岳神이라고 하여 토함산의 산신으로 숭배되고 있다. 東岳神이면서 東海神이던 탈해와 地神, 山神이자 水神이던 隧神이 유사한 신화를 갖는 것은 자연스러운 일이다. 탈해 전승에서 우리는 始祖가 굴 속에서 출현하는 모티프를 지적해 낼 수 있다. 檀君神話에서도 始祖母 熊女가 굴 속에서 거주하고 있다. 현재 단군신화 본문에는 檀君이 穴中에서 출현하였다는 명문이 없으나 본래 모친인 熊女의 거처에서 출생하였을 것은 당연하다고 고찰된다.30) 역시 굴 속으로부터의 시조의 출현이다.31)

---

29)《三國遺事》탈해왕 조. '便有赤龍 護舡而至 其童子 曳杖 率二奴 登吐含山 作石塚 留七日 望城中可居之地'
30) 단군 설화가 연면하게 전승되어 오고 있는 평안북도 영변 묘향산에는 '檀君窟'이 있다. 檀君이 살던 굴이라고 전하고 있다. 단군은 그 굴에서 출현한 것이다.
31) 선조가 굴 속에서 출현한다는 모티프는 북방 초원 민족에서도 광범위하게 나타난다. 일례로 돌궐을

따라서 隧穴은 어느 씨족의 始祖에 대한 祭場이었을 것이다. 시조는 그 동굴에서 출생하였다. 그리고 굴에서 인간 세계로 출현하였다고 전해진 것이다. 따라서 시조의 陵墓가 그 곳에 모셔졌을 개연성도 큰 것이다. 이와 연관시켜 생각할 수 있는 것이 고구려 閔中王과 石窟의 관계이다.

4) 閔中王 傳承의 解釋

고구려 제4대 왕은 解色朱라고 한다. 諡號는 閔中王이다. 閔中原 石窟에 장사하여 그렇게 이름한다고 하였다. 여기서 간과해서는 안될 사항이 石窟의 존재이다. 석굴이 대왕의 梓宮인 것이다. 朱蒙의 梓宮도 麒麟窟, 九梯宮에 있었다. 주몽의 경우와 매우 흡사함을 알 수 있다. 민중왕은 치적 기사의 대부분이 狩獵 활동으로 채워지고 있다. 동방으로, 민중원으로 사냥하는 왕의 모습에서 朱蒙(善射者)의 陰影을 느끼는 것이 지나친 상상일까?

왕이 동쪽으로 사냥을 가다. 하얀 노루를 잡다.
왕이 민중벌로 사냥을 가다. 또 사냥을 가다. 커다란 석굴을 보다.[32]

대왕은 狩獵에서 탁월하였을 뿐만 아니라 水神界에 대한 지배력도 가지고 있었는 듯하다. 그것을 상징하는 기사도 나타난다. 민중왕 2년 조에

여름 5월 나라의 동방에 홍수가 지다. 백성들이 굶주리다. 창고를 열어서 곡식을 나누어주다.[33]

들 수 있다 《周一良集》제2권 魏晉南北朝史札記, 요녕교육출판사. 선조의 굴 속에서의 탄생이 서돌궐, 돌궐, 내지 북위에서도 확인된다고 하였다. 713쪽.
32) 王東狩 獲白獐(민중왕 3년), 王田於閔中原 又田 見石窟(왕 4년)
33) 夏五月 國東大水 民饑 發倉賑給.

이라고 보인다. 水害를 입은 東方(鴨綠江 유역) 인민들을 위무하는 왕의 행위는 水界에 대한 대왕의 신화적 통제력을 통하여 이루어진 듯하다. 고구려 대왕의 권력은 天界와 水界에 대한 지배에 기초하고 있었기 때문이다. 최근 동가강 유역 집단을 天界로 파악하고 그에 대하여 압록강 유역 세력을 河伯 집단으로 간주하는 견해34)가 제출되었다. 동가강 유역을 天界로 파악하는 데에는 일말의 저항감을 느끼지 않을 수 없지만 압록강 유역을 水界로 간주하는 관념은 일정한 지지를 받을 수 있다고 고찰된다. 민중왕 본기에 나타나는 홍수 지역이 반드시 압록강 유역을 지칭하는 확증은 없다. 그렇다고 해도 압록강 일원이 동가강 전도 시기에 동방으로 관념되고 있었을 것은 분명하다.

이처럼 민중왕이 神聖한 면모로 문헌에 투영되어 있는 까닭이 무엇일까 궁금하다. 민중왕이 한 씨족의 시조 역할을 하였을 가능성은 없을까? 민중왕은 《三國史記》에 의하면 解씨라고 되어 있다. 그러나 민중왕은 전왕 대무신왕과 직접 혈연 관계가 확인되지 않고 있다. 본기에 대무신왕의 아우라고 하나 次大王, 新大王의 예에서 미루어 볼 때 반드시 取信하기 어렵다. 설화상으로는 兄弟 사이이지만 실제로는 擬制 血緣的인 大小 伯仲의 두 세력 집단을 가리킬 수 있다고 판단된다. 그 점은 민중왕 사후에 다시 전왕의 아들에게 왕권이 돌아간 것을 볼 때 더욱 의심스럽다고 하겠다. 대무신왕이 사망한 뒤에 '太子幼少 不克卽政 於是國人 推戴以立之'라고 하는 민중왕 즉위를 즈음한 사기의 서술 맥락은 國祖王이 즉위하던 당시와 너무나 비슷하다.

慕本王薨 太子不足以主社稷 國人迎宮 繼立(국조왕 즉위 조)

대무신왕 측을 모본왕 정권에 비견한다면 민중왕 측은 국조왕 세력에 비교될 수 있다. 국조왕 즉위 전기 기사는 애초에 장대한 敍事 설화로 장식되어 있었다고 고찰된다. 그것이 현재 대폭 삭감되어 몇 줄의 기사로 줄어든 것이다. 민중

---

34) 박경철, 1998, 〈'高句麗社會'의 發展과 政治的統合努力〉, 《한국고대사연구》14호, 309, 316쪽.

왕 즉위 전기도 그러한 것이 아닌가 의심된다. 그렇다면 상당 부분의 설화적 내용이 생략, 삭제된 것은 아닐까? 더구나 그는 말년에 전왕의 아들 解愛婁에게 왕위를 넘겨주었다. 평화적인 교체인 듯 사기에는 서술되어 있으나 行間에 모종의 정치적 사태가 숨겨져 있는 듯한 인상을 받는다. 민중왕의 직계는 그 뒤로 전연 종적을 알 수 없다. 모본왕의 暴虐을 미루어 볼 때 정치적 탄압을 받은 것이 분명해 보인다. 그러한 탄압이나 폭정의 기사도 누락되었다고 여겨진다. 다시 말해서 민중왕은 전후 왕들과 연결되지 않는 혈통일 가능성이 높아 보인다. 만일 별개의 왕통이 일시 개입한 것이라면 통치 시기를 전후하여 민중왕은 그 王家에서 시조 또는 중시조격의 숭앙을 받았을 것이다.[35)]

王名도 검토의 여지가 있다. 《三國遺事》에는 '邑朱'라고 되어 있으나 다음과 같은 점에서 사기의 '色朱'가 옳다고 여겨진다. 《三國遺事》 王曆에는 본래 誤字가 많다. 그리고 音價도 중요하다. 色朱는 《漢書》 등에 나타나는 高句驪侯 騶와 같은 말일 것이다.[36)] 나아가서 隧穴, 隧神의 '隧'와 같은 語源이라고 판단된다. 만일 광개토왕릉비에 기록된 칭호처럼 왕명으로 지칭되었다면 민중왕은 초기에 '色朱王'이었을 것이다. 그리고 그가 장사지내진 석굴 역시 초기에는 '色朱 - 窟'이었을 것이다. 여기서 '色朱 - 굴'이 '隧 - 穴'과 音價가 같다는 점이 주목된다. 音價가 같지만 隧穴의 主神이 色朱王이었다고 推斷하기는 힘들다. 단 隧穴과 隧神 신화 체계에 色朱王이 부회되었을 가능성은 농후하다고 고찰된다.

민중왕은 王名(色朱), 諡號는 물론이고 葬地가 그 전후 시기에 비추어 특이하다는 점, 왕의 치세 중에 蠶支落部의 叛亂과 이탈이 있었다는 점, 史記의 내용에

---

35) 관심을 끄는 것은 驪州 馬巖 石窟에서도 閔氏 시조가 탄생하였고 그 곳에 장사되었다는 점이다. 馬巖 石窟 전승은 '閔中', '閔氏'와 같이 나타나고 있다. 閔中씨들은 천착하자면 馬巖 전승의 荷擔 주체였을 지도 모르겠다. 여주에는 土姓으로서 閔씨가 유명하다. 그 유래가 오랜 점을 감안한다면 혹시 고구려에서 내려온 성씨가 아닌가 추측해 볼 수 있겠다. 閔씨가 閔中씨와 유사한 것을 주목해 보는 것이다. '閔中'씨가 單姓으로 줄어서 '閔'씨로 되었을 개연성은 크다고 느껴진다.
36) 色 古音 '식'이다. 최남희, 1999, 《古代 國語 表記 漢字音 硏究》, 박이정.
 김일출, 〈고구려《유국 900년》설에 관하여〉, 《력사과학》1957-1. 직접 高句驪侯 騶를 解邑朱의 '朱'에 비교하고 '騶'가 '色朱' 즉 민중왕인 듯이 논단히였다. 15쪽. 그렇게 직결시키는 것은 무리라고 생각된다.

상당한 添削이 가해진 듯한 흔적이 보인다는 점 등에서 解氏 王朝에서도 색다른 族系 출신이 아닌가 짐작된다. 주몽도 解씨가 아니고 第三의 성씨였다.[37] 그렇다면 비록 文證은 없으나 解色朱는 해씨와 다른 씨족 배경을 가진 인물이 아닌가도 추리해 볼 수 있겠다.

이상의 추리에서 짐작할 수 있는 것처럼 고구려에서 확인되는 洞穴 역시 어느 종족(씨족)의 시조가 출현한 祭場이었다고 고찰된다.[38]

3. 大聖山 蓴池의 水神 祭禮

1) 蓴池의 祈雨祭

고도 평양에는 동북방에 大聖(九龍)山이 진좌하고 있다. 대성산 주위에는 시대에 따른 유적들과 전승이 밀집하고 있다. 그 중에 '蓴池'라는 영험한 연못이 있어서 종래 주목되어 왔다.

최남선이 보고한 바에 의하면 20세기 초중엽까지만 하더라도 대성산에는 '설신 마누라'라는 女神이 봉숭되고 있었다. 해마다 봄이 되면 대성산으로 '설신'을 맞으러 가서 치성하였다고 한다. 그것을 '산마지'나 '산바라기'라고 한다고 기술하였다. '설신 마누라'에 대한 祭場을 그가 체계적으로 명기하지 않아서 애매하다. 대성산에 두 개의 사당이 있고 그것을 각각 '애기-당집' 및 '당집'으로 호칭하였다고 한다. '蓴池'라는 큰 호수가 있어서 무당들이 龍神굿을 하던 곳이고 그 당집이 '애기당집'이라고 한다. 역대 방백들이 祈雨祭를 지내던 祈雨壇은

---

37) 졸고, 1999,〈高句麗 桂婁部의 王室 交替에 관하여〉,《韓國上古史學報》30호.
38) 隧神 제례를 주관하고 후세에 전승해 온 집단이 사서에 나타나는 어느 세력에 해당하는 것인지는 후고를 요한다. 본고에서는 일단 隧神의 始祖神格을 고증한 것으로 충분한 것이다.

연못 위에 위치하였다고 한다. 그것을 보아서 그 곳으로 간주하여도 무리가 없을 것으로 고찰된다. 그런데 이 神堂 앞의 연못을 '술-못/수-못'이라고 호칭하였다. '수-못'이 차차 '순-못'이 되어 한자로 '蓴池'라고 雅譯된 것이 분명하다. 대개의 神事는 여기서 거행되었다. 이와 같이 '설신'이라는 신 이름과 '술-못' 명칭이 일치되고 있다. '설'과 '술'은 서로 통하는 音價인 것이다.

蓴池는 《平壤志》권1 寺宇 조에

隱鳳寺〈在大城山 蓴池上〉

이라고 보인다. 중세에 蓴池 위에 隱鳳寺가 있었다고 한다. 고래의 신당 자리에 사찰이 건립되던 것은 전국적인 현상이다. 隱鳳寺는 《平壤續志》에 이미 廢寺로 기록되고 있어서 존속 기간을 짐작하게 한다. 최남선에 의하면 20세기 초엽 대성산 '술못' 옆에는 神堂이 남아 있었다고 한다. 중세에 건립된 隱鳳寺가 폐사되고 난 뒤 그 자리에 다시 巫俗 祠堂이 등장한 것을 짐작하기 힘들지 않다. 《輿地圖書》에는

蓴池〈在大聖山上 周回五十步 深七尺〉

이라고 하여 상당히 크고 깊은 못이었음을 명기하고 있다. 그리고 《新增東國輿地勝覽》, 《朝鮮王朝實錄》 등을 살펴보면 강원도 平康[39], 경상도 金海, 함경도 慶興[40], 경기도 富平[41], 그리고 驪州에도 '蓴池'가 있었음을 알 수 있다.[42]

蓴池는 필자가 연전에 소개한 王受兢 설화에서도 중요한 신화적 공간으로 등

---

[39] 《세종실록》 권79, 왕 19년 10월 06일(입술), 《세종실록》 권84, 왕 21년 2월 22일(경자)
[40] 《세종실록》 권155, 지리지, 함길도, 길주목, 경원 도호부
   《세조실록》 권39, 왕 12년 7월 11일(경진)
[41] 《세종실록》 권84, 왕 21년 2월 21일(경오)
[42] 특히 여주의 그것은 馬巖 및 洞穴에 연결되므로 상고할 여지가 많다. 일단 평양 지역과 여주 지방이 문화적으로 매우 긴밀한 호흡을 공유하고 있었다고 인정할 수 있다.

장한다. 蓴池에 龍淵神女가 거주하는 것으로 되어 있다.43) 龍淵은 상고의 '優渤淵'과 같다고 고찰된다. 優渤水(優渤淵, 優渤澤, 優渤沼라고도 한다)는 주지하다시피 주몽 전승에 나오는 지명이다. 河伯女가 解慕漱와 통정한 것이 문제가 되어 河伯의 처벌을 받고 유배당한 곳이다. 河伯의 領地였던 것이다. 河伯이 龍에 가까운 神體를 갖고 있었다고 생각되므로 河伯의 湖水는 龍淵이라고 불려 마땅한 것이다. 優渤淵은 즉 龍淵일 것이다. 그런데 佛經에서도 優渤과 龍은 밀접한 관계를 갖고 있음이 확인된다. '優渤龍王' 또는 '優鉢龍王'은 본래 佛經에 나오는 河神의 이름이다.44) '優渤', '優鉢' 자체가 龍王의 이름인 것이다. 龍王이 河伯인 것이 여기서도 나타난다. 優渤水는 龍淵이다. 따라서 龍淵에 사는 神女가 水神이라고 판단된다. 즉 河伯女郞이다. 河伯에 대한 구체적 神典이 隧神祭에서 다루어진 것이다. 그러나 河伯 전승이 수신제 안에 모두 포용되어진 것은 아니라고 고찰된다.

'술못'은 祈雨祭의 장소로서 유명하였다. 조선 시기의 각 儒家 문집들을 보면 기우제에 바친 명문들이 수록되어 있다. 각지의 영험한 沼澤, 山岳 들이 모두 망라되어 있다. 대성산 蓴池는 그러한 명소 중에서 손꼽히던 곳이다.

《조선왕조실록》에는 정조 22년 조에 關西의 蓴池가 큰 연못으로 기록되고 있다.

그런데 지금은 제언(堤堰)에 관한 정사를 오랫동안 버려 두어 제언에다 불법적으로 경작하는 일이 잇따르고 있다. 호남 지방의 벽골제(碧骨堤)와 호서 지방의 합덕지(合德池), 영남 지방의 공검지(恭儉池), 관북 지방의 칠리(七里), 관동 지방의 순지(蓴池), 해서 지방의 남지(南池)45), 관서 지방의 황지(潢池)와 같은 제언은 나라 안에서 큰 제언이라고 칭해지는데 터놓을 곳을 터놓지 않고 막을 때 막지 않아서 장마가 지나간 뒤 즉시 말라붙어 해마다 흉년이 들고 있다.46)

---

43) 졸고, 1991, 〈王受兢說話硏究〉, 《古代의 三朝鮮과 樂浪》, 기린원.
44) 中村元, 1981, 《佛敎語辭典》, 동경서적.
45) 벽골제, 합덕제, 공검제 등은 저명한 제수지이고 황해도 南池는 延安 南池를 가리킨다. 그런데 관북에 있었다는 '七里堤' 는 현재 어느 곳인지 알기 힘들다. 후고를 요한다.
46) 《정조실록》 권50, 왕 22년 11월 30일(기축) / 농사를 권장하고 농서를 구하는 구언 전지에 대한 배의

여기에는 蕁池가 關東의 못으로 潢池가 關西의 것으로 되어 있으나 태백산 潢池가 관동일 것은 자명하므로 蕁池는 關西의 연못일 것이다. 關西와 關東의 연못 이름이 뒤바뀌었음을 알 수 있다. 관서의 蕁池라면 평양 대성산의 蕁池를 가리킨다고 고찰된다. 대성산 蕁池가 일종의 堤堰, 즉 人工 湖水라고 기술되어 있는 점은 흥미로운 일면이다.

吳始壽의《水村集》에 大聖山 蕁池詩가 실려 있다.

> 생각컨대 저 대성산은 서경의 진산이라. 99 우물이 바다와 강물의 근원이네. 우리를 윤택하게 하여 길이 번창시키네. 우리 땅을 기름지게 하도다. 오롯한 산봉 우리 구룡산은 기도하면 산울림처럼 응해 주네. …… 시시때때로 龍의 신이 빈틈 없이 힘을 행사하도다.[47]

여기에는 서경 구룡산에 99 개 우물이 江海의 本源이라고 하여 水神의 濫觴地임을 명기하고 있다. 구룡산에 있는 龍神이 水神으로서 막강한 권력을 갖고 있다는 것이다. 현대에 전하는 전설과 거의 동일한 내용임을 알 수 있다. 그리고 조선 후기 閔維重의 문집에 보면 '九龍山祈雨祭文' 2 개가 실려 있다. 그 글 중에

> 崇湫께 돌이켜 여쭈오니 밝은 신령의 거처이시고 예로부터 제사하면 바로 응답을 주셨도다. ……[48]

이라고 하였다. 구룡산에 큰 못이 있고 그 곳에 기도하면 즉시 효험이 있다는 것이다. 여기서 흥미로운 점은 대성산에 있는 큰 못을 '崇湫'라고 표기하고 있는 것이다. '숭-못(崇湫)'은 역시 '술-못', '수-못'의 다른 표기인 듯하다.[49] 이

등 27명의 상소문. 而今也蹠政久抛 冒耕相續 如湖南之碧骨, 湖西之合德, 嶺南之恭儉, 關北之七里, 關東之蕁池, 海西之南池, 關之潢池, 號稱國中大堤 而疏處不疏 停時不停 行潦其涸 歲比不登.
47) 節彼大聖 西京之鎭 九十九井 江海源本 澤我百昌 奠我上壤 矯矯儿龍 有禱如響 … 惟時龍神 實司其權 …
48) … 眷言崇湫 明神所宅 自昔有事 報應響捷 …

崇湫에 明神, 즉 水神이 거처하는 것으로 관념하고 있는 것이다. 대성산에서는 지금도 九龍 못의 바닥을 대동강으로 통하는 것으로 생각하고 있는데 그러한 사고가 자못 오래된 것임을 알기에 족하다. 20세기에 채집된 대성산 전승에는 蕁池 안에 白魚와 白龍이 산다고 하였다.[50] 魚龍은 水神 河伯을 상징하는 동물인즉 그 내역을 짐작할 만하다.

대성산은 고래로 九十九池가 있었다고 전한다. 정확한 숫자까지 신뢰할 필요는 없으나 산중에 수많은 못이 있었다고 고찰된다. 이렇듯 연못이 중시되었던 데에는 그럴 만한 까닭이 있었다고 보아야 한다. 아흔아홉 연못 중에서도 蕁池는 영험한 곳으로 유명하였다. 水神에 대한 제사가 이 곳에서 대대적으로 거행되었다. 한발 때에는 특히 국가적인 제례의 대상이 되었다. 대성산에 99개에 달하는 호수가 있었다는 것은 다대한 水神의 祭場이 있었다는 의미일 것이다. 그렇게 水神 聖所가 많았다는 것은 그대로 대성산이 水神의 居處 내지 神宮으로 인식되었던 때문이 아닌가 고찰된다. 즉 대성산은 河伯山이었다.[51]

북한측에서 발굴한 대성산 유적 그림(그림 - 참조)에는 대성산 東峰인 長壽峰 바로 아래에서부터 차례로 '九龍池', '長壽池', '鹿池', '兄弟池', '鯉池' 등이 나타난다. 九龍池는 전설 속의 '龍池'인 듯하고 '鹿池'는 鹿足夫人 전설의 무대로 나오는 연못과 이름이 같다. 그런데 최남선은 아래에 있는 것이 '술못(九龍淵)'이고 그 위에 祈雨壇 건물이 있다고 하였다. 그리고 더 위에 '백못'이 있다고 하였는데 현재의 연못들과 선뜻 연결되지 않는다. 특히 북한에서 채집된 전설에서 '九龍池'가 長壽峰 바로 아래에 있는 연못이라고 나타난다.[52] 九龍池가 가장 높은 곳에 있는 沼澤이라고 되어 있는 것이다. 九龍池와 鹿池와의 관계도 별개의 湖沼인지 같은 연못인지 분명치 않다. 전승 속에 나타나는 '술못'의 정확한 현재 위치는 앞으로의 발굴에 의존하여야 할 것이다. 현재 위치는 未詳하나 대성산에 고

---

49) 閔維重《文貞公遺稿》권5,《韓國文集叢刊》137집 소수. 이 문집에는 다음과 같은 기우제문도 들어 있어서 참고가 된다. 九津溺水祈雨祭文, 檀君東明王祠祈雨祭文, 箕子廟祈雨祭文, 平壤江祈雨祭文.
50) 조선연구회, 1917,《平壤風景論》, 68쪽.
51) 졸고,〈古代河伯神體考〉, 본서 수록.
52) 평양향토사편집위원회, 1999,《평양전설》, 한국문화사본.

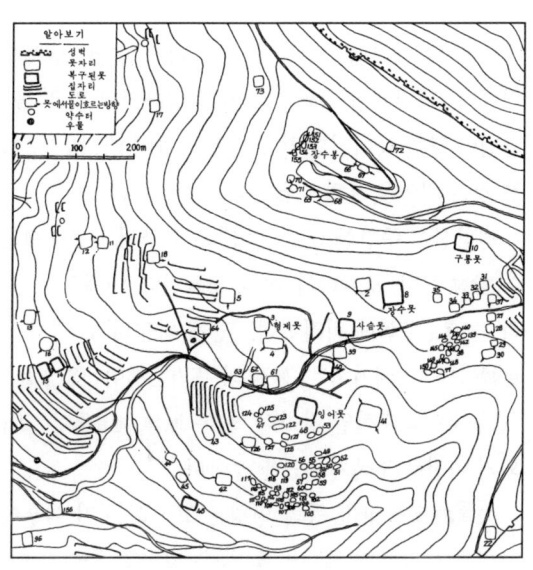

대성산의 호수 유적

래로 薴池가 있었고 그것이 '술못'과 연결된다는 점은 인정해도 좋을 듯하다.[53]

평양 일대에서는 특히 水神에 대한 제사가 번성하였다. 사당도 여러 곳으로 분화되었다. 《世宗實錄》 地理志 평양부 大川 조에는 '大同江, 上甲神祠, 津溟所, 津墳所, 津衍所, 津淵所' 등의 여섯 곳 水神 祠堂을 열거하고 있다. 《輿地圖書》에도 여러 가지 壇廟가 나열되어 있는데 社稷壇, 文廟, 仁賢書院(箕子 祠堂), 武烈祠(明將軍 祠堂), 龍谷書院(鮮于浹 봉사), 西山祠宇(三學士 祠堂), 城隍壇, 厲壇, 愍忠壇(明將卒 祠堂) 등의 형식적인 사묘 외에 민속 신앙에 관한 것으로 '平壤江祠, 九津弱水祠, 大同江祠, 斧山祠, 上甲壇, 津衍壇〈在府東三十里〉, 津淵壇〈在府東二十里〉, 木覓祠, 津墳壇〈在府東五里〉' 등이 수록되어 있다. 도합 9개인데 그 가운데 水神 사당이 7

---

53) 현재 순지가 어느 연못인지 적지하기 힘들다. 그러나 연못의 성격상 일정한 호수가 항구 불변하였다고 판정하기도 어렵다. 연못의 고갈이나 파손, 성쇠가 있을 수 있기 때문이다. 만일 현재 장수봉 아래에 있는 九龍池와 鹿池가 본명을 그대로 간직한 것이라고 한다면 전설 속의 薴池는 국사봉 아래에 있는 별도의 연못일 것이다. 물론 薴池와 鹿池는 별개의 소택이 된다. 장수봉 하의 九龍못도 薴池의 별명 龍淵과 다른 龍池라고 간주될 것이다. 龍池, 龍淵, 龍潭, 龍湫, 龍沼 등이 어느 한 호수의 고유 명칭이 될 수는 없겠기 때문이다.

개(平壤江祠/九津弱水祠/大同江祠/上甲壇/津衍壇/津淵壇/津墳壇)인 점을 유념해야 할 것이다. 평양에서 水神 신앙이 융성하였던 것은 물론 오행 사상에서 北方 水神 관념이 강한 탓이지만 본토에 토착하여 내려오던 水神 사상이 그 토양으로 작용한 것은 재언을 요하지 않는다.

최남선이 주장한 대로 '설신'은 고구려 始祖母 柳花夫人으로 간주된다. 이른바 '夫餘神'이다. 夫餘神이 地神, 母神인즉 대체로 부합한다고 하겠다. '설신 마누라'는 鹿足부인에 비정된다. '황제 마누라'도 역시 '녹족부인'으로서 夫餘神이고 隧神이다.54) 여기서 '夫餘神'의 固有名稱이 '隧'였을 가능성이 제기된다. '설신', '술못'은 그 흔적일 것이다. 물론 地神, 地母神은 고구려 始祖의 母親으로 擬人化 되기 이전부터 존재하였을 것이다.

夫餘神 또는 柳花 등의 명칭은 고구려 시기 이후에 부회된 신 이름인 것이다. 그렇게 생각하면 '설/술/隧' 등은 고구려 문화가 이 지역에 진출하기 이전부터 뿌리내리고 있던 신화의 유흔일 개연성이 높다고 판단된다.

'설신'은 '술못'에 살던 신이었다. 곧 隧神의 본체이고 夫餘神인 것이다.

2) 蓴池와 國東 水上

대성산이 고구려 말기에는 수도 평양성(長安城)의 동북방으로 인식되고 있었다. 《翰苑》 등에 나오는 이른바 '魯陽山'이다. 헤아려 보건대 고구려 당대에도 '魯陽山'에 蓴池가 엄존하였다고 추정되며 그에 대한 민간 신앙은 후대보다 더 성대하였을 것이다. 여기서 蓴池가 수도 동방의 '大水', '大淵'일 가능성이 제기되는 것이다.

생각해 보면 《三國志》에서 '國東上' 또는 '國東水上'55)이라고 한 것을 우리는

---

54) 졸고,〈古代河伯神體考〉, 본서.
55) 본문에는 '國東上'으로만 되어 있다. 그러나 청대 이래로 고증학자들의 작업에 의하여 이제는 '水'자 한 자가 일탈한 것으로 간주하는 것이 정설이다.

단순한 선입견에 좌우되어 誤讀한 감이 없지 않다. 평양 지역에 남아 전하는 朝天石 전설에 이끌리어 분명히 '水上'으로 되어 있는 것을 '水中巖石上'으로 이해해 온 것 같다. 그러나 원전에 충실히 접근하는 자세가 필요하다. 더구나 隧神이 地神이자 洞穴神이고 나아가서 水神으로 연역되는 神格이라면 특히 巖石에 연연할 것 없는 터이다. 전세계적으로 대부분의 祭禮에서 水神에 대한 致祭는 '江上'에서 이루어진다. 그 정확한 장소는 江邊이다. 즉 '水上'인 것이다. 드물게 舟中에서 거행되는 경우가 있으나 예외적이다. '水上'에서의 제사는 水邊에서 水中을 향하여 봉행되는 것이다. 참석자들이 江水에 뛰어들어 몸과 의복을 적시기도 하지만 어디까지나 그것은 江邊에 한정된다. 원래 암석과는 무관한 것이다.

주몽 설화를 전하는 문헌을 보면 優渤水라는 연못이 있다. 河伯女가 유배되었다는 곳이다. 이 곳이 다른 기록 중에서는 '優渤沼', '優渤淵', '優渤澤' 등으로 나타난다. 따라서 고대에 '水'와 '淵, 池, 沼, 澤'을 가리키는 어휘가 거의 동일하거나 비슷하였음을 짐작할 수 있다. 그러므로 '大水'를 반드시 大江으로 간주하는 것은 오류임을 알 수 있다.

고구려 말기에 國東의 大水, 大澤은 아마도 대성산 蕁池를 가리킨 듯하다. 隧神祭는 大城山 蕁池에서 거행되었다고 판단된다. 國東 방향이 수도 동북으로 변동되었지만 水上,즉 水邊에서의 儀式임에는 변함이 없었다.

평양 동방 청암리에는 酒岩이라는 바위가 있다. 민간에서는 '술바위'라고 부른다. 酒巖이 역시 한때의 '술못', '술바위'였을 것도 분명해 보인다. 단 주암의 경우 그 바위 자체가 大水는 아니므로 大水 연변의 암석일 것이다.[56] 평양 3대 다리의 하나였다는 연우다리(延祐橋)가 주암산 부근에 위치하였다고 하였다. 흥미로운 것은 연우교가 평양성 사람들의 영결 장소로 이용되었다는 전승이다.[57] '延祐'가 바로 '延命' 내지 '延祚'의 의미인 것을 알 수 있다. 死神에게 사후의 복

---

56) 水邊 巖石과 隧神의 祭場과의 관계는 장차 더 검토되어야 할 과제이다. 水中 암석이 아니기에 朝天石과는 별도로 고찰되어야 할 것이다. 酒巖이 隧神을 제사하던 大水 연안의 암석일 가능성도 다분하다. 隧神 祭場이 酒巖과 蕁池 사이에서 어느 한 곳으로 고정되어 있었다고 하기도 어렵다. 시대에 따른 변동일 가능성도 높다. 후고를 요한다.
57) 평양향토사편집위원회, 1999, 《평양지》, 한국문화사. 299쪽.

록과 연명을 기원하는 곳이라는 뜻일 것 같다.58) 술못에서의 水神, 地神 제사가 死神에 대한 致祭라는 성격을 짙게 드러내고 있었음을 알려주는 좋은 자료라고 할 것이다. 전설에 의하면 德巖沼의 검은 용을 酒岩沼에 사는 붉은 용이 이겼다고 한다.59) 주암의 신이 갖는 신격에 대한 좋은 시사가 된다. 酒巖 및 그 앞의 江沼가 한때에는 國東水上의 祭場이었을 것 같다. 그 결과 '술 – 바위'라는 명칭이 남게 된 듯하다.

평양 일대에 남아 있는 '술 – 못'에 관한 전승을 살펴보면서 주목하게 된 '酒岩' 지명은 시사하는 바가 크다. 앞서 지적한 것처럼 '酒岩'과 '酒淵', '酒泉', '酒池' 등은 전국 각지에 산포되어 있다.

'설못'이나 '술못'이 일정한 고유 명칭이 아닌 것은 같은 평양 경내에도 '설못'이 여러 곳 있음을 보아 알 수 있다. 대성산에 '蕈池'가 있는데 대하여 普通門內에는 大小의 두 '舌池'가 전한다. '舌池'는 '설못'의 표기일 것이다. '大舌池'는 '큰설못', '小舌池'는 '작은설못'이다. 조선 초기의 대 시인 金時習의 문집《梅月堂集》詩集 권9에 보면 평양 舌池에 대한 전설을 다음과 같이 읊고 있다.

小利貪來忘大恩 작은 이득을 탐내다가 큰 은혜를 잊고
一言便作萬年冤 한 마디 잘못에 만년의 원수를 만들었네.
至今池水渾成血 지금도 연못물은 핏물처럼 붉은데
人道癡嫗洗舌痕 사람들이 바보 할망구가 혀를 씻은 물이라네.

老嫗가 혀를 잘못 놀려서 잘린 혀를 연못물에다 씻었다는 내용인 듯하다. 그러나 내용상 한자 '舌'자에 구애된 점이 아쉽다. 이러한 설화는 본래의 '설 – 못'이 '舌池'로 표기가 고착된 뒤에 부회된 전설로 고찰된다. '설못' 두 개가 공존하는 현상도 주목할 만하다. 대성산에도 上下 두 연못이 있기 때문이다. 그들은

---

58) 汕雲 張道斌도 延祜다리가 가장 북쪽에 있는 다리로서 광개토왕이 건립한 것으로 추정하였다.《汕雲 張道斌全集》, 1982, 권2, 520쪽.
59) 김정설, 1996,《평양전설》, 한국문화사. 13쪽.

'백못'과 '술못'으로 구분되고 있다. 보통문 안의 두 연못도 본래는 그렇게 구별되던 것이 아니었나 의심해 본다. 후세에 구분의 의의가 퇴색하면서 그냥 大小로 지칭된 것 같다.

좀더 살펴보면 고려 수도 개성에도 두 개의 연못이 한 쌍으로 결합되고 있다. 위에는 '朴淵'이 있고 아래에는 '姑姆潭'이 있다. 《中京誌》名勝 조에

[박연] 대흥동에 있다. …… 세속에 전하기를 옛날에 박진사라는 이가 연못 위에서 피리를 불었다. 龍女가 감동되어 끌어들여 낭군을 삼았다. …… 그 어미가 와서 울다가 아랫 못에 떨어져 죽었다. 그래서 姑姆못이라고 한다. 못 위에 신당이 있다.[60]

라고 하였다. 여기서 '朴淵'이 '백못', '姑姆潭'이 '술못'일 가능성이 있다.[61] '술못'과 '애기탱집'에 대하여 그 위에 있는 못이 '백못'이다. 그 곳의 신당이 '당집'이다. '백못'과 '술못'의 대응은 흥미로운 과제이나 여기서는 언급하지 않겠다.[62]

'백못'이나 '술못'이 전국에 散在하고 있었을 것은 神格上으로 보아 하등 이상할 것 없다고 하겠다. 아래에 각지의 '술못'에서 기원한 지명들을 적기해 보겠다.

설못(서지/舌池/莎堤/三千堤/立池/積草池) : 북제주, 울주, 영천, 안동, 경산 – 자인, 경산 – 진량, 담양.

수못 : 태안.

술못 (酒池) : 의성.

---

60) [朴淵] 在大興洞 … 諺傳 昔有朴進士者 吹笛淵上 龍女感之 引以爲夫 … 其母來哭 墜死下潭 遂名姑姆潭 淵上有神祠
61) 夫餘神格이 후대에 가서 '姑姆'라고 전승되었을 수 있기 때문이다.
62) 참고로 《簡易集》권1에 '九龍山 博淵 新雨祭文'이 실려 있다. 거기에 '謹案圖誌 府東若千里 有九龍山 山有博淵 周若千尺 … 則淵在大嵒崖竇之中 泓渟邃奧 難以名狀 … 父老云 龍已遷去者 似信然矣 …'라고 적혀 있다. 내용으로 보아 개성 朴淵은 아닌 듯하다. 成川 九龍산에 博淵이 있다.

숫못 : 남제주, 경주, 점촌, 김포.

수무골(藪池洞) : 화순.

수문 - 용치(은폭/龍瀑/龍湫) : 영일.

이 외에도 산과 결부되어서는 '술뫼(甑山/酒山)'가 교하, 임실, 김해, 영일, 영풍, 당진, 단양, 원주, 통영, 김포 등에 있다.63) '술모랭이'는 음성, 임실에 나타난다. '술모산(酒池동)'의 이름이 진안, 영풍에 있고 '술무지(酒泉)'는 진안에 있는 지명이다. 그 밖에 '술바구/술바우(酒岩)'형이 영풍, 평창, 풍기, 천원, 보은 등지에 분포한다.64) 흥미로운 것은 '술못', '술바위' 등이 한자로 정착하면서 '술 酒'와 연결된 듯한 흔적이 보인다는 점이다. 酒泉은 주지하다시피 원주 지방의 유명한 지명이다.65) 酒淵이라고도 하였다. 그리고 酒岩, 酒岩寺는 평양 동북 淸岩里 토성 안에 위치하는 유적인 것이다. 평양 酒岩이 '술바위'인 것은 그 바위 및 주변에 건립된 사찰, 酒岩寺가 '술못'에 연관된 고적임을 추정하기에 족하다. 특히 酒岩이 청암리 토성의 동방에 있다는 사실도 '國東'이라는 점에서 시사하는 바가 크다.

고래로 大井과 함께 '牛井'이라고 하여 기우제를 지내던 연못이 있다. 《新增東國輿地勝覽》에 '牛井〈在府東二十里 俗傳 井有龍 天旱禱雨〉'라고 하였다. '牛井'이라면 '소-우물'이니 '수-못', '술-못'과 같은 어원이 아닌가 여겨진다. '소우물'은 漣川, 坡州, 瑞山, 예산, 공주, 진천 등지에 분포한다. 牛井 역시 동방에 위치하는 점이 흥미롭다. 조선 후기에 편찬된 《輿地圖書》에 '牛井〈在府東二十里 栗里坊 歲旱禱雨〉'라고 한 그 곳이다. 黃驪馬가 노닐었다는 전설이 깃들어 있는 驪州 馬巖에도 지척에 '牛灣'이라는 물줄기가 있다.66) 우리말 지명으로는 분명하지 않으나 '소'와 비슷한 것은 물론이다. 평양 동방에 있었다는 '牛井'과 거의 같은

---

63) 참고로 고려 시대에 묘청이 8성당에 모신 신위 중에 甑城岳 天女가 있다. 산 이름 甑城岳 甑山, 甑岳에 일치하는 점은 깊이 음미하여야 할 부분이다.
64) 한글학회, 1991, 《한국땅이름 큰사전》(상).
65) 《韓國文集叢刊》17권, 松齋集 詩集 1. 酒泉縣酒泉石에 酒泉石 전설이 그대로 수록되어 있다.
66) 《韓國文集叢刊》189집, 謙齋集 권13, '過牛灣口號'.

설화적 배경이 있을 것이라고 판단된다.

　이러한 분포 양상은 어떠한 의미를 갖는 것인가 생각해 보겠다. 먼저 '술-못'을 중심으로 하는 문화가 상정되어진다. 설화가 지명에 흔적을 남긴 것이다. '술-못'은 隧穴을 둘러싼 문화 현상의 하나라고 판단된다. 그러한 지명이 다수 나타나고 있는 것은 '술-못'설화의 분포 양상을 드러내 보여준다고 할 수 있다. 그러므로 隧穴도 각지에 광범위하게 분포하고 있었다고 말할 수 있다. 그것을 隧穴의 移動으로 파악할 수도 있고 隧穴의 分布로 이해할 수도 있다. 분명한 것은 隧穴을 중심으로 하는 문화 복합이 佟佳江邊 또는 鴨綠江邊, 大同江邊, 어느 한 곳에 한정될 수 없다는 사실이다. '술-못'설화는 하나의 중심지에서 생성되어 여러 곳으로 전파된 것이라고 보기 힘들다. 다시 말하거니와 隧穴은 佟家江, 鴨綠江, 大同江 여러 지역에 산재하고 있었다.[67]

　평양 일대에도 隧穴은 존재하고 있었다. 魏志에 기술된 隧神祭 문화는 평양 시대에도 엄존하고 있었다고 고찰된다. 문제는 대성산 내지 그 주위에서 隧穴에 비정할 만한 洞穴이 확인되지 않는다는 점에 있다. 5만분의 1 지도에 의하면 대성산 동북방 수 킬로 거리에 '高衙窟'이라는 동굴이 확인된다. 그러나 필자는 이 굴이 어떠한 전승과 형태를 갖춘 곳인지 알지 못한다. 비견으로는 대성산에서 동굴 유적이 발견될 것을 확신한다. 일례로 광법사 비문에 나타나고 있는

　　흰 용이 땅에 떨어져 바위가 되었다. ('白龍落地爲巖')

라는 설화도 白龍巖洞을 표현한 듯하다. 白龍이 산다고 전승되는 洞穴일 듯하다. 만일 그렇다면 대성산에서 '國東大穴'을 찾을 수 있을 것이다.

　평양 시기에 가서도 洞窟 신앙이 여전하였다고 인정되므로 그것은 앞으로의 발견에 기대하여야 할 것이다.

---

[67] '牛井'이나 '牛池', '牛淵' 등도 같은 문화 현상이라고 고찰된다.

4. 大聖山 母子 神像과 大穴

 대성산에서는 고구려 시대의 유적과 유물이 다수 발굴되고 있다. 그 중에서 주목되는 것은 北峰인 國師(國土)峰 아래에서 발견된 男女神像이다. (그림 - 참조). 일종의 상자같이 생긴 돌함에 남녀 두 불상이 안치되어 출토되었다. 여신 신상은 황금으로 치장하고 크기도 크며 형상이 고아하여 그것이 主神임을 추단하기에 어렵지 않다고 한다. 남자 신상은 여신보다 작고 제재가 열등하여 여신에 수반되는 子神임을 시사하고 있다.(68)

 석함이 발견된 지점은 대성산 성벽이 무너져 내린 석축 사이이다. (지도 - 참조). 아직 그 석축 일대가 정식으로 발굴되지 않아서 원래의 遺構를 추정하기 곤란하다. 일단은 석축 위에 神殿이 있었을 가능성, 석함이 일종의 石壁 사이에 배치되어 있었을 가능성, 석함이 건물의 일부에 삽입되어 있었을 가능성 등을 상상할 수 있을 것이다. 어느 경우를 상정하더라도 석함 자체의 완결성은 인정되어질 수 있다고 판단된다. 즉 석함은 그 자체가 하나의 信仰 단위였을 것 같다. 물론 그 주위에 여러 가지 장식과 부속 신상이 진열되어 있을 수도 있을 것이다. 그러나 석함과 그 안에 안치된 두 구의 신상은 하나의 독립된 神殿 내지 神堂을 표출하고 있다고 고찰된다.

 函의 속 바닥에는 '國土'라고 새겨져 있었다. 북한측 보고자는 그것을 발견된 봉우리 이름 '國師'와 연결시켜서 '國土'라고 읽고 있다.(69) 전국적으로 무속 신앙이 성대한 산봉우리가 國師山, 國師峰, 國師嶺, 國師峴, 國師쑥이라고 불리고 있으므로 그러한 추측도 가능하다. 그러나 原文이 '國土'라고 되어 있는 것을 굳이 '國土'라고 고쳐서 해석하는 것은 무리가 있어 보인다. 고대사 자료에서 원문에 대한 자의적인 변경이 가져오는 왜곡은 흔히 보는 일이다. '國土'라는 해석이 불

---

(68) 그렇다면 母子神像이라고 할 것인데 고구려 시대의 母子神 신앙에 대해서는 별고가 필요할 것이다. 여기서는 다만 그 가능성이 높다는 것만을 지적하고 넘어가고자 한다.
(69) 과학원출판사, 1964,《대성산일대 고구려 유적》유적발굴보고 9집, 55쪽.

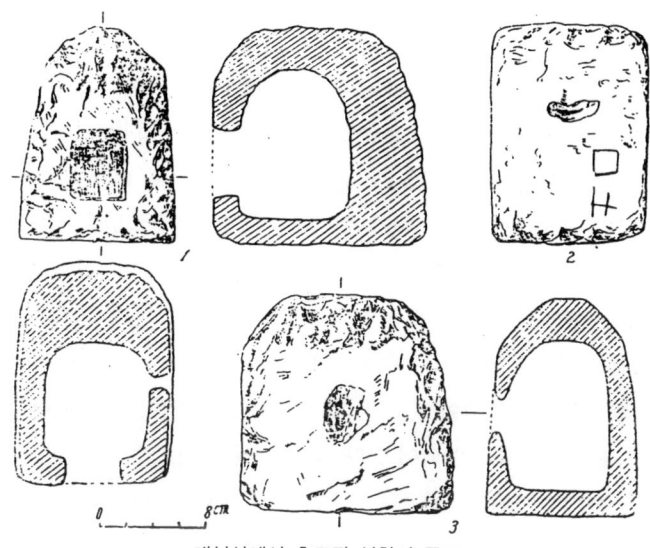

대성산에서 출토된 석함의 구조

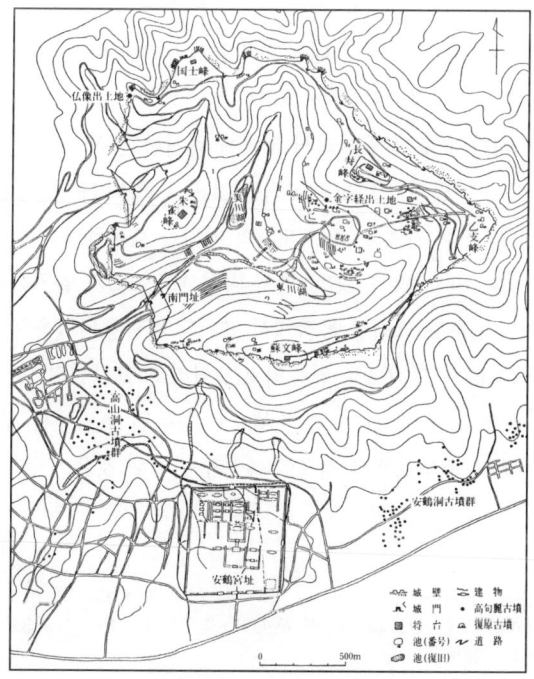

대성산의 고구려 유적 분포

가능한 것은 아니기에 더욱 그러하다.

'國土'는 그 자체가 '國土'의 神格化라고 고찰된다. 고대 일본에는 '國主'라는 용어에서 파생되어 '大國主神'이 地神으로서 유명하다. 大國主神의 원형은 '國主神'이었을 것이다. '國主神'과 '國土神'은 한 글자 차이로서 같은 의미를 지닌다고 할 수 있다. 고구려에서도 地神에 해당되는 신격이 엄존하였을 것이다. 그 신 이름이 '國土'였다고 판단된다. 國土神은 두말할 필요 없이 地神의 이름이다. 고구려의 地神, 水神으로서 내외에 공인되고 있는 것이 隧神이다. 따라서 '國土神'은 隧神의 별명이자 후대적 표현이라고 간주된다.

隧神은 隧穴 안에 안치되어 있었다. 그런데 이제 발견된 國土神은 窟穴을 연상하게 하는 龕形 函 속에 봉안되어 있다. 중국의 종묘 제도에 '匱'이라는 것이 있다. (그림 – 참조). 종묘에는 神主를 안치하는 데 쓰이는 木製 龕室을 가리킨다. 석물로 제작된 것은 '祏'이라고 표기하기도 하며 단순하게 '石室'이라고도 불렀다.[70] 그 모양이 대성산 신상 석감과 유사하다. 목제 대신 석제가 사용되었을 가능성도 크다고 하겠다. 그러나 대성산에 종묘가 있었다는 이야기는 아니다. 기능상의 공통점을 지적하고자 하는 것이다.

생각해 보면 시대의 추이에 따라서 洞穴에 위치하던 신상이 동굴 형태를 모방한 磨崖 岩蔭이나 인공적 石窟에 移安되는 것은 자연스러운 일이다. 경주의 세계문화유산으로 유명한 石佛寺, 즉 石窟庵의 기원을 龕內 神像에서 찾을 수 있을 듯하다. 탈해 설화 중에 보이는 石塚 역시 대성산의 石龕과 일치하는 요소이다. 석굴 형태를 지닌 石龕도 그러한 목적에서 고안되고 활용되었을 것이다. 國土神像이 들어 있는 石函은 그러므로 일종의 石龕이라고 고찰된다. 龕 안에 봉안된 신상은 동굴에서 出世하여 市井 또는 宮城으로 유통될 용도에서 제조된 것으로 추측된다. 여하간에 洞窟로부터 龕室로 神坐가 변동된 것은 수긍할 수 있을 듯하다.

---

70) 僧靳신, 1992, 《神靈與祭祀》, 강소고적출판사. 盛主(神主를 봉안하는 것) 匱이 神龕이다. 石函=祏=石室이라고도 하였다. 200쪽.

이러한 추정이 만일 허용될 수 있다면 우리는 고구려 초중기에 성행하였던 隧神제사 및 隧穴에 대한 신앙이 말기에 가서 상당히 변형되었음을 추단할 수 있다. 신 이름이 변경되었고 신이 봉안된 聖所도 이동이 가능한 佛龕式 石函으로 변용된 것이다. 물론 이것이 유일한 신앙 형태는 아니었을 것이다. 그러나 대체적인 흐름을 시사해 주는 좋은 실물 사례라고 할 수 있

石匪 : 나무 신주를 넣어 두는 감실

다. 隧神이 완전히 隧穴에서 이탈하여 石龕으로 이동하였을 가능성도 있다. 그러나 동굴 신앙은 공존하고 있었다고 고찰된다.[71]

神像 상징에 대한 검토에서 우리는 고구려 시조의 어미 河伯女가 후기에 가서 隧神, 즉 國土神으로 습합된 것을 확정할 수 있다. 神像龕이 발견된 곳이 國土峰 정상부라는 사실은 우리에게 더욱 시사하는 바가 적지 않다. 현재도 남아 있는 廣法寺와 頭陀寺가 모두 국사봉 기슭에 있기 때문이다.[72] 광법사는 전설에 의하면 고구려 광개토왕이 평양 성내에 건립하였다는 9사 중의 하나라고 한다. 대성산 일대는 고구려 평양 전도 초기의 종교적 舞臺라고 인정된다. 따라서 대성산 북쪽 가장 큰 봉우리인 국사봉 산록에 초기 불교 가람이 건설되었을 개연성은 적지 않다고 할 수 있다. 최남선이 소개한 廣法寺 비문(조선 영조 대 건립)에

---

71) 김례환, 1958, 〈평북 지방에서 발견된 원시유적〉, 《문화유산》1958년 4기, 91쪽. 거북을 타고 있는 佛像이 발견되었다고 한다. 의주·용천 지방이다. 그 불상에는 '大和元年 三月三日' 운운의 기명이 새겨져 있었다고 한다. 고구려 불상이 아닌가 의심되나 자세한 것은 알 수 없다. 거북을 타고 있다는 점에서 鄒牟王의 '浮龜'가 연상된다.
72) 북한에서 빌간된 자료에 의하면 광법사는 당국에 의하여 재건되어 내외에 불교 사찰을 선전하는 데에 이용되고 있다. 그 위치를 '國土峰 기슭'이라고 허였다. 그리고 북한 지도를 보면 국사봉 서록 일대가 '절골'이라고 표기되어 있다. 일제 때 발행된 5만분의 1 지도에는 국사봉 東麓에 頭陀寺의 위치가 명기되어 있다. 고대에 있어서 사원의 위치를 알기에 족하다고 하겠다.

의하면 광법사를 둘러싸고 鹿足夫人, 白牛菴, 鹿水菴 및 鹿池菴 그리고 頭陀寺 등이 碁布하고 있었다.73)

여기서 참고로 최남선이 釋讀한 광법사 비문을 검토하기로 하겠다. 비문에는 고대 전승의 편린이 남아 있어서 음미가 필요하다. 필요한 부분은 단락을 지어 제시하겠다.

廣法寺事蹟碑銘序(六堂 釋文)

1) … 竺之敎西而東 東而有王儉仙人國 國之東 又有大聖九龍山 山卽太白嫡脈也 雖不甚崒葎峁巊 而山中多異跡

2) 古有鹿足夫人 一産九子 不祥而函于海 則流而中國 見收而鞠 及長反犯本國 卒覺其爲父母邦 釋兜鍪 歸還此山 奪龍池 庵而居之 修道成佛 今之鹿水庵 及頭陀寺 乃九佛

---

73) 최남선, 《六堂全集》2권, 155쪽.
녹족부인 설화에서도 9명의 아들들이 나중에 대성산에 돌아와 龍池를 탈환하고 수도하였다고 한다. '大聖山 古有鹿足夫人 一産九子 謂其不祥 函以投之海 流入中國 見收而鞠 及長 反犯本國 覺其爲父母邦 釋兜鍪歸還此山 奪龍池 菴而居之 今之鹿水菴, 頭陀寺 乃九佛始終地云'(《平壤續志》 卷3 雜志.) 여기서의 龍池는 물론 토착 신앙의 대표격이 되겠다. 神佛交代의 역사적 변천이 일어난 것이다. 그러고 나서 鹿水菴 및 鹿池菴, 頭陀寺 등지에 거처하였다고 한다. 鹿水菴 및 鹿池菴은 분명히 '사슴연못'의 주위에 건설된 암자, 사찰일 것이다. 특히 '九佛'이라는 표현이 주목된다. '九佛'은 '九龍'과 다르지 않아 보인다. 鹿足夫人 전승은 따라서 九龍 내지 九佛 연기전설이라고 생각된다. 대성산을 일명 九龍山이라고 하는데 그 이름은 여기서 기원된 것이 분명하다. 九龍山은 따라서 九佛山이라고도 할 수 있을 것이다. 여하간에 九佛의 始終 족적은 대성산 중에서도 國士峰 언저리에 집중되어 있다. 국사봉 일대에 九龍-九佛 신앙이 번성하던 것은 분명하다. 최남선은 大聖山의 원명이 大聖九龍山임을 유의하였다. 생각해 보면 '大聖九龍山'이라는 산명도 두 개의 산 이름이 합쳐진 것이 아닌가 의심된다. 九佛 설화에 충실하자면 大聖九佛山이라고도 할 수 있을 듯하다. 九龍의 의미는 이제 천착하였으나 大聖은 무슨 뜻인가? 여기서 大聖은 아마도 七星을 가리킨 것이 아닌가 前攷에서 추측한 바 있다. 북두칠성을 '南無北斗大聖七元聖君'이라는 명호로 호칭하는 것은 좋은 사례가 될 것이다. 鹿足夫人이 七星夫人이라는 뜻이므로 大聖, 大城도 七星을 지칭하였을 가능성이 높다고 판단된다. 한편 大聖九龍山의 大聖은 미심하나마 九龍의 모친인 聖母 鹿足夫人을 가리킨 듯하다. 이에 대해서는 후고로 미루거니와 산 이름이 大聖九龍山으로 母子 神格을 구비하고 있는 점은 특별히 주의를 요한다고 고찰된다.
이렇듯 大聖九龍山에 七星 및 九龍 신앙이 고래로 현저하였다면 산중에 유수한 족적이 접종할 것은 물론이다. 그 중에서도 특히 北峰인 國士峰 기슭에 廣法寺나 頭陀寺 등의 巨刹이 모여 있는 사실은 그러한 배경에서 이해되어야 할 것이다. 鹿水菴, 鹿池菴 등 역시 국사봉 언저리에 있었을 것은 자명하다고 하겠다. 鹿池(龍池)가 어느 곳인지 현재로서는 알 수 없으나 국사봉 아래에 위치하였을 것이다. 종래의 대성산 탐사에서는 동쪽의 長壽峰과 그 밑의 兄弟못, 잉어못 등을 주목한 것 같은데 장차 국사봉을 발굴하게 되면 그에 연관된 수많은 유적과 유물이 햇빛을 볼 것이라고 믿어진다.

248 고구려의 건국과 시조 숭배

始終地也

3) 且一洞九十九池 此恒河萬八世界之所未有 而玆山有之
4) 其中一大池 深懃莫測 有時作風雲雷雨 以蘇其焦爛衆生 是池之陰助我 慧澤何如也
5) 如白龍之落地爲巖 神牛之踐石留跡 亦是怪奇 而此皆記傳於古今 歷歷可據若三
6) 玆山有十數道場 而唯廣法寺最大 始也阿道和尙 自符秦 來作佛殿 若憎(?僧)寮數百架 雖中經劫火 十不二存 而晋(?普)光約橡之奪造 冥府泥塑之逼眞 三日庵之瀟灑 七星堂之幽絕 皆甲於叢林 …74) (문단은 필자에 의함)

여기서 제1단은 大聖九龍山에 대한 도입 부분이다. 불교가 동방으로 와서 평양 지방에 정착하였다는 것이다. 흥미로운 것은 王儉仙人의 나라, 즉 平壤의 東方에 대성산이 있다고 표현한 점이다. 고대에는 대성산이 지금처럼 평양의 동북방이라고 하기보다는 동방이라고 관념하였을 가능성이 인정된다. 제2단은 녹족부인 설화이다. 이 부분은 종래 많이 언급되었다고 할 수 있다. 제3단은 99개의 연못에 대한 개괄적인 서술이다. 그리고 제4단은 蓴池(明記되지는 않았지만 蓴池일 것)에 대한 영험을 기술하고 있다. 제5단에는 蓴池가 白龍巖, 神牛石과 함께 산중의 3대 靈蹟임을 분명히 하였다.75) 그리고 제6단에서 廣法寺에 대한 칭송으로 끝을 맺고 있다.

비문에 의하면 대성산의 설화적 무대는 북봉인 國士峰인 듯하다. 국사봉 기슭에 있는 광법사 사적을 언급하면서 鹿足부인 설화와 蓴池 및 99池가 나열되고 있기 때문이다. 대성산 - 녹족부인 - 순지 - 광법사로 이어지는 신화적 공간은 하나로 귀일되는 것이 순리적이다. 전승상에서 차지하는 위치는 장수봉이 국사봉에 비견할 바가 못됨을 쉽게 알 수 있다.

이렇게 국사봉이 대성산 전승의 중심 무대라고 한다면 이제 우리는 국사봉 아래에서 발견된 神龕과 神像에 대한 해석에 좀더 자신을 가질 수 있다. 母子 신

---

74) 《육당최남선전집》권2, 135쪽.
75) 白龍巖, 神牛石 등에 관한 자료는 아직 접하지 못하였으나 장차 좀더 깊이 탐색되어야 할 것이다.

상 두 구는 아마도 대성산 국사봉에 얽혀 전승되고 있는 鹿足부인 전설 및 蓴池의 전승을 반영한 것으로 추정된다. 녹족부인 설화에서는 夫人과 九龍이 나타난다. 모자 신상은 母神 녹족부인과 九龍神으로 추단하여도 대과 없을 것이다. 고구려 시조 전승 속의 柳花부인과 朱蒙에 비정할 수도 있겠고 龍淵 神女와 王受兢은 그 하나의 변이형이라고 할 수 있겠다.

5. 結論

고구려의 큰 제사로 隧神祭가 있었다. 10월에 수도 동방에 있는 동굴에서 신을 모셔다가 물가에서 공헌하였다. 여기서 제시된 필자의 의견을 간단히 요약하여 두겠다.

隧神은 水神 겸 태양신이라고 본 것은 이미 지적한 대로 무리라고 하겠다. 일본 신화에서 태양신이 天岩戶 동굴에 숨었다 나오는 것은 수혈과 연결되지 않는다. 그것은 迎日 都祈野 전승과 이어진다. 수신은 地神이자 수신이므로 日神이라고 할 수 없다. 隧神의 명칭은 漢代의 古音으로 읽어야 하는 고유 神名이다. 高句麗語 '소(首知, 首次)'를 표기한 것이다. 여기서 隧神 神體가 다름 아닌 소(牛)임을 분명히 알 수 있다.

수도 동방의 水上에 제사한 것을 종래 水上 巖石에서라고 이해한 것은 잘못이라고 판단된다. 水神에게 바쳐지는 의례인 만큼 水邊이라고 생각된다. 헌납 후에 신체는 소각되었고 地中에 매납되었다. 새로 제작된 신체 木像은 단장되어 수혈에 봉안되었다. 이와 같은 迎神 – 祭享 – 歸還의 과정을 살펴보면서 우리는 고대의 제의가 어느 한 씨족에 의해 實修, 전승되어 왔던 점을 상기하게 된다. 일례를 들어 石塚에서 출현하고 있는 신라의 脫解는 隧神이자 昔씨 시조신이다. 그 제의를 담당하여 온 것이 석씨 집단인 것은 재언을 요하지 않는다. 여흥 민씨 시조도 馬岩 동굴에서 탄생하였다. 고구려 閔中王은 독자적인 석굴 전승을 갖고 있다. 그도 일족의 시조로서 합당한 신격을 갖추고 있다. 따라서 隧神祭는 그 원형이 한 씨족의 조상신 제례였을 것이다.

고구려의 문화 전통이 가장 잘 남아 있는 평양에는 大城山이 水神의 거처로서 유명하다. 과연 대성산에는 가물지 않는 술못('蕈池')이 있었고 거기서 祈雨祭가 거행되곤 하였다. 술못의 신은 '설신 마누라'라고 불렀다. 그 신은 고구려의 夫餘神이다. 고려 시대에는 歲神이라고도 하였다. 술못의 이름은 전국 각지에 고루 분포되어 있다. 평양 주민들의 永訣 장소로서 알려진 酒巖(술바위)은 水神 내지 死神에 대한 祭場이었을 것이다. 술못에 제사지낸 신체는 아마도 대성산 내의 동굴에서 모셔온 것이라고 추정된다. 다시 말해서 압록강변에서 치제되던 수신제가 평양으로 남하하여 술못에서의 제사로 발전하였다는 것이다. 蕈池의 主神 扶餘神이 다름 아닌 河伯女인 것은 그것이 河伯祭禮임을 웅변해 준다.

그러한 변용을 잘 보여주는 것이 대성산 國土봉에서 발견된 國土神像이다. 신상은 남녀 2신으로 구성되어 있다. 신상이 안치된 석함 바닥에 國土라고 명기하였다. 國土는 신의 이름이다. 즉 大國土神이다. 국토 수호신, 지신의 새로운 명칭인 것이다. 이 이름이 일본에 건너가서 '大國主神'이 되었다. 국토신은 남녀 2신으로 둘 중에 女神像이 더 크고 호화롭다. 신격이 높다는 것이다. 여신은 柳花女神, 즉 扶餘神이다. 隧神의 새로운 신체를 실견하는 셈이다. 동굴에서 경배되던 신상이 신상을 넣는 石龕에 안치되어 이동이 가능해진 것이다. 목제 牛像이던 초기에 비해 人格化된 것이다. 그것도 구체적, 史實的 人形을 갖게 된 것이다. 고구려 문화의 커다란 흐름이 여기서도 나타나고 있다고 고찰된다.

隧神祭가 蕈池祭儀로 연결되어짐으로써 神格이 명료해졌다. 水神이자 死神 나아가서 地神이었다.

조각상의 실측도

3절 高登神廟와 麒麟窟 傳承

머리말

평양의 古刹 永明寺에는 동명왕에 관한 전설이 많이 남아 있다. 동명왕의 離宮이었다는 九梯宮, 麒麟馬를 길렀다는 麒麟窟이 있다. 그리고 그 곳에서 내려다보이는 대동강 한가운데에는 朝天石이라는 큰 바위가 있어서 동명왕이 거기서 말을 타고 승천하였다고 전한다.

커다란 동굴이 있고 그 옆의 江上으로 祭場이 연결되고 있는 것이다. 그런데 중국의 사서 《三國志》高句麗전에도 수도 동방에 隧神을 모신 동굴, 즉 隧穴이 있다고 하였다. 이어서 해마다 10월이면 신을 모셔 내어 水上에서 제사한다고 되어 있다. 그래서 일설에는 기린굴이 수혈이고 수신이 조천석에서 치제되었다고 주장한다.[1] 그러나 수신은 地神 내지 水神, 洞窟神인 데 대하여 동명왕은 始祖신이다. 양자의 神格이 다른 것이다. 과연 기린굴이 수혈이고 조천석 전설이 수신제를 기술한 것인지 검토해 보기로 한다.

동굴에 있는 신마의 전승은 널리 분포하고 있다. 기린마를 정확하게 이해하려면 고대인들의 신마 숭배를 되짚어 볼 필요가 있다. 그러고 보면 고대 사회에서 神馬는 日馬(sun-morin)라고 하여 日神의 化身이나 태양신 그 자체로 인식되는 경우가 많다. 우리의 경우는 어떠한지 비교해 보아야 할 것이다. 최근 새롭게 地中에서 발굴된 자료를 통하여 고대인들이 생각하던 태양 운행의 軌跡이 밝혀졌다. 태양은 서방으로 가라앉은 뒤에 지하에서 동방으로 옮겨간다고 한다. 그 항행에서 필수적인 乘用 동물이 신마라고 한다. 본고에서는 神馬와 日神의 走

---

[1] 이도학, 1990, 〈平壤 九梯宮의 性格과 그 認識〉, 《國學研究》3호, 국학연구소.

行을 복원하여 그것을 기린굴 – 조천석 전승과 비교하여 보겠다. 그에 따라 고구려에서의 日神 숭배의 양상도 드러날 것이다.

1. 平壤 朝天石의 傳說

1) 文獻 整理

고도 평양에는 麒麟窟과 朝天石을 중심으로 하는 東明王 전설이 널리 알려져 있다. 《新增東國輿地勝覽》 平壤府 고적 조에

麒麟窟〈在九梯宮內 浮碧樓下 東明王養麒麟馬于此 後人立石誌之 世傳 王乘麒麟馬 入此窟 從地中出朝天石 升天 其馬跡 至今在石上〉
朝天石〈在麒麟窟南 見上〉

이라고 보인다. 동명왕이 기린말을 타고 굴 속으로 들어갔다가 땅 속을 통하여 江上의 조천석으로 나와 하늘로 올라갔다는 줄거리이다. 극적인 사건이 기린굴을 중심으로 전개되고 있었음을 알 수 있다. 나아가서

通漢橋〈在府西南五里 諺傳 東明王 昇天 由通漢橋 下九梯宮〉

에서 보듯 승천한 동명왕이 그 뒤에 어떻게 다시 기린굴이 있는 九梯宮으로 하강히였는가까지도 알려주고 있다. 하나의 완결된 敍事라고 판단하여 부족함이 없다. 이와 같은 전설은 연면하게 이어시고 있어서 尹斗壽의 《平壤志》 고적 조에도 같은 기사가 등재되어 있다.[2] 여기서의 東明王은 후대적인 표현으로서 고구

려 시조 朱蒙을 가리킨다.

《平壤志》詩文 조에 보이는 시들을 살펴보면 역시 유사한 전설들이 나타나고 있다.

○ 金克己 麒麟窟 시

朱蒙駕馭欲朝眞 주몽이 말을 이끌어 천상으로 오르려고
嶺半金塘養玉麟 고개 중턱 황금 연못에서 구슬 같은 기린을 키우네.
忽墮寶鞭終不返 언듯 보석 채찍을 떨어트리고 영영 돌아오지 않는구나.
梯宮誰復上秋旻 구제궁에서 어느 누가 다시 가을 하늘로 오르랴.

○ 李詹 麒麟窟 시

往事悠悠怪且神 지나간 일은 유유하여 괴기하고 신이하네.
城東有窟號麒麟 성동에 굴이 있어서 기린굴이라 하네.
明王從此朝天上 동명왕이 여기서 하늘로 올라 예배하였네.
巨石依然在水濱 큰 바위는 의연히 물가에 있도다.
沅水源深堪避世 沅水는 깊이가 깊어 세상을 피할 만하고
仇池穴窄僅容身 仇池굴은 좁아 겨우 몸을 추스리네.
流傳足可供談笑 흘러 전하는 이야기는 웃고 넘길 일이지
過客何煩辨僞眞 지나가는 손님이 하필 진위를 판별하려 하나.

○ 崔世節 成世昌 麒麟窟 시

東明有良馬　동명왕은 좋은 말이 있었네.
云是行天麟3)　이르기를 하늘을 나는 기린이라네.

---

2) '麒麟窟 在九梯宮內 浮碧樓下 東明王養麒麟馬于此 後人立石誌之 世傳 東明王 乘麒麟馬 入此窟 從地中 出朝天石 升天 其馬迹 至今在石上'이라고 한 외에 '朝天石 在長慶門外 江中 潮退全露'라고 하여 조금 자세한 서술이 나타난다.
3) '行天麟'은 '하늘을 나는 기린'이다. 그냥 승천만 하는 것이 아니라 천상을 走行하는 존재임이 명시되어 있다. 흥미로운 표현이 아닐 수 없다.

麟趾尙有跡 기린 자국은 아직도 남았는데
公族今幾人 고구려 귀족은 이제 몇이나 될까.

○ 龔用卿 麒麟窟 시
麒麟何所有 기린이 무엇이냐.
此窟藏麒麟 이 굴에 기린을 길렀다네.
當時廐馬名 당시의 외양간 말 이름인데
遺跡傳今人 남은 흔적이 이제도 전하네.

○ 金克己 朝天石 시
麒麟一駕上朝天 기린말이 한 번 하늘로 오르니
空使人間涕泫然 헛되이 사람을 슬프게 하네.
唯有靈石三四角 오로지 서너 모서리 바윗돌만 남아서
潮生潮落碧江邊 푸른 강변에서 조수물에 따라 나락드락 하도다.
朝眞不復下三天 하늘로 오르더니 다시 내려오지 않네.
一朶靈巖尙宛然 한 가닥 靈岩은 아직도 뚜렷한데
收拾玉鞭藏底處 수습한 玉鞭을 간직한 곳은
北峰高柱白雲邊 북쪽 봉우리 하늘높은 기둥 흰 구름 가라네.

○ 金克己 通漢橋 시
虹橋駕逈繞銀灣 무지개 다리는 멀리 올라가 은하수를 걸치고
漢使星槎幾往還 은하수의 사자는 사다리를 타고 얼마나 오갔나.
一片天孫機下石 한 조각 天孫의 機下石에
榴花歲久遍人間 石榴꽃은 오래도록 인간 세상에 남도다.

○ 朝天石路
丁未年 大水江漲 … 其年 長慶門外岸崩 麒麟窟基石 宛然向朝天石 路尤分明 後爲愚民

所拔 遂失其處.(《平壤志》, 고적)

○ 天降橋
揚命浦上 有天降橋 世傳東明王 乘麒麟馬 自朝天石昇天 降于此橋 故名天降橋 至今橋石 尙存.(《平壤續志》, 고적)

사료를 살펴보면 朝天石은 일명 都帝嵓 또는 靈石이라고 보이며[4] 가장 오랜 표현으로는《高麗史》에 나타나는 '道知巖'이다.

加平壤, 木覓, 梯淵, 道知巖, 東明王 等神勳號(光宗 2년 5월 丁亥)

平壤神祠, 木覓神祠, 梯淵, 東明王 祠堂 등은 평양 일대에 널리 알려진 전통 祀典이다. 그러므로 '道知巖'도 그러할 것인데《三國遺事》에 朝天石의 별명이 '都帝嵓'이라고 하므로 양자가 동일한 것임을 알기에 족하다. '朝天石'의 한식 칭호는 주몽이 기린마를 타고 천상으로 승천하였다는 설화 내용에 편승한 표기일 것이다.[5]

---

4) 《三國遺事》寶藏奉老, 普德移庵 조.
5) 한편《平壤續志》권2에서는 다음과 같은 실제 답사 상황이 기술되어 있다. '甲午 北城土役時 取土於古稱麒麟窟東傍 則露出石築 兩面對峙 如水口城 其間不過半丈餘 掘之則 間有橫架石樑 長可一@@@@@@細沙 下排磚石 磚石下壤土石 堀土石 至三丈 終不見築窮處 … 諸穴之中 或有層階 或有平臺 或有池塘形而 隨處屈曲 極其奇異 築石 大可數拳許而 石根互撑 如古人所謂龜文城 至今無凹凸離動處 作事之完固 此亦加見 築城者可以取法也 蓋此築 未知何爲 而東明王 九梯宮舊址 今爲永明寺 則似舊宮隱構 …'(古蹟 조) 여기서 말하고 있는 甲午는 평양성이 대대적으로 보수, 축성되던 萬曆 甲午(1594, 선조 27년)를 가리킨다. 이 내용을 음미해 보면 麒麟窟 안에 작은 굴들이 종횡으로 동서남북으로 이어져 있다고 하였다. 구조로 보아 層階나 平臺는 물론이고 池塘 형태의 동굴까지 있다고 한다. 그리하여 續志의 撰者는 기린굴이 고구려 古代 王宮의 秘密 施設(隱構)이라고 추정하고 있다. 이와 같은 麒麟窟의 人工說은 장차 발굴에 의거하여 정밀하게 구명될 것이다. 만일 인공적으로 이와 같은 掘穴을 축조하였다면 그것은 고구려 역사에 있어서 또 하나의 주요한 연구 과제가 될 듯하다. 地下 秘密 通路의 설치는 봉건 왕조 시기에 있어서 동서양을 막론하고 널리 확인된다. 문제는 이것이 機密 通路의 목적에서 가설되었는지 아니면 종교적 이유에서 구축된 것인지 구별하는 데에 있다. 지금으로서는 이것을 판별할 수 있는 자료가 전무하다.

2) 麒麟窟 隧穴 설에 대한 批判

문제는 평양성에 있는 窟과 그 굴 동편의 江上에 있는 암석에 있다. 이러한 지리적 조건을 놓고서 《三國志》에 나타나는 隧穴과 國東 水上 제사를 연상하는 것은 자연스러운 일이다. 李道學도 기린굴을 隧穴로 간주하는 견해를 발표하고 있다. 그러나 그렇게 단순하지 않은 듯하다.

먼저 隧穴에는 神馬가 확인되지 않고 있다. 따라서 麒麟窟에서 기른 麒麟馬와 쉽게 연결되지 않는다. 물론 水神 내지 洞穴神이 고대에 馬形의 신체를 가지고 있었다고 추측된다.[6] 그러므로 隧神의 神體가 馬일 가능성은 상존한다. 그러나 문헌 사료에서 확인되지 않는 神馬의 존재를 상정하고 그것을 후대 설화 중에 보이는 麒麟馬와 결부시킨다면 입론이 매우 취약하다고 아니할 수 없다.

《三國志》에는 隧神의 神體가 '木隧'라고 나타나고 있다. 이것을 전승 중에 보이고 있는 麒麟馬 또는 朱蒙과 결부하여 해석하기는 至難하다. 물론 三品彰英은 木隧를 木製 神體라고 보았다. 그리고 만주 기타 퉁구스 어족의 神格의 하나인 sumu에 비정하였다. 그것을 朱蒙과 일치시키고 있다.[7] 그러나 필자 견해로는 '隧神'의 '隧'는 'sud/sut'으로 읽혀야 한다고 믿는다. 上古音이 그렇게 복원되기 때문이다. 'sud/sut'과 'sumu'는 쉽게 같다고 인정하기 힘들다. '朱蒙', '鄒牟'의 原義에 대한 해명은 별도로 추적되어야 할 것이다. 오히려 '隧'는 '首知', '首次' 등과 상통하여 고대어 '소(牛)'를 표기한 것으로 추정된다.[8] '소'는 고대 河神의 이름이라고 고찰된다.

그리고 國東의 水上에 제사한 것을 江中의 巖石에 제사한 것이라고 해석하기

일단 필자는 원래 자연적인 洞穴이 있었던 것을 고구려인들이 여러 가지 목적에서 인공을 가하여 避難 施設을 겸한 신비한 聖所로 승화시켰다고 보고 싶다. 평양향토사편집위원회, 1999, 《평양지》, 한국문화사. 여기에서는 '기린굴=하수도'라는 설을 제시하고 있어서 유념된다. 293쪽.
6) 졸고, 〈古代河伯 神體考〉, 본서 수록.
7) 三品彰英논문집, 《古代祭政と穀靈信仰》, 평범사.
8) 졸고, 〈古代河伯神體考〉.

힘들다. 水上에서 水神에게 제사하는 것은 대개의 경우 江邊에서 치러진다. 특별한 경우에는 舟中에서 치제하는 것도 상정해 볼 수 있다. 그러나 배를 타고 강으로 들어가서 수중의 암석에 제사하는 것은 실제로 번거롭다. 특히《三國志》의 무대로 인정되는 압록강변의 集安이나 동가강변의 桓仁에서 江中 巖石과 연결된 흔적을 찾기 힘들다.

정작 고구려 시대의 隧穴 유적이라고 추정되고 있는 上解放의 通天門이나 國東大穴 유적 근처에는 그러한 암석이 없다. 그에 인접한 수중에 조천석과 같은 설화적 장치나 遺構가 확인되지 않고 있다.9)

隧神은 地神, 洞穴神 내지 水神이다. 그렇기에 水邊에서 치제하고 있는 것이다.10) 그런데 麒麟窟과 朝天石에서 출몰하고 있는 朱蒙을 그러한 神格(水神)으로 간주하기 어렵다. 주몽이 신화적으로 水界에 대한 통제력을 보유하고 있었던 것은 사실이다. 그러나 동시에 그는 天界도 장악하고 있었다. 어느 한 쪽으로 치우친 존재가 아닌 것이다. 재언하거니와 주몽은 水神의 후손이면서 天孫인 것이다.

시기를 보더라도 隧神제는 東盟제와 아울러 10월에 치러진 듯한데 朝天石 제의가 그러하였다고 인정하기도 곤란한 것이다.

---

9) 물론 압록강 주변의 전설 속에서는 '王爬石', '滿天星', '臥牛石' 등 江中 암석을 중심으로 하는 설화들이 전하고 있다. 길림성문화관, 1984,《鴨綠江的傳說》, 중국민간문예출판사.
실제로 필자가 답사한 바로는 國東大穴이 있는 곳에서 하류로 7킬로 되는 평안북도 방면 江岸에 '羊魚石'이 있다. 양 같기도 하고 물고기 같기도 하다는 의미라고 한다.
國東大穴이 있는 지역 이름 上下 – 羊魚頭는 이 바위 이름에서 기원한 것이다. 그리고 상류로 15킬로 되는 강중 섬 안에 臥牛石이라는 바위가 있어서 청년 臥牛와 소녀 柳妹 사이의 애틋한 전설이 전하고 있다. 그러나 강변의 굴이나 신묘 등 종교적 구조와 결부되는 암석은 아직 없는 듯하다. 백제에서도 泗沘 江中에 釣龍臺라는 암석이 확인된다. 그 곳에서 당나라 장수 소정방은 白馬를 제물로하여 水神을 낚고 있다. 水神인 龍에게 치제하고 있다. 그러나 釣龍臺와 朝天石과의 형태상 유사성에도 불구하고 아직 설화적 동질성은 보증하기 힘들다. 즉 조룡대 부근의 유적에는 麒麟窟이나 九梯宮과 같은 구조나 전승이 결여되어 있다.
10) 隧神의 制禮에 대해서는 별고로 상론할 예정이다.

3) 東明王의 實像

　전설에 나타나는 東明王이 부여의 동명왕이 아닌 것은 물론이다. 그러나 후대에 東明王이라고 인식된 것은 고구려 시조 朱蒙이다. 따라서 朱蒙이 왜 이러한 祭禮에서 주인공으로 등장하고 있는가에 논의의 초점이 맞추어져야 할 것이다.

　먼저 전설상에 활동하고 있는 東明王은 실제 인물이 아니다. 신마를 타고 굴 속에 들어갔다가 지중을 통하여 水上의 암석 위로 솟아오르는 동명왕은 이미 신적인 존재이다. 굴 속으로 말 타고 들어가는 모습, 땅 속을 통하여 움직이는 듯한 광경, 강물에 찰랑대는 바위 위에서의 등장, 하늘로 올라감 등은 매우 鮮明한 장면 描出이 아닐 수 없다. 실제 인간이 취한 행위가 아니라면 그러한 이동과 잠행, 그리고 다시 출현하는 과정은 어떻게 설명될 수 있을까? 여기서 고대 사회에서 일상적으로 거행되던 祭儀의 실상을 상상해 볼 필요가 있다. 연례적 또는 주기적으로 봉축되던 행사 중에서 고대인들은 신화적 사건들을 再演하곤 하였다. 駕洛國記에서 서술되고 있는 龜旨峰 위에서의 땅을 파는 행동이나 龜旨歌 演唱 등이 좋은 예라고 할 수 있다. 그렇다면 기린굴을 둘러싸고 전해지는 동명왕의 행위는 고대 제의 과정에서의 사건들을 간략하게나마 묘사하고 있는 것이 아닌가 고찰된다. 일종의 제례에서 이루어진 광경이 아닐까 추측되는 것이다.

　전승에 전하는 朱蒙에 대한 행사가 신라나 고려 시대의 행사를 전하고 있을 가능성도 있다. 그러나 말을 타고 굴 속으로 들어간다든지, 굴 속에서 땅을 통하여 朝天石으로 출몰한다든지, 水上의 암석이 상징하는 의미, 그리고 암석으로부터 승천한다는 모티프 등은 고려 시대인들의 사유 체계에서 재생산될 수 있는 성질의 것이 아니다. 매우 古態的인 관념인 것이다. 따라서 전승상의 변용은 부정하기 어렵지만 기린굴 설화의 주요 부분은 고대의 원형을 간직하고 있다고 판단된다.[11]

---

[11] 따라서 九梯宮이 東明王의 古宮이라는 신승도 일정한 의미를 찾을 수 있겠다. 즉 생전의 朱蒙王宮이라기보다는 사후의 神宮이라고 해석할 수 있는 것이다. 神廟가 朱蒙의 기치리는 인식에서 그와 같은 전설이 탄생한 것이다.

2. 神話에 나타나는 宇宙觀

1) 神話의 構造的 解釋

　주몽의 신위는 九梯宮에서 일단 麒麟窟로 들어갔다고 한다. 《新增東國輿地勝覽》에 '世傳 王乘麒麟馬 入此(*麒麟)窟'이라고 하였다. 평상시에 구제궁 안에 봉안되어 있던 왕의 신체가 의식의 시작과 아울러 기린굴로 封入되는 것이다. 이제 노쇠한 神은 재생의 과정을 밟기 위하여 일단 사망의 굴 속으로 사라지는 것이다. 그 과정을 거쳐서 마침내 동방의 水上 암석으로 솟아오르게 될 것이다.
　기린굴에서 麒麟馬를 탄 시조왕이 地中을 가로질러 江上으로 출현한다고 하였다. 여기서 우리는 상대인들의 地下界, 즉 冥府의 세계에 대한 空間 개념이 잘 나타나 있음을 주목하여야 하겠다. 시조왕이 딱딱한 흙 속을 지렁이처럼 기어 온 것은 아닐 것이다. 그것은 麒麟馬를 타고 움직였다고 한 것에서 분명하다. 乘馬 자세는 지하 세계에 상당한 활동 공간이 확보되어 있었음을 확증해 준다. 물론 전승에서 지하 세계에 대한 자세한 묘사는 생략되어 있다. 그러나 동방 출구 쪽이 水中의 암석이니 만큼 지하 세계의 동쪽이 海, 水 등과 연결되어 있었을 것이다. 지하 공간에는 水中을 상징하는 깊고 어두운 大海나 湖沼가 있었을 것이다. 그리고 大海 동방에는 조천석에 연결되는 암석 石塊가 존재하였을 가능성이 높아 보인다.
　하늘로 올라간 주몽은 기린마를 타고 왕래하였던 듯하다. 이색이 '麟馬去不返'을 노래한 것은 天空에서의 왕래를 전제하고 읊조린 것이며 김극기가 '星槎幾往還'이라고 전하고 있는 것도 같은 배경이다. 주몽이 타고 다니던 麒麟馬를 '行天麟', 즉 '하늘을 날아다니는 麒麟'이라고 읊조린 崔世節, 成世昌의 詩句(見上)

　九梯宮은 朱蒙王을 기리는 神殿의 하나였을 것이다. 시기적으로 보아 고구려 當代의 일이라고 추측된다.

는 그러한 모습을 잘 묘사해 주고 있다. 우리는 종래 五龍車를 구사하던 解慕漱만 알고 있었는데 이제 麒麟馬를 타고 승강하고 천상을 내왕하는 朱蒙을 확인한 셈이다.

그런데 승천한 주몽은 거기서 영구히 머물지 않고 다시 지상으로 귀환하고 있다.

《新增東國輿地勝覽》에

通漢橋〈在府西南五里 諺傳 東明王昇天 由通漢橋 下九梯宮〉

라고 하였다. 하늘로 올라갔던 동명왕이 하강한다는 것이다. 그 경로가 통한교를 통한 것임이 명시되어 있고 그 다리를 거쳐서 구제궁으로 귀환한다고 하였다. 본래 신위는 九梯宮에 봉안되어 있다가 제사의 시작과 함께 기린굴로 이동하였던 듯하다. 옮겨지기 전 평상시에 朱蒙 신위가 구제궁에 있었을 것이다. 그러므로 통한교를 거쳐서 신체가 구제궁으로 봉환된다는 서술은 지극히 정상적인 행차라고 할 수 있다. 일상적으로 거처하는 신의 神座로 회귀하는 것이다.

고려 중기에 역사적 가치가 있는 서사시를 많이 남긴 金克己의 通漢橋詩를 보면 좀더 자세한 소식을 들을 수 있다.(《新增東國輿地勝覽》평양부 고적 조)

虹橋駕逈繞銀灣 무지개 같은 다리는 아득히 걸려 은하수에 감돌고
漢使星査幾往還 천제의 사자는 별빛처럼 오가기 몇 번인가.
一片天孫機下石 한 조각 남은 천손의 機下石에
榴花歲久遍人間 석류꽃이 남아 오래도록 널리 세상에 전하네.

통한교 전승에서 주몽은 天上에서 강림한다. 下降지점이 다름 아닌 '다리'인 것이다. 고래로 민속에서 다리는 천상과 지상을 연결해 주는 의미가 있다. 다리를 건너면 신선의 세계라고 관념되고 있고 신신이 만든 것이 다리라고 여겨진다. '通漢'이라는 이름 자체가 '銀漢으로 通行한다'는 뜻이다. 은하수로 건너가는

다리인 것이다. 수도의 하천을 가로지르는 다리가 '天津橋(수당)', '天漢橋(송)'이다. 역시 銀漢을 건넌다는 의미인 것이다. 천지를 연결하는 다리라고 하여 '通天橋', '升天橋', '接天橋', '七星橋' 등의 명칭이 각지에 산재하고 있다.12) 평양의 通漢橋 이름이 그에서 영향 받은 것임을 짐작하기 어렵지 않다.

하늘로 승천하였던 동명왕이 다시 하강하는 것은 웬 일일까? 해모수의 경우에 그는 승천한 뒤에 다시 귀환하지 않았다고 한다. 주몽의 경우에도 不回歸의 전승이 전한다. 李穡의 시에서 '麟馬去不返 天孫何處尋'이라고 한 것이 그것이다. 이로써 보면 일부에서는 麒麟馬나 주몽이 승천한 뒤에 다시 돌아오지 않았다고 알려진 듯하다. 그러나 그것은 懷古적인 인사의 시에서 돌아오지 않은 것을 강조함으로써 강열한 回歸를 요청하고 있는 것 같다. 실제로 神馬가 한번 가고 다시 오지 않은 것은 아니기 때문이다. 고구려 왕조가 멸망하기 이전에는 기린마와 함께 시조왕이 매년 본국으로 귀환하고 있었을 것으로 추측된다. 이른바 永遠한 回歸(Eternal Return)인 것이다.

통한교는 보통강에 걸린 다리였던 것 같다. 특히 그 하류가 대동강 본류와 합류하기 이전에 걸쳐 있었다고 비정된다. 《新增東國輿地勝覽》 등 역대의 사서에 통한교는 평양의 '서남방 5리'에 있다고 하였다. 대동강에 면한 唐浦(일명 南浦)는 평양부의 '남방 5리'라고 표현하고 있다. 통한교와 방위각이 다른 것이다. 지금의 보통강(平壤江)은 평양부 '서남방 10리'(《新增東國輿地勝覽》)에 있다고 하였다. 보통강보다 통한교가 가깝다. 통한교가 보통강에 걸쳐 있었어도 하류 平壤江(서남 10리)이 아닌 중류(서남 5리)에 위치하였음을 알려주는 자료이다. 그러한 방향과 거리로 보아 통한교는 대동강에 합류하기 이전의 보통강에 가설된 교각이었다고 판단된다. 그것도 하류가 아닌 중류 어간에 있었던 듯하다.

일제 때 간행된 《平壤風景論》이라는 풍물 기사에는 東明王이 하늘에서 내려왔다고 하여 '天降橋'라고 부르는 다리, 그 遺址가 양명포에 있다고 하였다.13)

---

12) 周星, 1998, 《橋和民俗》, 178쪽, 상해 문예출판사.
13) 《평양풍경론》, 77쪽.

通漢교를 어느새 전설에 따라 그렇게 부른 것을 알 수 있다. 북한에서 출간된 《평양지》에는

> 天降橋. 평천리 양명포에 가설하였던 다리였으며 동명왕이 조척식(*조천석)에서 상천했다가 이 다리로 내려왔으므로 천강교라고 한다는 전설이 있다.14)

고 하였다. 通漢橋가 후세의 전승에 의하여 天降橋라고도 불리었다는 의미로 이해된다. 揚命浦는《여지승람》에 '在府西五里'라고 하였으니 통한교와 같은 방향, 같은 거리에 있음을 알 수 있다.

여기서 대동강으로 주몽의 神體가 浮流하였을 가능성을 생각해 볼 수 있다. 朝天石에서 방류한 신체가 하류 통한교에서 다시 引揚, 상륙한다는 줄거리가 되겠다. 의례상으로는 水上을 통한 상류와 하류의 연결이다. 이론적으로는 가능한 이 추정도 통한교의 위치로 보아 적합하지 못하다.

표류하는 신체가 다시 인양되는 장소라면 방기된 대동강의 흐름을 직접 대할 수 있는 곳이어야 하였을 것이다. 祭儀의 경과는 자연 지세에 맞추어 변형되는 것이다. 그리고 신화에 걸맞게 祭場이 선정되는 법이다. 물줄기 흐름에 거슬리는 儀禮는 생각하기 힘들다. 그렇다면 조천석에서 제사지낸 뒤에 동명왕 신체는 하류로 방류되어진 것이 아닐 가능성이 커졌다. 放流가 아니라면 沈下를 생각할 수 있는데 그에 합당한 사료도 거의 없어서 그러한 판단을 내리기 힘들다. 나머지 하나의 가능성만 남았다. 그것은 신체가 제사 후에 燒却되었다는 것이다. 고대인들에게 있어서 불태워진 영혼은 천상으로 올라간다고 관념되었다. 이른바 '昇天'이다. 儀禮 과정에서 면밀히 추리해 볼 때 참석한 군민들이 표류하던 신체를 수거한 것 같지는 않다는 점도 중요하다. 전승에서 漂着 모티프의 결여가 지적될 수 있다. 이 점 통한교 근처에 있었던 암석 機下石의 명칭이 해결의 열쇠기 될 것이다.(後述)

---

14) 평양향토사편집위원회, 1999,《평양지》, 한국문화사. 299쪽.

중국 서남 지방의 소수 민족은 원시적인 문화를 비교적 온존하고 있어서 많은 참고가 된다. 그 중에 麒麟舞라는 것이 있어서 우리의 麒麟窟 전승과 좋은 비교가 된다. 納西족의 춤인데 제사에서 麟鳳 춤을 춘 뒤에 그 신체를 모두 소각한다고 하였다. 그것은 麟鳳이 불탄 뒤 승천한다고 생각하기 때문이다. 승천 뒤에 다시 하강하는 것을 기원한다고 한다.15) 불타서 연기가 승천하는 것은 고대인들에게 있어서 사체의 氣가 上天하는 것으로 관념되었을 것이다. 麒麟鳳과 같이 麒麟馬도 神事 후에 소각되었을 가능성이 높아 보인다. 麒麟馬가 승천하였다고 전해 내려오는 것은 그러한 사고를 대변하여 준다.

그러므로 주몽의 神은 하늘로 상승한 것으로 판단된다. 神馬의 신체 역시 같다.

2) 機下石에 대한 解明

'機下石'이라는 암석이 통한교 부근에 있었다고 인정된다. 문제는 김극기의 시구 말미에 보이는 다음과 같은 내용이다.

一片天孫機下石 한 조각 남은 천손의 機下石에
榴花歲久遍人間 석류꽃이 남아 오래도록 널리 세상에 전하네.

'機下石'은 통한교 다리에 연이어서 읊어지고 있다. 그것을 보아 이 '機下石'이 다리의 한 부분이거나 다리에 이어진 암석임을 짐작하기에 어렵지 않다. 천손과 아울러 병칭되고 있음을 보아 천손(동명왕)에 관한 전설이 바위에 연결되어 있었음을 알 수 있다. 朝天石에서 승천한 것인데 하늘에서 내려오는 다리에도 암석이 자리하고 있다. 강림한 주몽은 이 바위에서 첫걸음을 떼었을 것으로 추정된다. 朝天石에서 떠올라 機下石으로 하강하는 셈이다.

---

15) 鐵木尒, 達瓦買提, 1998,《中國少數民族文化大辭典》西南地區卷, 민족출판사, 488쪽.

그러면 '機下石'은 무슨 의미일까? 문자대로 하자면 '機' 아래의 암석이다. 그렇게 천착하자면 '機'자가 北斗七星의 세 번째 별의 이름인 점이 주목된다. 북두칠성 일곱 개에 대한 한식 명칭은 다음과 같다. 斗(魁, 奎) – 璇 – 機 – 權 – 衡 – 開陽 – 搖光. 앞서 북두칠성이 河伯의 상징임을 논하였거니와16) 고구려 시조 주몽은 주지하다시피 '河伯之孫'인 것이다. 시조가 하강하는 암석이 河伯石 내지 그 별칭 七星石으로 호칭되는 것은 자연스러운 일이다. 그러므로 '機下石'은 '七星 아래의 돌'이라고 해석할 여지가 있을 듯하다.

나아가서 '機'자는 機械, 즉 織機를 가리키는 것일 수도 있다. 그렇다면 織女, 즉 河伯女와 연결될 수 있을 듯하다. 중국 문헌상의 용례를 살펴보면 '機石'이 織女의 巖石을 가리킨다고 되어 있다. 일례로 중국 사천성 지방의 전승에 보면 '支機石'이라는 석물이 있다. 전설에서는 한나라 장건이 서역에 갔다오며 하늘에서 가져온 돌이라고 한다.

《촉중광기》 엄준전에 이르기를, 옛날에 한나라 때에 장건이 서역으로 파견되었다 돌아오면서 바위 한 개를 실어 와서 엄준에게 보였다. 엄준이 한참 감탄하면서 "작년 8월에 이상한 별이 견우 직녀성을 침범하였다. 아마도 그것은 장건 당신이 아니었을까? 이 돌은 직녀의 支機石이다." 하였다. 장건이 가로대 "그렇습니다. 내가 황하의 발원지로 올라가니 한 여자가 비단을 짜고 있었고 남자는 소를 끌고 있었습니다. 내가 '여기가 어디요?' 하니 여자가 대답하기를 '여기는 인간 세상이 아닙니다. 어떻게 여기에 도착하셨습니까? 이 돌을 보십시오. 이 돌을 드릴 테니 배에 싣고 돌아가서 촉나라 엄준에게 물어보십시오. 반드시 그에 대해 자세히 설명해 주실 것입니다.' 하였습니다." 엄준이 대답하기를 "나도 객성이 견우 직녀에게 침범하는 것을 괴이하게 여겼다. 이제 생각해 보니 당신이 하늘배를 타고 이미 작년에 일월의 가까운 곳, 즉 은하수에 도달한 모양이다." 하여 서로 신기하게 여겼다.17)

---

16) 졸고, 〈古代河伯神體考〉, 본서 수록.

장건이 황하의 수원을 찾아 올라갔더니 발원지에서 직녀가 베를 짜고 있었다는 것이다. 역시 은하수와 황하가 상통한다고 인식하고 있는 것이다. 여기서 '支機石'은 줄여서 '機石'이라고 한다. '機石'과 '機下石'은 상통하는 표현이라고도 할 수 있다.

한편 《禮記》에서 死體를 올려놓는 床을 '機'라고 호칭하고 있다.

> 機. 古代擡屍體的用具.《禮記. 曾子問》'遂輿機而往'.(《辭海》).

그것을 보면 혹시 통한교에 인접하여 동명왕 神體를 놓아 둔 곳('機')이 架設되어 있었던 것이 아닌가 추리할 수 있다. '機下石'은 그 아래를 받치던 암석이었을 수도 있겠다. 우리 葬俗에 지금도 사체를 받치는 나무판을 '七星板'이라고 하고 그 바닥에 북두칠성을 그려 놓고 있다. 칠성판은 상고의 '機'와 거의 동일한 기능을 갖고 있는 것이다. 거기에 그려진 북두칠성 제3성의 이름 '機'와 일치하고 있다. 그러므로 '機石' 내지 '機下石'은 '七星石'에 다름 아닐 것이다.[18]

이상 어떠한 해석을 취하더라도 機下石은 동명왕과 연결되는 설화적 명칭임이 분명하다.

이에 대한 손쉬운 길잡이가 될 수 있는 것으로 梯基石 전설을 참고할 필요가 있다. 《高麗史》에는 肅宗 때에 梯淵 수중에서 '梯基石'을 발견하였다는 기사가 나온다. 梯基石과 機下石이 모종의 설화적 유사성이 있어 보인다.

---

17) 蜀中廣記 嚴遵傳. 初 博望侯張騫使大夏 歸舟中載一石 以示君平. 君平咄嗟良久 日去年八月 有客星犯牛, 女意者其君乎 此織女支機石也. 博望侯曰 然 吾窮河源至一處 見女子織錦 丈夫牽牛 吾問此何地 女子答曰 此非人間也 何以到此 因指一石曰 吾以此石寄汝舟上 汝還 以問蜀人嚴君平 必爲汝道其詳. 君平曰 吾怪客星入牛, 女 乃汝槎 已到日月之旁矣 遂相與詑異.
童恩正, 1998,《古代的巴蜀》, 중경출판사, 87쪽.
18) 그러한 機下石에 石榴花紋이 찬란하였던 것은 시인의 표현에서 분명하거니와 石榴가 또 모종의 신화적 상징이 있었을 법하다. 가령 하백 후손 고구려 왕실의 문장이 石榴花紋이 아니었을까? 상상해 볼 수 있을 것이다. 그러나 현재로서는 더 이상의 추론이 힘들다. 석류가 붉은 색이므로 기하석은 붉은 무늬가 섞인 바윗돌일 것이다. 機下石과 같이 나타나는 石榴花紋은 고래로 棺飾으로 알려진 畵像石棺을 상상하면 이해하기 쉬울 듯하다.

왕이 제연 기슭에 가서 수영을 잘하는 군인 5명에게 '九梯'의 基石을 찾게 하였다. 돌아와서 '땅에서 열 자 아래에 사다리의 基石이 있습니다.'라고 하였다.[19]

여기에 보이는 '梯淵'은 지리지에 '梯淵 在府南三里 卽大同江下流'라고 보이는 그 곳이다. 방위나 거리로 보아 通漢橋와 다른 곳임이 분명하다. 대동강 하류 수중에 헤엄치고 들어가서 '九梯'의 基石을 탐색하였다는 내용이다. 강물 속에 들어가서 관찰해 보니 사다리의 주춧돌('梯基石')이 있었다는 보고이다. 九梯라고 함을 보아 아홉 층의 계단을 가진 통로를 상상할 수 있다. 현재 남아 있는 九梯宮에도 靑雲, 白雲 두 사다리가 있어서 九梯(九層)의 숫자에 비교되기도 함을 보면 알 수 있는 일이다. 그리고 10여 척의 깊은 곳에 九梯의 基石이 발견되었다는 것이다. 연못 岸上으로부터 기석까지 10여 척이면 九梯는 아홉 층으로 된 사다리형 構造物인데 깊이가 10여 척이라고 해석된다. 내용으로 보아 梯淵의 원명이 '九梯淵'이었음을 짐작할 수 있다.

사실 여부는 차치하더라도 다음과 같은 설화를 상정하기 힘들지 않아 보인다. 고려 당대에는 梯淵이 九梯로 구성된 어느 통로의 입구라고 간주되고 있었을 것 같다. 그리하여 그 사다리의 초석이 되는 基石을 지목하고 있는 것이다. 수중으로 그 사다리가 이어지고 있는 것으로 보아 통로는 龍宮으로 상징되는 水界에로의 道程일 듯하다. 즉 평양 南郊에는 水中의 神宮으로 왕래할 수 있는 長途가 준비되어 있었다는 것이다. 여기서 새로운 설화적 구조(宇宙觀)가 가정된다. 고려 수도 開城 부근에도 大井이라고 하여 龍宮에로의 입구라고 인식되던 우물이 있었다. 《中京誌》고적 조 등에 大井이나 廣明寺井 등을 통해 고려 선대 龍女 부인이 西海로 왕래하였다고 전한다. 水宮에로의 통로인 것이다. 따라서 고구려에서도 그와 비슷한 통로의 출입구를 상상할 수 있을 것이다. 시대에 따라서 '淵'과 '井'의 차이가 있으나 상징성에서는 다름이 없어 보인다.

九梯宮의 '九梯'는 알타이어의 천신, 始祖神 이름 KUTAI에 통한다.[20] 九梯宮은

---

[19] 王至梯淵岸 命善泅禁軍五人 尋九梯基 五人奏云 去地十尺 有梯基石.(숙종 7년 7월 庚辰)

따라서 天神宮, 始祖神宮인 것이다. 백제의 시조라고 전하는 仇台, 그리고 백제 도성에 영건되어 있었다는 '仇台廟' 등은 모두 그와 관계되는 유적이라고 생각되고 있다. 그렇다면 평양 지방에 남아 있는 다른 하나의 九梯인 '*九梯淵'도 天神, 始祖神과 관계가 있을 듯하다. KUTAI가 仇台, 九梯, 仇池 등으로 표기되다가 九梯로 낙착된 뒤에 九層, 九級에 대한 설화적 변용이 가해졌을 것 같다. 고구려에서 始祖母神이 河伯女라고 전하고 있었으므로 '九梯'가 河伯과 관련된 어휘일 가능성이 높다.

고구려인들의 우주관이 地上과 水中으로만 한정된 것은 아닐 것이다. 天上 세계도 분명히 공인되고 있었다. 현재 확인되는 昇天路는 朝天石이다. 그리하여 고구려의 대왕은 天界와 水界로의 왕래 통로를 항상 확보하고서 兩界에 대한 支配力을 신민들에게 과시하였을 것이다. 그러한 신화적 구조는 광개토왕릉비에서도 확인된다. 河伯의 혈통과 天帝의 혈연을 강조하면서 지상으로 지배하고 있는 것이다.

기하석을 거쳐서 주몽은 다시 구제궁, 기린굴로 귀환한다고 하였다. 하나의 장대한 旅程을 마감하는 셈이다. 서방에서 중앙에 위치한 神坐로 定座하는 것이다. 기하석으로부터 구제궁까지 약 5리의 거리가 된다. 그것은 通漢橋가 서남방으로 5리 거리에 있다는 기사로 짐작할 수 있다. 그 거리를 봉송하여 오는 동안 국왕과 인민들이 신위를 호위하면서 환영하였을 듯하다. 성내를 순시하는 행사도 성대한 장면이었을 것이다. 고대 신화에 보면 도시나 국가를 수호하는 신이 재생 의례를 거쳐서 부활하면 域內를 순회하는 것이 상례였다. 우리 洞祭에서도 神體나 神旗를 앞장세운 祭禮 행렬이 동구를 포함하는 마을을 도는 것을 흔히 본다. 고구려에서도 신생 신위를 봉송하고 국내를 巡廻하는 행사를 상상하기 어렵지 않다. 그러나 고구려 당대에 韓滿을 넘나드는 국내 각지를 다 순시하기는 힘들지 않았나 여겨진다. 그렇지만 최소한 평양 성내를 구석구석 누비면서 시조신의 은총을 두루 하사하였을 것이 확실해 보인다.[21]

---

20) 정경희, 1983, 〈東明型說話와 古代社會〉, 《歷史學報》98집.

위에서 논한 바와 같이 地上에서 地下 水中에로 통하는 九梯淵, 九梯基石과 함께 천상으로 올라가는 입구로서 朝天石이 대조되고 있다. 그렇다면 다른 하나의 출입구인 '機下石'의 설화적 위상도 좀더 쉽게 정리될 수 있다. 즉 機下石은 천상에서 지상으로 下降하는 出口였을 것이다. 그렇게 해석한다면 '機下石'은 織女의 機械 臺石일 듯하다. 즉 '機石'이라는 중국식 표현에 가장 가깝다고 할 수 있다.

3. 馬 崇拜와 神馬 思想

1) 馬와 洞窟

고대 三韓 중에서 가장 큰 것은 馬韓이다. 종래 마한의 어원에 대하여 '마'를 남방으로 해석하는 견해가 유력하였다.[22] 그러나 고대어에서 '마'가 남방을 의미한다는 증거가 없고 고대 지명의 표기에서는 '馬'자가 義字로 사용된 경우도 많다. 특히 고대 馬 崇拜 관념과 연결된다면 馬韓은 '馬의 韓'일 가능성이 높다고 고찰된다. 삼국에는 馬首, 馬頭의 지명이 산견되고 있다. 고구려에는 평양 근교에 馬邑山이 있어서 그것과 馬韓을 연결하는 시도가 종래 있어 왔다. 필자로서 보기에는 馬邑山은 馬韓이라서 馬邑이라고 지칭된 것이 아니라 고구려에서 馬 숭배가 팽배하였기에 馬邑山 명칭이 등장한 듯하다.[23] 別攷에서 설명하겠지만 馬가 河伯의 神體로 관념되었다면 河伯의 손자가 세운 고구려에서 말을 경배한 것은 당연한 일일 것이다.[24]

---

21) 좀더 천착한다면 허강하신 聖體를 영접하는 성대한 의식이 통한교 주변에서도 거행되었을 것이다. 의례를 통하여 신체는 다시 새롭게 태어난 再生 始祖로서 공인되었을 것이다.
22) 양주동,《고가연구》참조.
23) 馬邑은 따라서 馬韓 國邑이라는 의미가 아니라 馬川, 馬浦, 馬津과도 같이 '馬의 村邑'이라고 해석된다.

이에 연상되는 것은 고구려 말기에 평양 근교의 馬嶺에 神人이 나타나서 나라가 패망할 것을 예언하고 경계할 것을 포고하였다는 설화이다.

사람들이 이야기하기를 馬嶺 고개 위에서 神人이 나타났다고 한다. 그 신인이 말하기를 너희 나라 君臣이 사치가 무도하여 망할 날이 얼마 남지 않았다 하다.[25)]

국가의 存亡을 언급하고 있는 神人은 분명 國家守護神적인 존재라고 고찰된다. 그런데 그 신인이 출몰하고 있는 곳이 다름 아닌 '馬嶺'이다. 생각컨대 馬嶺에는 그 神人의 祠堂이 있었을 것이다. 馬嶺에 사당이 있다는 것은 그가 馬嶺과 깊은 설화적 연계를 갖고 있었음을 말해 준다. 좀더 천착한다면 그 神人이 馬와 연결되는 까닭에 산 이름에 馬嶺의 명칭이 붙여졌는지도 모를 일이다. 馬가 신성한 동물임을 짐작하기에 족하다. 평양 근교에는 지금도 '馬山'이라고 있어서 神馬가 놀던 곳이라고 한다.[26)] 혹시 馬嶺과 같은 곳일지도 모를 일이다. 일제가 비밀리에 간행한 《朝鮮寶物遺跡調査報告》에 보면 대동군 龍岳面 東北里 寺址에

雲懸寺址ト稱ス 面事務所ノ 西南 約 三百間 馬山ノ 中腹絶壁上ニアリ 高サ 約十尺ノ 石垣ヲ 存シ 瓦片 散在ス

라고 馬山에 관한 견문이 수록되어 있다. 주목할 것은 馬山의 산 중복에 雲懸寺

---

24) 졸고, 〈고대하백신체고〉.
　　송파나 부여의 馬川도 '마래'이고 사서에 전하는 '馬川城'이나 '馬津城'이 역시 '마래'라고 생각된다. 홍천에 말거리소, 평창에 말거릿재, 말두덤이골 등이 수중에서 출현한 신마를 전해 주고 있다. 神馬가 河精이라는 것은 上田正昭, 1998, 《論究-古代史と東アジア》, 암파서점. 참고.
25) 人或言 於馬嶺上 見神人 曰 汝君臣奢侈無度 敗亡無日.(고구려 본기 보장왕 13년 4월 조.) 이와 유사한 설화는 돌궐에서도 나타난다. 설연타의 狼頭神人이 돌궐의 멸망을 전후하여 聖山에서 출몰하였다고 한다.
　　護雅夫, 1992, 《古代トルコ民族史研究II》, 山川出版社, 250쪽.
26) 김정설, 1996, 《평양전설》, 한국문화사. 馬山에서 출현한 龍馬와 솔개 장군의 전설이 보인다. 39쪽. 馬山은 평양강으로 水系가 이어진다. 평양강, 즉 보통강은 평양 북 40리에서 발원한다. 이러한 점 등을 고려하면 문제가 되는 驛川은 보통강일 가능성이 높아 보인다.

址가 남아 있다는 점이다. 고대에 이곳에 사당이 건립되어 있었을 개연성을 시사한다고 하겠다. 돌궐에서도 국가 멸망 시기에 그들의 신성산이었던 鬱督軍山에 狼頭神人이 나타나고 있다.[27] 고구려의 馬嶺이 간단한 산이 아니었음을 짐작하기에 족하다.

《翰苑》 高麗 전에 전하는 馬多山 설화도 후기의 馬 숭배를 잘 보여준다.

《고려기》라는 책에 가로되 마다산은 나라의 북방에 있다. 고구려 중에서 이 산이 가장 크다. …… 산 중에는 남북으로 통하는 대로가 있고 길의 동쪽에는 돌 절벽이 있어서 그 높이가 여러 장에 이른다. 절벽 아래에는 석실이 있어서 가히 수천 명을 수용할 만하다. 동굴 안에는 굴이 둘 있다. 그 깊이를 알기 힘들다. 고구려 노인들이 전하기를 고구려 선조 주몽이 부여에서 남하하여 이 산에 이르렀다. 처음에 주몽은 말이 없다가 이 산에 이르렀는데 마침 동굴 속에서 말들이 수십 마리 뛰어나와서 타고 왔다. 말이 작고 얼굴이 추하였다고 한다. 그래서 말이 많다고 해서 마다산이라고 하였다.[28]

이 馬多山이 현재 어느 산인지 분명하지 못하나 필자는 산을 통하는 남북대로가 있었고 약초가 많이 나며 커다란 동굴이 있다는 점 등에서 묘향산으로 비정한다. 묘향산에는 동룡굴을 비롯한 종유 석굴이 많으며 약초도 많이 나고 전설상으로도 檀君窟, 秦窟 등이 전한다.[29] 馬多山 동굴에서 수많은 말들이 뛰쳐나왔다는 것은 동굴과 말이 깊은 관계에 있음을 증거해 준다. 洞窟은 즉 洞穴이다. 穴神과 말의 관계가 여기서 확인된다. 통설대로 隧神은 穴神일 것이다.[30]

---

27) 《周一良集》제2권 魏晉南北朝史札記, 요녕교육출판사. 713쪽.
28) 高驪記曰 馬多山 在國北 高驪之中 此山最大 … 山中有南北路 路東有石壁 其高數仞 下有石室 可客(*容)千人 室中有二穴 莫測深淺 夷人長老相傳玄(*云) 高驪先祖朱蒙 從夫餘至此 初未有馬 行至此山 忽見群馬出穴中 形小向(*面)醜(*醜) 因號馬多山也 …
29) 黃彬, 1999, 《高句麗史話》, 원방출판사. 마다산을 龍崗산으로 비정하고 있다. 135쪽. 盧明鎬는 백두산으로 비정하였는데 '南北大路'와의 관계가 불분명하고 동굴의 존재에 대한 설명도 부족하여 그대로 신종하기 어렵다. 1981, 〈百濟의 東明說話와 東明廟〉, 《歷史學研究》10호, 65쪽.

고구려에 복속한 濊族에게는 果下馬라는 왜소한 馬種이 유명하다. 그런데 사서에는 朱蒙이 果下馬를 탄 것으로 나타난다.

出三尺馬 云本朱蒙所乘馬種 卽果下也.[31]

이 전승과 위의 《翰苑》 馬多山 설화를 합쳐 보면 주몽이 탄 果下馬가 다름 아닌 馬多山 石窟의 말들임을 짐작하기 어렵지 않다.[32]

굴 속에 말이 살고 있다는 전승은 평양 麒麟窟 전설에서도 나타난다. 고구려 초기에 유명한 神馬인 駏驤는 鶴盤嶺이라는 산중에서 백여 마리의 軍馬를 대동하고 나타난다. 학반령 산에 동굴이 있었을 가능성을 생각하게 하는 대목이다. 학반령은 부여와 고구려를 잇는 중요한 대로상에 위치하였다. 후기의 마다산 전승과 거의 같은 모티프라고 할 수 있다.[33] 馬多山 전설 및 鶴盤嶺 설화, 기린굴 전승에서 보듯 동굴에는 馬가 살고 있었다.

따라서 馬가 穴神의 神體일 것이라는 추정이 가능해진다. 고대 지명에서 보면 '馬'가 '古麻'와 대응되고 있다.[34] 여기서 馬의 고대 새김이 '고마'와 비슷한 음가가 아니었나 의심하게 된다. 상고인들은 '곰(熊)'이 동굴 속에서 살던 것에 유추하여 굴 속에 사는 신성 동물들을 모두 '고마'라고 호칭한 듯하다.

---

30) 한편 중국에서도 고구려의 馬多山 전승과 비슷한 설화가 남아 있다. '襄陽記曰 中廬山 有一地穴 漢時嘗有數百疋馬出 遙因名馬穴 吳時 陸遜 亦知此穴馬出 得數十疋.'(歐陽脩, 《藝文類聚》권93 獸部 上 馬) 虞世南, 《北堂書抄》에도 '荊州圖副記曰 丹水縣東七里 有馬戶山 有穴 從廣二丈 傍入幽闇 莫測遠近 古者相傳 昔有馬出其中〈今按陳兪本脫 考類聚 卷七引荊南圖制 有馬穴山 一段文 與此大同小異〉'라고 나타난다. 양자의 동이는 좀더 연구되어야 할 듯하다. 양양은 長江 유역으로서 荊楚 문화권에 속한다. 馬와 洞窟의 문화적 복합 및 그 분포 영역은 별도로 고찰되어야 할 과제이다. 장강 유역의 도작이 東傳한 경로 문제와 함께 논의되어야 할 것 같다.
31) 《北史》 高麗 전.
32) 좀더 천착한다면 濊族에게도 果下馬가 石窟에서 출생하였다는 전승이 있었던 듯하다. 단순히 중국에서 수입한 설화라고 단정하기 어렵다. 果下馬의 작은 체구는 아마도 동굴에서 출생한 것과 연관이 있을 듯하다. 그러한 추측이 허용된다면 馬와 洞窟에 대한 複合 문화가 상상 이상으로 오랜 것임을 알 수 있다.
33) 神馬 駏驤를 스텝 馬로 추정하는 견해는 일리가 있다고 생각된다. 박경철, 1988, 〈高句麗 軍事 力量의 再檢討〉, 《白山學報》 35호, 156쪽.
34) 馬邑현과 古麻彌知의 대응에서 알 수 있다.

전국 각지 동굴에 말이 살았다는 전설이 많다. 함창 말굴, 용인 장수굴, 서울 청운동 말빠진 골, 여주 馬岩窟, 문경 馬岩窟 등이 그것이다. 대표적인 전승으로 여주 남한강 가에는 馬岩이라는 커다란 바위가 있고 거기에 굴이 있어서 다음과 같은 전설이 전해 내려오고 있다.

말아우, 말바우(馬岩)
영월루 아래 남한강 가에 있는 큰 바위. 물결이 치면 바위가 떴다 가라앉았다 하는 것 같고 큰 굴이 있는데 옛날에 큰 가라말이 나와서 하늘로 올라갔으므로 황려(여주의 옛 이름)란 고을 이름이 생겼다 하며 또는 여흥 민씨의 시조가 이 굴에서 나왔다 하며 바위 면에 '마암'이라 크게 새기었음.35)
영월루 樓閣 아래 깎아지른 듯한 벼랑에 괴이하게 생긴 바위가 바로 馬巖이라고 하는데 이 마암 근처에는 巖穴이 있어 그곳에서 驪興 閔氏의 始祖가 태어났다는 얘기가 口傳되는 곳이기도 하다.36)
두 마리 말이 물가 절벽에서 영특하게도 솟아나왔네. / 고을 이름이 여기서 비롯하여 황려라네. / 시인은 옛날 일을 공연히 까다롭게 다루나 / 강 중에서 오가는 어부 노인네는 어찌 스스로 모르랴.37)

馬岩과 黃驪 지명에 대한 연기 전설은 역대 지리서에 거의 대부분 실려 있다. 중세 한때에는 黃驪 지명과 부회되어서 黃馬, 驪馬 두 필이 출현하였다고 전하기도 하였다. 현재는 '가라말'이라고 하여 '黑馬' 한 필로 되어 있어서 전승상에 약간의 변이를 보여준다. 그러나 굴에서 신마가 나와서 놀다가 하늘로 승천한다는 줄거리는 기린굴의 그것과 동일하다. 그런데 여흥 민씨의 시조가 굴에서 출생하였다는 요소는 제주도 三姓穴 전설과 혹사하여 주목된다. 평양 기린굴에도

---

35) 한글학회, 1991, 《한국 땅이름 큰사전》, 1786쪽.
36) 여주군, 1989, 《여주군지》, 6쪽.
37) 《新增東國輿地勝覽》 여주, 古蹟. 雙馬雄奇出水涯 縣名從此得黃驪 詩人好古煩徵詰 往來漁翁豈自知(李奎報)

고구려 시조가 나타나고 있다. 문경 마암에서도 후백제 시조 견훤이 주인공으로 등장한다. 말과 시조는 굴에서 불가분의 관계에 있는 것이다.

여주 말바위와 거의 같은 이야기는 문경 말바우 전설에서도 확인된다.

말바우. 골마 서북쪽 냇가에 있는 큰 바위.

후백제 왕 견훤이 궁기리에 있었을 때, 어느 날 이 근처를 소요하는데, 갑자기 오색 찬란한 구름과 안개가 자욱하게 끼더니, 말 한 마리가 이 바위에서 울고 있으므로, 견훤이 하늘이 나의 뜻을 알고 보낸 용마라 생각하고 올라타니 비호같이 달리므로 하도 기뻐서 용마를 보고 "네 걸음이 빠른가 내가 쏜 화살이 빠른가 시험해 보자." 하면서 활을 쏘고 말을 몰아 달려가 보니 화살이 보이지 않는지라 견훤이 크게 노하여 "이것이 무슨 용마냐?" 하고 칼을 빼어 말의 목을 치자 화살이 그제서야 날아와 땅에 꽂히므로 자기의 경솔함을 후회하고 통곡했다 함.

바위와 말과 연관된 전설은 전국적으로 분포하며 문경 마암 전설은 대표적인 것의 하나이다. 水邊의 巨巖이 공통적인 무대라고 하겠다. 神馬나 龍馬가 바위에서 출생하고 있는 것이다. 《三國史記》에 보면 백제 태자 近仇首가 水谷城 서북까지 추격하여 바위에서 호령하였다는 전승이 보인다. 그 곳에는 巨岩이 있고 바위 위에 말발자국이 있어서 후세인들이 '太子馬跡'이라고 한다고 하였다. 水谷이라는 지명과 巨岩, 그리고 馬가 절묘하게 어우러져 있음을 본다.[38] 馬岩에는 굴이 있는 경우도 있고 없는 경우도 있다. 따라서 石窟이 필수적인 모티프는 아님을 알 수 있다. 그 대신에 변용된 형태가 말의 발자국, 말이 구른 자리 등 巖石의 畸形과 주름, 凹凸인 듯하다. 바위의 오목한 부분은 상징적으로 洞窟과 유사한 형태라고 할 수 있다.

태초에 석굴에 곰이 살았다고 가정한다면 이러한 洞窟神格은 熊穴에서 시작하여 馬穴(隧穴)로 바뀌고 다시 龍穴로 변화하였다고 하겠다.

---

38) 太子馬跡은 문헌에서 확인할 수 있는 가장 오래된 馬岩 전승이라고 고찰된다.

2) 駏驉와 驆川

駏驉의 '駏'는 중국 고대의 神馬 이름이다. '駏'는 '駏虛' 또는 '駏驉'라고도 한다. 牡馬와 牝騾 사이에 태어난 것으로 '似騾而小'라고 하였다. 흥미로운 것은 이것을 《抱朴子》에서는 '駏驢'라고 표기하고 있다는 점이다.

愚人又不信騾 及駏驢 是驢馬所生 云物各有種 況乎難知之事哉

《抱朴子》는 東晋 葛洪의 저작인데 그 책이 고구려에서 유통된 단초는 알 수 없다. 그러나 평양 도읍기에 국내로 유입되었을 개연성은 부정하기 힘들다. 《포박자》의 '駏驢'는 音義 양쪽에서 우리의 駏驉와 거의 일치한다. 여하간 필자는 중국 駏驉 - 駏驢의 영향으로 고구려에서 駏驉라는 표기가 등장하게 되었다고 판단하고 싶다. 이것은 물론 고유한 神馬 숭배를 부정하는 것이 아니다. 表記面에서의 짙은 파급 효과를 지적하고 있는 것이다. '駏驉'라는 표기 이전에는 '骨句川'의 이름을 따라서 '骨句'와 비슷하게 호명되었을 것이다.[39] 처음에 그렇게 표기되던 신마 이름이 후기에 가서 중국식으로 '駏驢', '駏驢'의 형태로 '駏驉'라고 정착된 것 같다.

《三國史記》에는 고구려 멸망 당시에 전투가 치열하던 지명으로서 驆川이라는 곳이 있다.

漢山州少監金相京 驆川戰死 功第一 贈位一吉飡 賜租一千石(문무왕 8년)

---

[39] 驪州의 古名이 '骨乃斤'인데 공통적으로 확인되는 것이 '骨'이다. 그에 유사한 명칭이었을 가능성도 크다. 이와 비슷한 高句麗語로는 '鶻', '忽', '溝漊' 등을 생각할 수 있다. 그렇다고 신마 駏驉가 여주에서 출현하였다는 것은 아니다. 저 북방에서 유행하던 신마 설화와 그 출생 지명이 남하하였다고 고찰된다. 예컨대 북방의 鯤淵 神馬에 대한 전승을 간직한 一族이 남하하여 이 곳에 정착하였다고 추측된다. 강원도 지역은 고래로 濊族의 기주지라고 알려져 있다. 여주는 비록 한강 건너편이기는 하나 원주에서 지척이므로 같은 문화권이었다고 판단할 수 있다. 鯤淵 전설은 근본적으로 夫餘族의 전승인데 夫餘族은 濊族의 문화를 융화하여 탄생한 것이다. 濊族을 고리로 하여 연결되고 있다.

여기에 나타나는 驒川은 평양성 근처의 하천 이름이다. 이병도 역주본 및 북한 번역본《三國史記》를 참조할 것이다. 그런데 滄江 金澤榮본을 대본으로 하는 몇 종의 통행본《三國史記》에는 이 지명이 '蛇川'이라고 되어 있다. 蛇川은 蛇水라고도 나타나며 고구려 대왕들이 수렵하던 聖地였다. 그러나 평양 일대에 소하천이 蛇川만 있었다고 볼 수도 없다. 중대한 착오임이 분명하다. 문무왕은 고구려 討平 전투에서 뛰어난 전공을 세운 장병들에게 관직과 곡식을 하사하여 치하하고 있다. 전투가 치열하였던 곳들이 열기되어 있는데 驒川 외에도 蛇川, 平壤城內 軍主營, 平壤城 大門, 平壤 軍營, 平壤城 北門, 平壤 南橋, 平壤 小城 등이 나타나고 있는 것이다. 글자가 다른데 만연하게 앞뒤의 지명에 이끌리어 誤植한 듯하다. 일부의 견해처럼 蛇川이 合掌江이라면40) 같이 등장하는 驒川이 다른 小川의 하나인 普通江이라고 추정할 수 있다.41)

지리 비정보다 문제가 되는 것은 '驒川'이라는 특이한 하천 이름이다. '驒'은 驒騱라고도 하는데 본래 북방 지역 특산으로 유명한 神馬 이름인 것이다.(《史記》흉노전) 일단 北方의 神馬가 평양 일대에 흔적을 남긴 것은 주목할 만한 사실이다. 그런데 驒은 野生 얼룩말을 가리킨다고 한다. 麒麟처럼 얼룩진 말인데 색이 靑白이라고 하였다. 一見 현재 평양 지방에 전하는 '麒麟馬'와 연관이 있지 않나 의심하지 아니할 수 없다.

《說文》에 '驒騱 野馬也'42)라 하였다. 다시 말해서 原野에서 자생한 말을 일컫는다는 것이다. 우리의 神馬 駏驢가 川野에서 自生한 것과 같다. 《漢書》司馬相如傳에 '蛩蛩驒騱'이라고 나오는데 郭璞이 '駏驢'와 같은 神馬라고 하였다. 나아가서《說文》,《爾雅》에 인용된 一說에는 驒騱가 '靑驪白鱗 文如鼉魚者', 즉 점점 무늬가 있는 검푸른 말이라고 한다.《爾雅》釋畜에도

---

40) 김세익, 1965,〈연개소문의 정치, 군사 활동〉,《력사과학》1965-1기. 22쪽.
41) 역도 가능하다. 그럴 경우 蛇川은 보통강, 驒川은 합장강이 될 것이다.
42) 소리가 都頢切, 多年切이다. 一音에는 徒河切, 徒干切, 都黎切 등이 있으나 취하지 않는다. 음가가 '단/다/제/전/선'의 다섯이 있는 것 같다. 襌, 蟬, 墠, 嬋, 鐥(이상 '선') 彈, 憚, 僤, 嘽, 暺, 殫, 驒(이상 '탄'), 磾(제), 單, 鄲, 匰, 潬, 瘅, 襌, 狚, 鷤(이상 '단') 樿, 菙(이상 '전') 등의 글자가 있다.

靑驪騾駽〈郭璞 주 色有深淺 班駁隱隣 今之連錢驄〉

라고 하였다. 連錢驄이라는 것은 얼켜진 엽전처럼 얼룩진 무늬 말을 지칭하는 것이다. 그러므로 전설에 나오는 麒麟馬와 같은 종류임을 알 수 있다. 평양 근교에 위치한 驛川은 전승상으로 필시 野生 얼룩말, 古代 神馬와 얽혀 있는 하천일 듯하다.

지리지에 보면 평양 북쪽에 馬山이 나타난다.

馬山 在府北四十里 諺傳 龍馬出遊 故名之.(《新增東國輿地勝覽》平壤府 山川)

평양 인근에는 그 외에도 龍岳山(서 28리), 馬灘(동 40리) 등 馬와 관련된 지명이 많다. 馬山이나 龍岳山 줄기에서 흘러내리는 하천이 고대에 한때 驛川이라고 호칭되었을 수도 있을 것이다.[43]

驛川을 지금 어느 하천으로 상정하던 간에 平壤 城內와 매우 근접한 곳이었을 것이다. 고구려 당대에 그 시내가 '驛川(얼룩말의 내)'이라고 호칭된 것은 우선 인정되어야 할 것이다. 고대인의 신앙 세계에서 미루어 볼 때 그렇게 지칭된 연유가 틀림없이 있었다고 판단된다. 여기서 하나의 설화가, 地名 緣起 전승이 상정된다. 따라서 고구려 말기 평양 일대에 野生 얼룩말에 대한 전설이 실재하였을 가능성이 커졌다. 그 얼룩말이 후대처럼 '麒麟'과 같은 표기로 정착되어 있었는지 확정하기는 힘들다. 그러나 일단 '얼룩말'이라는 개념은 민중들의 뇌리에 길이 남아 있었다고 고찰된다. 그것이 고려 시대에 가서 '麒麟'의 영향을 받아서

---

43) 구체적인 비정 작업을 위해서는 '驛'자의 상고음이 참고가 될 듯하다. 王力는 單, 禪, 蟬, 嬋을 /zian/으로 單, 彈, 鄲, 襌, 僤, 彈, 憚은 /tan~dan/이라고 하였다. Karlgren도 대부분 /tan~tian/으로 복구하였다. 그런데 憚, 鼉, 禪을 Karlgren이 /t(i)ar/로 복원한 것이 눈에 띈다. 末音에서 /-n/보다 /-er/-ar/ 쪽에 비중을 두고 있다. 驛 자가 고대에는 '탄'이 아닌 '탈', '달' 과 유사한 소리값을 가지고 있었을 개연성이 있는 것이다. 忠州 澾川의 예를 들지 않더라도 '달내' 라는 내 이름이 각지에 산재하고 있어서 평양 일대에서도 그러한 시내가 있었다고 추정해 볼 수 있다. 혹시 각지에 있는 '달내' 자체가 본래 '馬川'의 의미인지도 모르겠다. 馬가 河伯의 신체인 이상 가장 흔한 내의 이름이 '馬川', 즉 '河伯川'일 가능성이 높은 것이다.

'麒麟馬'로 표현된 듯하다.

생각해 보면 高句麗가 馬변을 따라서 高句驪, 高驪, 句驪라고 불리던 것도 심상한 일이 아님을 깨닫게 된다. 고구려의 王侯였다는 '騶', 또는 '騎'가 다 같이 '馬'변인 것도 초기의 馬 숭배에서 기인하였을 것이다. 한편 '句'자에는 본래 '큰, 클'의 의미가 있다. 그러므로 '句驪'는 '大黑馬'라는 뜻이라고도 해석된다. 즉 高句麗, 高句驪는 '高大黑馬', '高大神馬', '高大龍馬'라고도 할 수 있을 듯하다. 樊遠生도

> 고대에는 검은 말을 驪라고 하였다. 高驪는 즉 크고 우람한 검은 말이다. 고구려는 貊族에 속한다고 하고 부여에서 기원하였다고 한다. 부여에는 馬加 부족이 있다. 그렇다면 고구려는 부여의 馬 토템 씨족에서 출자하였을 가능성이 크다. 즉 馬加 사람이다.[44]

라고 하여 고구려 종족 자체가 부여의 馬加 출신일 것이라고 추정하고 있을 정도이다.[45] 黃彬은 부여 남방에 준마가 생산되는 거대한 목장의 존재를 상정하고 있다.[46]

고구려의 어미 '-句麗'를 '-溝漊'와 연결시켜서 '城邑'으로 해석하는 것은 통설로 되어 있다. 그러나 필자의 소견으로는 '-句麗', '-句驪'는 새롭게 神馬 '-駏驉'와 이어질 수 있는 것이 아닌가 한다. 駏驉/keru/가 句驪/kure/에 일치하는 것은 우연이 아니다. 《日本書紀》에 보면 高句麗 또는 高麗를 '吳(クレ; kure)'라고 호칭하고 있다. 이것도 본디 고구려의 호칭 '句驪(kure)'와 무관하지 않을 것이다.[47] 이승휴가 지은 《帝王韻記》에서 고구려를 '高禮'라고 지칭하고 있다. 그것도 고대 자칭의 유흔을 남긴 것으로 짐작된다. '駏驉'는 고구려 왕실 桂婁部의 部

---

44) 古代稱黑馬爲驪, 高驪卽高大的黑馬, 高句麗族屬于貊族, 又說出自北夫餘. 扶餘國有'馬加'. 高句麗很可能出自夫餘的馬圖騰氏族, 卽馬加人(*人).
45) 樊遠生, 〈高句麗民族的探討〉, 1997, 《高句麗 渤海硏究集成》제1권, 107쪽, 哈尒濱出版社.
46) 黃彬, 1999, 《高句麗史話》, 원방출판사. 135쪽.
47) 박득준, 1999, 《고조선의 력사개관》, 백산자료원. 高禮=クレ의 설을 지지하고 있다. 52쪽.

이름에도 나타나고 후기에는 '卦婁'라는 複姓도 등장한다. 다시 말해서 '駏驤'는 고구려의 상징 동물이었고 國號로도 전용되었다고 판단된다. 성씨, 部名, 郡名, 國號 등에까지 사용되는 것은 표상 동물의 성격상 당연한 일이다.

아직 자료가 불충분하지만 필자는 고대어에서 龍馬, 神馬를 가리키는 어휘가 '駏驤'에 비슷한 음가를 갖고 있었다고 추측하고 있다. 말의 안장을 '기르마'라고 하며 일본어에서는 'くら'이다. 말굴레(馬勒)는 본래 '구레'이고 黑馬가 출현하였다는 여주 강가에 세워진 절 이름 역시 '神勒'이다. 고대에는 馬岩에서 출생한 말의 구레에 대한 모종의 설화가 있었을지도 모를 일이다. 아니면 '神勒'은 '성스런 구레'라는 뜻으로 본래 '神馬'를 표상하던 것인데 '구레'에서 馬의 의미가 상실되고 난 뒤 馬勒의 語義만 잔존한 것 같다. '고라-말'은 黃馬, '구렁-말'은 栗色馬(일본어 くりげ), '가라말'은 黑色馬이다. 만주어 kiluk은 騏馬, 터어키어 kulan은 生駒, 突厥어 kulun은 馬駒, 몽골어 külüg이 駿馬, qulan이 栗色馬이다. 대부분 'kuru/keru'에 유사한 음가임을 참고할 것이다. 특히 몽골어에서 駿馬 내지 乘用馬를 가리키는 külüg, kölüg는 고구려 신마 駏驤와 소리와 뜻이 전적으로 일치한다. 중국의 梁志龍도 駏驢와 駏驤가 같다는 데에 동의하였다. 특히 그가 果下馬의 '果下'도 동일하다고 논의한 것은 흥미로운 시각이라고 하겠다.[48]

여기서 참고할 것은 북방 민족들이 순록을 기르는 置場을 부르는 호칭이다. 퉁구스인들이 순록 목장을 kure라고 부른다. 더구나 '圍地, 家畜のための牆, 馬及び牛のための牆, 家畜の圍ひ地, 垣根'들을 'kore, kure, kuregan, kurgan, korigan, kure, xorigan, xuren, körijen'이라고 호칭한다고 한다. 사슴에서 기원한 것으로 추측되는 麒麟馬를 기르던 窟 이름이 역시 '기린'으로서 이와 비슷한 점은 단순히 우연이라고 돌리기 어렵다.[49] 추측이 허락된다면 본래 '구레'라는 단어는 '신성한 사슴' 및 그 居處를 가리키던 말이었을 것이다. 그것이 신성한 동물이

---

48) 梁志龍, 〈高句麗名稱考釋〉, 1997, 《高句麗渤海研究集成》제1권, 58쪽, 哈尒濱出版社. 駏驤와 같다고 한 것은 경청할 만한데 '驤=驢=駏=驤'라고 억지하는 데에는 찬성하기 힘들다.(58쪽)
49) シロコゴロフ/川久保悌郎, 1941, 《北方ツングスの社會構成》, 東亞研究叢書刊行會, 60, 76쪽.

사슴으로부터 말로 전화된 뒤에는 다시 神馬와 神馬가 사는 洞窟을 같이 지칭하게 된 듯하다. '麒麟'은 '구레'의 변형이라고 생각할 수 있다.

여기서 생각할 수 있는 것은 고구려 지역에 설치된 것으로 알려지고 있는 玄菟군의 이름이다. 玄菟가 丸都와 음가가 비슷하여 동일한 것으로 보는 견해도 있으나 음운적인 면 외에는 방증이 없다. 초나라에서 범을 '於菟'라고 하였다는 것과 연결시켜서 玄菟를 虎豹로 해석하기도 하지만 楚와 고구려에서 동일한 방언이 사용되었다고 믿기 힘들다. 필자는 赤兎馬(千里馬)의 명칭이 후한 대에 유행한 것에 주목하여 赤兎는 붉은 말, 玄菟(玄兎)는 黑馬가 아닌가 추측하고 있다. 중국 고전에 보면 名馬를 '飛菟'라고 호칭하였다. 孫柔之가 지은 《瑞應圖》 일문에

飛菟者 神馬之名 日行三萬里 夏禹治水 勤勞歷年 救民之災 天其應德 而飛菟來.〈俊按 稽瑞曰 白鹿千歲 飛菟萬里〉.50)

라고 하였다. '飛菟'가 '나는 말'이니 '玄菟'는 당연히 '검은 말'일 것이다. 玄菟와 句驪를 같은 의미로 해석하는 것이다.51)

여기서 주의할 것은 신마의 출생지라고 하는 시내 이름 '骨'이다.52) 현재 지명 전설에서 '말구릇 – 재', '말구릿 – 재'라고 하여 각지에 말이 굴렀다는 고개 이름이 많다.(後述) 그러나 '구를(轉)'자와 부회된 것은 후대의 일이고 원래는 '구리, 구루'가 '馬'의 의미였을 것이다. 고대어에서 '말'은 '大, 正'의 의미이다. 따라서 '말 – 구리'는 그대로 '大馬', '句驪'라는 뜻이 되겠다. 한자어로는 句驪峴

---

50) 王仁俊, 淸, 1980,《玉函山房輯佚書 續編三種》, 상해고적출판사. 266쪽.
51) 통설에서는 '玄菟'와 '丸都'의 소리가 비슷하다 하여 상통하는 것으로 보기도 한다. 이 문제는 별고로 다루기로 하겠다.
52) 고구려에서 神馬가 출현한 곳을 '骨句川'이라고 하였다. 여주의 고대 지명은 '骨乃斤'이다. 여기서 骨乃斤이라는 명칭이 '骨句川'과 같은 기원임을 직각할 수 있다. 骨乃斤 〉 骨(乃)斤 – 那 〉 骨那句 – 那 〉 骨句 – 那 〉 骨句 – 川의 변화가 상정된다. 언어학적으로 kol-na-ki 〉〉 kol-ja-ku 〉 kola-ku(骨句)인 것이다. 조선조 실학자로 유명한 성호 李瀷은 '卓立長嘶北風驅/ 북풍에 우뚝 서서 길게 우노나. // 殺氣先壓迦葉國/ 등등한 기운이 迦葉國을 미처 누르네. // 雲雷合遝八四諦/ 구름과 우레가 어울려 사방을 달리니 // 一時蹴碎金蛙石 / 일시에 金蛙바위를 차서 부시네.'라고 읊어 신마의 군사적 우월성에 주목하였다.《海東樂府》, 李瀷 편. 骨句川 神馬시.

인 셈이다. 나아가서 '말구릿재'는 '큰 말 고개'일 것이다. 참고로 고대 突厥 비문에서 고구려를 /boekli-moekli/라고 호칭하고 西藏 文書에서는 畝俱離 /mukli/라고 하였다. 이것도 고유어 '말구리, 말구루'의 변형인 듯하다. 좀더 천착하면 '高句麗'의 고대 國語 새김이 '말구리, 말구루'였다고 고찰된다.[53] 즉 자칭을 따라서 突厥이나 西藏에서 原音과 비슷하게 지칭한 것 같다.[54]

3) 朱蒙과 牧者

고구려의 관명으로 皂衣라는 것이 있다. 일반적으로 皂衣는 黑衣를 의미한다. 그에 따라서 皂衣는 祈雨 기능을 하던 사제직에서 기원하였을 가능성이 학자들에 의해 지적되고 있다. 그러한 개연성을 부정하는 것은 아니지만 고전에서 보면 '皂衣'는 그 자체 養馬者라는 뜻이다.
　皂衣 養馬之官 下士也 養馬之官 其衣皂也.(唐 韋昭 주)[55]
　고구려에는 초기부터 皂衣 관직이 설치된 것으로 되어 있다. 고구려도 초기에서부터 馬政이 중시되었고 그에 따라 養馬의 관리가 임명되었을 것은 당연하다고 하겠다. 일례로 주몽 설화에서 주몽이 동부여에 있을 때 국영 목장의 養馬 일을 담당한 것을 들 수 있다.[56] 고구려에서도 그러한 사정은 마찬가지였을 것이다. 애초에 시조 주몽은 牧者였다. 주몽도 본래 皂衣였다고 할 수 있다. 養馬 하던 인물이 名弓이자 탁월한 수렵자였다는 것은 이상할 것 없다.
　주몽이 牧童이었던 데에 대하여 그 어미 柳花부인은 牧馬의 女神이다. 馬의 성

---

53) 고대사의 미궁이라고 할 수 있는 '靺鞨'도 '말갈'이라는 음상으로 보아 '말구리'와 분명 관계가 있을 듯하다. 그러나 양자 사이의 연결은 후고로 미룬다.
54) 《逸周書》에는 동북방의 종족들과 그 특산물이 나열되어 있다. 高夷의 羊, 不令支의 玄貘, 不屠何의 靑熊, 東胡의 黃熊과 함께 孤竹의 '距虛'가 거명되고 있다. 距虛는 駏驢일 것인데 이 神馬가 孤竹의 명산으로 알려진 점이 흥미롭다. 고구려와 孤竹의 관계를 생각할 때에 참고가 될 듯하다.
55) 程金造, 1998, 《史記索隱引書考實》上, 중화서국, 406쪽.
56) 부여 남부에서 高大 駿馬가 양산되고 있었다는 추정은 정곡을 얻은 것이다. 黃彬, 1999, 《高句麗史話》, 원방출판사. 135쪽.

질을 판별할 수 있는 능력을 가진 것은 그녀가 牧馬의 신임을 알려준다. 나아가서 《三國遺事》에 인용된 珠林傳에는 朱蒙이 馬乳 所生이라는 기록이 나타난다.

棄欄則馬乳. 말구유에 버렸더니 말이 젖을 먹이네.

주몽을 젖 먹여 기른 것은 柳花일 것이다. 馬와 柳花와 주몽이 긴밀하게 얽혀 있다. 고구려인들의 馬 숭배 관념을 잘 읽을 수 있는 것이다. 더구나 馬가 河伯의 상징이고 柳花가 河伯의 딸이라는 데에 이르면 이들이 상호 긴밀한 체계를 이루고 있음을 부정할 길이 없어 보인다.
　나아가서《漢書》등 중국 사서에 高句驪侯로서 '騶'라는 인물이 있는데 그 이름이 특이해서 종래 鄒牟와 연결시키는 주장이 있어 왔다. 그 결론에 대한 當否는 일단 유보하겠다. 그러나 우선 '騶'는 사전적인 의미에서 養馬者, 즉 牧者를 지칭하는 단어임을 지적해야겠다. 고구려 官名 皁衣와 같은 말이고 朱蒙의 신분을 단적으로 표현해 주는 말이다.《說文》에

騶 廐御也者《玉篇》騶 養馬人名

이라고 하였다.[57]《漢書敍傳》顔注에 '騶 本廐之御騶也 後以爲騎 謂之騶騎'라고 설명하고 있다.《後漢書》에도 梁冀傳에 '騶 騎士也', 宋均傳에 '騶 養馬者 亦曰騶騎', 張讓 - 曹忠傳에 '騶 養馬人'이라고 주석하였음을 본다.[58]
　일보 전진하여 고구려 왕이 '騶', 즉 牧者라는 別號를 소유하고 있었을 개연성은 크다고 판단된다. 고구려인들은 河伯을 숭봉하고 있었고 河伯의 神體는 神馬라고 간주되고 있었다. 고구려 왕은 따라서 御馬에 능통한 존재가 아니면 안되

---

[57]《左傳》成 十八年 전에 '程鄭 爲乘馬御 六騶屬焉'이라고 하였고 杜注에 '乘馬御 承車之僕也 六騶 六閑之騶'라고 주석하였다. 襄二十三年 傳에도 '豊點 爲孟氏之騶'라는 기록이 보이고《戰國策 楚策》에 '使人發騶 徵莊辛於曹'라고 하고 있다.
[58] 王隱《晉書》에도 嵆喜가 太僕廐騶가 된 사실을 기록하고 있다.

었다. 그에 걸맞게 '騶(養馬者)'라고 자칭하고 있었을 것 같다. 그러한 별칭이 중국측에 전하여져서 실제 개인 이름인 듯 알려진 것이 아닌가 한다. 반드시 善射者 鄒牟의 縮約이라고 하기 힘들다.

부여왕 해부루는 아들이 없어서 말을 타고 산천에 기도하다가 鯤淵 연못 가 커다란 바위 아래에서 金蛙를 얻는다. 여기에 보이는 연못 이름 '鯤'은 북방 水神의 이름이다. 水神의 거처로 대왕을 안내하는 말은 水神의 使者라고 할 수 있다. 연못의 명칭이 駏驤 신마의 이름과 유사한 것이 주목된다. 대무신왕은 骨句川이라는 강에서 神馬 駏驤를 얻었다고 한다. 특히 駏驤라는 말 이름과 그 말이 나타났다는 강 이름 骨句가 유사한 것이다. 평양의 麒麟굴의 '麒麟'도 '駏驤'나 '骨'과 비교할 수 있다. 다 같은 어원이라고 추정할 수 있는 것이다.

4) 麒麟馬의 由來

주몽이 기린말을 타고 있다는 것을 어떻게 해석할 것인가? 광개토왕릉비에서는 대왕이 黃龍을 타고 동방에서 승천하였다고 하였다. 麒麟馬와 黃龍은 같은 상징 동물이라고 인정할 수 있다. 본래 龍은 馬로도 전승되었다. 익산에는 서동 전설이 유명한데 그가 살던 연못이 '馬龍池(마래-방죽)'라고 불린다. 馬와 龍이 동일 신격으로 숭배되던 나머지 '馬龍'이라는 상상의 동물이 탄생한 것이다. 서산에도 馬龍리가 있고 경주에도 馬龍곡이라고 하여 용마가 나온 연못이 있다. 평양 麒麟窟의 麒麟馬도 馬龍과 비슷한 모습이었을 듯하다. 경기도 용인의 고명은 駒城인데 고려 때에는 '龍駒縣'이라고 하였다. 역시 龍과 駒 내지 馬가 동일시된 결과이다. 그러다가 후세에 馬에 대한 신비감이 저하되면서 龍으로 통일되었다고 고찰된다.

중국에서 '八尺馬曰龍'이라고 하여 큰 말은 龍馬로 간주하여 왔다. 우리 고대어에도 馬는 '몰'/mor(i)/이라고 하고 龍은 '미르'/mir(o)/라고 하여 相通함을 알 수 있다. 즉 /mori/, /miro/의 변화가 상정된다. 중국 신화와의 관계는 별도의 논고를 기다려야 하지만 일단 한국 고대 사회에서도 馬와 龍은 같은 神格으로 인식되었다고 추정된다. 水神 내지 地神의 상징으로 등장하고 있는 것이다. 그러므로 穴神의 神體가 馬로 생각되던 것은 龍의 변형이라고도 이해할 수 있다.

麒麟窟과 麒麟馬의 설화는 주지하다시피 고려-조선 시대의 기록에서 初出하는 것이다. 그러나 고구려 당대에도 그러한 관념이 있었다고 생각된다. 麒麟馬가 驪川 내지 馬山에서 출생하여 활동한 것으로 짐작된다. 그러다가 麒麟窟에 봉안된 것으로 추정된다.

趙國華는 고대 신화에 나타나는 麒麟을 班鹿이라고 설파하였다.[59] 그 점에서 보면 麒麟馬의 개념은 漢代에 유포되던 '仙人騎鹿'의 사상과 관계가 있을지도 모르겠다. 漢 畵像石棺에는 죽은 이가 사슴을 타고 승천하는 형상이 사실감 있게 조각되어 있다.[60] 형태는 사슴인데 타고 있는 모습은 騎馬像과 전연 동일하다. 이러한 관념이 고구려에도 일정한 영향을 주었을 것은 능히 짐작가는 일이다. 그 결과 神馬가 사슴과 유사한 형태를 갖게 되었을 수도 있는 것이다. 死者의 騎鹿과 薨去한 시조왕의 麒麟馬 乘着에서 명칭과 기능이 동일하기 때문이다.

그 외에 鹿足夫人 전설에서 볼 수 있는 것처럼 평양 지방에는 사슴에 대한 신앙의 흔적이 남아 있는 듯하다. 태초에 인간이 타는 동물로서 사슴(순록)이 널리 사용되었다. 퉁구스인들은 처음에는 사슴밖에 탈 줄 몰랐다가 중국인들에게서 말 타는 방법을 배웠다고 한다. 평양 일대의 원주민들 역시 처음에는 乘馬법을 몰랐을 가능성이 있다. 사슴을 타던 인민들에게 기린굴의 시조신도 사슴을 타는 것으로 전승되어 왔을 것 같다. 그러다가 乘馬의 사상이 보급되면서 神鹿이 神馬와 혼합되어 '鹿馬'의 형태를 취하게 된 것이 아닌가 고찰된다.

사슴을 麒麟으로 관념하던 연장선상에서 '사슴-말'이 탄생한 것이다. 그것이 중국식으로 '麒麟馬'라고 정착된 것이다.

---

59) 趙國華, 1996, 《生殖崇拜文化論》, 중국사회과학출판사, 250쪽.
60) 高文 등, 1996, 《中國畵像石棺藝術》, 山西인민출판사, 8쪽.

4. 日馬思想과 太陽神話

1) 日馬 思想과 그 起源

　蒙古, 契丹 등의 시조 설화에는 靑牛와 함께 白馬가 나타난다. 백마는 남성신이고 청우는 여성신이다. 백마가 天神이라면 청우는 地神 계열이다. 파사왕 대의 靑牛[61])에서 보듯 白馬는 王者, 靑牛는 지방 세력의 상징이다. 북방 초원 민족에게 있어서 말은 태양과 깊은 관계가 있다. 일부에서는 태양이 'sun-morin', 즉 '日馬'라고 불린다.[62]) 馬는 日인 셈이다. 이와 비교되는 것으로서 신라 시조 박혁거세의 白馬가 유명하다. 혁거세는 蘿井이라는 우물가에서 발견되었다. 우물가에 白馬가 꿇어 절하고 있었다고 한다. 혁거세를 세상 사람들에게 인도하고 나서 백마는 다시 하늘로 升天한다. 백마가 본래 하늘에서 하강하였다는 의미이다. 여기서 백마는 태양 상징이라고 생각된다. 연전 경주 천마총 고분에서 발굴된 신라의 天馬 그림이 유명하다. 백화나무 障泥에 그려진 天馬는 白馬이다. 신라의 王者가 白馬와 유관함을 보여주는 실례이다. 경주 서방에 위치한 모량부에서는 하늘에서 하강한 시조가 말이라고 간주되고 있었다. 시조 이름을 '仇禮馬'라고 하여 실체가 말임을 표시하고 있다.[63])

　말이 태양과 일치되고 있는 것은 태양이 말을 타고 하늘을 날아다니고 있다고 생각한 때문이다. 地上의 동물인 말이 天上의 光明體가 된 것은 자신의 靈能이라기보다는 그 乘物로서의 기능에서 유래한 것이다. 박혁거세 신화에서 白馬는 태양과 같은 거룩한 시조가 타고 내려온 동물인 것이다. 그 소임을 다하고

---

61) 신라 본기 파사왕 5년 5월. 古陁郡主獻靑牛.
62) 마창의, 1994, 《中國神話學文論選》 하, 중국전시출판사, 466쪽. 만주족에서 그러하다고 한다.
63) 김철준은 시조 박혁거세의 박씨 족단을 모량부와 연결시켰는데 그 기본 발상은 蘿井 白馬와 朴씨가 본래 '붉'이라는 고유어의 표기라는 실에서 착안할 것이다. 현재 그의 학설은 찬동하는 사람이 적으나 모량부의 시조가 마라고 호칭되고 있는 점에서 재음미할 여지가 있다. 김철준, 〈新羅上代社會와 dual organization〉 上下, 《歷史學報》1-2집.

나서 백마가 하늘로 다시 올라간
것은 태양의 운행을 돕기 위함일
것이다. 이렇듯 고구려나 신라에
서 太陽馬의 사상은 확인되나 太
陽馬車까지는 인정되지 않는다.
馬車는 漢式 문물이어서 고대 사
회에서 선별적으로 도입된 듯하
다. 그러나 고구려, 신라에서 太陽
馬 사상이 존재한 것은 太陽馬車
관념의 반영이라고 여겨진다. 太
陽馬車의 개념은 주로 유라시아
초원지대에서 유행하였다. 중국
의 내몽골을 중심한 초원에는 그

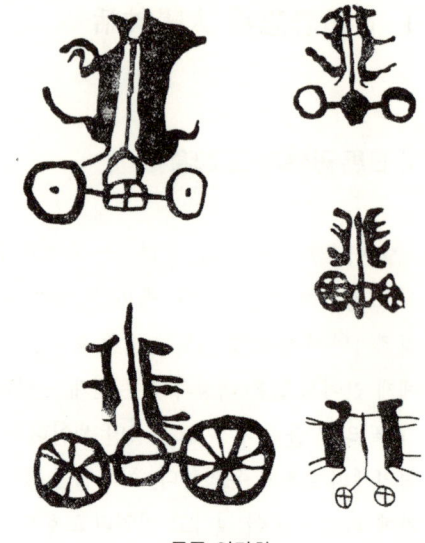

몽골 암각화

러한 생각을 대변해 주는 암각화 등이 남아 있다. (그림 - 참조). 남방의 太陽船
신앙에 대하여 좋은 대조를 이룬다고 할 수 있다.
　초원 문명에서 太陽 馬車를 상상하고 있었던 데에 대하여 한국에서는 太陽馬
사상이 보편적이었던 듯하다.

2) 太陽 運行의 神話

　중국 신화는 대개 문헌에서 확인되나 日出 및 그 運行 신화는 별로 전하는 것
이 없어서 궁금증의 대상이 되어 왔다. 중국 신화에서 태양은 동방의 바다에서
솟아나 하늘을 가로질러 서방의 연못으로 침수한다. 그런데 최근 고고학의 발
달과 함께 地中 자료에 대한 해석이 진전되어 가면서 중국 고대 太陽 運行에 관
한 신화가 복원되었다. 지중에서의 움직임이 이제야 자세하게 밝혀진 것이다.
그 줄거리를 摘記하면 다음과 같다.

태양의 화신인 저(鴉)새가 거북의 등을 타고 지하 세계의 黑水를 건너서 동방으로 돌아간다. 태양은 지하에서 재생에로의 긴 여행을 시작한다. 최후 목적지는 태양의 고향이다. 서북에서 동남으로 흐르는 黑水를 건너야만 죽음의 세계에서 광명의 천하로 나올 수 있다. 그 강을 건너게 해주는 것이 거북이다. 동방 해가 떠오르는 扶桑 나무에는 거북이 있었다고 한다.

동방에서 승천한 태양은 하늘을 가로질러 서방으로 하강한다. 서쪽의 지하로 들어 간 日神은 지하 冥府를 통과하여 동쪽으로 이동한다. 명부에는 커다란 海洋이 있어서 쉽게 지나갈 수 없다. 지하 세계를 지나가는 태양을 운송하는 것은 거북, 말 등의 水神을 상징하는 동물들이다. 그 도움을 받아 태양은 다시 다음날 동쪽에서 바다 위로 솟아오르게 된다.[64] 태양의 운항이다.

여기서 태양을 운반하여 이송하는 동물은 거북, 말 등인 것을 확인하게 된다. 그들이 水界 내지 地下界에 속하는 것도 알 수 있다. 지하 세계의 대리자가 天界의 大神 태양의 운행을 돕고 있는 것이라고 판단된다. 水神 動物이 태양의 乘物인 연유가 이러한 신화 구조에서 확연하게 드러나는 것이다. 黑水를 건네주는 거북은 北方의 水神이면서 幽都에 거처하는 祖靈과 동일시되고 있다. 거기서 더 나아가 水神 鯀이 역시 鴉龜合體일 것이라는 추정도 가능해진다.[65] 수중 동물로 중국 신화에서 거북, 자라 등이 나타난다. 거북, 자라 등은 고구려-부여 신화에서도 출현하여 상호간의 긴밀한 영향을 증언해 주고 있다.

神馬는 日出을 위하여 지하를 종횡하였던 존재이다. 冥府界를 운항하는 데에 있어서는 어두운 바다를 건너는 수단이 필요하였다. 바다를 항해하는 교통 수단으로서 배가 가장 기본적인 형태인 까닭에 태양이 배를 타고 대양을 건너는 것으로도 나타난다. 이른바 '太陽船'이다. 유라시아 남방 신화권에서는 太陽船이 등장한다.[66] 지하 명부계를 흐르는 大海를 건너는 데 배가 사용되고 있는 것

---

64) 馬王堆 帛畵 그림에 잘 나타나 있다. 王孝廉, 1992,《中國的神話世界》下, 750쪽 이하 참조.
65) 王昆吾, 1998,《中國早期藝術與宗敎》, 동방출판중심. 41~61쪽.

이다. 우리 나라에서도 신석기 시대 이래로 청동기 시대에 걸쳐서 舟形土器가 儀禮기로서 부장되고 있다. 그것은 태양선 신앙에 대한 증거라고 해석될 수 있다. 배 외에 말도 초원을 비롯한 광범위한 지역에서 널리 승용으로 사용되었다. 그 까닭에 태양을 운반하는 동물로 선택되곤 하였다. 神馬는 본래 地下界의 신 내지 地神的 존재였을 것이다. 水神과도 깊은 관계가 있었다. 그러다가 태양 운행에 간여하게 되면서 태양의 乘物에서 유추되어 태양 그 자신으로까지 연역되어 간 것이다. 우리는 고대 신화에서 神馬가 그러한 乘用體로서 사용되었음을 확인할 수 있다. 洞穴에 모셔졌던 神馬는 그러한 地下 潛行에 요긴하게 사용되었을 것이다.

광개토왕릉비 등에서 주몽이 龍을 타고 하늘로 올랐다고 하였다. 그것은 龍이 天神이라는 의미는 아니다. 英雄이 龍을 타고 승강한 것이다. 東明王篇에서도 解慕漱가 五龍車를 타고 하강하고 다시 승천한다. 여기서 해모수를 비롯한 주몽 등의 북방 제왕이 水界를 통솔한다는 상징으로 龍을 騎乘하고 있음을 살필 수 있다. 광개토왕릉비에 보면 水神의 사자로서 거북의 활동이 명기되어 있다. 시조 추모왕을 도와서 새로운 천지로 건너게 해주는 것이 바로 '浮龜'이다. 시조왕은 거북으로 상징되는 水神族의 도움을 받아서 건국한 것이다. 龍, 馬와 아울러 龜, 鼈이 시조신의 중요한 승용 동물로 구사되고 있음을 알 수 있다. 기린굴 전설에서도 朱蒙이 水神 내지 地神의 보조를 받아 地中 및 水中 그리고 天上을 종횡으로 누비고 있다. 여기서는 거북이 麒麟馬라고 변형되었다. 水神 동물이 馬形을 취하고 있는 것이다.

舟形토기나 太陽船 儀禮의 존재는 지하 세계를 흐르는 深海를 상정하고 있는 것이다. 그 속에는 지하 세계 자체, 즉 冥府의 관념이 노출되어 있음을 간과해서는 안 된다. 지하계의 사상은 단군 신화에서도 熊女의 窟穴로 확인할 수 있었다. 그러나 서술이 너무 간단하고 막연하여 분명한 구조를 이해하기 힘들었다. 이

---

66) 송전건, 《日本神話の硏究》 2권.
   삼품창영, 《建國神話の諸問題》, 92쪽.

제 지하계를 가로지르는 大海가 확인되고 있고 서방의 입구와 동방의 출구가 상정된 것이다.

태양의 운행에 관한 유적이나 전설은 여러 가지 자료에서 분명히 할 수 있다. 경주 동해안의 大王岩과 石窟庵이 冬至日 태양의 日出과 정확히 연결된다는 것은 현대 과학의 힘으로 증명되었다.[67] 그에 이어서 포항 都祈野 유적인 都邱洞 및 日月池 등이 보고되고 있고 울산에서도 日出方에서 숭배 받고 있는 大王岩이 지금도 파도에 둘러싸여 웅장한 자태를 과시하고 있다. 백제사 전승에는 부여 수도의 3山 중에 '日山(현 위치 미상)'이 전하고 있다. 아마도 태양 숭배와 밀접한 연관을 지닌 산줄기일 것이다. 漢城 시기의 유적으로는 광주 儉丹山 정상에서 제사 遺構가 확인되었다. 李道學은 그 곳을 문헌에 보이는 '崇山'으로 비정하였는데 흥미로운 견해이다.[68] 한성 시기의 수도로 추정되는 지역의 동방에 위치한 검단산은 아마도 태양에 대한 祭禮에서도 중요한 장소로 선정되었을 듯하다.[69] 신라나 백제에서만이 아니라 고구려에서도 태양 경배가 활발하였다고 짐작할 수 있다. 과연 중국 사서에는 고구려가 후기에 가서 日神을 경배하고 있었음을 전해주고 있다. 그러므로 고구려 수도 평양 일대에서도 태양 숭배에 대한 유적이나 전승의 확인이 당연히 요청된다고 할 수 있다.

고구려 시기의 태양 숭배에 대한 탐색은 이제 초보적인 단계이다. 현지에 전하고 있는 朝天石 전승은 升天 모티프에서 볼 수 있듯이 태양신 의례와 밀접한 관계가 있다고 판단된다. 태양의 화신 내지 乘物로 활약하고 있던 神馬가 기린 굴에서 출몰하고 있다.(後述)

그런데 주몽이 이처럼 보통강의 통한교로 강림한 것이 아니라 山上으로 강하하였다는 전승이 있어서 검토 대상이 된다. 《新增東國輿地勝覽》 평안남도 殷山縣 고적 조에는

---

(67) 大和岩雄, 1994,《古代東國の民衆と社會》, 명저출판사. 350쪽.
(68) 이도학, 1991,〈方位名 夫餘國成立에 관한 檢討〉,《白山學報》38호, 22쪽.
(69) 검단산 동쪽 기슭에 한강을 면하고 있는 포구 마을의 이름이 '拜謁尾里'이나. '拜謁'은 한자 그대로의 뜻이지만 '-尾'는 우리말 '뫼(山)'가 바뀐 것이다. 검단산의 제단과 연관된 듯하다.

天聖山〈在縣東北三十里 有觀音三峰 中峰 岩上有馬跡 諺傳 東明王 麟馬跡〉

이라는 기록이 보인다. 산봉우리 바위 위에 기린마가 남긴 발자국이 있다는 것이다. 《세종실록》권148의 기사에도 같은 내용이 실려 있다.

天聖寺 在縣東北 觀音峰下〈諺傳 東明聖帝 自平壤 朝天宮 降于觀音峰 時有宮殿 後爲佛宇 因以名之〉

라고 나타난다. 조선 후기의 읍지류에는

天聖山 在縣東北四十里 邑之鎭山也 盤紆高大 … 宇有十二峰 而觀音三峰 最秀異 … 其中峰有 獜馬迹 諺傳 東明王 朝天處 義湘臺 卽新羅僧義湘駐錫處 石窟中有 甘露泉 諺傳 觀音寶甁之遺滴云 又有三仙巖, 盤松臺, 聽琴臺, 獅子項, 白龍潭 …70)

라고 하여 동명왕의 朝天處라고 되어 있다. 하강 요소보다 상승 모티프가 더 강조되어 가고 있다. 일제 때의 기록에도

觀音峰下 天聖寺 諺傳 東明王 天宮ニ 朝スルノ 遺跡ナリトス.71)

라고 하였다. '天聖'이라는 산 이름이 東明王에서 연유한 것임을 짐작하기 어렵지 않다. 산봉우리가 세 개 있는데 가운데 봉에 큰 바위가 있고 거기에 하강하였다는 것이다. 강림한 뒤에 머물러 있던 곳은 宮殿이 되었을 것이다. 산 아래에 궁전이 있었던 듯하다. 山上에로의 강림과 그 山下 궁궐에서의 거처라고 할 수 있다.

그런데 이러한 구조는 북방 계열의 解慕漱 신화에서 잘 나타나고 있는 것이다. 해모수가 熊心山頂에 강림한 것은 유명하다. 五龍車를 타고 종자 100여 인과

---

70) 《邑誌》평안도편, 1986, 아세아문화사. 480쪽.
71) 朝鮮總督府 中樞院, 《李朝實錄 風俗關係資料撮要》. 207쪽.

함께 내려왔다고 한다. 여기서 웅심산은 신령이 강하하는 聖山임을 알 수 있다. 그 산 아래에 압록강 가에 우람한 궁전을 지어서 柳花부인을 유혹하였다는 것이다. 天神은 산 아래에 건축된 대궐에서 통치하였다. 단군 신화에서 桓雄이 太白山 산정에 하강하고 있다. 환웅의 거처에 대한 언급은 없으나 그도 산하에 거소를 마련하였을 것은 자연스러운 일이다. 은산 관음봉도 그러한 신성산이었을 것이다. 聖山이 신성한 강물 가에 위치하는 것도 당연한 일이다. 해모수의 경우에는 압록강이 될 것이고 은산 천성산의 경우에는 대동강(상류)이 聖水에 해당된다.

은산이라면 평양 조천석에서 동북방에 해당한다. 그렇다면 평양에서 승천한 日神이 동북방으로 하강하는 것이 된다. 방향상으로 보아 태양의 운행과는 전연 다른 형태임을 직각할 수 있다. 더구나 내용으로 보아 天帝의 山上 降臨을 전하는 설화 구조로 분석된다. 해모수는 일설에 그 자신이 天帝라고 표현되고 있었다. 환웅의 천손 강림 이래로 널리 유포되고 있었던 天降설의 하나인 것이다. 해모수의 설화 모티프가 주몽에게 결부되었다면 별로 이상하다고 할 수 없다. '天聖'이라는 산 이름 역시 '天帝'와 '神聖'이 결합되어 만들어진 것 같다. 이렇게 天降 요소가 강조된 것이라고 할 때 天聖山 강림 설화는 日出이나 日沒 구조와는 거리가 멀다고 고찰된다.

천성산 설화는 본래 천제 강림 전승이던 것이 후세에 天帝의 再臨 전설로 개편된 듯하다. '諺傳 東明聖帝 自平壤 朝天宮 降于觀音峰'이라는 主文에서 도입부에 해당하는 '自平壤 朝天宮' 부분은 그렇듯 후세에 추가된 모두일 것이다. 본래는 그 부분이 빠진 '諺傳 東明聖帝 降于觀音峰'이라는 형태일 것이다. 이 설화가 후세에 가필된 것이라는 점은 문중에 '東明聖帝'라는 표현이 있어서 알 수 있다. 그것은 고려 이후에 사용된 일종의 속칭이다. 후세에 문자로 정착되었음을 짐작하기 힘들지 않아 보인다. 특히 朝天하였다는 부분은 후세적인 추가 요소라고 고찰된다. 왜냐하면 그 부분이 후대에 갈수록 더 뚜렷해지고 있기 때문이다.

나아가서 초기의 천성산 강림 설화는 고대 국가 시조 설화에서 흔히 볼 수

있는 것처럼 설화적 紀年이 설정되어 있었던 흔적이 있다. 조선 시대 殷山 읍지 佛宇 조에

> 觀音寺 在縣東四十里 天聖山〈山有觀音三峰 仍以觀音名焉〉漢成帝 五鳳 五年 剙建 〈其後 屢經興廢〉崇禎甲戌 白荷禪師 重修.72)

라고 하였다. 절 건물이, 前漢 成帝 五鳳 5년에 절이 창건된 사실을 전하여 주고 있다. 그런데 天聖 동명왕이 강림한 뒤에 왕궁에 거처하던 것은 앞의 기사에 명문이 있다. 그러다가 후대에 궁전이 사찰로 개수된 것이다. 따라서 한 성제 오봉 5년에 창건된 것은 佛宇가 아니라 宮殿 건물이었을 것이다. 그렇다면 우리는 전한 시대에 천성산 아래에 동명왕의 궁전이 건립되었다는 또 하나의 전승에 접하게 되는 것이다. 전각이 건설된 것은 동명왕이 통치를 시작한 것을 의미한다고 고찰된다. 이것은 새로운 건국 전설의 하나라고 판단된다. 이렇듯 개국 시조가 된 동명왕이 朝天한 발자취를 남긴 것은 어쩌면 당연한 일이다. 바위 위에 기린마 발자국이 남은 것은 그러한 배경에서 이해되어야 할 것이다.

물론 聖帝의 天降 신화 자체가 매우 고태적이다. 따라서 문자로 정착된 것은 고려 이후로서 후대이지만 설화의 성립은 상고로 소급될 것으로 판단된다. 만일 그렇다면 이 설화는 동명성왕의 天降을 전하는 귀중한 하나의 사례로서 평가될 수 있다. 환웅과 해모수 외에 세 번째의 천강 천자를 우리는 발견한 셈이다. 주몽이 천성산으로 하강한 것은 따라서 구세주의 부활이나 영웅의 천국 왕래라는 측면에서 관찰되어야 할 것이다.

---

72)《邑誌》평안도편, 1986, 아세아문화사. 480, 491쪽.

5. 高登神과 日神

1) 高登神과 高將

고구려에서 두 개의 신묘가 존숭되고 있었다. 《周書》 등에 의하면 하나는 '高登(또는 登高)神廟'라고 불렸고 다른 하나는 '夫餘神廟'라고 호칭되었다고 한다. 종래 '高登'을 '수리 高'로 해석하거나[73] 글자를 바꾸어 '登高'가 옳다고 보고 그것을 몽골어 'tengeri'에 비교하기도 하였다.[74] 그러나 登高나 高登 어느 하나만을 만족시키는 해석은 불안한 것이다. 따라서 양자가 상통할 수 있는 해석이 요청된다.

생각컨대 高登 내지 登高라는 표현은 昇退 내지 升天의 의미라고 고찰된다. 중국 민속에 '步步登高'라고 하는 글귀가 있다. 하늘로 날려보내는 연(鳶)에 적어 보내는 문구인데 무한한 상승을 의미한다. 그런 예를 들지 않더라도 '登高'나 '高登'이 '上昇' 내지 '升天'을 뜻하는 것은 자명하다. 그런데 高遠한 곳으로 끝없이 상승하는 것은 自然에서 太陽밖에 없었다. 그러므로 高登은 곧 太陽의 上昇을 의미한다고 판단된다. '登高'도 같다. 태양만큼 하늘 높이 올라가는 것이 없다. 보통 태양의 운동을 '旭日昇天'이라고 표현한다. 엄청난 기세로 솟아오르는 모습이다. 高登 또는 登高가 태양의 활동을 표현한 용어임을 상상하기에 족하다. 高登神은 昇天神이자 旭日神인 것이다. 즉 太陽神이다.

문제는 태양신이 天神과 혼동되고 있다는 데에 있다. 양자의 판별이 긴요하다. 생각컨대 天神은 하늘만이 아니라 온 우주를 관장하는 것이다. 天神과 日神의 소관이 다르다고 할 수 있다. 관할이 다른 만큼 神格도 다를 것이다. 고대 중국인들도 上帝와 日神을 다른 것으로 간주하였다.[75] 전세계적으로도 天帝, 天神

---

73) 이병도, 1959, 《한국사-고대편》, 진단학회.
74) 《육당최남선전집》, 2권.
75) 王宇信, 1999, 《甲骨學一百年》, 사회과학문선출판사, 595쪽.

과 日神은 다른 神格인 것이 보통이다. 松前健도 그의 大著에서 일본 신화가 天神(다까무스비) - 日神 - 女神(아마데라스)의 3중 구조로 이루어져 있음을 명쾌히 기술하였다. 천신이 英雄神, 日神이 祖先神, 아마데라스가 女神 등으로 나누어진다고 하였다.76) 우리의 경우에도 그러할 가능성이 높다고 고찰된다. 고구려에서는 天神은 東明王(부여)으로 日神은 朱蒙(고구려)으로 간주되었던 것 같다. 동명왕이 朝天石에서 천상으로 昇降하면서 天政을 보살폈다고 한다. 여기서 '天政'을 맡은 것도 日神格이라고 고찰된다. 왜냐하면 논리적으로 天神은 天政에만 국한되지 않는 능력을 갖기 때문이다. 그러나 우리 학계에서는 종래 太陽神 즉 天神이라는 엄청난 오류에 빠져 日神은 제대로 평가받지 못하였다. 그러한 잘못은 일본 학계에서 天照大神을 日神으로 인식한 데에서 영향을 받은 듯하다. 그러나 다시 강조하거니와 日神과 天神은 格도 다르고 神位, 神體가 다른 엄연히 별개의 신인 것이다.

고대 왜의 대왕은 天 및 日과 동등한 세력을 가진 존재로 간주되었다. 天을 형으로 日을 동생으로 생각하였다고 한다.

倭王以天爲兄 以日爲弟 天未明時 出聽政跏趺坐 日出便停理務 云委我弟. 《隋書》倭人전)77)

여기서 주목하여야 할 것은 天과 日이 각각 다른 神位로 인식되고 있다는 사실이다. 그러므로 天神과 日神은 자연스럽게 다른 神格이 된다. 특히 흥미로운 것은 태양이 솟아오르면, 즉 日出과 함께 왜 왕이 자기의 政務를 태양에게 인도하였다는 내용이다. 태양이 비치는 天下에 대한 統治가 日神의 업무라고 간주된 것이다. 대왕은 夜間에만 통치한 것이다. 새날이 밝으면 태양신에게 天子의 책

---

76) 송전건, 《日本神話の硏究》2권, 172쪽.
77) 李成市, 1998, 《古代東アジアの民族と國家》, 암파서점, 303쪽. 고대 왜인들의 이른바 '日出處天子論'은 방위로 보아 왜인의 독창적 소견이 아닌 듯하다. 고구려인, 아마도 聖德太子의 스승이자 고문이었던 승려 慧慈의 行文이라고 고찰된다. 일단 고구려나 왜에서 어느 정도 공인된 우주관이라고 정리하여 두고 싶다.

무를 이양하는 것이다. 여기서 日神이 天子, 大王과 同列에 서서 지상을 다스리고 있었음을 잘 살필 수 있다. 동명왕이 맡은 天政은 그러한 의미로 사용된 것 같다. 日出 天下의 統治인 것이다. 天上으로 上昇, 下降한 것은 태양의 出沒을 나타낸 것이다. 일출-일몰에 따라 천하를 통치한 주몽은 태양신이다.

朝天石에서 昇降하고 있는 주몽의 행동은 天王郎 解慕漱의 행적과 동일하다. 이규보의 東明王篇 시에 보면 해모수가 하늘로 왕래하면서 정사를 담당하였다고 하였다.

아침에는 인간 세상에 계시다가 저녁이면 하늘 궁전으로 돌아가네〈아침이면 정사를 살피고 저녁이면 하늘로 올라가니 사람들이 天王郎이라고 하였다〉[78]

해모수가 日神임은 학자들이 동의하고 있는 것이다. 解慕漱라는 명칭 자체를 '해모습'이라고 풀이한 학자도 있는 정도이다.[79] 여기서 解慕漱와 朱蒙이 日神으로서 一體化되고 있음을 알 수 있다. 문면상으로는 日神 해모수가 아침에 하강하였다가 저녁에 상승하는 것으로 되어 있다. 그러나 그 정도의 설화적 변용은 흔히 관찰되는 일이다. 본래 해모수는 아침에 승천하였을 것이다. 왜인의 설화 중에는 그러한 원형이 잘 남아 있으나 東明王篇에서는 후대인의 심리에 따라 약간 왜곡되고 있는 셈이다.

과연 주몽이 日神 신격을 갖고 있음은 여러 가지 점에서 확인된다. 먼저 신화 속에서 그가 日光 所生으로 처리되고 있다. 日光, 日神의 아들이라는 점을 이처럼 간명하고 정확하게 표시하는 방법이 또 있을까? 나아가서 卵生도 日光 상징으로 해석되기도 한다. 주몽을 보호하던 새(鳥類)도 太陽의 상징이다. 그의 별명이라는 '衆解'의 '解' 도 '히(日, 太陽)'로 해석된다. 주몽을 호위하던 무리들 중에

---

78) 朝居人世中 暮反天宮裏
　〈朝則聽事 暮卽升天 世謂之天王郎〉
79) 임재해, 1995,《民族神話와 建國英雄들》, 천재교육. 해모수 = '해모숩'이라는 흥미로운 일설을 소개하고 있다. 75쪽. 최래옥 교수의 주장이라고 한다.

는 '鳥'씨가 가장 유력하였는데 그들은 태양신을 제사하는 사제들이라고 이해되고 있다. 주몽의 아비라고 하는 解慕漱는 그 천상으로부터의 下降 광경이 시적이고 장엄하여 유명한데 그 모습은 태양의 상승이나 등장을 묘사한 것으로 보기도 한다. 그리고 광개토왕릉비에 보면 주몽이 '東罡'에서 昇天하였다고 되어 있는데 동방에서 하늘로의 비상은 日神의 궤적을 다른 식으로 표현한 것으로 판단된다.

태양신으로서의 주몽을 고려한다면 기린굴 안으로의 이동은 天照大神이 天岩戶 동굴로 들어간 것과 같은 의미를 갖는다. 태양이 어두움의 상징인 암흑 속으로 침몰하여 가는 것이다. 都祈野 巖石상에서 사라지는 태양(延鳥 및 細鳥)과 동일한 궤적인 것이다. 깊고 어두운 동굴 속에서 地下로 내려간 神位가 다시 부활하기 위하여 冥府의 深海를 橫行한다는 점은 앞서 지적하였다. 太陽神이 지하 세계를 遊行하는 동안 그 乘物로 사용되는 것이 麒麟馬이다.80) 麒麟窟에서 朝天石에로 이어지는 祭禮는 그러므로 日神祭를 충실히 기술하고 있는 것이다. 그로써 太陽의 運行에 대한 고대인들의 관념을 상상하기에 족하다.

朱蒙은 고구려 후기에 가서 高登神格으로 승화되었다. 高登神이 日神이라면 朱蒙이 日神이라는 것이 된다. 朱蒙이 日神으로 동일시된 것이 과연 언제부터인지 확언할 수 없으나 설화 정착의 마지막 단계에서 그렇게 結着된 것은 분명하다. 광개토왕릉비에는 아직 鄒牟王을 日神으로 단정할 만한 文句가 인지되지 않는다. 그에 반하여 高登神廟에 봉안된 당시 주몽은 이미 日神으로 인정되었을 것이다. 고구려에서 태양 신앙의 존재는 이제 구명의 첫 단계에 있다. 서기 7세기에 고대 왜인들이 '日本'이라는 국호를 정한 것을 보면 태양 신앙은 상당히 보편적으로 존재하고 있었다. 우리 나라 三國에도 日神 숭배가 볼 만한 것이 있었을 것이다.

여기서 하나 정리해 두어야 할 것은 高登이라는 神名이다. 일설에는 '登高'라

---

80) 일본 天岩戶 신화에서는 天照대신이 굴 속에 갇혔다가 다시 얼굴을 드러내는 것으로 짜여져 있다. 지하세계에서의 긴 여행이 생략, 축약되어 있는 것이다. 지하세계에서의 움직임에 대한 망각은 영일 都祈野 전설에서도 인정된다. 그 의미는 장차 더 음미되어야 할 것이다.

고 표기되어 있는 한자에 집착하여 몽골어 tengri와 연결시키기도 한다. 그러나 고구려 후기에 王名이 一字 單名으로 정착되던 현상(장수왕 璉, 문자왕 雲, 안장왕 安, 안원왕 延 등)을 감안하면 시조왕 이름도 일자 한식 명칭으로 개정되었을 개연성이 있다. 그리고 王姓이 高씨로 단일화되면서 본래 高씨가 아니던 朱蒙이 高씨로 편입된다. 따라서 그에 발맞추어 朱蒙에게 한식 이름이 몰上되었을 수 있다.

이에 함께 고려할 것으로 평안도 일원에 남아 있는 고구려 시기의 城塞에 대한 전승을 들 수 있다. 일제 초기에 발간된《朝鮮古蹟寶物調査資料》라는 책에 수록된 기록들에서 '古庄', '古將' 등의 고유 명사가 붙여져 있는 지명 전승 사례들을 발견할 수 있다.

1) 義州 下端洞 古將王城. 古舘면. 토성.
일명 連珠城(聯珠城). 고구려 왕이 쌓은 것이라고 한다.
높이 3자, 폭 2간, 둘레 약 1000간.
탑은 높이 9자, 12重塔. 古墳 10기, 지름 약 5간의 것이 3기, 4간의 것이 7기이나 대부분 완전한 형태가 남아 있다.

2) 義州 龍門洞성터. 古城면.
古將城, 古庄城이라고 쓴다. 고구려 시대의 王城으로서 瑠璃王이 古津면 古麟州城으로부터 이 곳에 移都하였다고 한다.
높이 9자, 폭 8자, 둘레 약 2000간. 동북쪽의 高地는 胎峯이라고 한다.
고분은 지름 3간의 것 2개, 안의 1개는 王陵이라고 전한다. 거의 평탄해져서 높이 약 1자.

3) 殷山. 山川 조.
古堂山〈或稱庫藏山〉在縣西五里 形如臥牛 下有彌勒.[81]

여기에는 이른바 義州 國內城 설이 온존하여 있음을 알 수 있다. 이러한 일련의 전승에 기초하여 북한 학계에서는 의주를 중심으로 하는 고구려 부흥 세력의 활동을 이야기하고 있다. 이론의 가부는 장차 고고학적 발굴로 확인될 것이다. 주목되는 것은 국내성 유허라고 전해지는 성이 '古將城', '古庄(莊)城'으로 불려지고 있다는 사실이다. 특히 고구려 왕이 축조하였다는 하단동 고성은 '古將王城'이라고 호칭되고 있다. 축성한 이가 다름 아닌 '高句麗 古將王'임을 분명히 해주고 있는 것이다. 여기서 추출되는 '古將王'은 고구려의 왕명이다. 그리고 王城을 始築하였다는 점에서 始祖王일 가능성이 높아 보인다. 龍門洞에 있는 古將城에는 제2대 유리왕이 다른 곳에서 移都하여 왔다고 한다. 그렇다면 古將城은 다름 아닌 始祖 王城이라는 것이 된다. 물론 이러한 始祖王에 대한 전승이 문자 그대로 사실이라고 할 수는 없다. 史實 여부는 장차 별고로 추심되어야 할 것이다. 여기서 문제로 삼고자 하는 것은 王城의 初築者로서 등장하는 王名 '古將', '古庄'이 사서에 나타나는 '高登'과 전적으로 일치한다는 점이다.

'高將'이라는 별명은 地方 地理書에도 수록되어 있다.《寧邊志》는 시대별로 改撰되고 있는데 古事 편에 실린 설화 중에 다음과 같은 자료가 확인된다.

古志에 依하여 이 傳說의 根源地 優渤水를 찾아보게 되면 아래와 같다.

"優渤水는 百嶺面의 銀峰 밑 鶴岩 위에 있으며 옆에 句麗潭이 있다. 世上에서 말하기를, '河伯의 딸 柳花가 貶降된 곳이라' 한다. 北扶餘王 解慕漱(해모수)가 紇骨城(成川)으로부터 百嶺에 移徙했다가 뒤에 曷思濱(갈사빈)에 移徙했기 때문에 宮址가 百嶺의 野巖(벌바위) 곁에 있다. 方築이 近五百步이고, 그 南쪽 金將洞(鯤淵이 洞北에 있어 金蛙王이 나섰기 때문에 金將洞이라 이름하였다 한다)이 있고, 東에 高將德(東明王이 創邦 前에 自稱 高將이라 함)이 있다. 熟石으로 築墻했는데 長이 幾百步요 中央에 3層臺가 있다. 그 앞에 潮汐泉이 있는데 進退가 바다물과 完全히 같다."
고 하였다.[82]

---

81)《邑誌》평안도편, 1986, 아세아문화사. 479쪽.
82)《邑誌》평안도편, 1986, 아세아문화사. 94쪽에 수록된《영변지》古跡 조에 '諺傳 北扶餘王 自紇骨城 初移於百嶺 後徙渴思濱 而官(*宮)址 在野巖側 方築近五百步〈于是 荇人先創國於香山 故定其南 曰標 北又退

寧邊 古志에 高將이라는 인명이 나오고 그것이 고구려 시조왕 주몽의 별명이라는 것이다.[83] 그래서 高將의 이름을 딴 언덕까지 등장하고 있다. 평안도-함경도 방언에서 '-德'은 '山岳', '高丘' 등을 가리킨다. '高將-德'은 '高將'이 살던 언덕이라는 뜻이 되겠다. 영변 일대에 남아 전하는 優渤水-荇人國 전설의 유래나 연기 등을 밝히는 일은 본고의 범위를 넘어가는 일이다. 여기서는 일단 주몽의 별칭으로서 '高將'이 있었다는 점을 주목하고 그것이 의주 古城을 축조하였다는 '古將', '古庄', '古將王'과 음운이 일치한다는 사실을 음미하고 싶다. 이들 한자 표기는 같은 사람 이름을 나타낸 것이라고 고찰된다.

평안도 방언에서 어두에 오는 'ㅈ'소리가 'ㄷ'소리로 발음된다는 사실은 상식이다. '정거장'을 '덩거댱', '장고'를 '당고', '고지'는 '고디'라고 발음하여 인구에 널리 회자되는 터이다. 따라서 '고장'은 '고당', '고댱'으로 발음되는 것이다. '고당', '고댱'은 사서에 나타나는 '高登'과 거의 동일하다. 시조왕이라는 기능도 같고 왕명도 같으며 영변, 의주 등지에 고구려 유민들의 전승이 짙게 남아 있는 점도 참고가 된다. 민간 전승속에 면면히 전해 내려오는 이 '고당'은 바로 고대의 神名 '高登'이 변형된 것이라고 고찰된다. 물론 하나는 신 이름이고 다른 하나는 兒名 또는 건국 전의 自名이라는 차이는 있으나 천여 년에 걸치는 변용 속에서 그 정도의 왜곡은 어쩔 수 없는 것이다. 그리고 보면 주몽에 관한 전설이 남아 있는 成川에도 '高唐峰', '高塘峰'이라는 봉우리가 남아 있다. 산성이 축조되어 있는 山峰인데 그 이름 '고당'이 '高登'에서 유래하였을 가능성이 크다고 판단된다.

이상 地名, 人名, 城名 등에서 확인되는 '高將', '高庄', '古庄', '古堂', '庫藏', '高塘', '高唐' 등은 고대 神廟의 명칭 '高登'의 遺痕이다. 그러므로 종래 제설이 분분하였던 神廟의 명칭도 이제 정확하게 바로 잡을 수 있게 되었다. '高登'이 正稱이고 '登高'는 異稱이라고 생각된다. 그리고 신 이름 '高登'은 王姓 高씨를 명기한

標曰 小北 兩洞俱在香山南〉 其南有金將洞〈鯤淵在北洞 金蛙生此地 故因名〉 其東有高將德〈東明王 未創國之前 自稱高將〉 以熟石 築壇 長幾百步 廣近五十步 中有三層臺 其前 又有潮汐泉 進退完如海水.'라고 하다. 본문은 영변군민회, 1971,《寧邊志》, 비매품, 36쪽 참조.
83) 연전에 崔南善의 문장에서도《영변읍지》를 인용하면서 주몽의 兒名이 高將이라고 한 셋을 읽은 기억이 있는데 출처를 확인하지 못하였다.

것으로 보아 평양 천도 이후에 尊尙의 풍조에 맞추어 헌정된 듯하다. 신격화 작업에 따라서 주몽은 太陽神으로 격상되어 갔다. 高登神廟는 太陽神廟, 扶餘神廟는 水地神廟였다.

주몽이 고씨라고 공인되고 그 건국 무대도 고씨의 본거지였던 卒本으로 인식된 것은 대체로 보아 주몽 숭배가 상당히 고조된 뒤의 일일 것이다. 《周書》에 高登神廟가 나타나고 있으므로 高登神格의 출현은 그보다 앞선 시기의 일이다. 後周는 短命한 王朝이므로 《周書》에 실린 기사라고 반드시 그 시대의 사실로만 보기에는 무리가 따른다. 《周書》의 기사에 기초 자료가 된 것은 당대의 견문 외에 西魏 이래의 使行에서 축적된 것이 많았을 것이다. 한편 北魏가 동서로 분열하기 이전에 성립된 자료들로 구성된 《魏書》 고구려전에는 高登이 실려 있지 않다. 이것은 高登神廟 사실이 중국 사신들에게 실견된 것이 北魏에서 西魏에 걸치는 어간일 것을 시사해준다. 대체로 보아 고구려 安原王에서 平原王에 이르는 시기이다. 이 시기에 고구려는 長安城으로 천도하였다. 축조 개시는 양원왕 8년이고 천도가 평원왕 28년이라고 한다. 앞서 평양 천도에 평행하여 주몽 숭배가 앙양된 것을 참고할 필요가 있다. 장안성으로의 이동에 즈음하여 주몽은 본격적으로 高씨 시조신으로 승격된 것은 아니었을까? 새로운 수도에서 새로운 始祖神格이 요청되었다고 추단하고자 한다. 이상과 같은 이유로 하여 필자는 高登神格의 출현이 서기 6세기 중엽이라고 추정한다.

高登神이 사서에서 확인되는 것은 《周書》이다. 그에 수록된 사료가 담고 있는 시기는 따라서 서기 6세기경으로 판단된다. 그러므로 朱蒙이 日神으로 결정되어 高登神이라는 칭호로 지칭된 것은 늦어도 서기 6세기의 일일 것이다.

2) 高登神宮과 九梯宮

九梯宮과 麒麟窟 전승에서 주목되는 것은 과연 그러한 설화가 고구려 당대에도 존재한 것이냐 아니냐 하는 점이다. 고구려에서 주몽에 대한 제사로서 검토

할 수 있는 것은 東盟제, 始祖廟 제사, 高登神廟 제사 등이 있다. 우선 이들과 비교 검토해 볼 필요가 있다. 東盟제가 먼저 주목되지만 주지하다시피 동맹제와 주몽은 직접 연관이 없다. 동맹제는 天神에 대한 제향이었기 때문이다. 본질적으로는 東盟제는 夫餘 東明王에 대한 祭禮에서 연유한 것이었다.[84] 서로 상관이 없다. 나아가서 주몽은 시조였지만 사서에 나타나는 始祖廟 제사와 연결되지도 않는다고 여겨진다. 시조묘는 高씨 시조 再思를 奉祀하고 있었기 때문이다.[85] 주몽은 본래 高씨가 아니었다.[86] 주몽이 高씨라고 인정된 것은 시조묘 제례가 公行되고 난 서기 2세기보다 한참 후의 일인 듯하다. 평양시기에 와서 高씨 왕실의 시조가 되면서 系譜의 接木도 일어나고 神統의 정리도 있었던 것이다. 나중에 高씨로 편입된 주몽이 시조묘의 원래 主神을 물리치고 本尊으로 영입되었다고 하기는 힘들다. 이 외에 朱蒙에 대한 社廟로서 확인할 수 있는 것은 《周書》 등지에 나타나는 '高登神廟'뿐이다. 한편 국내 자료로서 朱蒙 祠堂이라고 할 수 있는 것은 九梯宮 – 麒麟窟 뿐이다. 그러면 논리적으로 麒麟窟 내지 九梯宮이 高登神廟일 가능성이 가장 크다고 할 수 있다.

음운상으로 高登神宮은 후대에 와전되어 가면서 '九梯宮'으로 번안된 듯하다. '高登'에서 끝의 받침이 탈락하면 '高知(디)'[87]/ '高梯/ '高帝'가 될 것이고 '고디'와 '九梯'는 넘나드는 소리이기 때문이다. 《新增東國輿地勝覽》에는 고려 시대에 '仇池(디)穴'이라는 표기가 있었음을 전하고 있다. '九梯'가 유일무이한 표기가 아니라는 것이다. 鄭璟喜씨는 九都, 仇台, 九梯, 仇池 등이 알타이어계 종족에서 공통적으로 나타나는 天神, 大神 Kutai의 이름과 일치함을 지적하였다. 백제에서 확인되는 仇台廟는 宗族 大神, 祖上神의 神宮일 것이다. 고구려에서도 그러한 神廟의 존재는 인정할 수 있는 것이고 평양에 남아 있는 九梯神宮은 그 흔적이라고 인정된다. 실제로 고구려 시대에도 九梯宮이 백제처럼 '仇台 神宮'에 유사한 명칭으로

---

84) 졸고, 2000, 〈高句麗 東明王廟의 成立 過程〉, 《한국고대사연구》18호, 본서 수록.
85) 졸고, 〈高句麗의 始祖廟에 내하여〉, 본서 수록.
86) 졸고, 1999 〈高句麗 桂婁部의 王室 交替에 대하여〉, 《한국상고사학보》30호, 본서 수록.
87) 주지하다시피 평안 방언에서 '지'는 '디'로 발음된다. '고둥'이 '고디', '고드' 등으로 상통한 듯하다.

호칭되었을 가능성도 부인할 수 없다. 만일 그러한 추정이 허용된다면 '高登神廟'와 '九梯宮'의 一致는 더욱 강화되는 것이다.

현재에는 永明寺 경역 안에 둘 다 위치하고 있다. 양자는 별도의 신격을 모신 것도 아니고 다른 신화적 구조에 소속되는 것도 아닌 듯하다. 그러한 두 개의 聖所가 한 祭場으로 수렴되는 것은 자연스러운 일이다. 九梯宮과 麒麟窟은 매우 가깝게 相接하고 있어서 고대에도 하나의 祠宇 안에 포함되고 있었을 것이다. 그러므로 현재의 九梯宮 구조는 고구려 시대의 神廟의 원형을 가장 충실하게 반영하고 있는 것이다. 九梯宮이 高登神廟라는 추정이 허용될 수 있다면 구조면에서도 고대 神宮에서 원형을 찾을 수 있다고 고찰된다. 高登神廟 시기에도 神宮內에 麒麟窟이 있었다고 판단된다.

6. 結論

평양 지방에는 고구려 역사에 관한 전승이 많이 남아 있다. 본고에서는 기린굴, 조천석에 대한 전설을 정리하고 그 의미를 추적하였다. 이상에서 논의된 것을 요약하여 두고자 한다.

전설에 의하면 주몽은 기린굴에서 지하를 통하여 조천석으로 이동하였다. 그리고 그 곳에서 하늘로 올라간 것이다. 승천한 뒤에 서방에 위치한 보통강에 걸린 通漢橋로 하강하였다고 한다. 승천한 주몽은 통한교 다리로 강림하였다. 말하자면 '天降'이다. 그 곳에서 평소에 진좌하던 九梯宮으로 이송되었다. 지중을 왕래한 위에다 天界 上下로 승강하고 있는 것이다. 地中 - 水上 - 天界에로의 운행이다. 하늘에서 하강한 다음에는 본래의 신좌로 환원하는 것이다.

기린마 전승은 고대의 馬 숭배에 대한 좋은 자료이다. 전국 각지에는 동굴 속에 거처하는 신마에 대한 전설이 무수히 산견된다. 통설대로 麒麟馬의 '麒麟'은 중국의 神馬 이름 '駏驉'와 관계된 듯하다. 《三國史記》에는 고구려의 신마로서 '駏驉'가 유명하다. '駏驉'나 '駏驦' 등이 동일한 기원이라고 판단된다. 그밖에 《三國史記》에는 평양성 지척에 신마에 관한 전승이 있었던 흔적이 확인된다. '驊川'이라는 하천 이름이 그것이다. '驊'은 '驊騮'라고도 하는데 고대 북방에서 생산되던 얼룩말 이름이다. 푸른색과 흰색이 얼룩져 있는 말이라고 한다. 가히 '麒麟'과 같은 얼룩진 모양임을 짐작하기 어렵지 않다. 나아가서 주몽 역시 牧者로서 고구려사 초기에 나타나는 高句驪侯 '騶'도 그러한 牧人의 별칭이었다고 고찰된다. 자료를 검토해 본 결과 초기 官名 '皁衣'도 역시 牧人을 지칭하는 어휘임이 분명해졌다. 고구려에 있어서의 馬 숭배가 다양하게 표출되고 있음을 알 수 있다.

퉁구스족에 있어서 말은 태양의 化身이다. 그래서 태양을 '日馬(sun-morin)'라고 부른다. 神馬와 태양의 관계가 주목되어지는 것이다. 태양은 동쪽에서 떠올라 서쪽으로 저문다. 그런데 최근 중국 고고학의 성과에 의하면 서방으로 하락한 태양이 다시 그 다음날 동방에서 상승하는 것에 대하여 고대인들은 다음과 같은 관념을 갖고 있었다. 지하는 커다란 공간이 있어서 그 곳을 통과하여야 동방으로 갈 수 있다. 그 지하계 가운데에는 어두움의 바다가 자리잡고 있다. 神馬나 자라, 거북, 용 등이 그 바다를 건너는 데에 이용된다. 태양은 그렇게 동쪽으로 이동하여 다음날 日出로 이어지는 것이다. 이와 같은 태양 運行의 신화는 고구려 사회에서도 유사한 구조를 갖고 있었던 듯하다.

기린굴에서 동방 대동강 중의 조천석으로 이동하는 데에 기린마가 승용 동물로 사용되고 있다. 기린굴에서 조천석으로 이어지는 공간은 따라서 地下의 世界이다. 조천석에서 승천한 麒麟馬는 하늘을 다니다가 서방에서 하강하였다. 日沒인 것이다. 그곳에는 通漢橋라는 다리가 있어서 天降橋라고도 불리었다. 天降한 日神은 평소의 神坐인 九梯宮으로 운송되었다. 그러다가 다시 제의의 시작과 아울러 기린굴로 운반된 것이다. 여기서 神馬 麒麟馬는 日神의 運航에 승용으로 이용된 동물임이 분명하다. 말 자신이 태양이라고 생각할 수도 있겠으나 전설속에 朱蒙이 麒麟馬를 乘駕하고 다닌 것이 명기되어 있다. 따라서 기린마는 日神의

乘用 동물이다. 그리고 그를 타고 지하와 수중 – 천상 – 지상을 왕래하는 朱蒙은 太陽 그 자체였던 것이다.

고구려 말기에 日神을 제사한 것은 사서에 명시되어 있다. 그러나 그 실상이 잘 알려지지 않고 있었다. 기린굴에 살던 기린마는 日神을 실어 나르던 동물이었다. 기린마를 타고 다니던 주몽은 太陽神이었다. 주몽은 6세기 이후에 高登神으로 추앙되었다. 여기서 나타나는 '高登'이라는 신 이름은 승천하는 旭日의 행적을 적절히 표현한 용어라고 할 수 있다. 九梯宮은 따라서 고구려 시대에 高登神廟가 있던 자리일 것이다. 고등신묘는 전국 각지에 설치되어 체계적인 신앙 조직을 갖고 있었다고 고찰된다.

4절 高句麗 神廟에 대하여

머리말

고구려에는 두 개의 神廟가 있었다고 전한다. 하나는 夫餘神廟로서 夫餘神을 모시고 있었고 다른 하나는 高登(등高)神廟라고 하였다. 河伯女神과 朱蒙이 봉안된 것으로 되어 있다. 일종의 母子神廟 체제인 셈이다. 고구려에서의 母子神 신앙에 대해서는 三品彰英의 업적으로 그 一端이 구명되어 있다.[1] 母子神格의 유행과 본질을 분명히 이해하기 위해서는 그 形成과 發展에 대한 검토가 필요하다.

기록에 보면 神廟는 시조 당대에 건립되었다. 본래 시조의 모친인 柳花부인을 모시기 위해 출현한 것이다. 그런데 종래 학자들은 신묘가 건설된 위치가 대개 동부여 수도라고 이해한 듯하다. 그에 따라 고구려 대왕이 동부여에 설치된 神社에 왕래하여 참배한 듯이 상상하여 온 것이다. 고구려가 동부여를 멸망시킨 것이 전승대로 대무신왕 대의 일이라면 그 사이의 시조~유리 양 왕대에 고구려왕은 동부여에 참배한 것이 될 것이다. 필자는 반드시 이러한 것이 史實이라고 느껴지지 않는다. 그 후 太后廟라는 사당이 나타나고 있으므로 통설에서 神廟와 太后廟는 같은 것으로 간주해 왔다. 이에 대하여 최근 태후모를 國祖王母 사당이라고 주장하는 견해가 대두되었다.[2] 主神까지 본격적인 논쟁의 와중에 휩싸인 것이다. 다시 신격을 정리할 필요성이 생긴 것이다.

母子神格의 다른 한 축인 高登神에 대하여 학계에서는 주신이 朱蒙이라고 인정하는 외에 별다른 진전이 없었다. 사료에 보면 주몽의 사당은 고구려 전국에 걸

---

1) 三品彰英 논문집,《古代祭政と穀靈信仰》, 평범사.
2) 이종태, 1996,《三國時代의 '始祖' 認識과 그 變遷》, 국민대 박사논문.

쳐 건립되어 있었다. 주몽에 대한 숭배는《三國志》시기에는 확인되지 않고 서기 5세기 이후에 본격화된 것으로 알려져 있다.3) 고등신묘가 설립되어 있었다면 언제부터 건립되기 시작한 것인지 그리고 어느 곳에, 어떠한 형식으로 설치된 것인지 궁금하다. 高登이라는 神名도 무슨 의미인지 음미해 볼 필요가 있다.

고구려 祀典에 대한 이해는 神廟에 대한 검토부터 시작하여야 할 것이다. 본고는 그 첫 시추 작업이다.

1. 神廟의 形成

1) '神廟'의 建立 始末

동부여에서 柳花 태후가 사망한 후에 신묘가 성립된다.《삼국사기》에 다음과 같이 나타난다.

> 秋八月 王母柳花 薨於東扶餘 其王金蛙 以太后禮葬之 遂立神廟 冬十月 遣使扶餘 饋方物以報其德4)

이 기사에 보이는 神廟를 종래 유화부인이 사망한 지역인 동부여에 건립한 것으로 이해하여 온 것이 첫번째 잘못이다. 그리하여 동부여에서 유화부인을 신묘에 모셨을 리는 없을 것이므로 위와 같은 내용은 '고구려의 희망이 섞인'5)

---

3) 노태돈, 1993,〈朱蒙의 出自傳承과 桂婁部의 起源〉,《韓國古代史論叢》5호.
4) 삼국사기 고구려 본기 주몽왕 14년 조.
5) 정상수웅, 1978,《古代朝鮮史序說》, 녕락사, 111쪽. 여기서 그는 '神廟'가 동부여에서 부른 호칭이 아니라 고구려에서 지칭한 것이라고 하였다. 동부여에 세워진 사당에 대하여 동부여인들이 유화부인을

기사라고까지 오해하게 되었던 것이다. 즉 고구려에서는 동부여가 王母인 유화부인을 위하여 신묘를 세워 제사지내 주었으면 하는 희망을 갖고 있었기에 위와 같이 서술하였다는 것이다. 그러한 관찰은 일면은 옳고 다른 한 면으로는 옳다고 할 수 없다. 우선 동부여에서 유화부인을 神으로 공경하여 신묘를 세우지 않았을 것이라는 전제는 분명 타당하다. 동부여 왕이 특별히 禮遇를 하여 太后禮[6]로 장례시켜 준 것은 사실일 수 있으나 아무리 신분이 높다고 하여도 금와왕의 次妃에 불과하였을 유화를 동부여에서 신으로 경배하였을 리는 없다. 柳花를 母神 내지 太后神으로 숭배한 사람들은 고구려인들일 수밖에 없다. 이 점을 분명히 한다면 다른 불필요한 오해를 불식시킬 수 있는 것이다.

위의 문장에서 神廟를 세웠다고 하였는데 그 세운 지점을 본문에서 명기하지 않아서 혼동이 초래되었으나 神廟에 모시고 추앙할 사람들이 고구려 사람들뿐이라는 점을 숙지하고 있다면 그 신묘가 고구려 경내에 건립되었을 것은 자명한 사항이 되고 만다. 특히 신묘 건립 기사 바로 앞에 '遂'(마침내)라고 하여 신묘 창건에 있어서 여러 가지 신비한 과정들이 전승되어 오던 것인데, 설화적인 내용인 까닭에 김부식 등이 삭제하였을 가능성이 엿보인다는 점도 참고가 된다. 신묘 창건 설화의 원형은 사당을 건립하기 전에 태후가 주몽왕에게 현몽하였다든지[7] 日者에게 계시를 주었다든지[8] 하는 등의 형태가 상정될 수 있다. 비교를 위하여 廟宇 건립을 서술하고 있는 다른 일례를 들어본다. 유리왕의 태자였던 解明이 사망한 뒤에도 葬地에 廟宇를 세우고 있는데 그에 대하

신으로 숭배하지는 않았을 것이므로 고구려인들만이 '神廟'라고 불렀을 것이라는 이야기이다. 신묘를 동부여에 건립한 것으로 이해하는 이상 그러한 추정이 나올 수밖에 없는 것은 이상할 것 없다.
6) 전승에 의하면 금와왕은 유화부인을 궁중으로 받아들여서 女司祭 내지 次妃로 봉양한 듯하다. 따라서 금와왕이 유화부인에게 '太后(母后)禮'를 취하는 것은 상식에 어긋나는 일이다. 이 점에서 고구려 측의 전승 과정 도중 '太后'라는 표현이 분식되었을 가능성이 있어 보인다. 유화부인을 太后라고 할 수 있는 사람은 고구려인들뿐이기 때문이다. 그렇다고 하여도 고구려측의 희망적인 기사라고까지 폄하할 이유는 되지 못한다.
7) 국조왕이나 차대왕에게 꿈 속에 신의 의사가 전달되고 있었던 사실이 기록에 남아 있다. 일일이 사례를 들지 않더라도 꿈에 부모가 나타난다던지 하는 설화소는 고대 전승에 무수히 있었던 것이다.
8) 부여왕 해부루의 재상 아란불의 꿈에 천제가 스스로의 의사를 밝히고 있는 예는 좋은 참고가 된다.

여 본기에서는

> 太子의 禮로써 東原에 장사지내다. '廟'를 세우다. 그 땅을 '槍原'이라고 부르다.
> 以太子禮葬於東原 立廟 號其地爲槍原.

라고 하여 '立廟' 앞에 군더더기인 '遂'자가 없다. '遂'자가 간단히 삽입된 것이 아님을 통찰할 필요가 있는 것이다. 아마도 유구한 전승 도중에 史家들이 일차 설화적인 줄거리를 간단히 줄여서

> 遂 王立神廟 於卒本

이라고 하였거나 아니면 수삼차의 삭제 과정을 거쳐서 끝의 '於卒本'이나 앞의 主語인 '王'도 생략하여 버린 것이 현전 고구려 본기일 것이다. 사실 神廟를 세운 것이 고구려 왕일 것임은 당대인으로서는 당연한 일이었으므로 자칫 산만한 문장으로 비추어질 수도 있었을 것이다. 끝의 '於卒本' 석 자도 당대인(또는 高麗人)의 생각으로는 당시 주몽왕의 도읍지를 卒本이라고 시조왕 즉위 전기에서 명기해 놓은 이상 굳이 부연할 필요를 느끼지 못한 것 같다. 그러나 그 석 자가 삭제되어버린 까닭에 종래 많은 학자들이 柳花부인의 神廟가 동부여에 건립된 것으로 곡해하게 된 것은 역사 서술에 있어서 儒學者流의 簡潔體 위주의 필법이 얼마나 위험한 일인가를 잘 보여주는 사례라고 할 것이다.

다시 한 번 언명하거니와 柳花부인 神廟는 그 신이 경배되고 있었던 고구려의 지역에, 그것도 수도인 졸본에 창설된 것이다. 따라서 당연히 柳花부인의 능묘는 동부여에 있고 사당은 졸본에 건설되게 되었다. 고구려 왕족은 스스로를 河伯의 후손이라고 항상 널리 자랑하였던 것인데 그 정신적인 토대가 이 주몽왕대에 졸본 수도에서 확립된 것이다.

2) 東扶餘聖母 說에 대한 批判

三品彰英은 神廟가 동부여에 세워진 것으로 파악하고 10월에 고구려가 동부여에 사신을 파견한 것을 근거로 하여 동부여에서의 聖母祝祭를 상정한 바 있다.9) 그러나 필자의 관견으로는 이것은 무리한 사료 이해이다. 먼저 신묘가 성립된 곳은 동부여가 아니고 고구려, 특히 당시 수도였던 졸본이었다. 그리고 하백에 대한 신앙이 동부여에서 확인되지 않고 있으므로 동부여에서 河伯女를 기리는 신묘가 건설되었다는 것은 그 자체로서 논리에 맞지 않는다. 河伯女가 동부여에서 次妃적인 위상을 갖고 있었던 것만 인정할 수 있을 뿐이다.

다음 10월 조에 보이는 기사에 대해서도 정확한 사료 해독이 요청된다. 우선 10월이라는 月令으로 보아서 고구려는 전통적인 10월제 기간이었다고 추정할 수 있다. 고구려가 특산물을 보내어 '饋'하였다는 표현이 유념된다. '饋'자는 보통 '군대를 먹이다' 라는 뜻으로 사용되고 있으나 字典에 보면 '물건을 어른에게 올리다(進物於尊者)'라는 뜻과 '祭祀 이름'이라는 중요한 의미가 있어서 '饋食'은 '제사 때 익힌 음식을 바치는 일'이며, '饋奠'은 '祭物을 갖추어 神에게 제사하는 일, 또는 그 제물'이고, '饋獻'은 '옛날 祭禮의 하나'라고 한다. 다시 말해서 '饋'자는 祭儀를 행한다는 의미를 가진 동사인 것이다. 그러므로 '方物을 饋하다'라는 본문의 原義는 '특산물을 바쳐 제사하다'라는 뜻이 된다. 고구려왕이 10월제 기간에 동부여의 모친 묘지로 사자를 보내어 제물을 올리고 제향한 것을 그렇게 기록한 것이다.

그 점은 뒤에 '以報其德'이라는 설명이 부가되어 있는 것으로도 충분히 짐작할 수 있다. 이 구절을 일부에서 동부여 금와왕이 양육해 준 은덕을 기린 것이라고 해석하는 경우가 있다.10) 온당하지 못한 해석이라 아니할 수 없다. 첫째, 고구려 왕이 동부여 왕에게 臣屬하여 方物을 진상하였다면 문장에서 사용된 動

---

9) 三品彰英 논문집 권 5,《古代祭政と 穀靈信仰》, 평범사, 168쪽.
10) 정상수웅, 1978.

詞가 '饋'가 아니라 '獻'이 되어야 옳다. '獻方物'이라는 숙어는 고래로 그러한 의미로 널리 사용되었다. 둘째, 고구려가 10월에 동부여 왕에게 조공하였다면 동부여에서 10월제의 존재를 가정하여야 하는데 그러한 근거는 實見하지 못하였다. 오히려 고구려에서의 10월제는 확실한 추정이 가능하다. 따라서 위의 기사는 고구려가 국가적인 축제 기간인 10월에 薨去한 先祖의 분묘에 치제하려고 사자를 보낸 것으로 보아야 한다. 셋째, 과연 동부여와 고구려는 조공 관계에 있었는가 하는 질문에 대해서도 대답은 부정적이다. 유리왕 28년 왕은 부여로부터 事大하라는 굴욕적인 강요를 받았으나 왕자 無恤을 중심으로 하는 對扶餘 强硬派가 대세를 장악함에 따라서 事大하지 않았다. 그리고 몇 년 뒤인 대무신왕 5년에는 마침내 부여 정벌에 성공하게 되는 것이다. 넷째, 고구려 왕이 동부여 왕에게 양육의 은덕을 보답하였다는 것은 개인 차원에서 있을 수 있는 일이지만 國家元首가 국가의 공식 사절을 보내어 그러한 외교 행위를 한다는 것은 언어도단이다. 이 구절은 고구려 왕이 모친 柳花부인의 분묘에 제사하고 그(王母)의 恩德을 기렸다고 보는 것이 마땅하다.

이상과 같은 견지에서 柳花聖母제가 동부여에서 10월에 거행되었다고 하는 의견에는 찬동하기 어렵다.

2. 神廟의 發展

1) 國祖王母설 批判

태조대왕 대의 太后廟에 대하여 통설에서는 유화부인묘라고 인식하고 있었으나 최근 그것은 다름 아닌 국조왕의 태후를 모시는 廟宇라는 견해가 제출되어 논란이 되고 있다.[11] 먼저 국조왕 대의 태후묘의 주신이 王母라고 한다면 다음

과 같은 문제점이 생긴다. 태조대왕 본기 69년 조에

　　冬十月 王幸扶餘 祀太后廟 存問百姓窮困者 賜物有差 肅愼使來 獻紫狐裘,及白鷹,白馬
　　王宴勞以遣之 十一月 王至自扶餘 王以遂成統軍國事

라고 보인다.
　첫째, 이 때의 태후묘 제향은 10월에 이루어지고 있다. 10월은 고구려에서 국가적인 경축 기간이다. 그래서 인접국인 肅愼에서도 사자를 보내어 특산물을 진상하고 있는 것이다. 국가적인 행사라는 사실이 위의 기사에는 명시되고 있다. 태조대왕의 왕권이 아무리 막강하였다고 하더라도[12] 그 왕모에 대한 제례가 제천 대회와도 같은 국가적인 차원으로까지 승격되었다고 보기에는 난점이 있다.
　다음으로 국조왕의 효성이 아무리 지극하였다고 하더라도 외국에서 그 제사에까지 성의를 표하여야 했을까? 당시는 孝道라는 덕목이 중요시되는 사회도 아니었다. 紫狐裘나 白鷹, 白馬 등은 당시로서는 매우 귀중한 선물이었다고 보여진다. 이것들은 고구려의 國慶大會였던 동명제 동안에 고구려 왕에게 헌상되었다고 보는 것이 더 자연스럽다.
　셋째, 부여로 순행하여 그 지방의 백성들에게 위무를 하고 진휼을 하는 행위는 후대 고구려 대왕들의 시조묘 순행에 따르는 순무 작업과 매우 흡사하다. 여기서도 太后廟가 국조왕 개인의 모태후가 아님을 알 수 있다.
　넷째, 태후묘 제향이 끝난 뒤에 태조대왕이 국가의 대권을 동생인 수성에게 할양하고 있다. 이러한 통치권 행사가 고대 사회에서 조상신 참례에 뒤따르거나 동반하였다는 것을 우리는 잘 알고 있다. 이 점도 태후묘 제의가 단순한 親廟 제사에 그치지 않는 것임을 시사해 준다.

---

11) 이종태, 1990, 〈高句麗 太祖土系의 登場과 牟蒙國祖意識의 成立〉,《北岳史論》2호, 89쪽.
12) 이종태 씨의 견해를 그대로 따르더라도 태조대왕은 연나부 세력에 의지하여 왕위에 등극한 취약한 존재였다.

백보를 양보하여 태조대왕이 연나부 출신의 국모에게 치제하기 위하여 왕모의 출신 지역인 부여 지방을 방문하였다고 하여도 왜 사기 본문에서 있는 그대로 '王幸椽那部'라고 하지 않았는지 설명이 궁색해진다. 당시 연나부는 那部 체제에 편입되어 가고 있었다.13) 연나부는 당시 고구려의 핵심을 구성하고 있던 단위 정치체였다. 그러한 고구려의 중심 세력을 '扶餘'라는 이질적인 표현으로 기술했다는 것은 이해되지 않는다. 국모 출신부를 연나부라고 편입하지 않고서 '扶餘'라는 특정 행정 구역으로 설정하였을 가능성도 미미해 보인다. 태조대왕의 즉위 전기에서 왕모를 설명하면서 '母太后扶餘人也'라고 표현한 것도 어색하다. 연나부 세력에 의하여 왕위에 올랐고 왕모도 연나부 출신이라면 자연스럽게 '母太后椽那部人也'라고 하는 것이 옳을 것이다. 부여에서 기원한 연나부인들은 고구려왕이 絡씨라는 성을 하사하여 주었다고 한다. 왕모가 연나부 출신이고 그들이 집권 세력이었다면 당당하게 '絡'씨라고 밝힐 수 있는 상황이 아니었을까? 따라서 태조대왕 본기에 나타나는 '扶餘'를 연나부로 해석하는 것은 매우 위험하다.

이종태 씨의 논지에서 문제가 되는 것은 연나부 絡씨 세력의 존재를 과대 평가한 나머지 연나부 전체를 동부여 기원으로 파악하고 있다는 점이다. 주로 중국 학자들이 이러한 견해를 취하고 있는데14) 연나부는 분명히 동부여 왕족 집단이 이주되기 이전부터 엄존하고 있었다. 나아가서 연나부에는 絡씨 이외에 明臨씨, 于씨, 椽씨 등이 있었다. 왕비족으로서 또는 호족으로서 대대로 막강한 권력을 행사하고 있던 것으로 되어 있다. 絡씨보다 다른 씨족들의 활동이 현저하다. 絡씨가 왕비족이라는 점은 전연 문헌의 방증이 없는 가설이다. 국조왕의 모계가 연나부, 특히 그 중에서도 絡씨를 중심으로 하는 (東)扶餘 遺民 세력이었다면 그들의 활동이 사기에 한 줄이라도 비치는 것이 타당하다. 본기에 연나부

---

13) 여호규, 1992, 〈高句麗初期 那部體制의 成立과 運營〉, 《韓國史論》27호.
임기환, 1995, 《高句麗集權體制 成立過程의 硏究》, 경희대 박사논문.
김현숙, 1994, 〈高句麗의 解氏王과 高氏王〉, 《大丘史學》47호.
금경숙, 1994, 〈高句麗 初期의 中央政治構造〉, 《韓國史硏究》86호.
14) 周向永, 1994, 〈'絡氏'考〉, 《遼海文物學刊》1994년 2기.

는 그림자도 안 비치고 沸流那部나 貫那部, 桓那部 출신 인사들만 기록에 나타나는 것을 失傳이라거나 문헌의 소루라고 주장하는 것은 문헌 사학적인 자세라고 보기 어렵다.

'부여'가 '東扶餘'일 경우 다음과 같은 사실들도 설명하기 어렵다. 첫째, 태조대왕 모태후가 통치하던 수도를 버리고 동부여로 귀향하여 거기서 사망하였다고 보아야 한다. 둘째, 태후는 새로운 왕실의 수호신으로서 수도에서 숭배받는 것이 상식적이다. 柳花부인이 사망한 뒤에 神廟를 卒本에 건립한 사실과 비교해 보면 알 수 있다. 歸還이 격에 맞지 않는다. 셋째, 똑같은 위상에 있었던 유리왕모 禮씨는 왜 사당 치제 기록이 남지 않았는지 궁금해진다. 태후묘가 유리왕묘 사당일 가능성까지 제기되는 것이다. 넷째, '東扶餘'는 광개토왕릉비에서도 종속국적인 위치로 평가되고 있다. 태후 母神의 출신지라고 인정하기에는 무리라고 느껴진다.

神廟에 대한 치제는 동명성왕 14년 건립된 이후로 매년 10월에 거행되었을 것이다. 수도에 건설된 이상 유리왕 초기까지는 수도 졸본에서 거행되었을 것이다. 그러나 유리왕이 국내 위나암성으로 천도한 뒤 역대 제왕들이 졸본으로 순행하여 치제한 듯하다. 태조대왕의 졸본부여로의 순행과 제향은 그러한 사례가 모처럼 기록에 남아 전하는 것으로 고찰된다.

2) '神廟'로부터 太后廟로

유리왕 대에 국내 위나암성으로 천도한 뒤로는 졸본은 한동안 그 지방이 졸본부여였음으로 인하여 '扶餘'라고도 불리운 것 같다. 천도한 뒤에 古都인 졸본 지방은 왕실의 직할지로서 관리되고 있었을 것이다. 桂婁部에 관할되었다고도 추측할 수 있다. 차차 졸본 지방이 卒本扶餘의 故地라는 것이 강조되면서 舊都 일대는 '扶餘'라고 일반적으로 호칭된 것 같다. 그러한 관념은 왕실의 기원이 扶餘 계통이라는 사실에서 유래한 듯하다. 그리하여 '東夷舊語 以爲夫餘別種'이라고 하여 왕실의 부여 기원 설화가 외국인에게도 표방되게 된 것이다. 신묘가 부여에 위치하였음으로 해서 나중에는 신묘의 명칭 자체도 '扶餘神廟'라고 발전하게 된다. 그러므로 태조대왕 본기에 나타나는 扶餘는 졸본부여이며 太后廟는 주몽왕 대에 졸본 수도에 건립된 太后神廟, 즉 柳花부인 神廟라고 고찰된다.

　'神廟'의 원래 명칭이 무엇이었는지 현재로서는 가늠하기 어렵다. 태후의 이름이 후대에까지 전래하는 것으로 미루어 신묘에도 '柳花'라는 개인명이 붙여졌을 수도 있을 것이다. 아니면 유화부인의 출신지인 '靑河' 지명을 붙였을 것도 추정해 볼 수 있고 '太后神廟'였을 가능성도 높아 보인다. 太后神廟는 줄여서 太后廟라고도 한 듯하다. 그냥 '神廟'라고 기록되어 있는 것이 더욱 原形을 간직한 것으로도 이해된다. 이럴 경우 중국 주나라의 시조모를 모신 '神宮'에 정확히 일치한다. 명칭(神宮 = 神廟)은 물론 主神의 성격도 일치하는 셈이다. 일본에 남아 있는 最高의 신궁 伊勢神宮에 모셔진 天神도 女神임은 주지하는 바라고 하겠다. 神功을 모시는 사당이 '香椎宮', '香椎廟' 또는 '大帶姬廟神社'라고도 불리고 있어서 그러한 흔적을 남기고 있다. 고구려에서는 神廟라고 나타나고 신라와 일본에서는 神宮이라고 하는데 본래는 같은 기능을 가진 것이다. 고구려에서 처음으로 건립된 '神廟'가 太后廟와 연결된다는 점에서나 '神廟', '神宮'의 本義로 보나 女神을 봉안한 것이었음을 어렵지 않게 알 수 있다.15)

　神廟는 河伯女神을 제향하는 묘우이니만큼 아마도 河川 가에 조성되었을 것이다. 神女의 이름이 柳花이니 사당 주위에 버드나무가 있었을 법도 하다. 우리나라나 만주 풍경에 하천 가에는 항상 버드나무가 많이 자라는 것은 그러한 신화적 내역과 무관하지 않을 것이다. 고래로 버드나무가 무속 신앙에서 중요한 몫을 하고 만주 샤머니즘에서도 버들가지를 꼽는 의식이 남아 있으며 몽골에서도 신성한 구역인 '오보'에 세우는 나무로서 버드나무가 애용되고 있다고 한다.

---

15) 본디 '神廟'라는 단어는 중국에서 주나라의 國母인 姜嫄女神을 모시기 위하여 성립된 것이다. 처음에는 '神宮'이라고 하였다가 후에는 '神廟'나 '神宮' 양자가 병용되었다. 이러한 사실은 신라에서 건립된 '奈乙神宮'의 주신을 추정하는 데에 있어서도 커다란 참고가 된다. 그 작업은 타일로 미루기로 한다. 실제로 神宮에는 혁거세와 알영의 이른바 '二聖'이 봉제되었다는 주장도 나오고 있다.(이종태, 1996, 140쪽.)

신대왕 대에 졸본에 始祖廟가 성립된다. 이에 대해서는 별고로 정리할 예정이거니와16) 결론만 적기하자면 주몽 사당은 아니라고 고찰된다. 왜냐하면 주몽 숭배는 아무리 빨라도 서기 4세기 이후의 事象이기 때문이다. 주몽이 시조로 추앙되기 시작한 것은 4세기 후엽 고국양왕이 종묘를 수리한 뒤의 일일 것이다. 그 때부터 고조된 朱蒙-鄒牟 숭배 사조는 5세기 초에 건립된 광개토왕릉비에 잘 나타나 있다. 나아가서 神廟가 始祖廟와 어떻게 구별되는지 중요하다. 먼저 신묘는 매년 10월에 치제하였으나 시조묘는 2월이나 4월에 제사하였다. 신묘는 태후묘로서 여성신을 모시고 있었으나 시조묘는 남성 시조를 제사하였다. 따라서 신묘는 신격을 대상으로 하고 있으나 시조묘는 인격체를 대상으로 한 점이 다르다. 그리고 수도의 변천에 따라서 신묘는 평양으로 남하하였으나 시조묘는 졸본에 고정되어 이동이 없었다. 신묘는 재래의 隧穴神과 연결될 수 있는 존재였으나 시조묘는 高씨 왕실의 등장 이후에 출현하였다. 이상과 같은 대비에 비추어 신묘와 시조묘는 각각 다른 대상을 모시고 있었다고 고찰된다.

3) 神廟의 南下

평양으로 남하하면서 신묘는 동반 남하한다. 그 動因은 신묘의 地母神格 때문이었을 것이다. 새로운 수도 지역에서 국가를 수호하고 왕실을 安慰할 신격이 시급히 요청되었을 것이다. 그러한 필요성에서 신묘는 평양 천도와 더불어 남하하였을 가능성이 높다. 늦어도 장수왕 대에는 移安되었을 것 같다. 그와 동시에 신묘는 '扶餘神廟'로 정립되게 된다. '扶餘'가 神命으로 붙여진 것은 장수왕 대의 고구려가 扶餘의 정통성을 강조한 것과 유관한 듯하다. 장수왕 대부터 고구려는 東明王 전승과 주몽 전설을 동일화시켜 나갔다. 東明聖王 시호는 이 무렵에 가상된 것이다.17) 東明王廟도 고구려에서 본격적으로 국가 수호신 내지 天神

---

16) 졸고, 〈高句麗의 始祖廟에 대하여〉, 본서 수록.

으로서 봉제된다. 그에 따라 백제에서 東明王廟 祭禮가 쇠퇴하게 된 것은 학자들 사이에 인정되고 있다.[18] 고구려 전승에서 '扶餘'는 東扶餘를 가리킨다. 이렇듯 고구려가 東扶餘 기원설을 제창하고 나서면서 백제에서는 차차 北扶餘 유래를 강조하게 된 듯하다. 현전 백제 시조 전설에 出自를 '北扶餘' 解扶婁로 거명하고 있는 것이 좋은 예라고 하겠다.

그런데 여기서 의문이 드는 것은 평양 천도에 앞선 위나암성 천도나 환도성 천도 때에는 왜 신묘의 移安이나 移奉이 없었나 하는 점일 것이다. 흥미로운 점은 압록강-동가강 유역에서 벗어나면서 신묘가 이봉된다는 사실이다. 위나암성-환도성 등은 그 지역 일원에 위치하고 있었다. 그 일원에서 천도나 이동에 불구하고 신묘는 고정되어 있었다. 이동 사실의 기록이 없는 것이다. 거기서 평양 일대로 남하하는 과정에서 신묘의 이동이 발생한 것이다. 평양 지방으로 이동하면서 地母神格이 동반 이동하였다는 것을 알 수 있다. 이 점은 당시의 平壤이 왕실의 종전 활동 범위를 벗어나는 지역에 위치하였음을 잘 말해 준다. 당대인들에게 있어서 지모신이 관할하는 지역 범위가 상정되고 있었다고 생각해 볼 수도 있는 부분이다.

주목할 점은 동천왕 대에 고구려가 이른바 '平壤'으로 移都하였는데 그 때에도 '廟社', 즉 '宗廟, 神廟와 社稷'의 이동이 기록되고 있다는 점이다.[19] 그 평양이 현재의 평양이건 아니면 集安 지역이건 간에 舊都와의 관계에서 같이 참작할 사실이라고 생각된다. 평양이 지금 평양이라면 당연히 지모신이 이동하였을 것이므로 문제가 없으나 만일 집안 지역이라면 약간의 모색이 필요해지기 때문이다. 만약에 동천왕 대의 평양이 현재 집안 일대라면 우리는 다음과 같은 점을 인정해야 할 것이다. 즉 그 이전에 정도하고 있던 환도성 및 위나암성, 졸본성 등은 집안-압록강 유역과 다른 地區라고 인식되었을 것이다. 다시 말해서 동가강 유역이었을 것이라고 판단된다. 동가강 유역에 수도가 위치하였을 동안에

---

17) 졸고, 2000, 〈高句麗 東明王廟의 成立過程〉, 《韓國古代史硏究》18호, 본서 수록.
18) 노명호, 1981, 〈百濟의 東明神話와 東明廟〉, 《歷史學硏究》10집.
19) '移民 及廟社' (동천왕 20년 조)

는 지모신사의 이동이 없었던 것 같다. 그러나 압록강 유역으로 천도하면서 지모신 사당이 동반－移奉되었다고 보여진다. 이 점 환도성이나 위나암성이 현 집안 일대라고 간주하는 통설에서는 설명이 궁색한 부분이라고 하겠다.

남하한 부여신묘는 현재 평양 동북에 위치한 대성산에 봉안된 듯하다. 최남선의 보고에 의하면 최근세까지도 대성산에는 蕈池(술못)라는 큰 연못이 있었고 그 옆에 '가승당'이라는 당집이 있었다고 한다. 水神을 봉숭하던 神堂이었다고 한다.[20] 물론 그 자리라고 확정할 수는 없겠지만 유력한 후보지라고 간주된다.

3. 高登神廟의 成立

서기 4세기 이후에 성립된 주몽 신격 숭배는 광개토왕－장수왕을 거치면서 평양 지방에서 시조신 신앙으로 만개하였다. 高登神格의 성립은 주몽 신성화 과정에 일치하는 것 같다.

1) '高登'의 語源 問題

고등신묘에 대한 문제는 그것이 어떠한 神名인가를 음운학적으로 비교하여 神格을 추정하는 방법이 채용되어 왔다. 원형을《周書》에 보이는 '登高' 신으로 보고서 몽골어나 투르크어의 tengri, tängri 등과 비교하고 따라서 이 신은 天神이라고 보거나[21] 역시 같은 음성학적인 입장에서 '登高'는 '수리(上, 高)'의 뜻이

---

20)《六堂崔南善全集》권2.
21)《六堂崔南善全集》권1.

니 天神이다[22]라고 결론짓는 형식이다. 최근에 간행된 《勘校 三國史記》에는 '高登'을 주몽의 昇天과 유관한 것으로 풀이하여 진일보한 감이 있다.[23] 그러나 昇天의 의미를 표현하려고 하였다면 '高昇'도 가능하였을 것이고 '升高', '昇遐'도 가능하였을 것이다. 여기서는 분명히 '高'자에 들어 있는 의미에 유념해 보고자 하는 것이다.

종래의 견해에 대하여 두 가지 점이 문제로 지적될 수 있다. 첫째, 음운학적으로 '登高'는 tengri 와 크게 다르다는 것, 둘째, 高登神은 朱蒙이라고 명기되어 있는데 朱蒙과 天神과의 관계가 애매하다는 것이다. 몽골어나 투르크어의 tengri 등을 상고에 한자로 표기한 예로서는 다음과 같은 것들이 있다. 흉노 선우가 天子라고 지칭되었는데 그에 대한 흉노말을 한자로 '撐犁-孤塗'라고 표기한 것, 突厥에서 신성한 산 이름으로서 天山이라는 뜻을 지닌 산 이름을 역시 한자로 '勃-登凝黎('勃'은 接頭辭)'라고 한 것[24]이 많은 참고가 된다. 이들 표기와 登高를 비교해 보면 첫 소리는 '撐' = '登' = '登'으로서 일치하나 두 번째 소리가 '犁' = '凝黎' ≠ '高'로서 다르다. 좀더 부연하면 '撐犁'나 '登凝黎'의 경우에는 두 번째 子音의 첫 소리가 有聲音으로서 영어의 'g'에 대당되는 것이 분명한데 '登高'는 '高'자가 無聲音이자 無氣音으로서 영어의 'k'에 해당하기 때문에 서로 넘나들기 어렵다. 고전적인 이야기지만 東胡의 명칭의 기원에 대하여 그것이 현재의 tungus를 표기한 것이라는 학설이 한때 제기된 적이 있었는데 음운학적으로 성립되기 어려운 까닭에 최근에 와서는 설득력을 잃은 것이 비근한 예가 될 수 있을 것이다. 天君도 따라서 tengri와 함께 고려하기 어렵다. 거기서 한 걸음 더 나아간 '檀君 = tengri' 설 역시 설득력이 없는 것이다. '登高'를 '수리'라고 읽는 주장에 대해서는 전혀 근거가 제시되어 있지 않아 반박할 수 없으나 간단히 말해서 고대어에서 '高'가 '수리'라고 추정될 수는 있으나 '登高'라는 숙어가 그

---

[22] 이병도, 1959, 《韓國史 古代篇》, 진단학회.
[23] 한국정신문화연구원, 1998, 《勘校 三國史記》, 39쪽. 주몽의 승천과 유관하다고 하였다.
[24] 護雅夫, 1967, 《古代 トルコ民族史硏究》I, 산천출판사. '於都斤西 五百里 有山高週出 上無草樹 謂其爲勃登凝黎 夏言地神也'.

러하다고는 말하기 어렵다는 점을 지적해 둔다.

'高登'에 대한 필자의 견해는 다음과 같다. 첫째, 두 개의 신묘가 있는데 다른 한 신묘의 이름은 '夫餘'라고 하여 지명으로 되어 있다. 이것은 '登高'나 '高登'도 지명이거나[25] 아니면 다른 고유명사일 가능성을 시사한다. 나아가서 연구자는 '高登'이라고 訂正한 北史의 견해가 옳다고 본다. 중국 사서에서 주변 민족들에게 대하여 이전에 성립된 사서의 오류를 그대로 승습하는 경우도 있지만 분명한 잘못은 後出하는 사서에서 바로잡는 예가 흔하다. 일례로 위지에 고구려의 5부 중의 하나가 '涓奴部'라고 되어 있는 것을 《後漢書》에서 '消奴部'라고 정정한 것이라던지 서기 2세기 말엽의 倭國의 내전 시기에 대하여 위지 등에서는 막연히 '桓靈之間'이라고 되어 있는 것을 梁書에서 '靈帝光化中'이라고 摘示한 것 같은 것이 좋은 예이다.

'高登'에서 처음의 '高'는 고구려 왕실의 성씨 '高'에 해당하고 '登'은 朱蒙王에게 붙여진 美稱 내지 追諱라고 생각된다. 서기 6세기경 고구려에 인접한 北魏 朝廷에서 그들의 시조 설화를 분식하면서 허다한 시조들의 名字를 '毛', '隣' 등으로 漢字식의 單字 諱로 추중한 것은 고구려에도 일정한 영향을 끼쳤을 것으로 보인다. 필자는 고구려 대왕의 졸본 시조묘에로의 순행이 북위 왕실에게도 파급을 일으켰다고 생각하고 있다. 그 결과 북위 황실에서도 그들 선조의 사당이 있는 대홍안령 북록의 嘎仙洞 石室에 사자를 파견하여 제사를 드리게 된 것이 아닌가 추측까지 하고 있다. 본래 鮮卑족들에게 있어서 조상 숭배가 존재하기는 하였으나 始祖 神格이라는 개념은 익숙하지 않았다고 판단된다. 始祖廟 치제 분야에 한해서는 북위가 고구려의 영향을 깊이 받았다고 보인다. 북위 불교와 고구려 불교와의 밀접한 관계도 장차의 연구 과제이다. 고구려의 佛紀가 북위의 후계 왕조인 北齊에서 기원한 것이라든지 고구려 불상 양식에 대한 북위 불상의 깊은 영향을 고려할 필요가 있다. 지금의 상상 이상으로 고구려와 북위 왕국은

---

25) 조법종, 1995, 〈廣開土王陵碑文에 나타난 守墓制研究〉, 《韓國史의 時代區分》, 한국고대사연구회, 193쪽.

긴밀한 문화적 교류가 있었다고 보는 것이 필자의 기본적인 시각이다.

2) 古將王 傳說

'高登' 표기가 정확하다는 점은 현재 평안도 지방 각지에 고구려 시조 朱蒙에 대한 전설이 유포되어 있는데 그 전승 속에서는 시조왕이 '古將王' 또는 '古庄', '高唐', '高塘' 등으로 나타나고 있는 사실을 미루어서도 짐작할 수 있다. 국내성이라고 전승되어 오는 의주 지방에는 주몽왕이 거처하던 성 이름이 '古將王城', '古庄城'이라고 지칭되고 있다. 日帝《朝鮮寶物遺跡調查報告》에 보면 평안도 일대의 고적과 산성들에 대한 기초적인 답사 결과가 수록되어 있다. 그런데 이 책 義州郡 란을 살펴보면 '古將王城', '古將城', '古庄城' 등 古城들이 실려 있고 모두 고구려 시조왕이나 유리왕이 축조하였다고 되어 있다.

1. 古館면 下端洞에 있는 '古將王城'이 그것이다. 토성이다. 高句麗王이 쌓은 성이라고 한다. 높이 3 자, 폭 2 간, 둘레 약 1000 간이라고 되어 있다.
2. 古津面 古麟州城은 고구려 瑠璃王이 쌓은 것이라고 한다. 그 뒤에 고려 현종 21 년 개축했다고 한다. 높이 1 장 2 자, 폭 2 간, 둘레 약 2500 간이다.
3. 古城면 龍門洞 성터 역시 '古將城', '古庄城'이라고 쓴다. 고구려 시대의 王城으로서 瑠璃王이 古津면 古麟州城부터 이곳에 移都하였다고 한다. 높이 9 자, 폭 8 자, 둘레 약 2000 간이다. 고분은 지름 3 간의 것 2 개가 있는데 안의 1 개는 王陵이라고 전한다. 거의 평탄해져서 높이 약 1 자 가량이다.

여기서 나타나는 '古將王'은 분명히 고구려의 王名이라고 생각된다. 유리왕 이전의 고구려 왕이다. 그 점은 유리왕이 '古將城', '古庄城'으로 이동하여 왔다는 것을 보아서 알 수 있다. '古將', '古庄'은 유리왕 선대의 고구려 왕이라고 하므로 시조왕 朱蒙을 가리키는 것을 쉽게 알 수 있다. 이것이《周書》에 보이는 '高

졺'과 발음이 일치하는 것은 우연이 아니라고 믿어진다.26) 유리왕이 移都하였다는 龍門동 고장성은 사서에서 이야기하는 유리왕의 국내 위나암성 천도에 일치하는 것 같다. 그렇다면 유리왕이 쌓았다는 인주성은 설화 중에 보이는 鶻川 이궁에 비정될 수도 있을 것이다. 유리왕성에 대하여 하단동에 있는 古將王城은 고구려의 古將王이 거처하던 王城일 것이다. 그래서 古將王城이라고 한 것 같다. 이 성은 주몽왕의 거처가 있던 鶻嶺宮城에 일치한다고 볼 수 있다. 古將王, 즉 朱蒙王에 대응될 수 있다.

의주군내 성들이 고구려 왕성이라고 전승되게 된 것은《高麗史》지리지에서부터 나타나기 시작하는 義州 國內城설과 유관한 것임은 물론이거니와 북한의 손영종은 의주 국내성설이 고구려 멸망 후에 성립된 小高句麗國과 관계가 있다고 주장하였다.27) 반드시 손씨의 주장대로라고 받아들여지지는 않지만 필자도 의주가 국내성이라는 전설은 한때 의주 지역에 一團의 고구려 遺民들이 集結, 徙置되었던 것에서 말미암은 것이라고 생각하고 있다. 아마도 그것은 신라 정부에 의한 唐軍 防禦 對策의 하나로서 나타난 듯하며 小高句麗國 자체가 신라의 衛星國이 아니었던가 의심한다.28) 전승 자체가 약간이나마 역사적 사실을 端緖로 하고 있다는 것이다. 의주 지방에는 乙巴素의 무덤이라고 전하는 고분도 존재하고 있으며 성씨 중에서도 獨孤씨는 義州를 본관으로 하고 있어서 在地 세력의 존재를 인정할 수 있는 터이다. 만일 '古將王'이 고구려의 왕, 특히 시조왕이었다면 그는 사서에 전하는 '高登王'이었다고 보는 것이 옳다고 믿는다. 제2 대 유리왕이 그 다음 왕이라고 전설에는 나오고 있어서 시조왕 이외의 다른 왕을 상정하기는 힘들다.

주몽에 대한 설화가 지명 등에 많이 남아 있는 성천에도 가장 높은 봉우리 이름이 '高唐峰', '高塘峰'이라고 하여 같은 유형의 지명을 남기고 있다.29) 최근에

---

26) 평안 방언에서 첫 소리의 'ㅈ'과 'ㄷ'이 서로 넘나들고 특히 'ㄷ'소리로 많이 발음되는 것은 잘 알려진 사실이다. 檀君의 도읍지라는 '藏唐京'은 기록에 따라서는 '唐莊京' 내지 '庄庄坪'으로 보이는데 사투리에서는 그 소리가 같게 나는 까닭이다.
27) 손영종,《고구려사》, 과학백과사전출판사.
28) 자세한 것은 필자가 별도의 논고로 발표할 예정이다.

작성된 성천 지도에 '高唐峰'이 보인다. 《輿地圖書》(783쪽)에는 '高塘峰'이라고 되어 있다. 성천은 고래로 東明王 朱蒙의 古都라고 하며 沸流水, 紇骨山城 등의 지명이 지금도 남아 있다. 시조왕이 건국하였다고 전하는 지방, 그 읍내에서 제일 높은 봉우리 이름에 시조왕의 이름이 붙여졌다는 것은 고대적인 사유로 비추어 본다면 어쩌면 당연한 듯도 여겨진다.

《寧邊邑誌》에 보면 역대의 사적들이 실려 있다. 그에 의하면 고구려 시조 朱蒙의 兒名이 '高將'이라고 한다. 고대사에서 兒名이나 別名, 異稱이 갖는 의미에는 여러 가지가 있다. '高將'이 주몽과 연결되어 나타나는 것은 그럴 만한 연유가 있다고 간주된다. '高將'은 다름 아닌 朱蒙神格을 가리킨다고 여겨진다. 즉 高登인 것이다. 평안도 방언에서는 '高將'과 '高登'은 동일하게 발음되기 때문이다.

3) 高登神廟 體系의 完成

생각컨대 '高登'의 지명이 현재까지 남아 전하는 곳들은 고구려 당대에 高登神廟가 위치하던 곳일 것이다. 성천 지방은 유력한 神廟 소재지로 손꼽힐 만 하며 국내성이라고 전하는 義州도 고구려 당시에 압록강 관문을 지키는 大城일 것이다.30) 고구려 말기까지 大城에 '朱蒙祠' 또는 '朱蒙廟'라고 지칭하는 사당이 설립되어 있었음은 잘 알려진 바이다.

城(*요동)中 有鎧甲 銛矛 有高麗云 前燕時 於天落下 以保祐其城者 高麗大城 皆立朱蒙廟 蓋其先祖 聞兵將至 粉飾美女 進朱蒙爲婦 曰搥牛 以祭之 夷巫鼓舞云 朱蒙大悅 城必克全.31)

---

29) 東潮,《高句麗の歷史と遺跡》, 245쪽.
30) 당나라 군대의 고구려 침략 전쟁 기사 중에는 의주 지방으로 비정할 만한 마땅한 성 이름이 보이지 않는다. 혹은 병자호란 때처럼 침략군이 수비가 막강한 의주 지방을 우회하여 龜州로 직진하는 길을 취하였는지도 모를 일이다.
31)《册府元龜》권 369, 將帥部 攻取 2, 李勣.

책부원귀에 분명히 '高麗大城'에는 모두 '주몽사당'이 설치되어 있다고 하였다. 《翰苑》高麗전에는 褥薩이 임명된 성들이 '大城'이라고 하나 遼東성이 그러한 (褥薩이 부임한) 성이라고 생각되지는 않으므로 《한원》과 《책부원귀》가 말하는 '大城'은 같은 일정한 규준에 따라서 호칭한 것이라고 보기 어렵다. '大城'이라 함은 대개 '大處' 내지 '據點都市'와 같은 의미로 사용된 것으로 헤아려진다. 최근에 수집된 자료이긴 하지만 흑룡강성 鏡泊湖水 연안에는 주몽 관련 설화가 존재한다고 한다.32) 청나라 시조 신화가 주몽 설화와 同工인 것은 주지의 사실이거니와 그 무대는 백두산 북록이다. 백두산에서 한계가 그어지는가 하였더니 경박호 연안까지 파급되고 있음을 본다. 이러한 지역들은 반드시 고구려 당대에 大城이었다고 하기 힘들더라도 지방의 大城을 거점으로 하는 문화권에 포함되던 지역이라고 할 수 있다.

똑같은 내용이 실린 《新舊唐書》에는 '朱蒙廟'가 아니라 '朱蒙祠'라고 하여 '廟'자가 아닌 '祠'자로 轉變되어 있고 기사 내용도 매우 생략되어 있으며 여러 가지 점으로 보아 《책부원귀》에 '朱蒙廟'라고 되어 있는 것이 원형을 남기고 있는 것으로 보여진다. 물론 여기에 나타나는 '朱蒙廟'도 당나라 사람들의 改書인 듯하며 고구려인들이 시조 이름을 그대로 붙여서 神廟를 호칭하였을 리는 만무하므로 《周書》에서처럼 '高登神廟'라고 되어 있었던 것을 唐 史家들이 알기 쉽게 朱蒙廟라고 고쳐 놓은 것이라고 헤아려진다.

고구려에서 이와 같이 고등신묘가 처처에 설치된 것은 아마도 《주서》의 내용이 전하는 시기인 서기 6세기 경이었을 것이다. 수도에 먼저 중심이 되는 신묘가 성립되었을 것이고 차차 중요한 지방 도시들에 分所적인 신묘가 건립된 듯하다. 이러한 국가적인 시조 신앙 체계의 정비는 北魏에서 永明寺를 중심으로 하는 국가 불교의 성립과 유사한 것이다. 나아가서 8세기 일본에서 완성된 율령 제도 하의 國分寺 제도를 연상시킨다. 양자 사이에는 상상 이상으로 밀접한 관계가 있었는지도 모를 일이다. 고구려에서의 위와 같은 시조신 숭배의 완성은

---

32) 이복규, 1996, 〈「朱蒙 神話」의 뜻풀이(I)〉, 한서대 논문집, 162쪽.

왕실 神聖化 작업의 결산이었다.

　시조묘가 高登神廟로 격상되었다는 것은 주몽왕의 神格化를 의미한다. 고구려에서 '神廟'는 柳花와 朱蒙 두 사람에게만 사용되었고 다른 왕족들은 단지 '廟'라고 하여 격을 달리하고 있음을 유의해 볼 필요가 있다. '神'자를 쓰게 되었다는 것은 시조왕이 종교적 인물로 분식되게 된 상황을 의미한다. 현전 고구려 본기에서 주몽왕의 행적에 대하여 여러 가지 신화적인 요소가 삽입되어 있고 그에 따라서 일본 학계를 비롯하여 국내 학자들 사이에서도 주몽왕을 신화적인 존재로 파악하는 경우를 흔히 보게 된다. 그러나 이러한 신화적 現象은 고구려 시조에게 있어서 처음부터 고유한 것이 아니었다. 실존 인물이었던 주몽왕이 시조왕으로서 경배되었던 것이 단초였는데 후기에 가서 국가 수호신으로서 신격화 작업이 일어나게 됨에 따라서 신화적 면모가 가미된 것이다. 주몽 전승의 現狀이 정착된 것이 상당히 여러 단계의 정리 과정을 거친 것임을 인정한다면 高登神廟 성립을 둘러싼 始祖神에로의 격상은 거의 마지막 단계에 해당한다고 할 수 있을 것이다.

　고등신묘나 부여신묘에 대한 中國 使臣들의 제향은 후주 시대에 와서 처음으로 시작된 것 같다. 그 이전의 중국측 왕조였던 北魏나 東魏, 北齊의 시기 견문 기사에서는 전연 나타나지 않던 두 곳의 신묘 기사가 후주 대에 와서 출현하고 있는 것은 신묘가 그 이전에도 존재하였을지도 모르나 적어도 중국 사자가 배알한 것은 후주 시대에서부터임을 증명하여 준다. 직전 왕조인《위서》시대만 하더라도 그러한 신묘가 없어서 사신들이 배례한 적이 없었는데 새로 통교하게 된 後周의 사자에게 고구려측에서 신묘 拜享을 권유하면서 그러한 구체적인 설명과 이해를 제시한 듯하다.

　과연 그러하다면 고구려에서의 시조신 祭禮가 북위말에서 후주 시대에 이르는 사이에 대폭적으로 개편되었다고 보지 않을 수 없다. 대체로 보아서 서기 5세기 중말엽 무렵이라고 생각되는데 신라에서 神宮이 설치된 시기와 거의 일치하고 있다고 할 수 있다.[33] 구당서에도 寺刹과 '神廟' 및 王宮, 官府만이 지붕을 기와로 얹었다고 하여 신묘의 존재를 뚜렷하게 부각시켜 주고 있다. 중국에 있어서 神廟 제도는 주나라 시조의 모친이 모셔진 周原神宮에서 유래한다. 이 神宮을 神廟라고도 하는데 고구려에서는 神廟라는 표현을, 그리고 신라와 일본에서는 神宮이라는 표현을 더 선호한 것 같다.

한편 새롭게 정립된 高登神廟는 中和郡 龍山 일원에 있었을 것 같다. 전 동명왕릉 앞에 세워진 定陵寺는 일반 사찰과는 다른 구조로 되어 있다. 비견으로는 사찰 기능을 하는 부분도 있고 神廟적인 기능을 하는 부분도 있는 듯하다. 발굴에서 '定陵', '陵寺'라는 명문이 새겨진 토기가 나와서 定陵寺라고 호칭되었다. 그러나 定陵寺가 이 건물군 전체의 정식 명칭이라는 증거는 불충분하다고 생각된다.[34]

4) 可汗神廟의 出現

신구《당서》에는 일련의 제사가 나열되어 있는데《구당서》의 기사를 살펴보면 다음과 같다.

其俗多淫祀 事靈星神, 日神, 可汗神, 箕子神… 皆以十月 王自祭之

그 중에 '可汗神'이라는 것이 있어서 종래 주목되어 왔다. 이에 대해서 최남선이 거란계통의 신이라고 추측하고[35] 이병도가 그 앞의 '箕子神廟'와 아울러서 거란족의 조상이라는 '奇首可汗'과 비슷하다고 추정한[36] 외에는 뚜렷한 견해 표명이 없었다. 사료의 제약이 원인임은 물론이다. 그러나 '箕子可汗'이라는 주장

---

33) 일본에서 크게 유행하게 된 신궁의 기원에 대하여 종래 신라에서 구하는 견해가 보통이었는데 고구려의 神廟도 가능성의 하나로서 고려하여야 할 것 같고, 문헌에는 나타나지 않고 있지만 백제에서 시작되었을 수도 있을 것이다.
34) 전제헌, 1994,《동명왕릉에 관한 연구》, 백신지료원.
35)《육당최남선전집》권1.
36) 이병도,《역주 삼국사기》.

은 기자 시대에 '可汗' 칭호의 존재가 불분명한 터에 원문에 대한 자의적인 변경인 이상 그다지 설득력이 없다. 그리고 거란족의 신을 고구려에서 '日', '箕子', '靈星' 등과 같은 거룩한 반열에 놓고 숭배하였다고 보는 것도 선뜻 이해되지 않는다.

箕子神廟는 儒敎神이라고도 이야기하나[37] 다시 詳論되어야 할 것이다. 日神을 치제하는 사당은 역시 '日神廟'였을 것이다. 나아가서 '可汗神'을 모시는 祠堂이라면 高登神廟나 夫餘神廟의 예로 미루어서 '可汗神廟'라고 할 수 있을 것이다.

可汗神의 정체를 구명하는 데에 있어서 우선 그 칭호가 문제가 된다. 칭호가 고구려 자체에서 시작된 경우를 생각해 볼 수 있고 아니면 중국인들에게서 冒稱 또는 轉稱되었을 가능성도 있을 것이다. 고구려 왕에게 중국으로부터 흉노의 왕호였던 單于 위호가 冠稱된 경우도 있었다.[38] 당시 고구려 왕이었던 동천왕이 그러한 왕호를 자칭한 것은 아닐 것이다. 중국인들의 자의적인 冒稱이라고 생각된다. 고구려가 스스로 皇帝나 天皇 내지 單于 등의 異民族 王號를 사용하지 않은 것은 정설로 되어 있으므로[39] 自稱의 경우로 추측하기 어려워 보인다. 그러하다면 중국인에 의한 지칭일 가능성이 있는데 이것도 史家들이 문자 상에서 지칭한 것과 고구려를 방문한 중국 사신이 스스로 느끼고 생각한 바대로 보고서에 기록한 경우가 있을 것이다.

可汗이라는 王號는 투르크 계통의 왕국인 蠕蠕에서부터 서기 5세기경에 시작된 것이다. 蠕蠕이 漠北을 석권하고 중국을 위협하면서부터 그 왕호도 천하에 널리 알려지게 되었다. 후계 왕국인 突厥에서도 그 왕호를 승습하였으며 당나라 황제에게는 塞外민족들이 경외의 뜻으로 '天可汗'이라고 존칭하기도 하였다. 특히 중국에서도 北周 말엽에 각 지역에서 群雄이 할거하여 爭霸하게 되자 그들이 모두 '可汗'이라고 자칭하였다고 하며 唐 高祖 李淵도 可汗으로 자칭한 바가 있다고 한다.[40] 대제국의 帝號가 다른 나라에서도 援用되는 경우는 이 밖에도

---

37) 정상수웅, 1978, 104쪽.
38) 《三國志》魏書 文帝 延康 1년 3월. '濊貊, 夫餘 單于, 焉耆, 于闐王 皆各遣使奉獻.'
39) 노태돈, 1988, 〈5世紀 金石文에 보이는 高句麗人의 天下觀〉, 《韓國史論》19호.

혼하다. 따라서 중국 사신의 上奏에 의한 것이건 중국 사가의 붓에 의한 것이건 간에 '可汗神'이라는 칭호는 중국인들의 사고를 반영하는 것이지 고구려인들이 스스로의 대왕이나 시조왕을 그렇게 호칭하였을 가능성은 적다고 믿어진다. 생각컨대 高祖 李淵을 可汗이라고 부르고 있었던 당나라 사람들로서는 고구려의 始祖神을 '高祖神'과 같은 뜻으로 '可汗神'으로 지칭할 법도 하다고 본다. 그러한 의미에서 연구자는 '可汗神'을 '始祖神'으로, '可汗神廟'를 '始祖神廟', 즉 '始祖廟'라고 파악하고자 한다.

노명호는 可汗신을 시조, 즉 東明으로 파악하였다. 주몽이 아닌 부여 東明王으로 이해한 것이다.[41] 필자는 東明王이 東盟제에서 치제되었다고 판단하는 까닭에 그러한 견해에는 수긍하기 힘들다. 朱蒙은 본래 인격체였는데 차차 神格化되어 갔다. 따라서 후기에 가서 高登神廟에 치제될 당시에는 神格體로 변환된 것이다.

10월 중에 여러 가지 신들과 함께 봉제되고 있는 시조신을 중국 사신들은 가한신이라고 인지하고 귀국하여서도 그렇게 보고한 것이라고 믿어진다.

4. 結論

고구려의 주요한 2대 祀典인 夫餘神廟와 高登神廟의 형성과 발달에 대하여 기본적인 고찰을 시행하였다. 이상의 논의를 요약하면 다음과 같다.

고구려에서 始祖母를 모시는 神廟는 시조왕 당시 수도 졸본에 건립되었다. 동부여에 건립된 것이 아니다. 이후 太后廟로 발전하면서도 평양 천도 이전까지는

---

40) 護雅夫, 1967, 176쪽, 177쪽, 282쪽, 주28.
41) 노명호, 1981, 〈百濟의 東明神話와 東明廟〉, 《歷史學硏究》10호.

그 곳에 위치하였다. 태후묘를 國祖王母 사당이라고 보는 것은 국조왕모의 출생지인 '扶餘(卒本)'를 東扶餘라고 오인한 데에서 온 것이다. 국조왕 본기를 통관하여 보면 같은 '扶餘'라는 표기로 北扶餘(吉林), 東扶餘 및 卒本(졸본부여)의 세 가지 실체가 확인되고 있다. 다양한 기원의 사료가 정리되지 않은 채 수록되어 있는 것이다.

신묘는 평양 천도에 동반하여 왕실 수호를 위하여 남하하였다. 地母神으로서 당연한 기능이라고 하겠다. 大城山에 봉안된 '夫餘神廟'에는 사서에 기록된 것처럼 木製 女神像이 안치되었다. 거리로 보아 중국 사신들이 그 사당에 직접 왕래하였을 가능성이 있다. '扶餘神'이라는 명칭은 장수왕 대의 東明王 전통의 강조와 연결된다고 고찰된다.

평양 시기에 만개된 주몽 숭배는 高登神廟 體制의 정비로 대표된다. 전국 주요 城市에는 주몽의 신전, 즉 고등신묘가 건립되고 奉祀되었다. '高登'과 '登高' 중에서는 '高登'이 옳으며 姓高名登이라고 판단된다. '高登'은 주몽에게 추중된 神號일 것이다. 고씨 왕실의 萬世一系적 皇統을 내외에 과시하기 위한 의도가 내재되어 있다. 평안도 각지에는 '古莊', '高唐', '古場', '庫藏', '高將' 등 '高登'에서 파생된 지명이 많이 남아 있다. 고대에 고등신묘가 있었던 곳으로 짐작된다.

신묘 체계의 확립은 대개 서기 5세기 중말엽이라고 추정된다. 고구려의 神廟가 신라에게 영향을 주어 神宮이 성립되었을 가능성이 높다.

5절 高句麗 東明王廟의 成立過程

머리말

고구려의 시조는 통설에 의하면 東明王이라고 믿어지고 있다. 그런데 실학 시대 이래 東明王이 朱蒙이라는 견해에 대한 비판이 일어나게 되었다. 東明王은 부여의 시조라는 주장이 강력하게 제기되어 왔다. 이에 대하여 아직도 학자들 사이에 찬반 양론이 갈라져 있다.[1] 그러나 필자는 동명왕과 朱蒙王은 별개의 인물이며 동명왕은 부여의 시조이고 주몽은 고구려의 시조라는 견해가 옳다고 본다.[2] 동명왕은 부여의 시조이다. 그런데도《삼국사기》에는 시조왕의 王號가 東明聖王이라고 하였고 東明王이라는 호칭이 사용되고 있다. 동명왕=주몽왕이라는 입장에 선다면 그다지 문제가 되지 않을 수도 있겠지만 동명왕과 주몽왕이 별개의 인물이라는 시각에서 본다면 매우 당혹스러운 기록들이 아닐 수 없다. 이러한 결과가 초래된 것은 실제로 주몽왕이 동명왕을 자칭하였거나 아니면 후대의 소급일 것이다. 그러므로 본고에서는 우선 동명왕이라는 칭호가 주몽왕의 自稱이었을 가능성을 검토해 보고 자칭이 아니라면 그것이 고구려 시조에 결부, 추중되기 시작한 시점과 그 경과를 파악하고자 한다.

《삼국지》위지 동이전(이하 '魏志 東夷傳으로 줄임)에는 고구려에 거국적인 제

---

1) 이에 대한 연구사적 검토는 아랫글을 참조.
　이복규, 1991,〈東明神話와 朱蒙神話와의 관계에 대한 연구성과 검토〉《國際語文》12・13호, 국제대.
　이복규, 1995,〈夫餘建國神話의 시대별 인식 양상〉《국어교육》87・88호, 국어교육학회.
2) 李成市, 1989,〈高句麗の 建國傳說と 王權〉《史觀》121책, 20쪽.《東アジアの 民族と 國家》, 岩波서점. 재수록.
　이복규, 1990,〈東明神話와 朱蒙神話의 個別性〉《語文硏究》68집.
　주승택, 1993,〈北方系 建國神話의 文獻學的 再考察〉《韓國學報》70집.
　서영대, 1997,〈高句麗 王室始祖神話의 類型〉《東西文化論叢》II.

전이 있었는데 그 명칭이 '東盟'이라고 하였다. '東盟祭'의 '東盟'이 '東明'과 같다는 데에는 내외 학자들 사이에 이견이 없다. 그렇다면 고구려에서 부여의 시조 이름을 붙여서 하늘에 제사한 것이 된다. 《삼국사기》에 보면 대무신왕이 東明王廟를 건설한 것으로 되어 있다. '東明王廟'는 당연히 東明王을 기리는 사당일 것이다. 東明王이 부여의 시조라면 왜 고구려에서 그가 숭배되었는지가 문제이다. 고구려의 天神 축제가 왜 부여의 시조 王名으로 호칭되고 있는지 해명되어야 할 것이다. 먼저 고구려 본기 대무신왕기에 기재되어 있는 東明王廟에 대한 기사가 주목된다. 종래의 주장처럼 이 기사가 주몽왕의 사당 건설을 전해주는 것이라면 그다지 의미를 갖지 않는다. 그러나 문자 그대로 부여 시조 동명왕의 신전 설립을 가리키는 것이라면 동명제가 대무신왕 대에 制定, 導入되었다는 문헌 사료가 되는 것이다. 그런데 동명왕묘 기사가 본기에는 뚜렷이 등재되어 있으나, 제사지에는 누락되어 있다. 까닭에 여러 학자들이 대무신왕 본기에 실려 있는 동명왕묘에 관한 기사를 신뢰하지 않고 있다. 그러한 의혹을 불식시키기 위해서는 동명왕묘 기사에 대한 문헌학적인 추적이 필요하다. 기사의 신뢰도가 평가받을 만하다면 그 사료를 기초로 하여 동맹제의 성립 과정을 밝힐 수 있을 것이다.

종래 대부분의 연구자들은 동명왕묘와 그 후에 나타나는 시조묘를 동일한 것으로 추정하였다. 이것도 근본적으로는 '동명왕 = 주몽왕 = 시조왕'이라는 등식에서 기원한 것이다. 동명왕과 주몽왕이 구별되어야 한다고 믿는 필자로서는 양자 사이의 차이점을 구명할 필요를 느끼게 되었다. 초기 기록에 한 번만 나타나고 종적을 알 수 없는 동명왕묘와 신대왕 이후로부터 7세기에 이르기까지 꾸준히 巡幸 기사가 기재되어 있는 시조묘와 과연 같은 것인가, 다르다면 어떻게 얼마나 다른 것인가가 주어진 과제가 되겠다. 연전에 辛鍾遠은 동명왕묘와 시조묘가 다른 것이 아닌가 추측하였는데 정당한 문제 제기라고 생각된다.[3] 동명

---

[3] 신종원, 1984, 〈三國史記 祭祀志硏究〉《사학연구》38호, 23쪽. 제사지와 본기에 다른 원전을 상정하고 있다. 나아가서 그는 제사지에 동명왕묘 건립 기사가 보이지 않으므로 동명왕묘가 시조묘라고 단정하기는 힘들다고 부연하였다.

왕묘와 시조묘를 辨別하여 양자가 서로 다른 神位를 봉안하고 있다면 동명왕과 '시조=주몽왕'은 저절로 다르다는 것이 분명해진다. 堂宇의 主神에 대한 검토를 통하여 동명왕이 고구려의 시조왕이 될 수 없음을 명확히 해두고자 한다.

본 연구는 고구려에서 동맹제가 도입된 과정을 우리에게 알려줄 것이며, 따라서 동맹제 자체에 대한 이해를 증대시킬 것으로 믿는다. 나아가서 동명왕은 부여의 시조이지 고구려의 시조가 아님을 확실하게 해줄 것으로 생각한다.

1. 東明聖王 稱號의 登場 時期

애초에 고구려 초기에 왕호가 東明聖王 – 琉璃明王 – 大武神王이라고 나타나는 것에 대하여서는 대부분의 학자들이 고구려 후기 내지 그 이후에 추존된 것이라고 판단하고 있다. 가장 현저한 예가 위의 3왕들이 전부 聖王 – 明王 – 神王이라고 호칭되고 있다는 사실을 들 수 있다. 고구려가 아무리 漢문화에 익숙하여 있었다고 하더라도 건국 초기의 대왕들이 그러한 왕호 또는 諡號를 冒稱하였다고는 믿기 어려운 것이다. 주지하는 바와 같이 서기 5세기 초에 건립된 고구려 당대의 금석문인 광개토왕릉비에는 그러한 칭호가 나타나지 않는다. '鄒牟王'이라고 되어 있다. 그에 비하여 묘주인 광개토왕에게는 '國岡上 – 廣開土境 – 平安 – 好太王'이라는 기다란 漢式 및 高句麗風의 시호가 銘記되고 있다. 비문의 구성에서 볼 때 시조왕은 국가를 '創基'한 위대한 왕으로서 비문의 모두를 장식하는 신성한 존재로 기술되고 있다. 만일 시조왕에게 당시 '東明聖王'과 같은 정식 한식 시호가 증정되어 있었다면 그 왕호를 왜 구비하여 지칭하지 않았는지 이유가 궁금해진다. 비의 건립자인 장수왕이 父王만 정식 시호를 기재하고 시조왕 이하 3대 왕은 위엄이 덜한 재래식의 개인명 왕호로 지칭하였을 가능성은 희박하다. 같은 시대에 작성된 牟頭婁 묘지에서도 '鄒牟聖王'으로 되어 있어서 '聖'

자가 한 자 架上된 차이가 있으나 '東明王' 내지 '東明聖王'과의 일치는 認知되지 않는다.4) 국가의 공식 비문이자 왕실의 존엄을 顯彰하기 위하여 세워진 광개토왕릉비나 고구려에서 상당히 높은 관직인 大使者 벼슬을 지낸 인물이고 자기네 조상과 왕실 시조와의 긴밀한 관계가 강조되어 있는 모두루 묘지에서도 시조왕에 대하여 그러한 장엄한 漢式 稱號가 기재되고 있지 않다. 이 사실은 撰述者가 부주의로 누락한 것이거나 당시 한식 칭호가 일반화되어 있지 않았다는 등으로 설명될 수가 없다. 서기 5세기 초 무렵에는 아직 고구려 시조 추모왕에 대하여 '東明王'이나 '東明聖王'이라는 칭호가 성립되지 않았다고 분석하는 쪽이 유리하다. 여기서는 그러한 한식 칭호의 등장 시기를 중점적으로 고찰하여 보기로 한다.

우선 고구려에서 왕실을 중심으로 한 건국 전설이나 제왕들의 사적이 문자로 정착된 시기를 살펴볼 필요가 있다. 이 문제에 대해서는 본 연구자가 연전에 비견을 발표한 바가 있다.5) 요약하자면 고구려 본기 전반부 5 권은 고유 전승에서 기원한 것으로서 문헌에 나타나는《留記》에서 그 단초를 찾을 수 있다고 보았다.《留記》는 대개 소수림왕을 전후한 시기에 율령의 반포와 더불어 역대의 자료들을 동원하여 편찬된 것이라고 추정된다.《留記》의 上古史 부분 기사를 영양왕 대에 박사 李文眞이 간략하게 줄여서《新集》이라고 편집하였던 것이다. 그리고《新集》이 통일 뒤에 신라에 전해져서 그것을 대본으로 하여 신라에서 고구려 역사가 편찬되었다. 이 고구려 관계 사서는 고려 초에 舊三國史 편찬 당시에 기초 자료로서 활용되었을 것이다. 이상이 舊稿의 요지이다. 이러한 논의의 연장선상에서 동명성왕 이하 5 대 왕들의 칭호가 등장하게 된 시기를 추정하여 보겠다.

서기 4세기 말 전후한 시기에 고구려에서 편찬된 正史인《留記》에는 '東明聖王' 이하 5 대에 걸치는 왕들의 漢式 칭호가 들어 있지 않았다고 고찰된다. 광개

---

4) '聖'자에 유의한다면 '鄒牟聖王'은 혹시 '鄒牟王'으로부터 '東明聖王'에로 변화하는 중간 단계에 속한다고 생각할 수도 있겠다.
5) 졸고, 1991,〈三國史記 高句麗本紀의 成立〉《古代의 三朝鮮과 樂浪》.

토왕릉비나 모두루묘지가 그 증거이다. 초기 3 대 왕들이 고유 個人名으로써 공적인 비문에 기록되고 있다는 것은 그 외의 공식 칭호가 없었다는 사실을 단적으로 입증해 준다. 高寬敏은《삼국사기》의 원전에 대한 연구를 통하여《留記》에서는 東明聖王, 琉璃明王 등의 칭호가 성립되지 않았고《新集》에서 추증된 것이라고 보았다.[6] 타당한 이론이다. 고구려에서 초기 왕들[7]에 대한 한식 칭호가 정식으로 채택되고 국가적으로 공인된 것은 영양왕 대에 편찬된《新集》편찬 전후에서부터라고 생각한다.

고구려 본기에서도《신집》이 편찬된 뒤인 寶藏王 5년 조에 처음으로 시조왕에 대하여 '東明王'이라는 호칭이 정식으로 나타난다.

東明王의 母親 塑像에서 3 일 동안 피눈물이 흘렀다.[8]

라고 서술되고 있다. 이 시기에는 벌써 주몽왕을 東明王이라고 호칭하는 것이 일반화되어 있었음을 알 수 있다. 앞서 고구려 본기 초두 부분에서 '東明王'이 부여 시조를 지칭하는 용례를 살펴보았다. 그렇다면 위의 동명왕도 부여 시조를 가리키고 있을 가능성을 검토해 보아야 할 것이다.

이 문제를 해결하기 위해서는 먼저 보장왕기의 기사가 어떠한 자료에서 기원

---

6) 고관민, 1996,《[三國史記]の原典的硏究》, 웅산각, 138쪽.
단 그가 舊三國史에서 이들 시호가 東明王 및 琉璃王으로 축약되었다고 주장한 것은 舊三國史를 편찬한 高麗人들이 그러한 작업을 추진하였을 이유가 없다고 생각되므로 재고의 여지가 있다. 구삼국사에 '東明王', '琉璃王'이라고 되어 있는 시호를《삼국사기》에서 굳이 '聖', '明' 등의 자를 가상하여 현전과 같이 '東明聖王', '琉璃明王'이라고 부연하였을 것이라고는 보여지지 않는다. 김부식이 신라 중심적으로 편찬한 태도 자체도 그러한 가능성을 희박하게 만든다. 나아가서《新集》과 같은 원전에 '東明聖王'이나 '琉璃明王'이라고 되어 있는 것을 구삼국사에서 '東明王'이나 '琉璃王'이라고 줄여 버렸을 가능성도 적다고 생각된다. 구삼국사는 고구려 위주의 국사였다고 믿어지고 있기 때문이다. 본기에 나타나는 몇 개의 '東明王'이라는 표기에 대해서는 본고에서 개별적으로 적절한 곳에서 설명하겠다.
7) 어느 왕까지가 초기왕들의 범주에 포함되는가 하는 문제는 태조대왕 등의 大王 왕호 문제와 엇물려 있는 만큼 별도로 고찰하고자 한다. 그러나《新集》에서 적어도 초기 5 대 왕을 다룬 것은 사실에 가깝지 않나 헤아려진다.
8) 이 기사는 고구려인들 자신에 의한 기술의 흔적이 남아 있는 얼마 되지 않는 사료 중 하나이다. 동명왕의 모친 소상이라는 것은 周書나 北史에서 언급하고 있는 朱蒙의 어미 河伯女의 조각상일 것이다.

한 것인지 살펴볼 필요가 있다. 보장왕기에는 주지하다시피 다음과 같은 異變 기사가 열거되어 있다.

十五日 夜明 不見月 衆星西流. (2년 9월) 平壤雪色赤. (3년 10월) 是夜 流星墮延壽營. (4년) 東明王母塑像 泣血三日. (5년) 王都女産子 一身兩頭. (7년 7월) 群獐渡河西走 群狼西行 三日不絶. (7년 9월) 人或言 於馬嶺上見神人 曰 汝群臣奢侈無度 敗亡無日. (13년 4월) 王都雨鐵. (15년 5월) 九虎一時 入城食人 捕之不獲. (18년 9월) 平壤河水 血色凡三日. (19년 7월)

이와 유사한 기록들은 《三國遺事》에도 채록되어 있으며 백제 멸망을 전후한 《史記》나 《遺事》의 기록에서도 산견되는 터이다. 특히 신이한 기사들이 보장왕기에만 집중되고 있어서 심중한 음미를 요한다. 일단 《삼국유사》에 나타나는 高麗古記 출전의 황당무계한 기사에 비하여 《三國史記》 사료는 질적 가치가 높다고 판단된다. 고구려 말기에 국가적인 기구의 정비와 함께 史官이 설치되고 역사 기록의 정례화가 진전되었을 것은 충분히 상상이 가는 일이다. 그렇다면 일차 위의 기록들이 고구려의 그러한 역사 기록을 토대로 하여 성립되었을 가능성이 있다. 문헌들이 신라측에 전달된 뒤 신라 사가들이 고구려의 패망을 합리화하기 위하여 그러한 기사들을 선택적으로 채록한 것이라고 짐작해 볼 수 있다. 따라서 이러한 기사들과 연결시켜 생각할 때에 東明王母 塑像 기사는 정부 작성의 문서에서 유래한 것이라고 고찰된다. 東明王廟 설립 기사를 포함하는 扶餘 戰勝 설화와는 기사의 기원이 다르다고 분석되는 것이다. 그러므로 같은 '東明王'의 표현으로 나타나더라도 실체는 다른 것이다.

서기 5세기까지도 '鄒牟王', '鄒牟聖王'이라고 불리던 시조왕이 '東明聖王'이라고 정착된 것이 7세기 초엽에 성립된 《신집》에서부터라고 하더라도 시조가 '東明'이라고 지칭되기 시작한 것이 어느 시기부터인가 하는 문제가 남는다. 필자는 다음과 같은 이유에서 대개 서기 5세기경부터 6세기에 걸친 시기라고 추측하고 싶다. 첫째, 5세기의 자료에서는 '東明王', '東明聖王'의 호칭이 나타나지 않고 7세기 초에서부터 나타난다고 믿어지므로 그 칭호의 시작은 5~6세기경이라고 짐작해 볼 수 있다. 둘째, 6~7세기의 사실을 전하는《梁書》고구려전에서 十月의 축전 명칭이 '東明'이라고 보인다. 위지에서만 하더라도 '東盟'이라고 불리던 것이 이 시기에 와서 '東明'의 칭호가 보편화되기 시작하면서 축전의 명칭도 그러한 표현으로 改定된 것이라고 추정된다.9) 셋째, 고구려가 장수왕 이후 평양 지방으로 천도하고 나서부터 시조왕에 대하여서도 고유식의 개인명 왕호보다는 장엄한 시호와 같은 漢風 호칭이 필요해졌을 것이다. 그리고 장수왕 때부터 본격적으로 시작된 왕실에 대한 신격화 작업 과정에서 그러한 漢式 왕호가 추증되었을 가능성도 크다고 하겠다.

한편 학계 일부에서는 朱蒙과 東明王이 별개의 인물임을 강조하던 나머지 東明聖王=朱蒙이라고 기록되어 있는《삼국사기》의 기록마저도 유래가 의심스럽다 하여 朱蒙과 東明王이 일체화되기 시작한 것을 고구려 멸망 이후 내지 고려 때라고 보는 견해도 있다.10) 사실 고구려 초기 왕들에 대한 한식 칭호는 아무리 올려 잡아도 서기 5세기 이전에는 확인되지 않는다. 그렇다고 해서 일부의 억측처럼 고구려를 멸망시킨 신라 정부의 史家들이 고구려 초기 왕들의 칭호를 우아한 漢式으로 改定, 追贈하였다고 보기 힘들다. 나아가서 고려 초기에 와서 이미 천여 년 전에 사망한 고구려 왕들의 칭호를 고려 초기의 문인들의 호흡에 걸맞는 정식 漢風 諡號(보기; 神武王, 聖德王 등)도 아닌 古態적이고 애매한 '聖王', '明王', '神王' 등의 용어를 사용하여 거의 완벽하게 조작하였다고 보는 입장에는 동조할 수 없다. 고구려 왕들의 칭호는 일단 고구려 당대인들의 손에 의하여 雅化, 漢化되어진 것이 후대에 傳存하게 되었다고 보는 것이 합리적이다.

---

9)《梁書》의 사료적 가치를 낮게 잡는 경향도 있는 듯하나 연구자는 '槀離王'이라는 표기, '遼山'에 대한 기사, '愼奴部'라는 표기, '有槨無棺'이라는 기사 등을 미루어 독자적인 근거가 인정된다고 보고 있다.
10) 池內宏, 1941, 〈高句麗の開國傳說と史上の事實〉《東洋學報》28·2집, 181쪽.
이복규, 1996, 〈[주몽신화의 뜻풀이(I)〉, 한서대, 169쪽.
이종태, 1996, 〈三國時代의 '始祖' 認識과 그 變遷〉, 국민대 박사논문, 85쪽.
神崎勝, 1995, 〈夫餘·高句麗の建國傳承と百濟王家の始祖傳承〉, 佐伯有淸紀念論叢《日本古代の傳承と東アジア》, 289쪽.

東明王 내지 東明聖王의 호칭이 서기 5~6세기로부터 시조왕에게 사용되기 시작한 것이라면 본고에서 주목하고 있는 바 始祖가 '東明王'일 가능성은 전무하다고 할 수 있다.[11] 5~6세기의 동명성왕 諡號의 追贈은 장수왕 대에 東明전승이 朱蒙전승으로 고착화되었다는 현상[12]과 그 궤를 같이하고 있는 것이다. 나아가서 초기 기록에 나타나는 '東明王廟'의 主神, 또는 魏志에서 거국적인 축전으로 거명되고 있는 '東盟'(東明)祭의 주신이 朱蒙王일 가능성은 거의 없다고 보아야 할 것이다. 동맹제는 문자 그대로 동명왕에 대한 제사였을 것이고 이 당시의 '동명왕'은 고구려 시조왕이 될 수 없는 이상 부여의 시조라는 東明王 바로 그 사람이라고 판단된다.[13] 그렇다면 부여 시조를 제사하던 동맹제가 언제부터 고구려 시조를 奉祀하게 된 것일까? 아니면 동맹제는 처음부터 끝까지 고구려 시조에 대한 제사와는 다른 것이었을까? 본 연구자의 견해로서는 동맹제는 부

---

11) 사실 중국측의 원전 사료들에서 '東明'이라는 왕호는 분명히 夫餘의 시조에게 일관되게 붙여지고 있었던 것이다.
12) 노태돈, 1988, 〈 5世紀 金石文에 보이는 高句麗의 天下觀 〉《 韓國史論》19호, 39쪽.
13) 주몽왕은 생전에 동명왕이라고 자칭한 것일까. 그렇게 가정할 경우 수많은 부여계 소왕국의 시조왕들이 거의 대부분 '東明王'이라고 스스로 自尊, 自號하고 있었다는 것이 입증되어야 한다. 그 외에 백제왕도 어느 사료에서건 東明王이라고 호칭한 근거가 확인되어야 할 것이다. 일본 문헌에서는 백제가 '都慕王'의 후손이라고 되어 있다. 이 '都慕(ツモ)'가 '東明'과 소리가 상통한다고 보고 일부에서는 백제에서 東明王의 존재를 상정하기도 하였다. 노명호, 1981, 〈 百濟의 東明神話와 東明廟 〉《 歷史學硏究》10호. '都慕'를 'トモ'로 읽고서 그것이 '東明'과 일치하는 것으로 추정하는 듯한데 '都慕/tumo/'를 /tomo/로 읽는 문헌적인 근거도 불확실하거니와 '都慕/tumo/' 자체가 '鄒牟', '朱蒙', '中牟', '仲牟' 등과 음운상 거의 전적으로 일치하는 까닭에 그러한 주장은 견강부회라고 아니할 수 없다. 백제 시조왕이 東明王이라는 왕호를 사용한 흔적이 전연 확인되지 않는다는 것은 동명왕의 후손임을 자처하기는 하였지만 스스로 동명왕을 冒稱하지는 않았음을 웅변해 준다. 서영대도 백제에서의 東明王 神話의 존재에 대해서는 회의하고 있다. 서영대, 1997, 49~50쪽.
　마지막으로 고구려의 역사서나 백제의 사서에서 동명왕의 칭호가 사가의 손에 의해서 말살되거나 다른 왕명으로 변개되었을 가능성이 있다. 그러나 그것도 백제에는 해당되지 않는다. 백제의 역사를 편찬한 사람들은 어디까지나 백제인이었을 것이기 때문이다. 신라인이 백제의 사서를 개작하였을 가능성을 상정해 볼 수 있는데 시조왕이 동명왕이라고 원전에 적혀 있는 것을 삭제해 버리고 溫祚王 沸流王 등으로 改書하였으리라고 추측하기는 어렵다. 아니면 구삼국사의 편찬자들이 백제 동명왕을 온조왕이라고 개서하였을까? 고려인들은 고구려의 시조만을 東明王이라고 간주하고 있었기에 백제 본기에 적혀 있는 동명왕이라는 왕호를 삭제하였다는 것이다. 일면 그럴듯한 이 가설도《삼국사기》제사지 백제 조에서 편찬자가 다음과 같이 언급하고 있는 것으로 보아 설득력이 없다. '海東의 古記를 살펴보면 혹은 시조를 東明이라고 하고 혹은 시조가 優台라고도 한다.《北史》나《隋書》에서는 전부 東明의 후손에 仇台라는 이가 있어서 나라를 帶方에 세우다라고 하다. 여기서는 仇台가 시조라고 한다. 그러나 東明을 시조로 하는 것이 事迹이 명백하고 다른 것들은 믿을 수 없다.' 문장을 무

여 시조 제례로부터 그 나름으로 발전되어 나갔고 시조묘 제사는 고구려 시조묘 제사로서 별도로 성장하여 갔다고 본다. 처음부터 시발점이 달랐기에 발전 방향도 달랐다는 것이다. 먼저 東明王廟의 성립 문제로부터 실마리를 풀어 나가기로 한다.

2. 東明王廟의 建立과 그 記事의 出典

고구려 대무신왕이 왕 3년 춘 3월에 세웠다는 東明王廟는 부여 시조를 치제하는 사당이라고 생각된다. 글자 그대로 '東明王廟'이기 때문이다.[14] 한편 고구려에서 시조왕 동명성왕(추모왕)을 주신으로 제향하고 있던 사당은 중국 사서에 나타나는 대로 '高登神廟' 등으로 호칭한 듯하다. 여러 가지 정황으로 보아 '高登神廟'의 성립은 평양 천도 이후의 일이라고 분석된다. 5세기를 고비로 하여 주몽왕이 동명왕과 동일시되면서 '東明聖王'이라는 시호가 가상되었고 그러한 남성 시조 숭배의 思潮에 걸맞게 독립된 祠堂이 평양 지역에 건설된 것 같다.[15] 그러한 주몽왕 사당 외에 고구려의 수도에는 부여 시조 동명왕을 기리는 '東明王

심하게 읽으면 언뜻 온조왕을 동명왕이라고 지칭한 것처럼 느껴질 수도 있을 법하다. 그러나 백제 본기를 함께 보면 온조왕이 원년에 '東明王廟를 세우다'라고 하여 시조왕 원년부터 동명왕을 시조로 拜祀한 것으로 되어 있다. 그러므로 제사지의 작자는 백제에서의 동명왕 숭배 사실을 들어서 백제가 시조를 동명왕으로 한 것이 분명하다고 말하고 있는 것이다. 그러나 동명왕 숭배와 동명왕 자칭과는 엄연히 다르다. 나아가서 동명왕의 후예라고 전승하고 있는 것과 실제로 동명왕이라고 호칭한 것과는 다르다. 백제 시조왕이 왕호를 '동명왕'이라고 명백하게 사용한 것은 아니다. 지금까지 東明王이 여러 명 존재하였다고 가정한 뒤에 여러 가지 가능성을 상정해 보고 그 當否를 논하여 보았다. 그렇지만 어느 것도 역사성이 결여되어 있음을 알 수 있다. 이러한 왜곡 현상은 대전제의 부당성을 입증하는 것이다. 근본적으로 주몽이 실제로 칭하지도 않은 왕호, '東明王' 왕호를 억지로 자칭한 것으로 간주한 데에서 비롯된 오류라고밖에 생각할 수 없다.
14) 백제 온조왕 본기 모두에 설립 기사가 나타나고 있는 '東明王廟'도 역시 부여 시조에 대한 사당이라고 보아야 한다. 지금까지의 통설은 이것 역시 주몽왕묘라고 보는 것이었다. 別考 예정.
15) 졸고, 〈高句麗 神廟에 대하여〉, 본서 수록.

廟가 엄존하고 있었다. 따라서 '東明王廟'와 구별하기 위하여 새로운 神廟 '高登'의 명칭이 탄생하게 된 듯하다. 그러한 역사적 사실이 고구려 멸망 이후에 泯滅되면서 지금과 같은 통설이 나타나게 된 것이다.

1) 祭祀志에서 東明王廟 記事의 漏落

문제가 되는 것은 본절에서 다루고 있는 '東明王廟'의 건립에 관한 기사가 고구려에서나 백제에서 다 같이 《삼국사기》本紀에는 나타나고 있으나 祭祀志에서는 탈락되어 있다는 사실이다. 고구려 본기 대무신왕 3년 춘 3월 조에 동명왕묘 건립 기사가 보이고 있으나 제사지 고구려 조에는 다음과 같이 동명왕묘 건립 기사가 누락되어 있다.

古記에 가로대 東明王 14년 가을 8월 王母 유화가 동부여에서 돌아가다. 그 왕 금와가 太后의 장례로 묻다. 마침내 신묘를 세우다. 大祖王 69년 겨울 10월 부여에 순행하다. 太后廟에 제사하다. 신대왕 4년 가을 9월 졸본에 가다. 始祖廟에 치제하다. …… (*이하 시조묘 제사 연월을 나열함. 前揭. 생략) 모두 위와 같이 거행하다.

태후묘에 대한 기재에 곧 이어서 시조묘 기사만 나타날 뿐 동명왕묘에 관한 서술은 보이지 않는다. 이 점이 종래 많은 학자들 사이에 대무신왕 본기에 보이는 동명왕묘 기사를 후대의 삽입, 조작 기사라고 의심하게 하는 소지가 된 것이다.[16] 따라서 본고에서 본기 동명왕묘 기술이 史實性이 있는 것으로 주장하려면 먼저 그 기사에 대한 신뢰성을 회복해 주어야 할 것이다. 그런데 흥미로운 것은 백제에서도 본기 온조왕 본기 즉위 원년 조에 실려 있는 동명왕묘 건립 기사가

---

16) 井上秀雄, 1978, 〈高句麗の 祭祀儀禮〉《古代東アジア史論集》上, 128쪽.
辛鍾遠, 1984, 6쪽.

제사지 백제 조에는 탈락되고 있다.

　　古記에 가로대 온조왕 20년 봄 2월에 壇을 세우고 天地에 제사하다. …… (*이하 천지 제향 연월을 나열) 모두 위와 같이 시행하다. 다루왕 2년 봄 정월 始祖 東明廟에 拜謁('謁'='祭享')하다. …… (*이하 동명묘에 대한 치제 연월 기술) 모두 위와 같이 행하다.

　　여기서도 천제에 대한 제사를 서술하고 나서 동명묘 건립 기사가 없이 바로 동명묘 제례 시기만을 축차적으로 기록하고 있다. 우연한 일치라고 하거나 착오라고 치부하기에는 너무도 整合性을 보여주고 있는 것이다. 이 점에 주의를 기울인 학자가 없었던 것은 아니지만[17] 뚜렷한 설명이 제시되지 않은 채 그쳤다. 《삼국사기》잡지 편찬자가 고의로 採錄하지 않았다는 가정도 납득할 만한 설명이 없는 한 성립되기 곤란하다.[18]
　　위와 같은 제사지의 서술이 나타나게 되기까지에는 필연적인 인과 관계가 설정되어야 할 것이다. 분명한 원인이 있어서 그렇게 된 것이다. 그렇다면 논리적으로 제사지의 서술자가 자료로 삼은 원전에는 고구려나 백제에서 모두 동명왕묘 기사가 없었다고 보아야 한다. 이것은 매우 중대한 시사가 된다. 고구려 본기에는 다양한 자료가 근거가 되어 서술되었지만 제사지는 그 중에서 거의 한 가지만을 참고로 하여 성립되었다는 것이 되기 때문이다. 본기 자료들을 [가]라고 하고 제사지의 자료를 [나]라고 가정한다면 [가]=[나]+[α]라고 할 수 있다. 다시 말하자면 제사지의 자료 외에 다른 사료들([α])을 참고로 하여 본기 기술이 이루어졌다는 것이다. 이 [α]사료에 다름 아닌 '東明王廟' 기사가 들어 있었다고 믿어진다.

---

17) 김두진, 1990,〈百濟建國神話의 復元試論〉《國史館論叢》13집, 82쪽.
18) 특히 제사지 백제 조에서 편찬자는 구구절절이 시조에 대한 각종 이설을 거론하고서 시조 優台설이나 시조 仇台설이 근거가 없고 백제의 시조가 '東明'인 것이 정확하다고 주장하고 있는데 그러한 편찬자가 거론 바로 직후에 시조인 '東明王廟' 건립 기사를 누락하였다고는 생각되지 않는다.

2) 扶餘征伐과 東明王廟와의 關係

　동명왕묘에 대한 기사를 깊이 있게 다루자면 고구려에서 東明王廟가 성립하게 된 과정에 대한 검토가 필요하다. 앞서 제시한 것처럼 동명묘는 대무신왕 3년에 건립되었다.[19] 왜 대무신왕 대에 동명왕묘가 성립되었는가를 구명해 보면 그 성격을 좀더 분명하게 알 수 있을 것이다. 대무신왕은 扶餘를 정벌한 왕으로서 유명하다. 중국 사서인《魏書》에 夫餘를 복속시킨 왕으로서 '莫來'왕의 사적이 著錄되어 있는 것이 좋은 보기이다. 莫來王은 대무신왕이라고 추정된다.[20]
　대무신왕의 부여 정벌은 본기에 따르면 왕 4년 12월부터 시작하여 동 5년 2월에 끝난 것으로 되어 있다. 사후 처리는 5년 10월에 名將 怪由의 사망 기사까지 이어진다. 동명왕묘는 부여 정벌이 개시되기 직전인 왕 3년 3월에 건립된 것으로 적혀 있다. 37년에 걸치는 유리왕의 치세 동안 일체 모습을 드러내지 않고 있던 동명왕에 대한 제사가 부여 정벌 전년에 시작되었다는 것은 동명왕묘 건립이 부여 정벌과 밀접한 관계를 가진 것이었음을 단적으로 보여준다. 주지하

---

[19] 동명묘가 朱蒙에 대한 廟宇였다면 당연히 주몽왕이 사망하고 나서 그 왕위를 계승한 유리왕 대에 동명묘가 세워졌어야 마땅하다. 그런데 고구려 본기에서는 한 왕을 건너뛰어서 대무신왕, 즉 주몽왕의 손자 대에 가서야 동명왕묘가 건설되고 있다. 이 점은 '東明王廟'가 朱蒙에 대한 사당이 아니라는 간접적인 증거가 될 수 있다. 유리왕이 주몽왕에 대하여 분명히 어떠한 형태로든 간에 제사를 지냈던 것은 史實일 것이다. 그런데 그 시기는 동명묘가 성립되기 이전이다. 따라서 유리왕이 치제한 주몽왕 사당은 아마도 '始祖祠堂' 내지는 '始祖廟'였을 것이다. 王名을 그대로 붙여서 '鄒牟廟', '鄒牟王祠'였을 수도 있다. 학자 중에는 고구려 시조로서 유리왕을 지목하여 그러한 견지에서 대무신왕 대에 나타나는 '동명왕묘'는 '시조묘', 즉 '유리왕묘'의 착오 내지 異傳이라고도 하나 유리왕＝시조설은 필자로서는 취하기 어렵다.
[20] 노태돈, 1994,〈高句麗의 初期王系에 대한 一考察〉《李基白先生記念論叢》, 일조각, 63쪽.
　音韻상으로 보면 '莫來 ;* mak-lai→ma-ka-lai,'는 대무신왕의 諱인 '無恤 ;* mu-hyul→mu-kyuli→mu-kulu.'와 거의 비슷한 음가를 지닌다고 볼 수 있다. '莫來'는 陽性母音으로, '無恤'은 陰性母音으로서 母音만 다를 뿐 자음 구조는 같기 때문이다. 하나의 어휘가 양성모음에서 음성모음으로, 또는 음성모음에서 양성모음으로 변화하는 현상은 變異形으로 흔히 찾아볼 수 있다. 같은 고구려 왕명 중에서 보기를 든다면 신대왕 이름 '伯固'와 '伯句', 중천왕 '藥盧'와 '若友', 그리고 고국원왕 '斯由'와 '釗' 등을 들 수 있다.
　대무신왕이 정벌한 동부여에 대하여 연래 의론이 분분하나 필자는 고구려의 북방에 있었던 扶餘族의 일부를 지칭한다는 견해에 공감한다. 일단 고구려 초기의 고구려의 기원이 되었던 부여족의 국가를 상정하는 것이다.

다시피 동명왕은 부여의 시조왕이다. 부여 시조왕에 대한 제사를 공식 선언하고 나서 대무신왕은 부여를 공격하였던 것이다. 전쟁에 있어서 전쟁 개시의 名分이 공적, 사적으로 전쟁의 경과에 크게 영향을 끼친다는 것은 일반적인 상식이다. 대무신왕의 동명왕에 대한 제사는 이제 부여의 正統性이 고구려에게 있음을 내외에 널리 천명한 것이라고 해석된다.

동명왕에 대한 제사에 이어서 왕 3년 9월에는 神馬를 확보하고 있다. 전쟁 군수물자의 조달이 원활하게 이루어지고 있음을 알려 주는 기사이다. 동 3년 10월에는 부여에서 '赤烏'를 보내온다. 이 붉은 까마귀는 '幷二國之徵(두 나라를 합칠 징조)'이며 '검은 색의 물건이 붉은 색으로 변한 것은 북방의 세력이 남방의 영향 아래에 있게 되는 의미'라는 해석이 고구려 본기에 수록되어 있다.21) 해석의 가부는 고사하더라도 이것으로써 대무신왕은 神의 啓示를 확인하게 되는 셈이다. 이러한 준비와 경과를 거쳐서 이듬해에 대무신왕의 부여 공격은 성공하게 되는 것이다.

'동명왕묘 건설 – 신마 획득 – 赤烏 봉헌'이라는 일련의 사태는 한 설화로서 그 나름의 줄거리를 이루고 있다. 대무신왕 3년 조는 이처럼 동명왕묘의 성립과 동시에 다발적으로 나타났던 국가적인 경사와 瑞兆에 대한 이야기가 짜깁기된 것이 원형이라고 본다.22) 이러한 설화가 다름 아닌 역사적인 동명왕묘 創建에서 배태되고 유래된 것임은 추측하기 어렵지 않다. 동명왕묘가 건립된 이상

---

21) 수도의 제천대회인 10월제 동안에 하늘의 계시를 전달하여 주는 使者라고 생각되던 赤烏가 고구려 대왕에게 진상된다. 이 때의 10월제는 아마도 동명제였을 것이다. 시기가 내려가지만 국조왕 69년에도 왕이 부여의 太后廟에 치제하였을 때 이웃 국가인 肅愼으로부터 특산물의 헌상과 參禮가 있었는데 그 시기도 10월제 기간 중이었다. 고구려에서의 10월 동명제 대회 때에는 인접국가들이 많은 사신들을 보내어 함께 참가하고 慶賀하는 것이 상례였을 것이다. 후대 신라의 김춘추가 고구려 연개소문에게 구원병을 청하려고 입국한 것도 바로 10월 초경이었다. 김춘추는 구원병을 청하는 시기를 짐짓 고구려의 가장 성대한 축제 기간이었던 동명제 때로 선택한 듯하다. 여하간 붉은 색은 태양을 상징하는 것으로서 붉은 색 까마귀는 다름 아닌 태양 속에 있다고 하는 상상 속의 동물인 三足烏일 것이다. 그것이 부여로부터 봉송되어 온 것은 고구려가 태양의 강력한 힘을 넘겨받아 풍요와 번성을 약속받은 것이나 다름 없는 일이었을 것이다.
22) 동명제와 隧神祭가 같은 것으로 보는 견해도 있으나 필자는 다른 것으로 보는 의견을 따른다. 그러므로 본고에서 隧神 및 隧神祭에 대한 언급은 제외하였다.
　　김두진, 1985, 〈三韓 別邑社會의 蘇塗信仰〉《韓國古代의 國家와 社會》, 104~109쪽.

동명왕에 대한 제사가 당년에 거행되었을 것도 분명하다고 하겠다. 처음 건설된 동명왕묘를 祭場으로 하여 동년 10월에 치러진 것이 고구려에서 最初의 동맹제였다고 추단된다. 즉 처음 열렸던 동맹제에 대한 기억이 편년화되면서 현재와 같은 모습으로 정리되었다는 것이다.

다시 한 번 대무신왕 3년 조를 검토해 보자.

봄 3월 동명왕묘를 세우다. 가을 9월 왕이 몸소 骨句川에 사냥하다. 神馬를 얻어 이름을 駏驤라고 하다. 겨울 10월 부여왕 帶素가 使者를 시켜서 붉은 까마귀를 보내다. …… (*중략) 帶素가 (*전말을 듣고) 후회하다.

동명왕묘가 건립된 것은 만물이 생동하는 춘삼월이었다.[23] 특히 神馬 기사는 다음 해인 대무신왕 4년 조에 나타나는 '沸流源[24] 大鼎'과 함께 생각할 때에 비로소 그 本義가 분명해진다.

중국의 故事로서 祥瑞현상에 대표적인 것의 하나가 전한 무제 때에 神馬와 더불어 寶鼎이 나타난 것을 흔히 꼽는다. 한무제 대에 汾陰 后土祠 옆에서 大鼎이 출토되고 나자 '제왕의 德이 山陵에 이르면 [澤出神鼎]한다.'는 讖緯설에 의거하여 조정에서 크게 경하하고 연호를 '元鼎'으로 고친 것이 그 효시이다. 아마도 商-周代의 古鼎이 地中에서 발굴된 듯한데 神器라고 하여 신성시한 것이다. 이에 이어서 渥洼水中에서는 神馬가 출현하고 있다. 그리하여 祥瑞가 겹쳤다고 하여 조정 문인들이 '神馬寶鼎歌'를 지어서 황제에게 주상하고 있다.[25] 이렇게 커

---

23) 이 점은 부여에 있어서의 동명왕묘 제향이 3월이었으리라는 추정을 가능하게 해주는 사실이다. 그리고 고구려에 있어서의 春秋의 수렵대회가 祭禮와 무관하지는 않은 것 같다. 수렵-목축 사회에서 봄철의 사냥이 정례적인 것에 비추어 볼 때 이것은 동명왕의 신격이 수렵신적인 면모가 강하다는 의미로 해석될 소지가 크다. 이어서 또 다른 수렵대회가 骨句川이라는 聖地에서 9월에 열렸고 그 결과 대왕은 스템馬라고 추측되는 신마를 획득하였다. 역시 동명왕의 牧畜神으로서의 성격이 드러나고 있는 요소이다.

24) '源'자는 상류라는 뜻일 것이다.

25) 出石誠彦, 1973, 〈天馬考〉《支那神話傳說 硏究》, 206쪽. 王者의 德이 山陵에 이르면 澤出神鼎한다고 되어 있다. 672, 690, 696~697쪽.

다란 국가적인 경사였던 신마와 대정이 고구려에서도 함께 나타난다. 그것도 중국의 한무제에 비견되는 정복 군주로서 유명한 대무신왕 3년에서 4년에 걸쳐서 보이고 있다. 이것을 간단하게 중국 고사에서 모방하여 날조한 것으로 돌릴 수 있을까?

신마와 함께 나타난 沸流水의 대정은 특히 그 발견된 위치가 중국과는 달리 地中에서가 아니고 水邊의 女人(女丈夫)에게서 상납되었다는 점에서 동일한 模作이라고 보기 어렵다. 나아가서 이 神器 설화는 고구려의 주요한 귀족 가문이었던 負鼎씨의 祖先 전승에서 유래하는 것[26]으로서 문면 그대로 사실이라고 간주하기는 어렵지만 부정씨의 존재를 부정할 수 없는 이상 어느 정도의 전설적인 단서가 있었다고 보여진다. 그리고 신마 역시 중국에서처럼 한 번 출현한 것으로 그치는 것이 아니라 다음 해에 부여와의 전쟁에 참가하고 있으며 마침내는 부여의 수많은 軍馬들을 이끌고 귀환하였다고 하여 說話素(motive)가 차이가 난다. 駏驤라는 말 이름도 독특하다.[27] 신마를 스텝마라고 추정하기도 하고[28] 부여와의 전투에서 결정적인 역할을 한 상징적인 존재로 이해하기도 하는데[29] 여하간에 조작이라거나 무분별한 借入이라고 보기 어렵다.

이렇게 신마와 대정 설화가 일련적으로 연계되는 설화소임이 분명하기 때문에 신마 기사가 있는 3년 조와 대정이 출현하는 4년 조, 그리고 부여와의 전투 상황이 그려져 있는 5년 조 전체는 대무신왕의 부여 정복 설화라는 커다란 틀을 이루고 있는 작은 分段들이라고 할 수 있다.[30]

동명왕묘 설립 기사는 위와 같은 고구려의 부여 정벌 과정 중에 기재되어 있

---

26) 서영대, 1995, 〈高句麗 貴族家門의 族祖傳承〉《韓國史의 時代區分》, 한국고대사연구회, 155쪽.
27) '거루'라는 이름은 아마도 '句麗' 나 '溝漊' 와 같은 어원을 갖는다고 믿어진다.
28) 神馬는 草原馬, 즉 서역에서 산출되는 명마라고 이해되기도 한다. 韓國古代史研究會, 1996, 〈古朝鮮과 夫餘의 諸問題〉《한국고대사연구 9집》, 184쪽.
29) 井上秀雄, 1979, 〈高句麗大武神王觀의 變遷〉《旗田巍記念 朝鮮歷史論集》上, 龍溪書舍, 71쪽.
30) 대무신왕 본기의 부여 정벌 설화가 하나의 큰 설화였던 것을 紀年을 나누어서 編年한 것이라는 지적은 이미 있어 왔다. 정상수웅, 1979, 71쪽. 고구려 시조 설화에서 나타나는 松讓王과의 내전 기사도 현전《삼국사기》에서는 불과 2년 만에 송양왕의 항복으로 기록되어 있는데 이것도 그보다는 오랫동안 공방이 있었던 것을 단출하게 축약한 것이라는 점은 내외에 이견이 없다.

다. 이 사실은 동명왕묘 건립이 부여 정벌과 긴밀한 유기적 관계에서 추진되었던 것임을 잘 말해 준다. 당시 더 오래된 역사를 지니고 있었고 국력도 고구려에 비하여 충실하였을 부여를 정복하기 위해서 고구려인들에게는 군사적, 경제적 대비만이 아니라 정신적인 전력의 强化도 필수적이었을 것이다. 그러한 시점에 고구려에서 東明王廟를 건설한 것은 동명왕묘로서 대표되는 扶餘 왕가의 정통성이 이제는 고구려에게 넘겨졌음을 내외에 과시하기 위한 것이었다.[31] 동명왕묘가 이렇게 부여와의 대전 과정에서 탄생하였다고 볼 때에 비로소 우리는 제3대 대무신왕이 동명왕묘를 세운 것을 부담없이 받아들일 수 있다.[32]

동명왕묘가 이렇듯 부여 왕가의 정통성을 주장하기 위하여 건립되었다는 사실은 그 제사의 대상이 부여의 시조 東明王임을 단적으로 증거해 준다. 부여의 시조왕을 고구려에서 제사하게 되면서 동명왕은 부여 왕국의 시조라는 위치에서 전체 부여 종족의 至高神으로 神格이 상승되었을 것이다. 고구려에 있어서 동명왕은 이제 汎扶餘系의 共通神으로서 승격되었다고 보여진다. 바야흐로 天神으로 인식되게 되었다. 위지에서 동맹제를 '祭天大會'라고 표현하고 있는 것은 그러한 변화를 示現하여 주는 서술이라고 간주된다. 따라서 '始祖廟'라고 기록에 나타나고 있는 제사는 고구려의 시조를 제사하던 행사이며 부여 시조를 제사하던 동맹제와 같은 것일 수 없다.

따라서 동명왕묘 건립 기사는 제사지의 출전과는 별도로 전해 오던 것으로서 고구려의 부여 정복이라는 역사적인 사건을 기념하여 전승되어 오던 전쟁 설화의 일부를 장식하는 것이었다.

---

31) 이와 같은 부여 종주권의 제창은 백제에서도 초기부터 확인된다. 백제의 동명왕묘 건립은 고구려보다 더 빨리 시행되었는데 백제 역시 동부여의 帶素王 정권의 정통성을 부정하고 解扶婁 이래의 嫡統이 백제에게 있음을 내외에 과시하기 위한 것이었다고 생각된다.
32) 동명왕묘를 건립하고 나서 대무신왕은 부여 정복에 성공하였다. 서기 1~3세기의 상황을 전해 주고 있는 위지나 《후한서》 고구려 전에는 東盟祭가 고구려에서 성대하게 거행되고 있음을 전해 주고 있다. 동맹제의 고구려에서의 정착 문제도 별고를 요하는 방대한 작업이다. 본고에서는 대무신왕에 의하여 고구려에 도입된 동명왕 제사가 그 뒤로 국가적인 행사로서 완전히 자리잡았음을 지적하는 데 그치고자 한다.

3) 王子 無恤 傳說의 由來

좀더 천착한다면 종래 내외 학자들 사이에 자못 神異한 군주로서 인상 박혀져 있는 대무신왕의 실체에 깊은 이해를 얻을 수 있다. 대무신왕은 우선 그가 유리왕비인 松氏의 아들이라는 점에서부터 문제가 되었다.[33] 유리왕 28년 부여에 대한 외교에 앞장설 때 당시 나이가 5세 전후로 연소하다는 사실도 선뜻 이해하기 힘든 것이다. 累卵의 위기를 말하고 있는 왕자 무휼은 연소한 아동이라고 볼 수 없다. 이름 '無恤'이 중국의 전국 시대 趙나라 帝王의 그것과 일치한다는 것도 후세의 조작을 의심하게 만들었다.[34] 이러한 문제 의식은 충분히 근거가 있는 것으로서 면밀한 검토를 요하는 것이다.

앞에서 연구자는 대무신왕의 부여 정벌이라는 전체적인 맥락 가운데에서 동명왕묘 건조 사실이 이해되어야 할 것이라고 추정하였다. 이렇게 부여 정벌이라는 단일 주제를 놓고 여러 가지 기사들이 일련적으로 배열되고 상호 연관성을 갖고 나타난다는 사실은 이들 전체가 본래는 하나의 전승이었을 것이라는 가정을 강력하게 지지해 준다. 설화적인 전승이 편년체로 기사화되면서 연도별로 분단되는 일은 《삼국사기》에서 흔히 접하게 되는 일이다. 이 전승이 위에서 말한 바 [a]라고 생각된다. 부여 정벌 설화는 제사지의 원전과는 별도로 전송되어 오다가 본기 원전과 함께 고구려 본기를 형성하였다고 추정된다. 고구려인들 사이에서 영웅적인 전투로서 길이 기억되고 있던 부여 정복 사업에 있어서 주인공이었던 대무신왕은 천부적인 武略과 資質을 구비한 존재로서 설화화되어 갔던 것이다. 그러한 영웅이 왕으로 즉위하기 이전부터 탁월한 능력을 이미 발휘하고 있었다는 것은 설화 구성상 빼놓을 수 없는 중요한 일면이라고 할 수 있다. 따라서 대왕으로서가 아닌 왕자로서의 대무신왕, 즉 王子 無恤의 신성한 모습이 이제 요구되기에 이르른 것이다.

---

[33] 대무신왕은 즉위시에 나이가 15세였다고 한다. 그런데 유리왕비 松씨는 유리왕 3년에 사망하였으므로 유리왕 37년 왕이 서거한 뒤에 즉위한 대무신왕이 송씨의 아들이라고 볼 수 없는 것이다.
[34] 정상수웅, 1979.

결론적으로 말하자면 유리왕 본기에 편입되어 있는 왕자 무휼의 전승 역시 대무신왕의 부여 정벌 설화 속에 포함되어 같이 전승되어 왔다고 고찰된다. 왕자 무휼의 설화라는 것이 다름 아닌 부여와의 대결 상황에서만 출현하고 있는 것은 그러한 사실을 웅변해 준다. 사실 동부여 정복에 관한 대무신왕의 전설은 대무신왕 본기에 실려 있는 내용뿐만 아니라 유리왕 본기에 실려 있는 사항까지도 수렴되어야 마땅한 것이다. 무휼 왕자가 부여의 使臣과 접대하고 있는 유리왕 28년 조에서부터 黑蛙와 赤蛙의 싸움이야기(29년 조), 鶴盤嶺에서의 왕자 무휼의 혁혁한 승리(32년)를 거쳐서 유리왕 33년 그가 太子로 책봉되어 軍國 사무를 위임받았다는 기사에 이르기까지의 설화적 사료들은 대무신왕의 부여 정벌 설화의 前半 부분을 장식하는 일련의 에피소드들이었다.

무휼 왕자에 대한 이야기 중에 후세의 윤색이라고 추정되는 漢文투의 표현이나 陰陽五行설이 등장하는 것도 그러한 전승 과정 중에서 변용된 것이라고 보면 쉽게 이해가 된다. 유리왕 28년 부여의 使者가 말하기를 '我先王 與先君東明王 相好 而誘我臣 逃至此 欲聚 以成國家'라고 하였다. 여기에 보이는 '東明王'은 주몽왕을 가리키는 것이므로 이 표현 하나만으로도 이 기사가 아무리 빨라도 주몽왕에게 '東明聖王'의 시호가 추증된 뒤, 즉 서기 5세기 이후에 성립 내지는 潤文되었음을 알 수 있다.35) 다음 부여 사자는 계속하여 '夫國有大小 人有長幼 以小事大者 禮也 以幼事長者 順也'라고 하여 짙은 유교적 윤리관을 피력하고 있는데 이 또한 고구려에서 유교가 널리 유포된 뒤의 사상을 나타내 보여주고 있는 것이다. 유리왕 29년에 보이는 北方 黑色, 南方 赤色의 五行설도 고구려에서 四神圖와 함께 평양 천도를 전후하여 본격적으로 도입된 것이라고 생각된다. 왕자 무휼이 부여군을 伏兵策을 써서 대파하였다는 戰場 地名도 '鶴盤嶺'이라고 하여 고유색이 없어지고 漢字語로 표기가 바뀌었다. 이 역시 고구려에서 한자식 지명이 유행하던 시기, 아마도 평양 전도 시기에 일어난 변화라고 분석된다.

---

35) 문장 중에 보이는 '逃至此(여기에 이르다)'라는 구절은 부여의 사자로서 말하는 어법이 아닌 만큼 좀 더 분석을 요한다. 滄江 金澤榮(校訂 三國史記)은 이 부분을 '逃去'라고 줄여 '至此'를 빼 버렸다. 여하간 후세의 전승 도중에 변개된 것이라고 보인다.

남은 문제는 대무신왕이 松讓王女 송씨의 아들이라는 점이다. 그러나 이것도 고대 사회에서 흔히 발견되는 姉妹婚 制度(sororate)를 상정하면 쉽게 풀린다. 유리왕은 첫 왕비로서 송양왕의 딸을 취하였으나 이내 사망하게 되자 왕 3년에 禾姬(鶻川人女)와 雉姬(漢人女)를 맞아들였다. 그러나 雉姬는 여러 가지 이유로 쫓겨난 듯하고 유리왕이 그 뒤에 '念我之獨 誰其與歸(내 외로움을 생각하니 누가 나와 더불어 돌아갈까?)'라고 외로움을 한탄하는 노래(黃鳥歌)를 지었다고 한다. 따라서 기세가 높은 禾姬만 남게 된 뒤 유리왕은 다시 次妃를 원하였을 것이고 그 대상으로서 先妃 송씨의 女弟를 繼妃로 취하였을 가능성이 큰 것이다. 고구려에서의 娶嫂婚 제도(levirate)에 관해서는 선구적인 업적36)이 있거니와 취수혼과 함께 같이 병존하는 것의 하나가 sororate인 것이다. 沃沮에서 豫婦制와 함께 高句麗에 預壻制가 병존하였으며 신라 경문왕의 경우에서처럼 왕실에서도 자매혼을 하고 있었던 것으로 보아 고대에는 취수혼과 함께 자매혼이 어느 정도 혼인 풍속으로서 함께 자리잡고 있었다고 본다. 대무신왕의 어미라고 하는 송양왕의 딸 송씨는 그렇게 繼室로 들어간 부인일 것이다. 그렇게 보면 대무신왕에 관한 종래의 신비적인 의문점들이 거의 전부 해소되는 것이다.

대무신왕 본기가 부여 정벌 설화, 遼東 太守 침입에 대한 항쟁 설화, 沸流部長 설화, 好童 설화 등의 여러 가지 설화적인 기사로 만재되어 있다는 점은 연래로 학자들이 공인하고 있는 것이다. 부여에 대한 3년 간의 전쟁 설화는 필자가 연전에 가능성을 제시한 바 있는 고구려의 '戰爭說話集'37)을 연상시킨다. 대무신왕의 부여 정벌에서의 대승리는 엄청난 정치적 파급 효과 때문에 고구려 국민들 사이에 길이 傳誦되었을 것이며 광범위하게 流傳되었을 것이다.38) 그 중의

---

36) 노태돈, 1983, 〈 高句麗 初期의 娶嫂婚에 關한 一考察 〉《金哲埈博士華甲記念論叢》.
37) 졸저, 1997,《三國史記 原典硏究》, 학연문화사. 고구려 700년 역대에 걸쳐 진행된 다양한 對敵에 대한 여러 전투가 소재로 되었을 것이므로 반드시 그들 설화가 하나의 說話集으로 집대성되었다고 보지는 않는다. 개별 전투에 대한 설화가 하나씩 구전되는 경우도 많았을 것이다.
38)《삼국사기》열전에 보면 신라 奚論이 전사하자 국민들이 '長歌'를 지어 애도하였다고 하고 金歆運이 장렬하게 사망한 뒤에 신라인들 사이에 戰鬪場이었던 陽山의 지명을 붙인 '陽山歌'가 널리 유포되었다고 한다. 이들 노래는 상고 시대부터 있었던 전쟁 영웅 서사시의 후대형이라고 믿어진다.

하나가 채록되어 남은 것이 현전 유리왕 본기에 보이는 왕자 無恤 설화와 대무신왕 본기 3·4·5년 조에 실려 있는 부여 정복 설화라고 고찰된다.[39]

3. 始祖廟와 東明王廟의 判別

《삼국사기》에 의하면 고구려에서 제일 먼저 성립된 신전은 이른바 柳花神母를 봉사하는 '神廟'이다. 동명성왕 대에 왕모 柳花부인이 사망하자 東扶餘王이 太后의 禮로서 장례를 지냈다고 한다. 그리고 결국 '神廟'를 세웠다고 한다. 뒤이어 나타나는 것이 '太后廟' 祭禮이다. 태후묘에는 나중에 국조왕이 부여로 순행하여 치제하고 있어서 후대의 동향을 엿볼 수 있다.[40] 다음 확인할 수 있는 것은 대무신왕 3년 '春三月'에 세웠다는 '東明王廟'이다. 그리고 신대왕 3년 이후로 대대로 '始祖廟'에 대한 기사가 이어지고 있다. 시조묘는 당연히 고구려의 시조를 제사하는 건물일 것이다. 이렇게 시대를 따라서 다르게 표현되어 있는 동명왕묘와 시조묘를 지금까지는 동일한 기능을 가진 실체로 간주하여 왔다. 문제는 동명왕묘가 처음 한 번만 나타나고 후대의 기사에서 전연 흔적이 보이지 않는다는 점에 있다. 그래서 흔히들 신대왕 대부터 나타나기 시작하는 '시조묘'와 같은 것이라고 생각하게 된 것이다. 그러나 기록에 明文이 없다고 해서

---

39) 한편 같은 동명왕묘 기사가 등재되어 있는 백제 본기 온조왕 본기 원년 조도 출전이 제사지와 다른 것이라고 미루어 추측된다. 만일 그러한 필자의 추정이 옳다면 현전 溫祚王 本紀는 별도로 따로 전승되어 오던 원전에서 김부식이 채택한 자료라고 믿고 있다. 이 문제는 여기서는 언급하지 않겠다.
40) 고구려 본기 태조왕 69년 조에
  冬十月 王幸扶餘 祀太后廟 存問百姓窮困者 賜物有差 肅愼使來 獻紫狐裘及白 鷹白馬 王宴勞以遣之 十一月 王至自扶餘
  라고 보인다. 이에 앞서 동명성왕 14년 조에는
  秋八月 王母柳花 薨於東扶餘 其王金蛙 以太后禮葬之 遂立神廟 冬十月 遣使扶餘饋方物 以報其德
  이라고 하여 神廟의 성립을 전하고 있다.

'始祖廟'와 '東明王廟'를 간단히 동일시하는 것은 위험하다. 고구려의 시조 朱蒙이 '東明聖王'이라고 불리게 된 것은 위에서 논한 것처럼 아무리 빨라도 서기 5세기 이후의 일이다. 최근 趙法鍾[41], 李鍾泰[42]등에 의하여 비로소 시조묘와 동명왕묘는 다르다는 것이 주장되기 시작하고 있다. 연구자도 그러한 견해에 공감하면서 약간의 보완을 가하여 동명왕묘와 시조묘를 구별하여 보기로 한다.

始祖廟가 시조를 제사하는 곳이라면 東明王廟는 당연히 東明王을 기리는 사당일 것이다. 동명왕이 扶餘 始祖神으로부터 天神으로 승격된 것은 대개 대무신왕의 동명왕묘 건설 이후의 일로 생각된다. 한편으로 동명왕이 주몽왕이라는 입장에서 동명왕묘가 성립된 것은 서기 4세기 이후의 일이고 본기에 나타나는 대무신왕 대의 동명왕묘 기사는 후대의 추가, 또는 소급적 기사라고 보기도 한다.[43] 그러나 고구려에서 4세기 이전에 '동명왕묘'가 존재하고 있었을 것은 다음의 사료로 보아 분명해 보인다. 서기 1~2세기의 사회상을 많이 싣고 있는 위지 고구려전에 보면 고구려의 거국적인 축전으로서 東盟 제사가 기록되어 있다. '東盟'제사는 동명왕을 기리는 목적에서 치러진[44] 제사라고 판단된다. 祭儀는 실제적으로는 동명왕을 경배하는 곳, 즉 東明王 祠堂을 중심으로 하여 치러졌을 것이다. 따라서 後漢 대에 고구려에는 東盟제의 祭場이 되는 東明王에 대한 廟宇가 건립되어 있었음을 능히 추정해 볼 수 있다.

동명왕 사당은 고구려 후기에 가서도 확인된다. 唐代에 성립된 사료이긴 하지만 고구려측의 전승 자료가 많이 채록되어 있어서 상당히 신용을 받고 있는 《翰苑》고구려전에는 다음과 같이 '東盟之祠', 즉 '東盟祠堂'이 존재하고 있었다고 기술되어 있다.

---

41) 조법종, 1995, 〈廣開土王陵碑文에 나타난 守墓制硏究〉《韓國史의 時代區分》, 한국고대사연구회, 192쪽.
42) 이종태, 1996, 23쪽.
43) 李道學, 1991, 〈方位名 夫餘國 성립에 관한 檢討〉《白山學報》38호, 22쪽.
44) 노태돈, 1988, 〈5세기 金石文에 보이는 高句麗人의 天下觀〉《韓國史論》19호, 31쪽.
    최광식, 1989, 〈韓國古代의 祭天儀禮〉《國史館論叢》13호, 58쪽.

天帝에게 흠향하여 東盟의 祠堂에 자리해 두며⁴⁵⁾ 神을 맞아들여 檖穴의 제사에서 핵심을 이루다. (饗帝 列東盟之祠 延神 宗檖穴之醮)

문면대로 하자면 고구려에서 東盟제 동안에 祭天 행사를 치른 뒤(饗帝) 天帝의 神主나 그에 상당하는 神體를 東盟祠堂에 배열한다(列)는 것으로 해석할 수 있다. 이러한 이해가 약간이나마 설득력이 있다면 우리는 어렵지 않게 고구려의 수도에 이른바 '東盟祠' 또는 '東明王祠' 내지 '東明王廟'가 있었다고 이해할 수 있을 것이다.⁴⁶⁾ 이 건물이 동맹제의의 주요한 장소 중의 하나였을 것은 두말할 필요가 없다. 동맹제가 수도에서 거행된 제향이라는 사실은 '東明王廟' 자체가 遷都에 수반하여 새로운 도읍지로 이동하였음을 의미한다. 고구려가 평양으로 남하한 뒤에 동맹제는 평양 일원에서 거행되었다고 믿어진다.

동맹제가 평양에서 받들어진 것을 짐작케 하는 기사로서 첫째, 평양 천도 시기인 서기 6~7세기⁴⁷⁾의 기록인 《梁書》에 十月에 거행되는 '東明'제 기사가 보이고 있고, 둘째, 그에 앞선 평양 시대의 고구려의 견문을 모아놓은《魏書》,《北史》등에도 十月祭 기사는 빠지지 않고 있음을 들 수 있다. 평양으로 천도한 이후 중국 사신이 실제 풍경을 확인할 수 있었던 수도 지역에서 10월에 동맹제가 치러지고 있었던 것이다. 앞서 인용한《翰苑》고구려전의 기사도 주요한 근거이다.

사료에서 분명히 알 수 있는 것처럼 고구려에서는 始祖廟와 별도로 東明王廟가 존재하고 있었다. 이제 그 기능과 主神의 정체를 명확히 함으로써 양자를 뚜

---

45) 간혹 본문의 '列'자를 後句에 보이는 '宗'에 가깝게 해석하려고 '자리해 두다'가 아니라 '위에 두다' 또는 '앞에 두다' 등으로 풀이하고 그에 따라서 앞구절을 '天帝에게 흠향하는 것을 東盟 제사의 으뜸에 두며'라고 해석하는 것 같은데 '列'자가 그러한 의미를 가진 예를 필자는 아직 듣지 못하였다.
46) 이렇게 시조왕이 東明王이라고 호칭되고 있었던 것이 고구려 말기의 사정이라면《翰苑》에서 새삼스레 天神廟 東明王廟를 魏志의 표기대로 '東盟之祠'라고 표현한 것이 이해되는 점이 있다. 즉 6~7세기 고구려인들은 天神을 위지에서처럼 '東盟(神)'이라고 하고 시조왕 朱蒙을 '東明聖王'이라고 하여 구별한 것은 아니었을까? 이러한 추측이 가능하다면《翰苑》의 기사는 고구려후기 평양 지방에 '東盟祠堂(天神祭場)'이 실재하였다는 증거가 될 수 있다.
47)《양서》의 완성은 7세기 초이나 그 고구려 전의 내용은 6세기경으로 소급되는 것이 많을 것이다.

렷하게 구분할 필요가 있다.

먼저 시조묘 제사 시기가 동맹제가 치러졌던 10월이 아니다. 시조묘에 대한 치제는 초기(서기 2~3세기)에 9월 중에 행해지고 있다가 차차(4세기 이후) 2월과 4월로 봉행 시기가 조정되었다.[48] 제사 시기가 다르다는 것은 제사 내용이 다르다는 점을 강력히 암시해 준다. 지금까지 학자들이 고구려 본기 月令의 정확성에 대한 懷疑를 근거로 하여 동맹제의 시행 시기를 주목하지 않은 것 같은데[49] 고구려 본기, 특히 그 전반부 5권의 기사는 서기 4세기 대에 작성된 일차 원전을 기초로 한 것이라고 믿어지고 있다. 월령 문제를 보더라도 삼국의 본기 중에서 가장 신뢰성이 낮은 것으로 평가되고 있는 백제 본기에 적혀진 武寧王의 사망 年度와 月次가 근년 발굴된 무령왕 묘지에서 그대로 사실로 확인됨으로써 그러한 태도는 설득력이 없어졌다.

둘째, 시조묘 제사는 서기 2세기에서부터 출현한다. '東明王廟'가 1세기 大武神王 대에 건립되었던 것과 아울러 생각하면 시조묘 제사가 동명왕묘 제사와 등장 시기가 다름을 알 수 있다. 일종의 祭禮들이 역사상 문헌에 나타나는 시기가 다르다는 것은 양자가 시대에 따른 변형이라고 볼 수도 있지만 한편으로 서로 다른 의례일 가능성을 시사해 준다.

셋째, 동맹제와 시조묘 제사는 거행된 지역이 首都와 古都로서 전혀 다르다. 동맹제는 도읍지에 건립된 동명왕묘를 중심으로 하여 치러진 행사였다고 판단된다. 위지 등에 의하면 동맹제 때에는 국민들이 나라의 가운데(國中)에 대대적으로 참집한다고 되어 있다.[50] 대회 기간 동안에는 公私 官民이 정복을 입고 참예한다고 되어 있다. 도회지에서 열리는 대규모 집회임을 상상하기 어렵지 않

---

48) 신라의 경우에 始祖廟에 대한 제사 시기를 살펴보면 흥미롭게도 대부분 2월 중에 거행되고 있다. 上代에 한정하여 볼 때 시조묘 제사는 총 24번 있었는데 그 중 14번이 2월에 치러지고 있다. (14/24=59%) 고구려의 시조묘 祭禮가 신라에게 끼친 영향을 생각하게 하는 대목이다.
49) 노명호, 1981, 63쪽.
50) 위지나 다른 사서에서 '동맹제'에 관하여 언급하고 있는 '國中大會'라는 표현은 '國'자가 나라 전체가 아니라 '首都'를 가리킨다. 이러한 표현은 《魏書》등의 후대 기록에서도 확인된다. 《위서》 고구려전에 '常以十月祭天 國中大會'라고 하였다. 따라서 자연스럽게 동맹제가 수도 지역에서 봉행되던 행사라는 것이 수긍되어질 수 있다.

다. 졸본 벽지에서 국왕과 수행 관민들을 중심으로 하여 봉행되고 있었던 시조묘 제향과 구별되는 점이다. 시조묘 제사는 본질적으로 수도의 이동과는 관계없이 졸본 지역을 순행하는 것이 골자인 것이다. 약 두 달 정도의 기간 동안 왕들은 졸본에 순행하여 제사하고 수도로 귀환하고 있다.

넷째, 종래 통설대로 동명왕묘와 시조묘가 같은 것이라면 기본적인 사료 비판을 소홀히 하였다는 평가를 면하기 어렵다. 일례로 백제 본기에서는 '始祖東明廟'라고도 보이고 '東明王廟'라고도 나타나고 있어서 '東明'이 始祖라는 사실이 명백하게 기술되어 있다. 논의의 초점인 고구려의 시조묘가 동명묘라면 한번쯤은 백제 본기에서처럼 첫 기사 다음에 '始祖廟'와 '東明王廟'를 동일하게 인정할 수 있는 기사가 보여야 할 것이다. 단 한 번만 '동명왕묘'라고 나타나고 그 뒤로는 일체 '시조묘'라고 보이고 있는 제사가 과연 동일한 것이라고 단정할 수 있을까? 특히 시조 주몽이 동명성왕이라고 호칭되기 시작한 것이 장수왕 대 이후라고 보면 그러한 모순은 명확하게 드러난다고 생각된다.

다섯째, 동맹제가 시조 주몽에 대한 제전이 아닐 것임은 위지를 위시한 모든 중국 사서에서 동맹제가 '祭天大會'라고 명시되어 있는 점으로도 알 수 있다. 동맹제가 과연 중국의 천자가 봉행하던 祭天儀式에 해당되는지 여부는 본고의 범위를 넘어 가는 문제이다. 다만 동맹제가 고구려 建國 시조에 대한 제사였다면 위지를 비롯한 중국측 기록에서 여러 번에 걸쳐서 동맹제를 서술하면서 建國 전설이나 '始祖'에 대한 약간의 표현이 있었음직하다. 그러나 실제로는 그러한 일체의 언급이 없이 祭天儀禮로만 서술되어 있는 것이다. 그러므로 2~3세기의 중국인들은 동맹제가 시조에 대한 제사가 아닌 것을 분명히 인식하고 있었다고 보아야 한다.

나아가서 동맹제(제천대회)가 시조묘 제사와 같다고 한다면 그것은 고구려에서 始祖神이 天神과 같은 대상으로서 숭배되었다는 의미가 되는데 과연 그러하였는가 망설이게 된다. 일본 학계 일부에서는 고대 東夷 각국에서 나타나는 '祭天'을 '始祖祭祀'라고 보고 있다.[51] 그러나 위지에서 祭天大會라고 열거되어 있는 '迎鼓', '東盟', '舞天', '天神祭'[52] 등을 모두 해당 종족의 始祖祭祀라고 본다는 것은 상당히 무리라고 생각된다. 다만 東明王은 부여족의 공통 조상으로서 부여, 고구려, 백제의 遠祖에 해당되므로 天神的 始祖神53)이라는 일면을 부정할 수 없다.

한편 後期 穀物栽培 사회에서 始祖神이 天神으로 승격된다는 이론을 朴東源이 제시하고 있으나 사료에 대한 구체적인 적용과 설명이 부족하다.54) 卑見으로는 동맹제가 汎夫餘族의 시조를 기리는 행사로서 천신과의 유사성이 많다고 인정할 수 있으나 시조묘 제사는 고구려 왕실의 수호신 내지 '種族 守護神(protecter spirit)'55)을 봉사하는 제례인 이상 그대로 천신과 비견하기 힘들어 보인다.

시조묘 제사는 졸본 奧地에서 시조묘를 중심으로 하여 왕과 수행 신하들이 9월(후기에는 2/4월)에 거행하던 시조에 대한 제례이다. 동맹제는 동명왕묘를 祭場으로 하여 수도에서 10월에 君臣이 上下 관리들과 일반 대중들과 더불어 참가하였던 大會였다. 그 기원은 東明王을 경배하던 행사였다가 나중에 祭天祭로 그 성격이 변모한 듯하다. 그러므로 두 개의 廟宇는 별도로 존재하였으며 그를 핵심으로 하는 祭儀 또한 별개의 제향이었다.

---

51) 依田千百子,《古代朝鮮の祭儀と信仰》,《日本の古代》13권,《心のなかの宇宙》, 389쪽. 변진에는 祭天 儀禮가 없는 것이 주목된다고 하였다.
52) 위지 마한전에 '國邑各立一人 主祭天神 名之天君'이라고 하였다.
53) 三田村泰助, 1976,〈朱蒙傳說とツングース文化の性格〉《現代のエスプリ》, 103쪽. 동명제의 시조신 제사적 성격을 지적하고 있다.
54) 朴東源, 1978,〈우리나라의 神話와 曆書年號의 制定—朱蒙神話의 內容을 中心으로〉《光州敎大論文集》17호, 167쪽. 그는 주몽의 신화적 성격이 '늦어도 新石器시대 후기에서 靑銅器 시대 초기'에 형성되었다고 할 수 있다고 하였으나 그러한 編年은 현실적으로 합당하지 않으며 따라서 이내 서기전 4~3세기를 올라 갈 수 없는 것이라고 입장을 다시 수정하고 있다. 본질적으로 이러한 신화적 일면은 주몽전설이 원형에서 변형되어 神格化되어 가면서 儀禮의 實修 過程에서 후대에 추가, 윤색된 것이라고 판단된다.
55) M. M. Balzer, 1990, Soviet Studies of Traditional Religion in Siberia and Central Asia, 102쪽.

4. 結論

고구려의 시조 주몽에게 東明王이라는 호칭이 고려 시대 이후로 널리 사용되고 있으나 주몽과 처음부터 연결되어 있었던 것은 아니었다. 동명왕이 일단 부여의 시조왕을 가리키는 이상 고구려의 시조왕과는 본래 구별되는 것이다. 그런데《삼국사기》에는 주몽이 東明聖王이라고 나타난다. 이러한 현상에 대하여 그 역사적 배경과 형성 과정을 구명하는 것이 본고의 첫번째 주제가 되겠다. 東明王 칭호가 고구려 시조왕에게 결부되어 간 과정을 추적하는 것은 동맹제의 성립을 구명하는 데 있어서도 긴요하다.

동명왕이라는 왕호를 주몽왕이 자칭하였을 가능성을 먼저 면밀히 음미하여 보았다. 그러나 고구려 이외에는 같은 부여족의 국가라고 믿어지는 東扶餘, 北扶餘, 그 지파인 曷思國, 남하한 백제 어느 왕조에 있어서도 건국 시조가 東明王이라는 칭호로 전해지고 있는 경우를 찾을 수가 없었다. 고구려 史家의 손에 의한 동명왕 칭호의 抹消 내지 변형이라는 가능성이 없는 것은 아니지만 백제에서조차도 시조왕이 동명왕이라고 불렸을 가능성이 희박해 보인다는 사실은 그러한 안이한 태도에 경종이 된다고 할 수 있다. 백제 시조왕이 동명왕의 후손임은 분명해 보이지만 자신이 '東明王'인 경우는 없었다.

고구려가 비록 한식 문물 흡수 및 援用에 가장 선진적이었고 한자 사용도 오래되었지만 초기왕부터 聖王 – 明王 – 神王이라는 시호를 가하였다고 보기도 어렵다. 광개토왕릉비나 모두루묘지에 보더라도 서기 5세기 초엽까지는 시조왕이나 초기 3 대 왕에 대하여 현전 고구려 본기에서 나타나는 것과 같은 한식 시호가 가상되어 있지는 않았다고 판단된다. 그러한 시호 내지 왕호가 당시에 추증되어 있었다면 비문이나 묘지에 明記되었을 것이다. 고구려인 자신이 아닌 신라 사가나 고려 사가들이 고구려 왕들에게 우아하고 정돈된 古風 諡號를 추증하였을 가능성은 매우 적다. 상식적으로 보아 고구려인들 자신의 손에 의하여 그러한 시호 또는 왕호는 추존되었을 것이다. 그 추증 시기는 영양왕 대《新集》이

찬성된 즈음이라고 분석된다. 《신집》의 기사를 이어서 신라나 고려 학자들이 '주몽왕=동명왕' 설을 祖述해 온 것이다. 주몽왕이 동명왕 내지 동명성왕이라고 지칭되기 시작한 것은 서기 5~6세기의 일이다.

그런데 고구려 본기 대무신왕기에는 신기하게도 東明王廟 설립에 대한 기사가 나타나고 있다. 이에 대하여 종래 대부분의 학자들이 후대에 소급된 기사라고 생각하고 있다. 그러나 본고에서는 그 기사가 현실성이 있는 것으로 보고 전후의 서술을 검토하였다. 그 결과 동명왕묘 설립 기사는 하나의 고립된 사료로서 취급하여야 할 것이 아니라 유리왕 본기에서부터 나타나는 대무신왕의 부여 정벌 설화 속의 일부를 구성하는 것임이 판명되었다. 대무신왕 3년 조의 동명왕묘 설립, 골구천 신마 획득, 赤烏 봉헌 등의 설화는 각각 따로 분리해서 생각하는 것보다는 하나의 일관된 설화 속에서 나타나는 일련의 설화군으로 파악되어야 한다. 부여를 征討하기 위하여 대무신왕은 부여의 시조 東明王에 대한 祭祀權이 고구려 왕 자신에게 있음을 내외에 널리 천명한 것이다. 바꾸어 말하자면 부여의 정통성이 고구려에 넘어왔다는 긍지의 표현이었다. 부여의 嫡統이 고구려인 까닭에 고구려 왕이 동부여를 정벌할 권한과 자격을 갖추게 된 것이다. 확고한 명분을 갖고 수행된 정벌에서 고구려가 대승을 거둔 것은 당연한 일이었다. 부여 정벌 설화는 고구려인들 사이에 널리 오래도록 기억된 듯하다. 자랑스러운 선조들의 업적을 기리기 위하여 서사시나 전쟁 설화의 형태로 고구려인들은 부여 정복 사화를 구전하여 갔을 것이고 그러한 전승들이 여러 형식으로 문자화되었을 것이다. 현재 고구려 본기에 전하는 부여 정벌 사화의 내용은 그러한 사료에서 기원한 것이라고 분석된다.

동명왕에 대한 제사권을 선포한 이상 대무신왕은 그 해 10월에 동맹제를 거행하였을 것이다. 그에 대하여 동부여측에서는 赤烏를 보내어 고구려를 견제하였으나 그것은 오히려 고구려에게 내리는 신의 축복이라고 해석되었다. 이러한 경과를 보면서 확인할 수 있는 것은 대무신왕 3년에 고구려에서 처음으로 동맹제가 봉축되었다는 점이다. 그러한 연례 행사는 후한 대의 중국인에게도 著聞되어 위지 고구려전에 '東盟'제전이 등재되게 된다. 고구려에서 동맹제가 대무신왕 3년에 시작되었다는 사실이 구명된 것은 이제 동맹제에 대하여 그 성격이나 형성 과정, 그리고 발전에서 종막에 이르는 역사적 조명이 가능하게 되었음을 의미한다. 일단 동맹제가 朱蒙祭가 아님은 분명하다고 하겠다.

동명왕묘가 부여의 시조왕을 봉안한 사당이므로 자연스럽게 고구려 본기에 나타나고 있는 이른바 始祖廟와는 구별되게 된다. 시조묘가 졸본에 고정되어 있었던 데에 대하여 동명왕묘는 수도의 이동에 따라서 함께 옮겨 다닌 점이 다르다. 시조묘는 古都에서, 동맹제는 新都에서 거행되었다. 祭場이 다른 것이다. 시조묘에 대한 제사는 초기에는 9월에 중기에는 2~4월에 치러지다가 차차 4월에 거행된 듯하다. 반면 동명왕묘 치제, 즉 동맹제는 고구려 전시기에 걸쳐서 10월 중에 거행되었다. 시기적으로도 다른 것이다. 시조묘 行幸은 후기에 가면서 고구려 왕의 地方 巡幸的 성격을 아울러 갖게 되었다. 동맹제는 서기 1세기에 시작된 것인데 대하여 시조묘 제례는 서기 2세기에 본격적으로 나타난다. 동맹제는 부여 시조를 제사하는 까닭에 차차 제천대회로 성격의 변화를 가져오게 되었다. 따라서 고구려 왕실의 시조를 치제하는 시조묘 제의와는 근본적으로 다른 것이다.

고구려의 동맹제는 부여의 시조를 제사하는 대회로서 대무신왕 대에 건립된 동명왕묘를 중심으로 시작된 제의이다. 이것이 사상에 유명한 동맹제(東盟)이다. 동맹제에 대한 연구는 종래 막연한 모색에서 머무를 수밖에 없는 한계가 있었으나 이제 새로운 시각에서 전면적으로 재검토되어야 할 것이다.

6절 高句麗 始祖廟에 대하여

머리말

　고구려의 始祖에 대한 제사는 고구려 당시에 매우 중요한 행사였다. 왕과 귀족들을 중심으로 봉행되었다. 卒本에 위치한 始祖廟에 왕래하면서 치러졌다고 한다. 《삼국사기》에는 신대왕 대부터 영류왕 대에 이르기까지 시조묘에 대한 순행과 제향 기록이 나타난다. 왕조의 흥망 내내 지속된 제사임을 알 수 있다.
　그런데 始祖廟 기사는 워낙 간단히 기술되고 있어서 학자들 중에는 그 신빙성을 의심하는 이가 있다. 기록 내용에 관한 음미도 불충분하다. 따라서 본고에서는 먼저 기사의 신뢰성을 평가해 보고 기록 중에 나타나는 제례의 특성을 추출하여 실체에 접근하기로 한다. 그리고 나면 당연히 현재 통설로 자리잡고 있는 朱蒙 主神설도 검토 대상이 될 것이다.

1. 始祖廟 記事의 信賴度 評價

　먼저 시조묘에 대한 검토로부터 시작하기로 한다. 고구려 사회에서는 시조에 대한 제사가 이른 시기부터 거행되고 있었던 것 같다. 인접한 유목 국가인 후한 대의 烏桓에서 '先大人有健名者(앞선 시기의 족장 중에 강건하기로 이름난 사람)'에 대한 제례가 기록되고 있었다.[1] 역시 같은 북방 계통의 국가인 부여에서도 서기 1세기에 벌써 始祖 東明에 대한 설화가 본국은 물론이고 멀리 중국에까지 널리 유포되고 있었다. 북방 사회에서 시조 숭배가 상당히 광범위하게 유행하고 있었다고 할 수 있다. 더 나아가서 고구려에는 '宗廟'까지 존재하고 있었다고 한다. 위지의 烏桓鮮卑東夷傳 전체를 통틀어서 宗廟가 있다고 기록된 나라는 고구려 하나뿐이다. 宗廟가 그 규모나 의식 같은 것을 알 수 없어서 미심하나 고구려인들이 始祖라고 인식하던 인물이 그 곳에 제향되었을 것은 충분히 짐작이 가는 일이다. 宗廟와 고구려 본기에 보이는 始祖廟와는 다른 것임은 물론이나 當代에 시조에 대한 祭禮가 實修되고 있었던 것은 사실이라고 하겠다.[2]

인근 중국에서는 始祖에 대한 제사가 거행되고 있기는 하였으나 '始祖廟'라는 형태로 정착된 사례가 드물다.[3] 晉의 봉작을 받고 중국화해 나간 慕容 鮮卑가 주목된다. 고구려의 선행 체제를 갖추면서 시조묘를 건립한 것이 아닌가 의심되나 아직 사료상으로는 확인되지 않는다. 고구려 시조묘가 三國 - 魏晉 문화의 餘波를 남긴 것이 아닌가 하는 의심도 들지만 그것도 확실하지 않다. 魏晉 문화가 고구려에 또는 동방 삼국에 끼친 영향은 별로 구명된 바가 없기 때문이다. 아마도 중국 문화에서 始祖廟는 매우 이례적인 현상이었던 것 같다. 중국에 있어서 국가를 대표하는 것은 시조 개인만이 아니었을 것이다. 시조 이래로 국가를 건설하여 온 昭穆이 매우 중시되는 사회인 것이다. 個人 숭배가 아닌 祖宗 信仰이기 때문이라고 추정된다. 이른 시기부터 宗廟가 성립되고 꾸준한 발전을 보는 것은 그렇게 문화적 기반이 다른 데에서 원인을 찾아야 할 듯하다. 봉건 체제가 정립된 隋唐 시기에도 끝내 始祖廟는 성립되지 않았다. 중국 문화 속에서 시조묘는 다만 일회적, 우발적인 현상이었다. 그에 대하여 동방 삼국에서는 고구려를 위시하여 백제, 신라에 이르기까지 연면한 발달을 이루었다.

---

1) 삼국지 위지 권30 烏桓전. 이 구절을 '先大人'과 '有健名者'로 나누어 볼 수도 있을 듯하다. 여하간 始祖나 中興始祖, 또는 부족의 分派 건립자에 대한 제사임은 분명하다.
2) 신라에서도 始祖廟가 나타나고 있는데 후세와 같은 것은 아니더라도 그 시원적 형태가 上古 시기부터 존재하였다고 생각되고 있다. 강종훈, 1994, 〈神宮의 설치를 통하여 본 麻立干時期의 新羅〉, 《韓國古代史論叢》6호, 214쪽.
3) 寡聞으로는 삼국 시대에 吳에서 지방에 始祖廟를 세운 것이 嚆矢이다. 晉 대에 와서 中山王도 始祖廟를 건립한 것이 遺文이 있어서 참고가 된다. 《全晉文》上, 762쪽.

고구려 본기에는 다음과 같이 신대왕 대부터 영류왕 대에 이르기까지 연면하게 시조묘에 대한 제사 기록이 이어지고 있다. 이 기간은 고구려의 전 역사를 통관하는 기간이며 따라서 시조묘 제사는 고구려 전 시기를 통하여 거행되었음을 알 수 있다.

1. 신대왕 3년 9월. 왕이 졸본에 가서 시조묘에 제사하다. 10월 왕이 졸본에서 돌아오다.[4]
2. 고국천왕 2년 9월. 왕이 졸본에 가서 시조묘에 제사하다.[5]
3. 동천왕 2년 2월. 왕이 졸본에 가서 시조묘에 제사하다. 크게 죄수들을 사면하다.
4. 중천왕 13년 9월. 왕이 졸본에 가서 시조묘에 제사하다.
5. 고국원왕 2년 2월. 왕이 졸본에 가서 시조묘에 제사하다. 돌아다니며 백성들 중 늙고 병든 이를 위문하고 곡식을 내리다.
6. 안장왕 3년 4월. 왕이 졸본에 가서 시조묘에 제사하다. 5월. 왕이 졸본에서 돌아오다. 도중에 거치는 州와 邑에서 가난한 이들에게 곡식을 한 사람당 한 斛씩 내리다.
7. 평원왕 2년 2월. 왕이 졸본에 순행하여 시조묘에 제사하다. 3월. 왕이 졸본에서 돌아오다. 도중에 거치는 州와 郡에서 죄수들 가운데 '二死' 죄에 해당되는 이들을 제하고 다 사면하다.
8. 영류왕 2년 4월. 왕이 졸본에 순행하여 시조묘에 제사하다. 5월. 왕이 졸본에서 돌아오다.

신라나 고구려의 시조묘 관계 기사는 일본 학자 井上秀雄, 武田幸男이 추후에 소급하여 등재한 것이라고 주장하고 난 뒤[6] 神崎 勝이 전면적으로 날조[7]라고

---

[4] 삼국사기 제사지에는 신대왕 4년 9월이라고 되어 있다.
[5] 삼국사기 제사지에는 고국천왕 원년 9월이라고 되어 있다. 착오이거나 원년 및 2년에 두 번 제사가 거행되었거나 할 것이다. 신대왕 본기의 기사도 마찬가지이다.
[6] 무전행남, 1997, 〈「始祖廟」記事と 高句麗王系〉, 《東方學論集》.
  賜物, 赦罪 기사가 있는 조항을 평양 시기의 조작으로 정리하고(821쪽) 古記에는 東明王廟 기사가 없었

치부해 버리기에 이르렀다. 특히 井上은 고구려 시조묘 기록이 서기 7세기에 정비되어 일괄적으로 편입된 것이라고까지 摘示하였다.[8] 본고에서는 시조묘 기사가 각별히 중시되고 있고 특히 그 月次까지도 의미가 있는 것으로 간주하는 까닭에 이러한 견해에 대하여 검토를 하지 않을 수 없다.

시조묘 기사에서 月令이 갖는 意義에 대해서 시조묘 기사를 의문시하고 있는 井上도 儀禮 내용을 파악하기 위하여 일단 사료적 가치를 인정하고 있다. 正月의 기사는 즉위 의식이었다고 하고 二月의 그것은 풍년을 기원하는 豫祝祭라고 판단하는 것 따위가 그것이다. 그러므로 정상수웅은 시조묘 기사 중에서 月次만은 의미가 있다고 보고[9] 年條에 대해서는 의심을 품고 있는 셈이다. 연대도 즉위 의례라는 점을 주장하기 위해서 즉위 2년이나 3년의 그것은 어느 정도 신용하는 듯하나 즉위 7년이나 10년같이 치세 중간에 해당하는 연조에 대해서는 설명이 별로 없다. 다시 말해서 年次도 일부만 긍정하는 폭이 된다. 이러한 자의적인 사료 해석은 설득력이 없다. 신라의 경우 시조묘 제사가 대부분 정월이나 2월로 기재되어 있는 것이 후대에 편입한 흔적이라고 하기도 한다. 그렇다면 그는 즉위 의례나 豫祝祭까지도 상고 시기에는 인정하지 않는다는 것이 된다. 중고 시기의 문화 현상이 상고로 투영되었다고 보고 있기 때문이다.[10] 일반적으로 인류학에서 즉위 의례나 풍년 기원제는 상당히 그 기원이 오래된 것으로 보고 있다. 정상설과는 반대로 오히려 上古期에 더욱 왕성하였어야 옳은 것이다.

다. 후대에 보철한 것이다(823쪽), 古記 기사가 7세기 이후의 정리이다(826쪽) 등의 주장이 그것이다.
7) 神崎 勝, 1995, 〈夫餘·高句麗의 建國傳承과 百濟王家의 始祖傳承〉, 《日本古代의 傳承과 東アジア》, 佐伯有淸古稀記念論叢, 길천홍문관, 289쪽. 본고에서는 이 글에 대한 반론의 여유가 없으므로 생략하거니와 神崎는 《魏書》 編纂者들이 5세기 후반 이후에 부여의 동명왕 전승과 광개토왕릉비문의 전승을 적절히 案上에서 결합하여 朱蒙傳承이 성립된 것은 아니었을까라고 억측하고 있다. 동, 284쪽. 주몽 전설이 史家의 붓끝에서 작문되었다는 것이 된다.
8) 정상수웅, 1979, 〈高句麗 大武神王觀의 變遷〉, 《旗田巍記念 朝鮮歷史論集》上, 194쪽.
9) 최근의 연구에 의하면 月令이 갖는 구체적인 의미까지도 해명되고 있다. 조법종, 1995, 〈廣開土王陵碑文에 나타난 守墓制 硏究〉, 《韓國史의 時代區分》, 신서원. 그는 주몽추도의식이 '9월'에 거행되었다고 추정하고 있다. 그 외의 달의 행차는 지역민 위무라고 한다. 194쪽.
10) 이와 같은 中古 시기로부터 上古 시기에로의 投影이라는 논조는 과거 일본 학자들이 《삼국사기》 초기 기록의 신뢰성을 부정하는 데에 있어서 가장 즐겨 사용하던 것이었음은 주지하는 바라고 하겠다. 우연한 일치라고 보이지 않는다.

상고기에 그러한 문화가 존재하였다고 인정한다면 정월이나 2월의 치제라는 기록을 부정하는 근거는 더욱 애매해진다.

고구려에 있어서 시조묘 기사가 7세기에 성립되어서 일괄 추가, 편입되었다는 근거는 정상이 정확하게 언명하고 있지 않아서 필자가 억측할 수밖에 없으나 아마도 마지막으로 나타나는 기사가 建武王 대의 기사인 까닭에 그러한 시기를 꼬집은 듯하다. 일단 정상설이 성립되려면 서기 7세기 고구려 終末期에서의 시조 숭배의 擧國的인 유행이라는 전제가 입증되어야 한다. 그리고 그 이전에는 그러한 흔적이 보이지 않는다고 가정하여야 한다. 그러나 고구려에 있어서 시조 숭배는 왕권이 강화되면서 장수왕 대를 분기점으로 하여 확대일로를 걸어온 것이다. 주몽왕에게 東明聖王이라는 시호가 추증된 것도 이 시기이다. 바야흐로 동명설화가 주몽 전승으로 고착된 것이다. 그리고 고구려 대왕의 신격화 작업에 병행하여 시조 신격화가 이루어진 것이다.[11] 시조 주몽을 奉祀하는 사당인 高登神廟의 기사가 7세기의 기록에 처음 나타나고 있으나 성립이 그 때라고 볼 수는 없다. 어떠한 역사적 문물도 그 형성과 성립은 문헌에 등장하기 이전의 일인 것이 보통이다.

근본적으로 정상설은 제사지의 기록이 어떠한 원전에서 유래한 것인가에 대하여 아무런 설명을 해주지 못하고 끝내 기록의 부정이라는 극단적인 방법을 택하고 있다는 데에 문제가 있다. 제사지의 기재와 본기 기록과의 相異點은 어느 학자나 다 인정하고 있는 것이고 그러한 이유로서 대개 제사지의 원전이 본기와 다른 것이었다고 판단하고 있다. 고구려 시조묘 제사에 관한한 '東明王廟' 건립 기사가 제사지에 제외되어 있는 외에 다른 연조의 내용들은 거의 전적으로 일치하고 있다. 이러한 특징적인 현상, 즉 東明王廟 기사의 누락이 왜 초래되었는가를 자세하게 이해하지 못한 까닭에 전체 제사지의 소전을 의심하기에 이른 것이다. 연구자가 前攷에서 제시한 바와 같이 동명왕묘 관계 기사가 제사지

---

[11] 중화군에서 발굴된 傳 東明王陵 앞의 祠堂 유적은 그 최초 성립 시기기 서기 4세기 초엽까지 올라갈 수 있음을 알려 준다.

기사와는 별도로 전해지다가《삼국사기》본기 편찬 과정 중에 합쳐지게 되었다고 판정한다면 아무런 모순을 발견할 수 없는 것이다.12) 그의 견해는 선험적으로 제사지의 원전이 7세기경에 성립된 것이라고 단정하고 그에 입각하여 논지를 전개하고 있는 것처럼 보인다.

기본적으로 후대에 선대 사실을 조작하여 소급, 기술하는 경우는 당시에 정치적으로 의미가 깊은 사실들이 주 대상이 된다. 예를 들어 始祖 傳承 자체는 대대로 □演되고 敍事되면서 부단히 변개, 개작된다. 그것이 전승의 특질이라고 할 수 있다. 그에 반하여 고구려에 있어서 시조묘에 대한 기록들이 7세기에 들어와서 그처럼 추가, 날조되어야 할 필연성을 우리는 발견할 수 없다. 시조묘에 대한 치제 기사는 유동성이 풍부한 □脣相關物이 아니다. 질박한 사실 그대로의 간략한 기술인 것이다. 어떠한 인위적인 흔적도 보이지 않고, 후대의 표현이 소급된 것이라고 생각할 여지도 없는 터이다.

시조묘 치제에 대한 자료 중에서 연대가 본기와 제사지가 약간씩 차이가 나서 의혹을 불러일으키고 있는 것도 있다. 신대왕 3년 조(본기)와 4년 조(제사지), 고국천왕 원년 조(제사지)와 2년 조(본기)의 차이가 그것이다.13) 먼저 후자의 경우를 생각한다면 고국천왕의 先王인 신대왕이 말년 12월에 사망한 까닭에 다음 왕인 고국천왕의 元年은 '踰月稱元法'으로나 '踰年稱元法'으로나 稱元 時點이 애매하다. 때문에 후세에 사가들이 편찬 과정에서 착오를 일으킨 듯하다. 참고로 12월에 前王이 사망한 예는《삼국사기》에서 뽑아 보면 신라에서 5 예(첨해왕, 유례왕, 원성왕, 홍덕왕, 진성왕), 고구려에서 2 예(신대왕, 장수왕), 백제에서 2 예(구이신왕, 위덕왕)이다. 이 중에서 첨해왕은 말년 12월 28일에, 원성왕은 12월 29일에 사망하여 後王이 다음해에 칭원하고 있다. 그러나 다른 경우에는 전부 12월에 전왕이 훙거하였어도 當年稱元하고 있다. 새 정월은 즉위 2년으로 처리되고 있는 것이다. 예외적으로 장수왕이 사망한 뒤 문자왕은 踰年稱元하고 있는데 이

---

12) 졸고, 2000,〈高句麗 東明王廟의 成立 過程〉,《韓國古代史硏究》18호.
13) 백제 제사지에서도 본기에서는 '契王 二年'조에 해당 기사가 없으나 제사지에는 동명묘에 대한 제향이 있었던 것으로 되어 있다.

러한 칭원법에 대해서는 별도로 연구가 이루어져야 할 듯하다. 본고에서는 고국천왕 원년이냐, 2년이냐의 문제를 해결하기 위해서는 고대 칭원법에 관한 연구가 필요하다는 점만을 지적하고자 한다.

신대왕 3년이냐 4년이냐 하는 문제도 신대왕 본기의 成立 過程에 관한 연구가 필요한 것이다. 현전 본기에서 신대왕 4년 조에 게재되어 있는 기사는 이른바 '公孫度'에 대한 것으로서 시기적으로 보아서 10여 년 이상 중국측 자료와 차이가 나기 때문에 연래로 학자들 사이에 논란이 되고 있다. 공손탁을 도와서 富山 賊黨을 토벌하였다는 중요한 사료인데 필자는 본기 편찬 도중 이루어진 공손탁에 관한 자료의 채택 과정이 졸본 시조묘 기사의 錯簡과 상호 연관성이 있지는 않나 의심하고 있다. 문헌학적으로 考究를 요하는 과제들이다. 이러한 본기와 제사지의 사소한 차이점이 사료의 가치를 떨어뜨리는 것은 아니다. 오히려 그 나름대로의 문제 제기라는 관점에서 접근해야 한다고 생각된다.

한편 始祖廟 記事를 후대적이라고 보는 의심을 해결할 수 있는 단서로서 우리는 '卒本'이라는 表記에 주목하지 않을 수 없다. 종래 卒本이라는 지명은 표기 면에서 검토한 이가 없었다. 고대 借字表記에 대한 연구가 진척되지 못한 데에 그 원인이 있을 것이다. 필자는 고대 고구려 - 신라의 표기 체계에 대한 종합적인 고찰을 시행하면서 그 성과를 가지고 《삼국사기》 원전 문제에 대한 조심스러운 전망을 공개한 바 있다.[14] 그러한 토대 위에서 卒本 표기에 관한 所懷를 피력하여 叱正을 구하고자 한다.

고구려 시대의 표기법에 있어서 초기부터 다음과 같은 특징을 관찰할 수 있다. 즉 '曷', '骨', '訥', '達', '咄', '物', '勿', '密', '跋', '拔', '軷', '弗', '薩', '辥', '室', '乙', '逸', '八', '忽', '笏', '恤' 등에서 入聲韻尾 '-t'가 이미 '-r'로 전화되어 사용되고 있음을 알게 된다. 이러한 入聲韻尾의 變異는 국어학계에서 이른 시기부터 지적되어 온 바로서 한국 한자음의 가장 큰 특징이기도 하다. 받침 '-ㄷ'과 '-ㄹ'이 서로 넘나드는 것은 비단 한자음에서만이 아니다. 국어 일반 음운에 있어

---

14) 졸저, 1997, 《三國史記原典硏究》, 학연문화사.

서도 그 현상은 현저하게 나타나고 있다. 입성운미 및 終聲語尾에서의 변동에 관한 역사적 고찰 문제는 至難한 과제로서 국어학계의 해묵은 숙제이다. 필자는 그러한 문제를 해결할 능력이 없음을 솔직히 고백하지 않을 수 없다. 그렇지만 위에 든 차자법의 예로써 미루어 보건대 고구려 초기부터 그러한 입성운미의 변화는 일어나고 있었지 않았나 하는 조심스러운 예측을 던져 볼 수 있다. 고구려가 표기법을 정립하였다고 생각되는 서기 4세기경부터 문헌이나 금석문 등에서 그와 같은 흔적이 나타나고 있기 때문이다. 가령 광개토왕릉비에서는 '卒本'과 같은 지역으로 생각되는 지명이 '忽本'이라고 나타난다.15) '卒本'의 '卒'과 '忽本'의 '忽'에서 다 같이 入聲韻尾가 확인된다. 그리고 그들은 이미 '-r-' 소리를 나타내고 있다. 서기 400년을 전후한 시기에 벌써 高句麗人들은 입성운미를 가진 漢字音을 고구려식으로 읽고 있었다는 것이다. 여기서 우리는 '卒本'의 표기가 생각보다 오랜 것임을 짐작해 볼 수 있다.

고구려 차자법에 있어서 '卒'자의 다른 용례는 찾을 수 없으나 《翰苑》,《高驪記》에 나타나는 고구려 관명 중에 유사한 차자가 보인다. 고구려 고급 관등으로 '對盧'가 있는데 별칭으로서 '吐捽'이 있다. 아마도 이것은 '吐捽'이 원형으로서 '吐捽'은 書寫 略體인 듯하다. '對盧'와 함께 'to-riu/to-rio'라고 읽히는 것으로 추측된다. 여기서 주의할 것은 고구려 말기에 가면 이미 '捽'자나 '捽'자와 같은 僻字도 차자로서 이용되고 있다는 점이다. 이로써 미루어 보면 '卒'자와 같이 平易한 글자는 이른 시기에 차자로서 사용되었다고 할 수 있다. 일반적으로 차자로 사용되는 한자는 초기일수록 단순한 문자가 차용되다가 차차 僻字나 多劃字가 원용되어 보다 정밀한 표기에 응용된다. 그러므로 '卒本'의 경우 비단 '本'자만이 아니라16) '卒'자를 보더라도 초기의 차자 표기임을 알 수 있다. 이 사실은 '卒

---

15) 지금까지의 사학계의 정설은 양자를 같은 語形으로 간주하고 있다. 필자는 양자가 다른 어형일 가능성을 연전 제기한 바 있다. 시비가 여하간에 매우 깊은 연관을 가진 지명들로 간주된다. 졸저, 1991, 《古代의 三朝鮮과 樂浪》, 기린원.
16) 두 개의 지명에 공통적으로 나타나고 있는 '-本'자는 주목을 요한다. 생각컨대 이 지명 어미는 고대어 '불', '밭', '부리' 등에 연원을 둔 것 같다. 가야 지방의 지명 중에 '比自鉢(比自火, 比斯伐 등으로도

本'이라는 지명이 그 같은 형태로 문자화된 지 오래임을 말하여주며 '卒本' 표기와 함께 문헌에 등장하고 있는 여러 사료들을 이해하는 데 도움이 된다. 특히 '始祖廟' 관계 기사의 사료적 평가에 있어서 일본 학자들의 회의적 태도를 불식할 수 있는 중요한 소견이다.

시조묘 기사가 날조라고 주장하는 견해를 검토하였다. 대부분 자의적인 해석임이 분명해졌다. 차자 표기법에 근거하여 평가해 본 결과 시조묘 기사는 매우 오랜 표기 체계에 속한다고 판정할 수 있었다. 전승의 가치를 인정할 수 있다고 판단된다.

2. 始祖廟 祭禮의 特性

고구려에 있어서의 시조묘 제례는 여러 가지 점에서 신라나 백제와 다른 일면을 지니고 있다. 먼저 눈에 띄는 것이 시조묘 기사가 신라는 물론, 백제에 비해서도 적은 양이라는 사실이다. 백제에서의 祭天儀式과 東明廟 拜謁에 관해서는 본기와 제사지에 자상하게 다루고 있다. 제천 행사가 10건, 동명묘 배례가 6번이나 기록되고 있다. 그에 대하여 고구려에서는 시조묘 기사만 8번 나타날 뿐이다. 전체 본기의 분량에 비추어 보아도 시조묘 제향에 관한 기사량이 상대적으로 적다. 이것은 사료의 일실이나 삭제와 같은 외부적인 이유보다는 내재적인 원인을 찾아야 할 것으로 본다. 드물게 제향되고 있는 것은 始祖 본래의 성격에서 그 원인을 찾아야 할 것이다. 이러한 점에서 시조묘의 主神을 朱蒙과 같이 널리 알려진 인물로 비정하는 것은 재고의 여지가 있다. 만일 朱蒙이 치제의 대상이었다면 시조묘에 대한 순행처럼 가끔씩, 간헐적으로 봉제되지는 않았을

보인다)'이 있고 백제 지명으로 '笞休(일본에서 성씨의 하나로 나타난다)' 등이 알려져 있어 비교가 됨직하다.

것 같다. 주기적, 정기적 국가 시조에 대한 제사는 별도로 거행된 祀典이 있었을 것이다. 非定例的인 祭祀는 그럴 만한 이유가 내재하여 있었기에 不時에 치루어진 것이라고 판단된다.

고구려에 있어서 시조묘 祭儀가 왕권이 막강하던 시기, 즉 광개토왕에서 장수왕, 문자왕에 걸치는 기간에 나타나지 않고 있는 것은 이미 주목되고 있는 터이다.[17] 절대적인 권력을 소유한 고구려 대왕들은 굳이 시조의 신성스러움을 내세우지 않아도 자신의 권력 기반의 動搖를 걱정할 필요가 없었고 왕실의 존엄성 역시 흔들리지 않은 것 같다. 그에 비하여 왕권이 비교적 미약하거나 내부적으로 혼돈기라고 보이는 시기에 시조묘 致禮가 집중되고 있어서 양자 사이의 관련을 생각하게 한다. 시조묘 제례가 高氏 왕실의 결속과 단결을 목표로 하여 거행되었음을 짐작하기 어렵지 않다. 이에 근거하여 始祖가 왕실 고씨로부터 거족적인 숭배 대상이던 인물임을 알 수 있다. 고씨 일족의 시조라면 우선 國祖王이나 국조왕의 아비 再思가 지목될 수 있다.[18]

평양 정도기에 있어서 졸본에로의 순행은 정권 안정을 위하여 시행하던 國內城 세력에 대한 慰撫 활동으로 해석되기도 한다.[19] 慰撫와 함께 王家의 武威 宣揚이라는 의미도 있었을 것은 당연하다. 오히려 현세적인 대왕 권력의 神聖性과 至高-絶對性에 대한 高揚이 시조묘 순행의 근본 목적인 것이다. 이러한 성격이 처음부터 내재되어 있었기 때문에 평양 시기에 가서도 졸본 舊都의 지방 세력에 대하여 정치적 配慮와 宣撫라는 의지가 강하게 표출되었던 것이다. 다른 하나는 시조묘 순행이 차차 대왕들의 지방 巡狩 활동으로 대체하게 되었다는 것을 들 수 있다. 유리왕의 빈삭한 離宮 조성, 태조대왕의 순수(孤岸淵, 柵城, 南海, 扶餘), 중천왕-서천왕의 순수(新城) 등처럼 고구려 대왕들은 지방 세력에 대한 武威 선양과 민심 安集을 목적으로 巡幸을 활발하게 시행하였다.[20] 그런데 졸본에의

---

17) 임기환, 1992, 〈6,7 世紀 高句麗政治勢力의 動向〉,《韓國古代史硏究》5호, 11쪽.
18) 朱蒙이 高씨가 아니라는 사실을 다시 한 번 지적해 두어야겠다.
19) 임기환, 윗글, 41쪽.
20) 김영하, 1985, 〈高句麗의 巡狩制〉,《歷史學報》106호.

巡行이 지방 세력에 대한 선무의 성격을 띠게 되면서 차츰 대왕의 순수로 대체하기에 이른 것 같다. 그것은 시조묘 순행의 정례화에 비례하여 국왕의 지방 순수가 사료에서 전연 확인되지 않고 있는 점으로서도 짐작할 수 있다. 시조묘의 이와 같은 地方性은 후세에 전국적인 숭배가 이루어졌던 朱蒙 信仰과는 다르다. 이 역시 시조묘의 주신이 朱蒙이라면 局地的인 것이 어색한 점이라고 하겠다.

이상과 같이 시조묘 제향은 항시적으로 거행되거나 年例的으로 실시되는 것이 아니었다. 非定期的인 制禮인 것이다.[21] 수도에서 봉행되던 것도 아니었고 전국적인 행사도 아니었다. 정치적인 뚜렷한 목표를 가질 때와 지방 세력을 순무할 필요가 있을 때 시행된 高度의 統治 行爲였다.

3. 始祖廟 主神 問題

始祖廟의 社主, 즉 主神이 누구인가 하는 문제는 비단 祭儀상의 문제만이 아니라고 할 수 있다. 고구려 역사상의 주요한 事件 및 史實들을 두루 설명해 줄 수 있는 假說만이 그 과제에 대답할 수 있기 때문이다. 시조묘의 주신으로서 거론될 수 있는 대상으로는 東明王, 朱蒙王, 國祖王, 柳花太后, 再思 등이 있다.

시조묘가 주몽을 제사하는 廟祠라는 견해는 비단 昨今에 나타난 것이 아니다. 종래의 통설이다. 그러나 그러한 견지는 다음과 같은 점에 문제가 있다.

첫째, 주몽 사당은 고구려 후기에 수도 평양에 위치하였다. 중국 사서에 보이고 있는 '高登神廟'나 '登高神廟'가 그것이다. 따라서 졸본에 고정되어 있었던 始祖廟와 일정한 거리가 있음을 알 수 있다.

---

21) 그렇다면 정기적으로 매년마다 치러지는 시조에 대한 祭儀는 어디서 어떻게 이루어졌는가가 문제로 남는다. 이 문제는 별도의 글로 다루기로 한다.

둘째, 주몽 神祠는 7세기에 즈음하여 遼東城을 위시한 전국 도처에 설립되어 간 듯하다.22) 이 점 또한 졸본에만 존재하고 있었던 시조묘와 다르다. 시조묘가 수도 및 지방 각지에 건치되어 있었다면 고구려 왕들이 반드시 졸본으로 순행하여 치제하던 필연성이 이해되지 않는다.

셋째, 주몽에 대한 국가적인 존경은 고구려 초기로 거슬러 올라가기 힘들다. 주몽의 통치 사실은 부정하기 어렵지만 그가 始祖로서 초기부터 치경되고 있었는가 하는 문제는 다른 문제이다. 오히려 주몽 숭배는 3세기 이후, 특히 4세기 이후에 형성되었을 가능성이 높아 보인다. 그에 비하여 시조묘 제의는 서기 2세기부터 시작되었다.

넷째, 주몽 사당이었다면 당연히 유리왕 본기에 창건 기사가 나타나야 할 것이다. 대무신왕 본기에 건립 기사가 보이고 있는 '東明王廟'가 始祖廟나 朱蒙王廟가 아님은 前藁에서 해명하였다. 東明王廟는 글자 그대로 扶餘始祖 사당인 것이다.23) 따라서 신대왕 본기부터 출현하는 '始祖廟'에 해당되는 건립 기사가 없는 셈이다. 일국의 始祖廟라면 국가적인 最高의 신전으로서 고대 사회에서는 각별한 치경의 대상이었다. 그러한 祠宇가 初建 연도마저 전하지 않는다는 해석은 설득력이 없다.

다섯째, 朱蒙은 高氏라고 보기 어렵다.24) 따라서 고씨 왕실이 그를 시조라고 봉사하였다고 인정하기 힘들다. 고씨 왕실이 제사하던 시조묘에 고씨가 아닌 朱蒙이 奉事되었다고 보여지지 않는다.

국조왕이 시조묘의 祀主일 것이라는 견해는 간혹 보이고 있다. 이것도 문제가 따른다. 우선 國祖王과 卒本과의 상관성이 불투명하다. 시조묘의 主神은 분명 卒本과 깊은 연관을 가진 인물인데 국조왕은 國內 尉那巖城에서 즉위하여 그곳에서 사망한 것이다. 그가 졸본에서 탄생하였다거나 졸본에 피장되었을 것이라는 증거는 전혀 없다.

---

22) 수도에 건립된 사당과 지방에 설치된 廟宇와의 관계에 대해서는 별도로 專考가 필요하다.
23) 졸고, 2000, 〈高句麗 東明王廟의 形成 過程〉, 《한국고대사연구》18호.
24) 졸고, 1999, 〈高句麗 桂婁部의 王室 交替에 관하여〉, 《韓國上古史學報》30호.

다음 국조왕이 高씨 왕실의 전체적인 시조였다고 간주하기에는 次大王 및 新大王과 형제간 同列이어서 곤란하다. 적어도 高씨 일족의 시조라고 한다면 3 大王系를 아우르는 위치에 있어야 할 것이다. 3 대 왕 사이의 譜系가 후세에 조작되었을 가능성은 다분하다. 그러나 그렇더라도 고구려 후기 한때에 現傳하는 것과 같은 世系가 正史에 수록되어 있었다고 고찰된다.[25] 끝으로 신대왕 대부터 시조묘에 대한 제향이 시작되고 있는데 과연 신대왕 정권이 국조왕을 시조로서 대우하였을 것인지가 미심하다. 신대왕은 어디까지나 국조왕의 同氣로서 행세한 것 같다. 국조왕이 次次代인 신대왕 대에 국가적인 시조로서 봉사되었다고 판단되지 않는다.

다음으로 朱蒙母 柳花부인이 시조묘에 봉사되었을 가능성을 생각해 보기로 한다. 여성 시조 관념이 팽배하던 고대 사회를 想定할 때 '柳花=始祖'설은 상당히 매력 있는 테제가 될 수 있다. 그러나 먼저 문제가 되는 것은 유화부인에 대한 사당이 이른바 '神廟'라고 하여 별도로 성립되어 있었다는 점이다. 시조묘가 유화부인의 사당이라고 하려면 '神廟'가 '始祖廟'와 같다는 것이 전제되어야 한다. 그러나 그러한 가정은 별로 설득력이 없어 보인다. 別藁에서 논하겠지만 神廟는 후기에 '夫餘神廟'로 발전하여 나가기 때문이다.[26] 둘째, 시조묘는 고구려 말기까지 연면하게 향화가 이어지고 있어서 부계 시조적 측면이 강하다. 河伯女 柳花에 대한 신앙이 비록 강하였다고 하더라도 남성 우위의 왕실에서 柳花太后가 본격적인 '始祖'로서 말기까지 봉제되었다고 보기 힘들다. 셋째, 시조묘가 태후 사당이라면 고구려에서 남성 시조에 대한 祠宇는 단지 宗廟만 남게된다. 神廟도 太后廟도 그리고 始祖廟도 전부 하백녀 사당이 된다. 너무나 일률적인 祀典 제도라고 아니할 수 없다. 神廟는 太后를 봉사하는 太后廟와 같은 것이라고 할 수 있겠지만 始祖廟도 같은 것으로 치부하기에는 문제가 많다.

東明王, 朱蒙王, 國祖王, 柳花太后 등을 시조묘 주신에서 배제하고 나면 시조로

---

[25] 국조왕의 父親 再思는 3 대 왕 세력으로부터 공통적으로 시조로서 공인되었을 수 있다.
[26] 졸고, 〈高句麗 神廟에 대하여〉, 본서 수록.

서 유일하게 남는 것이 국조왕의 부친 再思이다. 지금까지 학자들이 재사에 대하여 관심이 없었던 것은 아니지만 국조왕 전승의 수수께끼에 가리어 진실을 파악하기 어려웠다고 생각된다. 관견에 의하면 再思는 주몽 설화 중에 나타나는 克氏 再思 바로 그 사람으로서 毛屯谷을 근거로 하였다고 한다. 설화에 의하면 주몽이 남하할 당시 세 사람의 賢人 중 한 사람으로서 건국에 이바지하였다고 한다. 三人의 賢者 설화는 고대 각국 건국 전승에 흔히 발견되는 것으로서 장차 類型을 취합하여 정리할 필요가 있어 보인다. 분명한 것은 三人이 시조와 동시대의 인물이라는 전설은 문면 그대로 신종하기 어렵다는 점이다. 특히 함께 등장하고 있는 武骨, 默居가 각각 仲室씨, 小室씨라고 하여 대무신왕 대에 출현하고 있는 大室씨와 비교된다. 그에 견주어 볼 때 무골 등의 기년이 소급된 듯하다는 분석은 정곡을 얻은 것이다.[27] 무골, 묵거만 주몽왕 대로 소급된 것이라고 할 수 없다. 그에 앞서서 나타나고 있는 재사도 당연히 후대의 인물이던 것이 주몽왕 시대로 결부, 가탁된 것이다. 일족의 시조가 주몽왕을 거들어서 창업을 도왔다고 하는 說話素는 고구려 귀족 사회에서 널리 유행하던 族祖 傳承 양식이다.[28]

　再思가 始祖라고 한다면 가장 요령을 얻을 수 있는 것이 始祖廟의 출현 과정에 대한 설명이다. 신대왕 대부터 시조묘 行幸은 개시되었다. 그 시기를 감안하건대 시조묘의 주신이 高씨일 가능성은 예견되던 것이었다. 다만 국조왕의 그늘에 가리어서 재사가 부각될 여지가 없었던 것뿐이다. 최초의 고씨 왕권인 국조왕이 死去하고 다음 차대왕도 제거된 뒤 신대왕은 등극하였다. 고씨 왕족의 세력이 지극히 미약해진 시점이라고 할 수 있다. 그러한 난국을 타개하기 위하여 신대왕으로서 취할 수 있는 사업이 다름 아닌 고씨 시조신의 顯彰이었음은 짐작하기 어렵지 않다. 앞서 지적한 대로 국조왕이나 차대왕은 汎高氏 家神으로서는 격이 떨어진다고 할 수 있다. 당시 고씨 세력은 실제 계보가 어떠하든 간에 3

---

27) 김현숙, 1994, 〈高句麗의 解氏王과 高氏王〉,《大邱史學》47호.
28) 서영대, 1995, 〈高句麗 貴族 家門의 族祖 傳承〉,《한국고대사연구》8호.

大王 系譜로 나뉘어 있었다고 분석된다. 이들 세 집단을 통합할 수 있는 구심점이 필요한 시기였다. 그러한 시대적 요청에 부응하여 부상된 것이 전설상으로 전하던 再思라는 인물이 아니었을까 고찰된다.

엄밀하게 말하여 再思와 高宮 사이가 반드시 父子 관계라고 단정할 근거도 박약하다. 再思와 3 大王 집단 사이가 현재와 비슷한 계보로 구성되기 시작한 것도 그러한 현실적 필요성이 대두되었던 까닭이라고 생각된다. 따라서 이러한 계보로부터 역으로 추산하여 당시 高宮, 遂成 및 伯固를 대표로 하는 세 개의 유력한 고씨 집단이 존재하였음을 알 수 있다. 그리고 그들은 공통적인 시조로서 再思라는 인물을 인정하였다고 분석된다.

신대왕의 노력에 의하여 再思에 대한 祠堂이 국가적인 始祖 祠堂으로 승격되었을 것이다. 재사에 대한 廟宇는 따라서 신대왕 대에 창건된 것이 아님을 알 수 있다. 시조 再思를 배향하는 시조묘(再思廟) 개창 기년은 아마도 失傳된 듯하다. 국가적 묘우로서 중흥되기 이전에 再思廟는 단지 高씨 일족의 祖上 사당으로서 嫡統大人이 제사하였을 것이다. 그것을 신대왕은 중창한 것이다.

재사의 사당이 졸본에 위치한 것은 그가 졸본 세력이었기 때문이라고 관찰된다. 원래 재사는 모둔곡 또는 普述水에 본거하고 있었다. 이 지역과 졸본 사이의 지리 관계를 밝혀주는 문증은 현재 전하지 않는다. 그러나 재사가 졸본 지역의 대표적 세력의 하나였음은 《삼국사기》에 밝혀져 있다. 보술수 또는 모둔곡에서 주몽과 회동하였다는 전설적인 내용에 잇대어서 그들에게 賜姓한 기사가 나온다. 그리고 나서

마침내 그 능력을 헤아려서 각각에게 일을 맡기다. 그들과 더불어 함께 卒本川에 이르다. 遂揆其能 各任以事 與之 俱至卒本川.

라고 하였다. 여기서 '與之'는 그들(再思 등)과 더불어 행동을 같이 하였다는 뜻이 되겠다. '與之 俱至'는 '더불어 ~에 이르다'라는 의미가 되는 것이다. 3현자가 다른 곳에서 卒本으로 이동하여 온 것이 명기되어 있다.

종래 주몽의 모습에 가리어 재사 등의 움직임을 주목한 이가 없었는데 그것은 소루함의 평을 면하기 어렵다. 고대로부터 분명히 再思 등 3인의 이동은 전승상의 중요한 한 장면을 구성하고 있었던 것이다. 그러한 意匠을 위의 文句는 명백하게 드러내 보여주고 있는 것이다. 이로써 우리는 재사 등이 본거지라고 전하는 지역으로부터 이동하여 졸본으로 진출한 것을 알 수 있다. 朱蒙, 琉璃, 車頭婁 세력 등에 이은 또 하나의 남하 – 이동 설화이다. 그들은 졸본 세력으로 정착하였을 것이다. 사망 후에 그들을 기리는 사당이 졸본에 건립되었을 것도 짐작하기 어렵지 않다. 재사, 무골, 묵거 등은 유력한 고구려 귀족 가문의 시조가 되었고 그 집단은 졸본을 대표하는 유수한 세력들이었을 것이다.
　애초에 始祖는 卒本과 깊은 관계를 가진 인물이었다. 고구려 초기 史上에 졸본과 연결될 수 있는 주요한 인물이라면 朱蒙과 柳花太后, 그리고 재사 – 무골 – 묵거의 3인이다. 여기서 주몽 및 태후가 시조가 될 수 없으므로 제외한다면 나머지 재사 등이 검토의 대상이 된다. 그 중에 武骨, 默居를 시조라고 볼 근거는 없고 대신 재사는 여러 가지 점에서 始祖로 추앙되었을 가능성이 높다. 따라서 시조묘의 주신은 재사라고 분석된다.

4. 結論

　고구려에서 시조에 대한 제사는 매우 중요시되었다. 대왕과 대소 신료들이 벽지에 위치한 졸본까지 순행하여 치제하고 있었던 것으로 보아 알 수 있다. 그런데 일본 학자들은 기사의 신뢰성을 부정하고 후대의 추기라고 주장하고 있다. 다시금 진실을 정리해 둘 필요를 느낀다.
　시조묘 기사는 연도만 인정하거나 월차만 긍정하거나 하여 편의대로 풀이할 성질의 것이 아니다. 시조에 대한 숭배는 고구려 말기에 갑자기 팽배한 것이 아니다. 따라서 고구려 말기에 가서 추기한 기록은 아니다. 특히 '卒本'이라는 표기 자체가 상당히 古態的이라는 점은 위작설에 대한 좋은 반론이라고 할 수 있다.

특성상 시조묘 제사는 주몽처럼 정기적으로 치제된 것이 아니다. 나아가서 왕권이 취약한 시기에 집중된 것으로 보아 高씨 일족의 단합이 요청되는 시점에 거행된 것이라고 판단된다. 졸본이라는 국지성은 주몽처럼 전국적인 경배를 받던 존재에게는 합당하지 못하다고 생각된다.

그러므로 遼東성을 위시한 전국 각지에 설치되어 있던 주몽 사당과는 다르다고 할 수 있다. 주몽 숭배가 4세기 이후 평양 시기에 현저해지는 점을 같이 고려해 본다면 2세기에 시작된 시조묘 치제와는 시기가 맞지 않는다. 초출 연도가 신대왕 때로 되어 있는 점도 들어 맞지 않는다고 여겨진다. 더구나 주몽은 高씨가 아니다. 시조묘가 高씨 왕실의 단결을 상징하는 것이었다면 주몽에 대한 제사가 그러한 효과를 가져왔다고 설명하기 힘들다. 주몽이 시조묘 주신이 아니었음을 알 수 있다.

국조왕을 시조묘 주신이라고 한다면 그가 卒本과 아무런 연관이 없는 점을 설명하기 어렵다. 나아가서 국조왕은 전체 高씨 일족에게서 시조로 致敬될 만한 계보적 위상을 갖고 있지 못한 점도 문제가 된다. 柳花부인을 시조묘 주신이라고 볼 수도 있으나 그렇다면 神廟, 太后墓, 始祖廟 등의 現傳 모든 祭禮가 전부 河伯女 사당이 되어 역시 설득력이 없다. 고구려 말에는 남성 가부장 제도가 상당히 정착되었을 것인데 여성을 시조로 관념한다는 점도 문제로 남는다.

이들을 제외하고 나면 국조왕의 아비 再思가 남는다. 그가 卒本 세력이라는 점은 종래 간과되어 왔는데 사료에 명문이 있다. 재사 집단도 모둔곡에서 졸본으로 남하한 것으로 고찰된다. 특히 신대왕이 高씨 일족의 단결을 호소하면서 시조 숭배를 현창하였다면 가장 유력한 후보가 다름 아닌 재사 그 사람이었다. 그 결과 종래 桂婁部 嫡統 大人이 치제해 오던 再思 사당을 중수하여 고구려 대왕이 제향을 맡는 社廟로 격상시킨 것이다. 그것이 신대왕이 순행하기 시작한 졸본의 시조묘인 것이다.

始祖廟가 高氏 시조 사당임이 분명해지면서 고구려 사회에 있어서의 高씨의 위상에 대한 재검토가 불가피해졌다. 국가적인 시조와 왕실 시조가 분리되어 있었다는 것이다. 고구려 사회의 族的 편제 및 그 시기적 변동까지도 염두에 두지 않으면 안되게 되었다.

7절 高句麗 宗廟考

머리말

고구려에는 宗廟 제도가 도입되어 있었던 듯하다. 《三國志》고구려전에 그렇게 기록되어 있다. 그러나 당시 東夷 세계에는 종묘가 설립된 민족이 없었다. 매우 예외적인 것인 까닭에 지금까지 홀대받아 온 것 같다. 그러나 선진적인 현상이 단순히 그 이유만으로 무시되어서는 안될 것이다. 필자는 東明王廟, 神廟, 始祖廟에 대한 고찰을 통하여 일차적인 고구려 祀典에 대한 이해를 시도하였다. 그 결과 종묘제가 단순히 보아 넘길 수 없다고 판단되어 본고를 작성하게 되었다.

먼저 종묘와 시조묘가 판별되어야 할 것이다. 종래 학자들 사이에는 고구려의 始祖는 東明王이라는 잘못에 빠져 東明王=朱蒙=始祖라고 보는 견해가 많았다. 그러나 東明王은 부여의 시조이다. 주몽은 고구려의 시조인 것이다. 따라서 東明王廟와 宗廟는 서로 아무 상관이 없다. 이 점을 다시 밝히고자 한다. 그리고 始祖廟 역시 高씨 王室 家廟이다. 종묘와는 구별되어야 한다. 이렇게 주신이 다르고 따라서 기능이 다른 것을 설명할 필요가 있다.

그와 함께 종묘 제도가 고구려 사회에서 도입된 시점도 고찰하기로 한다. 이에 대한 작업을 통하여 고구려 祭典에 대한 이해를 깊게 할 수 있을 것이다.

1. 宗廟와 始祖廟

후한 대의 고구려의 풍속을 자세하게 기술하고 있는 위지 고구려전에는 주지하다시피 東盟祭가 著錄되어 있다. 그 외에 동맹제와는 분명히 다른 제사로서 종묘제사를 언급하고 있다.

涓奴部는 본래 나라의 주인이었다. 지금은 비록 왕이 아니지만 嫡統을 이은 大人은 古雛加라고 호칭할 수 있다. 그리고 宗廟를 세울 수 있고 靈星과 社稷을 제사할 수 있다.1)

이 기사는 소노부2)의 합법적 대표자가 종묘 및 사직에 대한 제사를 할 수 있었다는 내용이다. 이에 의거하여 당시 고구려 왕실에서도 宗廟, 社稷에 제사하던 것을 미루어 알 수 있다. 문제는 여기에 보이는 宗廟의 성격에 있다고 하겠다. 위지의 서술에 의하면 10월에 열리는 동맹제와, 문제가 되는 종묘 제사와는 아무런 관계가 없이 나타난다. 동맹제에서 隧神에 대한 제사도 함께 치러졌다는 것은 위지에 명기되어 있어서 알 수 있으나 종묘 제사와의 연관성에 대해서는 위지 찬자가 침묵하고 있다. 이러한 경우 여러 가지 가능성을 생각해 볼 수 있으나 동맹제와 종묘제는 별도로 봉행되었다고 보는 것이 순리적일 것이다. 10월에 동맹제가 열리면서 동시에 隧神에 대한 제사가 거행된 것은 이해할 수 있으나 종묘나 사직에 대한 제례까지도 10월에 집중되었다고 생각하기는 어렵다.

《후한서》고구려전에서도

鬼神과 社稷神, 靈星에게 제사하기를 좋아한다. 10월에 하늘에 제사하는 큰 모임

---

1) 涓奴部本國主 今雖不爲王 嫡統大人 得稱古雛加 亦得立宗廟 祠靈星社稷.
2) 통설대로 위지의 '涓奴部'는 消奴部의 착오라고 본다.

이 있는데 일컬어 東盟이라고 하다. 그 수도의 동방에 큰 굴이 있는데 隧神이라고 한다. 역시 10월에 맞아들여 제사한다.[3]

라고 하여 귀신, 사직, 영성에 대한 제사가 10월에 열리는 동맹제, 수신제와 별도로 倂記되고 있는 것도 그러한 사실의 반영일 것이다. 여기 보이는 '鬼神'에 대한 제사 중에 始祖王 제사 등이 포함되어 있을 것이라고 보는 것은 자연스러운 추측이다. 중국 문헌에서 '鬼神'은 무속적 신앙 대상을 의미한다고 보는 견해도 있으나[4] '穀靈'으로 파악하는 주장도 있으며[5] 보다 너른 의미에서 '祖上神'을 가리킨다고 한다.[6] 따라서 고대사 자료에 나타나는 '鬼神'에 대해 일률적으로 무엇이다라고 단정하기는 어려울 듯하다. 전후 문맥으로 볼 때 바로 뒤에 '社稷神'과 함께 거론되고 있고 또 고구려에서만 각별히 '宗廟'가 거명되고 있는 점 등으로 보아 고구려전의 '鬼神'은 '宗廟'에 봉안된 '祖先神靈'이라고 풀이해 볼 수 있다.

따라서 위 인용문의 첫 문장은

'宗廟'의 '祖上神'들과 社稷神, 靈星神 등에게 제사지내는 것을 즐겨한다.

라고 해석된다.

이들 제의가 동맹제나 隧神제와 별도로 기술되고 있는 것으로 보아 개최 시기는 10월이 아닌 것 같다. 《梁書》 고구려전에서는

왕이 거처하는 곳의 왼쪽(*동쪽 – 필자주)에 커다란 집을 세워서 鬼神을 제사지낸다. 그리고 零星과 社稷에도 제사한다.[7]

---

3) 好祠鬼神, 靈星, 社稷. 以十月祭天大會 名曰東盟 其國東有大穴 號隧神 亦以十月 迎而祭之.
4) 나희라, 1990, 〈新羅初期 王의 性格과 祭祀〉, 《韓國史論》24호, 63쪽.
5) 정상수웅, 1978, 《古代朝鮮史序說》, 영락사, 94쪽.
6) 出石誠彦, 1973, 《支那神話傳說の研究》.
7) 於所居之左 立大屋 祭鬼神 又祠零星社稷.

라는 기술이 있다. 이 구절은 《삼국사기》에 그대로 인용되어 있으나 영성, 사직에 대한 제향이 '又祠'가 아니라 '冬祠(겨울에 제사한다)'라고 되어 있다. 그 나름의 사료 가치를 인정한다면 이 역시 각각의 제의가 시기를 달리하였다는 사실을 전해준다고 생각된다. 후대이지만 고려 시대에 八關會가 서경에서는 10월에 개경에서는 11월에 개최되었다. 지역에 따라 시기가 다를 수도 있다는 좋은 자료이다. 고구려에서도 《三國志》의 시기에는 10월에 거행되다가 《梁書》의 시대에는 冬節에 봉행되었을 수도 있어 보인다.

동맹제와 동시에 출현하고 있는 종묘 제의의 성격에 대하여 시사가 되는 것은 고구려 본기에서도 '동명왕묘'와 '始祖廟'가 병존하여 서술되고 있다는 사실이다. 본기의 동명왕묘를 중심한 제의는 위지의 동맹제에 합치될 수 있다. 그렇다면 본기의 시조묘가 위지에 보이는 宗廟라고 볼 소지가 있다고 하겠다. 종묘라는 것이 본래 시조왕을 비롯한 선조 왕들을 제사하는 곳이니만큼 시조묘로서의 기능이 기본적인 것이다.

그러나 시조묘가 시종 일관하여 졸본 지역에 위치하고 있었다는 점을 비추어 보면 宗廟와는 다른 것이라고 판단된다. 동천왕이 평양으로 천도하면서

백성들과 '廟'와 '社'를 옮기다.

라고 한 것은 시조묘를 이동시켰다는 뜻이 아닐 것이다. 위지에 나타나는 '宗廟'와 '社稷'을 옮겼다는 의미라고 해석된다. 종묘는 수도에 위치하면서 도읍지의 이동에 따라서 함께 옮겨갔다고 보이며 사직도 그러하였으리라고 추측된다. 그렇다면 종묘와 시조묘는 자연스레 별개의 사당임이 분명해진다. 종묘가 중국식의 시조 숭배라고 할 수 있다면 시조묘는 고구려 고유의 시조 신앙 형태라고 할 수 있을 것이다. 좀더 천착하자면 시조묘는 시조왕 한 사람에 대한 사당인 듯하고 종묘는 중국에서처럼 시조 이하 역대의 친족 先王들이 제향되었을 것 같다. 종묘는 수도의 이동에 따라서 그리고 王系의 변동에 따라서 神位들의 내용에 변화가 있었다고 추측된다. 단 후대 신라에서처럼 高祖나 曾祖까지를 봉사하는

형식이었는지 아니면 독자적인 원칙이 있었는지 지금으로서는 말하기 힘들다.

지금까지의 동명왕묘, 시조묘, 종묘에 관한 異同을 표로 만들면 아래와 같다. 《삼국사기》 고구려 본기에 나타나는 기재와 위지 고구려전에 보이는 표현을 대비하여 보기로 한다.

명칭 \ 문헌	고구려 본기	위지 고구려전
종묘, 사직	'廟社', '宗廟', '社稷', '國社'	'宗廟', '社稷'
시조사당	'始祖廟'	'東夷舊語'
동명왕사당	'東明王廟'	'東盟'

위지 본문에는 '東夷舊語'라는 표현으로 나타나고 있다. '東夷舊語 以爲夫餘別種'이라고 하였다. 고구려인들의 전설에는 고구려 왕실이 夫餘의 별종이라고 한다는 의미이다. 이 기록으로 보아 위지 당시에 고구려인들이 숭배하고 있던 시조가 분명히 존재하였다고 고찰된다.[8] 그에 따라서 시조를 제사하는 사당도 존재하고 있었을 것이다. 본기에는 그 존재가 시조묘라고 명확하게 드러나고 있지만 위지에 불분명하게 서술되어 있었던 까닭에 지금까지 시조 숭배의 정확한 실체가 인식되기 힘들었던 것이다. 일견하여 정연한 대조를 보여주고 있음을 알 수 있다.

2. 宗廟의 成立 時期

종묘가 고구려에서 성립된 시기는 우선 고국천왕 대까지 소급이 가능하다.

---

8) 졸고, 〈高句麗 始祖廟에 대하여〉, 본서 수록.

고국천왕이 유명한 乙巴素를 國相으로 초빙하면서 하는 말 가운데 다음과 같은 표현이 있다.

孤가 함부로 先王의 基業을 이어 …… 이치를 알지 못하도다. 선생이 …… 나를 버리지 않고 선뜻 오시니 나만의 즐거움과 기쁨이 아니라 社稷과 백성들의 福이오.

여기에는 社稷의 福만 언급되어 있으나 전후 문맥으로 보아 社稷이라는 단어 앞에 宗廟가 생략된 것임을 쉽게 짐작할 수 있다. 즉 宗廟, 社稷과 백성들의 福祿이라는 것이다. 그리고 앞의 '叨承先業'이라는 표현도 신라 문무왕이 고구려를 멸망시키고서 개선한 뒤에 '先祖廟'를 배알하면서 사용한 '祗承先志'나 신문왕이 직계 선왕들을 모신 '祖廟'에 치제하면서 '某以虛薄 嗣守崇基'라고 한 것과 상통한다. 바꾸어 말하자면 선왕들의 기업을 이었음을 언급하는 사실 자체가 宗統意識 – 위지에서 표명한 대로 '適統大加'의 '適統意識'이 근저에 자리잡고 있다는 증거라고 볼 수 있다. 이 같은 嫡統 관념이 종묘의 존재를 시사하는 것은 상식적이라고 하겠다.

고국천왕 다음에 즉위한 산상왕은 즉위를 둘러싸고 형제간에 내전을 벌였는데 내전을 진압한 장군인 罽須가 반란을 일으킨 형 發歧에게

한때의 분을 참지 못하고 宗國을 멸하려 하다니 이 무슨 뜻이냐? 몸이 죽은 뒤에 어떻게 先人들을 뵈오려 하느냐?

라고 질타한 것도 宗國 – 宗家 관념과 先人 – 先王에 대한 남다른 인식을 보여준다. 이 역시 종묘의 존재를 상정하면 이해하기가 쉬워진다.

고국천왕 이전에 종묘가 건립되어 있었다는 시사는 다른 곳에서 찾기가 어려우나 신대왕이 왕 3년에 시조묘를 찾아서 졸본으로 순행한 것이 약간의 단서가 될 법도 하다. 신대왕이 즉위하여 대사면령을 내리고 공신 명림답부를 국상으

로 제수한 기사에 바로 이어서 나오는 기사이다. 시조묘에 대한 幸行 기사는 이 때 처음으로 문헌에 나타난다. 고구려 왕이 시조묘에 치제하는 것 자체가 신대왕 대에 이르러서 시작되었다.9) 좀더 생각하여 始祖廟와 그에 관한 儀禮가 신대왕에 이르러 정비되었다고 한다면 그와 함께 시조 이하 역대 선왕들을 봉향하는 종묘와 그 祭禮 역시 신대왕의 개혁 정치에 부수하여 구비되었다고 볼 수 있지 않을까?

한편 위지의 기사를 깊이 음미해 보면 상상 이상으로 이른 시기부터 종묘 제도가 정착되었다고도 보인다. 위지에서 왕실만 아니라 소노부의 嫡統大人도 역시 종묘와 靈星, 社稷에 제사한다고 하였다. 소노부는 주지하는 바와 같이 前王室이다. 신대왕 대에 종묘가 창설되었다고 한다면 소노부도 그 이후에 종묘를 가질 수 있었을 것이다. 그런데 신대왕 정권은 본기에 나타나 있는 바와 같이 차대왕 정권을 뒤집고 반정한 것이다. 차대왕 정권은 沸流那, 貫那, 桓那 세력에 기반을 두고 있었던 것으로 추측된다.10) 따라서 신대왕 시기에 세력이 약화된 前王室=沸流那部가 종묘를 새롭게 창건하였다고 보기는 힘들다.

그렇다면 그 前代인 차대왕 대에 비류나-소노부에서 종묘와 영성, 사직을 세웠을 가능성도 생각해 볼 수 있겠다. 그렇다면 왜 함께 정권을 담당하고 있었던 貫那部, 桓那部 등에는 그러한 儀式이 배당되지 않았는가의 설명이 궁색하다. 오히려 차대왕 당시에는 비류나부보다 貫那, 桓那 등이 고위 관직(左右輔)에 제수되고 있어서 세 部 중에서도 비류나부는 상대적으로 세력이 열세였던 까닭이다.

아마도 소노부에서 종묘를 보유한 것은 그들이 집권하고 있던 당시부터였다고 보아야 할 것 같다. 사직도 그렇고 靈星도 그럴 것이다. 계루부가 정권을 잡고 나서 소노부에 대해 배려를 하였다고 하더라도 새로운 儀禮를 왕실과 동등하게 용인 내지 허가한 것은 아닐 것이다. 기왕에 소노부가 차지하고 있었던 여러 가지 기득권들을 당분간 또는 잠정적으로 인정해 주는 선에서 타협했을 것이

---

9) 졸고, 〈高句麗 始祖廟에 대하여〉, 본서 수록.
10) 졸고, 〈高句麗 遂成 政權과 次大王 本紀의 成立 過程〉, 본서 수록.

다. 그러한 기득권 중에 종묘나 영성, 사직에 대한 제사권이 포함되었다고 보는 것이다. 계루부로서는 소노부가 이미 획득하고 있는 지역적 기반이라든가 경제적, 사회적, 문화적 위상을 인정하면서 왕실의 기초를 다져 나간 것 같다. 전면적인 왕실의 승격 내지 신성화 작업은 차대에 미루지 않으면 안되었을 것이다.

소노부 시기부터 고구려 사회에 종묘, 영성, 사직 제사가 존재하였다는 것은 계루부가 왕권을 장악한 초기부터 그러한 의례가 승계되고 의전화되었음을 의미한다. 고구려 종묘는 주몽왕 대에 이미 성립되어 있었다고 믿어진다.

고구려는 건국 초기부터 '王'을 칭하였다. 중국의 왕망이 한때 유리왕을 '高句麗侯'로 격하시켰지만 후한 광무제가 등극한 뒤에는 '다시 그 王號를 복구하였다'는 기사에서 볼 수 있는 것처럼 본래 高句麗王이었던 것이다. 하나의 王國이 당시 동아시아 문화권에 있어서 종묘, 사직을 설립하고 제향을 받들었다는 것은 이상한 일이 아니다. 국내 사료인 고구려 본기를 보더라도 위나암성 천도 기사에 나타나고 있는 것처럼 당시 고구려에서는 祭天 행사를 갖고 있었다. 그 희생물로서 '郊豕'를 사양하고 있었으며 그것을 담당하는 관리까지 설치되어 있었다. 祭天 행사가 위지에 나타나는 東盟祭인지 아닌지 여부는 아직 판단할 자료가 없다. 제천 의식까지 보유하는 왕국이 종묘가 없었다고 간주하기는 어렵다. 부여와의 외교적인 言辭 속에도 ['社稷을 공고하게 하려한다(欲保其社稷).]는 표현이 나타나고 있다.[11] 사직이 있었다면 당연히 종묘도 인정되어야 할 것이다.

다른 관점에서 보면 고구려 초기에 왕실이 '賜姓' 제도를 적극적으로 활용하고 있다는 현상을 주목하고 싶다.[12] 주지하는 바와 같이 성씨 제도는 중국에서 宗家 사상 또는 宗法 관념과 밀접한 관련을 가진 것이다. 고구려 왕실이 여러 세력들의 首長들에게 성씨를 하사한 것은 그들의 실질적인 지역 기반에서의 통치권을 공식화해 주는 절차는 아니었을까? 후대에 중국 왕조로부터 동아시아 諸國이 冊封 체계라는 형식을 통하여 국제 질서를 형성하여 나간 것과 비교할 수

---

11) 《三國史記》 고구려 본기 유리왕 28년 8월.
12) 서영대, 1995, 〈高句麗 貴族家門의 族祖傳承〉, 《韓國古代史研究》8집.
　　김광수, 1986, 〈高句麗 建國期의 姓氏賜與〉, 《韓國史研究》55집.

도 있어 보인다. 고구려 왕들은 중국에서 성씨 제도를 도입하여 긍정적으로 이용하면서 왕실의 지배력을 제고하고 동시에 在地 세력들의 정통성 및 대표성을 公認해 주는 두가지 효과를 거두고 있었던 것 같다.

설화적인 기록이지만 神劍으로 유명한 怪由가 국가로부터 해마다 제사를 향유 받았다는 것도 간과할 수 없는 예라고 하겠다. '有司'라고 하여 국가에서 그러한 제례를 담당하고 있는 관청과 관리의 존재가 확인되고 있다. 有功 大臣에게 四時에 따른 제사가 받들어지고 있는 상황에서 왕가의 종묘 제사도 봉행되고 있었다고 보는 것이 순리가 아닌가 한다.

중국 漢代에 종묘나 사직에 대한 제사는 전대처럼 황실뿐만 아니라 諸侯國에서도 치러지고 있었다.

종묘, 사직, 영성 등에 대한 위지의 기사를 만연하게 삽입된 것으로 보는 견해도 있으나 뚜렷한 근거가 없다. 오히려 위지 동이전에 실린 다른 종족(보기; 倭人전)의 서술에 있어서 고구려처럼 '宗廟, 社稷, 靈星'의 기사가 나타나고 있는 예가 없으니만큼 그 고유성을 인정해야 할 것이다.

고구려에서는 종묘와 사직뿐만 아니라 靈星까지 치제하고 있어서 天子의 儀禮를 모방하고 있다. 일단 계루부 왕실이 종묘, 사직과 함께 靈星을 제향하고 있는 점은 이해가 간다. 그런데 문제가 되는 것은 소노부에서도 종묘, 사직 외에 '靈星'을 봉제하고 있었다는 기사이다. 중국에서의 제례를 참고한다면 靈星祭만은 天子만이 거행하던 행사이다.13) 이러한 중대한 의례를 고구려에서 도입한 것은 王家의 위엄을 높이기 위함이었을 것이다. 물론 실질적으로는 농업 생산을 배가시키기 위한 종교적 욕구에 부응한 것이다. 이렇게 천자만이 봉행하는 중요한 행사를 중국으로부터 수입하면서 왕실과 동등하게 소노부에서도 시행하도록 허가하였다는 것은 이해하기 어렵다.

이 경우에도 소노부가 왕권을 상실한 뒤에 영성제를 새로 허용받았다고 보기

---

13) 李如森, 1998, 〈漢代墓祀新探〉, 《北方文物》1998년 1기. 《漢書》郊祀 지. 高祖制詔御史 其令天下 立靈星祠 常歲時祀以牛.

는 힘들다. 기왕에 실행하고 있었던 祭儀權을 추인받은 것에 불과할 것이다. 다시 말하자면 소노부 국가도 靈星제를 거행하고 있었고 천자에 준하여 제천 의례도 거행하고 있었다는 것이 된다. 이 점은 소노부 국가가 句麗國이건 아니건 간에 상당한 정도의 정치적 문화적 독자성을 유지하고 있었다는 증거가 될 수 있다. 단 靈星제가 한나라 高祖 대에 처음으로 시작되었으므로 소노부 국가가 그것을 수용한 것도 그 이후의 일이 될 것이다. 沸流國王이 '累世爲王'이라고 술회하고 있으므로 비류국의 역사는 고구려 건국보다 적어도 1세기 이상 이르면 戰國 시기까지 소급될 수 있다고 판단된다. 그리고 소노부 국가가 영성제를 도입한 것은 중국에서 그것이 정립된 漢初 이후, 좀더 정확하게 지적하자면 서기전 2세기에 개시되었을 것이라고 추정할 수 있다.

大室씨 설화가 沸流部 宗廟 설립을 의미하는 것일 수도 있어 보인다. 중국 의례에서 '大室'은 宗廟를 가리킨다. 일명 '太室', '太廟'라고도 한다.[14] 따라서 大室씨는 太室씨, 太廟씨라고도 할 수 있으며 궁극적인 의미는 '宗廟 氏族'일 것이다. 그렇다면 大室씨의 활동이 과연 고구려에서 특히 소노부에서의 종묘 성립에 관한 것일 수 있을까 하는 의문이 생긴다. 결론적으로 말하면 대실씨 설화에는 宗廟 建立에 관한 事案이 결여되어 있다. '大室을 지어서 거처하다'라는 표현에는 '太廟를 짓고 제사를 담당하다'라는 演繹이 들어 있다고 판단하기 힘들다. 鄒勃素의 활동은 분명히 비류부 내에서의 偵察 내지 監察 작업이었다고 판단된다.

3. 宗廟와 社稷의 機能

종묘가 시조묘와 다른 것은 종묘에 시조 이외의 선왕들이 봉헌된 점을 들 수

---

14) 僧靳신, 1992,《神靈與祭祀》, 강소고적출판사. 191쪽.

있다. 그리고 종묘는 도읍지의 이동에 따라서 함께 옮겨 다녔다는 것 등을 지적할 수 있지만 양자는 근본적으로 다른 기능을 갖고 있었던 것 같다. 즉 종묘에서는 年例的인 시조왕에 대한 致祭가 의례적으로 행해진 데 대하여 시조묘에서는 特發性으로 정치적 행사가 이루어진 것이다. 시조묘에서의 제사가 정치적인 특색을 짙게 띠고 있었음은 앞서 구명한 바와 같거니와[15] 반면 종묘에서의 시조에 대한 제향 자체는 일상적이고 연례적인 행사였던 듯하다. 그렇게 고도의 국가적 통합 儀禮는 아니었다고 생각된다. 일본 고대에는 천황의 즉위 의례로서 '大嘗祭'가 있어서 유별나게 성대하게 치러졌고 연례적인 수확 의례는 '新嘗祭'라고 하여 대상제보다는 격이 낮았다. 고구려에 있어서의 시조묘 제향은 일본의 대상제에, 그리고 종묘에 대한 치제는 일본의 신상제에 비견할 만한 것이었다.[16] 매년 개최되는 종묘 제례의 시점은 시조묘 祭禮와 連動되어 변화가 있었을 것이다.[17]

社稷의 경우 위지와 고구려 본기에 이른 시기부터 나타나는데 그것이 大地母神을 기리는 성격의 것임은 정설로 되어 있다. 집안에 있는 동대자 유적이 그에 해당된다고 믿어진다.[18] 졸본에서 고구려가 다른 지역으로 이동한 뒤에 神廟(=태후묘)는 졸본에 상당 기간 고정되어 있었다. 그러므로 新都에서 매년 거행되는 地母神祭의 祭場은 별도로 마련되었을 것이다. 본래 성격이 母神사당인 까닭에 연례적인 聖母 儀禮는 이 社稷에서 치러지게 된 듯하다. 大地母神에 대한 儀式은 10월 중에 봉제되었다. 매년 사직에서 거행된 것이다. 따라서 《삼국사기》에 인용된 《梁書》에서와 같이 '社稷', '靈星'에 대한 제의가 '冬'에 치제되었다는 소전은 비교적 신뢰할 만하다고 믿어진다.

한편 고구려의 '國社' 유적으로 추정되고 있는 집안 東擡子에서 발굴된 大石은

---

15) 졸고, 〈高句麗 始祖廟에 대하여〉, 본서 수록.
16) 일본에서 대상, 신상 등은 9월에 치러졌는데 고구려의 종묘 제례가 언제 거행되었는지는 아직 알 수 없다.
17) 처음에는 10월에 행해지다가 시조묘 제도의 정립과 더불어 9월로 다시 2월에서 4월로 변동되었을 것이다.
18) 서영대, 1990, 〈集安 東擡子 高句麗 建築 遺跡의 性質과 年代〉, 인하대 論文集 16집.

그것이 石座, 즉 臺座가 아님이 분명해 보이므로 통설대로 '高句麗 國社主'라고 보고 싶다. 地母神을 모셨다고 생각하는 학자도 있으나[19] 신상이 안치된 것이 아니므로 扶餘 神廟에 봉안되어 있던 柳花聖母像과는 일단 무관한 것으로 판단된다. 돌을 社主로 삼은 것은 고래로부터 내려오는 大石 숭배가 社稷 개념과 접목되면서 나타난 현상일 것이다. 신라에서도 황룡사 자리에 남아 있던 大石 신앙이 불교와 습합되어 나라를 鎭護하는 迦葉佛 宴坐石이라고 추앙되었던 예가 있다.[20]

시조왕에 대한 정기적인 치제는 종묘에서, 그리고 地母신에 대한 정례적인 제사는 사직에서 거행되었다.

4. 東明王廟, 始祖廟 및 宗廟의 性格

이렇게 각각 다른 祭儀임이 밝혀진 세 廟宇에 대하여 그 성격을 간단히 추론하여 봄으로써 지금까지의 논의를 정리해 보기로 한다.

먼저 동명왕묘는 東盟제에서 중심적인 역할을 하던 사당으로서 전설적인 부여 왕국의 시조인 동명왕을 제향하는 사당이었다. 초기에 동명왕묘는 실존했던 동명왕의 신위를 모시는 사묘로서 고구려의 부여 종족 가운데에서의 정통성을 내외에 천명하기 위하여 성립되었다. 그러나 동명왕 자체가 부여 왕국의 시조신으로서 천신적 신격이 강하였다. 그렇기 때문에 동명왕이 부여 이외에 고구려 및 백제 등 각국에서 광범위하게 숭배되면서 차차 종족신적인 차원을 넘어

---

19) 손진기, 1996,《東北民族史硏究》, 중주고적출판사.
20) 이 大石이 新羅의 社主였을 가능성이 있다. 나아가서 동대자 유적을 문면대로 社稷 유구라고 단정하기에는 문제가 있다. 첫째, 그 위치가 國內城 土壘의 외부(城外)에 위치하여 전통적인 중국식의 城內 社稷과 다르고, 둘째, 보통 左廟右社라고 하여 궁전의 동방에 宗廟가 있고 서쪽에 社稷이 위치하는 것과 다르기 때문이다. 이에 대해서는 별도로 논의하기로 하겠다.

천신으로 인식되기에 이른 듯하다. 그 결과 고구려에서 동명왕을 기리던 축제인 東盟제는 祭天大會라고 성격이 변모하게 된 것이다. 위지에 동맹제가 '祭天大會'라고 명기되어 있으므로 그 시기의 主神은 天神으로 보아 마땅하다.[21]

宗廟는 고구려 왕국이 성립되기 이전에 이미 존재하고 있었던 이른바 '졸본부여'라든가 '句麗' 왕조의 단계에서부터 도입되어 운용되고 있었다. 消奴部에도 종묘와 사직, 靈星에 대한 제사가 허용되었다는 것은 그 祭儀權이 그들이 왕권을 장악하고 있었을 때부터 시작된 것임을 웅변해 준다. 桂婁部 왕실의 등장 이후에는 그 기득권 한도 내에서 인정받아 香火를 이어간 것이나, 고국양왕 대에 와서는 국가적 차원의 종묘와 사직의 정비에 따라서 종묘적 위치를 박탈당한 것 같다. 종묘에 배향된 주신은 두말할 것도 없이 시조왕과 유력한 先王, 祖王들을 포함하는 이른바 祖上神이었다.

시조묘는 高氏시조 再思를 모시는 사당이었다. 신대왕에 의하여 크게 중건되어진 것이다.

5. 結論

고구려에는 宗廟가 설치되어 있었다. 《三國志》에 간략하게 소개되어 있는 까닭에 깊은 성찰이 적었던 듯하다. 본고에서 논의한 것을 요약하여 정리하여 두겠다.

고구려의 종묘는 다른 東夷 집단에서는 나타나지 않는 것이었다. 선진적이었다는 이유만으로 무시당해 온 것이 아닌가 의심된다. 먼저 종묘는 시조묘와 다

---

[21] 고구려에서 제전 의례는 춘삼월에도 거행되었는데 그것은 狩獵儀禮에서 기원한 것이라고 생각되고 있다.

르다. 시조묘는 비견으로는 高씨 시조인 再思에 대한 사당이었다. 시조묘가 졸본에 고정되어 있었던 데 대하여 종묘는 수도의 이동에 따라 함께 움직여 갔다. 10월에 개최되었던 東盟이나 隧神제와는 다른 시기에 거행되었다. 天神을 제사하던 東明王 제전과도 다른 제의였다. 그러나 昭穆제도라든지 신위의 구성 같은 것은 현재로서는 알기 어렵다.

종묘는 소노부에서도 설립하여 치제하고 있었다. 그것은 소노부가 집권하고 있을 당시부터 고구려 사회에 종묘 제도가 도입, 운영되고 있었다는 증거가 될 수 있다. 소노부를 축출하고 패권을 장악한 계루부는 기왕에 획득한 祭儀權은 그대로 추인해 주는 입장이었을 것이다. 소노부 왕권이 설립한 종묘, 사직, 영성 제사를 박탈하지 못한 것이다. 소노부 왕실에서 종묘 제도를 처음 설치한 것이 언제인지 자세히 알기 어려우나 전한에서 靈星제를 설치한 高祖 전후 시기라고 고찰된다.

종묘나 사직에 대한 제사는 중국에서 도입되어 고구려에 정착하였던 제도이다. 정례적인 致祭를 담당한 것으로 생각된다. 부여의 시조이자 천신으로 간주되었던 東明王에 대한 제사는 10월에 거행되었다. 남성 시조를 제향하던 시조묘 제사와는 스스로 구별되는 것이었다. 정치적 목적에서 시행된 제사는 시조묘 순행을 통해 비정기적으로 거행되었다. 그러한 의미에서 종묘 제사는 고대 일본의 新嘗제에, 그리고 시조묘 제사는 大嘗제에 비견할 수 있는 것이었다.

부록

1절 高句麗 龍山 傳承考

머리말

평양 동남방 中和郡에 龍山이 있고 그 곳에 東明王陵이라는 능묘가 전해 온다. 북한 당국은 이 능을 발굴하여 그것이 서기 5세기 중엽경에 조성되었다고 하였다. 고구려가 북방에서 남하한 뒤에 주몽을 숭배하기 위하여 평양 일대로 移葬하였다는 것이다.[1] 문헌에 보면 고구려 시조 주몽은 龍山이라는 곳에 장례하였다고 한다. 원래의 장지는 북방에 있었을 것이다. 이러한 移葬설에 대해서는 찬반 양론으로 나뉘어 아직 정설이 없다. 필자도 그러한 논의에 관심을 갖고 문헌을 살펴보다가 龍山이 두 곳일 수도 있다는 기록들을 발견하게 되었다.

조선 초기의 문헌에는 龍山이 '眞珠墓'라고 되어 있고 주몽의 유품인 玉鞭을 그 곳에 부장하였다고 전한다. 그런데 문헌을 살펴보면 의외로 옥편을 수장한 곳이 다름 아닌 乙密臺 부근이라는 전승이 병존하고 있다. 고려 시대의 시문을 비롯하여 조선 초기의 邢君紹 시 등에서 그러한 사실이 확인되고 있다. 고대 중세에 걸쳐서 동명왕 주몽은 매우 경건한 경배의 대상이었다. 그런데 그의 분묘 위치가 다르게 전승되고 있다는 것은 그냥 간과할 수 없다. 을밀대 부근의 산마루는 속칭 '密德'이라고 한다. 주변에는 '龍德' 또는 '龍堰' 등의 지명이 고래로 집중되어 있다. 이들 '龍'에 관계된 명칭들이 서로 긴밀한 연관성이 있어 보인다. 동명왕의 능묘가 龍山이라고 할 때 그 명칭과 관계가 있는지 검토해 볼 가치가 있다.

전설을 검토하면서 필자는 고구려 시대에도 과연 龍山 전승이 존재하였는지

---

1) 김일성종합대학/呂南喆 등, 1985, 《五世紀の 高句麗文化》, 雄山閣.

궁금하였다. 龍山 전승의 연변을 추적하려면 고구려 시대 平壤 지방의 추이에 대한 전망이 전제된다. 고국원왕이 移居하였다는 黃城의 위치가 주요한 判別 기준이 되겠다. 고국원왕이 평양 지방에 거처하였다면 시조 숭배도 동시에 거행되었을 것 같다. 龍山이 당시에도 移封되었을 가능성도 생각하여야 할 것이다. 나아가서 장수왕 대에 풍미한 것으로 짐작되는 시조 숭배 사조가 어떻게 전개되었는가 하는 문제도 한 가닥 해결의 실마리가 될 수 있다.

본고에서는 문헌상의 자료와 학계의 연구 성과 및 고고학적인 소견을 종합하여 시조 왕릉의 영건 문제를 시추하여 보고자 한다.

1. 龍山 傳承과 異說

1) 高句麗의 龍山

《三國史記》에는 문자왕 15년 8월 조에 龍山의 남쪽 기슭에서 왕이 사냥한 사실이 기록되어 있다.

王獵於龍山之陽 五日而還.

고구려 본기 후반부의 기사는 정부측 사료가 기초가 되어 성립된 것으로 이해되고 있다.[2] 아무런 전거 없이 성립된 것으로 보기는 힘들다. 나아가서 평양 시기에는 龍山 외에 蛇川, 黃城, 浿河, 樂浪 등지에서의 사냥이 이루어지고 있다.

---

2) 졸저, 1997, 《三國史記原典硏究》, 학연문화사.

1. 장수왕 2년 10월. 王畋于蛇川之原 獲白獐.
2. 안장왕 11년 3월. 王畋於黃城之東.
3. 평원왕 13년 7월. 王畋於浿河之原 五旬而返.

본기와는 별도로 온달전에 고구려 왕이 '樂浪之丘'에서 춘 3월에 사냥한다고 하였다. 이들 狩獵地가 주목된다.

蛇川은 고구려 멸망 당시 당군 및 신라군과 격전을 벌인 지점으로서도 유명하다.《三國史記》문무왕 8년 10월 조에 고구려와의 전투에서 대공을 세운 장군들에게 행상을 하고 있다. 그 중 첫번째로 꼽히고 있는 인물이 大幢少監 本得인데 '蛇川功第一'이라고 하였다. 한산주 소감 金相京은 '蛇川戰死 功第一'로서 一吉湌을 추증하였다. 牙述 沙湌 求律은 '蛇川之戰 就橋下涉水 出與賊鬪大勝 以無軍令 自入危道 功雖第一而不錄'이라고 전한다. 사천에 걸린 다리를 놓고 대전을 벌인 듯하다. 다리를 건너가 선봉의 예기를 빛낸 이가 구율이라는 것이다. 대당 군관이 전공 제일이라고 하므로 대당-한산주-아술 군대 등이 앞장서서 주도한 것을 알 수 있다. 포상자가 3명이나 되고 매우 격렬한 전투였던 듯하다. 사천의 현재 위치는 普通江이거나 合掌江이거나 할 텐데 상세치 않다. 黃城도 초기의 평양과 관계되어 나타나는 성 이름으로서 현재 위치는 불분명하나 청암리 토성에 비정하기도 한다.[3] 이들 지역은 당시 狩獵地 내지 狩獵 儀禮가 거행되던 聖所로서 평양 부근에 위치하였을 것이다. 이러한 점들을 고려해 볼 때 龍山이라는 산이 당시 고구려 수도였던 평양 부근에 실재하였던 것은 의심하기 어렵다.[4]

龍山이 도성에 인접하여 있었다면 후세의 기록에도 그 흔적이 남아 있을 것이다. 나라가 패망하더라도 도읍지 인근의 지명은 그대로 소실되지 않고 길이 전승되는 것이 보통이다. 과연 현재에도 평양 부근에는 九龍山(大城山)과 아울러

---

[3] 민덕식, 1989,〈故國原王代 平壤城 位置에 관한 試考〉,《車文燮博士華甲記念論叢》. 樂浪丘나 浿河原 등도 유서 깊은 지명이다.
[4] 이 기사에 근거하여 龍山, 즉 주몽왕릉이 이 시점에 와서야 조성되었다고 판단하는 것은 주몽 전승의 역사적 전개 과정을 고려할 때에 적합하지 못하다. 문자왕의 龍山 수렵은 기왕에 성역화된 지역에서의 의례적인 활동의 하나가 기록에 남은 듯하다.

중화군에 龍山이 남아 전한다. 문자왕 대의 龍山은 두 곳 중의 하나에서 찾는 것이 유리하다. 그런데《翰苑》《高驪記》에는 평양 부근의 명산으로서 '魯陽山'을 들고 있고[5] 그것이 위치로 보아 지금의 대성산, 즉 九龍山일 것은 의심의 여지가 없다.[6] 九龍山이 魯陽山으로 호칭되고 있었다면 고구려 당대의 자료에 나타나는 龍山은 중화군 龍山일 가능성이 커지게 된다. 과연 龍山이 중화군의 그것인가를 추적해 보기로 한다.

2) 中和 龍山

조선시대 지리서를 살펴보면 龍山은 중화군에 있는 것으로 나타난다.《東國輿地勝覽》중화군 고적 조에 東明王墓가 龍山에 있다고 실려 있다.

東明王墓〈在龍山 俗號眞珠墓 ○ 世傳 高句麗始祖 常乘麒麟馬 奏事天上 年至四十 還昇天不返 太子以所遺玉鞭 葬於龍山 號東明聖王…○李承休詩 昇天不復回雲輧/葬遺玉鞭成墳塋〉

주석으로 달린 시는 李承休의《帝王韻記》에서 인용한 것이다.《제왕운기》에

在位十九年九月 升天不復廻雲輧 聖子類利來嗣位 葬遺玉鞭成墳塋〈今龍山墓也〉

라고 나타난다. 이승휴 시대에는 이미 '龍山墓'가 실재하고 있었고 그것이 중화 龍山이라는 전승이 있었다고 여겨진다. 그러한 전설이 조선 초기에도 그대로 문자로 정착되고 있는 것이다.《東國輿地勝覽》중화군 산천 조에는 '龍山〈在郡東

---

5) 竹內理三 교정본,《翰苑》.
6)《勘校 三國史記》嬰留山을 魯陽山으로 비정하고 있다. 당부는 좀더 연구해야 할 문제이다.

三十里)', '眞珠池〈在郡東二十里〉'라고 龍山과 眞珠池가 보인다. 眞珠池는 龍山 옆에 있는 연못으로서 龍山에 부속된 시설이라고 이해되고 있다. 그 이름이 특이하여 종래 주목되고 있었던 듯하다.

　신광수의《海東樂府》에는

속칭 眞珠墓라고 하나 君王의 白玉 채찍을 거짓 묻은 것뿐이네.7)

라고 하여《三國史記》에 실린 전설이 그대로 나타나고 있다. 이 시에서는 眞珠와 白玉이 대구를 이루고 있다. 아마도 眞珠로 만든 石室을 상상한 듯하다. 그러나 眞珠와 白玉은 다르다. 그리고 북한 당국의 발굴 결과 眞珠로 장식한 분묘도 아님이 판정되었다.8)

　나아가서 조선 초기에는 동명왕릉이 남다른 재질의 석재로 조성되어 있었다고 알려진 듯하다.《世宗實錄》地理志 平安道 평양부 조에

東明王墓 在府巽方 三十里許 中和境 龍山〈皆以畵班石 營壙 世云眞珠墓 李承休 記東明王事跡曰 昇天不復回雲軿/葬遺玉鞭成墳塋 卽此也…〉

라고 하여 畵班石으로 石壙을 만들었다고 특기되어 있는 것이다.9)

　成俔의《虛白堂集》시집 권11 箕都八詠에는 '密臺賞春, 浮碧玩月, 永明尋僧, 普通送客, 東門10) 泛舟, 蓮塘聽雨, 龍山晩翠, 馬灘春漲' 등이 거론되고 있다. 龍山이 어

---

7)土人猶說眞珠墓 虛葬君王白玉鞭.
8) '眞珠池'는 다른 문헌에는 '眞池'라고도 나타난다. 행정 구역 명칭도 '眞池洞'이다. '眞珠池'가 축약된 듯하다. '眞坡里'라는 행정 구역 명칭도 있다. 이것은 '眞珠坡-里'에서 온 것 같다. '眞珠坡'라 함은 물론 '眞珠의 언덕'이라는 것인즉 '眞珠-뫼/덕'으로서 '眞珠-墓'와 연결되는 지명이다.
9) 이러한 인식이 확대, 재생산되면서 '眞珠'로 만들어진 듯이 과장되었을 수도 있을 것이다. 북한에서 발굴한 결과에 따르면 羨道와 石室이 石灰岩, 花崗巖으로 되어 있다고만 되어 있다. 다만 확실한 점은 조선 초기에 동명왕릉은 이미 내부 石室의 材質까지 알려져 있을 정도로 盜掘 등으로 인한 노출이 극심했다는 것이다.
10)《東國輿地勝覽》평양부 題詠 조에는 '東門'이 '車門'이라고 되어 있다. 多慶樓 옆에 '車避門'이 있었고 '車門院'도 설치되어 있었다. 그렇게 보면 '車門'이 옳을 듯하다.

느 곳인지 시구만으로는 판정하기 어려우나 馬灘과 같은 원거리 景勝이 함께 나타나는 것으로 보아 역시 멀리 떨어진 중화 眞珠墓 後山이라고 판단된다. 이상과 같은 山川 전설은 김종서 등에 의하여 편찬된《高麗史》권58 地理志, 北界 平壤府 조에도 그대로 나타난다. 조선 초기에는 고려 말기의 이승휴의 설대로 중화군 龍山을 고구려 시조왕릉으로 간주하고 있었다.

3) 乙密臺 龍山

그런데 조선 초기의 인물인 邢君紹의 浮碧樓 詩에 보면 부벽루 – 을밀대 일원이 龍이 잠자는 곳이라는 소전이 나타나고 있다.

江樓孤笛動龍眠 강가의 다락에 외로운 피리가 龍의 잠을 깨우고
醉裏風流白日仙 술취한 풍류객은 한낮에 신선이네.
遠樹似雲雲似樹 먼 나무는 구름 같고 구름은 나무 같네.
長天浮水水浮天 긴 하늘은 물에 떠 있고 물은 하늘에 뜨다.(하략)

여기서 '江樓'는 대동강에 면한 부벽루를 가리키는 것이다. 부벽루에서 피리를 불자 잠자던 龍이 일어난다는 것이다. 내용인즉 부벽루 일대가 龍으로 상징되는 王이 잠든 곳이라는 인식이 있다고 볼 수 있다. 왕이 영면하는 곳은 다름 아닌 王陵이다. 그렇다면 을밀대 일대에 왕릉이 있었다는 의미가 된다. 과연 그러한 소전이 유래가 있는지 살펴볼 필요가 있다.

고려 예종 – 인종 대의 명신인 郭輿의 永明寺 詩에는 절이 '帝宮'에 연접하여 있다고 하였다.

佛宇相連舊帝宮 절 집은 옛날 임금의 궁궐에 이어지고
松楸千古有遺風 소나무 가래나무에 천년의 남은 바람이 있네.

琉璃殿屋凝空碧 유리로 만든 듯 집과 전각은 하늘에 얼어서 푸르고
錦繡簾旌熖水紅 비단으로 만든 발과 깃발은 물에 비치어 붉네.

'帝宮'은 '王宮'이니 고대 왕궁이 永明寺 경내와 연접한 것일 듯도 하다. 그럴 경우 왕궁은 龍堰宮을 지칭한 것이라고 할 수 있다. 그런데 소리가 같은 것으로 보면 곽여 시에 나오는 '舊帝宮'이 바로 '九梯宮'의 다른 표현일 가능성이 있다. 실제로 조선 시기에는 이처럼 영명사 경내에 해당되는 '九梯宮'이 東明王의 古宮이라고 이해하고 있었다. 《東國輿地勝覽》 평양부 古蹟 조에는 箕子宮(遺基在正陽門外), 龍堰宮(舊址在府北四里) 등과 함께

九梯宮〈東明王之宮 在永明寺中〉

이 등재되어 있다. 구제궁을 고구려 시조의 왕궁으로 본 것이다. 《平壤邑誌》[11]에도

按三國史 高句麗長壽王 自義州國內城 移都平壤云 則東明王 本無都此之語 或云九梯宮 乃東明王行宮 此說是矣

라고 주석한 것이 그것이다. 그러나 고구려 초기에 평양에 도읍한 일이 없으므로 동명성왕이 평양에 정도하였다거나 그 行宮이 있다거나 하는 것은 근거를 인정하기 어려운 속설에 지나지 않는다. 글자 그대로의 宮闕이 있었다고 하는 것은 문제가 많아 보인다. 그러한 오해는 '宮'자에서 굳이 '宮闕'의 의미만 취한 데에서 온 것이다. 九梯宮도 조선 시대 이래로 宮闕의 의미로만 해석되어 온 듯하다.

그러나 '宮'을 이렇게 王宮으로만 해석할 필요는 없어 보인다. 宮이라는 글자에는 '幽宮', '梓宮', 즉 왕릉이라는 의미도 들어 있기 때문이다. 전설에 의하면

---

11) 韓國學文獻研究所, 1986, 《邑誌-14 平安道》韓國地理誌叢書, 아세아문화사.

영명사 경내에 동명왕이 기린마를 기르던 곳이 있어서 九梯宮이라고 하였다. 우리는 麒麟窟에서 동명왕이 麟馬를 기르다가 九泉을 통하여 대동강 상에 있는 朝天石으로 나갔다는 전승을 익히 알고 있다. 조천석에서 하늘에 오르내리다가 동명왕은 昇天하였다고 한다. 天上과 교통하고 있고 地中으로 이동하여 가고 있는 동명왕 자체가 이미 신화적 존재이다. 死後의 활동일 가능성이 높아 보인다. 이러한 전승들은 九梯宮을 왕궁이 아니고 '王陵'이라고 해석한다면 이해하기 쉬워진다. 특히 鄭璟喜의 견해처럼 '九梯'를 알타이 祖語에서 '神靈'을 의미하는 kutai와 연결시킬 경우 그러한 해석은 힘을 얻게 된다.[12] 다시 말해서 '九梯宮'은 'kutai宮'이다. '神靈宮殿' 내지 '神宮'이라고 할 수 있다.

九梯宮은 실상 '仇台宮'이라는 표현이 더 정확한지도 모르겠다. '仇台宮'이라면 바로 '仇台廟'로서 백제에서도 시조 사당으로 숭배되고 있었다. 조선 초기의 李詹의 시에 보면 '仇池穴'이라는 표기가 나타난다. 당시까지만 해도 '九梯宮' 외에 '仇池穴'이라는 표현도 사용되었음을 알려 준다고 하겠다. '九梯宮'이 정경희 설대로 'kutai/khutai(神靈, 大神)'라면 그것이 '仇池宮' 또는 '仇台宮' 등으로 기술되었을 가능성은 높다. 仇台는 신화적인 祖先神이 아니었나 의심된다. 모셔진 神格이 東明聖王임은 재언을 요하지 않는다. 神宮이 단지 神殿이었는지 아니면 陵墓까지 포함한 것인지는 더 검토해 볼 일이다.

생각을 내키어 漢代의 陵廟制와의 관련을 점쳐 볼 수 있다. 한대에는 황제의 능 옆에 종묘를 세웠다. 해당 황제에 대한 제사를 거기서 주관한 것이다. 한고조 유방의 능은 長陵인데 그에 부속된 종묘는 廟號를 '原廟'라고 하였다. 그런데 그 뒤의 경제는 陽陵이고 묘호는 德陽宮이라고 하였다. '宮'자를 붙이고 있다. 무제는 茂陵인데 龍淵宮이라고 하였다. 昭帝는 平陵으로 묘호가 徘徊宮이고, 宣帝는 杜陵으로 樂游宮, 元帝는 渭陵으로서 묘호가 長壽宮, 成帝는 延陵이자 묘호가 陽池宮인 것과 같다. 종묘에도 '宮'자를 사용하고 있다.[13] 고구려의 능묘에 전한

---

12) 정경희, 1985, 〈九都城考〉, 《千寬宇先生還曆記念韓國史學論叢》.
13) 李如森, 1998, 〈漢代墓祀新探〉, 《北方文物》 1998년 1기, 28쪽.

대의 묘호 제도가 도입되었다고 말하기는 어렵다. 다만 우리는 '宮'자의 용례로 보아 '九梯宮'이 그러한 용법과 전적으로 일치한다는 점만을 지적하고자 할 따름이다. 麒麟窟에서의 주몽의 행동은 왕릉이나 神宮에서의 움직임이다. 帝宮은 다름 아닌 皇帝陵이라는 의미로 해석된다. '舊帝'는 上古 皇帝, 즉 고구려 시조왕을 가리키는 듯하다.

고려 예종 九梯宮 詩에도

古城橫絶巘 옛 성은 가파른 산에 걸려 있는데
高閣枕寒流 높은 다락은 찬물을 베고 흐른다.

라고 하여 구제궁의 험한 지형을 묘사하고 있다. 그에 이어서

古宮遺址在層巒 고궁의 남은 터는 층층 산에 있고
步履登臨眼界寬 걸어 오르니 시야가 넓어지네.

구제궁이 '古宮'의 遺址라고 하고 있다. '宮'이 '梓宮'임을 유의하게 하는 대목이다.
그런데 이상과 같은 막연한 표현과는 달리 金克己의 九梯宮 시에는 비로소 고개 마루 끝에 玉鞭을 감추었다는 直切한 전승이 나타나고 있다. 玉鞭을 감춘 곳은 바로 朱蒙의 葬地이다.

玉宇撑空起 구슬 같은 집이 하늘에 솟아올랐네.
重宮閲幾年 깊은 궁은 몇 해나 지났는가.
鳳輿今問俗 鳳輿14)는 지금 사람들에게 묻거니와
麟馭昔升仙 기린말은 옛날에 신선이 되었네.

---

14) 기린말이 옛날에 하늘로 올라갔지만 임금이 타시던 가마는 지금 사람들이 알고 있다 하니 아마도 金克己 당시에 고구려 왕의 가마가 한 채 남아 있는 듯하다. 다른 자료로 검증이 필요한 대목이다.

嶺杪藏鞭隴 산마루 끝에 채찍을 넣은 언덕이 있고
岩阿試名泉 바위 덩어리에 찻물을 찾아보네.
窟深穿地底 굴은 땅 밑으로 깊고
梯逈倚天邊 사다리는 하늘 가에 의지하다.

飮鎬周王樂 노래는 周 임금의 곡조인 듯
歌汾漢帝篇 漢 임금의 노래 말씀인 듯
遠人尋勝景 타향의 사람은 경치를 보거니와
誰記路綿綿 길목의 면면함을 누가 적을까?

여기에 명기되어 있는 '嶺杪藏鞭隴'은 동명왕의 玉鞭이 龍山에 묻혔다는 전설과 일치한다.《三國史記》에는 단지 '葬龍山 號東明聖王'이라고 되어 있다. 그러나《舊三國史》의 遺文이 남아 있는《東明王篇》등에 명기된 것처럼 '龍山'에는 '玉鞭'이 부장되었던 것이다. 김극기는 당시 九梯宮 일대 산마루가 玉鞭의 葬地라고 명기하고 있다. 다름 아닌 龍山, 즉 東明王의 능묘라고 간주되고 있었다는 것이 된다. 이것은 동명왕의 능묘에 대한 최초의 구체적인 지적이라고 할 수 있다.《三國史記》에서는 그냥 龍山이라고만 하던 것이 이제 비로소 평양 을밀대 산마루라고 지시되기에 이른 것이다.

김극기는 구제궁 일대의 산지를 '嶺杪' 또는 '嶺半'이라고 표현하고 있다.

麒麟窟 詩
朱蒙駕馭欲朝眞 주몽이 기린을 타고 천상에 오르려고
嶺半金塘養玉麟 고개 마루 황금 연못에 구슬 기린을 기르다.

《平壤志》에 수록된 시문들을 살펴보면 시인에 따라서는 '永明山'이라고도 하고 '永明嶺'이라고 기술한 곳도 있다. 당시에 永明山 일대가 朱蒙의 葬地라고 알려져 있었던 것 같다. 그렇기에 영명산 부근 산마루에 玉鞭이 묻혔다고 시를 읊조리게 되었을 것이다. '永明山'이라는 표현 자체가 '永明의 山陵'이라고 해석될 여지가 많은 것이다. 그렇다면 '永明'은 '東明'의 다른 표기가 아니었나 의심해 볼 만하다. 遼東에는 東明王의 葬地가 '明王山'[15]이라고 나타나고 있는데 서로 유사한 표현임을 주목할 것이다.

나아가서 金克己는 구제궁에서 바로 내려다보이는 朝天石을 읊은 詩에서도 玉鞭의 埋藏地形에 대한 명확한 서술을 반복하였다. 그는 조천석을 별명인 '靈岩'이라고 표현하고 있다. 그리하면서 靈岩 북쪽 봉우리 부근에 玉鞭이 收藏되어 있다고 하였다.

朝眞不復下三天 하늘로 올라가 다시 내려오지 않으나
一朶靈岩尙宛然 하나 靈岩은 아직도 뚜렷하네.
收拾玉鞭藏底處 수습한 구슬 채찍을 밑에 숨긴 곳은
北峰高柱白雲邊 북쪽 봉우리 높은 기둥, 흰 구름 가라네.

김극기는 玉鞭을 감춘 곳이 조천석(靈巖, 都帝岩)의 북쪽 봉우리, 즉 구제궁/기린굴 산마루라고 다시 밝히고 있다. 특히 그가 시에서 '玉鞭藏底處'가 '北峰高柱白雲邊'이라고 명언하고 있는 것을 보면 옥편의 수장처, 즉 주몽의 장지에 대한 관심이 남다르게 진지하였음을 짐작할 수 있다.

이와 같은 주장이 김극기에 의하여 처음으로 개진된 것이라고 보기는 힘들지 않나 여겨진다. 중세인들 각자가 과거 왕조의 역사에 대하여 新說을 제안할 수 있을 만큼 학문적, 사회적으로 자유로운 분위기에 있었다고 생각되지 않는다. 특히 주몽의 분묘 문제는 매우 민감한 사안이었을 것이다. 그러한 사안에 대하여 신설을 제기하였다면 정치적으로나 의례적인 면에서 매우 충격적인 사태가 야기되었을 듯하다. 나아가서 곽여나 김극기의 주장이 개인의 특출한 견해였다면 그 뒤로 조선 개국 후에 와서 형군소 등이 그러한 의견을 승계, 祖述하였을

---

15) 《滿洲源流考》권14, 산천. 明王山 在遼陽縣東三十里 契丹地志云 夫餘王東明 葬于此山 因以爲名.

리가 없다.

따라서 김극기와 곽여의 시대인 고려 중기만 하더라도 동명왕의 玉鞭은 을밀대 – 구제궁 일대의 산마루에 묻혀 있다고 알고 있었음을 알 수 있다.

4) 密德과 龍山

九梯宮은 永明寺 경내에 있다. 영명사 지역은 고래로 乙密臺가 있어서 유명한 곳이다. 그런데 乙密臺 일대를 속칭 '密德'이라고 하였다. 그리고 '密德'으로 불리던 지역은 上下로 나뉘어 있었다. 《東國輿地勝覽》평양부 고적 조에

 春陽臺〈在觀風殿北 俗稱上密德〉
 秋陽臺〈在正陽門西 俗稱下密德〉

이라고 보인다. 觀風殿 북쪽 모서리를 '上密德'이라고 하였다는 것이다. 錦繡山 산기슭이 上下의 두 密德이라는 지명으로 호칭되고 있는 것이다. 觀風殿은 조선시대에 평안도 관찰사가 거처하던 곳인데

 觀風殿〈舊址在乙密臺南〉

이라고 하여 을밀대 남쪽에 있다고 하였다. 錦繡山 정상에서 남쪽 기슭에 을밀대가 있고 그 아래에 관풍전이 있었던 것이다. 춘양대(상밀덕)는 관풍전의 북쪽에 있었다고 하므로 을밀대와 관풍전 사이에 춘양대가 있었음을 알겠다.16) 추양대(하밀덕)는 정양문의 서쪽에 있었으므로 관풍전에서 서남방에 있었음을 알

---

16) 을밀대에서 춘양대는 남쪽, 관풍전은 다시 그 남이라는 것이다. 정양문은 평양 內城의 남문이다. 관풍전의 남방에 정양문으로 통하는 길이 있었던 것이다.

수 있다.

  필자가 주목하고자 하는 것은 금수산의 남편에 산자락을 내려오면서 이어지는 '밀덕'이라는 지명이다. 여기서의 '密德'은 한자 의미로 해석할 것이 아니고 우리말을 한자로 표기한 것인 듯하다. 이것은 본래 '미르-덕'과 유사한 지명이 아니었나 여겨진다. 이병도 박사는 연전에

  우선 첫째로『乙密臺』란 것이 語言上 龍堰과 관계가 있을 듯하다. 왜냐하면 密은 龍을 의미하는 古語『밀』혹은『미리』의 寫音이요, 乙은 上(方位)의 뜻인『우』혹은『웃』의 借字로 생각되는 때문이다. 둘째로 …… 密德은 즉 龍堰이란 뜻으로, 密은 방금 말한 바와 같이 龍을 말함이요, 德은 前述한 바와 같이 堰을 의미하는 方言『덕』의 寫音이다. 그리고 보면 乙密臺는 바로 上密德의 轉稱으로, 龍堰 즉 密德은 부근을 부르던 오랜 명칭이었음에 틀림없다.[17]

라고 갈파하였다.

  참고로 '미르' 및 '덕'에 대한 고대 국어의 예들을 살펴보기로 한다.《國語字釋研究》[18]에 의하면 '미르 辰'이라고 나타난다. 일반적으로 梁柱東의《古歌研究》이래로 '龍'자를 '미르-'로 읽는 것은 상식으로 되어 있다. 퉁구스어의 'mederi/muduri, 龍'이 고대 국어에 비교됨 직하다.[19] 그리고 고대어에서 '두듥 陵'이라는 새김이 확인된다(《國語字釋研究》, 273쪽). 그 외에 關北 지방의 방언에서 '丘陵'이나 '小崗' 등을 '德'이라고 표기하는 것이 관용화되어 있다. 이러한 용례에 비추어 볼 때 '密德'을 '미르-덕'으로 읽는 것은 무리라고 할 수 없다. '미르(龍)-덕(山崗)'은 그렇다면 '龍山' 내지 '龍丘', '龍崗'이라고 볼 수 있다. 이것은 주몽의 장지라는 龍山과 일치하는 지명이다.

  그런데 '密德'이 '龍山'이라면 실제로 평양 내성 일대에 '龍'과 연결된 지명이

---

17) 이병도, 1980,《高麗時代의 硏究》改訂판, 아세아문화사, 186쪽.
18) 申景澈, 1993, 太學社, 119, 149쪽.
19) 朝克. 1997,《滿-通古斯諸語比較硏究》, 민족출판사. 142쪽.

존재하였던 흔적이 있을 것이다. 본 연구자의 탐색 결과 고려 시대에서부터 여러 문헌에서 확인할 수 있었다. 《東國輿地勝覽》평양부 고적 조에는 龍堰宮이 고려 시대에 있었다고 기록되어 있다.[20] 예종 대에 창건된 龍堰宮은 崔滋의 三都賦에는 '龍堰闕'이라고 적혀 있다. 《東文選》에는 龍堰宮 創成 당시에 製進한 것으로 판단되는 金富佾의 '西京龍堰宮大宴致語'가 수록되어 있다(권104, 致語). 그에 의하면 '龍堰' 일대를 '龍德'이라고도 표기하고 있다. 같은 기원을 가진 두 가지 표현이라고 할 것이다. 그리고 '龍德'의 땅이 '鳳城'의 옛 터라고 한다.

반경 임금께서 '은'으로 옮기신 것은 장차 만세에 걸친 이익을 생각하신 것입니다. 주 무왕이나 주 문왕이 호경에 머무르신 것도 특히 한때의 즐거움만을 위한 것이 아닙니다. …… 지난날에 太史官의 말을 중요하게 여기시고 서경 사람들의 바람을 따라서 순순히 오셨습니다. 이 龍德의 길지는 실로 鳳城의 옛 터입니다. 일을 맡은이들을 시켜서 새 궁궐을 지으셨습니다.[21]

'鳳城'의 정확한 의미는 알기 어려우나 '고대 王城'이라는 뜻으로 이해된다. 고려 宣宗 및 肅宗 대에는 서경 龍德部에서 '地鏡'이라는 신이한 현상도 나타난 것으로 기록되어 있다. 조선 시대의 평양 읍지에는 '龍德部'가 '隆德部'로 나타난다.[22] '龍德'과 아울러 '隆德'도 '미르-덕', '密德'을 다른 차자로 표기한 것임

---

20) 龍堰宮〈舊址在府北四里 睿宗時 術士以讖勸王 就西京龍堰 創宮闕 以時巡幸 遣內人鄭克恭 與司天少監崔資顯 太史令陰德全,吳知老 主簿同正金謂硨等 相龍堰舊墟 命兩府及長齡殿警校儒臣 會議 皆以爲可 吳延寵獨日 南京之役甫畢 民勞財匱 不可起新宮 如欲巡御 莫如舊宮 不報 平章事崔弘嗣判 又據太史官狀奏稱 自御松都 今二百餘年 欲延基業 昌龍堰新闕 移御受朝,頒新令 延寵駁日 今作龍堰宮 有三不可 … 王卒從弘嗣等言 時議惜之
라고 전말을 자세히 전하고 있다. 이에 대해서는 이병도 박사가 명저《高麗時代의 硏究》에서 다루었으므로 그에 미룬다.
21) 盤庚徙殷 蓋將圖萬世之利 虎發在鎬 非特取一時之歡 … 屬者 重違太史之言 俯順西人之望 謂玆龍德之吉壤 實是鳳城之舊基 爰勅有司 俾營新闕…
22) 韓國學文獻硏究所, 1986, 《邑誌-14 平安道》韓國地理誌叢書, 아세아문화사. 고려 태조의 부 龍建의 별명이 '隆'이라고 한 것에서 볼 수 있는 것처럼 '龍'자와 '隆'자는 서로 통용되었다.

을 쉽게 짐작할 수 있다. '미르-덕', '密德' 자체가 한역하면 '龍山'이다. 최초의 龍山은 바로 '미르-덕'이라고 호칭되었을 것 같다. 고대 語形은 '미르-닭/mir-talk/'으로 복원될 수 있다. 그것이 나중에 '미르-달/닥/덕'으로 語末 子音群이 축약된 것이다. '미르-달'이라는 형태는 자료에서 확인되지 않으나 충분히 상상이 가는 터이다. 지금도 방언에서 '닭'을 '닥'이라고 하고 '넓다'는 '넙다', '널따'라고 줄이고 있다. 중세어 '돌'은 현대어에서 '독'이나 '돌'이라고 분화하였다.

상하 어느 '밀덕'이 지명의 기원인지 아직 확언할 수 없다. 上密德 부근에 乙密臺가 있었다. 이 上密德을 다른 글자로 바꾼 것이 '乙密臺'라고 분석된다. '乙'은 '上'의 고대어 '우ㅎ', '우게'를 한자로 바꾼 것이다. 성현의 '箕都八詠' 중에 을밀대의 봄꽃 구경을 읊은 시가 '密臺賞春'이다.23) 여기에서 확인되는 '密臺'라는 표기가 주의를 끈다. '密德'이 우선 '密臺'로 바뀌고 다시 거기에 '上方'이라는 의미의 '乙'자가 가상된 것이 아닌가 의심된다. 都城의 지명이 密德처럼 上下로 나뉘어 나타나는 경우는 서울에서도 찾아 볼 수 있다. 조선시대에는 한양이 '아래대'와 '우대'로 구분되고 있었다. 아래대는 동대문, 광희문 쪽을 가리키고 우대는 인왕산 쪽을 지칭하였다고 한다. 그러한 구분 명칭은 평양의 우-밀덕, 아래-밀덕과 같다고 할 수 있다.24)

조선 초기의 사료에 보면 을밀대는 仙人과 결부되어 전승되고 있다. 石北 申光洙의 《海東樂府》 권 6에도 성현에서와 같은 乙密仙人 전설이 확인된다. 그러므로 늦어도 조선 초기에는 仙人 전설이 정착되고 있었음을 알 수 있다. 경승지에 연결되는 신선 전설은 우리 나라 곳곳에서 찾아지는 것이다.25) 생각컨대 '乙密 仙

---

23) 雲間錦繡山光濃 牡丹紫翠環重峰
臺空石老荒蘚合 仙子一去尋無蹤
　다락은 비고 돌은 오랜데 거친 이끼가 붙었다. 신선은 한 번 가고 자취를 찾을 수 없네. *仙人 전설이다.
東風幻出韶機早 爛漫群紅覆芳草
都人絲管競良辰 酒酣齊唱卷光好
24) 리서행, 1993, 《조선어고어사전》, 大提閣, 북한, 339, 365쪽.
25) 특히 강원도 동해안 일대에는 곳곳에 그 자취가 남아 있다. 신라 四仙 중의 하나인 永郎이 유람하였다는 永郎湖는 대표적인 예가 된다. 조선 초기의 학자들에게는 영랑호처럼 을밀대도 선인의 이름을 따서 명명한 곳이라고 간주된 듯하다.

人' 전설은 '乙密臺=上密德'이라는 본래의 의미가 민중들의 기억에서 사라진 뒤에 생겨난 것 같다. 현재 전설로 전하는 將軍 乙密 또는 仙人 乙密의 설화는 그다지 오랜 것이라고 할 수 없다. '乙密'이라는 字義에서 생겨난 부회이다. 조선 시대에 와서 고구려의 명재상으로 '乙巴素'가 인구에 회자되고 있었다. '乙巴素'의 존재가 '乙'자로 된 人名을 연상시킨 것은 자연스럽다고 여겨진다.

乙密臺가 창건된 시기를 정확히 할 수 있다면 우리는 그 시기에 을밀대에서 龍山이라는 기억이 사라진 것이라고 말할 수 있다. 현재의 자료로서는 그러한 시점을 적지하기 힘들다. 다만 고려 중기 이후에 을밀대에 乙密 선인 설화가 추가되었을 것이라는 추정이 가능하다.

2. 두 곳 龍山의 意味

1) 平壤과 龍山

密德이 龍山이라고 한다면 평양 일원에서 龍山이 확인되는 셈이다. 龍山일 뿐만 아니라 동명성왕의 유품인 玉鞭을 매장한 곳으로 길이 기억되고 있었다. 틀림없는 동명왕릉이라고 할 수 있다. 문제는 인접한 중화군에도 龍山이 있고 그곳도 동명왕릉이라고 전승되어 온다는 데에 있다. 전설상의 동명왕릉이 두 곳이 되는 것이다. 龍山이 둘이라고 할 때 그러한 현상이 나타나게 된 과정에 대한 이해가 필요하다. 설명이 불충분한 경우 龍山陵에 대한 회의론을 증폭시킬 수 있다.

먼저 두 곳 중의 하나가 錯誤일 가능성이 있을 것이다. 김극기가 잘못 알고 있었을 수도 있고 이승휴가 俗說을 오해하였을 수도 있다. 그러나 고려 사람들에게 '東明聖帝'라고 하여 지극한 신앙의 대상이었던 주몽의 분묘가 사무적인 잘못이나 기억상 착오로 여러 곳으로 나타났을 가능성은 적어 보인다. 고려 시대 고구려는 정통성의 상징이었다. 고구려 시조는 국가로부터 매우 格段의 대우를 받았다. 그렇게 시조에 버금가는 인물의 분묘가 誤傳되거나 특히 다른 사람의 능묘를 주몽묘로 이해하거나 하였을 가능성은 그리 크지 않다고 판단된다.

둘째, 김극기가 조작하였을 가능성, 또는 이승휴가 그러하였을 가능성을 생각할 수 있으나 두 가지 다 개연성이 낮다.

셋째, 착오나 조작이 아니면 시대에 따른 변화 내지 이동이라고도 생각해 볼 수 있겠다. 과연 고구려 시조 왕릉이 시대에 따라 다르게 전승되어졌을까? 필자는 여러 가지 이유에서 그럴 가능성도 적다고 생각한다. 국가적인 숭배의 대상인 동명왕릉이 김극기 시대와 이승휴 시대에 각각 다르게 전승되었을 가능성도 매우 적다. 김극기는 대개 서기 12세기 중엽의 사람이고 이승휴는 13세기 중엽에서 후엽의 인물이다. 시간적으로도 대략 100여 년 차밖에 없어서 그러한 격변을 상정하기 힘들다. 元宗 대에 평양 지역이 東寧府라고 하여 원 제국의 관할 아래 들어간 적이 있으나 기간이 불과 20여 년(1270~1290 A.D.)에 지나지 않는다. 특히 그 20년 동안에 《帝王韻記》가 찬성되었다. 시대적, 전승적 변용이 있은 뒤의 저작이 아닌 것이다. 동녕부에 편입된 뒤에도 고려 왕실에서는 서경 왕릉에 대하여 지극한 관심을 갖고 있었다. 즉 1280년에 왕이 동녕부에 사자를 보내어 '선대 제왕의 능묘가 도굴되는 것'에 대해 항의를 하고 있다. 《高麗史》 세가 충렬왕 6년 4월 조에

遣中郎將池瑄 于東寧府 問發掘先代君王陵墓

라고 하였다. 여기에 지적된 '先代君王' 중에 동명왕이 들어 있다고 단언할 수 없지만 개연성은 크다고 여겨진다. 동명왕릉의 遭難은 이 때에도 심하였을 것이다. 조선 초기에 가면 동명왕릉의 石壙의 재질도 만천하에 알려진 정도였던 것이다. 이렇게 도굴이 자심하였던 것은 그에 대한 전승이 면면하게 이어지고 있었던 때문이다.

필자로서는 최소한 고려 시대에는 평양 부근에 두 곳의 동명왕릉이 있었다고 이해된다. 그러나 차차 고려 시대 사람들은 城內의 王陵이라는 전승에 대해 부정적인 인식을 갖게 된 듯하다. 주지하다시피 고려 시대에는 왕릉들이 開城 外城에 위치하였다. 그러한 풍속에 젖어 있던 고려인들로서는 聖帝 주몽의 능묘가 평양 성내에 조성되었다는 것을 이해하기 어려웠던 것이 아닌가 추측된다.

참고로 이승휴는 《帝王韻記》에서 西京을 王儉城이라고 기술하고 있다. 주몽이 渡江한 大水도 그에 의하면 정주 大寧江으로 이동하고 있다. 그 결과 고구려 건국 설화 중에 나타나는 지명들이 대부분 압록강 이남으로 남하하게 된 것이다. 대개 충렬왕 대에 이르면 서경이 주몽의 도읍지로 간주된 것을 의미한다고 보겠다. 평양이 주몽의 수도로 인식되면서 그 능묘를 평양 城外에서 찾게 된 것이 아닌가 짐작해 볼 수 있다.

을밀대와 중화 두 龍山은 각각 다른 설화를 대동하고 있었으나 중화 것에 관한 전설은 잃어버린 듯하다. 을밀대 龍山이 '玉鞭'과 연결된다면 '眞珠墓'는 '眞珠' 유물과 관련되는 설화를 생각해 볼 수 있을 듯하다. 그런데 신광수의 시구에서 보이는 것처럼 '眞珠-墓'는 '白玉-鞭'과 대구를 이루고 있다. 이처럼 眞珠墓라는 표현이 등장하게 된 배경에는 玉鞭의 존재가 짙은 그늘을 드리고 있는 것이다. 중화의 것이 '眞珠墓'라고 한다면 을밀대 지역은 김극기의 시에서와 같이 '玉鞭隴'이라고 할 수 있을 것이다. '眞珠의 무덤'과 '玉鞭을 숨긴 언덕'은 좋은 대련이라고 여겨진다. '墓'와 '隴'이 정확히 대조를 이루고 있고 '眞珠'와 '玉鞭'이 대구를 맞추고 있다. 두 능묘가 二元的인 구조로 대응되고 있는 것이다. 眞珠墓라는 표현의 기원은 이와 같이 玉鞭隴과 대응되는 것 같다. '玉鞭隴'은 시인에 따라서는 '玉鞭峰', '玉鞭丘'라고도 기술되었을 것 같다. 고려 후기 이후에 중화 龍山이 주몽 왕릉으로 확정되면서 차차 龍山에 걸맞게 玉鞭 전승으로 분식된다. 그에 발맞추어 을밀대 龍山에는 乙密 仙人 전설이 가탁된 것이다. 龍山 명칭도 失傳되고 玉鞭 전설도 잊혀진 것이다.

을밀대 고분이 시간의 풍화에 잊혀진 것만은 아닌 듯하다. 山丘와 層巒에 파묻히어 정확한 위치나 구조를 알 수 없었던 것도 失傳의 주요한 원인일 것이다.

그 사실은 중화 것과 다른 형식이었을 가능성을 시사한다. 積石塚이라고 단정할 수는 없지만 아마도 墳丘形을 가진 것은 아니었을 것이다.

2) 두 개 始祖王陵의 出現

고려 시대 평양 일원에는 을밀대의 龍山과 중화군의 龍山 두 곳이 있었다. 두 지역 다 동명왕릉이라고 인정되고 있었다. 두 개의 시조 능묘의 병존은 고구려 당대에서 기원한 듯하다. 이상과 같은 가정이 설득력을 가지려면 평양 지방에 존재하는 두 개의 시조 왕릉에 대한 설명이 필요하다. 논의의 기초로서 고구려 시대의 평양에 관한 정리가 요청된다.

《三國史記》는 평양에 고구려가 首府를 둔 것을 세 번에 나누어 기록하고 있다. 첫번째가 東川王의 평양 천도이다. 그러나 동천왕 대의 평양 위치에 관해서는 아직 설득력 있는 학설이 나오지 못하고 있다. 두 번째로 故國原王이 移居한 黃城이다. 《三國史記》에는 이 곳이 西京, 즉 평양의 동방 木覓山中에 있다고 하였다. 그러나 黃城은 물론이고 木覓山에 대해서도 학자들 사이에 이견이 갈라지고 있다. 최근에 와서 황성이 평양 일원임을 주장하는 견해가 나타나고 있어 주목된다. 그 다음 세 번째가 다름 아닌 장수왕의 평양 천도이다. 이 경우는 현재의 평양임에 이론이 없다. 따라서 문헌에 의하는 한 고구려가 평양 일대에 정도하고 있었던 기회는 한 번 이상이라고 할 수 있다.

그 중 故國原王 대의 평양에 관해서는 최근 현재의 평양 일대로 지목되기 시작하고 있다. 북한의 채희국을 위시하여 남한의 민덕식[26] 등에 의하여 제시된 北城설 내지 淸岩里 토성설이 그것이다. 민덕식의 견해는 일단 성곽 축조에 대한 지견을 토대로 하여 제안되고 있어서 비교적 참신하다고 할 수 있다. 그는 黃城을 청암리 토성으로 보고 평양 북성과의 관계에도 주의하였다. 그리하여

---

26) 민덕식, 1989.

북성이 청암리 토성과 함께 東西 兩城 체제일 가능성을 조심스럽게 전망하고 있다. 그런데 청암리 토성은 장수왕 대의 왕성으로도 지목되고 있다.[27)]

서기 4세기의 고구려사를 반추하여 보면 단연 눈에 띄는 것이 고국원왕의 평양 移居 사실이다. 왕은 丸都城에서 모용씨에게 일격을 당하고 난 뒤 부왕의 주검을 빼앗기고 母后와 왕비도 인질로 잡혀가는 궁지에 몰리게 된다. 그리하여 남방에서 안전한 보장지를 찾게 된다. 이 때 평양 부근으로 이동한 것이다. 그러한 배경에서 보면 고국원왕 대의 평양은 현 평양으로 보는 것이 유리하다.

문제는 북성, 또는 청암리 토성 부근이 한때의 평양성이었다면 그 당시에 시조에 대한 제사는 어떻게 치러졌는가 하는 것이다. 자세한 것은 알 수 없으나 시조 왕릉에 대한 치제가 이루어졌을 가능성이 적지 않다. 만일 그렇다면 사당이건 陵墓이건 간에 평양 근처에 祭場이 마련되어 있었을 것이다. 이렇게 추측해 놓고 보면 고국원왕 대에 시조의 왕릉 내지 祭場이 당시 수도 평양성 일원에 移封되어 있었을 가능성을 조심스럽게 타진해 볼 수 있다. 그러한 社廟의 하나가 다름 아닌 을밀대 부근에 奉安된 龍山이 아니었을까.

고국원왕 대에 이곳에 이장된 龍山 왕릉에 대한 치제는 도성의 이동과 함께 잠시 철파되었던 듯하다. 장수왕이 남천해 오면서 다시 국내성으로부터 龍山을 移封하게 된다. 그것이 중화 龍山인 것이다. 그러므로 장수왕 이후 평양 인근에는 두 곳의 龍山이 있었다고 고찰된다. 고구려인들에게 있어서 양자는 분명히 구별되는 것이었을 것이다. 서로 다른 전승 속에서 구전되고 있었을 것 같다. 동명왕릉은 평양 인근의 두 곳에만 있었던 것이 아니라 古都인 국내성에도 건설되었다고 고찰된다. 즉 동명왕릉은 국가적인 정책에 따라 여러 곳에 조영되었다고 판단된다. 여러 곳 중에 평양 일원에 두 개가 모여 있었을 가능성은 당연히 높아진다.

다시 말해서 고구려 시대에도 평양 지방에 주몽의 능묘는 두 곳에 있었다고

---

27) 본고는 고구려의 왕경에 대한 專考가 아니다. 그러므로 일단 평양성에 대한 논의는 접어두고 북성이나 청암리 토성이 고국원왕의 평양성일 가능성이 있다는 점만 유념하고자 한다.

분석된다. 가까운 일본의 예를 들자면 고대 일본도 두 개의 始祖王陵을 소유하고 있었다고 한다. 하나는 '箸陵'이라는 전통적인 능묘이고 다른 하나는 7세기에 와서 새롭게 건립한 것이었다.[28] 시조왕릉이 정치적인 상황 변화에 따라서 새로이 조영되기도 한다는 좋은 보기라고 하겠다. 전대에 조성한 고분과 후대에 만든 것이 같이 출현하기에 이른 것이다. 고구려의 경우에도 그러할 개연성은 적지 않다고 할 수 있다.

그 밖에 을밀대 고분을 영조한 세력과 중화 고분을 축조한 집단이 이해 관계를 달리하는 대립적 위치에 있었을 가능성이 있다. 龍山陵이 두 개라는 것은 시대를 달리하여 두 곳에 시조왕릉이 조성되었음을 의미한다고 본다. 동시에 두 개의 시조왕릉을 영조하였을 가능성은 매우 낮다고 생각된다. 두 개의 시조왕릉은 그 곳들을 호위하고 봉제하는 두 개의 다른 집단의 존재를 상정하여야 한다고 믿는다. 광개토왕릉의 경우에서도 알 수 있는 것처럼 고대 왕릉에는 守墓人이라고 하여 상당한 규모의 노력 단체가 소속되어 있었다. 그들은 왕릉에 대한 청소, 미화와 함께 제사의 집전, 전통의 보존 등에 직접 관여하였을 것이다. 따라서 그러한 왕릉이 두 곳이라면 두 개의 守墓人 집단을 가정하여야 한다. 그리고 그들에 의한 각각 다른 전승과 의례가 유지되고 있었다고 가정하여야 하기 때문이다. 한편으로 생각하면 그들이 있었기에 해당 지역이 '龍山'이라는 사실이 면면하게 구전되어 올 수 있었던 것이다. 龍山 전설을 부정하는 것은 그러한 지명 전설만을 부정하는 것이 아니라 위와 같이 수백년에 걸쳐서 피와 땀으로 역사를 지켜온 인간들의 존재를 부인하는 것이다. 장수왕 이후에는 중화 시조릉이 시조 祭場으로서 공인된 것은 분명하다.

다른 측면에서 고국원왕 대에 始祖 王陵의 營建이 가능하였던가도 검토해 볼 필요가 있다. 광개토왕릉비문에 鄒牟王이 나타나고 모두루 묘지에도 그러하여 일단 서기 5세기 초두에는 추모왕 전승이 정립된 것이 분명하다. 이러한 왕가 전승의 확립은 서기 4세기 말엽에 성립된《留記》또는 그에 유사한 史書에서 완

---

28) 日本 の 古代 5 권, 森浩一, 1996,《前方後圓墳の世紀》, 306쪽.

성되었을 것이다.

　여기서 전승의 문자화 과정에 대한 사학사적인 접근들을 상기하여 볼 필요가 있다. 일본 고대에 구비 전승이 정착되는 과정을 보면 처음 문자화된 뒤 적어도 2세기는 걸려야 史書의 형태로서 등장한다고 한다.29) 일반 사료에 문자로 정착된 뒤 1세기는 지나야 그러한 자료들이 종합되기 시작하는 것이다. 그러한 종합 작업이 대개 1세기 정도는 진행되어야 하나의 史書로서 형성되고 등재된다는 것이다. 이러한 관점에서 판단해 본다면 朱蒙 전승이 4세기 말에 사서에 등재되었다는 것은 3세기 말 즈음에 어느 정도 수준의 史料化가 완결되었음을 의미한다고 고찰된다. 고구려의 왕대로 치자면 西川-烽山 왕대가 된다. 상식적으로 보아 왕권 강화에 매진하던 봉산왕 대에 어느 정도나마 왕실 시조 숭배의 萌芽가 자라나 있었다고 판단된다. 그 후 미천왕 대를 거쳐 고국원왕 대에 이르러 왕가에서 시조왕의 분묘를 조성하였다면 그다지 무리라고 할 수 없다.

　이에 연관시켜서 주목되는 것은 미천왕에서 고국원왕에 걸쳐 나타나고 있는 平壤 重視의 경향이다. 미천왕은 낙랑-대방군을 구축한 뒤에 이내 평양을 남방 진출의 거점으로 육성한 듯하다. 고국원왕이 패전한 뒤에 왕모와 왕비가 피납되었는데 王母,즉 미천왕비가 周씨라고 나타난다. '周'는 왕모의 성씨일 터인데 매우 중국적인 점에서 음미의 대상이 된다. 역대 왕비족에 비해 보면 동천왕비는 灌奴부 여자 后女, 중천왕비는 椽那 椽씨, 서천왕비 于씨(고국천왕, 산상왕비 于씨와 동족일 것) 등 고구려적인 혈통이 짐작된다. 그에 대하여 周씨는 중국 계통이 아닌가 의심된다. 더구나 미천왕이 樂浪-帶方 지역을 점령한 것과 연관시켜 볼 때 흥미로운 시각을 제공한다. 고구려가 낙랑 대방 지역의 중국인들을 신진 관료로서 영입하여 율령제를 공고하게 구축하였다는 견해가 좋은 시사가 될 수 있다.30) 冬壽나 鎭, 佟利, 崔毖, 宋晃 등은 사상에 저명한 예라고 할 수 있다. 그러한 점에서 미천왕비 周씨는 낙랑 계통이 아닌가 추측해 볼 수 있을 것이다. 왕

---

29) 上田正昭, 1991,《古代傳承史の硏究》, 고서방.
30) 임기환, 1995,《高句麗集權體制 成立過程의 硏究》, 경희대.

비를 낙랑 지역에서 채납하였다면 당시 고구려 왕실이 얼마나 그 지역을 포용하기 위하여 진력하였는가 일면을 살필 수 있을 것이다.

고국원왕 역시 평양 중시의 정책을 계속 시행하였다. 왕 4년에

가을 8월 平壤성을 증축하다

라고 하였는데 이 성은 상황으로 보아 현재 평양성의 기본 골격을 잡은 것으로 판단된다. 당시 낙랑은 대동강 이남의 토성을 중심으로 운영되고 있었다. 따라서 강북의 거점을 새로 수축할 필요성이 제고되었을 것이다. 강북의 어느 곳인지 아직 확언할 수 없으나 나중에 거점으로 삼은 黃城(청암리 토성-북성)의 부근에 위치하였을 것은 당연하다고 하겠다. 4세기 대에 고구려가 노획한 중국인 포로들을 대부분 평안 – 황해 지역에 안치하고 있었던 것은 학계에서 공인되고 있는 것이다. 지금까지 그러한 현상에 대하여 중국인 통치라는 관점에서만 이해되어 왔으나 이제 고구려의 평양 지방 중시라는 시각에서도 접근할 때가 된 것이 아닌가 한다.

漢代 통치에서 强幹弱枝책을 흔히 언급하는데 고구려에서도 평양 일대는 일종의 중심부로서 육성 대상이 되었을 것 같다. 精裝 무기로 단련된 군인 집단들을 평양 지방에 포진시킴으로써 중국인들의 반란을 사전에 억제하고 新附 집단들을 동화시켜 나가는 고도의 정략이라고 할 수 있다. 종래 중국인에 의한 중국인 통솔이라고 이해되어 온 冬壽나 佟利의 군림이 실상은 慕容씨 계열의 北方異族에 의한 중국인 管理라고 재평가하여야 할 것이다. 그러한 배경이 있었기에 고국원왕은 외침에서 초토화한 국내성 지역을 버리고 평양에서 권토중래를 도모하였던 것 같다. 이상과 같은 역대의 기반 조성 위에서 장수왕의 천도가 수행된 것을 직시하여야 할 것이다.

특히 外侵의 廢墟에서 復國을 도모하는 단계에서 시조 신화가 구심점으로 작용하였을 개연성도 높다고 여겨진다. 고구려의 직계 시조는 아니지만 동천왕이 平壤으로 천도하면서 王儉 설화를 표방하고 있는 것도 같은 맥락이라고 할 수 있

다. 사기에는 평양 지방이 王儉 仙人의 故宅이라고만 기술되어 있으나 당대에 천도에 결부되어서 모종의 정치적 선전에 활용되었을 가능성을 부정하기 어렵다.[31] 王儉이 당시에 고구려의 先代로서 인정되었다는 자료가 없으므로 동천왕 당대에 그러한 가정을 하는 것이 무리인지도 모르겠다. 그러나 필자가 지적하고 싶은 것은 천도에 따른 민심 수습책의 존재이다. 특히 시조 숭배 내지 기념물의 경우에는 복국 과정에서 새롭게 조명될 개연성이 적지 않다고 할 수 있다.

만일 본고에서 추정한 것처럼 고국원왕 대에 龍山陵이 이건되었다고 한다면 어느 곳에 위치하였을까 하는 점도 문제가 되겠다. 일단 乙密臺 부근인데 여기서 우리는 九梯宮을 주목하지 않을 수 없다. 九梯宮이 전설에 의하면 東明王宮이라고 전해진다. 이것은 별고에서 논할 바와 같이 東明王 祠堂 내지 陵墓의 誤傳일 것이다.[32] 다시 말해서 朱蒙의 능묘가 구제궁 내에 조성된 듯하다. 그 社廟를 祖靈을 의미하는 '仇台 - 九梯'로 호칭하기도 하고 왕실의 전승에 따라서 '龍山'이라고도 부른 것이다. 추측컨대 '仇台 - 九梯'는 북방식 명칭이고 '龍山', '乙密 - 密德'은 남방식 호칭인 듯하다. 중화 龍山이 東明王陵으로 정착되면서 九梯宮은 東明王宮으로 국한되었다고도 여겨진다.

九梯宮은 석굴이다. 아마도 현지 민속에서 聖地로 경배하던 곳을 왕실에서 선정하여 시조 능묘로 삼은 듯하다. 일종의 석굴묘라고 할 수 있다. 고국원왕 대에 와서 시조왕릉을 석굴묘로 改封한 것이라고 할 수 있겠다. 고구려에서는 閔中王이 石窟墓를 사용하였다. 고구려 왕릉 제도에 있어서 石窟 제도가 일정한 유형으로 자리잡고 있었음을 짐작하기 어렵지 않다. 그러나 麒麟窟 내부 또는 外部에 고구려 전통적인 積石塚 분묘가 들어앉아 있을 가능성도 부정하기 어렵다. 그러한 의문은 현지 발굴을 통해서 해결될 것이다.

평양 지방에서 중화 龍山이 출현한 것은 고고학적 조사의 결과 서기 5세기 초중엽의 일이다. 여러 가지 점에서 볼 때 장수왕의 남하 이후에 중화 지역에 龍山

---

31) 물론 평양의 위치 문제는 별도로 논의되어야 할 것이다.
32) 졸고, 〈高登神廟와 鹿麟窟 傳承〉, 본서 수록.

이 경영되고 그 곳으로 국가적인 행사가 집중된 듯하다. 따라서 다른 한 곳의 용산은 그 이전에 축조된 것으로 보는 것이 순리적이다. 을밀대 龍山은 차차 城內의 聖所로서 후세의 內佛堂에 유사한 기능을 수행하게 된 듯하다. 고려 시대 이후에 東明聖帝祠나 東明(王)祠 등이 을밀대를 인접한 지점에 설립된 것도 그러한 오랜 전통과 무관하지는 않을 듯하다.

3) 始祖王陵의 營建

서기 5세기에 고구려에는 거대한 紀念碑的 造形物로서 두 개의 王陵이 등장한다. 북방 古都 집안에 조성된 장군총과 남방 新都 평양에 조영된 동명왕릉이 그것이다. 거의 동시에 나타나고 있는 두 개의 판이한 대형 분묘는 고구려 왕릉 비정 문제만 아니라 장묘 제도 연구에 있어서도 커다란 혼란을 야기시켰던 것은 숨길 수 없는 사실이다.

당시는 장수왕의 치세였으므로 장수왕이 조영하였다는 점에서 이 둘을 장수왕릉으로 간주하는 것이 이론적으로 합당해 보인다.[33] 그러나 문제는 그렇게 간단하지 않다. 북방 고도에 대형 고분을 조성하고 다시 남방 새 도읍지에 커다란 왕릉을 조영한 것이다. 그러나 장수왕이 당대에 본인 왕릉만 조성하였다고 보기도 힘들다. 개인 왕릉 조영에 진력을 다하였다면 그럴수록 그가 왕실의 현창을 위하여 시조 왕릉을 거대하게 인민들 앞에 再現하였을 가능성이 높아 보인다. 그러한 추정에 결정적인 도움을 주는 것이 5세기 대에 발흥한 始祖 朱蒙 숭배 현상이다.

주몽이 왕실의 시조로서 공인되고 본격적으로 숭앙되기 시작하면서 그는 동명왕(부여 시조)의 分身으로서 간주되었다. 여러 가지 설화적 분식이 추가된 것이다. 그에 더하여 天神으로서 숭상되어짐에 따라 신화적 요소도 가식되어 갔

---

33) 방기동, 1988, 〈千秋墓. 太王陵. 將軍塚〉, 《好太王碑と高句麗遺蹟》.

다. 고구려 왕실이 天孫임을 공식으로 선언한 것도 대개 이 무렵일 것이다.[34] 장수왕이 주몽 숭배를 본격화하면서 그 象徵的 造形物의 필요성이 대두되었을 것이다. 이러한 목적에서 시조 왕릉의 再建이 요청된 듯하다.

주몽왕릉은 수도의 이동과 함께 옮겨 간 것 같다. 주몽왕릉의 移動說에 있어서 가장 걸림돌이 되는 것은 '始祖廟'가 '卒本'에 終始 고정되어 있었고 그 곳으로 역대 왕들이 순행하였다는 사실이었다.[35] 別攷에서 동명왕묘와 시조묘, 그리고 주몽왕릉 및 그에 수반되어 설립된 祠廟가 각기 다른 것이라고 밝혀진 이상[36] 동명왕묘나 주몽왕릉묘의 남하는 당연한 일이라고 하겠다. 평양 천도 이후에 집안에 있었던 주몽왕릉은 새로운 도읍지에 대한 守護神 기능 때문에 남하하였다. 제사의 중요성으로 인하여 항시 군주의 거처에 근접한 곳에서 祭禮 및 幸行이 가능해야 하였을 것이다. 大地母神도 그러한 연유로 말미암아 평양 지방으로 동반 이동하였음을 참고할 필요가 있다.[37]

장수왕 대에 주몽 숭배가 고조된 것은 광개토왕릉비에서부터 확인된다. 비문 서두에서 시조의 개국 전설을 말하고 있고 그 신성한 혈통이 광개토왕에게까지 이어지고 있음을 밝히고 있다. 이것은 왕실의 존엄성의 기원을 시조의 신성성에서 찾으려는 의도라고 해석된다. 비문은 이어서 대왕이 '天帝之子'이자 '皇天之子'임을 선언하고 있다. 시조가 天神과 연결되는 연유를 설명하고 있는 것이다. 이러한 시조 숭배의 경향은 같은 시기의 牟頭婁묘지에서도 잘 나타난다. 장수왕 대의 고구려는 中華意識을 표방하고 천하를 다스리는 自尊적 자세를 명확히 한다. 그러한 세계관은 시조가 天神의 혈통이고 왕실이 天孫이라는 자기 正體性 확립에 기초한 것이었다고 판단된다.

장수왕의 전제정치는 이제 상당히 구명되어 가고 있다. 평양 천도를 기회로 하여 왕권에 도전하는 舊臣 귀족들을 탄압한 것이다. 신도시 건설에 따라 현지

---

34) 노태돈, 1988, 〈5世紀 金石文에 보이는 高句麗의 天下觀〉, 《韓國史論》19집.
　　양기석, 1983, 〈4~5世紀 高句麗王者의 天下觀에 대하여〉, 《湖西史學》11호.
35) 고구려연구회, 1997, 《廣開土王碑硏究 100年》, 545쪽.
36) 졸고, 〈高句麗 始祖廟에 대하여〉, 본서 수록.
37) 졸고, 〈高句麗의 神廟에 대하여〉, 본서 수록.

세력들과의 제휴도 필수적이었을 것이다. 고구려가 멸망기에 이르기까지 평양 세력과 국내성세력 사이에 갈등을 빚었던 것은 잘 알려진 사실이다.[38] 그러한 정쟁의 시발이 장수왕 대에 양성되었을 것은 자명하다고 하겠다. 장수왕 대의 정치의 기조는 평양 세력의 등장과 국내성 세력의 퇴조에서 이루어졌을 것이다. 백제 개로왕이 장수왕의 強臣豪族 주륙을 언급하고 있는데 피살된 집단은 주로 국내성계였다고 고찰된다. 이와 같은 專制정치에서 항상 동반되는 것이 민심 수습을 위한 大型 象徵物의 조성이다. 특히 국내성계 집단들은 현실에서 잃어버린 권력을 주몽을 통해 복원해 보려는 소망을 갖고 있었을 것 같다. 그들의 정신적인 구심점이었을 朱蒙에 대한 顯彰 사업은 그러한 욕구를 대변해 주었을 것이다. 장수왕의 주몽 숭배 사업들(장군총 및 동명왕릉 조영)은 그러므로 국내성 세력 위무라는 정치적 고려에서 고안된 점도 있었을 것이다.[39]

백제에서 東明王 숭배가 장수왕 즉위 직전인 腆支王 대를 끝으로 사라진다. 이 현상이 고구려에서의 동명왕 숭배의 고조에 영향받은 것임은 이미 지적된 바 있다.[40] 장수왕 대에 이르러 동명왕이 고구려 국가 시조 겸 보호신으로 확립되면서 백제로서는 새로운 국가이념의 정립을 모색하게 된 것이다. 그 결과 扶餘 왕조에서도 解扶婁를 계보상의 시조로 하는 전승이 주목되기 시작한 것으로 해석되고 있다. 고구려의 解慕漱와 다른 계열임을 내외에 과시할 필요성이 대두된 것이다.[41]

지금 집안에 있는 장군무덤('將軍塚', '將軍墳')은 국내성 시대의 주몽왕릉이라고 보여진다. 양식이나 기술면에서 적석총의 최고 完整 형태를 보여주고 있음을 보아 그 준공 시기가 장수왕 대라고 간주된다. 서기 5세기는 적석총이 마지막으로 축조되던 시점이다. 당시는 전 고구려 역사에서 가장 주몽왕 숭배가 왕성

---

38) 임기환, 1992, 〈6~7世紀 高句麗의 政治的 勢力의 動向〉, 《韓國古代史硏究》5집.
39) 사서에 명기되어 있는 卒本 始祖廟 순행도 그러한 국내성 巡撫의 성격을 겸하고 있었다고 판단된다.
40) 김세익, 1964, 〈백제 시조전설에 대하여〉, 《력사과학》1964년 1기, 11, 14쪽.
41) 解慕漱 전승이 주몽 전설에 등장하게 되는 것도 그러한 배경에서 이해되어야 할 것이다. 표기 형태나 전승 구조면에서 볼 때 해모수 전승은 5세기 이후에 왕실 전승에 추가된 것으로 짐작된다. 고구려의 혈통상 시조로 정립되는 해모수의 지역적 연고에 대해서는 별고로 발표할 예정이다.

하게 울흥하던 시기에 해당할 것이며 국가적으로도 국운이 끝없이 뻗어나가던 시점이었다. 문화적으로도 동방을 제패하고 신라나 백제 등을 비롯하여 사방에서 복속하여 오고 있었다. 東方에 하나의 '天下'를 구축하여 일구어 낸 것이다.[42] 그렇게 발전하여 가던 고구려인들은 건국시조에 대한 최상의 경외심을 한껏 담아내어 웅장한 '東方의 피라미드'를 건설하였던 것이다. 지금 장군무덤이 남아 있는 자리가 집안 평야의 동방에 위치하여 왼쪽 울타리 역할을 하고 있는 龍山 기슭에 위치하고 있어서 사방을 조망하는 탁트인 高地라는 점에서 이곳이 집안 천도 초기에 주몽왕릉을 이장하였던 곳이었다고 믿어진다. 시조 주몽왕은 새로운 수도의 동방에 鎭坐하여 전 수도 지역을 한눈 아래 鳥瞰하면서 國內의 安堵와 興旺을 담보해 주는 수호신이었던 것이다. 평양 천도 이후 웅장하게 移建된 中和주몽왕릉(전 東明王陵, 진파리 10호분)에 대하여 古都 國內城의 舊주몽왕릉이 상대적으로 왜소하고 퇴락하여 간다는 여론에 따라서 중수한 것이라고 판단된다.

    장수왕은 평양 천도에 따라서 평안남도 중화 지역에 新型(封土石室墳)의 왕릉으로서 주몽왕릉을 移建하였다. 주몽왕릉은 처음부터도 그러하였겠지만 시조 祭場으로서의 의미가 이장 당시에는 더 컸을 것 같다. 그러나 장수왕은 호족 탄압에 이어서 왕권을 강화하기 위한 수단으로서 시조왕 신앙 및 그에 表裏 관계를 갖고 있는 왕실 숭배를 권장하고 그러한 목적에서 고구려의 시조가 現人神이라는 神話의 觀念을 고양시키게 된다. 국가 종교로서의 東明聖王(주몽왕) 종교가 탄생하게 이르른 것이다. 대외적으로는 백제와의 투쟁 과정에서 고구려야말로 진정한 부여족의 정통 왕가라는 점을 강조할 필요성도 절감하였을 것이다. 광개토왕릉비에서만 해도 시조는 '鄒牟王', 모두루묘지에서는 '鄒牟聖王'이라고 되어 있었는데 그 이후에 강화된 시조 숭배, 신격화 과정에서 시조왕에게 '東明聖王'이라는 諡號가 추증되어진 것이라고 생각된다. 그에 만족하지 않고 古都에

---

42) 양기석, 1983, 〈4~5世紀 高句麗王者의 天下觀에 대하여〉, 《湖西史學》 11호.
    노태돈, 1988.

초라하게 舊形으로 왜소하게 잔존하고 있었던 積石塚을 허물고 그 자리에 最高, 最完의 적석총을 세웠다고 믿어진다.[43] 이러한 건조물의 설립 배경에는 國內城을 중심으로 하는 舊귀족 세력의 新都 평양에 대한 반발을 무마하기 위한 정략적 차원의 목적이 있었다고 할 수 있다.[44]

　장수왕은 평양 신도시에 동명왕릉을 중건하고 古都 국내성에도 舊形 시조왕릉이라고 할 장군총을 건설하여 시조왕릉 조성 작업을 완결시켰다.[45] 북한측에서 방사성탄소 시료를 측정한 결과로는 동명왕릉 앞의 사찰 건물이 서기 375년 경 개축된 것으로 나타났다.[46] 이것은 장수왕 대에 남하하기 이전에 이미 수도 경영의 일환으로서 平壤 9寺와 함께 시조 祠堂이 건립되었음을 시사한다. 물론 북한 주장처럼 당시 고구려의 수도가 평양 지방이었다면 별 문제가 없으나 남한 및 외국학자들은 대체로 당대 도성은 집안 일대라고 보고 있어서 좀더 설명이 요청된다. 단 장군총과 동명왕릉 어느 것이 먼저 건조되었는가 하는 문제는 장차 더 연구되어져야 할 과제이다.[47]

　장수왕 대에 정리된 시조 숭배의 사조는 다음 문자왕에 이르면 실천 단계에 도달한다.

　　왕은 龍山의 남쪽 기슭에서 사냥을 하다. 5일 만에 돌아오다. (문자왕 15년 8월)

　여기 나타나는 龍山은 아마도 朱蒙이 묻혔다는 龍山 그 곳일 것이다. 당시는 현재 평양성에 도읍하고 있었다. 그러므로 龍山 역시 현재의 龍山, 중화군 眞珠墓 後山이라고 짐작된다. 이제 시조왕의 陵山 일대가 왕실의 수렵장으로 보호되

---

43) 혹시 지금 장군무덤의 동북 쪽에 자그마하게 남아 있는 이른바 '陪冢'이라는 것이 舊形 동명왕릉이었을 수도 있겠다. 다만 자료가 너무 적어서 자세한 것은 알 수 없다.
44) 임기환, 1992.
45) 졸고, 1995, 〈高句麗康王陵考〉, 《韓國上古史學報》20호.
46) 전제헌, 1994, 《동명왕릉에 관한 연구》, 백산자료원, 142쪽.
47) 환인현 미창구 장군무덤도 주목받는 고분이다 일부에서 그 것을 시조왕릉으로 간주하기도 한다. 고구려연구회, 1998, 《高句麗古墳壁畵》, 89, 386쪽. 후고를 요한다.

고 있는 것이다. 고대 사회에서 수렵은 제사에 사용되는 犧牲物의 확보에 주목적이 있었다. 龍山에서의 수렵 활동은 그러한 의미에서 이해되어야 할 것이다. 溫達전에 보면 '봄 3월에 樂浪의 언덕에서 사냥을 하여 祭天한다'고 되어 있다. 樂浪의 언덕은 龍山에서 서쪽으로 이어지는 구릉지대를 말한다. 龍山의 수렵과 상통하는 것을 알 수 있다.

장수왕이 건설한 두 개의 시조왕릉이 정확히 이해되어지면 다른 왕릉의 비정에서도 새로운 관점의 선정이 유용하리라고 여겨진다. 이른바 '將軍塚形 王陵'의 정리가 그것이다.

3. 結論

고구려 시조왕릉에 대하여 기본적인 정리 작업을 시도하였다. 문헌상에 나타나는 자료와 고고학적 소견을 결합하여 대조할 필요가 있다.

龍山은 고구려 시조 朱蒙의 陵이다. 그 곳에는 玉鞭이 수장되었다고 전해진다. 그런데 문헌을 검토하여 본 결과 김극기와 곽여의 시대인 고려 중기만 하더라도 동명왕의 玉鞭은 을밀대 – 구제궁 일대의 산마루에 묻혀 있다고 알려져 있었다. 玉鞭이 묻혀 있었다는 것은 주몽의 葬地임을 말해주며 그 장지가 다름 아닌 龍山임을 가리킨다고 믿어진다. 을밀대 부근을 속칭 上密德이라고 하였다. 후에 上密德 부근에 乙密臺가 축조된다. 上密德은 우리말 '우 – 미르덕'을 다른 글자로 바꾼 것이다. 따라서 乙密臺는 上龍山이라고 할 수 있다. 乙密 仙人이나 將軍 乙密 전설은 후대에 乙密臺라는 표기가 정착된 뒤에 부회된 것이다. 을밀대의 서쪽 산자락을 下密德이라고도 하였다. 上下로 나뉘어 있는 이 지역은 본시 龍山, 즉 密德, 龍德(隆德, 龍堰이라고도 하였다)의 땅이었던 것 같다. 고려 후기에 와서 을밀대가 龍山임이 잊혀진 뒤에 乙密臺가 將軍(또는 仙人) 乙密이라는 가공의 인물과 부회된 듯하다.

고구려 고국원왕이 이거한 平壤은 현재의 평양이라고 고찰된다. 평양의 동방에 있었다는 黃城은 대체로 지금의 청암리토성에서 평양 북성에 이어지는 成築을 가리킨 것으로 판단된다. 황성에 거처한 것은 상당 기간으로 생각된다. 고국원왕이 평양성에서 전사할 당시까지는 수도로서 활용되었을 것이다. 대개 30여 년에 걸치는 기간이 되겠다. 전사 후에 고구려는 다시 집안으로 후퇴한 것 같다. 그러다가 장수왕이 평양으로 재남하한 것이다.

이 기간 동안 고국원왕은 평양성(북성-청암리토성)의 主山인 錦繡山 南麓 乙密臺 부근에 시조왕릉을 조영한 듯하다. 그 곳이 玉鞭을 수장한 곳으로 길이 전승되어 온 것이다. 지금의 九梯宮은 東明王宮이 아니라 東明王(朱蒙)陵일 것이다. 북방식으로는 '仇台-九梯(祖靈)'로 호칭되었고 남방식으로 '龍山'이라고 불린 듯하다. 왕의 전사에 따라서 집안으로 퇴거하면서 시조왕릉에 대한 치제도 평양 지역에서는 폐지된다. 그러다가 장수왕은 평양 천도 후에 중화 지역에 대규모의 龍山陵을 영건한 것이다.

그 결과 장수왕 이후 평양 지방에는 두 개의 시조왕릉이 병존하였다. 두 개의 시조왕릉은 일본 고대에서도 나타나는 현상으로서 祭祀集團들이 병립하면서 상당 기간 존속되는 것이다. 고려 시대에도 성내에 東明聖帝祠가 있었고 城外 중화에는 龍山陵이 있다고 되어 있다. 아마도 이러한 내외 사당의 병존은 고구려 시대 이래의 遺制인 것으로 고찰된다.

2절 朱蒙 傳說의 演變과 年代

머리말

주몽 전승은 여러 가지 유형으로 나누어진다. 다양한 설화소가 분석되고 있기 때문일 것이다. 특히 부여 동명왕 전설과의 대비에서 많은 논의가 이루어지고 있다. 그러나 주몽 전승의 유형은 일단 주몽 전승에 한정시키는 자세가 바람직하다.[1] 유형을 구분하는 것은 설화의 흐름을 고찰하여 전개 양상을 살피려고 하기 때문이다. 고구려 왕실에서의 시조 숭배를 천착하면서 간단하나마 유형 분류와 연대적 분석이 필요하다.

유형을 나누어 보는 데에는 학술적으로 중요한 지표가 되는 3대 전승을 지목하여 논의하기로 한다. 광개토왕릉비문,《魏書》, 동명왕편 3가지가 그것이다. 종래 이들 전승들은 출간 연대순으로 설화 구조가 형성된 것으로 이해되어 왔다. 비문-《위서》-동명왕편의 순서가 그것이다. 비문의 설화와《위서》의 그것이 검토의 대상이 되겠다.《위서》의 설화가 자못 오랜 형태를 남기고 있는데 대하여 비문의 그것이 그보다 후대적인 요소를 짙게 드러내 보이고 있다. 우선 설화적 모티프를 분석하여 보고 다른 측면들도 함께 고려해 볼 필요가 있다.

유형의 연대적 배열이 가능해지면 그 문자화 과정을 비롯하여 중요한 시대적 변용 양상이 확인될 것이다. 지금까지와는 다른 전망이 드러날 것이라고 기대해 본다.

---

1) 서영대, 1997,〈高句麗 王室始祖神話의 類型〉, 李忠熹華甲紀念論叢《東西文化論叢》II.

1. 朱蒙 傳承의 3大 類型과 特徵

주몽 전승에는 여러 가지 문헌과 자료가 있다. 필자는 3가지 유형으로 나누되 같은 형에 속한 설화들은 대표적인 전설에 포함시켜서 논의하기로 한다.

1) 광개토왕릉비문형

주지하다시피 주몽 전승의 대표적인 자료이다. 설화의 골자는 다음과 같다.

1) 부계 : 天帝, 皇天
2) 모계 : 河伯女
3) 탄생 : 卵生
4) 고국 : 北夫餘
5) 이동 : 渡河(奄利大水)
6) 건국 : 忽本

주목할 것은 주몽이 天帝와 연결되고 있다는 사실이다. 天帝와 연결되는 계보는 신화학적으로 후대적이라고 생각된다.(後述)

동명왕 전설은 이미 후한 왕충이 지은 《論衡》에 보이고 있고 《삼국지》 고구려전에 인용된 舊志에서도 찾아볼 수 있다. 줄거리는 하늘에서 내려온 氣에 감응된 궁녀에게서 東明이 태어났고, 그는 고국의 왕인 北夷王에게서 배척을 받아 망명하여 施淹水를 건너서 부여를 세웠다는 것이다. 大水를 건널 때에 자라 등의 수중 동물의 도움을 받았다는 것이 가장 인상적인 요소라고 할 수 있다. 그런데 《위서》의 주몽 전승은 이것과 이야기의 개요가 거의 같다. 魏書型의 古態性은 그 전설의 골간이 부여의 동명왕 전설과 혹사하다는 데에서 찾을 수 있다. 다른 점은 주인공의 부계가 동명의 경우 '氣', '天氣'라고 되어 있던 것이 '日', '日影'으로 변한 것, 모계가 '侍婢'에서 '河伯女'로 달라진 것, 卵生 모티프가 나타난 것 등이다. 동명 설화에서 주몽 설화(《위서》)로 변하는 과정에서 특기할 만한 것은 부계와 모계에 대한 좀더 구체적인 서술이라고 할 수 있다.[2] 이러한 近似性 때문에 종래 주몽 전설은 동명왕 전승과 같은 것으로 인식되어 온 것이다.

능비에는 주몽의 부계가 '天帝'(또는 '皇天')라고 되어 있다. 오히려 《위서》의 '日'이나 '日影'이라는 표현이 동명 설화에 나오는 '氣', '天氣'에 좀더 가깝다. 그에 비하여 능비의 서술은 擬人化되어 있고 중국적이다. 능비에서의 '天帝'나 '皇天'이라는 서술이 얼마나 후대적인가를 인지할 수 있다.

특히 '天帝의 아들'이라는 내용은 天降 설화를 상정하게 만든다. 비문에 보이는 '出自北夫餘하고 天帝之子이시다'라는 구절을 '出自는 北夫餘 天帝의 아들이시다'라고 해석하는 경우를 보는데[3] 그러한 견해도 天帝 또는 天子와의 관계를 염두에 둔 것이라고 할 수 있다. 도대체 고대적 사유 체계로서는 '天子' 내지 '天孫'이라는 구조 자체가 천강설을 전제로 하여 성립된 개념임을 상기할 필요가 있다. 天子 또는 天孫설은 두말할 것 없이 주몽이나 그 부계가 하늘로부터 강림하였음을 강력히 시사해 준다.[4] 그런데 이러한 天降 요소는 주몽 전승의 경우 동명왕편에서나 나타나는 후대적인 부분이다.(後述)

부여의 동명왕 설화에서는 卵生 모티프가 없었던 것인데 주몽 전승에 와서 확인된다. 卵生 자체가 鳥生을 의미하고 있고 만일 卵生素가 남방 기원이라는 三品彰英의 이론[5]이 정확하다면 이 설화를 荷擔하여 온 집단도 해양 세력일 가능성이 커진다. 卵生 설화나 상징이 짙은 海洋性 문화를 전제로 하고 있음을 유의하

---

2) 난생 문제는 미묘한 요소라서 일단 논외로 한다. 부계의 경우 '天氣'와 '日光'을 같은 것으로 간주한다면 그것도 달라지지 않은 것이 된다. 모계만 비천한 '侍婢', '侍兒'에서 고귀한 '河伯女'로 달라졌다고 보여진다.
3) 고구려연구회, 1995,《광개토왕릉비 연구 100년》토론.
4) 실제로 《삼국유사》북부여 조〈古記〉에는 '天帝'가 흘승골성에 강림하였다고 하였다. 여기에 보이는 '古記' 본문은 후세에 성립된 것으로 생각되나 그 내용으로 보아 전대로부터의 강한 영향이 인정된다. 後述.
5) 삼품창영, 1973,《古代祭政と穀靈》, 평범사.

여야 할 것이다. 그러한 관점에서 본다면 卵生 전승을 담당해 온 집단은 遼東 반도 남단의 세력과 관련이 있을 가능성이 높다. 참고로 고구려는 이미 서기 3세기에 烏骨성을 비롯하여 沓渚(지금의 新金현 부근)를 통하여 남방의 吳國과 자주 왕래하고 있었다.6) 이러한 활동은 현지 해상 세력의 복종과 협조가 없이는 불가능하다. 해상 세력들은 그러한 외국과의 교류와 접촉을 통하여 스스로의 정치적 위상을 높이고 고구려 상층 사회에서 흔들리지 않는 확고한 지위를 구축하였을 것이다. 그 같은 활동의 결과 그들이 숭앙하는 卵生 전승이나 설화소가 고구려 상층부에 깊이 전달되고 마침내 시조 설화의 일부분으로까지 분식되었을 가능성도 있어 보인다.

그럴 경우 卵生 및 河伯女 母系라는 구도는 전적으로 遼東 반도 해상 세력의 영향이라는 설명이 유리하다.7) 상식적으로 볼 때 출생에 관한 구전은 모계측에서 정리하는 것이다. 따라서 卵生이라는 출생 상황 설명은 하백녀를 중심으로 하는 해상 세력 집단에서 제공되었다고 보아야 할 것이다. 이러한 河伯 관념과 卵生 개념은 아마도 서기 3세기에 도입되었을 것 같다.

서기 3~4세기에 고구려의 왕비족으로서 絶奴部가 거명되는 것은 이제 고구려사의 상식이다. 주몽 설화가 동명 설화와 습합되던 당시 왕비족이었던 그들이 시조의 모계 설정에 대하여 일정한 역할을 다하였다고 보는 것이 옳다. 그러한 추정이 일리가 있다면 河伯部는 絶奴部와 깊은 관계에 있었다고 가정할 수 있다. 절노부 왕비족들은 그들이 시조의 모계에서부터 왕비족 내지 왕모족이었음을 과시하였을 것 같다. 절노부는 기원이 아직 불분명하거니와 그 일부에는 東扶餘 유민들이 徙置되어 있었다. 동부여는 주지하다시피 河伯女의 출신지이다. 짙은 河伯文化의 존재를 상정할 수 있다.8)

---

6) 윤명철, 1993, 《高句麗 海洋交涉史硏究》, 성균관대.
7) 河伯 집단 자체도 본질적으로 鴨綠江 세력과 遼東 海上 세력으로 나누어 볼 필요가 있다. 실제로 문헌에서는 '非西岬河伯'과 함께 '西河河伯'이 나오고 있고 柳花부인이 출유한 靑河 지역에도 부인의 부친인 河伯이 존재하였다. 河伯 세력도 각지에 분산해서 또는 분립적으로 활동하였을 것이다.
8) 그러나 동부여 출신들과 절노부의 사회적, 정치적 위상을 연결하려는 노력들은 별로 설득력이 없다. 문헌에 기술되어 있는 그대로 절노부 일부 지역에 동부여 기원 주민들이 존재하였다는 정도의 사실밖

卵生 외에 또 한 가지 수중동물에 대한 서술에서 '龜'가 명기되고 있는 점을 지적하지 않을 수 없다. 怪力亂神을 말하지 않는다는 공자의 덕목에는 전연 어울리지 않는 부분이 비문 중에 어색하게 삽입되어 있는 것이다. 이러한 태도는 비문의 저자가 중국식 사고에 완전히 물들지 않았음을 보여준다. 비문에서는 卵生과 더불어 龜橋의 개념을 명확히 하고 있다. 그 같은 서술 자세는 반드시 문화적 배경이 있는 것이라고 판단된다.

그 배경을 해석하기 위해서는 하나의 설화 또는 설화소가 하나의 정치 세력들을 대표하고 있다는 가정이 필요하다. 필자는 고구려 사회에서 卵生 설화소를 주장하고 演變하여 온 주체 집단이 존재하였음을 강조하였다. 마찬가지로 龜 개념을 族的 의례와 전승 속에서 보지하고 숭상해 온 집단이 있었을 것이다. 거북이 시조왕의 渡江을 도왔다는 점을 시조 설화 속에까지 침투시킨 것으로 보아 그들은 상당한 정치적 입지를 갖고 있었고 고구려 사회에서 인정받는 세력이었던 듯하다. 아무르 강 연안에 유목하고 생활하는 達垢족의 전승에는 그들의 시조 daurkan이 거북의 다리를 건너 건국하였다고 되어 있다.9) 눈강 하류 유역에서 20세기 초에도 渡江 설화가 확인되고 있다.10) 이와 같이 龜橋 설화가 북방적임을 감안한다면 龜儀禮 집단의 기원을 약간 점쳐 볼 수 있을 듯하다.11) 일본 神武 전설에서도 龜가 바다를 건너는 안내자 역할을 하고 있어서 주목된다. 이에 대한 정리는 별도의 연구를 기다려야 할 것이다.12)

에 인정하기 어렵다. 그 일부 세력들과 절노부 주체와는 별도의 유래를 가정하여야 할 것이다. 한편 輝發河 유역과 東遼河 상류 일대를 중심으로 하여 이른바 '貊'씨의 문화를 상정하는 견해가 있다. '그물무늬' 하나만 가지고서 제기한 대담한 가설이다. 흥미로운 것은 그물무늬가 河伯 세력과 연관된다는 점이다. 하백 집단이 휘발하 일원의 내륙에 자리하고 있었다면 고구려의 형성에 참여할 기회가 많았을 것이고 난생 설화를 통하여 그 흔적을 남겼을 개연성이 높다고 고찰된다.

9) 시로코고로프, 1941,《北方ツングスの社會構成》, 동아연구총서간행회, 145쪽.
10) 손영종, 1990,《高句麗史》I, 42쪽.
11) 고려 문인 朴寅亮의 〈入遼乞罷 場狀〉에는 日子와 鼇橋라는 표현이 보이는데 다분히 후대적인 윤색이 느껴진다.《東文選》권48.
12) 부여의 동명왕 전설에서는 그 부분이 '魚鼇'로 표현되고 있다. 이것은 주나라 천자 穆王이 천하를 순유할 때 江漢의 하천에서 龜鼇들이 다리를 만들어 건너기를 도왔다는 故事에서 따온 듯하다. 말하자면 중국식으로 윤색된 것이라고 고찰된다. 그러므로 동명왕 설화를 평가할 때에는 그러한 중국식 변용의 존재를 항상 염두에 두어야 할 것이다.

능비의 설화에서 가장 현저한 변화는 추모왕의 사망 뒤에 대한 서술에서 확인된다. 黃龍과 연관된 부분이다.

不樂世位 天遣黃龍 來下迎王 於忽本東罡 履龍首昇天

늙은 추모왕을 黃龍이 영접하였다고 한다. 현전하는 어느 유형에서도 확인되지 않는 특이한 서술이라 아니할 수 없다. 그러나 정작 중요한 것은 이제 비로소 주몽왕이 龍的인 신격으로 등장한다는 사실이다. 寡聞으로는 한국 고대 사상사에 있어서 이것이 최초의 龍의 출현이 아닌가 한다.《魏書》에 수록된 주몽 설화에도 아직 龍에 대한 표현이나 기술은 들어 있지 않다.《三國史記》를 위시하여 주몽왕의 능묘는 후대에 龍山이라고 전하고 있거니와 주몽이 龍과 동일시되었던 까닭에 그러한 호칭이 붙여진 것이다. 王卽龍 사상의 구체적인 발현은 고구려 고분 벽화에서 잘 드러난다. 집안 오괴분 4, 5호 벽화에는 천장부에 黃龍이 蟠居하는 형상이 사실적으로 그려져 있다. 고분의 시기는 대개 서기 6세기로 추정되고 있다. 벽화 내용에서 大王卽龍 관념이 출현하는 것도 5세기 무렵이라고 한다.13) 그러나 5세기 초에 건립된 능비문에서 이미 추모왕이 龍神格으로 서술되고 있으므로 고구려 사회에서 龍 숭배의 본격적인 등장은 그보다 앞서서 서기 4세기에 나타난 것이 아닌가 한다. 이러한 龍神의 출현은 부여 동명왕 설화에서는 보이지 않는 요소이다. 그리고《魏書》주몽 전승에서도 나타나지 않는다. 따라서 능비의 주몽 설화는 매우 후대적인 일면이 있다고 생각된다.

주인공 추모왕의 품성에 대한 서술도 매우 다르다. 비문에서는 '生而有聖(德)…'이라고 하였다.《위서》기타 문헌에서는 이 부분이 '善射'라는 덕목으로 나타난다. 棄兒 부분도 능비에서는 대왕의 神聖性을 과시하기 위하여 생략된 듯한 감이 있다. 문헌 쪽이 훨씬 더 구체적이고 고졸한 것을 직각할 수 있다. 종래 비문이 무조건적으로 古態的이고 원형에 가깝다고 본 것은 분명 그릇된 것이다.

---

13) 전호태, 1997,《고구려고분벽화연구》, 서울대.

성립 연대가 빠르다고 해서 무조건적으로 능비문을 오래된 전승으로 보는 것은 곤란하다. 오히려《위서》의 설화가 동명왕 전설에 따른 粉飾 직후의 양상을 잘 드러내 보여주고 있다고 고찰된다.

추모왕이 '巡車南下'하였다는 기술도 설화에서 騎馬라고 표현된 것에 비하여 고루하고 상투적인 文語라고 아니할 수 없다. 周穆王이 수레를 타고 서왕모를 알현하였다거나 천하를 周遊하였다는 중국적 설화를 인식하고서 그렇게 기술된 듯하다.[14] 앞서 말한 대로 '聖德'이라는 표현은 매우 漢化된 成語이다. 짙은 중국식 사고가 관철되고 있는 문장이다. 나아가서 棄兒 모티프가 제거되어 있다든지 天帝라는 표현이 등장한다든지 하는 것들이 모두 유교적 절제와 중국식 관념을 농후하게 드러내 보여주고 있는 사례이다.

2) 魏書형

朱蒙 설화라고 할 수 있다.

1) 부계 : 日光
2) 모계 : 하백녀
3) 탄생 : 난생
4) 고국 : 夫餘
5) 이동 : 渡河(一大水)
6) 건국 : 紇升骨

여기서 가장 특징적인 일면은 주몽이 日光 感精의 소생으로 처리되고 있는 점

---

14) 이것은 좀더 크게 보면 중국 車文化의 영향을 받아 문장 표현이 달라진 것 같다. 騎馬文化가 車文化식으로 서술된 것이다.

이다. 모두루묘지도 이와 같은 유형으로 볼 수 있는데 거기에서는 '日月'의 아들이라고 나타난다. '日月'과 '日光'은 대개 같은 실체라고 생각된다. 신화학적으로 보아 日光이 天帝보다 오래된 모티프임은 정론이 있다.[15]

모두루묘지에서 '河泊之孫 日月之子'라고 하여 日月이 부모의 세대에 해당하므로 日月을 부모에 비정할 수 있다. 문맥으로 보아 日男月女라고 판단된다. 이것은 유럽식 사고에 공통적인 것 같다.[16] 그러나 좀더 음미해 보면 日月 所生이라는 형태는 군이 男女를 구분하는 것 같지 않기도 하다.

松原孝俊도 주몽 전승에 있어서 日月(모두루묘지) - 日光(위서) - 天帝/皇天(능비)의 발전 순서를 상정한다면 그것이 자료의 출현 시기와 어긋난다는 점을 지적한 바 있다. 武田幸男은 이론적인 면에서 '日 - 日月 - 天帝'로의 발전을 상정하였다. 그러나 日月의 형태가 단순한 日보다는 고대형이라고 생각된다. 東胡의 후손이라고 생각되고 있는 烏桓에서는 大人, 天地 등과 함께 日月을 제사하였다. 선조와 천지가 日月과 병칭되고 있는 것이다. 흉노의 單于는 보통 '日月之子'로서 '天地所生'으로 간주되었다고 한다. 고구려에서의 '日月 所生'사상은 그러한 인접한 東胡·匈奴 계열의 사고를 대변하고 있다고 고찰된다. 그러한 日月 선조 사상이 중국식의 日男 선조 관념의 영향을 받아 日種, 日子 관념으로 발전한 것 같다. 그러한 점에서 보면 모두루묘지의 형태가 매우 오랜 것임을 알 수 있다.[17]

---

15) 武田幸男, 1989, 〈牟頭婁一族と高句麗王權〉,《高句麗史と東アジア》, 암파서점.
松原孝俊, 1995, 〈牟頭婁墓誌의 神話學的研究〉,《佐伯有淸記念 日本古代の傳承と東アジア》.
16) 日月을 남녀 성별로 나누어 보는 사고를 살펴보면 아시아 - 북아메리카 - 북아프리카 지역 달문화권에서는 日女月男이 주류를 형성하고 있다. 반면 해문화권인 유럽 - 인도 - 동남아 - 대양주 - 아메리카 지방에서는 月女日男 관념이 보통이다. 남방 열대지방에서는 日月이 다 남자라고 보고 있고, 아프리카에서는 달이 남자인 점은 아시아와 같으나 샛별이 여자라고 여겨지고 있다. 大林太良, 1991,《北方の民族と文化》, 산천출판사, 45쪽.
17) 그런데 대하여 母系는 일단 侍婢에서 河伯女로 신분이 상승한 뒤로 주몽 전승의 본질적인 부분을 구성한다. 동명왕 전승과 주몽 설화의 근본적인 차이점은 모계의 변화에 있다고 해도 과언이 아니다.
김두진, 1995, 〈高句麗 建國神話의 英雄傳承的 性格〉,《국사관논총》62집.
이종태, 1990, 〈高句麗 太祖王系의 登場과 朱蒙國祖意識의 成立〉,《북악사론》2호.

3) 동명왕편형

東明聖王 설화이다.

1) 부계 : 解慕漱 및 日光
2) 모계 : 하백녀
3) 탄생 : 난생
4) 고국 : 東扶餘
5) 이동 : 渡河(淹㴲水)
6) 건국 : 卒本

가장 주목되는 변화는 다름 아닌 父系의 複線化 현상이다. 주몽의 아비가 종래대로의 日光이라는 설명에 잇대어서 天降 天子인 解慕漱라는 주장이 등장하고 있다. 능비의 天子설과 위서의 日子설이 통합되어 있는 것이다. 부여 동명왕 설화에 이어서 鄒牟 설화, 주몽 설화에 이르기까지 부계가 단선적인 日月 – 天氣 – 日光 요소로써 설명되고 있었다. 그것이 어느새 二重 父系 형태로 변화된 것이다. 가장 후대적인 형태이다.

2. 《魏書》 傳承의 特徵

1) 初期 王統 系譜

이러한 신화학적인 관점 외에 사학적으로도 《위서》의 서술은 여러 가지 특이점을 내포하고 있음을 간과하여서는 안 된다.

가령《위서》에 실려 있는 고구려 초기 왕의 系譜는 다음과 같다.

朱蒙 – 始閭諧(改名 閭達) – 如栗 – 莫來

우선《위서》의 초기 세계가《삼국사기》의 그것과 크게 다르다는 점은 확실해 보인다. 이러한 世系가《북사》나《수서》의 단계에 오면 다음과 같이 축약되어 진다.

朱蒙 – 如栗 – 莫來

이 계보가《삼국사기》의 그것에 일치하는 것이다.《위서》계보의 短縮 과정은 후대에 올수록 현저하다.《삼국사기》의 계보가 후대적인 것이라면《위서》의 계보는 가장 오랜 古形을 전하고 있는 것으로 믿어진다. 그런데 문제가 되는 것은 《북사》나《수서》에서 보이는 3 대의 왕계가 능비에서도 이미 나타나고 있다는 데에 있다. 능비에는

鄒牟 – 孺留 – 大朱留

라고하여 위서보다 늦게 출현한《북사》,《수서》의 세계에 일치되는 계보가 명기되어 있다. 바꾸어 말하자면 능비문에서 3 대로 나타나는 왕대가《위서》에서는 4 대(혹은 5 대)[18]로,《수서》에서는 다시 3 대로 달라지고 있는 것이다. 왕실 계보가 그것도 시조를 포함한 초기 왕계가 2세기 남짓한 짧은 기간에 이렇게 엿가락처럼 늘었다 줄었다 하는 것은 매우 해괴한 일이다.

《위서》에 실린 자료는 분명 고구려측에서 전수되어진 것에 기초한 것이다.

---

18) 필자는 위서에 나타나는 始閭諧와 그가 '更名'하였다는 '閭達'이 과연 동일 인물인가에 대하여 회의적이다. 추후에 이 문제를 다룰 기회가 있을 것이다.

중국 사가가 조작한 것은 아닐 것이다. 그렇다면 고구려측에서 제공한 문건의 성격이 문제가 될 것이다. 공식적인 자료인지 아니면 개인적, 사적인 문서인지 검토해 볼 필요가 있다.

우선 《위서》의 계보가 정통 왕실 전승에서 기원한 것이 아니고 중국 사신이 접촉하였던 일부 고구려 귀족들[19]의 전승에서 유래한 것이 아닌가 생각해 볼 수 있다. 즉 私撰 史書에서 발췌한 것이기에 능비문 같은 공식 왕가 전승과는 다르게 나타났다고 보는 것이다.[20] 그러나 고구려측의 인사가 왕실 시조 설화를 개인적인 자료나 문서에 근거하여 제공하였을 가능성은 매우 낮음을 알 수 있다. 장수왕 당시 고양된 왕권을 배경으로 신비화되었고 율령제 질서하에서 고귀하게 인식되고 있었던 왕실 시조이기에 더욱 그러하였을 것이다. 《위서》에 실려 있는 주몽 전설의 줄거리를 살펴보더라도 상당히 구체적이고 나름대로의 정제된 구성을 갖고 있다. 적어도 개인이나 귀족 일파의 전승이라고 볼 근거는 없는 것 같다.

《위서》 계보의 所自出이 정통 왕가 전승이라고 한다면 우리는 매우 당혹스러운 사태에 직면하게 된다. 시조를 비롯한 초기 왕통 세계가 광개토왕 대는 물론이고 《위서》(6세기 성립)의 시기까지도 정립되지 않았다고 보아야 하기 때문이다. 《수서》가 완성된 7세기 중엽, 즉 고구려 멸망 직전에 가서야 초기 왕계가 현전 상태로 정리되었다고 보는 것이 과연 현명한 일일까? 필자는 그러한 주장에는 동조하기 어렵다고 본다. 현재 학계에서는 소수림왕 대에 어떠한 형태로든 간에 고구려의 국사가 편찬되었다고 보고 있다. 따라서 그 사서에서 초기 왕계가 일차 정립되었다고 판단하는 것은 자연스러운 일이다. 그로부터 불과 20~30년 후에 능비가 건립되었다. 따라서 능비에 기술된 초기 왕통이 최초의 국사에서 정리된 계보를 상당 부분 반영하고 있다고 보여진다. 결론적으로 우리는

---

19) 예를 들어 消奴部와 같은 舊 王室의 전승은 桂婁部 왕실의 그것과는 달랐을 것이다. 그리고 계루부 내에서도 解씨 왕가의 전설은 高씨 일족의 것과 다르지 않았나 추측되기도 한다.
20) 모두루묘지 같은 것은 고구려 귀족들이 스스로의 가문 전승을 중심으로 시조를 서술하고 있는 좋은 예라고 하겠다.

서기 4세기 후엽에서부터 5세기 초엽에 걸쳐서 고구려의 공식적인 초기 왕통은 능비에 보이는 그것이었다고 잘라 말할 수 있다.

《위서》는 6세기에 성립된 문헌이지만 거기에 실린 고구려전의 내용은 대개 서기 5세기의 장수왕 대의 상황이라고 생각된다. 장수왕 23년에 李敖가 고구려에 내왕하면서 소상한 견문기를 작성하여 진상한 듯한데 아마도 그것이 고구려전의 대본이 된 듯하다. 고구려 말기에 수나라 사신으로 왔던 陳大德이 귀국하여 《高驪記》를 저술한 것은 잘 알려진 일이다. 그러한 見聞記의 작성과 상주는 중국 외교에서 관례화된 것으로서 각국 열전 편찬에 기초 자료가 된 것은 물론이다. 따라서 문헌학적으로 고구려 초기 왕통의 성립을 5세기라고 간주하는 견해는 적절하지 못하다.

한편 7세기 초엽에 성립된 《新集》은 4세기 후엽에 완성된 국사의 上古史 부분을 刪修한 것으로서 한문투의 윤색이나 음양오행설 같은 후대적인 관념의 분식이 가해지기도 하였다. 그러나 《신집》에서 새로운 왕통을 접목, 操作하였다고 보는 학자는 아직 없는 것으로 알고 있다. 《신집》의 시대에 와서 비로소 초기 계보가 정착되었다고 보는 것은 설득력이 없다. 《신집》의 왕통 계보는 4세기 말에 편찬된 사서의 그것을 답습하였을 것이다. 그러므로 고구려에서 초기 왕통이 대개 서기 4세기 후엽에서부터는 현재의 형태로 정착되어 있었다고 말할 수 있다.

그런데도 《위서》는 초기 왕통을 능비나 《신집》의 그것과는 다르게 서술하고 있다. 서기 5~6세기 동안에 고구려에서 초기 왕통을 변개하였다가 서기 7세기에 가서 다시 원래대로 복구하였다고 보는 태도에는 문제가 많다. 서기 5~6세기라면 고구려사에서도 평양 지방에서 절대 왕권이 확립되어 있던 기간이라고 알려져 있다. 현실적으로 2세기 동안에 가장 중요한 초기 왕통에 대한 변조와 복구는 생각하기 힘들다. 따라서 나머지 가능성은 한가지뿐이다. 즉 《위서》에 등재된 초기 왕통 계보는 4세기의 국사에서 정립되기 이전의 세계라는 것이다.

4세기 후엽에 징리된 국사의 내용은 능비문에 비교적 충실히 반영되고 있다고 판단된다. 능비의 내용보다 더 구형인 점으로 보아 《위서》 내용의 일부는 능비보다 더 앞서는 시기의 것이 있다고 보여진다.

2) 天降 要素의 起源

3대 전승 중에서 상이한 점을 들자면 동명왕편에서 解慕漱가 등장하는 점이 크게 다르다. 해모수가 天帝[21] 또는 天帝子[22]로서 하늘에서 熊心山으로 강림한다는 점에서 동명왕편은 天降 모티프가 완연하다고 본다. 이러한 天降 모티프는 능비문에서부터 나타나고 있다. 비문에서 '天帝之子' 혹은 '皇天之子'임을 밝힌 것은 그에 상응하는 설화가 존재하였음을 말해 준다.

비문에서 주몽이 천제의 아들이라고 하였다. 고대적인 사고로서는 天帝가 당연히 天空에 거처하고 있었다. 따라서 천제의 아들이라는 것은 그가 천제가 거주하고 있다고 상상되던 天空에서 (어떠한 모습으로 내려왔는지 알 수는 없으나) 하강하였던 것을 명시하고 있다고 하겠다. 여기서 비문의 머릿부분을 유심히 음미해 본다.

삼가 옛적에('惟昔') 시조이신 추모왕의 나라를 여시던 일을 생각컨대 북부여로부터 나오시다. 천제의 아들이시고 ……

종래 이 부분에 대한 이해는 지극히 피상적이어서 설화의 진실에 접근하지 못한 듯하다. '시조가 북부여에서 나오셨는데 ……'까지는 이상할 것이 없다. 그런데 그러한 시조가 天帝의 아들이라고 하였다. 그렇다면 논리적으로 天帝는 북부여에 계셨다는 말이 된다. '북부여의 天帝가 시조의 부친이다'라고 비문은 명언하고 있는 것이다. 그렇다면 북부여에 天帝가 계셨다는 것을 우리는 어떻

---

21) 《삼국유사》 권1 북부여 조.
22) 이규보 〈동명왕편〉 본문.

게 해석하여야 할 것인가?

　우선 설화적인 고대에 북부여에는 '天帝'를 자칭하던 인물이 있었다고 말할 수 있다. 제왕을 자칭한 것으로 보아 그는 한 지역에서 王業을 이룩한 듯하다. 그러한 그가 '天帝'라고 자존한 것은 天界에 대한 지배를 내세워 지상에 군림하겠다는 의도일 것이다. 일단 '天帝'라고 선언한 이상 그는 여러 가지 방법으로 스스로를 신비화시켰을 것이다. 고대 왕권에서 애용되던 天降설이 그러한 수식을 위하여 동원되었을 것은 생각하기 어렵지 않다. 다시 말해서 '北夫餘 天帝'라는 비문 한 구절 속에는 북부여에로 天帝가 하강하였던 사실이 암암리에 감추어져 있다.

　여기에 같이 고찰하여야 할 것이 이른바 《三國遺事》에 인용된 〈古記〉에 전하는 解慕漱의 訖升骨 天降 설화이다.

　　古記云 前漢書 宣帝 神爵三年 壬戌四月八日 天帝降于訖升骨城〈在大遼醫州界〉 乘五龍車 立都稱王 國號北扶餘 自稱名解慕漱 …23)

　비문의 北夫餘 天帝와 〈古記〉의 北扶餘 天帝는 너무도 닮아 있다. 양자는 같은 설화적 실체를 가리키고 있다고 판단된다.

　그렇다면 어떠한 경위로 해서 天帝가 北扶餘에 계시게 되었을까? 아무런 사전 행동이나 변화 없이 개벽 때부터 천제가 북부여에 군림한 것은 아닐 것이다. 〈古記〉에서 전하는 형태 그대로는 아니었겠지만 천제 또는 그에 해당하는 인물이 하늘로부터 강림하였던 것이 분명하다. 다시 말해서 하늘로부터의 강림 부분이 능비에는 그렇게 축약되어진 것으로 생각하여야 옳을 것이다. 이것은 잃어버린 天降 신화의 핵심 고리라고 할 수 있다. 고대인들로서는 널리 알려진 천강 사실은 비문 작자로서 중언부언할 필요가 없었기에 간단히 '천제의 아들이시다. 천제는 북부여에 계셨다.'라고 행문을 마감한 것이다. 다시 거듭하거니와

---

23) 《三國遺事》 권1 北扶餘 조.

능비문에서 주몽이 '북부여 출신이고 동시에 천제의 아들'이라고 한 것은 북부여에 天帝라고 관념되던 존재가 있었고 그곳에 天帝가 天上으로부터 下降하여 거주하고 있었다는 신화 구조에 대한 좋은 증거이다. 모두의 '惟昔'이라는 전치구조가 신화적 서술의 상투적 어법임은 이미 지적된 바와 같다.[24] 비문은 天降의 역사를 言外로 함축하여 표현한 것이다.

우리는 〈古記〉에서 확인되는 天降 설화가 비문에서도 분명히 추출되고 있음을 밝혔다. 〈古記〉의 전승은 碑文의 그것과 동일하다고 할 수 있다. 이 점은 〈古記〉의 성격에 대하여도 좋은 참고 자료가 되며[25] 동시에 능비의 설화 구조에 대한 이해에서도 진일보한 시각을 제공하여 준다.

이상의 논의에서 비문의 내용에 이미 天降 설화소가 확인되었다. 물론 주몽 자신의 天降은 아니다. 解慕漱의 천강인 것이다. 연래 주몽 전설에 대한 연구에서 공통적으로 지적된 점은 解慕漱의 존재가 매우 부자연스럽다는 것이었다. 주몽의 父系는 日光으로 되어 있는데 다시 해모수가 등장하여 말하자면 二重父系의 형태를 보여주고 있기 때문이다. 때문에 해모수 단락은 후세에 추가 또는 편입된 것으로 간주하기 마련이었다. 해모수 설화의 기원에 관한 해명은 별도의 연구 과제이거니와 해모수를 중심으로 한 천강 설화의 등장은 주몽 전승에 있어서는 하나의 획기적인 발전이라고 할 수 있다. 이러한 변화는 초기 주몽 설화에서는 아직 확인할 수 없다. 더구나 부여 동명왕 전승에서는 인정되지 않는다. 그러므로 현재로서는 주몽 전설 유형에서 천강 모티프, 해모수의 등장은 그렇지 않은 형태보다 후대적이라고 판단된다. 천강 모티프가 나타나고 있는 능비의 설화는 그것이 검출되지 않는 《위서》 전승에 비하여 후대적이라고 생각된다.

이러한 천자(또는 天帝, 天孫) 강림 설화[26]는 역사상 이른 시기부터 나타나는 것으로서 북방 계열의 단군 설화가 대표적이고 주몽 전승에서 전반 부분을 장

---

24) 송원효준, 1992, 〈神話學から 見た 廣開土王碑文〉, 《朝鮮學報》145호.
25) 이것은 우연의 일치가 아니라 〈古記〉가 상당히 오랜 전승을 기초로 하여 성립된 사료임을 증거해 준다. 〈古記〉에 대하여 종전의 연구자들도 신중한 태도를 견지하면서 신뢰성을 인정하였다.
26) 신화학적으로 天子와 天孫의 실질적인 의미 차는 없다고 한다. 실제로 일본 천손 강림 신화에서 보면 천강하는 주인공이 天神의 孫子라고도 하고 孫子의 아들에 해당하기도 한다.

식하고 있는 해모수 전설이 그 변형임은 통설이다. 단군 전승은 대체로 고조선 시기의 사실이 반영되어 있다고 믿어지고 있다. 고구려는 서기 4세기 초엽에 고조선의 고지인 평양 지방을 확보한 것으로 되어 있다. 평양 지역의 난숙한 문화가 여러 가지 점에서 고구려에게 영향을 준 것은 주지하는 바와 같다.[27]

해모수 설화가 단군 설화의 변이형이라는 사실과 단군 설화가 평양 일대에서 뿌리 깊게 유전하고 있었던 것을 함께 고려한다면 다음과 같은 가정이 가능하다. 즉 해모수 전승이 단군 전설의 고구려적인 변용이라고 할 수도 있을 듯하다. 해모수 신화가 평양 지역에 기반을 둔 집단의 전승일 가능성이 있다는 것이다. 《삼국유사》에 전하는 바 주몽이 단군의 아들이라는 소전은 그러한 배경에서 이해되어야 할 것이 아닌가 한다.

이러한 측면 외에 고구려 사회에서는 해모수 설화를 전승해 오던 세력이 건국 이후 오랜 기간 동안 정치적 입지를 견지하고 있었다고 분석된다. 그들의 위상이 매우 높았던 까닭에 해모수 신화는 건국 전승의 중요한 일부분을 차지할 수 있었다고 고찰된다. 해모수 신화의 전승 주체는 틀림없이 고조선의 지도 계층과 밀접한 관계를 갖고 있었을 것이다.

한편으로 고조선 사회가 평양 一元的인 구조는 아니었다고 생각한다면 그러한 세력이 반드시 평양 지방을 기반으로 하고 있었을 필요는 없어 보인다. 고구려는 요동 일원에서 영역을 확대하여 나가고 있었으므로 그 과정 중에 요동 일대에 잔존하던 고조선 지도 계급의 일부가 합류하였을 가능성도 다분하다고 생각된다. 평양 천도 이전에 작성된 광개토왕릉비문에 이미 天降 요소가 확인되므로 더욱 그러함을 알 수 있다.

---

[27] 고고학적으로 볼 때 봉토석실분의 출현은 평양 지방의 전실분의 영향이라고 믿어지고 있다. 수백년래의 적석총의 전통이 사라지게 된 것이다. 그러한 묘장 형식의 변화는 지상에서 생활하는 인간들의 사고에 커다란 변동이 일어 났음을 숭변해 준다고 볼 수 있다. 벽화에서 四神 숭배의 등장도 평양 일원의 漢式 사상의 투영이라고 생각된다. 한식 지명이나 인명의 유행도 이 시기의 일이라고 고찰된다.

3) 渡河傳承의 吟味

다음으로 의미가 있는 것이 이른바 渡河 전승이다. 부여 동명왕 전승이 그 선편을 잡은 것이라고 한다면 주몽 전설이 그 뒤를 이은 것이 되겠고 다시 갈라져 나간 沸流, 溫祚의 浿水, 帶水 渡河 설화가 이에 속한다. 이러한 구도는 일본 건국자라고 전하는 神武에게서도 '渡海'라고 하여 약간 변용을 보이지만 동일하게 반복되고 있다. 20세기 초엽까지도 만주 지방의 민간 전설에서는 고대의 영웅이 渡河하여 나라를 세우는 이야기가 전하고 있었다. 天降 모티프가 垂直的인 이동이라고 한다면 渡河 모티프는 水平的인 이동이 되겠다.

야쿠트인의 세계관에 의하면 우주는 수평적인 구조로 되어 있다고 한다. 그리하여 그들의 활동 영역을 관류하는 江河를 중심으로 상류는 天上界에 속하고 하류는 地下界에 속한다. 상류에는 조상들의 영혼이 거주하고 있고 하류 쪽에는 亡者의 넋이 잠들고 있다고 상상한다.[28] 여기서 그러한 고대의 세계관이나 우주관에 대하여 논할 수는 없으나 渡河 移動을 핵심으로 하는 설화는 수평적인 세계관을 바탕으로 하고 있다고 여겨진다. 그런데 부여 동명왕 설화가 수평적인 구조임이 주목된다. 그에 대하여 능비문의 天帝 출현을 필두로 하여 주몽 전승은 후세에 올수록 수직적인 형태가 완연해지는 것이다.[29] 이러한 관점에서도 동명왕 전승에 유사한 渡河 이동 전승(《위서》)은 天降 이동 유형(능비, 동명왕편)에 비하여 고대형이라고 할 수 있다.

---

[28] 우리 무속에서도 저승은 산 넘고 물 건너 저 땅 끝에 어두운 곳에, 즉 수평적인 연장선상에 위치하는 것으로 되어 있다.

[29] 天降 요소를 중심으로 하는 신화가 수직적인 우주관과 밀접한 연관성이 있다. 천강소가 나타나는 설화가 후대적인 것과 마찬가지로 수직적인 우주관이 후대에 성립되었을 가능성이 있다.

3. 類型의 年代的 整列

《위서》고구려전에 실려 있는 주몽 전설에 대하여 종래 학자들은 그 성립 연대를 근거로 하여 능비의 설화보다 늦은 것으로 생각하여 왔다. 그러나 문헌이나 금석문의 성립 연대가 반드시 거기에 실린 설화의 신화학적인 발전 과정과 일치하는 것은 아니다.

주몽 설화의 단락으로서 모계(2)를 위시하여 탄생(3), 고국(4)으로부터의 이동, 渡河(5)한 뒤 타향에서의 建國(6) 등은 거의 동일하다고 할 수 있다. 전승의 중심 구조는 父系, 母系, 出生 상황 등이라고 할 수 있다. 이 중 부계는 자연 신격(日月)에서 중국식 추상 신격(天帝)으로 나아가서 天降 신격의 등장(解慕漱) 등으로 간단없이 변형되어 왔다. 다시 말하자면 주몽 전승 중에 異傳이 가장 현저한 부분은 바로 父系이다. 그러므로 부계에 대한 서술의 변화 양상을 자세히 살펴보면 주몽 전설이 어떠한 변용을 거쳐서 형성된 것인지를 일목요연하게 알 수 있을 것이다.

가장 후대에 성립된 동명왕편에서 보면 주몽이 天帝 또는 天帝子라는 해모수로부터 혈통을 잇고 있다. 天子형이라고도 할 수 있다. 그뿐만 아니라 동시에 日光 感應을 받아서 출생한다. 고대 시조 설화에서 肝要하다고 할 부계가 이중으로 처리되고 있다. 二重 父系가 가장 뚜렷한 특징이라고 할 수 있다. 그에 대하여 광개토왕릉비에서는 天帝 또는 皇天의 아들이라고 하여 單線 父系이고 그 점은 父側이 日(日影)이라고 표현되고 있는 《위서》도 마찬가지이다. 그렇다면 우리는 주몽 전설의 가장 현격한 변화는 父系의 單線에서 複線에로의 변화라고 말하지 않을 수 없다. 그리고 單線父系가 複線父系에 선행한다고 단정할 수 있다. 남은 문제는 단선 부계 설화 두 개 중에서 어느 것이 초기형인가가 문제라고 하겠다.

천강 요소는 후대에 나타난 현상이라고 여겨진다. 渡河 구조가 동명왕 설화를 위시한 초기형으로 판단된다. 따라서 천강소가 나타나고 있는 비문의 설화는 후대적이라고 아니할 수 없다. 天帝라는 개념의 도입도 역시 후대적인 요소인 것이다. 日光 요소나 日月 요소가 나타나고 있는 《魏書》나 牟頭婁묘지의 형태가 앞선 시기의 유형이라고 인정된다. 天帝나 皇天으로 수식되고 있고 天降 구조를 언외에 내포하고 있는 비문의 구조는 그보다 후대적이라고 생각된다.

《위서》의 주몽 전승은 부여의 동명왕 전승을 도입한 초기의 형태라고 생각되며 함께 나타나는 초기 왕통에 대한 기술도 매우 고대적이다. 설화적으로도 天降 설화적 요소가 드러나고 있는 광개토왕릉비문보다 古形이라고 믿어진다. 따라서 종래 생각해 오던 것처럼 성립 연대가 빠르다고 해서 무조건적으로 능비문을 오래된 전승으로 보는 것은 곤란하다. 오히려 《위서》의 설화가 동명왕 전설 수입과 그에 따른 粉飾 직후의 양상을 잘 드러내 보여주고 있다고 고찰된다.

4. 朱蒙 傳承의 文字化 過程

주몽 전설이 현재의 형태로 정착하기까지의 변동을 추적하는 것은 영원히 불가능할지도 모르는 지난한 작업이다. 그러나 그만큼 의의 있는 과제라고 할 수 있다. 주몽 전승의 변동 과정은 세 가지 측면에서 고찰할 수 있다. 첫째, 고대 전승의 문자화 과정 및 史料化 과정에 대한 일반적인 관찰을 통하여 주몽 전승에 합당한 단계를 추정하는 것이다. 주로 일본사나 중국사의 경우가 원용의 대상이 될 것이다. 둘째, 주몽 전승은 본래 한 개 씨족의 族祖 전승이었을 것이다. 그것이 桂婁部 내지 고구려 국가의 시조로 격상된 것이다. 그러한 전승의 국가적 차원에로의 演變 과정에 대한 성찰이 요구된다. 그러한 여러 상태를 상정하여 보면 주몽 전승의 변용 과정이 미루어 드러날 것이다. 마지막으로 신화적으로 전승 양상의 변형 추이에 대한 검토를 통하여 문자화 과정을 역 추리하는 방법이 있다. 종래 많은 학자들이 시도한 측면이다. 필자로서도 필요한 점들을 추가 언급하여 놓고자 한다.

　일본의 경우를 살펴보기로 한다. 고대 사서의 출현(서기 8세기) 1세기 전에 일차적인 문헌(보기: '帝紀'나 '舊辭')의 성립이 있었다고 한다. 그러한 문자화 작업이 이루어지기 다시 1세기 전에는 구전되어 오던 여러 가지 전승들이 일단 설화적 정리 단계를 거쳤다고 믿어지고 있다.[30] 즉 구비 전승이 문자로 정착되면서 바로 하나의 사서가 탄생하는 것이 아니다.

　처음에는 물론 신화, 전설 등이 구비로 전승되어진다. 그러다가 여러 종류의 구비 전승들이 난립하게 되면서 공식적인 전승 통합과 정리 작업이 이루어진다는 것이다. 다음 정리된 구전이 1세기 정도 경과한 뒤에 문자로 정착된다. 문자화된 설화가 하나의 사서의 형태로 등재되는 것은 다시 그로부터 1세기 가량 지난 뒤의 일이다.

　따라서 능비문에 보이고 있는 위와 같은 천강 설화는 4세기 말의 소수림왕 대에 하나의 국사 체계 속에 정립된 것은 사실이지만 그 때에 비로소 문자화되었거나 새롭게 여러 가지 전설들이 통일, 整序되었다고 보는 것은 단견이다. 일본의 예에서 미루어 보건대 고구려에서도 천강 신화가 서기 3세기 중말엽에는 어떠한 형태로든 간에 여러 세력들의 손에 의해 문자로 기록되어 있었을 것이다. 그리고 그러한 문자 정착 이전에 구비상의 정리나 정립은 서기 2세기경까지 소급된다고 판단된다. 이것은 천강 설화의 성립 기년이 서기 2세기 중말엽으로 인상됨을 의미한다.

　일본에서의 문자화 과정과 사서 편찬 과정이 동아시아 제국에 있어서 일반론이라고 단정할 수는 없지만 좋은 가이드 라인이 되는 것은 물론이다. 광개토왕릉비에 나타나는 天降 신화의 형성이 史書에의 登載보다 2세기 이전에 해당된다는 것은 그다지 무리한 추정이 아니다. 우리는 부여의 시조 전설인 동명왕 설화가 이미 서기 1세기경에는 중국 군현을 통하여 후한의 식자층에게까지 알려져

---

30) 삼전정소, 1991, 《古代傳承史の硏究》, 고서방.
　　판본태랑, 1964, 《日本古代史の基礎的硏究》, 동경대학출판회.

있었음을 알고 있다. 고구려는 같은 부여족의 국가로서 엄연한 시조 설화를 갖고 있었을 것이고 고구려의 건국이 서기전 1세기 이전이라는 점도 내외 학자들 사이에 커다란 이견이 없다. 그렇다면 순리적으로 보아 고구려에 있어서의 건국 전승의 성립은 아무리 늦더라도 서기 1세기에는 어느 정도 골격을 잡고 있었다고 보아야 한다. 일본의 예에 비추어서 천강 신화가 대략 서기 2세기경에는 골격을 갖추지 않았나 추측하였는데 고구려 사회의 전반적인 발전 과정에 대조하여 보더라도 그것이 무리가 아님을 알 수 있다.

주몽 설화가 일단 고구려 왕권에서 시조 전승으로 정립되는 데에는 여러 가지 단계를 거친 듯하다. 첫번째가 주몽을 숭배하던 소집단 사이에서 시조로서 추앙받던 단계이다. 다음 주몽이 桂婁部의 시조로서 공인된 시기, 그리고 고구려 왕권의 시조로 옹립된 단계 등을 상정할 수 있다. 그러한 사회적 승인 절차를 거쳐서 구비 전승이 정리되었을 것이다. 그리고 난 뒤에야 그 설화는 문자로 정비, 공포되었을 듯하다. 여기서 네 번째 단계가 서기 4세기 《留記》에의 수록 단계이다. 따라서 주몽 전설의 형성은 상당히 오랜 기간을 거친 것으로 추정된다.

《三國志》에는 아직 주몽 전승이 채록되어 있지 않다. 그것은 당시에 주몽 설화가 없었다기보다는 왕실 시조로서 공인받지 못한 것이라고 고찰된다. 주지하다시피 서기 3세기 중엽 魏의 침략으로 인하여 고구려 왕권은 심대한 타격을 받았고 동해 지방으로 망명하였다가 겨우 회생하였다. 《三國史記》에는 그에 연관된 많은 설화가 전하고 있다. 復國 후에도 沸流那部, 椽那部, 南部 등의 귀족들의 도움을 받아서 왕권을 지탱할 수 있었던 실정이었다. 이렇듯 미약한 왕권으로서는 왕실 시조에 대한 현창 작업이 순조롭지 못하였을 것이다. 《三國志》에 주몽 전승이 수록되지 못한 것도 이와 같은 국내 政情과 무관하지 않다. 주몽 설화가 정작 고구려 왕실 시조 전승으로서 내외에 공인받게 된 것은 서기 4세기에 가서 美川王 反正에 의하여 왕권이 굳은 토대 위에 오른 뒤의 일이라고 고찰된다. 고국원왕 대에 黃城에 인접한 지역인 乙密臺에 시조 왕릉이 영건된 것은 그러한 배경에서 이해되어야 할 것이다.31)

그러나 주몽 전설이 서기 4세기에 와서 비로소 창작되었다거나 성립되었다고 보는 것은 短見이다. 위에서 설명한 바와 같이 한 국가의 시조 전승이 형성되기까지에는 여러 단계에 걸친 사회적 검증과 토론의 과정을 거쳐야 하기 때문이다. 그 같은 단계를 밟아 나가기에는 최소한의 시간이 소요되는 것이고 한 세기 동안은 너무 촉박하다고 생각된다. 적어도 수세기에 걸쳐서 구비 단계 – 정리 단계 – 문자화 단계를 거치는 것이 상례이기 때문이다. 인접한 중국 고대 사회에서 전승이 문자로 되어 가는 과정을 보면 夏商 왕조 초기에는 구비로 전하다가 상왕조 중기 이후에 비로소 甲骨문자로 등장한다. 그러한 설화적 시대가 전적으로 정리되는 것은 그로부터 또 한참 뒤의 일이다.

이 같은 구비의 시대에 대한 관찰을 근거로 하여 필자는 주몽 전설이 문자로는 고정되지 않았더라도 적어도 수세기 이전부터 고구려 사회에서 구비 전승되고 있었다고 판단하고자 한다. 3세기의 《三國志》 기사에는 실려 있지 않더라도 설화가 그 당대에 형성되어 있지 않은 것은 아닐 것이다. 추측컨대 서기 2세기에는 그 원형이 성립되어 있었다고 생각된다. 그것이 대략 2세기 동안 풍부하게 성장한 뒤에 4세기 말엽의 《留記》 등에 문자로 고정된 것 같다.

광개토왕릉비에 나타나는 신화의 구조에 대하여 필자는 그것이 북부여에로의 天降 신화를 전제로 하는 것이라고 판정하였다. 초점은 능비문에 나타나는 신화가 《위서》의 그것에 후행한다는 점이다. 즉 《위서》의 주몽 전승은 능비문의 신화에 선행하는 형태이다. 부여의 동명왕 전설을 거의 그대로 승습하고 있기 때문이다. 앞서 우리는 능비의 신화가 대략 서기 2세기경에는 초기형을 갖추기 시작한 것이 아닌가 억단한 바 있다. 우리는 이제 《위서》의 주몽 전승(거의 동명왕 전승에 가까운 것)이 그보다는 앞서서 대개 서기 1세기경에는 雛形을 나타내기 시작하였을 것이라고 어렵지 않게 말할 수 있다.

서기 1세기라는 시점은 부여의 동명왕 전승이 중국 측에 전달된 시기이기도 하다. 따라서 우리는 부여와 거의 동시기에 또는 약간 늦게 고구려에서도 東明王形의 시조 전승이 성립되었음을 짐작할 수 있다.

---

31) 졸고, 〈高句麗 龍山傳承考〉, 본서 수록.

종래의 통설에서는 주몽 전승이 부여의 東明王 설화와 습합된 것이 서기 5세기라고 보았다.[32] 물론 이것은 처음으로 東明王 설화의 구조를 갖게 된 시기를 이야기한 것이 아니다. '東明王은 朱蒙王이다'라는 일체관이 형성된 것이 그렇다는 것이 되겠다. 5세기 이후에는 朱蒙王 즉 東明王으로 고정되어 주몽의 시호도 東明聖王으로 격상되고 이내 高登神으로 숭배되는 것이다.[33] 이로써 미루어 보면 주몽 전승이 고구려 역사 전개에 따라서 여러 높이의 波高를 달리면서 문자화되고 변동을 입은 것을 조망해 볼 수 있다.

5. 結論

지금까지 논의된 것들을 요약하여 결론을 대신하고자 한다.

주몽 설화의 형태는 天降 모티프를 기준으로 하여 두 가지로 나눌 수 있다. 天降素가 드러나지 않는 부여 동명왕 설화나 《위서》 주몽 설화가 하나의 유형이고 광개토왕릉비나 東明王篇에서처럼 분명히 天降 모티프를 가진 것이 다른 유형이다. 주몽 전승은 非天降形으로부터 天降形으로 발달하여 왔다. 이러한 역사적 발달 과정과 시간적 위상을 갖게 됨으로써 주몽 전승에 관한 연구는 새로운 지평을 열기에 이르렀다.

부여의 동명왕 설화와 거의 같은 《위서》의 주몽 전승이 서기 1세기경에 형성되었다. 차차 天降 모티프를 가진 신화가 2세기를 전후하여 등장하게 된다. 그러나 아직은 동명왕형 설화가 귀족들의 전폭적인 지지를 받고 있었다. 동명왕형 전승은 대략 서기 3세기 중말엽 먼저 문자화되었을 것이다. 그 문서가 4~5

---

32) 노태돈, 1993, 〈朱蒙의 出自傳承과 桂婁部의 起源〉, 《韓國古代史論叢》 5호.
33) 졸고, 〈高句麗 神廟에 대하여〉, 본서 수록.

세기경 중국 관리들에게 전달된 듯하다. 이러한 문헌을 기초로 하여 《위서》 고구려전의 설화는 성립된 것이다.

그러나 고구려 왕실을 중심으로 한 宮廷 史學 쪽에서는 3세기를 고비로 하여 天降形 신화가 주류를 차지하게 되었다. 그 즈음 문자로 정착되었다가 소수림왕대의 사서에 수록되었고 광개토왕릉비에 와서는 왕실 전승으로서 공식으로 확립되기에 이른 것이다. 그에 병행하여 고구려 왕실에서는 天孫意識이 정립되어 갔다.

《위서》 계통의 전승과 비문 계통의 전승이 일단 융합된 것이 동명왕편에 보이는 설화 구조라고 고찰된다. 解慕漱의 등장은 그렇듯 후대적인 요소라고 생각된다. 특히 단군신화의 天降설과 연관되어 생각할 때 해모수의 출현은 주목에 값하는 것이다. 그러나 천강설 자체가 고구려 당대에 성립된 것이 분명한 것처럼 해모수가 시조 설화 중에 나타나는 것도 평양 시기의 일임은 확실하다.

문제는 이러한 왕실 전승을 주창하고 발전, 변용시킨 세력들의 정체라고 하겠다. 그러나 이것은 별도의 논고로 정리되어야 할 문제다.

3절 高句麗의 '國內' 呼稱에 대하여

머리말

 고구려사 연구에는 여러 가지 과제가 남아 있다. 그 중에 하나가 고구려의 도성에 관한 문제이다. 고구려 사람들은 도성을 國內 尉那巖, 國內城 등에서 볼 수 있는 것처럼 '國內'라는 표현으로 지칭하였다. 대개 중국 사료에 보이는 '國中'과 같이 '都城中', '京內'라는 의미로 이해되고 있다.
 '國內'의 의미는 종래 고구려 도성의 위치 문제와 결부되어 논란이 되어 왔다. 武田幸男은 모든 國內를 한 곳으로 보고 王系까지 결부시켰다.[1]《三國史記》지리지에 그렇게 해석할 여지가 많은 까닭이다. 그러나 모든 國內를 한 곳으로 처리하는 과정에서 지나친 억측이 발생하였다. 故國川王이 사가의 붓에서 抹殺되어버린 것이다. 그러나 지리지의 집필자가 고려 시대인이라는 한계는 분명하다고 본다. 필자는 지리지보다 본기를 중시하고 싶다. 나아가서 필자는 尉那岩城이 환인 五女山城이라고 보고[2] 《三國志》에 기록된 것처럼 山上王이 '다시 새로운 수도를 건설'한 것으로 이해한다. 그러한 입장에서 도성 관계 사료를 재정리할 필요가 있다.
 '國內'가 있기에 '故國'이 나타난 것이다. 본고에서는 '國內'와 '故國'을 중심으로 고구려 초기 역사를 반추하여 보고자 한다.

---

1) 무전행남, 1989, 〈高句麗王系 成立의 諸段階〉, 《高句麗史와 東アジア》, 암파서점.
2) 임기환, 1987, 〈高句麗初期의 地方統治體制〉, 《慶熙史學》14호.
  노태돈, 1999, 〈高句麗의 기원과 국내성 천도〉, 《한반도와 중국동북3성의 역사문화》, 서울대출판부.
  임기환씨가 '위나암성=환인'설을 주로 개진하여 왔으나 최근 노태돈 교수도 위나암성에 대하여 환인 일수도 있다는 견지에서 도성 문제를 재검토하고 있어서 주목된다.

1. 國內와 故國

상식적으로 '國內'가 都城이므로 '故國'은 故都일 것이다.[3] 그런데 고구려 왕중에 '故國'자와 연관되어서 나타나는 왕들이 故都로 간단히 연결되지 않는 데에 문제가 있다.

1. 新大王. '故國'의 谷에 장사하였다.
2. 故國川王. 일명 國襄王. '故國'의 川原에 장사하였다. '國壤'이라고도 한다.[4]
3. 慕容廆가 來侵하다. '故國'의 原에 이르러 西川王墓를 보다. 西川王은 '西川'의 原에 장사하였다.
4. 故國原王. 일명 國罡上王. '國罡上聖太王'. '故國'의 原에 장사하였다.
5. 故國壤王. '故國'의 壤에 장사하였다.

國內 名稱의 시발은 尉那巖城에서부터이다. 國內城이 아님을 유의하여야 할 것이다. 尉那岩城 지역이 '國', '國內'로 불린 보기로서 '國內 人家(유리왕)'의 기술을 들 수 있다. '故國谷(신대왕)', '故國川王', '國襄王' 등의 왕명에서도 확인된다. 위나암성이 國內로 호명되었다는 것은 다음과 같은 의미가 있다고 고찰된다. 《三國志》에 보면 산상왕으로 여겨지는 '伊夷模'가 '更作新國(다시 新國을 세우다)' 하였다 라고 나타난다. 도성을 '國'이라고 표현하고 있음을 알 수 있다. 이러한 표현은 고구려 당대인들의 표현을 감안하여 摘記한 것으로 판단된다. 고구려에 있어서 '國', '國中' 내지 '國內'의 용례가 매우 오랜 것임을 짐작하게 하는 사료이다. 산상왕의 丸都가 新國이었다면 그 전 중심지였던 尉那巖城은 자연

---

3) 《中文大辭典》, 《辭海》 등 참조.
4) 《三國史記》 동천왕 8년 조.

스럽게 '舊國'이 될 것이다. '故國'이나 '舊國'의 용례가 서기 2세기로 소급되고 있음을 알 수 있다.

상식적으로 고구려의 '國內', 즉 수도는 세 곳에 있었다. 卒本, 國內城, 그리고 平壤이다. 그러므로 평양시기에 故都로 인식되고 있었던 곳만 해도 '卒本'과 '國內城' 두 곳이다. '국내'가 한 곳, 집안만은 아닌 것이 분명하다.[5]

사료를 깊이 검색해 보면 國內城은 고국원왕이 축성한 것이다.

修葺丸都城 又築國內城.(고구려 고국원왕 12년 2월)

축성과 함께 '國內城'으로 명명된 듯하다. 왜냐하면 그 이전에 '國內'라는 지리상의 지칭은 보이나 國內城이라는 城名은 확인되지 않기 때문이다. 이 점은 매우 중요한 사실인데 종래 그 의미를 간과하였다. 國內城이 등장하게 되면서 그것이 都城을 지칭하는 용어로 사용되던 것에서 벗어나서 고유 명사로 정착된 것이다. 國內城 명칭이 사용되면서 그 이전 '國內'의 하나였던 졸본이 자연스럽게 '故國'으로 결착되었을 것이다. 국내성 축성과 명명 이전에는 國內라고 불리던 지역이 하나가 아니었을 것이다. 그들 '國內' 사이에 구별은 어떻게 하였을까?

여기서 중요한 시사가 되는 것이 두번째 수도였던 尉那巖城에 대한 사기의 표현이다. 분명히 '國內尉那巖城'이라고 하였다. '國內인 尉那巖城'의 의미이거나 '國內 지역의 尉那巖城'의 의미로 해석된다. '國內'지역이 특정 지역을 專稱하는 것은 아니므로 전자의 의미일 것이다.

그러므로 國內城의 명칭이 정립된 이후에 '故國'의 칭호는 발생하였다고 고찰된다. 즉 고국원왕 이후에 古都가 '故國城' 또는 '故國內城'으로 호칭되기 시작한 것이다. 고국원왕 이전의 고도로는 卒本, 尉那岩城, 丸都 등이 있다. 고국원왕 이

---

[5] '國'이 '國內', 즉 都城을 가리키는 것이라면 두 개의 古 都城을 어떻게 구별하였을까 하는 점이 중요하다. 舊國 卒本과 古都 國內城을 구분하는 기준이 있었을 것이다. 적어도 '故國'과 '國內城'은 구분되어야 할 것이다.

전의 '故國' 사료를 재음미해 볼 필요가 있다.

1. 新大王. '故國'의 谷에 장사하였다.

당시 도성 위나암성을 지칭한 듯하다. 본래는 '國(內)谷'이라고 불렸을 것이다. 졸본성일 가능성도 있다.

2. 故國川王. 일명 國襄王. '故國'의 川原에 장사하였다. '國壤'이라고도 한다.6)

역시 당시 소재지 위나암성의 川原이다. 본래 '國襄', '國壤'으로 표기되어 있었을 것이다. 國襄王의 명칭을 버리고 '故國川王'을 정식 왕명으로 한 것은 고구려 말기 《新集》에서이다.7) 4세기 말에 성립된 사서에는 '國襄王'으로 되어 있었다. 그렇다면 '國襄'이 위치할 수 있는 곳은 위나암성이나 졸본성 뿐이다. 위나암성은 본래부터 '國內'라고 하였다. 그러므로 전설적인 졸본에 비하여 위나암성에 '國襄'이 위치하였을 가능성이 큰 것이다.

3. 慕容廆가 來侵하다. '故國'의 原에 이르러 西川王墓를 보다.

西川王은 '西川'의 原에 장사하였다. 서천왕이 장사한 西川이 故國, 古都의 西川임이 분명하다. 서천왕이 당시 居城이던 平壤城의 西川에 매장된 것이 아니다. 당시 고도는 환도성, 위나암성, 졸본성 셋이었다. 그러나 서천왕릉이 산상왕 대에 일시 거처한 환도성에 봉안되었을 가능성은 매우 낮다. 역시 졸본성에로 귀장되었을 가능성도 낮다. 國內尉那巖城으로 불리던 곳이 '故國'이었을 것이다.

4. 故國原王. 일명 國罡上王. '國罡上聖太王'. '故國'의 原에 장사하였다.

5. 故國壤王. '故國'의 壤에 장사하였다.

故國原王과 故國壤王의 수수께끼가 풀려질 수 있다면 그와 함께 '故國'도 해결될 것이다. 두 王陵의 문제에 대한 해답에서 결정이 지어질 것이다.

---

6) 《三國史記》 동천왕 8년 조.
7) 졸고, 〈高句麗 王陵考〉, 근간.

2. 故國原王과 故國壤王

여기서 故國原王과 故國壤王의 葬地名이 혹사한 것을 주목하여야 할 것이다. 지명이 같고 치세가 거의 동시대이므로 능묘가 인접하여 있었을 가능성을 생각해 보는 것이다. 왕호가 거의 일치하므로 葬地가 인접하였다고 추정할 수 있다. 王號는 葬地名이기 때문이다. 그러한 가정을 일단 긍정적으로 검토해 보아야 할 것이다. 이들 왕은 한 지역('故國') 안에 묻혔을 것이다.[8]

여기서 중요한 가이드가 될 수 있는 것이 두 왕 사이에 재위하였던 小獸林王의 장지이다. 小獸林王은 小獸林原에 장사지냈다고 한다. 그런데 이 곳은 대무신왕의 장지인 大獸村原(내지 大獸林原)과 밀접한 관계가 있다고 되어 있다.[9] 대무신왕은 일명 大解朱留王이며 장지가 大獸林原이다. 그리고 小獸林王은 小獸林原에 묻혔으며 별명이 小解朱留王이다. 대무신왕의 장지 大獸村原은 大獸林原의 誤刻이라고 보는 것이 통설이다. 大小의 두 獸林原에 두 개의 왕릉이 조영된 것처럼 이해된다. 지근한 위치에 왕릉이 두 개 있는 까닭에 양자를 구별하기 위하여 大小의 관형어를 칭하게 된 것 같다.[10]

대무신왕은 위나암성에 능묘가 조성되었을 것이다. 그렇다면 집안에서 통치하던 소수림왕은 위나암성으로 歸葬하였을 가능성이 있다. 왕릉이 大獸林 부근에 조영된 것이다. 상례에 따라 대왕 자신이 大獸林 일대를 지목하여 왕릉을 영건한 듯하다. 이 경우 두 가지 가능성이 거론될 수 있다. 첫째, 대무신왕 숭모 사업의 하나로서 그러하였을 것 같다. 둘째, 妻家 葬制를 따라간 듯하다. 첫번 째 가능성은 井上秀雄이 지적한 대로이다.[11] 4세기 말에 扶餘통합을 거치면서 전설적인 扶餘통일의 영웅 대무신왕은 고구려 왕실의 새로운 信仰의 的이었을 것

---

8) 물론 이론상으로는 두 개의 '故國'도 다른 곳일 가능성이 있으나 그러한 경우는 채택하지 않겠다.
9) 이병도, 1962, 《譯註 三國史記》.
10) 고구려에서 초기의 大王들은 太 - 次 - 新 등의 형용사로 구분되었는데 그러한 용례도 같이 참고가 된다. 관명에 있어서 大使者와 小使者, 大兄, 小兄의 구별은 익히 알려진 것이다.
11) 정상수웅, 1979, 〈高句麗 大武神王觀의 變遷에 대하여〉, 《旗田巍記念朝鮮歷史學論集》상, 용계서사.

이다. 그러한 시각은 여러 가지 전설적 형태로 투영된 것이다. 王子 無恤 전승의 형성은 그러한 분위기에서 배태되었을 것이다.[12] 소수림왕 자신이 대무신왕의 化身이라고 간주되었을 가능성도 무시하기 어렵다. 나머지 葬制면에서의 고찰은 본고에서 다루지 않기로 한다.

이렇듯 대무신왕릉과 소수림왕릉이 古都에서 인접하여 있었다면 고국원왕릉과 고국양왕릉이 역시 근접하여 위치할 가능성도 높다고 생각된다. 이 두 왕릉은 '故國'의 용례로 보아 과거의 國內인 위나암성 부근에 있었을 것이다.

이상의 검토에서 대부분의 '故國'이 다름 아닌 '尉那巖城'을 가리키고 있음을 알 수 있었다. 그 까닭은 그 곳이 본래 '國內'라고 불렸기 때문일 것이다. 國內城의 등장 후에 자연스레 '故 – 國內', 즉 '故國'으로 지칭된 것이다. 두 개의 國內가 이제 뚜렷이 구분될 수 있게 된 것이다.[13]

고국원왕은 환도에 천도하였다가 지금 평양 지방으로 남하한다. 黃城이 청암리 토성 내지 평양 북성이라고 한다면 남하한 것이 분명하다. 그리고 그는 평양성에서 전사하였다. 황성과 평양성에서 왕래하고 있는 것이다. 그가 상례대로 재위 중에 수릉을 조영하였을 것은 자명하다. 수릉이 현재 평양 일대에 위치하였을 것도 수긍가는 일이다. 가묘는 그러므로 현 평양 일원에서 찾아야 한다.[14] 환도성에는 잠시(1년)밖에 거처하지 않았으므로 가묘의 조성이 없었다고 판단된다. 그러다가 평양 황성 인근에 가묘를 조영하였을 것이다.

북한 학계에서는 고국원왕의 戰死 지역을 현재의 재령, 즉 南平壤城으로 간주하고 있다.[15] 그 근거는 《三國史記》에

---

12) 졸고, 2000, 〈高句麗 東明王廟의 成立過程〉, 《한국고대사연구》18호. 본서 수록.
13) 여기서 고구려인들에게 있어서 新國과 舊國의 對立 槪念이 존재하고 있었던 점을 주목하여 보자. 舊都 외에 前前의 都城은 어떻게 호칭되었을까? 사료에 보면 평양시기에 가서 前都는 國內城으로 지칭되어 나타난다. 그러나 前前 도성인 卒本은 '國' 자를 사용하지 않고 그대로 卒本이라는 지명 형태로 기록되고 있다. 丸都城을 일명 '安寸忽' 내지 安市城이라고 하였다는 기록도 보이는데 역시 前前 都城이 '國' 자를 관하지 않고 있다는 증거라고 생각된다. 따라서 新과 舊 내지 過去와 現在의 대립은 인정되나 三者 대립의 구조는 확인하기 어렵다.
14) 그러나 戰死에 따라서 민심이 크게 요동하게 됨에 따라 사망 후에는 평양 지역에 매장되지 못하고 고도 지역으로 이장된 듯하다.
15) 과학백과사전출판사, 《조선전사》제2 판, 3권.

按古典記云 … 至十三世近肖古王 取高句麗南平壤 都漢城.(지리지, 백제)

라고 되어 있는 것에 있다. 고국원왕이 평양성에서 流矢에 맞아 사망하였는데 위의 사료에서 麗濟 사이에 南平壤의 取得이 거론되고 있으니 그 평양성도 남평양이라는 주장이다. 물론 이러한 古典記의 기술에 대하여 사기 원자료의 誤解에서 기인한 것이라는 반론도 만만치 않다.16)

북한측의 그러한 단정에는 문제가 있다. 백제가 고구려 남평양성을 공취한 것과 당시 고구려의 수도가 남평양이라는 것과는 별로 상관이 없어 보이기 때문이다. 실제로 고국원왕이 전사한 곳은 현 평양성이고 그러한 참패의 결과 백제군이 승승장구하여 재령의 남평양성을 함락시킨 것도 상정할 수 있는 것이다. 고국원왕의 전사로 인하여 황해도 일원에서 백제의 패권이 확립된 상황이다. 이러할 경우 고국원왕의 능묘가 안악 일대에 조영되었을 개연성은 매우 낮아진다.

일단 사기에 고국원왕은 말년에 평양성에서 활동한 것으로 나타나 있다. 그러므로 왕 13년부터 말년인 41년까지 평양성에 정도하고 있었을 가능성은 높다고 판단된다. 그 동안 대왕이 수릉을 조영하였을 가능성은 높은 것이다. 근본적으로 봉토분의 채용은 평양형 장제의 도입이라고 고찰된다. 고국원왕의 가묘가 봉토분으로 조성된 것으로 추정된다. 왕릉으로서 최초의 事例일 것이다. 평양 지역의 장제가 영향을 준 것이다. 그러므로 그 무덤은 평양 일원 벽화 봉토분 중에서 구하여야 할 것이다.

그 외에 대세론적인 조망도 필요하다. 고구려 왕릉제도에 있어서 봉토분의 도입 시기를 추정해 보자. 그것은 당연히 서기 4세기에 이루어졌을 것이다. 물론 현실적으로 왕릉이 봉토분으로 출현한 것은 장수왕 대 이후이다. 그러나 시

---

16) 본기에는 고구려 평양성에서 전사한 것으로 되어 있다. 그것을 《三國史記》지리지 필자가 고구려왕이 전사한 후에 백제군이 평양성을 점령한 것으로 이해한 것이다. 그런데 백제가 고구려 평양성까지 점유한 것은 고려 시대인으로서는 납득하기 어려운 일이었을 것이다. 평양은 구원한 고구려의 상징이었기 때문이다. 그래서 '南' 자를 덧붙여서 '南平壤'으로 작문하였다는 것이다.

원을 생각해 본다면 시기적으로 보아 고국양왕 - 소수림왕 - 고국원왕 대에 왕릉급의 봉토석실분의 造營 내지 試圖가 시작되었을 것이다. 지역적으로 살펴보더라도 고국원왕 대에 벽화 봉토분 왕릉이 조영되기 시작하였을 것이다. 대왕이 평양 일원에서 생활한 때문이다. 장수왕의 천도 이전에 평양 지방에서 활동하던 왕은 우선적으로 고국원왕이 아닐 수 없다. 고국원왕은 그 후반기인 평양 黃城 시대에 평양 지방에서 벽화 고분을 조영하기 시작한 것으로 추정된다. 고국원왕의 수릉은 북한측에서 왕릉급으로 지목하고 있는 平壤驛前壁畵고분을 생각해 볼 수도 있다.

그러나 수릉을 평양 지방에 영건하였더라도 그가 戰死라는 비운을 맞이한 까닭에 정작 평양으로 안장된 것 같지는 않다. 국왕의 사망이라는 미증유의 사건 때문에 고국원왕의 능묘는 다시 북방으로 이동한 것 같다. 여기서 중요로운 단서가 되는 것이 '故國'이라는 왕호이다. '故國'이 '尉那巖城'을 가리킨 듯하다는 점은 앞서 설명하였다. 여기서 고국원왕릉이 동가강 유역의 위나암성, 즉 五女山城 부근에 봉안된 연유가 드러나는 것이다. 과연 大雅河 유역에 봉토분으로서 米倉溝 將軍墳群이 유명하다. 장군분은 도합 4기가 확인되고 있다. 그 중에 하나가 故國으로 還封된 고국원왕릉일 것이다. 어느 고분인지는 장차 발굴에 맡겨야 할 것이다.

이미 발굴된 장군분이 서기 4세기 말에서 5세기 초로 편년되는 것도 흥미롭다. 시기적으로 보아 고국양왕 시기에 가깝다. 필자는 앞서 故國原王과 故國壤王의 분묘가 인접하여 있을 가능성을 지적한 바 있다. 따라서 공표된 미창구 장군분은 고국양왕릉이고 고국원왕릉은 그에 연접한 장군무덤 중의 하나일 것이다. 고국양왕은 父親 고국원왕의 능묘에 歸葬, 陪葬한 것이다.

한편 고국원왕이 동가강 유역 중에서 대아하 지역으로 귀환한 것은 모종의 緣故가 있었을 것이 분명하다. 대아하 지역은 고국원왕의 직계 혈연적 조상들이 거주하고 있었던 지방이라고 고찰된다. 주지하다시피 고국원왕은 미천왕의 아들이다. 그런데 미천왕은 沸流水 유역에서 발탁된 인물이다. 그 아비 咄固는 궁성에서 핍박받아 도망하였다가 봉상왕에게 죽음을 당한 것으로 전한다. 미천왕이 즉위하게 되자 부친을 현창하기 위하여 왕릉급으로 개장하였을 것이다. 그 무덤은 아직 평양식 봉토분은 아니었을 것이다. 미천왕릉이 장군분 4기 중의 하나일 가능성도 높아 보인다.17) 고국원왕 대에 와서 돌고능을 평양식으로 개축할 필요성이 대두된 것은 아니었을까? 고국원왕이 즉위한 뒤에 祖父 돌고의 무덤을 거대하게 평양식으로 개건한 것은 아니었을까? 고국원왕이 대아하 장군분 구역을 건설하였을 가능성도 생각해 보는 것이다. 그러다가 그가 전사하게 되자 父祖의 塋域으로 歸葬하였을 것이다. 美川王의 왕호 - 葬地名이 도성 근교에서 나타나지 않던 '美川'인 것도 그 위치가 종래 막연히 인식하여 온 것처럼 수도 인근에 있지 않았기 때문일 것이다. 美川이 大雅河의 古名일 개연성은 높아 보인다.

3. '國內' 地名의 起源

고구려에서 '故國'이 환인 지방을 가리키는 것은 이해할 수 있게 되었다. 당대에는 그 곳을 '國內'라고 호칭하였다. 그런데 사료를 유심히 음미해 보면 '國內'라는 표현이 중국식의 '都內', '城內'라는 데에서 그치지 않고 고유한 의미를 지닌 듯이 나타난다. '國內라는 尉那巖城'으로 풀이하는 것이다. 여기서 '國內'의 다른 해석이 요청된다.

'國內'의 의미를 천착하려면 그와 같은 기원을 지닌 '句麗', '桂婁', '高句麗' 등에 대한 간단한 검토가 필요하다. 먼저 '高句麗' 국호는 前漢 대 이전에 성립되었다. 그 의미에 대하여 여러 가지 학설들이 제출되었다. '首城'설, '사슴'설, '山

---

17) 물론 미천왕릉은 여러 번에 걸쳐 移葬, 返葬된 듯하고 破封되기도 한 듯하다. 아직 미창구 장군분 중에 어느 것이라고 적지하기 힘들다.

谷人'설, '九曲山間'설, '高夷'설 등이다.[18] 대부분의 학설들이 처음의 '高' 자를 義字로 보고 뜻으로 해석하였다.[19] 그런데 桂婁는 音借로 여겨진다. 후대에 卦婁라는 형태도 보이는데 일단 같은 기원이라고 판단된다. 그런데 '桂婁'는 上古音이 /keg-lug/이다.[20] '國內'도 상고음이 /kug-ned/라고 하여 유사한 양태를 드러내고 있다. /kug-ned/는 */kug-led/를 거쳐서 /kug-leg/로 복구될 수 있다고 고찰된다. 內 – 納(납) – 訥(눌) 등의 음가를 생각해 보면 짐작할 수 있을 것이다. 桂婁, 國內 양자가 상고음으로서는 거의 동일한 것을 알 수 있다. '桂婁'는 /keg-lug/, '國內'는 /kug-ned/에서 /kug-led/를 거쳐서 /kug-leg/로 연결될 수 있다.

그러므로 桂婁부는 國內부이다. 고구려 왕실은 계루부 안에서 교체되어 갔다.[21] 國內 尉那岩은 그러므로 高句麗 – 尉那岩이고 桂婁 – 尉那岩이다. 尉那岩이 다른 지역에도 있었다는 시사가 된다. 東扶餘에도 優渤, 優本, 優那라고 하여 '尉那'와 같은 이름의 집단이 있었다.[22] 나아가서 國內城은 高句麗城이고 桂婁城일 것이다.[23] 國內는 高句麗란 뜻이고 桂婁라는 의미이다.

여기서 '高句麗' 명칭의 경위를 살펴 볼 필요가 있다. 玄菟군이 高句麗 지역에 설치되었다면 그 郡治에는 高句麗현의 명칭이 붙여졌을 것이고 그 명칭의 흔적이 고구려사에 남아 있을 것이다.

집안 일대가 國內城으로 알려져 있는데 이 '國內'라는 지명은 현도군 당시의

---

18) 주로 중국 학자들이 흥미로운 학설들을 경쟁적으로 개진하고 있다. 최근 발간된《高句麗.渤海研究集成》을 참고하기 바란다.
19) 그러나 필자는 최근 王姓 高씨와 연관시켜서 상고하면서 '高' 자가 音借字일 가능성을 심각하게 고려하고 있다. 그 근거는 다음과 같다. '高' 자는 상고음 체계에서 '刻', '克'자와 동일한 韻이었다. 高宮의 부친 再思가 克씨라는 것도 高씨와 매우 밀접한 상관성을 가진다. 克, 高(곡) 등은 전국 시대의 齊나라의 大姓 國씨, 高씨 및 백제의 대성 國씨 등과 같은 연원이 아닌가 추정된다.
20) B. Karlgren/이돈주, 1985,《中國音韻學》, 일지사.
21) 졸고, 1999, 〈高句麗 桂婁部의 王室 交替에 대하여〉, 본서 수록.
22) 비견으로는 '位那岩城'은 백제사에서 나타나는 '울금성', '울금 – 바위'에 해당하는 듯하다. 後考.
23) 실제로 고구려인들은 집안 일대가 漢代의 句麗현인 것으로 알고 있었을 가능성도 많다. 일단 문헌에서는 집안이 不耐현이라는 주장만 나타난다. 그리나 不耐현은 상식적으로 보아 安邊 일대로 보는 것이 정확하다. 후고.

'高句麗(/kog-ku-lig/)'라는 명칭의 흔적이라고 생각된다. 나아가서 桓仁 지방이 '國內'라고 호칭되고 있다면 그 역시 國內=高句麗라는 법칙에 따라 /kog-ku-lig/ - /kog-ku-led/ - /kog-kug-nai/라고 그 연원이 설명될 수 있다. 그렇다면 환인 지방도 주요한 高句麗현의 후보지라고 생각된다. 다시 말하거니와 환인 지방이 '國內'(/kug-led/)라고 호칭된 것은 그 곳이 高句麗(/kog-ku-lig/) 지역이었기 때문일 것이다.

고구려현이 환인에 설치된 경위는 자세히 알 수 없으나 집안 일대에서 후퇴하는 과정에서 일시 머물렀던 것이 아닌가 고찰된다. 다시 말해서 고구려현은 집안에서 환인으로 다시 신빈으로 후퇴하여 가면서 高句麗 내지 國內의 지명을 남긴 것으로 고찰된다. 고구려현은 주지하다시피 무순 지방으로도 이동하여 갔다.

노태돈은 동가강 유역의 漢代 古城의 분포에 주목하였다.24) 환인 下古城子, 통화 赤柏松古城, 집안 縣城 下層 등의 셋이 나타나고 있음에 유의한 것이다. 그리하여 각각을 현도군의 3개 현에 비정하였다. 현도군에 소속된 현으로는 高句麗, 上殷台, 西蓋馬 등이 있다. 집안 현성을 西蓋馬로, 통화 고성을 上殷台로, 환인 고성을 고구려현으로 보았다. 필자는 환인 喇蛄25) 성도 현도군 영역으로 간주하고 싶다. 나아가서 종래 왕망이 고구려를 폄하한 것으로만 이해되어 왔던 '下句麗'라는 명칭도 약간의 전승적 가치를 인정한다면 현도군 내 한 縣名이었을 가능성도 부정하기 어렵다. '高句麗', '句麗'현에 대하여 '下句麗'현도 상정이 가능하기 때문이다.26)

노태돈이 적절하게 지적한 것처럼 西蓋馬는 蓋馬를, 上殷台는 下殷台를 전제하고 있는 지명이다. 특히 蓋馬현은 사서에 등장하는 蓋馬國과 같은 곳으로 알

---

24) 노태돈, 1999, 〈고구려의 기원과 국내성 천도〉, 《한반도와 중국동북3성의 역사문화》, 서울대출판부.
25) 일부 학자의 글에는 '喇蛄城(나합성)'으로 되어 있다. 그러나 만주어에서 'lagu'는 '가재'로서 만주 특산으로 되어 있다. 따라서 喇蛄가 정확한 표현으로 생각된다.
26) 왕망이 '下句麗'명칭을 붙인 것에 대하여 필자는 약간의 전승적 가치를 참고하여 그것이 현도군 내에 있었던 현 이름을 전하는 것이 아닌가 추측한다. 後述. 句麗현, 高句麗현과 함께 '下句麗'현도 있었다고 보고 싶다. 나아가서 '東句麗'나 '西句麗'도 충분히 상정이 가능하다. 그러한 '句麗'현들 중에 하나가 집안 일대는 아니었을까?

려져 있다. 그래서 西蓋馬현은 蓋馬國의 서방으로 이해하고 있는 듯하다. 그러한 주장의 근본에는 蓋馬國이 현재 蓋馬高原 일대에 위치하였다는 가정이 들어 있다. 그러나 현 蓋馬高原의 명칭은 일제가 한국을 강점한 뒤에 명명한 것이므로 근거가 될 수 없다. 일례를 들어《三國志》등에는 개마고원 산지에 해당하는 산맥이 '單單大-嶺'으로 나타난다. 흔히 상상하는 것과 같은 '蓋馬'와 전연 다른 것이다. 개마국이나 西蓋馬현의 원위치는 별도로 상고되어야 할 것이다. 고구려현은 현 영릉진에 남아 있는 작은 漢代 토성으로 추정되고 있다. 그곳을 중심으로 西蓋馬, 上殷台의 위치를 상고해 본다. 소자하 유역이나 汎河, 寇河 유역에 있었을 듯하다. 그러나 둘 다 본래의 위치에서 서방으로 僑置된 것으로 짐작된다. 그것은 高句麗현 자체가 그러한 것에서 미루어 알 수 있다.

아마도 위의 3개 현으로 구성된 현도군 체제는 신빈으로 이동하기 직전의 현도군의 그것이라고 판단된다. 신빈 玄菟郡城이《後漢書》등에 '句麗西北'이라고 표현되어 있다. 句麗國이 환인 지방일 개연성이 확인된다. 句麗가 환인이라면 高句麗는 집안이었을 가능성이 있다.《後漢書》에서 句麗를 貊이라고 하고 高句麗를 大水貊이라고 한 것은 그러한 전통적인 구별을 명기한 것으로 고찰된다. 그렇다면 현도군은 일시 句麗 지방에 高句麗현을 僑置한 듯하다. 실제로 현도군 내에 한 때 高句麗현과 함께 句麗현이 병존하였을 가능성이 높다. 본래의 고구려현은 통설대로 집안 일대에 설치되어 있었을 듯하다. 주목되는 것은 현도군 首縣이 집안 지역에 설치되었고 다음 이동지가 환인 지역이라는 사실이다.《後漢書》의 大水-小水 兩貊 기사와 아울러 생각하면 분명히 압록강-동가강 2대 세력권의 설정이 가능하다. 박경철은 그것을 大水의 河伯 집단과 小水의 天孫 집단으로 비정하였다.[27] 天孫설은 검토의 여지가 많으나 大小 집단의 구분은 일리가 있다고 고찰된다.

高句麗현이 제1 현도군의 郡治였다는 사실은 다음과 같은 추정을 가능하게 한다. 즉 집안 일대가 정치적, 경제적 중심지로서 군현 설치 이전부터 공인받고

---

[27] 박경철, 1998,〈'高句麗社會'의 發展과 政治的 統合努力〉,《한국고대사연구》14호.

있었다는 것이다. 그리고 그 명칭이 '高句麗'인 까닭에 당시 高句麗를 표방하는 세력이 집안 지역을 중심으로 형성되어 있었다는 것을 알 수 있다. 당초에 고구려 지역에 설치되었던 현도군이 당지의 고구려 세력에게 배척받아 환인의 구려 지역으로 이동한 것이다. 이동 후에도 그대로 高句麗 縣名을 사용한 것이다. 그러나 환인 지역의 尉那세력도 역시 한 군현에 반기를 들자 마침내 현도군은 句麗의 서북방, 신빈 지방으로 축출된 것이다.

그렇다면 최초의 현도군 首縣이 高句麗현이라는 것이 된다. 이것과 《三國志》에

沃沮城을 玄菟郡으로 삼다.

는 기록은 상충되지 않는다. 沃沮성이 현도군에 속하였다는 의미이기 때문이다. 원 현도군은 집안에 설치되어 沃沮지방을 영속하고 있었다고 이해된다.[28]

집안 일대는 고국원왕이 '國內城'으로 명명하기 이전에는 다른 칭호로 불린 것 같다. 고구려 왕실이 집안 지역을 '國內城'으로 명명한 데에는 '國內'가 訓讀으로 '不耐'와 동일하다는 점도 고려되었다고 고찰된다.

흥미로운 점은 현도군의 일시적 거점이었던 환인 지역이 '延'씨의 본거로 추정된다는 사실이다. 고구려 상대의 延씨로는 2명이 사상에 저록되어 있다. 주몽 전승에 묻어나는 延陀勃과, 왕망과 대전하고 있었던 延丕(延丕라고도 한다)가 그들이다. 앞서 延陀勃이 '延'과 '陀勃'로 분석되며 '延'은 성씨인 듯하다고 밝혔다.[29] 주몽이 도래하기 이전의 토착 세력으로서 상당한 위상을 갖고 松씨와 제휴하고 있었다고 추측된다. 그리고 '延丕'는 《三國史記》에만 나타나고 있어서 종래 조작된 인명이 아닌가 여겨지던 인물이다. 그러나 필자의 견해는 다르다. 그는 환인 지방을 본거로 하였던 延씨 계통의 장군임이 틀림없다고 고찰된다. 환인 지방 세력들이 중국 군현과 대결하였던 것은 앞서 누누이 설명하였다. 그

---

28) 和田淸, 〈魏の 東方經略と 扶餘城의 問題〉, 《東亞史硏究》滿洲편.
29) 졸고, 〈卒本과 忽本에 대하여〉, 본서 수록.

들이 오녀산성 중심의 세력들로서 尉那씨, 位那씨, 延씨 등으로 사상에 활동하였던 것도 충분히 개진하였다.

그러므로 延朝가 延씨임을 의심할 필요는 없다고 판단된다. 그는 분명히 고구려측 연합의 장수로서 중국과 대전하였다고 생각된다. 그러나 그는 패전하였고 중국측은 그를 '高句驪侯 騶'라고 과장, 보고한 듯하다. 延朝가 尉那岩城 출신이고 그 지역이 한때는 현도군의 首府로서 高句麗현이었으니 만큼 억지로 하자면 그를 '舊 고구려현의 首長'이라는 의미로 '高句驪侯'라고 할 수 있을 것이다. 그러나 포로가 되어 참살된 장군을 사서에 '高句驪侯 騶'라고까지 기술된 것은 史實로 보기 어렵다. 종래 '高句驪侯 騶'의 정체를 놓고 설왕설래가 많았으나 필자의 견해로서는 延朝의 존재를 부정하기 어렵다고 생각한다. 따라서 '騶'는 선대인 鄒牟의 名字에 근거한 허구이거나 착오일 것으로 판단된다. 연비는 왕망의 동원령에 반대하여 출전한 고구려 군대의 장수였다고 고찰된다. 《三國史記》의 '我將 延朝'가 정확한 기술이라고 할 것이다.

현도군의 퇴각 경로를 살펴볼 때 고대의 육로는 집안에서 환인을 거쳐서 신빈으로 통하는 길이 大路였다고 고찰된다. 이러한 판단은 후대의 고구려 南北兩路의 고찰에도 많은 참고가 될 것이다. 물론 이러한 현도군의 변모 양상은 오로지 國內 지명에서만 추측해 본 것이기 때문에 장차의 방증에 의하여 검증되어야 할 것이다. 卒本이나 忽本에는 國內라는 冠形詞가 붙여지지 않은 까닭의 일말을 현도군과의 관계에서 찾아 보려는 것이다.

이렇게 현도군을 측면에서 공격한 주체 집단은 확실하지는 않으나 당연히 현도군의 이동 양상에서 유추할 수 있을 것이다. 일단 공격 선봉은 서방 梁貊에서부터 시작된 것 같지는 않아 보인다. 왜냐하면 현도군이 환인 지방으로 이동하고 있는 까닭이다. 현도군을 서방으로 이동시킨 세력은 분명히 동방에서 온 것 같다. 옥저 세력의 반란은 가장 주요한 시발점이었을 것이다. 집안 현지 세력의 봉기도 무시할 수 없을 것이다. 그러나 졸본 및 홀본 세력의 공격은 지리적, 역사적으로 보아 가장 강력하고 결정적인 위협이었을 것이다. 졸본은 동가강 상류, 홀본은 휘발하 유역이었다.

4. 結論

　　고구려에서 도성을 가리키는 어휘인 '國內'와 '故國'에 관하여 정리하여 보았다. 논의된 바를 요약하여 보겠다.
　　國內는 우선 통설대로 '都城', '城內'를 지칭한다고 하겠다. 《三國志》에 보이는 것처럼 '新國'은 새 도읍지, 舊國은 古都이다. 그러므로 모든 國內를 한 곳으로 귀일시킬 수는 없다. 國內城은 고국원왕에 의하여 처음 축조된다. 國內城이 등장한 뒤에 비로소 '故國'의 지칭이 탄생한 것이다. 故國川王이 위나암성에 장사되었으나 '國川', '國谷'에 장례된 것으로 기록된다. 위나암성에 거처하던 당시 그 곳이 '國內'로 불렸던 증거이다. 신대왕도 같다. 西川王도 故國의 西川에 장사되었다. 장례 당시에는 수도가 평양이었다. 따라서 '國內', 즉 위나암성 지역으로 歸葬한 것이다. 이 '國內'는 집안 국내성 축성에 발맞추어 '故國'으로 정리된다. 집안은 國內城, 위나암성은 '故國城'으로 불린 것이다. 그러므로 대개의 '故國'은 尉那岩城을 가리킨다.
　　故國原王과 故國壤王은 葬地名 諡號가 전적으로 일치한다. 고구려의 통례대로 두 능묘의 위치가 인접하여 있을 가능성이 높다. 좋은 비교가 되는 것이 小獸林王과 大獸林王(大武神王)의 능묘가 지척에 영건된 것을 들 수 있다. 두 故國王은 같은 陵原에 병존하여 있었다고 고찰된다.
　　고국원왕은 평양에 정도하고 있다가 환도로 다시 황성으로 이동하였고 말년에는 평양성에서 전사한다. 초기의 평양을 현재 평양으로 보는 북한측 견해는 왕릉급 적석총이 발견되지 않는 까닭에 설득력이 없다. 그러나 고국원왕이 모용황에게 참패한 뒤에 이거한 황성은 지금 평양 청암리 토성일 것이다. 황성으로 남하한 뒤 전사할 때까지 고국원왕은 근 30여 년 평양 지역에서 활동하였다. 시기적으로 보아 고국원왕은 황성 시기 동안에 자신의 수릉을 평양 일원에 조영하였을 것이다.
　　봉토벽화고분을 왕릉으로 시도한 것도 처음으로 평양 지방에서 생활하던 고국원왕 때부터인 듯하다. 대왕의 가묘는 평양 지방의 벽화 고분 중에서 구하여야 할 것이다. 그러나 전사라는 비상한 사태가 발생함에 따라 왕릉은 평양 지방에 安葬되지 못하고 만 것이다. 북방으로 귀장한 것이다. 대왕은 장지명대로 '故國', 즉 동가강 유역으로 귀환하여 묻힌 것이다. 그 능묘는 大雅河 將軍무덤떼라고 고찰된다. 현재 발굴되어 500년경으로 편년되고 있는 장군묘는 고국원왕의 아들 故國壞王이 부친 故國原王 옆으로 陪葬, 歸葬한 것이다. 대아하 장군무덤떼는 沸流水 유역에 위치하고 있고 4기의 봉토분이 병렬되어 있어서 고국원왕 一家의 塋域으로 추정된다. 고국원왕의 부친 미천왕, 조부 咄固 등이 같이 잠들고 있는 곳으로 짐작된다.

國內라는 관형어는 환인과 집안에서만 사용되고 있다. 그 기원을 상고한다면 '桂婁', '高句麗'와 같다고 판단된다. 상고음이 혹사한 때문이다. 漢代 토성의 분포를 고려할 때 집안-환인이 주요한 縣治였던 것은 분명하다. 그 두 곳이 동시에 '國內'(高句麗, 桂婁)라는 용어로 형용되고 있다. 집안은 본래 그 곳에 설치되었던 '高句麗縣' 명칭의 유흔을 남긴 것이라고 추측된다. 그리고 환인도 일시 '高句麗'縣이었던 곳으로 고찰된다. 현도군은 집안에서 다시 환인으로 그리고 재차 신빈으로 축차 서북향으로 퇴축한 것이다. 현도군의 퇴거 방향을 보아 군을 축출한 세력은 집안 이동에서 등장하였을 것이다.

환인 지방에 토착세력으로 延陀勃의 延씨가 주목된다. 그런데 왕망 대에 중국과 대결하여 사망한 장수로서 '延조(否)'라는 인물이 있다. 종래 이 인물은 실존을 의심받아 왔으나 비견으로는 환인 지방을 본거로 한 延씨임이 분명하다. 그를 '高句驪侯'라고까지 과장하고 나아가서 '高句驪侯 騶'라고 분식한 것은 중국인들의 허위 보고였다고 판단된다.

〈卒本과 忽本에 대하여〉 補注

보주1 일본 학계에서는 喇蛄성을 졸본성으로 간주하고 있다.
服部敬史, 1994, 〈高句麗都城と山城〉, 《青丘學術論集》5집. 졸본 시조묘 소재지로 하고성자, 오녀산성, 나고성을 거론하고 있는 것이 그것이다. 75쪽. 그 후 東潮와 노태돈에 이어서 최근 조법종도 졸본을 나고성으로 비정하였다.
조법종, 2001, 〈고구려 사회의 檀君認識과 종교문화적 특징〉, 《한국고대사연구》21호, 한국고대사학회, 194쪽.

보주2 나통산성이 초기 성채라는 견해는 일본의 西川宏도 제시한 바 있다. 西川宏은 산성 발전 편년을 오녀산성/성장라자산성 – 흑구산성/나통산성 – 산성자산성/패왕조산성 – 대성산성으로 정리하였다. 출토유물로 편년하였다는 점에서 평가받을 만하다고 고찰된다. 단 오녀산성을 반드시 최초로 인식하는 자세는 선뜻 동조하기 어렵다. 고구려 산성론에 대한 일본 학계의 견해는 다음 글에 잘 정리, 검토되어 있다.
林直樹, 1995, 〈桓仁高句麗遺跡考〉, 《青丘學術論集》7집.